2017 年度国家社科基金重大项目

"秦汉时期的国家构建、民族认同与社会整合研究"丛书

总主编　李禹阶

第二卷

国家出版基金项目
NATIONAL PUBLICATION FOUNDATION

秦汉国家演进与华夏民族认同

尤佳　等著

齐鲁书社

·济南·

图书在版编目（CIP）数据

秦汉国家演进与华夏民族认同 / 尤佳等著. -- 济南：
齐鲁书社，2025.1. -- (秦汉时期的国家构建、民族认
同与社会整合研究 / 李禹阶总主编). -- ISBN 978-7
-5333-5064-2

Ⅰ.K232.07

中国国家版本馆CIP数据核字第2025UH8161号

选题策划　傅光中
责任编辑　向　群　马安钰
装帧设计　亓旭欣

"秦汉时期的国家构建、民族认同与社会整合研究"丛书
李禹阶　总主编
秦汉国家演进与华夏民族认同
QINHAN GUOJIA YANJIN YU HUAXIA MINZU RENTONG
尤佳　等著

主管单位	山东出版传媒股份有限公司
出版发行	齐鲁书社
社　　址	济南市市中区舜耕路517号
邮　　编	250003
网　　址	www.qlss.com.cn
电子邮箱	qilupress@126.com
营销中心	（0531）82098521　82098519　82098517
印　　刷	山东新华印务有限公司
开　　本	720mm×1020mm　1/16
印　　张	28
插　　页	10
字　　数	451千
版　　次	2025年1月第1版
印　　次	2025年1月第1次印刷
标准书号	ISBN 978-7-5333-5064-2
定　　价	168.00元

撰稿情况说明

本丛书系2017年度国家社科基金重大项目(17ZDA180)，2023年获得国家出版基金资助，项目负责人李禹阶为丛书总主编。项目子课题负责人尤佳（东南大学）为本卷负责人，负责本卷书稿的章节设计、全卷统稿等工作。按章节先后排序，本卷著者依次为：

陈鹏（吉林大学）：第一章、第八章。

刘志平（西北大学）：第二章、第六章、第七章。

尤佳（东南大学）：第三章、第四章第三节、第九章。

陈昆（重庆师范大学）：第四章第一节与第二节、第五章。

秦公簋
（春秋，中国国家博物馆藏）

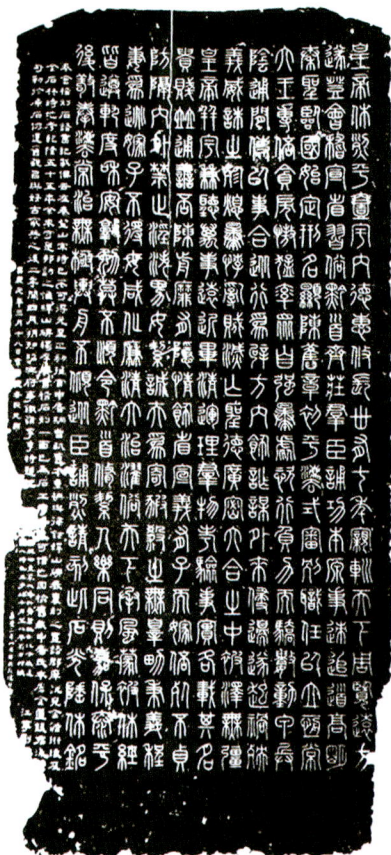

《会稽刻石》拓本
（秦代，浙江绍兴大禹陵碑廊藏）

岳麓书院藏秦简《尸等捕盗疑购案》
（秦代，湖南大学岳麓书院藏，简
文涉及"秦人"与"它邦人"）

鎏金"中国大宁"四神博局镜
（西汉，中国国家博物馆藏）

"中国人民"五乳神兽画像镜
（东汉，武汉博物馆藏）

和林格尔汉墓壁画《护乌桓校尉幕府图》（摹本）
（东汉，内蒙古博物院藏）

和林格尔汉墓壁画《使持节护乌桓校尉出行图》（摹本）
（东汉，内蒙古博物院藏）

庭院、宴饮、百戏图壁画
（东汉，内蒙古鄂托克旗凤凰山一号汉墓出土）

侍奉图壁画
（东汉，内蒙古鄂托克旗凤凰山一号汉墓出土）

庄园乐舞图壁画
（东汉，内蒙古鄂托克旗米兰壕汉代壁画墓出土）

送行图壁画
（东汉，内蒙古乌审旗嘎鲁图一号汉墓出土）

"单于和亲"砖，释文为"单于和亲，千秋万岁，安乐未央"
（西汉，中国国家博物馆藏）

"单于和亲"瓦当
（西汉，内蒙古博物院藏）

"单于天降"瓦当
（西汉，内蒙古博物院藏）

"四夷尽服"瓦当
（西汉，内蒙古博物院藏）

"汉并天下"瓦当
（西汉，故宫博物院藏）

"海内皆臣"砖，释文为"海内皆臣，岁登成孰，道毋饥人"
（西汉，中国国家博物馆藏）

"五星出东方利中国"锦护膊
（东汉，新疆维吾尔自治区博物馆藏）

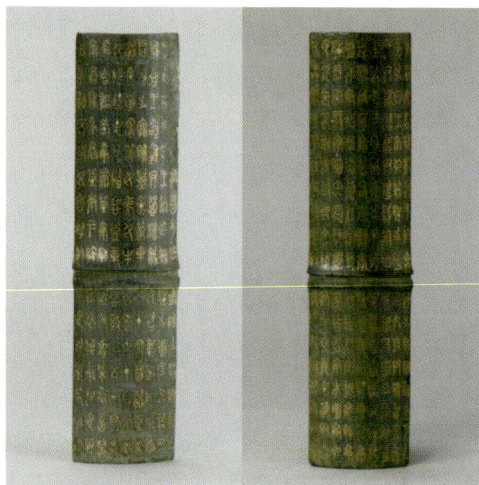

车节　　　　　　　舟节

鄂君启金节（车节、舟节）
（战国，安徽博物院藏）

铜鼎
（战国，安徽淮南武王墩一号墓出土）

虎座凤架悬鼓
（战国，湖北省博物馆藏）

铜鼎
（战国，安徽淮南武王墩一号墓出土）

铜车马（辎车）
（东汉，贵州省博物馆藏）

抚琴俑
（东汉，黔西南州博物馆藏）

吹箫胡人俑
（东汉，黔西南州博物馆藏）

"滇国相印"封泥
（西汉，云南晋宁河泊所遗址出土）

"滇王之印"金印及印面
（西汉，云南晋宁石寨山古墓群出土）

"滇池以亭行"等有字简牍
（西汉，云南晋宁河泊所遗址出土）

益州太守章　　　　　同劳丞印　　　　　建伶令印

宋虞之印　　　　　君冯私印　　　　　王福信印

官印、私印封泥
（西汉，云南晋宁河泊所遗址出土）

"文帝行玺"金印及印面
（西汉，南越王博物院藏）

"汉归义賨邑侯"金印、印面及钤本
（东汉，中国国家博物馆藏）

"汉归义羌长"铜印及印面
（东汉，中国国家博物馆藏）

"汉保塞乌桓率众长"铜印及印面
（东汉，故宫博物院藏）

"汉匈奴归义亲汉长"铜印及印面
（东汉，中国国家博物馆藏）

"汉匈奴恶适姑夕且渠"铜印及印面
（东汉，天津博物馆藏）

"汉匈奴破虏长"印钤本
（东汉，故宫博物院藏）

"汉叟邑长"印钤本
（东汉，故宫博物院藏）

"遂久令印"钤本
（东汉，故宫博物院藏）

"楪榆长印"钤本
（东汉，故宫博物院藏）

"楪榆右尉"印钤本
（东汉，上海博物馆藏）

"汉卢水仟长"铜印、
印面及钤本
（东汉，故宫博物院藏）

"征羌国丞"铜印、
印面及钤本
（东汉，故宫博物院藏）

"建伶道宰印"铜印、
印面及钤本
（新莽，故宫博物院藏）

"新西河左佰长"铜印、
印面及钤本
（新莽，上海博物馆藏）

总　序

秦汉是古代中国自夏商周三代以来天翻地覆的时代。秦汉统一国家的建立，是中国统一王朝国家与汉民族形成的新起点，是由宗法分封制国家政体和以"诸夏"为标志的早期华夏民族向统一的君主集权制国家和统一的汉民族转化的枢纽期。它使统一的王朝国家和汉民族在产生、发展的进程中，进入到一种新的国家建构与民族认同的自觉状态，一种对各区域社会的政治、经济、文化、宗教状况的整合，因此具有划时代的里程碑意义。

但是，这种国家构建与民族认同、社会整合的历程并不是直线发展的，而是经历了一个曲折往复的过程。秦汉亘古未有之变局，实质是以新的国家大一统政治、经济、文化、法律的力量对过去分散的区域社会进行全面融汇、整合的重构。它对长期处于宗法血缘等级尊卑制中的关东六国社会的贵族及民众，有一个身份变化、族群认同的转换问题，也存在一个战国以来华夷交错的各区域不同族群、民族向统一的汉民族转型的问题。它使秦汉时代的国家在对各个区域（如秦统一后的关东六国）的民族融合与社会整合中，出现了具有诸多新因素的政治与社会形态。而这种新的政治与社会形态，是在国家、族群、地方社会的矛盾、冲突、博弈，以及作用力与反作用力中展开的。也正是这种矛盾、冲突与博弈，使中国古代国家、民族与社会不断走向新的阶段，并使国家、民族、文化的认同不断趋于一致。

一

从历史唯物主义观点看，世界文明史上的任何一种文明形态，包括政治制度、思想文化、治理模式、社会整合、民族融合等，都不是某个单一要素或单项因果作用的结果，而是若干要素通过合力作用，并以一定形式联系而构成的具有某种新功能的有机整体的演进。在这种动态的系统演进中，各要素之间相互联系，相互制约，相互作用，并产生出某种单个要素在孤立状态下所不能产生出的新要素及其内涵、特征。正是这种新的系统功能性特点，促进了整个社会组织的发展。而在这种社会组织发展中，系统内各要素的博弈、冲突、互补、平衡亦是其最基本的运动状态和特征。它告诉我们，任何政治国家与社会组织，包括民族共同体的建构，都不是平面的或线性的孤立发展的结果，而是呈现着多因素、多线条并相互融通的发展态势。因此，在探讨、分析中国古代的政治国家或社会组织的演进时，我们应该注意这种国家制度、社会结构、民族融合的多要素的合力及其相互间的作用。

从先秦至秦汉时期，中国古代的国家、民族、社会的演变，实际上经历了两大阶段，即通过春秋战国的历史进程，而形成与西周封建制不同的战国时代的新型国家体制，也就是由西周时代的王权与治权分离的政治体制向王权与治权相互合一的君主集权的官僚政治体制的转换。正是这种转换建构着大一统的秦汉帝制国家的政治制度，亦在东亚内大陆形成了一种全新的，具有国家、民族、文化上三位一体的同一性特征的统一王朝。其后，庞大的秦王朝虽然历经二世即轰然坍塌，但是其兴灭忽焉的历史教训，使西汉王朝在国家体制建构中，既注重对秦代君主集权的官僚体制的扬弃，又根据古代中国关东、关西、黄河、长江流域等不同地域的生态环境、风土人情，而通过采用周代宗法礼仪制度，重新构建着新兴的"汉家制度"。实际上，从国家制度、民族关系、社会整合、文化认同等各方面看，秦汉之际都发生了一种巨大的转变。这种否定之否定的转变，奠定了此后数千年中国古代国家、民族、文化的基本格局。

　　本书即以先秦、秦汉时期的演变历程为主线，以秦汉时代的国家建构、民族认同、社会整合的问题意识为出发点，从纵向与横向两个方面阐释几者之间错综复杂、既对立又统一的关系，由此把握几者在结构、功能、要素等方面的动态演变及其内在原因。应该看到，从西周经春秋、战国而至秦汉，通过王朝权力转移而逐渐诞生出一种新的社会形态，这种新社会形态则对此后几千年的中国古代社会起着重要作用。自平王东迁，昔日赫赫的西周王朝就失去了对"天下"诸侯的号召力，它使周代标志等级分层的礼乐秩序迅速瓦解，一种新型国家体制则在这种"礼崩乐坏"中萌芽、发展。严格来说，这种新型国家体制的产生，既是一种历史和时势的偶然，同时也蕴含着历史与逻辑的必然。从历史与时势的偶然性看，西周"王畿—分封"的政治体制的崩坏，导致了传统的宗法血缘"亲""尊"制度内的上下陵替。它形成了一个诸侯无统、会盟不信的时代。这个时代使各诸侯国之间，不得不在竞争、冲突、博弈的态势下，为了保持自己的利益而重构一种新型的列国之间互惠、平衡的内外秩序，由此塑造了后西周时代各诸侯国之间一种新的国家间的关系。同时，由于西周王室权力的削弱，导致了从王室至大小诸侯的礼仪秩序的瓦解。它使过去以宗法血缘尊卑等级秩序来规范天下诸侯、公卿、封君、贵戚的外在束缚力量消失，由此触发了各诸侯国内部公室、卿族、大夫、陪臣等阶层间的权力斗争。正是在这种大小相侵的阶层斗争中，新起的权贵大权在握，形成了上下僭替、权臣执政的局面，并最终导致三家分晋、田氏代齐等国家权力的更替。这种权力的更替、转移，虽然是出自统治阶级的贪欲与权力欲，但是它也代表了当时统治阶级中适应社会历史发展的一股新兴力量。正是这种权力转移，产生了对古代中国几千年历史进程影响甚大的国家体制与政治制度，即夺权卿族鉴于权臣当国的史鉴，为了不重蹈覆辙，而产生了对本国旧贵、封君的遏制欲望，并为此而建立了具有抑制意义的系统性政治、军事制度和措施。这种主观欲望与客观的制度、举措，使这些新兴诸侯国逐渐告别旧的封建体制，而形成一种新型的以国君集权为核心的官僚体制以及相应的制度范式。这种新型国家体制与制度范式的出现，为战国时代以"国家本位"为中心的政治体制建构奠定了基础。

二

从历史与逻辑的必然性看，春秋战国时期新型国家体制的产生，既与东亚内大陆的地理生态环境有关，也是中国文明与国家发展的必由之路。东亚内大陆的生态环境，依山带水，西、北至草原、大漠，东及大海，南连百越，西南至滇黔，形成一个相对封闭的广袤区域。在这个广阔地域内，有黄河、长江、淮河、珠江等大河流域相互联系。尤其在中原地区，虽然山川相连，但是在山水相间中又有着开阔的盆地，而各山脉及盆地间有大河或其支流蜿蜒其中，"使这些山间盆地既相对独立，又能通过河流与外界交往，十分便利于古人类的生活"①。这种地理形势既使该地区成为联结黄河、江淮等流域和北方区域的四通八达的文化长廊，同时其深厚的黄土堆积层和河流冲积层也为古代中国的农耕社会提供了适宜耕作的沃土。而在这广袤的大地上，当距今 5000—4000 年时，在史前"满天星斗"似的区域文化向以中原为中心的多元一体的夏、商、周广域王权国家演进时，作为一个政治文化与制度范式的"中国"，便成为最具吸引力的政治社会形态。实际上，早期"中国"概念的流行，正得益于当时中原王朝这种制度及文化的先进性，以及容纳天下万邦"有容乃大"的特征。故在古人眼中，早期中国第一王朝"夏"即有着大、中心、华美的典型文化特征。《尚书·武成》孔安国云："冕服采章曰华，大国曰夏。"《正义》引《释诂》："夏，大也……夏，谓中国也。"②王念孙《读书杂志》："雅读为夏，夏谓中国也。"故夏之朝代、族群得名，有同一地域（"中"国）、同一心理（"大"邦）、同一文化（"雅"）的意义。③因此，"早期中国"应是一个政治文化与制度范式的观念，而非单纯的地理概念。它之所以被推崇，是由于内蕴着一种政治机制、礼仪文化及价值理念。它通过由启发

---

① 张海：《中原核心区文明起源研究》，上海：上海古籍出版社，2021 年，第 15 页。
② 孔安国传，孔颖达疏：《尚书正义》卷一一《武成》，李学勤主编：《十三经注疏》，北京：北京大学出版社，1999 年，第 292 页。
③ 王念孙：《读书杂志》，南京：江苏古籍出版社，1985 年，第 647 页。

端的"夏"国家，逐步形成由商及周、从"中土""土中"向四方延伸的"家"—"国"—"天下"的分封式的方国（诸侯国）制度与文化理念。这种制度结构及礼乐文明，既是早期华夏民族、国家、文化的核心组成部分，又成为区别"夷夏"界限的标志。而在周人看来，这种中原王朝的制度范式与文化特色正是其时最具大国文采和生命力的政治社会象征，故武王有"惟我文考，若日月之照临，光于四方，显于西土。惟我有周，诞受多方"①的说法。从某种角度看，这种国家形态显然适应了古代中国广袤大地上具有"同质化"趋向的小农经济与宗法血缘制度。它在古代中国独特的生态与人文环境中，以一种内在的、连续的向心力不断地将王畿周边的方国、小邦联结起来，形成山川同贯、文化相系的广域王权国家。它解决了"同质化"小农经济生产方式所渴望的强大国家政权的护佑问题，故其具有趋向中心的统一性与连续性特征。正是这种国家体制，在西周王朝的礼仪制度失序后，迅速进行了华夏界域内新的政治秩序的重构。这种重构既是在春秋时期的血火交融、刀光剑影中进行，也是在政治理性的利益权衡考量中形成的新的国家关系与政治文化。故春秋二百四十二年，"诸侯无统，会盟不信，征伐屡兴，戎、狄、荆楚交炽……然实开大夫执政之渐，嗣后晋六卿、齐陈氏、鲁三家、宋华向、卫孙宁交政，中国政出大夫，而春秋遂夷为战国矣"②。正是在春秋时代的政治风云中，西周时期的"多邦"逐渐演化为战国时代的十余国，呈现出一种统一趋势。战国是一个兼并战争激烈的时代。它不仅加速了春秋时期萌芽的以"国家本位"为中心的新型国家体制的发展，同时也呈现出由"多"趋"一"的大一统的势头。秦的大一统君主集权的官僚体制的建立，意味着一个新兴时代的开端。它既是在东亚这片古老土地上政治体建构逐渐趋一的必然，也为统治这片广袤的土地提供了一套政治文化与制度范式。可以说，秦王朝的大一统，正是顺应了古代中国的生态、人文环境以及小农生产方式而形成的

---

①　孔安国传，孔颖达疏：《尚书正义》卷一一《泰誓下》，李学勤主编：《十三经注疏》，北京：北京大学出版社，1999 年，第 281 页。

②　顾栋高辑，吴树平、李解民点校：《春秋大事表》，北京：中华书局，1993 年，第 32 页。

国家体制和社会结构。

所以，从春秋战国的时代演变看，它不仅是一种国家体制、政治制度的变革，更重要的还是通过这种统一性政治国家的建构，以政治力量推动了古代中国各区域的族群融合、民族会聚、社会整合及文化认同。这既是由历史与逻辑的必然性所致，也是历史与时势的各种因素相互作用、共同合力的结果。如果我们再对此进行深入分析，就可以看出，当后西周时代陡然失去"周制"内含的政治等级与礼仪秩序的时候，失去"天子"权威制约的各大小诸侯国，内则"征伐屡兴"，外则戎、狄、蛮、夷侵扰"交炽"，使春秋时期成为中国先秦史上十分特殊的时期。这种特殊性表现在政治、民族、文化三方面的互动：其一是后西周时代"礼制"失序，各诸侯国内的公室、卿族、大夫、陪臣等上下阶层的权力斗争，导致西周旧的封君、贵族制向新型官僚体制转化；其二是西周时期各封国乃至边缘区域的华夏族群，亦在这种地缘性国家的建构中，在大小诸侯国的相兼互并中，不断由分散的诸夏向统一的华夏民族形态演进；其三则是在春秋时期的新文化思潮中，开创了一种华夏礼乐文化的新形态、"霸主"政治演绎下的新文化格局。这里尤其要提及的是，春秋时诸侯之间的会盟、礼聘等，通过改革、扬弃西周传统宗法文化，重塑着一种新的国家交往的外交规则和礼仪秩序。更加重要的是，这种新文化风潮通过扬弃西周宗法文化，使周代宗法文化中强调尊卑、等级的刻板而形式化的祭祀、赐命、冠婚、朝觐、迎宾、丧葬等文化形式转为具有文情性、雅致性的诗、礼的朝、觐、聘、享等文化形式，并以优雅的贵族风格形塑了以《诗》、《书》、礼仪等为主的贵族与士阶层的修养和气质，具备"极优美、极高尚、极细腻雅致"[①]的华夏文化气质。这种文化气质在各诸侯国内外激烈的斗争中，在旧贵身份下移、士阶层兴起的时代浪潮中，使过去由贵族阶层所垄断的《诗》、《书》、礼仪逐渐普及化，使昔日的周代礼仪文化包括贵族习用的"六艺"教育下至民间，普及士人，开创了一种具有趋同性的新文化格局。

---

① 钱穆：《国史大纲》，北京：商务印书馆，1996年，第68页。

　　所以，对春秋战国时代的国家建构、民族认同、社会整合等各方面演进历程的理性认知，既对我们深入认识秦汉时代的大一统原因有着重要价值，也提供了我们进一步认知中国古代的国家、民族、社会、文化等发展的前提与基础。秦王朝的大一统，既是对春秋战国时代政治、经济、文化、民族关系的总结，也是中国统一的王朝国家和汉民族形成的起点。秦王朝在短短十余年中所做的关于维护统一的诸多措施，例如书同文、车同轨、统一度量衡、修建直道、筑长城以拒外敌、凿灵渠以通水系等，都是这种强化国家统一、民族认同、社会整合的举措。但是，秦王朝毕竟诞生于战国时代的列国兼并战争中，它所建构的国家体制、思想文化、郡县制与编户齐民制度，都带有战争时代军事体制的痕迹，可以说承载着战争时代的时势与惯性。尤其是秦国的二十等军功爵制度，经过上百年战争的洗礼，对强化秦国的战争机器及维持民众的"农战"热情有着异乎寻常的重要作用。但是势随时变，当国家承平，在"居马上得之，宁可以马上治之乎"① 的时代转型中，秦王朝并没认识到这种时势演变的特征，仍然为南征北伐，修建宫殿、陵墓等进行着庞大的民众动员，使渴望统一的人民依然不能享受大一统带来的安居乐业的益处。正是民众对其的深深失望，注定了它兴灭忽焉的命运。

<h2 style="text-align:center">三</h2>

　　秦汉相续，既是一次王朝的更替，更是一种国家政治体制、思想文化的更新与转型。清人赵翼指出："盖秦、汉间为天地一大变局。"② 其所谓"变"，不仅在于汉初布衣将相之局及对秦亡教训的借鉴，更在于时势相异，使西汉统治者不得不在继承秦的基本政治体制的基础上，杂以"周文"而进行大范围的改革、更化。正如熊十力先生所谓："汉以后二千余

　　① 司马迁：《史记》卷九七《郦生陆贾列传》，北京：中华书局，1959 年，第 2699 页。
　　② 赵翼著，王树民校证：《廿二史札记校证》，北京：中华书局，1984 年，第 36 页。

年之局，实自汉人开之。凡论社会、政治，与文化及学术者，皆不可不着重汉代也。"① 它开创了一种崭新的"汉家制度"。而这种制度的建构，却是"秦制"与"周制"的有机结合。"汉家制度"的开创并非一帆风顺，而是通过汉代上层统治集团中的冲突、博弈、互融而达成平衡的结果，并在统治者的权力欲与客观政治时势的交汇互融中达到一种新的境界。"汉家制度"适应了中国古代的大一统局面，使汉代的国家、民族、社会、文化逐渐趋于稳定，走向一致性认同，由此奠定了其后两千多年帝制时代的基本政治格局。

其实，周、秦制度的结合，解决了中国古代社会的一个重要问题，即权力的分离问题。从西周到秦汉，古代中国呈现了两次权力的分离现象。第一次是西周王朝分封制中表现的王权与治权的分离。西周分封制虽然适合了其时的政治大势，但是因为这种上下权力的分割，从一开始就蕴含着地方"邦""国"对中央王朝的离心力，而随着时势变化，最终使西周王朝逐渐走向分崩离析。而秦所建构的君主集权的官僚政治体制，虽然能够克服西周国家体制中呈现的政治离心力问题，却带来了在剥削阶级的私有制社会中国家体制通常内蕴的第二个分离趋势，即皇权与行政权、支配权的分离。由于秦代官僚体制科层结构的刚性特点及所带来的僵化性、脆弱性，尤其是作为国家各级政治、经济权力代理者的各级官吏，由于所有权与受益权的分离，极易出现滥行职权、以权谋私、权力寻租现象。严格来说，自商鞅变法后建立的秦国的官僚体制，尽管破除了封闭的世卿世禄封君制，任用流官作为各级官吏，对于加强社会上下阶层的流动，提高吏、民的作战、务农的积极性有着重要意义，可是由于秦国与西周分封制在所有权上的差异，秦国官僚、吏员仅仅是官僚系统中享受俸禄的权力行使者、代理者，他们尽管有着冲破阶层隔阂而不断上升的自我价值实现感，但是又缺乏西周各级贵族、封君在封地中"权"与"利"相结合的获得感、满足感。这正如韩非所谓："故君臣异心。君以计畜臣，臣以计事君。

① 熊十力：《读经示要》，萧萐父主编：《熊十力全集》第三卷，武汉：湖北教育出版社，2001年，第766页。

君臣之交，计也。害身而利国，臣弗为也；害国而利臣，君不为也。臣之情，害身无利；君之情，害国无亲。君臣也者，以计合者也。"① 故其履行职权的责任心、主动性往往与他们的信仰、道德的素质相关。这就使帝国官僚体制必须注重意识形态领域的建构，注重伦理道德的建设，注重对尚"德"、贤能之士的选拔。刘邦君臣正是看到了这个问题，故汉初政治制度的改革中心，是以大力发展伦理道德为内涵的尚"德"崇"礼"为主的，通过儒家对西周礼制的改造及其教化机制，而提升活跃在这种科层机制中官僚、士人的为"天下"理念并达到至"公"的"圣贤"境界。正是这第二个分离，直接导致了汉代思想意识形态领域的改革：一方面通过汉"以孝治天下"而在思想意识形态领域倡导儒家的"仁义""礼制"。特别在基层社会中，为了克服大一统国家对乡里社会的直接控制所导致的资源不足的矛盾，它必须通过重建乡里社会的宗法制度，利用血缘宗法这个中介来实行对乡里基层社会的间接控制，由此导致汉代的国家—社会的二元化趋向；另一方面，通过汉代选官制度的改革，建立以"孝""廉"为内涵的察举、荐举制度推选官员，由此转变秦代"以法为教""以吏为师"的选官制度。这种重视"仁政"、"德治"和"选贤与能"的思想，是一种为了克服流官体制的弊病而进行的系统性、制度性改革，是试图通过道德、伦理的力量来克服剥削阶级社会中的人性之"恶"，通过儒家教化与"治国平天下"的理念，使在这种科层机制中的官僚、士人能够饱含"平天下"的理念而达到"至公"的境界，故它并不是单纯的权宜之计，更不是可有可无的帝王心血来潮之举。汉文帝时期，青年谋士贾谊所谓"变化因时""攻守异术"，正蕴含着对秦汉之际"武"（秦制）、"文"（礼文）转换的深刻思想。所以，西汉初期"汉承秦制"与"汉家法周"，其制度建构虽以秦制为基础，但是许多重要制度来自由儒家学者所改造的周代礼制，由此形成法儒交融的"汉家制度"。这种政治体制重构了汉代国家的治理机制与意识形态，并奠定了我国两千年帝制时代的政治制度基础。

① 王先慎撰，钟哲点校：《新编诸子集成·韩非子集解》卷五《饰邪》，北京：中华书局，1998年，第128页。

　　汉代国家对思想意识形态的改造，使历史又走了一个否定之否定的轮回。传统的"周文"经过儒家学者的改造而重新回到国家上层政治生活中。汉初刘邦、惠、吕时期，鉴于秦亡教训，对于各种政治思想及学术争论抱持比较开放的态度，这就给一直寻求实现自己政治抱负的儒家士人以极大的鼓舞，形成一股儒家的复兴潮流。而儒家学者也深知秦制弊端，故通过对儒家思想的改革、倡扬，即通过汉初颇具热情的"立典"（立"经典"）与"建制"（建"礼制"），而希望获得在王朝里的正统性与合法性。汉武帝时采用公孙弘、董仲舒之议，"罢黜百家，表章六经"就是其结果。值得注意的是，汉帝国除了借助思想文化的"德""礼"建构，还积极通过"天人合一""天人感应"等理论，构筑帝国所需的思想意识，实现对民众的思想统治。《左传》云"国之大事，在祀与戎"，汉代亦是这样。统治者充分利用自史前便有的祭祀与天文相结合的对小农社会农耕产业有着重要作用的公共服务功能，通过对天文、历法的告溯颁历，而获得王朝的正统性与合法性。汉文帝时贾谊提倡的"悉更秦之法"，改正朔，易服色，法制度，定官名，兴礼乐，革故鼎新，以及从西汉至新莽、东汉统治者对明堂、辟雍与灵台的重视①，都是帝制王朝试图获得"君权神授"的天眷与王朝合法性的政治手段。同时，地大物博的古代中国，由于各地特色的不同，民间诸神亦成为乡里社会的信仰对象。在秦统一前，山川阻隔，言语不通，阻碍着不同地域的文化交流，也使各区域的民间诸神信仰呈现出各自的特点。秦统一后，秦始皇巡游海滨甚至泛舟于海上，迷信方士，追求长生不死，均与燕、齐神仙信仰密不可分。然而，政治权力以维护国家一统及君主权威为己任，追求治理手段的简洁、高效与多样化，必然会通过对地方文化与民间诸神信仰的整合，来塑造、推广更符合统治需要的秦汉文化。例如汉代民间信仰的两大主题：宇宙论、生死观。各地不同的信仰群体而衍生出相异的信仰行为，各地大都以宇宙论、生死观为中

---

　　① 在汉代文献之中，明堂、辟雍与灵台也被称为"三雍"或者"三宫"，如《汉书·终军传》说："建三宫之文质，章厥职之所宜，封禅之君无闻焉。"颜师古注引服虔曰："三宫，明堂、辟雍、灵台也。"郑氏曰："于三宫班政教，有文质者也。"

轴，辅之以时间和空间问题，由此形成对人的自我价值的思考。这些问题虽然来自汉代"天道"的基本维度，但是从时间和空间的层面对宇宙、生死问题进行解构，使这些问题乃至汉代民间信仰从整体上都带上了"天人合一"的属性，最终达到对"君权神授"的皇权合法化。所以，摆脱肉身—升仙等思想的发展，不仅是一种宇宙论、生死观的价值信念，也是对"天人"关系以及在"天"庇护下的皇权合法性的延伸。中国古代并非没有本土的信仰，只是这种精神信念被分解，并融入到国家政治与社会民众的世俗性的日常中去。它与儒学的"天人合一""天人感应"学说一起，相互渗透、相互作用，构成了中国本土的文化特色。

　　自秦转汉，古代基层乡里社会及民众生活亦发生了重要变化。这种变化的实质正如前述，它是在秦汉相继中产生的国家—社会的二元关系，并在这种关系裂变中形成的新因素。秦时商鞅变法以"分异令"强行将民间自然形成的"家"拆分成以父母和未成年子女为主构成的核心小家庭，其目的在于增加国家的"户赋"收入，强化对乡里社会成员的管理、控制，由此以国家力量直接进入到基层乡里民众的公、私生活中。但是当实现大一统时，这种在小农经济上建构的国家—社会的一体化整合方式所存在的显明的政治、经济资源的不足，使汉代统治者希望通过对"周制"的仿效，利用乡里社会既有的宗法资源作为联系中介，来重新构建国家与社会的二元格局。故从西汉起，由秦代的"长序"为先改变为"齿序"与"长序"并重的局面，并使它们成为推动乡里社会整合的两种力量。这种社会整合方式对克服秦政弊病固然有效，但是它又面临另一个问题，即在社会经济发展中，过去实行的分户析产的"小家"制度必然会向"大家"（大家庭、家族）发展、演变，由此破坏承担国家赋税、力役、军役的小农经济基础。尤其是西汉中期以后，社会上的工商业者开始深刻认识到权力对保护财富的重要性，逐渐产生进入官僚系统的强烈愿望，部分商人开始积极与政府合作进入官僚体系，使其政治、经济实力不断膨胀，而导致"大家"（大家庭、家族）的加速发展。这种情况最终导致汉初的"小家"向"豪富大家"的加速蜕变，致使基层社会中编户齐民群体发生了分化，引起从西汉中后期至东汉一代"豪民"向"豪族"的变迁。尤其是东汉察举、征辟的选官制度，以及经学成为重要的政治、文化资源，大批以明经入仕而形成的文化世代传承的经学世家，通过婚姻及师生僚属等关系，在权力资源与文化资源的交互循环中形成世代官宦、累世重权的社会关系网络，使汉代"大家"最终走上士族化的道路，并成为东汉政权分崩离析的催化因素。

秦汉时期的政权建构及其交替，亦使先秦诸夏族群在政治力量的推动和中原先进文化的吸附下，不断形成新的、更大的民族国家，也由此产生了以"诸夏"为标志的早期华夏民族向统一的汉民族的转化。战国时代的诸夏尽管同服、同制、同文、同种，但是齐、秦、魏、楚等列国的"国人"意识使彼此隔阂，虽然同处于一种政治、文化、礼乐制度中，但它毕竟是一种加持了列国认同的"诸夏"意识，是一种诸夏—华夏的"二重认同模式"。但是，从战国至秦代的统一趋势，使东西列国之间占主导地位的"秦人"与"非秦人"的族群区分得到弥合，原来以姬周为核心而展开的"夷夏之辨"的圈层型族群认同格局，被以"秦人"为核心的"华夏"统一的民族认同所取代。直至汉代，齐秦文化的交融，楚汉风俗的聚汇，在民族、文化的认同意义上进一步发展，促进了汉民族的互融、互化、互汇的局面。所以，随着西汉政治、文化的推进，武帝时的政治一统、文化一统、民族一统，形成其后几千年来的中华民族多元一体的格局。直到汉末，"华夏化"浪潮汹涌澎湃，尽管由于汉帝国政治体的盈缩带来了各民族之间复杂交错的情形，但族属和文化意义上的"汉人"已经成为带有开放包容性的稳固的民族共同体，它使华夏一体的国家、民族认同意识更加凸显。

四

从全球史角度看，周秦汉时期正是世界文明发展与繁荣的时期。在此期间，人类早期的几个文明（古希腊文明、古波斯文明、古代印度文明和古代中国文明）不约而同地出现了一个辉煌的文化繁荣时期。德国的卡尔·雅斯贝斯将公元前 800 年到公元前 200 年的历史时段称为"轴心时代"。在这个历史时期，中国、印度与希腊等几大地区先后建立起世界历史中既向多元性开放又能维系普遍历史构思的新的思想文化尺度。"这个时代产生了直至今天仍是我们思考范围的基本范畴，创立了人类仍赖以存活的世界宗教之源端。无论在何种意义上，人类都已迈出了走向普遍性的步伐。"① 这个时代发生的文化精神的变革，使世界各早期文明逐渐确立起不同的宗教—伦理价值系统，并且在其后又都实现了文明形态的自我更新，产生了对德性和理性的尊崇与肯定，对人类自身力量和智慧的自信等。正是在这种时代进步中，古希腊、古中国、古印度等文明共同形成并确认了一些重要的人类普遍原则。在轴心时代之后，东方与西方都进入了一个重要的统一时期，例如在欧亚大陆上先后诞生了强盛一时的罗马帝国、帕提亚帝国、贵霜帝国、汉帝国等。所以，从世界史的视野来看，秦汉国家的发展，正处于世界文明由"轴心时代"向其后的帝国时代发展的一个重要历史阶段。但是，这个时代的中国走出了自己独特的历史演进道路。通过周秦、秦汉的两次国家体制与社会结构的裂变，既使传统中国开创了新的历史进程，又通过全国大一统和民族大融合而导致文明形态的自我更新。

因此，由周至汉，中华文明的递嬗，通过否定之否定的螺旋式上升，而进入到一个新的发展阶段，并具有重要的世界意义。它使世界文明的发展、演变更具有多样性、互鉴性。尤其是在思想文化方面，春秋战国时代以儒家、道家等为代表的文化学派，使中国传统社会的伦理精神得以确立，并培育了一种专注于道德修养和经世致用的现实精神，它不仅对于中国古代思想史，而且对于整个世界文明，都具有颇具东方特征的重要意义。而在政治体制上，春秋战国时期的阶级、阶层的大动荡、大分化，使得远在西隅的秦国迅速崛起，通过商鞅变法而建构了较为完备的君主集权的官僚政体。这种新型国家体制是对周代分封制的否定，从某种角度看，它有效地克服了西周分封制的离心力，使传统中国进入到一种政治一统、

---

① 卡尔·雅斯贝斯著，魏楚雄、俞新天译：《历史的起源与目标》，北京：华夏出版社，1989 年，第 9 页。

民族融合、社会整合的状态。自秦转汉，汉帝国通过"汉承秦制"与"汉家法周"的改革、"更化"，建构起新的儒法相融的"汉家制度"。由于汉代国家体制适应了传统中国的小生产者渴望强大国家保护的要求，适应了民族格局中多元一体的现实状况，适应了传统中国广袤大地中不同文化区域的风土、人情、习俗的多样性与共融性，故它的儒法相融的政治体制蕴含着内在的统一性、连续性、包容性的特质与力量，并成为其后二千多年中国历代王朝效法的制度范式。所以，当其后腐朽的罗马帝国为四面八方涌入的其他民族所淹没，截断了国家与民族的历史发展进程时，中国则在不断发展，并加快着华夏民族与国家的一体化进程。这说明中国内部有着十分强大的自我调节和应付挑战的机制。

世界历史上不乏一个民族长久地分为多个国家的情形。但是在中国，人们往往将国家作为民族的象征，以民族作为国家的基石，甚至将国家、民族的双重统一看作完成自身生命价值的崇高目标取向。在这里要注意的是，由于国家在民族安全性上所承担的义务和职责，它也被作为华夏（汉）民族价值观的重要组成部分，国家认同甚至常常被作为民族价值观的核心、根本问题来看待。"长驱蹈匈奴，左顾凌鲜卑。弃身锋刃端，性命安可怀"，"捐躯赴国难，视死忽如归"。[1] "英雄未肯死前休，风起云飞不自由。杀我混同江外去，岂无曹翰守幽州。"[2] 民族危难就是国难，在解决民族的危机中，国家认同常常会达成空前一致，并成为人们愿为之赴汤蹈火的生命价值取向。因此，尽管中国古代历史上的分与合常相伴而行，但分总是暂时的，合则是长久的。每一次"分"往往为其后更大的"合"奠定基础，导致更为强大的统一国家和民族共同体的出现。而在这种由冲突向融合转化的必然性背后，一个最为重要的原因就在于我们民族意识中所积淀下来的深层价值结构，即国家认同、民族认同、文化认同的同一性。所以，从全球史的意义看，秦汉国家构筑的民族、国家、文化的三位

---

[1] 曹植：《白马篇》，傅亚庶注译：《三曹诗文全集译注》，长春：吉林文史出版社，1997年，第671页。

[2] 文天祥：《纪事》，《文天祥全集》，北京：中国书店，1985年，第315页。

一体认同，使中华文明有着极强的生命力。正是在这种"分久必合，合久必分"的历史进程中，华夏（汉）民族始终保持了国家的统一、民族的团结、文化的连绵不断，由此铸就了一个具有悠久文化传统的久经考验的民族，也造就了一个人口众多、幅员辽阔的泱泱大国。这种情形，正是与秦汉国家的制度构建、民族认同、社会整合分不开的。

以上是本丛书讨论的一些基本问题，也是本丛书的作者对春秋战国暨秦汉递嬗时期政治、经济、文化、社会、民族等问题的探索、研究的心得。事实上，对春秋战国暨秦汉国家、社会、民族之递嬗所形成的剧烈变化，诸多通史著作都已进行了富于特色的研究。本丛书则是在前代学者研究的基础上，通过历史时序与问题意识的结合，特别是通过对问题的阐释、解读而揭示出先秦秦汉时期历史与逻辑演进的因应关系，以更深入地了解、认识中国古代诸多历史问题的本质特征。本丛书的作者群体，既有秦汉史领域的资深学者，也有本世纪成长起来的青年学人。值得欣喜的是，这些经过严格学术训练，颇具学识的一代青年学人，朝气蓬勃，勇于创新，富有探索精神，对先秦秦汉时期的诸多历史问题有自己的独到见解，由此为本丛书的内容增添了生气。

本丛书系 2017 年度国家社科基金重大项目（17ZDA180），2023 年获得国家出版基金项目资助。丛书由总主编李禹阶教授进行指导思想、写作目标、各卷内容的总体设计，并对丛书各卷进行最后的通稿。本丛书共分为六卷，依据时序和内容，分别为：《秦的国家建构、民族认同和社会整合》（第一卷）；《秦汉国家演进与华夏民族认同》（第二卷）；《西汉王朝的国家建构与社会整合》（第三卷）；《秦汉国家的思想、信仰与皇权政治》（第四卷）；《汉代国家视域下的社会阶层演变》（第五卷）；《礼法之宜：汉代国家法的法理构建与制度整合》（第六卷）。各卷分别由李禹阶、尤佳、徐卫民、刘力、崔向东、汪荣负责具体章节设计、统稿与修改等工作。尤其需要说明的是，在丛书撰写中，得到了王子今、卜宪群、孙家洲、吕宗力、杨振红、李振宏、臧知非、晋文、王彦辉、晁天义、邬文玲等教授、研究员的关心、支持，他们对其中的诸多内容提出了颇具建设性的意见与建议，在此特别要对他们予以衷心感谢。丛书的出版，特别得力于齐鲁书社原总编辑傅光中先生的慧眼识珠，辛勤努力，并对丛书内容提供了十分中肯、宝贵的建议；丛书各卷的编辑老师严谨认真，一丝不苟，为丛书的高质量面世提供了保证。没有齐鲁书社诸位老师的辛勤劳动，本丛书的出版是不可能的。在此亦对以上各位编辑、朋友的帮助表示衷心感谢。

李禹阶

2024 年 5 月 12 日

前　言

关于秦汉时期的民族或族群问题，学界进行了长期探索，取得了丰硕成果，研究思路也发生过重大变化：从传统的以客观实体论、中原核心论、多元一体论为基础的民族溯源及线性演进式研究转向以主观认同论、社会记忆论、华夏边缘论为基础的民族边界现实场景选择及拉锯互动式研究，即将人类学和社会学纳入历史的民族史研究。同时，还有学者注重从政治体的角度探讨秦汉时期的族群问题。这些研究无疑都有助于加深我们对秦汉时期民族或族群问题的认识。期于对秦汉国家演进与华夏民族认同问题的研究产生一些推进，我们在研究视角和方法上进行了调整。

从研究视角上讲，本卷不仅从中央王朝的角度，还重视从边疆社会和非华夏视角的视角去考察问题，尝试从"他者"的角度去解析"他者"视域中的"我者"形象，以及"他者"对"我者"整合行为的因应与反馈。

同时，在研究中我们没有过于滑向"边缘研究"一端，造成对秦汉民族认同历史主轴的忽略，从而不能很好地把握秦汉民族认同的本质特点；也没有只关注"政治体"这个层面，而忽视对各族的族属（血缘）、文化、社会、经济等研究视角的运用。

在研究时域上，我们还进行了一定的前溯后延。向前追溯至先秦，向后延伸至魏晋南北朝。由于秦汉时期的史料总体不太丰富，关于某些区域的文献材料可能会更少，若相关考古资料亦不丰富，则研究难度自然会较大。所以，通过研究时域的适度延展，一方面弥补了既有材料的不足，另一方面也有助于在长时段内更好地洞察与把握中国最初的大一统王朝国家发展演进的过程与华夏民族认同的变化。

就研究方法而言，我们除主要采用历史学的研究方法外，还借鉴了民族学、人类学、社会学、政治学等多学科的研究方法和手段。在注重史料的发掘整理、历史事实的恢复、科学分析论证的基础上，恰当运用了归纳、演绎、推理、统计与案例分析等方法。

此外，本卷还重视运用系统分析与比较研究的方法。系统分析方法的主要特点是，视研究对象为一个由诸多要素所组成的复杂系统，这些要素的结构、相互关系及其运动，深刻地影响了研究对象的性质及其发展过程。在本卷中，我们采用系统分析的方法，审视和解析先秦秦汉时期"华夏"认同与"汉人"认同的差异及形成过程，梳理和比较秦汉国家权力对不同区域非华夏民族的社会整合与同化，这样有助于从宏观上理解和把握秦汉帝国逐渐完成民族认同"转型"和社会整合的历史进程。

成功运用比较研究方法的关键在于，选择对象时应注意有无可比性。因此，我们在研究中审慎遴选了秦汉时期不同地域、不同民族之间适合的比较项，在注重全面性与动态化的前提下，构建科学、合理的比较分析框架。譬如，秦汉统治者对边疆地区的开发、整合，总体而言，是一个统一的整体。但王朝幅员广袤，各个区域由于存在不同的地理、气候、环境资源、风俗信仰和历史传统等，所居诸族在"华夏化""民族认同""社会整合"的方式、特点与效果等方面亦存在差异。就西南地区来说，以成都平原为核心的蜀地北部明显优于蜀地南部与南中地区；而南中地区又以滇东北与滇池地区最为发达；即使在相对落后的滇西地区，永昌郡的发展又明显优于滇西其他地区。这种区域发展不平衡现象亦存在于关陇河西、燕齐辽东以及长江中下游等地。同时，由于秦汉时期华夏人群在边疆地区的迁徙过程也是华夏文化在当地的渗透过程，所以，与华夏移民由交通沿线到僻远之地、由平原至山谷隙地的推进相应，华夏文化在边疆地区传播的幅度与深度同样存在明显的区域性差异。鉴于此，本卷通过若干典型区域来考察和分析秦汉国家演进与华夏民族认同的问题，同时，我们也会对某些区域内的"次区域"展开一定探讨。

本卷共九章,依照逻辑关系,可分为前后两部分。第一部分为总论,即第一章至第三章,以长时段、跨地域的方式对诸如"秦人"、"汉人"、国人意识、族群认同与社会整合等重要的称谓、概念进行了深入的辨析和解读,为后续研究提供了必要的话语基础与理论背景;第二部分为分论,即第四章至第九章,对几个主要区域的社会整合、华夏化进程、民族融合与认同变化等问题分别展开个案式研究。

第一章主要从春秋战国时期列国的"二重认同模式"、历史演进视域下"秦人"认同的塑造与瓦解两个层面,系统考察和深入分析了周秦时期的"国人"意识与族群认同的发展演变。

西周春秋以政治立场、制度认同和历史记忆为基础,确立并维系着"诸夏"认同。降至战国,随着列国"地域国家"形成,列国"国人"意识产生,彼此隔阂强化。然列国"同服同制",处于同一体系下的礼乐典章维系了列国间的"诸夏"认同,从而形成一种"二重认同模式"。其后,随着战国七雄兼并和"大一统"观念流传,政治上重新统一已为必然之势,"二重认同"渐趋合一,"复数的诸夏"走向"单一的华夏"认同。先秦秦汉时期,"秦人"称谓与认同经历了复杂的历史演进。西周时期,"秦人"称谓与认同隐而不显。及至春秋,"秦人"称谓与认同逐步凸显,但仍被笼罩在以姬周华夏为核心展开的"夷夏之辨"的族群认同格局中。自战国至秦代,"秦人"和"非秦人"的族群区分得到凸显,原来以姬周华夏为核心展开的"夷夏之辨"的多层次族群认同格局,被以"秦人"为核心展开的"秦人非秦人之辨"的多层次族群认同格局所取代,形成了狭隘的"秦(夏)"认同。秦朝统一后,意图整合"诸夏",塑造新"秦人"认同。但秦国法制与六国旧俗的冲突,激起六国故民的反秦情绪,导致秦帝国的崩溃和新"秦人"认同的瓦解。

第二章对后战国时代的"国人"意识与"汉人"认同进行了历时性梳理与详细辨析,期望能充分阐明核心稳固、边界开放的融政治、文化、族群与血缘于一体的"汉人"认同形成的历史过程,也希望能为更好地理解和把握当今中国的民族与国家认同提供历史启示。

在后战国时代，"楚人""齐人""赵人"等以国为号的人群称谓广泛出现。对于各"诸侯国人"而言，战国以来的历史记忆和文化认同，成为超越政治体的族群认同的基础。在列国"国人"意识复生的同时，"秦人"身份走向消弭，"汉人"群体逐渐出现。"汉人"称谓始见于楚汉相争之时，在当时尚不具有族属和文化含义。至汉初，由于与"诸侯人"相对而言的"汉人"在当时观念和现实中的显著存在，"汉人"作为真正整体意义上的完全具有族别功能的族群称谓还没有明晰。但随着西汉政治、文化和族源历史整合的推进，至武帝时，与"诸侯人"相对而言的狭义的"汉人"完全被融政治、文化、血缘和族群于一体的广义的"汉人"所取代。此后直到汉末，尽管由于汉帝国政治体的盈缩带来了政治意义上的"汉人"和族属、文化意义上的"汉人"复杂交错的情形，但族属和文化意义上的"汉人"已经成为带有开放包容性的相对稳固的核心族群。而在整体意义上完全具有族别功能的"汉人"认同产生的同时，"中国一体"的国家意识也开始凸显。

第三章对秦汉时期内外边缘地区的社会整合与华夏化进程分区域进行了梳理和比较，并以此为基础，剖析造成上述区域性差异的深层次原因；同时，还就汉朝统治者利用外封官爵制度实现对边缘族群的整合与同化问题进行了深入探讨。

秦汉王朝通过一系列制度与文化的整合措施积极推动内外边缘地区的蛮夷融入华夏政治体，并以历史记忆的不断塑造推进其在心理、政治与文化认同上的转变，最终使蛮夷的编户化取得了一定成功。但由于受到诸多因素的影响与限制，不同地区非华夏族群的编户化进程呈现出较明显的差异。从编户化的途径上看，南方夷众主要通过缴纳賨赋的方式被纳入王朝的编户体系中，而北方蛮民的编户化则主要表现为承担徭役。若从制度属性和华夏化程度的视角纵向考察，汉代的外封官爵制度是由当时不同地区的众多民族共同参与和创建的，是以汉文化为主的多种文化交融凝聚的结果，它的实施为此期民族的交流与融合、华夏民族的形成与发展创造了有利条件。

第二部分以长江中下游地区、西北与北部边地、燕齐与辽东塞外地区、西南地区这几大区域板块为核心，系统考察和分析了秦汉王朝的"华夷之辨"，尤其是周边地区纳入王朝疆域的过程，关注内外边缘地区的族群类别、认同变化和华夏化进程，以期较充分地展现秦汉国家演进与华夏民族发展的恢弘面貌。

第四章首先梳理和分析了春秋战国时期楚国"东向"发展、实现对江淮区域内诸多小国统治的历史过程；在此基础上，进一步考察楚国如何通过政治权力主导下"自上而下"的模式成功完成了对新征服区域内众多族群的融合任务；最后，以赐爵制度为中心，透视和剖析了秦汉时期楚文化的演变历程与王朝的整合措施，以及在此过程中"楚人"向"汉人"的转变问题。

楚国的族群融合是一条以政治权力为主导的"自上而下"的整合之路，它与楚国"东向"之间的关系非常密切。在春秋时期，楚人利用中原势力对南方区域政治影响力减弱的有利条件，持续向东发展。在这个过程中，楚国通过击败、排除南方各主要区域内的地域政治力量，取得了在各个区域内的政治主导地位，并将区域内的诸小国转变为依附于楚国的附庸。在楚国确立了对南方小国的政治统治后，楚人将小国的统治阶层和民众进行分离调整，将前者通过迁移、吸收等方式变为楚国的封君、大臣等，但是允许其保留祖先祭祀与记忆；对于后者，楚人通过设置由国君直接控制的楚县，将其身份由他国臣民转换为楚国地方行政单元中的民众身份，并通过安排兵役、赋税等政治义务使其达到对楚国、楚王的政治认同。西汉前期，实际是一个以秦/汉爵制为主，楚爵制、周爵制等诸制并存的时期。西汉中期，王朝对秦制的因袭和对周制、楚制等制度的兼取告一段落，彰显汉家特点的制度与文化大体形成，并持续不断地从关中腹里向关东、向更远的"边缘"地区辐射，展现出越来越强大的影响力与整合力。在此过程中，江淮地区的本地族群实现了从整体的"楚人"进一步向"汉人"身份认同的转变。

第五章主要通过出土文献资料探究和厘清战国秦汉时期南方楚人的"九州"观与族群意识。首先，以上博简《容成氏》为基础，系统考察和辨明了楚人对于"九州"的认知、《容成氏》中反映的"九州"地理指向及其关于"九州"的叙述顺序问题等；其次，通过长沙子弹库战国楚帛书详细分析和总结了楚人的族群整合意识。

自春秋以来，特别是到了战国中后期，尽管当时的列国在政治上逐步走向统一，各地族群也在长期的交流、交往、交融中走向融合，但是各地在区域社会文化、观念取向等方面仍然存在较明显的差异。随着上博简《容成氏》简文公布后相关整理和研究的深入，我们发现，楚人有一套与中原不同的"九州观"，具体表现为，楚人对"天下"所做的地理区域划分是不平衡的，并且存在突出东方的特征。结合史料我们可以认为：当时的楚人选择了与中原诸国所不同的地理知识体系，并且在地理认识基础上构建起楚人对于"天下"以及本国向外发展战略问题的政治地理意识和国家发展观念。楚人自身的、与中原相偏离的政治地理观念促成并指导了其在中原之外，选址南方江淮区域建立大国的实践，由此楚人迅速凝聚起江淮地区内的小国和族群。这个过程的进行不仅增强了楚国的国力，也加速了江淮地区的政治一体化进程。通过分析楚人的政治地理观和族群融合，我们可以了解到，在中国历史由春秋战国列国割据走向以华夏为主体的统一的多民族国家之间有着复杂、曲折的历史发展轨迹，同时也更加凸显了秦汉大一统国家建立的重大意义。

第六章主要从陇右、河西和西域三个地区审视和分析先秦秦汉西北边地的族群互动与认同演变。

陇右地区伴随着此期西北边境的拓展及当地行政区划的反复盈缩，在族群互动与认同方面呈现出错综复杂的局面。在异族与华夏的互动中，虽然伴随着华夏族群向这一地区的移徙以及华夏式政治、经济、文化不间断地向这一地区渗透、浸染，但该地区始终是不同族群共生共存、摩擦争斗、互化互融的区域。事实上，秦汉陇右异族的整体性自我族群认同一直存在，甚至有越来越强烈的表现，表明异族与华夏在边地的接触并不一定形成异族的华夏化。战国至西汉前期的河西地区，基本还是乌孙、大月氏、匈奴诸族进行历史表演的舞台。自元狩二年（前121）汉王朝从匈奴手中夺取河西后，中原华夏势力逐步进入该地区，河西逐渐成为由中原华夏主导的多民族互动的地区。及至东汉，河西族群互动的外部环境先后受到北匈奴、羌人与鲜卑的影响，当地虽然一直由中原王朝掌控，但其逐渐异族化、边缘化。关于西域诸族，虽然先秦至西汉前期他们与中原华夏有过互动与交流，但华夏势力对其影响还很有限。自汉帝国从匈奴手中夺取河西后，汉匈双方对西域展开长期争夺，伴随着这种争夺，汉人、匈奴人与西域诸族有了广泛、深入的互动与交流，汉文化与匈奴文化都对西域诸族产生了影响。尤其是东汉，其对西域的经营始终受到北匈奴的干扰，而"三绝三通"的西域经营史表明统治者控驭西域绝远异国的愿望并不是很强烈，河西的异族化、边缘化也使得更遥远的西域更易脱离东汉政府的控制。

第七章详细梳理和分析了战国秦汉时期北部边地的族群互动与认同变化，主要围绕赵代地区与河套地区展开。

在北部边地，由于华夏统治力量的不断渗透，华夏与异族间出现了较频繁的互动和交流，从而出现华夏与异族互化互融的情形。尽管边地异族之支流不断汇入华夏之主流，但异族支流在边地始终存在，其整体性的族群自我认同也一直存在。譬如赵代地区，尽管秦汉王朝对当地进行了大规模的渗透，华夏与异族间的互动或以军事冲突的形式出现，或以和平往来的形式展开，在此过程中，华夏与异族的互化互融尽管获得了较大程度的推进，但"夷夏之别"或"夷夏之防"的格局始终没有改变，甚至最后因异族占据了赵代之大部分地区，而由异族主导了当地"夷夏"互动的进程。又如河套地区，虽然当地的华夏与异族也进行了频繁的互动与交流，但诸族的整体性自我族群认同长期存在，加之东汉时期河套地区异族人口数量激增，经过华夏势力与异族势力的反复拉锯，这一地区最终被鲜卑、匈奴、乌桓与羌人等异族占领，华夏势力大面积退出该地区。总之，北部边地的华夏化进程并不顺利，缘边族群对汉帝国的政治认同表现出明显的波动性，这既源于各族群自我认同的存在，同时反过来也会进一步强化其本族认同。

第八章系统考察和比较了燕、齐二地"汉人"身份的确立及其异同，同时探讨了燕齐滨海地域和乐浪四郡的人群身份认同问题，以期更深入地理解秦汉时代的社会整合与族群认同问题。

由战国入秦汉，燕、齐人群均经历了从诸侯"国人"到"汉人"身份的转变，这可以说是二者最大的共性，体现了秦汉帝国的统一促使"诸夏"整合，形成"单数的华夏"。但因燕地和齐地地理环境和文化风俗的差异，燕地"汉人"认同确立的波折较齐地略小。同时，在秦汉帝国重塑"华夏"的进程中，"秦人""汉人"认同的建立与维系，还遭到了来自滨海地域的阻碍和挑战。滨海人群，尤其是"海人"，呈现出游走于"汉人"与"夷越"之间的面貌。对此，秦汉统治者重视对滨海地域的控制，积极将脱离王朝统治的"海人"拉进帝国秩序，重建编户齐民身份和"汉人"认同。在汉帝国的治下，辽东塞外地区亦即乐浪四郡的蛮夷逐渐华夏化，但不同地区、不同族群的华夏化进程并不相同。乐浪、真番蛮夷汉化较彻底，郡县统治在当地得以维持；而其他地区华夏化较缓慢，成为西汉中期以来四郡省并、内迁的原因之一。可以这么说，汉朝东北疆域的伸缩，是汉政府改造乐浪四郡族群与当地族群认同选择间互动的结果。

第九章首先着眼于汉朝在西南地区推行的属国与边郡制度，梳理和分析它们之间相互转换的方式、原因及其反映的统治者对边疆地区的整合过程，以及当地少数民族的因应反馈与身份转变等问题；其次，系统考察了汉代西南地区华夏人群的迁移与"夷化"情况、华夏移民"夷化"的深层次原因等；此外，还探讨了秦汉王朝对湘鄂西地区蛮夷族群的整合及其编户化问题。

汉朝对边疆地区郡级行政机构调整的方式可以分为多种类型，但在西南地区，属国与边郡的相互更置更具代表性。对中央而言，在有条件、有可能的情形下，统治者往往倾向于采用郡县制的管理模式，以尽可能实现更直接、更深入的统治，并希望获取更多的封建剥削与地方资源；但对当地民众来讲，他们则希望更多地保留原有的社会组织与风俗习惯，希望得到更多的赋役优惠与刑罚减免。实际上，中央与边疆长期处于这种复杂的利益纠葛中，汉朝统治者根据边疆地区的实际情况与族群特点，筹谋和选择合适的统治方式，在谋取自我利益与实现边疆安定间寻找合适的平衡点。汉代，西南地区华夏移民"夷化"的原因复杂多样，当地"夷多汉少"的民族分布格局、华夏人群为逃避赋役剥削的不断南迁、华夏移民上层为建立和巩固统治的需要、夷汉经济上的共生互补等，都是推动当地华夏移民"夷化"的重要原因。此外，湘鄂西地区也是秦汉时期值得关注的边缘地带。当地蛮夷是一支强大的非华夏势力，他们由熟蛮转变为编户主要通过著籍来实现，但此时他们还只能称为蛮夷编户，要完成由蛮夷编户到普通编户的转型，除文化认同这一深层次的转变外，关键在于编户民徭赋征收标准的统一化。

总体言之，秦汉王朝的建立，不仅推动了政治上的大一统，也促成了华夏民族的整合、凝聚与壮大。南北方边缘地区的非华夏民族，不断被纳入中央王朝的疆域，经过各民族长期的交流交往交融，呈现出不同程度的华夏化，但不同地区的华夏化进程存在差异。

在北方地区，内附的异族民众多聚族而居，与华夏人群杂居的情形不似南方地区突出，族际通婚亦相对较少，民族关系的基本特点是矛盾冲突多于和谐共处，异族的本族认同强大，华夏化程度较为有限。而在南方地区，土著族群与华夏移民基本形成了杂居相安、共存共生的关系，各阶层的族际通婚比较普遍，民族关系的基本特点是和谐共处多于矛盾纷争，华夏化进程较为顺利。同时，南方部分地区华夏移民的"夷化"现象亦较突出。尽管这种现象似乎表现为对民族融合主流方向的"逆化"，但其未尝不能视为华夏移民与异族民众另一种方式的深度涵化，它无疑为长时段内边缘族群的华夏化与王朝的疆域扩张、社会整合奠定了基础。

究其原因，上述差异首先是由不同地区的地理生态环境引发的。地形、气候、水土、植被、资源等因素对古代社会的人口迁徙与分布、经济类型与发展、居住方式与社会组织、风俗习惯与文化传统等都具有极其重要的影响，它们不仅深刻影响了王朝的治边方略与整合措施，还影响到非华夏民族的融合进程、认同改变以及中国统一多民族国家的形成过程。

在北部与西北边地，由于地理环境及其造成的经济文化的排异性明显，其所呈现的图景主要是北方游牧民族持续南下、迁居农耕地区，游牧势力与华夏政权通常存在比较激烈的冲突，甚至可能引发严重的社会动荡；而在南方地区（另有东北部分地区），由于经济形态与文化类型的适应性与兼容性较强，主要表现为华夏人群不断迁入，土著族群与外来移民的交往与融合一般呈现为渐进式的浸润过程。这恰如许倬云所评价的，汉人进入南方是一个全面向前推动、渗透、同化的过程；相对来说，北方是冲突和敌对的①。

---

① 许倬云：《万古江河：中国历史文化的转折与开展》，上海：上海文艺出版社，2006年，第97页。

目　录

第一章
周秦时期的"国人"意识与族群认同

秦汉帝国的建立，是中国历史之一大变，实现了政治大一统，也推动了族群整合。钱穆提出秦的统一推动了"中国民族之抟成"[①]；范文澜从共同语言、地域、经济、心理特征四要素论证了"汉族在秦汉时已经开始形成为民族"[②]；罗志田指出秦统一后，"复数的诸夏"成为"单数的统一之华夏"[③]；葛兆光认为自秦汉起，"语言文字、伦理风俗和政治制度就开始把民族在这个空间中逐渐固定下来"[④]。这些研究展现出秦汉帝国政治"大一统"对华夏整合或汉民族形成的重要性。但这些探究过程中对"华夏"或"汉族"的界定，所依据的多为传统的"华夷之辨"或近代"民族""族群"概念，因而受到近年一些研究的挑战。较典型的是，胡鸿提出"走出族群看华夏"，倡导以政

---

① 钱穆：《国史大纲》（修订本），北京：商务印书馆，1996年，第116页。

② 范文澜：《自秦汉起中国成为统一国家的原因》，历史研究编辑部编《汉民族形成问题讨论集》，北京：生活·读书·新知三联书店，1957年，第5—16页。

③ 罗志田：《先秦的五服制与古代的天下中国观》，《民族主义与近代中国思想》（修订版），台北：三民书局，2011年，第32页。

④ 葛兆光：《宅兹中国：重建有关"中国"的历史论述》，北京：中华书局，2011年，第28页。

治体视角来考察"华夏"的性质及形成①，并论述了秦汉帝国如何"凝聚复数诸夏成为单数华夏"②。从政治体视角来审视"华夏"，抓住了古代中国"特有的民族认同与国家认同的同一性传统"和"华夏民族意识和国家意识在历史发展中相互交叉、合一的特殊性"③，但对中国古代以文化分辨"华夷"的传统不无忽视之嫌。对此，朱圣明在肯定胡鸿之说的基础上，提出"政治"与"文化"都是界定作为"族群"的"华夏"的重要因素④，或为平允之论。

　　无论从文化体或政治体视角，既往研究皆注意到秦汉帝国对族群认同的塑造作用，但也不乏可进一步讨论之处：第一，研究者提出秦汉统一促使"复数诸夏"走向"单数华夏"，或形成"汉人"认同，但此前"复数诸夏"在族群认同上是什么情形？第二，秦末汉初，政治统一出现"逆流"，对族群认同造成怎样影响？我们注意到，战国至西汉前期，存在着以"国"为名号的人群称谓，例如秦人、楚人、汉人、齐人等，可统称作"国人"。他们与西周春秋的"国人"不无渊源，但性质和范畴皆发生变化，其中蕴含着重要的政治认同和族群认同信息。对此考察，庶几能为解答上述问题提供新的线索。此外，借助对先秦秦汉时期的"秦人"⑤ 认同

---

①　胡鸿：《能夏则大与渐慕华风：政治体视角下的华夏与华夏化》，北京：北京师范大学出版社，2017 年，第 2-19 页。

②　胡鸿：《能夏则大与渐慕华风：政治体视角下的华夏与华夏化》，北京：北京师范大学出版社，2017 年，第 35-45 页。

③　李禹阶：《华夏民族与国家认同意识的演变》，《历史研究》，2011 年第 3 期。

④　朱圣明：《华夷之间：秦汉时期族群的身份与认同》，厦门：厦门大学出版社，2017 年，第 23-28 页。

⑤　关于"秦人"，史党社在《日出西山：秦人历史新探》（西安：陕西人民出版社，2013 年）一书中从族群的角度探讨了其内涵的动态演进过程，给本章的探讨提供了较多有价值的启示。本章拟在其研究基础上，对先秦秦汉时期的"秦人"称谓进行系统梳理，从当时的历史场景来考察"秦人"称谓是怎样存在于"自我以及其他族群的主观意识中"，并对"秦人"称谓与认同在先秦秦汉时期消长的历史轨迹进行详细探寻。

与汉代的"汉人"[①] 认同作历时性考察，是期望能充分阐明核心稳固、边界开放的融政治、文化、族群与血缘于一体的"汉人"（华夏）认同形成的历史路径，同时希望能为如何正确认识当今中国的民族和国家认同提供一些历史启示。

第一节　"诸夏"与"国人"：
春秋战国时期列国的认同模式

由春秋入战国，不仅政治、经济、文化有较大变革，族群认同也发生变化，最重要的表现有二：一是列国"国人"意识的形成，二是维持"诸夏"认同因素的变化。而这两点变化共同构成了战国列国的"二重认同模式"。

一、西周春秋的"诸夏"认同

西周时，"夏"已被用作人群、族类或政治群体称谓。《尚书·康诰》载周公语云："惟乃丕显考文王，克明德慎罚，不敢侮鳏寡，庸庸，祗祗，威威，显民。用肇造我区夏，越我一二邦以修。"[②]《君奭》曰："惟文王尚克修和我有夏。"[③]《立政》曰："帝钦罚之，乃伻我有夏，式商受命，

---

① 关于"汉人"，学界虽对其有过探讨，诸如贾敬颜《"汉人"考》（《中国社会科学》，1985 年第 6 期），周伟洲《周人、秦人、汉人和汉族》（《中国史研究》，1995 年第 2 期），李禹阶《华夏民族与国家认同意识的演变》（《历史研究》，2011 年第 3 期），李龙海《汉民族形成之研究》（北京：科学出版社，2010 年），李大龙《从夏人、汉人到中华民族——对中华大地上主体族群凝聚融合轨迹的考察》（《中国史研究》，2017 年第 1 期），朱圣明《华夷之间：秦汉时期族群的身份与认同》（厦门：厦门大学出版社，2017 年），等等，但在"汉人"称谓何时具有族称含义的问题上存在分歧，对汉代"汉人"内涵的动态演进历程缺乏细致的历史分析，对汉代"汉人"认同的微观情境性考察亦显不足。鉴于此，本书拟在前人研究基础上对汉代的"汉人"称谓与认同作进一步的考察，详见本书第二章。

② 孔安国传，孔颖达疏：《尚书正义》卷十四《康诰》，李学勤主编《十三经注疏》，北京：北京大学出版社，1999 年，第 359-360 页。个别用字有校改。

③ 孔安国传，孔颖达疏：《尚书正义》卷十六《君奭》，李学勤主编《十三经注疏》，北京：北京大学出版社，1999 年，第 444 页。

奄甸万姓。"① 周人自居"区夏""有夏",当已形成"夏"的身份认同。

　　不过,"有夏""区夏"是否即"夏族"或类似后来说的"华夏"呢?沈长云提出"区夏"本指"整个'西土'","是合周邦及其它友好盟邦组成的一个地区性同盟",相当于《牧誓》所言"西土之人"②,周人将联盟称为"夏"是取"大"之义③,以壮声威;至周克殷,"周王室又把'夏'的名称冠在了自己分封出去的诸侯国的头上,这些诸侯被称作'诸夏'"④。胡鸿同样认为"夏"非"族群自称",更非"夏族"。他提出"夏"可训为"西",尤其《康诰》中"我区夏"与"我西土"对应,并注意到《礼记·缁衣》和清华简《尹诰》中存在"西邑夏"一词,认为殷商至西周初,"有夏""区夏"即"西土之人",是"一个基于政治、军事需求,而以地域为认同符号的松散政治联盟";但他认为随着周朝东土封建诸侯的完成,周人统治范围不限于西土,"有夏""区夏"便不合时宜,遂不见于文献,"周人"成为周王国及其分封诸侯国统称;至春秋尊王攘夷,"夏"这一概念才获得新生,诸侯国标榜"诸夏"认同以区别于周边蛮夷⑤。近年,钟云瑞、高晓军探讨"周人称夏"也有类似观点⑥。

　　上述观点训"夏"为"西",进而主张"有夏""区夏"指西土之人,

---

① 孔安国传,孔颖达疏:《尚书正义》卷十七《立政》,李学勤主编《十三经注疏》,北京:北京大学出版社,1999年,第470-471页。

② 孔安国传,孔颖达疏:《尚书正义》卷十一《牧誓》,李学勤主编《十三经注疏》,北京:北京大学出版社,1999年,第283页。

③ 郭璞注,邢昺疏:《尔雅注疏》卷一《释诂》,李学勤主编《十三经注疏》,北京:北京大学出版社,1999年,第9页。

④ 沈长云:《华夏民族的起源与形成过程》,《中国社会科学》,1993年第1期。

⑤ 胡鸿:《能夏则大与渐慕华风:政治体视角下的华夏与华夏化》,北京:北京师范大学出版社,2017年,第24-36页。

⑥ 钟云瑞、高晓军:《"周人称夏"析因——基于"夏"字词义训诂的考察》,《海南大学学报》(人文社会科学版),2020年第3期。

或不无可议之处①；但发掘出"夏"作为政治联盟的历史事实，将"夏"与周人联盟和分封制度联系起来，极具启发性。西周封建，形成以宗室诸姬诸侯国为核心，包括周人"甥舅之国"、夏商后裔（杞、宋）和其他邦国的政治联盟。通过封邦建国，周王朝形成"周王国—诸姬国—其他诸侯国"的圈层结构。正如研究者所论，"周公成王时期建立的政治体制则是一种双层联邦体制：一是西周血亲联盟，二是华夏即中原地域大联盟"②。夏、商后裔或其他氏族，因受周王朝册封，成为周王朝政治联盟的组成，被纳入"周人"或"时夏"。《诗·周颂·时迈》曰："我求懿德，肆于时夏。"③《周颂·思文》曰："贻我来牟，帝命率育。无此疆尔界，陈常于时夏。"④ 此处"时夏"，正是周王朝"分封出去的诸侯国"⑤。

王玉哲提出，"自从周初实行分封制度以来，出现了一个根本性的大变化……使时人心目中构成一个以华夏文化为中心的整体，使各地居民对周王室有一定的向心力，促进了各民族的融合，广大群众也逐渐形成了'中国'天下一家的观念"⑥。《周礼·春官》曰："钟师掌金奏。凡乐事，

① "夏"训为"西"，很可能源自夏邑/夏朝故都在商朝被称作"西邑"或"西邑夏"（参见蔡哲茂：《夏王朝存在新证——说殷卜辞的"西邑"》，《中国文化》，2016年第2期）。此系夏邑相对"大邑商"方位而言。"夏"遂被用于商朝西土政治—族群体的代称。而"区夏"之"区"，可读作"瓯"，意指边缘，所谓"区夏"即"夏"之边缘（参见辛德勇：《发现燕然山铭》，北京：中华书局，2018年，第274-275页）。周人及其盟友，处于"西邑夏"之西，相当于"夏"之西部边缘。从这个角度来讲，周人反商之际，把自己塑造进"夏人"范畴，存在现实意义，有助于借助夏朝正统性，联合更多人群。而且，倘认为"夏"在西周中期以降不再适用，东周诸侯国又重新标榜"诸夏"认同以对抗蛮夷，但时隔近200年，诸侯国用一个本指"西土"的词汇来联结彼此，又能起到多大效果呢？是故，"夏"固被用于周人及其西土政治联盟称谓，但未始没有自居"夏人"或承续"夏族"的意味。
② 胡克森：《融合：春秋至秦汉时期从分裂走向统一的文化思考》，北京：人民出版社，2010年，第28页。
③ 毛亨传，郑玄笺，孔颖达疏：《毛诗正义》卷十九《周颂·时迈》，李学勤主编《十三经注疏》，北京：北京大学出版社，1999年，第1306页。
④ 毛亨传，郑玄笺，孔颖达疏：《毛诗正义》卷十九《周颂·思文》，李学勤主编《十三经注疏》，北京：北京大学出版社，1999年，第1310页。
⑤ 沈长云：《华夏民族的起源与形成过程》，《中国社会科学》，1993年第1期。
⑥ 王玉哲：《西周国家的历史作用》，《历史研究》，1999年第2期。

以钟鼓奏'九夏':《王夏》《肆夏》《昭夏》《纳夏》《章夏》《齐夏》《族夏》《祴夏》《骜夏》。"郑玄曰:"'九夏'皆诗篇名,颂之族类也。"①照此,"'夏'不仅带有政治联盟的色彩,而且带有共同文化的意味"②,相当于一个族群。周王朝通过分封制度,对不同方国、氏族进行整合,以王室诸姬为核心,形成了"诸姬—诸夏"认同。在周王朝周边,西羌、东夷、荆蛮等异民族作为"他者"存在,与周王朝及其诸侯国存在冲突,也令周王朝内部"诸姬—诸夏"认同得到突显。

因分封制度形成的"诸姬—诸夏"认同,是在政治认同基础上形成的族群认同,而周王朝的礼乐制度和历史记忆建设,从制度认同和历史认同上强化了这一认同,礼乐文化往往被视作夷夏之别的重要标志。王钧林提出,"中国"和"华夏"这两个概念是在"礼乐文化圈"的基础上产生的,礼乐文化是形成中国和华夏概念的重要因素③。但礼乐在西周不仅是文化,更是"一种政治制度和行为规范"④。礼乐制度与分封制、宗法制共同规范着周王朝内的政治秩序,塑造着各层级的政治和社会身份。在历史观方面,西周前期已确立起以夏商周三代为中心的古史系统,西周中后期更是建立起"虞夏商周古史系统"⑤,令周王朝和各诸侯国形成共享的历史认同。

至春秋时期,西周"王政"和分封体制崩溃,通过分封体制确立政治认同丧失基础。不过,周王朝确立的"诸夏"认同却未瓦解。自齐桓晋文提倡"尊王攘夷"以来,"霸政"和会盟代替了"王政"和分封,维系着诸侯间的政治立场和政治认同。因"尊王攘夷"需要,诸侯国间"诸夏"认同得到强化,甚至促使一些本非"诸夏"或"诸夏"边缘的诸侯国逐渐"夏化"。比如,秦、楚、吴、越都曾被视作蛮夷,但在春秋中后期渐

---

① 郑玄注,贾公彦疏:《周礼注疏》卷二十四《春官·钟师》,李学勤主编《十三经注疏》,北京:北京大学出版社,1999年,第623-624页。标点符号有校改。
② 沈长云:《华夏民族的起源与形成过程》,《中国社会科学》,1993年第1期。
③ 王钧林:《中国儒学史》(先秦卷),广州:广东教育出版社,1998年,第41-42页。
④ 胡克森:《融合:春秋至秦汉时期从分裂走向统一的文化思考》,北京:人民出版社,2010年,第30页。
⑤ 李锐:《炎黄子孙的来源》,郑州:河南人民出版社,2019年,第42-74页。

向"诸夏"靠拢①。除政治立场外，礼乐制度也是辨别"诸夏"与"夷狄"的重要标准。胡鸿指出，春秋"诸夏"认同"着眼于共同的礼乐文化和政治立场，开始超越一族一姓的狭隘血缘关系"②。东周以降，夷夏之别"就在于是否遵守礼制"③。

春秋时代，周人的古史观念也得到发展。李锐指出，东周王室建立了以炎黄为祖先的古史系统④，并"很快被各诸侯国、王公贵族认同"；周人"通过构造一个古史系统"，将诸侯国和"诸蛮夷中愿意或被迫称臣服事诸夏"者，"都包括在炎黄子孙、臣属的范围以内，在其中来推行共同承认的周人的礼制，维护周天子的权威"⑤。春秋中后期的金文材料，还展现出诸侯国对"禹迹"的认同。齐国叔尸（夷）钟铭文曰"咸有九州，处禹之堵（绪）"⑥；秦公簋铭文曰"鼏宅禹迹"⑦；曾侯夫人嬭加编钟铭文曰"伯适受命，帅禹之绪，有此南洍"⑧。这三个青铜器，分别处于"诸夏"之东、西、南三方，都展现出对大禹、禹迹的认同。可以说，相同的礼乐制度和共享的古史系统，一并维系着春秋诸侯间的"诸夏"认同。

简言之，西周春秋时期，政治立场、礼乐制度和古史系统，分别从政治认同、制度认同和历史认同三个维度共同确立并维系着周王朝及其诸侯

① 参见王明珂：《华夏边缘：历史记忆与族群认同》，上海：上海人民出版社，2020年，第279-310页。
② 胡鸿：《能夏则大与渐慕华风：政治体视角下的华夏与华夏化》，北京：北京师范大学出版社，2017年，第42-43页。
③ 李锐：《炎黄子孙的来源》，郑州：河南人民出版社，2019年，第98页。
④ 《国语·周语下》载周灵王太子晋称夏、杞、郐、申、吕、齐、许等国"皆黄、炎之后也"。见徐元诰撰，王树民、沈长云点校：《国语集解·周语下》，北京：中华书局，2002年，第97-98页。
⑤ 李锐：《炎黄子孙的来源》，郑州：河南人民出版社，2019年，第92-98页。
⑥ 中国社会科学院考古研究所编：《殷周金文集成释文》第1卷，香港：香港中文大学中国文化研究所，2001年，第245页。
⑦ 中国社会科学院考古研究所编：《殷周金文集成释文》第3卷，香港：香港中文大学中国文化研究所，2001年，第444页。
⑧ 吴毅强：《嬭加编钟铭文新释及相关问题考辨》，《北方论丛》，2021年第4期。

国的"诸夏"认同。然历史的车轮驶入战国,随着列国改制和兼并,"诸夏"认同也发生变化。

二、战国列国的"国人"意识

周王朝塑造的"诸夏"认同,主要是针对周王朝和各诸侯国的统治氏族——"国人"而言①。"国人"享有参政议政、废立君主、组成军队等权利,而"野人"则不享有;西周春秋"国人"具有共同的政治立场、礼乐制度和古史观念,而"野人"则不具备。是故,"国人"与"野人"的政治—族群身份都不同。周王朝塑造的"诸夏"认同,是针对"国人"而言,对"野人"则不适用。但至战国,"国人"的内涵发生变化,推动了列国"国人"意识形成和"诸夏"认同变迁。

战国时期,存在以列国为名号的人群称谓,包括秦人、齐人、楚人、赵人、魏人、韩人、燕人等。例如,翟强谓魏襄王:"晋人见楚人之急,带剑而缓之;楚人恶其缓而急之。"②武安君说秦昭王曰:"长平之事,秦军大克,赵军大破;秦人欢喜,赵人畏惧。"③其中,"楚人""晋人""秦人""赵人"皆指某国之人。这种以"国"为号的人群称谓,可统称作"国人"。比如赵孝成王时,公孙龙论封赏不均,称"亲戚受封,而国人计功"④,"国人"指赵国一般民众;再如燕惠王遗乐毅书,提到"寡人之罪,百姓弗闻",因乐毅言之于外,以致"寡人之罪,国人不知,而议寡人者遍天下"⑤,"国人"与燕国"百姓"相当;又楚考烈王时,李园欲杀

---

① 关于西周春秋"国人"的内涵和性质,学界不乏争议,但基本达成一点共识,即"国人"出自统治氏族。参见惠翔宇:《春秋卿大夫与"国人"的内涵变迁》,《齐鲁学刊》,2018年第6期。
② 何建章注释:《战国策注释》卷二十五《魏策四》,北京:中华书局,1990年,第940页。
③ 何建章注释:《战国策注释》卷三十三《中山策》,北京:中华书局,1990年,第1250页。
④ 何建章注释:《战国策注释》卷二十《赵策三》,北京:中华书局,1990年,第732页。
⑤ 刘向编著,石光瑛校释,陈新整理:《新序校释》卷三《杂事》,北京:中华书局,2001年,第347、356页。

春申君,"国人颇有知之者"①,亦指楚国之人而言。

晁福林指出,战国时期的"国人"不同于西周春秋的"国人","多指某国之人"②。西周春秋列国"国人",也可作"某(国)人",如《春秋》《左传》中"晋人""卫人""郑人""齐人"等即多指该国"国人"③。由春秋入战国,"国人"内涵的变化正是源自"国野之别"消除,而这与郡县制、户籍制的施行和兵役制度的变化息息相关。

春秋晚期,郡县已出现;至战国,郡县制在列国普遍推行(齐国略有不同)。近年,研究者据楚简指出,楚国或因灭国置县,破坏了原有的政治与宗族体系;或改贵族采邑、县邑设县,破坏了旧的基层政治结构④。列国的郡县制虽存在差异,但在推行过程中,旧的基层组织无疑都遭到破坏和重组,这从基层组织上破坏了国野体制。大体同时,户籍制度在列国施行。列国对原本的"国人""野人"以及新征服地区的民庶采用同样的登记方式,"编户齐民"成为他们共同的新身份,皆承担赋税、徭役等义务,尤其"当兵特权由国及野","国人"与"野人"的身份和社会地位差异走向泯除⑤。随着"国野之别"消弭,"国人"内涵遂指一国人众。

较诸"国人"内涵变化,更重要的是"国人"意识的形成。战国时期,各诸侯国呈现出"领土国家"或"地域国家"面貌⑥。国际政治学者许田波(Victoria Tin-bor Hui)认为,战国列国与近代早期欧洲国家类似,

---

① 何建章注释:《战国策注释》卷十七《楚策四》,北京:中华书局,1990年,第593页。

② 晁福林:《论周代国人与庶民社会身份的变化》,《人文杂志》,2000年第3期。

③ 日知:《从〈春秋〉"称人"之例再论亚洲古代民主政治》,《历史研究》,1981年第3期。

④ 郑威:《出土文献与楚秦汉历史地理研究》,北京:科学出版社,2017年,第14-16、64-65页。

⑤ 参见杜正胜:《周代城邦》,台北:联经出版事业公司,1979年,第139-148页。

⑥ 参见宫崎市定著,张学锋等译:《东洋的古代》,上海:上海古籍出版社,2018年,第89-94页;田昌五、臧知非:《周秦社会结构研究》,西安:西北大学出版社,1996年,第214-241页;颜世安:《春秋战国时代的"诸夏"融合与地域族群》,《民族研究》,2020年第2期。

近乎"领土国家"或"主权国家"①。而列国间存在"区隔",如许倬云所论,"一个国家有一个国家的主权,国民也各有其认同与归属"②。这种认同和归属感,即列国"国人"意识,它是一种国家意识和政治认同,在兼并过程中"呈现为强烈的坚持其国家主权"③。较典型的案例是,燕将乐毅下齐七十余城,而"齐人未附"④,成为田单复齐的基础。当时,列国皆在国内统一法令、文字和度量衡,"凝聚控制疆域内诸种人群",从而"形成新型的、以国家为基础"的"国族群体"⑤。这种"以'国'为中心的族群"("国群"),因列国"有相对稳定的地域和边境",是一种"地域族群"⑥。

这种"国族群体"或"地域族群",有各自的文化特点,所谓"七国异族,诸侯制法,各殊习俗"⑦。《孟子·滕文公下》记叙了孟子的"楚人学齐语"假喻:

> 孟子谓戴不胜曰:"子欲子之王之善与?我明告子。有楚大夫于此,欲其子之齐语也,则使齐人傅诸?使楚人傅诸?"曰:"使齐人傅之。"曰:"一齐人傅之,众楚人咻之,虽日挞而求其齐也,不可得矣。引而置之庄岳之间数年,虽日挞而求其楚,亦不可得矣……"⑧

---

① 许田波著,徐进译:《战争与国家形成:春秋战国与近代早期欧洲之比较》,上海:上海人民出版社,2018年,第5页。

② 许倬云:《我者与他者:中国历史上的内外分际》,北京:生活·读书·新知三联书店,2015年,第25-26页。

③ 许倬云:《我者与他者:中国历史上的内外分际》,北京:生活·读书·新知三联书店,2015年,第26页。

④ 司马迁:《史记》卷八十二《田单列传》,北京:中华书局,1959年,第2454页。

⑤ 鲁西奇:《楚秦汉之际的"楚人"》,《早期中国史研究》第8卷第1期,2016年,第22页。

⑥ 颜世安:《春秋战国时代的"诸夏"融合与地域族群》,《民族研究》,2020年第2期。不过,颜世安主张"国群"是以政治、经济为依托形成的,缺乏地方文化基础,与鲁西奇和本书的观点不尽相同。

⑦ 刘文典:《淮南鸿烈集解》卷六《览冥训》,北京:中华书局,1989年,第212页。

⑧ 赵岐注,孙奭疏:《孟子注疏》卷六上《滕文公章句下》,李学勤主编《十三经注疏》,北京:北京大学出版社,1999年,第172页。

《吕氏春秋·用众》曰：

> 戎人生乎戎，长乎戎，而戎言不知其所受之。楚人生乎楚，长乎
> 楚，而楚言不知其所受之。[1]

孟子"楚人学齐语"假喻，表明"楚人"与"齐人"存在语言和习俗差异。而在《吕氏春秋·用众》中，"楚人"与"戎人"并称，显示出"楚人"的"地域文化人群"性质[2]。"齐人""楚人"与"戎人"一样，都有着自己的语言，而语言正是族群文化的最突出表现之一，可知"齐人""楚人"极具族群意味。是故，列国"国人"，皆为一政治—族群共同体。"国人"意识既是以政权为依托的政治认同，又是基于一定制度与文化的族群认同。

列国"国人"意识，亦因敌国、他邦等"他者"的存在得到强化。岳麓书院藏秦简《尸等捕盗疑购案》涉及"秦人"和"它邦人"，即呈现出鲜明的"我者"与"他者"之别。在简文中，"秦男子治等"被称作"秦人"；"荆男子阆等"被称作"荆人""荆邦人"，因不属于"秦人"，亦称"它邦人"，二者在法律权责上存在明显不同[3]。沈刚指出，"它邦人就是不在秦国户籍上的他国人"[4]。睡虎地秦简《法律答问》也提到"秦人"与"臣邦人"之别[5]。"臣邦人"为秦国臣邦、属邦之人，而不同于

---

① 许维遹撰，梁运华整理：《吕氏春秋集释》卷四《孟夏纪·用众》，北京：中华书局，2009年，第101页。

② 鲁西奇：《楚秦汉之际的"楚人"》，《早期中国史研究》第8卷第1期，2016年，第47页。

③ 朱汉民、陈松长主编：《岳麓书院藏秦简（叁）》，上海：上海辞书出版社，2013年，第113-117页。

④ 沈刚：《秦人与它邦人——新出秦简所见秦代人口身份管理制度一个方面》，中国政法大学法律古籍整理研究所编《中国古代法律文献研究》第9辑，北京：社会科学文献出版社，2015年，第145页。

⑤ 陈伟主编：《秦简牍合集（释文注释修订本）》（壹），武汉：武汉大学出版社，2016年，第250页。

秦国本土之人——"秦人"①。"它邦人"和"臣邦人",构成"秦人"自我认同的"他者"存在。就此来看,战国列国本国人与他国人有着明显的区别和界限,而这正是列国"国人"意识的表现。

三、战国列国的"诸夏"认同

战国列国"国人"意识形成,彼此界限较明显,那么,他们之间是否还维持着"诸夏"认同呢?许倬云在近年所著《我者与他者》一书中写道:

> 若与春秋华夏诸侯还有相当的共同意识相比,战国诸侯之间的间隔,竟可与欧洲近古以来四五百年的列国体制相埒;只是战国诸侯,还不曾强调种族主义而已。……文化的统一,还是有其抵消国家界限的效果。②

换言之,战国列国的关系,与近代早期的欧洲各国颇为相似,但因"文化的统一"维系了列国间的联系。这实际上是对传统"夷夏之辨"以礼乐文化界定"诸夏"身份的延续。

近年,胡鸿则提出"走出族群看华夏",侧重从政治体角度认识"诸夏""华夏"。上文提到,他认为西周"周人"、春秋"诸夏"都是基于政治立场;尤其春秋"诸夏"认同,他提出春秋"诸夏"着眼于共同的礼乐文化和政治立场,开始超越一族一姓的狭隘血缘关系;对于战国七雄,他同样认为皆在"诸夏的政治体系"之内③。从政治体角度认识"诸夏",

---

① 参见工藤元男著,广濑薰雄、曹峰译:《睡虎地秦简所见秦代国家与社会》,上海:上海古籍出版社,2010年,第73-104页;朱圣明:《华夷之间:秦汉时期族群的身份与认同》,厦门:厦门大学出版社,2017年,第93页。

② 许倬云:《我者与他者:中国历史上的内外分际》,北京:生活·读书·新知三联书店,2015年,第26页。

③ 胡鸿:《能夏则大与渐慕华风:政治体视角下的华夏与华夏化》,北京:北京师范大学出版社,2017年,第42-43页。

诚为卓见，但就战国"诸夏的政治体系"而言，仍有讨论余地。春秋"诸夏"上承西周封建体制，在"尊王攘夷"的旗号下，彼此间尚存一定政治认同；而至战国，列国兼并，统一的政治认同或立场已然崩溃，他们如何处于同一"诸夏的政治体系"中呢？而且，战国列国会盟不同于春秋时代。春秋列国会盟，旨在"尊王攘夷"，会盟众国基本为"诸夏"；但战国列国会盟，则不限于"诸夏"，例如秦惠文王更元七年（前318）"韩、赵、魏、燕、齐帅匈奴共攻秦"①。显然，战国时期，所谓"诸夏的政治体系"，并不是凭借列国"政治立场"来维系的。

上文指出，西周春秋"诸夏"认同，是以政治立场、礼乐制度和历史记忆为基础构建起来，兼具政治认同、制度认同和历史认同三个维度。战国列国，显然不存在共同政治立场，但其余两个维度仍起作用，尤其是制度认同还得到强化。《荀子·正论》曰："诸夏之国同服同仪，蛮夷戎狄之国同服不同制。"② 所谓"仪"，王念孙曰"谓制度也"③。《荀子·正论》所言，固然是荀子理想中的西周王制，但强调"制度"与"诸夏政治体系"的关系，对战国列国也是适用的。

制度可分为政治制度与礼仪制度。战国七国政治制度虽不尽相同，但在一些重要制度层面不乏相近或相通之处，例如列国基本皆推行将相制、郡县制和文书行政体制。战国士人在列国间流通，也令列国政治制度不无可通之处。礼仪制度，自西周、春秋以来，即为列国"诸夏"认同的重要表象，并成为文化视角下"华夷之辨"的基础。战国"诸夏政治体系"，正是由政治制度和礼仪制度来维系的。此外，战国列国周边"不同服不同制"的戎狄，作为"他者"存在，也有助于促进"诸夏"认同④。

---

① 司马迁：《史记》卷五《秦本纪》，北京：中华书局，1959年，第207页。

② 梁启雄：《荀子简释》第十八篇《正论》，北京：中华书局，1983年，第239页。

③ 王念孙撰，徐炜君等校点：《读书杂志·读荀子杂志》，上海：上海古籍出版社，2015年，第1831页。

④ 当然，周边族群与"诸夏"也有交往融合，即如许倬云所论，"经过春秋战国的蜕变，华夏的中国收纳了许多边缘的他者"，扩大了"华夏"或"中国"。参见许倬云：《说中国：一个不断变化的复杂共同体》，桂林：广西师范大学出版社，2015年，第58页。

在历史认同层面，战国七国延续了春秋时代的做法，基本皆将本国王室的祖源和族源上溯至黄帝，例如秦、赵、楚三国祖述颛顼，魏、燕、韩祖述后稷，齐国祖述虞舜。这令列国基本共享同一套古史系统，维系了彼此间的历史认同。

共享礼乐文化和古史系统，也是战国列国文化认同的表现。传统观点即侧重从文化角度界定战国七国的"诸夏"身份，司马迁称战国时代"冠带战国七"①，也是从这个层面来讲的。不过，似不能过于夸大文化对战国"诸夏"认同维系的作用。上文指出列国语言、文字、风俗等文化方面差异较大，是列国"国人意识"形成的重要因素，而战国时代，百家争鸣，列国各有自己信奉或推行的学说，比如法家、墨家行于秦国和三晋，道家流行于楚国，儒家流行于齐国，阴阳家流行于燕、齐等，是故，礼乐文化和古史体系固然是列国间共享的文化基色，但列国彼此间的文化差异其实很大。就此来讲，制度较诸一般意义上之文化风俗，对于战国"诸夏"认同的维系可能更为重要。

简言之，从西周春秋至战国，列国"地域国家"形成，一方面强化了列国内部的整合，另一方面也造成列国之间的隔离和分裂。前者促使列国各自的"国人"意识形成，而后者却令昔日基于分封制度或"尊王攘夷"旗帜下的统一"诸夏"政治认同趋于崩溃。但列国间政治制度和礼仪制度的共通性，维系了"诸夏"政治体系和文化认同。列国历史叙述存在着共享的古史系统，也从历史记忆层面起到维系"诸夏"认同的作用。

战国列国既形成各自的"国人"意识，又维系着"诸夏"认同，呈现出一种"二重认同模式"。列国"国人"，无论是贵族还是齐民，既具备各国"国人"身份，又存在"诸夏"认同。在这个意义上，"国人"认同可谓是"诸夏"认同之下的亚族群认同或地域族群认同。而"诸夏"认同的维系，促使战国由分裂走向统一，也为后来秦汉统一帝国的族群整合奠定了基础。另外，东周诸子百家存在"大一统"观念，诸家"大一

---

① 司马迁：《史记》卷一百十《匈奴列传》，北京：中华书局，1959年，第2886页。

统"的标准和方式虽不尽相同，但从观念上有助于"诸夏"认同维系，更促进了列国走向统一。

四、小结

西周春秋以政治立场、制度认同和历史记忆为基础，确立并维系着"诸夏"认同。降至战国，随着列国"地域国家"形成，列国"国人"意识产生，彼此隔阂强化。然列国"同服同制"，处于同一体系下的政治制度和礼乐制度，维系了列国间的"诸夏"认同，从而形成一种"二重认同模式"。随着战国七雄兼并和"大一统"观念流传，政治上重新统一已为必然之势。至秦朝统一天下，"复数的诸夏"转向"单数的华夏"，"二重认同"亦将趋于合一，走向"单一的华夏"认同。

第二节 历史演进视域下的
"秦人"称谓与认同

从战国"诸夏"并立，到秦朝统一，六国"国人"意识依托的政治体不复存在，"诸夏"发生整合，"二重认同"趋于合一，"复数的诸夏"走向"单数的华夏"。秦朝可谓"华夏"整合的关键时期，但因政策失误，秦帝国在此问题上未尽全功，其所塑造的"秦人"认同随着帝国崩溃而瓦解。

一、春秋时期的"秦人"称谓

自周孝王封非子于"秦"，号曰"秦嬴"，"秦人"遂作为一个族群登上历史舞台。然西周时期，因秦为周之附庸、大夫，"秦人"称谓较少见于文献，族群性质亦不明显。其族群意识的增强是在历史情境性的整体性"秦人"称谓频繁出现后才得以体现的，而这种历史情境性的整体性"秦人"称谓本身要到秦成为诸侯国后的春秋时期才频繁出现①。至平王东迁，乃封秦襄公为诸侯，"赐之岐以西之地"②，建立诸侯国。凭借周王室的册命，秦成为诸侯国。然秦国立国与西周初年分封的诸侯国不同，从而使得其时秦国"秦人"的构成较之西周时期亦有差异。秦嬴作为周之附庸、大夫，其核心自然为秦嬴氏族。另外，周宣王给秦庄公昆弟"兵七千人"③，当亦成为秦国"国人"组成部分。平王虽未给秦国授民授疆土，但赋予了秦国通过伐戎拥有周之故地故民的权力，"戎无道，侵夺我岐、丰之地，秦能攻逐戎，即有其地"④。秦国伐戎，"收周余民有之"⑤，"周余民"无疑也成为"秦人"的一部分。另外，自西周以降，秦即在与周、戎互动中逐渐崛起，既有征伐，也有交往甚至联姻，令秦与戎交织在一起⑥，部分戎人可能也成为"秦人"的一部分。史党社指出，秦国立国后，"国家的力量介入了'秦人'的形成过程。此时，除了嬴秦宗族之外，又有邽、冀那样的'西戎'以及'周余民'的加入，这些人士构成了'秦人'的下

---

① 史党社考论过西周金文中的"秦夷"和"秦人"问题，认为西周金文中的"秦人"是殷遗而属东方，其地位比"秦夷"为高，并与后者为一族，只是一族的上下层而已；商周以来东方范县之"秦"地一直存在，并且当为《左传》等文献记载的春秋秦氏的由来，由此可证，在更早的西周时期，此处一直有一个以"秦"为名号的族群的存在，这个族群无疑就是"秦夷""秦人"之类；"秦人"应是东方秦氏的上层，而与西方孝王时代得名的秦人无关（参见史党社：《日出西山：秦人历史新探》，西安：陕西人民出版社，2013年，第223页）。笔者认可史党社的观点。司马迁在《史记·秦本纪》末尾言及"嬴姓"后分出很多"氏"，其中就有"秦氏"，而特别提到非子之秦"以其先造父封赵城，为赵氏"（司马迁：《史记》卷五《秦本纪》，北京：中华书局，1959年，第221页）。司马迁将非子之秦与"赵氏"联系在一起，而与"秦氏"隔离起来，这表明其中的"秦氏"属东方，非子这一支秦人与东方的秦氏无关。

② 司马迁：《史记》卷五《秦本纪》，北京：中华书局，1959年，第179页。
③ 司马迁：《史记》卷五《秦本纪》，北京：中华书局，1959年，第178页。
④ 司马迁：《史记》卷五《秦本纪》，北京：中华书局，1959年，第179页。
⑤ 司马迁：《史记》卷五《秦本纪》，北京：中华书局，1959年，第179页。
⑥ 参见李零：《〈史记〉中所见秦早期都邑葬地》，《茫茫禹迹：中国的两次大一统》，北京：生活·读书·新知三联书店，2016年，第207-221页；《周秦戎关系的再认识——为〈秦与戎：秦文化与西戎文化十年考古成果展〉而作》，同书第223-239页。

层"①。换言之，西周春秋之"秦人"，与其他诸侯国"国人"存在一个明显区别，即"秦人"具有明显的整合色彩。"秦人"这一特点，延续至战国秦国，乃至秦帝国。也就是说，"秦人"这一称谓本身是在春秋时期多层次的族群认同背景下产生并被使用的，且具有一定的情境性，所以我们考察春秋时期的"秦人"称谓与认同，应考虑当时与此相关的族群称谓和族群认同的总体情况，且要注意其场景性。

检诸文献，"秦人"称谓在《春秋》经文中首次出现于鲁僖公二十八年（前632），秦与诸侯于此年有一次大会盟②。《春秋》经文是以鲁人口吻记述的③，故此处"秦人"是鲁人对秦人的他称。而此时正是秦国势力得到显著增强并对东方各国构成一定威胁的秦穆公时代。大概源于此，此后《春秋》经文中多有鲁人口吻中的"秦人"称谓的出现：僖公二十九年（前631）"夏六月，会王人、晋人、宋人、齐人、陈人、蔡人、秦

① 史党社：《日出西山：秦人历史新探》，西安：陕西人民出版社，2013年，第263-264页。

② 《春秋·僖公二十八年》："冬，公会晋侯、齐侯、宋公、蔡侯、郑伯、陈子、莒子、邾子、秦人于温。"（杨伯峻编著：《春秋左传注》修订本，北京：中华书局，1990年，第450页。）虽然对于此处"秦人"称谓有"班序最后，而称人"这样的理解（参见杨伯峻编著：《春秋左传注》修订本，第450页），但其族称含义是不能否定的。其实，杨伯峻对"诸侯书某人"又有"此自是时代不同，称谓有异，无关所谓大义微言"的认识（参见杨伯峻编著：《春秋左传注》修订本，第67页）。若依从这样的理解，就更不能抹去"秦人"称谓的族称含义了。鲁僖公二十八年亦即秦穆公二十八年。《左传》所载秦与华夏诸侯最早的一次会盟是在秦穆公十五年，《左传·僖公十五年》："十月，晋阴饴甥会秦伯，盟于王城。"（杨伯峻编著：《春秋左传注》修订本，第366页。）

③ 此有很多例证，除了此处直称鲁公为"公"及此年中"杞伯姬来"（杨伯峻编著：《春秋左传注》修订本，北京：中华书局，1990年，第450页）的记载，还有《春秋·隐公元年》"祭伯来"（杨伯峻编著：《春秋左传注》修订本，第8页）、《春秋·桓公二年》"滕子来朝"（杨伯峻编著：《春秋左传注》修订本，第83页）、《春秋·庄公元年》"王使荣叔来锡桓公命"（杨伯峻编著：《春秋左传注》修订本，第156页）、《春秋·闵公元年》"葬我君庄公"（杨伯峻编著：《春秋左传注》修订本，第256页）、《春秋·僖公二年》"葬我小君哀姜"（杨伯峻编著：《春秋左传注》修订本，第280页）、《春秋·哀公八年》"吴伐我"（杨伯峻编著：《春秋左传注》修订本，第1646页）等记载，不胜枚举。

人盟于翟泉"①；文公十六年（前 611），"楚人、秦人、巴人灭庸"②；成公二年（前 589），"公及楚人、秦人、宋人、陈人、卫人、郑人、齐人、曹人、邾人、薛人、鄫人盟于蜀"③。

从以上记载我们还可看到，春秋时期鲁人所称呼的"秦人"，同"晋人""宋人""齐人""陈人""蔡人""楚人""巴人""卫人""郑人""曹人""邾人""薛人""鄫人"一样，都是以封国名号命名的人群集团称谓。而考虑到其血缘世袭的宗族性和地缘扩展的政治性，我们可知在具有浓厚宗法血缘色彩的嬴秦贵族所建立的政治体内，秦人上层精英所推行的政治、文化建设和族源历史构建在一定程度上带来了整个政治体内秦人的整体自我认同，这种认同又在与其他同样具有浓厚宗法血缘色彩的贵族所建立的政治体的交往与对抗中得到进一步强化，这又进一步强化了其他政治体成员明确的"秦人"族别意识④。

除了上述鲁人对"秦人"的他称，还有周人、晋人等其他族群对"秦人"的他称⑤。鲁僖公十一年（前 649），"扬、拒、泉、皋、伊、雒之戎同伐京师，入王城，焚东门……秦、晋伐戎以救周"⑥。鲁僖公十五年（前 645），秦晋会盟，晋人言及"必报仇，宁事戎狄"⑦，意即宁肯屈事戎狄也必报秦仇。鲁僖公二十二年（前 638），"秦、晋迁陆浑之戎于伊川"⑧。

① 杨伯峻编著：《春秋左传注》（修订本），北京：中华书局，1990 年，第 475 页。
② 杨伯峻编著：《春秋左传注》（修订本），北京：中华书局，1990 年，第 616 页。
③ 杨伯峻编著：《春秋左传注》（修订本），北京：中华书局，1990 年，第 786 页。
④ 彭丰文指出："秦人既是一个族群概念又是一个政治概念，在述及族源记忆的问题时主要针对秦国公族而言，在大部分情况下，秦人是一个具有鲜明民族色彩的政治群体。春秋时期之后，'秦人'与'秦国'在内涵上有高度的重合。"（彭丰文：《先秦两汉时期民族观念与国家认同研究》，北京：中国社会科学出版社，2016 年，第 20 页。）彭丰文将"族群"和"政治体"完全等同起来的观点虽有可商榷之处，但我们还是不能忽视政治体在族群形成和演变的过程中所起的重要作用。
⑤ 杨伯峻编著：《春秋左传注》（修订本），北京：中华书局，1990 年，第 1475-1477 页；徐元诰撰，王树民、沈长云点校：《国语集解》，北京：中华书局，2002 年，第 293 页。
⑥ 杨伯峻编著：《春秋左传注》（修订本），北京：中华书局，1990 年，第 338-339 页。
⑦ 杨伯峻编著：《春秋左传注》（修订本），北京：中华书局，1990 年，第 366 页。
⑧ 杨伯峻编著：《春秋左传注》（修订本），北京：中华书局，1990 年，第 394 页。

这说明在晋人眼里，秦人并非戎狄，且秦人与晋人一样，皆非戎人。鲁成公十六年（前575），晋人范文子言及晋国曾经面对的四个强敌是"秦、狄、齐、楚"①。可见在晋人眼里，秦与齐、楚一样，皆有别于狄。此外，《左传·襄公十四年》还记载了戎人对"秦人"的他称：

　　将执戎子驹支，范宣子亲数诸朝，曰："来！姜戎氏！昔秦人迫逐乃祖吾离于瓜州，乃祖吾离被苫盖、蒙荆棘以来归我先君，我先君惠公有不腆之田，与女剖分而食之。今诸侯之事我寡君不如昔者，盖言语漏泄，则职女之由。诘朝之事，尔无与焉。与，将执女。"对曰："昔秦人负恃其众，贪于土地，逐我诸戎。惠公蠲其大德，谓我诸戎，是四岳之裔胄也，毋是翦弃。赐我南鄙之田，狐狸所居，豺狼所嗥。我诸戎除翦其荆棘，驱其狐狸豺狼，以为先君不侵不叛之臣，至于今不贰。昔文公与秦伐郑，秦人窃与郑盟，而舍戍焉，于是乎有殽之师。晋御其上，戎亢其下，秦师不复，我诸戎实然。譬如捕鹿，晋人角之，诸戎掎之，与晋踣之。戎何以不免？自是以来，晋之百役，与我诸戎相继于时，以从执政，犹殽志也，岂敢离逷？今官之师旅无乃实有所阙，以携诸侯，而罪我诸戎！我诸戎饮食衣服不与华同，贽币不通，言语不达，何恶之能为？不与于会，亦无瞢焉。"赋《青蝇》而退。②

---

① 杨伯峻编著：《春秋左传注》（修订本），北京：中华书局，1990年，第882页。

② 杨伯峻编著：《春秋左传注》（修订本），北京：中华书局，1990年，第1005-1007页。有一点须作说明，即虽然《左传》成书于战国时期，"但许多材料却直接来自于春秋各国史官所记的原始资料"，特别是一些"记言材料"，"许多应为原始记录"（王晖、贾俊侠：《先秦秦汉史史料学》，北京：中国社会科学出版社，2007年，第82-83页）。所以《左传》中的材料尤其是"记言材料"，总体上是可以用来反映春秋时人的族群观念与春秋时的族群实态的。朱圣明认为从《左传》所载春秋时期参与现实政务的诸国君臣的话语中可看到春秋"华夷之辨"的现实（朱圣明：《华夷之间：秦汉时期族群的身份与认同》，厦门：厦门大学出版社，2017年，第32-36页）。这样的意见总体上也是可取的。

戎人驹支言及"秦人"和"晋人",又明确说"我诸戎饮食衣服不与华同,贽币不通,言语不达"。可见,在戎人眼里,"秦人"和"晋人"一样属于华夏。

据此,我们能否就认为春秋时期的秦人处于华夏之列,而非戎狄?要回答此问题,必须对春秋时期多层次的族群认同背景及"诸夏"指称的具体范围作进一步的分析。

在族群认同上,春秋时期盛行"夷夏之辨"的思想观念。虽然对周人自称"有夏"之"夏"的含义有"夏后氏之夏"、"中原王权国家的符号"和"西土之人"之不同理解①,但对于春秋时期的"诸夏""夏""华夏""中国""诸华""华"已成为与"蛮夷戎狄"相区分的政治文化实体和族群实体则是无可置疑的。《左传·闵公元年》:"狄人伐邢。管敬仲言于齐侯曰:'戎狄豺狼,不可厌也;诸夏亲昵,不可弃也②。宴安鸩毒,不可怀也。《诗》云:"岂不怀归?畏此简书。"简书,同恶相恤之谓也。请救邢以从简书。'齐人救邢。"③管仲所言"诸夏"是与"戎狄"对立的,这应是春秋时期最外围的族群分界④。这还有很多其他例证,如《左传·襄公四年》记载:

> 无终子嘉父使孟乐如晋,因魏庄子纳虎豹之皮,以请和诸戎。晋侯曰:"戎狄无亲而贪,不如伐之。"魏绛曰:"诸侯新服,陈新来和,将观于我。我德,则睦;否,则携贰。劳师于戎,而楚伐陈,必弗能救,是弃陈也。诸华必叛。戎,禽兽也。获戎、失华,无乃不可乎!"⑤

---

① 参见胡鸿:《能夏则大与渐慕华风:政治体视角下的华夏与华夏化》,北京:北京师范大学出版社,2017年,第24—32页。

② 杨伯峻注:"中原诸侯,为互相亲近之国,不宜抛弃之。"见杨伯峻编著:《春秋左传注》(修订本),北京:中华书局,1990年,第256页。

③ 杨伯峻编著:《春秋左传注》(修订本),北京:中华书局,1990年,第256页。

④ 春秋时期,戎狄与华夏在空间上又是交错的。参见晁福林:《春秋战国的社会变迁》,北京:商务印书馆,2011年,第328—358页。

⑤ 杨伯峻编著:《春秋左传注》(修订本),北京:中华书局,1990年,第935—936页。

又如《左传·襄公十一年》记载:

> 晋侯以乐之半赐魏绛,曰:"子教寡人和诸戎狄以正诸华,八年之中,九合诸侯,如乐之和,无所不谐,请与子乐之。"辞曰:"夫和戎狄,国之福也;八年之中,九合诸侯,诸侯无慝,君之灵也,二三子之劳也,臣何力之有焉?抑臣愿君安其乐而思其终也。《诗》曰:'乐只君子,殿天子之邦。乐只君子,福禄攸同。便蕃左右,亦是帅从。'夫乐以安德,义以处之,礼以行之,信以守之,仁以厉之,而后可以殿邦国、同福禄、来远人,所谓乐也。《书》曰:'居安思危。'思则有备,有备无患。敢以此规。"公曰:"子之教,敢不承命!抑微子,寡人无以待戎,不能济河。夫赏,国之典也,藏在盟府,不可废也。子其受之!"①

还如《左传·定公十年》记载:

> 夏,公会齐侯于祝其,实夹谷。孔丘相,犁弥言于齐侯曰:"孔丘知礼而无勇,若使莱人以兵劫鲁侯,必得志焉。"②齐侯从之。孔丘以公退,曰:"士兵之!两君合好,而裔夷之俘以兵乱之,非齐君所以命诸侯也。裔不谋夏,夷不乱华,俘不干盟,兵不逼好——于神为不祥,于德为愆义,于人为失礼,君必不然。"齐侯闻之,遽辟之。③

由上晋人魏绛将"戎"与"华"对言,晋侯将"诸戎狄"与"诸华"对言,孔子将"裔""夷"与"夏""华"对言,足以说明"诸夏"或"诸华"与"蛮夷戎狄"的分界是春秋时期最外围的族群分界。

从以上历史场景可明确判断出,当时"诸夏"的部分所指即齐、邢、

---

① 杨伯峻编著:《春秋左传注》(修订本),北京:中华书局,1990年,第993-994页。

② 杨伯峻注:"杜《注》:'莱人,齐所灭莱夷也。'"见杨伯峻编著:《春秋左传注》(修订本),北京:中华书局,1990年,第1577页。

③ 杨伯峻编著:《春秋左传注》(修订本),北京:中华书局,1990年,第1577-1578页。

晋、陈、鲁等中原诸侯国，而楚、莱尚不在"诸夏"之列。《左传·襄公十三年》："秋，楚共王卒。子囊谋谥。大夫曰：'君有命矣。'子囊曰：'君命以共，若之何毁之？赫赫楚国，而君临之，抚有蛮夷，奄征南海，以属诸夏，而知其过，可不谓共乎？请谥之"共"。'大夫从之。"① 楚人虽然认为自己不是"蛮夷"，但是也不敢自诩为"诸夏"。《左传·僖公十五年》："十五年春，楚人伐徐，徐即诸夏故也。三月，盟于牡丘，寻葵丘之盟，且救徐也。"② 可见，"徐"也不在"诸夏"之列。又《左传·哀公二十年》记载晋人楚隆之言曰："吴犯间上国多矣，闻（越）君亲讨焉，诸夏之人莫不欣喜，唯恐君志之不从，请入视之。"③ 在晋人楚隆看来，吴、越皆非"诸夏"。《左传·成公七年》："七年春，吴伐郯，郯成。季文子曰：'中国不振旅④，蛮夷入伐，而莫之或恤。无吊者也夫！《诗》曰"不吊昊天，乱靡有定"，其此之谓乎！有上不吊，其谁不受乱？吾亡无日矣。'"⑤ 在鲁人眼里，吴人属"蛮夷"，不在"诸夏"之列。《左传·僖公二十一年》："任、宿、须句、颛臾，风姓也，实司大皞与有济之祀，以服事诸夏。邾人灭须句。须句子来奔，因成风也。成风为之言于公曰：'崇明祀，保小寡，周礼也；蛮夷猾夏，周祸也。若封须句，是崇皞、济而修礼、纾祸也。'"⑥ 任、宿、须句、颛臾也不在"诸夏"之列，而邾人被成风视为与"夏"对立的"蛮夷"。《左传·昭公元年》："祁午谓赵文子曰：'宋之盟，楚人得志于晋。今令尹之不信，诸侯之所闻也。子弗戒，惧又如宋。子木之信称于诸侯，犹诈晋而驾焉，况不信之尤者乎？楚重得志于晋，晋之耻也。子相晋国，以为盟主，于今七年矣。再合诸侯，

---

① 杨伯峻编著：《春秋左传注》（修订本），北京：中华书局，1990年，第1002页。
② 杨伯峻编著：《春秋左传注》（修订本），北京：中华书局，1990年，第351页。
③ 杨伯峻编著：《春秋左传注》（修订本），北京：中华书局，1990年，第1716页。
④ 杨伯峻注："中国，当时华夏各国之总称。"见杨伯峻编著：《春秋左传注》（修订本），北京：中华书局，1990年，第832页。
⑤ 杨伯峻编著：《春秋左传注》（修订本），北京：中华书局，1990年，第832-833页。
⑥ 杨伯峻编著：《春秋左传注》（修订本），北京：中华书局，1990年，第391-392页。杨伯峻认为原文"修祀"当作"修礼"，本书从之。

三合大夫，服齐、狄，宁东夏①，平秦乱……'"② 在晋人祁午看来，秦既非"狄"，也非"夏"。

可见，春秋时期的"诸夏"或"诸华"，是指齐、鲁、晋、郑、陈、蔡、邢等中原诸侯，其与"蛮夷戎狄"构成当时现实观念中的族群分界。不过，这个时有确指的"诸夏"又被涵盖在以周王室为名义上的核心的封国体系内。这个以周王室为名义上的核心的封国体系，可说是广义的"华夏"，其与"蛮夷戎狄"构成了最外围的族群分界。《左传·成公二年》："晋侯使巩朔献齐捷于周。王弗见，使单襄公辞焉，曰：'蛮夷戎狄，不式王命，淫湎毁常，王命伐之，则有献捷。王亲受而劳之，所以惩不敬、劝有功也。兄弟甥舅，侵败王略，王命伐之，告事而已，不献其功，所以敬亲昵、禁淫慝也。今叔父克遂，有功于齐，而不使命卿镇抚王室，所使来抚余一人，而巩伯实来，未有职司于王室，又奸先王之礼。余虽欲于巩伯，其敢废旧典以忝叔父？夫齐，甥舅之国也，而大师之后也，宁不亦淫从其欲以怒叔父，抑岂不可谏诲？'士庄伯不能对。王使委于三吏，礼之如侯伯克敌使大夫告庆之礼③……"④ 而晋侯另两次"献捷"并未受到周王的拒绝，原因就是所献乃"狄俘"⑤。可见，诸侯向周王的"献捷"只针对"蛮夷戎狄"，由此足见以周王室为名义上的核心的封国体系与"蛮夷戎狄"之间确实形成了最外围的族群分界。

这个以周王室为名义上核心的封国体系内部又存在着以姬周为核心的同姓与异姓之别。《左传·成公十六年》："吕锜梦射月，中之，退入于泥。占之，曰：'姬姓，日也；异姓，月也，必楚王也。射而中之，退入于泥，亦必死矣。'及战，射共王中目。王召养由基，与之两矢，使射吕锜，中

---

① 杨伯峻注："东夏，华夏东方之国，实指齐。"见杨伯峻编著：《春秋左传注》（修订本），北京：中华书局，1990年，第1201页。

② 杨伯峻编著：《春秋左传注》（修订本），北京：中华书局，1990年，第1201页。

③ 杨伯峻注："不用献捷礼，而用告庆礼。告庆礼内容已不得而知。"见杨伯峻编著：《春秋左传注》（修订本），北京：中华书局，1990年，第810页。

④ 杨伯峻编著：《春秋左传注》（修订本），北京：中华书局，1990年，第809-810页。

⑤ 杨伯峻编著：《春秋左传注》（修订本），北京：中华书局，1990年，第765、768页。

项，伏弢。以一矢复命。"① "占梦者站在晋国的立场上，谓姬姓诸侯国为日，泛称异姓诸侯国为月，尊同姓贬异姓心理明显。"② 这里的异姓诸侯国指楚国。嬴姓秦国当然也在异姓之列。《左传·僖公三十三年》："晋原轸曰：'秦违蹇叔，而以贪勤民，天奉我也。奉不可失，敌不可纵。纵敌，患生；违天，不祥。必伐秦师！'栾枝曰：'未报秦施，而伐其师，其为死君乎？'先轸曰：'秦不哀吾丧，而伐吾同姓，秦则无礼，何施之为？吾闻之："一日纵敌，数世之患也。"谋及子孙，可谓死君乎！'遂发命，遽兴姜戎……夏四月辛巳，败秦师于殽，获百里孟明视、西乞术、白乙丙以归。"③ 可见，先轸主张攻打秦国的理由之一，就是秦伐其"同姓"④。鲁成公十三年（前578），晋人在《绝秦书》中也明确说道，秦"殄灭我费滑，散离我兄弟"⑤。值得注意的是，同为异姓诸侯国，秦、楚地位要低于齐。《左传·昭公十二年》："右尹子革夕，（楚灵）王见之，去冠、被，舍鞭，与之语，曰：'昔我先王熊绎与吕伋、王孙牟、燮父、禽父并事康王，四国皆有分，我独无有。今吾使人于周，求鼎以为分，王其与我乎？'对曰：'与君王哉！昔我先王熊绎辟在荆山，筚路蓝缕以处草莽，跋涉山林以事天子，唯是桃弧、棘矢以共御王事。齐，王舅也；晋及鲁、卫，王母弟也。楚是以无分，而彼皆有。今周与四国服事君王，将唯命是从，岂其爱鼎？'"⑥ 齐作为"王舅"，地位高于楚。

此外，需要指出的是，春秋时期的"华夷之辨"，除了政治因素（以周王为名义核心的封国体系），礼仪文化也是重要的因素。周公制礼作乐，创造出的一套礼仪文化成为华夏文化的基本特征，同时也成为华夏族群区别于蛮夷族群的客观文化基础。这种以礼仪文化水平的高低作为华夷区分

---

① 杨伯峻编著：《春秋左传注》（修订本），北京：中华书局，1990年，第886-887页。

② 谢乃和：《古代社会与政治——周代的政体及其变迁》，哈尔滨：黑龙江人民出版社，2011年，第250页。

③ 杨伯峻编著：《春秋左传注》（修订本），北京：中华书局，1990年，第497-498页。

④ 秦所伐滑国乃晋同姓。

⑤ 杨伯峻注："郑、滑与晋同为姬姓，兄弟之国。"见杨伯峻编著：《春秋左传注》（修订本），北京：中华书局，1990年，第862-863页。

⑥ 杨伯峻编著：《春秋左传注》（修订本），北京：中华书局，1990年，第1339页。

标准的观念影响深远。当然，若落实到春秋社会的现实，情况是复杂的。这正如朱圣明所言："固然，现实社会中'蛮夷'与'华夏'的确在文化礼仪、同周室政治关系上存在显著差别，然而，这种差别由来已久并在短时间内很难被改变，华夏同蛮夷的族群特征与界限也由此而趋向固化。此时，现实中的他们断然不会仅以某一行为、举动而被另视为'夷狄'或者'华夏'。"① 其进而指出："现实社会中楚、秦等国向'华夏'的转变也是通过文化变革及参与诸夏会盟等方式逐步进行的……从春秋末期到战国，楚、秦由蛮夷变为华夏。中原蛮夷或为诸夏所并，或被驱逐到四边之地。诸夏之国在政治、文化、经济等方面亦日渐趋同。华夷五方格局（华夏居中，蛮夷分处四方）、'内诸夏而外夷狄'的局面得以真正成形。"② 这样的意见值得重视。

总之，在春秋时期，"周德虽衰，天命未改"③，这个以周王室为名义上的核心的封国体系，是开放、包容、变动、多层次的，既包括"核心华夏"（既包含同姓，也包含异姓）——中原诸侯④，也包括"边缘华夏"（主要是异姓）——秦、楚、吴、越等诸侯。虽然随着"核心华夏"和"边缘华夏"对其外部"蛮夷戎狄"的政治吞噬和文化渍染以及"边缘华夏"华夏化程度的逐步加深，春秋时期的族群认同格局在逐步朝着新的方向演化，但"夷夏之辨"的总体族群认同格局还没有发生根本变化。

由此，其时以封国名号命名的"秦人"之称谓也还没有凸显出它在当时族群认同格局中的显著地位，仍被笼罩在"夷夏之辨"的族群认同格局中。正因为这样，"秦人"处在异姓、"边缘华夏"的位置，即在"核心

---

① 朱圣明：《华夷之间：秦汉时期族群的身份与认同》，厦门：厦门大学出版社，2017年，第32页。

② 朱圣明：《华夷之间：秦汉时期族群的身份与认同》，厦门：厦门大学出版社，2017年，第36—37页。

③ 杨伯峻编著：《春秋左传注》（修订本），北京：中华书局，1990年，第672页。

④ 《春秋·庄公三十年》："冬，公及齐侯遇于鲁济。齐人伐山戎。"《左传·庄公三十年》："冬，遇于鲁济，谋山戎也。以其病燕故也。"（杨伯峻编著：《春秋左传注》修订本，北京：中华书局，1990年，第246、247页。）山戎"病燕"，燕得到齐鲁援救。可见北方的燕也在"核心华夏"之列。

华夏"与"蛮夷戎狄"之间，是"大夷"，是"蛮夷诸侯"①。从而在
"秦人"的自我体认中，随着场景的变化产生时而自称"中国"，时而自
称"戎夷"②，时而自认"非蛮非夏"③的不同情况。彭丰文提出："秦人
既是一个族群概念又是一个政治概念，在述及祖源记忆的问题时主要针对
秦国公族而言，在大部分情况下，秦人是一个具有鲜明民族色彩的政治群
体。春秋时期之后，'秦人'与'秦国'在内涵上有高度的重合。"④ 近
来，刘志平进一步指出，春秋时期"秦人"上层"推行的政治、文化建设
和族源历史构建在一定程度上带来了整个政治体内秦人的整体自我认同"，
而在秦与其他政治体的交往与对抗中，"秦人"认同得到强化，也"强化
了其他政治体成员明确的'秦人'族别意识"⑤。显然，在彭、刘二人看
来，春秋时期"秦人"不仅是一个政治群体，还是一个族群。春秋"秦
人"能成为一个族群，与秦国处于"华夏边缘"关系密切。秦国长期与戎

---

① 参见朱圣明：《华夷之间：秦汉时期族群的身份与认同》，厦门：厦门大学出版社，
2017年，第44-49页。
② 这在秦穆公身上有显著体现。《史记·秦本纪》："戎王使由余于秦。由余，其先晋
人也，亡入戎，能晋言。闻缪公贤，故使由余观秦。秦缪公示以宫室、积聚。由余曰：'使
鬼为之，则劳神矣。使人为之，亦苦民矣。'缪公怪之，问曰：'中国以诗书礼乐法度为
政，然尚时乱，今戎夷无此，何以为治，不亦难乎？'"（司马迁：《史记》卷五《秦本
纪》，北京：中华书局，1959年，第192页。）在真正的"戎夷"面前，秦穆公自称秦国为
"中国"。而《吕氏春秋·不苟论》记载："秦缪公相百里奚，晋使叔虎、齐使东郭蹇如秦，
公孙枝请见之。公曰：'请见客，子之事欤？'对曰：'非也。''相国使子乎？'对曰：'不
也。'公曰：'然则子事非子之事也。秦国僻陋戎夷，事服其任，人事其事，犹惧为诸侯
笑。今子为非子之事，退，将论而罪。'"（许维遹撰，梁运华整理：《吕氏春秋集释》，北
京：中华书局，2009年，第642-643页。）在与晋、齐的交往中，秦穆公又自称秦国为
"戎夷"。
③ 作于春秋中期的秦公篡、秦公钟铭文所记秦公（论者多认为是秦景公）之言有
"保墉（乂）卒（厥）秦，虢事繼（蛮）夏"的内容另外，秦景公四年（前573）的残磬
铭文也有"寵（肇）尃（敷）繼（蛮）夏，极（亟）事于秦，即服"的内容（参见王辉、
王伟编著：《秦出土文献编年订补》，西安：三秦出版社，2014年，第24-26页）。可见，
在没有客体在场时，秦公自认为秦国处在蛮夏之间。
④ 彭丰文：《先秦两汉时期民族观念与国家认同研究》，北京：中国社会科学出版社，
2016年，第20页。
⑤ 刘志平：《先秦秦汉的"秦人"称谓与认同》，《清华大学学报》（哲学社会科学
版），2021年第6期。

人交往、征战，甚至吸纳征服的戎人；尤其秦穆公伐戎，"益国十二，开地千里，遂霸西戎"①，令"秦人"颇染戎狄之风，穆公甚至自称"秦国僻陋戎夷"②。这令"秦人"与中原"诸夏"呈现出不同的文化风貌。不过，"秦人"亦参与"诸夏"会盟，被视作"诸夏"之一③。正是由于秦国处于"华夏边缘"，呈现出"华夷之间""非蛮非夏"的文化面貌，所以"秦人"在春秋之时已兼具政治人群和族群性质。

二、战国时期的"秦人"与"非秦人"

战国以降，政治形势发生了急剧变化，以周王室为名义核心的封国体系已经瓦解。与此相应，春秋时期"核心华夏"和"边缘华夏"的族群区别也逐渐消失④。而"秦人"的内涵随着秦国政治体的不断膨胀也在不

---

① 司马迁：《史记》卷五《秦本纪》，北京：中华书局，1959年，第194页。

② 许维遹撰，梁运华整理：《吕氏春秋集释》卷二十四《不苟论》，北京：中华书局，2009年，第642页。

③ 参见刘志平：《先秦秦汉的"秦人"称谓与认同》，《清华大学学报》（哲学社会科学版），2021年第6期。

④ 司马迁在《史记·匈奴列传》中写道："当是之时，冠带战国七，而三国边于匈奴。"（司马迁：《史记》卷一百十《匈奴列传》，北京：中华书局，1959年，第2886页。）可见，战国七雄都属华夏冠带之国，与匈奴构成新的外层族群分界。史党社对此也有精当的分析："春秋以来，与华夏比邻的'蛮夷戎狄'，逐渐被晋、齐、秦、楚等大国吞并，夷、夏在各种各样的接触中走向融合，自西周晚期以来对华夏造成极大威胁的'戎祸'，也基本消弭。原来进入中原的戎、狄之类，不但本身融入'华夏'之中，其土地也成了中原诸侯的版图。有实力的诸侯国如秦、齐、楚、魏、赵等，还向外扩展自己的领地，它们在这些地方设县立郡，建立塞徼，并把中原农业生产方式向更远的周边扩展。在这些国家内部，除了原来的'蛮夷'被同化而融入华夏外，所谓'蛮夷'的地理界限，已在更远的徼外。这些人群，对秦来说，就是羌、胡（或匈奴）等人群了。在这个情况下，春秋以来甚嚣尘上的'夷夏'之辨，自然也归于沉寂……原来的诸侯国，由于外来威胁的消失，周天子的天下共主的地位的失去，因此原来的团结不再，都想出头称王，一切都变得须用实力说话。重要的是，这些活动都不需要假借王室或攘却'戎狄'的名义进行了，有实力的诸侯如秦、齐等等表现出为天下新主的强烈愿望。这个原因促使原来以周天子为核心的'华夏'也发生了变化，在大量融合'蛮夷'的基础上，新的'华夏'正在形成，这是后世'汉人'的前身。中原主要的族群关系，也由原来的'华夏'与'蛮夷'的关系，变成了诸侯之间的关系。"（史党社：《日出西山：秦人历史新探》，西安：陕西人民出版社，2013年，第320-321页。）

断扩展①，"秦人"在与其他政治体成员的交往与对抗中进一步强化了
"我群"认同，而这又进一步强化了其他政治体成员明确的"秦人"族别
意识。虽然这一时期内涵不断扩展的"秦人"内部存在"'故秦人'、'蛮
夷'（二者都属本土之民）、诸侯之民等等之间的差异和'分裂'现象"②，
但新的"秦人"作为与新的"齐人""楚人""燕人""韩人""赵人"
"魏人"等相对出现的族群概念，已经表现出鲜明的"我者"与"他者"
的新区分模式。这样，"秦人"与"非秦人"的族群区分逐渐得到凸显。
换言之，至战国，秦国与山东六国一样，随着郡县制和编户齐民的推行，
秦国内部各类人群进行整合。史党社即指出："在秦地生有名籍的人，就
是'秦人'。"③ 秦国文化与山东诸国也有明显区别，以致山东诸国仍认为
"秦与戎、翟同俗，有虎狼之心"④。这既源自秦在政治制度、思想学术、
语言文字、宗教意识等方面与山东六国差异较大，又是秦与六国在政治、
军事上呈现强烈对抗的反映⑤。在内部人群整合和外部"他者"存在的双
重作用下，"秦人"真正成为一个政治—族群共同体。

　　秦孝公时期的商鞅变法是"秦人"族群认同的转折点。"商鞅变法以
行政和法律的力量，厉行'耕战'；郡县制的实行，可以使政治的力量到
达秦领土内的各个角落"⑥。"秦人"就是"皆言商君之法"⑦ 的秦国政治

---

①　史党社：《日出西山：秦人历史新探》，西安：陕西人民出版社，2013 年，第 264
页。

②　史党社：《日出西山：秦人历史新探》，西安：陕西人民出版社，2013 年，第 358
页。

③　史党社：《日出西山：秦人历史新探》，西安：陕西人民出版社，2013 年，第 358
页。

④　何建章注释：《战国策注释》卷二十四《魏策三》，北京：中华书局，1990 年，第
907 页。

⑤　参见何晋：《秦称"虎狼"考》，《文博》，1999 年第 5 期。当代学人解读"秦与
戎、翟同俗，有虎狼之心"更多从文化着眼，但似不足以否认戎人融入秦国对"秦人"文
化风俗的影响。

⑥　史党社：《日出西山：秦人历史新探》，西安：陕西人民出版社，2013 年，第 322
页。

⑦　何建章注释：《战国策注释》卷三《秦策一》，北京：中华书局，1990 年，第 71 页。

体成员。不仅如此，商鞅还使秦人摆脱了"戎翟之教"的影响，改变了秦人"父子无别，同室而居"及"男女无别"的民风民俗①。秦人不仅在华夏化的道路上有了质的发展，而且国力得到显著增强。秦孝公逐步实现了秦献公当年"东伐，复缪公之故地"的理想，改变了"诸侯卑秦"的局面②。而随着秦国东进以统一天下的步伐逐渐加快，秦国成为山东六国共同的敌人，所谓"秦国与山东为雠"③。山东诸国也逐渐形成与秦对立的联盟集团，如魏人公孙衍将"伐秦"的韩、赵、魏、燕、楚等国称作"中国"，与"秦"对举，所谓"中国为有事于秦"④。这样，"秦人"作为一个强大的政治群体与其他政治群体之间由于资源利益的争夺，形成了"我者"与"他者"的判然两分⑤。

在秦国兼并统一进程中，秦国本土之人被称作"故秦人"或"故秦

① 参见司马迁：《史记》卷六十八《商君列传》，北京：中华书局，1959年，第2234页。当然，秦人在礼义道德水平上仍与齐、鲁有差距。荀子有言："天非私齐鲁之民而外秦人也，然而于父子之义，夫妇之别，不如齐鲁之孝具敬父者，何也？以秦人之从情性，安恣睢，慢于礼义故也，岂其性异矣哉！"（梁启雄：《荀子简释》第二十三篇《性恶》，北京：中华书局，1983年，第333-334页。）

② 参见司马迁：《史记》卷五《秦本纪》，北京：中华书局，1959年，第202页。

③ 何建章注释：《战国策注释》卷二十五《魏策四》，北京：中华书局，1990年，第925页。又《史记·张仪列传》记载："张仪去楚，因遂之韩，说韩王曰：'……山东之士被甲蒙胄以会战，秦人捐甲徒裼以趋敌，左挈人头，右挟生虏。夫秦卒与山东之卒，犹孟贲之与怯夫；以重力相压，犹乌获之与婴儿。夫战孟贲、乌获之士以攻不服之弱国，无异垂千钧之重于鸟卵之上，必无幸矣……'"（司马迁：《史记》卷七十《张仪列传》，北京：中华书局，1959年，第2293页。）事秦的魏人张仪将"秦人""秦卒"分别与"山东之士""山东之卒"对言，也可见"秦人"与"山东人"的对立。王子今曾指出，秦在兼并战争中实行的"出其人"及"募徙"、"赐爵"、"赦罪人迁之"予以充实的移民方式，"可能体现新占领区居民与秦人之间极端敌对的情绪，以及因此导致的秦军政长官对新占领区居民的不信任心态"（参见王子今：《秦兼并战争中的"出其人"政策——上古移民史的特例》，《文史哲》，2015年第4期）。而从族群认同的角度来看，这也体现了秦人具有区分"我者"和"他者"的族群观。

④ 何建章注释：《战国策注释》卷四《秦策二》，北京：中华书局，1990年，第126页。

⑤ 如《史记·秦本纪》记载："楚人反我江南。"（司马迁：《史记》卷五《秦本纪》，北京：中华书局，1959年，第213页。）罗志田也指出："古人族类观念的生成发展，常常也由于现实的军事政治需要。古代族群间的竞争不仅是文化的，同时也是一种生存竞争。在此竞争时代，人我之别的意义首先是强调族群意识以维护群体内的凝聚力。"（罗志田：《夷夏之辨的开放与封闭》，《中国文化》，1996年第2期。）

民"。《商君书·徕民》曰：

> 夫秦之所患者，兴兵而伐则国家贫，安居而农则敌得休息。此王所不能两成也，故三世战胜而天下不服。今以故秦事敌，而使新民事本，兵虽百宿于外，竟（境）内不失须臾之时，此富强两成之效也。臣之所谓兵者，非谓悉兴尽起也；论竟（境）内所能给军卒车骑，令故秦兵，新民给刍食。天下有不服之国，则王以此春围其农，夏食其食，秋取其刈，冬陈其宝，以大武摇其本，以广文安其嗣。王行此，十年之内，诸侯将无异民，而王何为爱爵而重复乎？[①]

文中提到秦国存在"故秦（民）"与"新民"之别，二者都属"秦人"，而与诸侯之"异民"有别。睡虎地秦简《秦律杂抄》也提到"故秦人"[②]。所谓"故秦民"或"故秦人"，即生长于秦国本土之人，或者说秦国旧有之民人。

与"故秦人"相对的是"新民""新秦人"。鲁西奇认为"新秦人/新民"是新征服或归顺之人，通过"纳入秦国版籍"，整合进"秦人"[③]。这一认识确属卓见，秦国将新征服地区称作"新地"，以区别于"故秦"。张家山汉墓出土《奏谳书·南郡卒史盖庐、挚田、段（假）卒史觟复攸庫等狱簿》提及"荆新地"[④]，蔡万进认为是楚之"陈以南至平舆""淮南""荆江南地"等地[⑤]。睡虎地秦简、岳麓秦简、里耶秦简也颇见"新地"

---

① 蒋礼鸿：《商君书锥指》卷四《徕民》，北京：中华书局，1986年，第92-93页。
② 陈伟主编，彭浩、刘乐贤等撰著：《秦简牍合集（释文注释修订本）》（壹），武汉：武汉大学出版社，2016年，第158页。
③ 鲁西奇：《楚秦汉之际的"楚人"》，《早期中国史研究》第8卷第1期，2016年，第11页。
④ 张家山二四七号汉墓竹简整理小组编著：《张家山汉墓竹简〔二四七号墓〕》（释文修订本），北京：文物出版社，2006年，第104页。
⑤ 蔡万进：《秦"所取荆新地"与苍梧郡设置》，《郑州大学学报》（哲学社会科学版），2008年第5期。

的记载①，一般认为指秦国新征服地区②。"新地"之人被称作"新黔首"，即"指新近被秦吞并地区的居民"③，亦即"新秦人"。孙闻博指出，"新地"为新设郡县，系"与早期设置的秦郡相对"而言④。而"新地"之人被视作"新黔首""新秦人"，正在于他们新被纳入秦国郡县和法令统治。

在此演进过程中，秦国一方面通过推行郡县制、编户制和秦法，有意识地将新兼并土地上的人群整合到"秦人"中，另一方面又有意识地区分秦国内外的各类人群。睡虎地秦简《法律答问》保存了秦人对"夏""真""臣邦""它邦""外邦""诸侯"的认识：

> "臣邦人不安其主长而欲去夏者，勿许。" · 可（何）谓"夏"？欲去秦属是谓"夏"。
>
> "真臣邦君公有辠（罪），致耐辠（罪）以上，令赎。"可（何）谓"真"？臣邦父母产子及产它邦而是谓"真"。 · 可（何）谓"夏子"？臣邦父、秦母谓殹（也）。
>
> "使者（诸）候（侯）、外臣邦，其邦徒及伪吏（使）不来，弗坐。" · 可（何）谓"邦徒"、"伪使"？ · 徒、吏与偕使而弗为私舍人，是谓"邦徒"、"伪使"。⑤

以上记叙，为认识战国秦国对各类人群和政治体的划分提供了直接材料。对于这段材料，前贤解读不尽相同，但从中至少可得出三点认识：第

---

① 参见孙慎鹏：《秦简中的"新地"研究》，山东大学硕士学位论文，2020年，第15—17页。
② 参见于振波：《秦律令中的"新黔首"与"新地吏"》，《中国史研究》，2009年第3期。
③ 于振波：《秦律令中的"新黔首"与"新地吏"》，《中国史研究》，2009年第3期。
④ 孙闻博：《秦汉帝国"新地"与徒、戍的推行——兼论秦汉时期的内外观念与内外政策特征》，《古代文明》，2015年第2期。
⑤ 陈伟主编，彭浩、刘乐贤等撰著：《秦简牍合集（释文注释修订本）》（壹），武汉：武汉大学出版社，2016年，第250、252页。

一，秦人将秦国—列国之"天下"由内及外，分为秦国本土、臣邦、外臣邦和他邦（诸侯）四部分，其中秦国本土和臣邦统称"秦属"①；第二，依据政治归属和立场不同，秦国本土之人（秦人）与臣邦人、他邦人有别；第三，秦国将亲属内人群分为"夏子"和"真"，秦人与"臣邦父、秦母"之臣邦人被称作"夏子"，而父母皆为臣邦人与生于他邦者则谓之"真"②。秦国上述人群划分，体现出秦国在兼并统一进程中，秦国本土人群——"秦人"认同的留存，而又着意将"秦人"和纳入"秦属"的"臣邦人"整合出新认同。

针对"新地"，秦国推行郡县制和秦国法令，以促进当地人群"秦人化"。庄小霞指出，在秦统一进程中"即已逐步展开度量衡制统一③"。这提示我们，秦帝国"车同轨，书同文，行同伦"的举措，很可能始于统一之

---

① 朱圣明：《华夷之间：秦汉时期族群的身份与认同》，厦门：厦门大学出版社，2017年，第93页。关于"臣邦"，部分学人视之为臣属于秦国的非华夏政治体或族群地区（参见陈力：《试论秦国之"属邦"与"臣邦"》，《民族研究》，1997年第4期；刘瑞：《秦"属邦"、"臣邦"与"典属国"》，《民族研究》，1999年第4期；刘瑞：《秦、西汉的"内臣"与"外臣"》，《民族研究》，2003年第3期）。但也有学人提出"臣邦"应该包含非秦人的"华夏臣邦"乃至"服从于秦的东方诸侯国"（参见渡边英幸著，李力译：《秦律的"夏"与"臣邦"》，杨一凡、寺田浩明主编《日本学者中国法制史论著选·先秦秦汉卷》，北京：中华书局，2016年，第241-268页）。本书更倾向于后者。上引睡虎地秦简《法律答问》提及"真臣邦君公"，还提到"臣邦君长"和"臣邦真戎君长"[陈伟主编，彭浩、刘乐贤等撰著：《秦简牍合集（释文注释修订本）》（壹），武汉：武汉大学出版社，2016年，第210、226页]，似表明"臣邦君长"存在非"真戎"者，疑即属于"华夏臣邦"。另外，在秦国兼并统一战争中，卫国即成为秦之"臣邦"，秦"徙卫野王县"，直至秦二世时，"废（卫）君角为庶人，卫绝祀"（司马迁：《史记》卷三十七《卫康叔世家》，北京：中华书局，1959年，第1604-1605页），亦为"华夏臣邦"存在之例证。

② 参见工藤元男著，广濑薫雄、曹峰译：《睡虎地秦简所见秦代国家与社会》，上海：上海古籍出版社，2010年，第73-104页；渡边英幸著，李力译：《秦律的"夏"与"臣邦"》，杨一凡、寺田浩明主编《日本学者中国法制史论著选·先秦秦汉卷》，北京：中华书局，2016年，第266-267页。于豪亮、朱圣明等认为父为秦人、母为臣邦人者亦为"夏"，不必单就母系来判定秦属内之人的"夏""真"之别（参见于豪亮：《秦王朝关于少数民族的法律及其历史作用》，《于豪亮学术文存》，北京：中华书局，1985年，第124-129页；朱圣明：《华夷之间：秦汉时期族群的身份与认同》，厦门：厦门大学出版社，2017年，第93页）。

③ 庄小霞：《里耶秦简所见秦统一衡制新证》，《东方论坛》，2016年第6期。

前。张梦晗以"荆新地"为例，指出"秦对'荆新地'基层行政体系的改造堪称高效"，"以新设郡县改造当地行政体系"，将"楚国原先的县以下的基层行政体系"改造为秦之乡里，推行秦制①。于振波、朱锦程注意到"新黔首"通过军功、捕盗或赐爵等途径获得秦爵，"与故秦人爵位同样拥有相应的特权和优待"②，则表明秦国渐将"新黔首"纳入同样的爵制身份秩序中。战国秦国正是通过推行秦制，推动新征服、新归顺之人或臣邦人"秦人化"。

其时，强势的秦人因政治军事上的优势而在族群的识别和认定上占据着主导地位，又因其一直未放弃文化上的努力，故其在客观上逐渐主导了华夏的历史进程。值得注意的是，秦国借用了"夏"这一概念，对"秦属"内人群进行整合。在战国秦与臣服于秦的蛮夷之邦"臣邦"的关系中，秦自称为"夏"，且将"臣邦人"与秦女通婚而生的"子"称为"夏子"。这个"秦（夏）"的概念，已包含了"臣邦"。具体地说，这个"'夏'是表达以秦为中心的两个结合关系的概念。一个是对秦的政治臣属，另一个是由秦人父向子所传续的血统。前者通过臣邦君主，形成了使其属下的人们也间接地归属的政治架构；而后者则以下嫁的秦人女性为媒介，构筑了让秦女所生的'臣邦人（夏的孩子）'也归属的血统架构"③。而从"产它邦"之子不是"夏子"来看，此时秦人观念中的"夏"是将"它邦"（山东诸侯国）排除在外的。形成年代大致在秦孝公至秦始皇统一六国之前的睡虎地秦简《法律答问》④ 有"诸

---

① 张梦晗：《从里耶秦简看"荆新地"的秦制化进程》，《江苏师范大学学报》（哲学社会科学版），2021 年第 2 期。

② 于振波、朱锦程：《出土文献所见秦"新黔首"爵位问题》，《湖南社会科学》，2017 年第 6 期。

③ 渡边英幸撰，李力译：《秦律的"夏"与"臣邦"》，杨一凡、寺田浩明主编《日本学者中国法制史论著选·先秦秦汉卷》，北京：中华书局，2016 年，第 266-267 页。

④ 高敏指出："根据出土《秦律》的内容，我们可以初步判明：它既不是商鞅变法时期制定的《秦律》的原貌，也不是撰写于秦始皇统一六国后的律文，而是在商鞅《秦律》的基础上，经过从商鞅死后到秦昭王这段时期逐步累积而撰写成的《秦律》。"（高敏：《云梦秦简初探》，郑州：河南人民出版社，1979 年，第 41 页。）不过，据整理小组介绍，"《法律答问》所引用的某些律文的形成年代是很早的"，有些律文"很可能是商鞅时期制订的原文"（睡虎地秦墓竹简整理小组编：《睡虎地秦墓竹简·法律答问释文注释》，北京：文物出版社，1990 年，第 93 页）。

侯客"①、"使诸侯"② 等相关简文，又有将"秦人"与"它邦耐吏（客吏）"对言的简文③，也可见战国后期秦人与山东诸侯国人的严格区分。这或许表明，春秋时期"夷夏之辨"的族群认同格局在战国时期被"秦人非秦人之辨"的族群认同格局取代后，秦人单方面对"夏"概念作了狭隘界定。当然，此时秦人的"夏"概念还是有"夷夏之辨"的痕迹，正所谓"秦律以中原诸侯与戎狄蛮夷的差异为前提，就在两者之上以本国为中心设定了'夏'的架构。这是战国秦为统一'秦'以外各种各样的人们所构筑的，是特殊的'中华'论"④。但令人遗憾的是，"秦人非秦人之辨"的族群认同格局从战国时期一直延续到统一后的秦帝国时期，始终未形成最大范围的涵盖山东诸侯的"秦（夏）"认同。

秦人对山东诸侯国一直采取歧视性的防范政策。尹在硕根据睡虎地秦简、里耶秦简和岳麓秦简资料对此作了细致分析，最后得出结论："秦占领的旧六国地区被称为'新地'，其居民被称为'新民'，这一地区被看作是盗人或反盗暗中活动的地区，并将秦内地故民中的不良秦民迁徙至此地，虽为新民编户，但为区别于故民，会在户籍上标明出身国名。不仅如此，会将故地官吏中无能、有过误的'恶吏'降职到新地进行管理……秦政府并没有将新民完全看作是秦公民……秦政府对于新地在政治上的差别认识和政策上的差别，从战国时代一直持续到秦建立统一帝国之后。虽然表面上秦政府是在全国范围内，统一实施以郡县制与官僚制为基础的中央集权支配体制，但在建立统一帝国之后，旧六国地区仍是新地，居住在那

① 睡虎地秦墓竹简整理小组编：《睡虎地秦墓竹简·法律答问释文注释》，北京：文物出版社，1990 年，第 135 页。

② 睡虎地秦墓竹简整理小组编：《睡虎地秦墓竹简·法律答问释文注释》，北京：文物出版社，1990 年，第 136 页。

③ 睡虎地秦墓竹简整理小组编：《睡虎地秦墓竹简·法律答问释文注释》，北京：文物出版社，1990 年，第 142 页。

④ 渡边英幸撰，李力译：《秦律的"夏"与"臣邦"》，杨一凡、寺田浩明主编《日本学者中国法制史论著选·先秦秦汉卷》，北京：中华书局，2016 年，第 267 页。

里的旧六国民仍是新民或是新黔首，区别于居住在秦内地的故民。"① 秦代的"秦人"与旧六国之民相区分的客观事实，应是旧六国之民特别是上层精英因最终的亡国而积聚的反秦情绪造成的，这与秦较早控制的旧六国之地有显著区别。这正如琴载元所言："由于战争中发生大规模的人口外流，秦在占领地实行郡县制并且对边境地带加强军事控制，初期占领地与后期占领地之间形成相异的情绪等，到反秦、楚汉战争时期形成东西地域分裂局面（到西汉时期发展成'郡国并行'格局）。在此基础上，以后的研究需要进一步探讨秦早期置郡的关外地区与保持'反秦'的旧六国区域之间形成的人口地理分界。"②

三、秦帝国"秦人"认同的塑造与消解

秦统一天下后，延续并发展了战国秦国的做法，继续推动"故秦人"与六国故民（"新黔首"）的整合，以期将"秦人"认同在秦帝国疆域内普及，塑造新的"秦人"认同。

历史学家范文澜将秦朝"书同文""车同轨""行同伦""长城之内的广大疆域"比对为"共同语言""共同经济生活""表现在共同文化上的共同心理状态""共同地域"等"民族"四要素，认为汉民族形成始于秦朝③；民族学家费孝通认为秦朝"车同轨，书同文，立郡县和确立度量衡的标准，在经济、政治和文化上为统一体立下制度化的规范"，是中华民族这个民族实体形成的重要一步④。二说提示我们，秦朝族群认同的塑造，

---

① 尹在硕：《秦朝的"非秦人"认识与占领地支配》，第三届简帛学国际学术研讨会论文，广西桂林，2015 年 11 月，第 87 页。

② 琴载元：《战国时期秦领土扩张及置郡背景》，《首都师范大学学报》（社会科学版），2016 年第 4 期。

③ 范文澜：《自秦汉起中国成为统一国家的原因》，历史研究编辑部编《汉民族形成问题讨论集》，北京：生活·读书·新知三联书店，1957 年，第 6-8 页。关于范文澜此文及其引发的讨论，参见张越：《范文澜与"汉民族形成问题争论"》，《中国社会科学》，2020 年第 7 期；罗志田：《史料与理论：范文澜探讨汉民族形成的语境》，《河北学刊》，2021 年第 5 期。

④ 费孝通主编：《中华民族多元一体格局》（修订本），北京：中央民族大学出版社，1999 年，第 10-11 页。

是在帝国官方主导下进行的。秦朝的"秦人"认同塑造，实质是令"故秦人"与六国故民（"新秦人"）"均质化"，亦即"海内为郡县，法令由一统"①。具体来讲，包括政治认同和文化认同两方面。

在政治认同上，秦朝在帝国疆域内推行郡县制和编户制，对"故秦人"、六国故民和其他族裔人群采用相同的统治方式，使之具有同等身份。其他人群，是指秦帝国编户中戎人、越人、淮夷等原非"诸夏"人群，比如"秦并六国，其淮、泗夷皆散为民户"②。各郡县编户（黔首）在法令上具有同等权责，皆需依法承担赋役，打破了不同人群以往的政治认同隔阂，实现政治身份的"均质化"，推动新"秦人"认同的形成。秦帝国的各种制度和法令的推行，延续战国时代秦国的做法，也促使列国认同消除和"华夏"整合。

在文化认同上，秦帝国在"法令由一统"的基础上，整齐各地的文化与风俗。战国列国"田畴异亩，车涂异轨，律令异法，衣冠异制，言语异声，文字异形"③，正是列国"国人"意识存在的基础。秦法的推行，以法令整饬各地风俗。睡虎地秦简《语书》，为秦王政二十年（前227）南郡守腾发布的文告，即提到"（乡俗）或不便于民，害于邦"，故设"法律令"，"以教道（导）民，去其淫避（僻），除其恶俗"④。这篇文告虽发布于秦统一前，但"以法化俗"政策为秦帝国延续。工藤元男即认为《语书》反映了秦朝"追求一元化统治的坚强意志。为此基层社会原有的习俗被否定，再三督促秦法的彻底化"⑤。这从始皇帝颂功刻石可得到明证，比如琅邪刻石曰"匡饬异俗"，之罘刻石曰"黔首改化"，会稽刻石曰"禁止淫

---

① 司马迁：《史记》卷六《秦始皇本纪》，北京：中华书局，1959年，第236页。

② 范晔：《后汉书》卷八十五《东夷列传》，北京：中华书局，1965年，第2809页。

③ 许慎：《说文解字》，北京：中华书局，1963年，第315页。

④ 陈伟主编：《秦简牍合集（释文注释修订本）》（壹），武汉：武汉大学出版社，2016年，第29页。

⑤ 工藤元男著，广濑薰雄、曹峰译：《睡虎地秦简所见秦代国家与社会》，上海：上海古籍出版社，2010年，第361页。

洗"①。清人顾炎武即据刻石认为秦朝"坊民正俗之意固未始异于三王也"②。

除整饬风俗外，秦朝"书同文字"，规范文字字形和用法，从文字上消弭帝国各方言人群的隔阂，从用语上消除各地交流障碍，确保帝国内部交流和文书行政的顺畅运行③；统一学术，焚毁六国史书和百家语，"若有欲学者，以吏为师"④；整合各地信仰，确立秦朝国家祭祀和共同信仰⑤。帝国从文字、学术和信仰三方面，塑造统一的"秦文化"，从文化上促使帝国编户"同质化"。此外，秦始皇采纳"五德终始说"，确立"黄帝—夏—商—周—秦"的华夏王朝正统序列，在周代古史系统的基础上，对古史系统进行了整合，将帝国编户纳入共同的历史记忆和祖先记忆，也强化了帝国吏民的认同。

正如葛兆光所论："身处一个共同空间的人们，在统一帝国影响下，都对这一文化、信仰和历史给予'认同'的时候，由'语言与书写文字的媒介'联系起来的这个文化传统、神圣信仰和共同历史中的人，就会想象自己拥有一个传统，因而也应当是一个民族，理应成为一个国家。"⑥ 秦帝国从政治和文化两个层面，推动帝国内部人群的"同质化"；兼之"一法度衡石丈尺""车同轨"⑦，加强帝国内部人群的联系，试图令"秦人"认

---

① 司马迁：《史记》卷六《秦始皇本纪》，北京：中华书局，1959年，第245、250、262页。

② 顾炎武著，黄汝成集释，栾保群、吕宗力校点：《日知录集释》卷十三"秦纪会稽山刻石"条，上海：上海古籍出版社，2006年，第752页。

③ 参见陈昭容：《秦系文字研究：从汉字史的角度考察》，台北："中研院"历史语言研究所，2003年，第69-105页；陈侃理：《里耶秦方与"书同文字"》，《文物》，2014年第9期。

④ 司马迁：《史记》卷八十七《李斯列传》，北京：中华书局，1959年，第2546页。

⑤ 参见李零：《茫茫禹迹：中国的两次大一统》，北京：生活·读书·新知三联书店，2016年，第64-65页；葛兆光：《历史中国的内与外：有关"中国"与"周边"概念的再澄清》，香港：香港中文大学出版社，2017年，第76页。

⑥ 葛兆光：《历史中国的内与外：有关"中国"与"周边"概念的再澄清》，香港：香港中文大学出版社，2017年，第74页。

⑦ 司马迁：《史记》卷六《秦始皇本纪》，北京：中华书局，1959年，第239页。

同得到帝国各地普遍接受。

秦帝国自上而下的新"秦人"认同塑造，取得一定成功。鲁西奇已指出鄢郢地区的"楚人"渐次"秦人化"，演变为"新秦人"①。再如秦汉时朝鲜半岛南部的辰韩，"自言古之亡人避秦役来适韩国"，言语"有似秦人"，亦称"秦韩"②。"亡人避秦役来适韩国"者，多来自燕齐地区，若辰韩/秦韩确因"秦人"得名，则"秦人"身份已被部分燕齐之人接受。"秦人"还成为周边族群和外国对中原王朝人的称呼，甚至延续至汉代③，颜师古注《汉书》即谓《汉书》中汉代匈奴人"谓中国人为秦人，习故言也"④。

秦帝国塑造新"秦人"认同，其实是将"秦人"认同推广到秦帝国各郡县，令"秦人"与"华夏"统一。照此，战国列国的"二重认同"理应消弭，走向单数的华夏/秦人认同。不过，秦帝国的计划，虽取得一定成功，却未彻底实现。也就是说，从"秦国"到"秦帝国"，秦一直着力塑造"同质化"的"秦人"认同。然而，在秦帝国管辖区域内，"各地区的名称如燕人、齐人、赵人、魏人、楚人等仍然存在"⑤。例如《史记·秦始皇本纪》载始皇二十八年"齐人徐市等上书"，三十二年"始皇之碣石，使燕人卢生求羡门、高誓"，三十四年"博士齐人淳于越"进言⑥。此类称谓并非正式的籍贯，而是依据战国六国故地而言。这至少表明各地对"秦人"身份的接受并不彻底，旧的"国人"意识仍然存在。换言之，由先秦以降的"秦人"与"非秦人"的族群区分一直延续到秦统一之后，里耶秦简中的"秦人"称谓即为明证：

---

① 鲁西奇：《楚秦汉之际的"楚人"》，《早期中国史研究》第8卷第1期，2016年，第7—20页。

② 陈寿：《三国志》卷三十《魏书·乌丸鲜卑东夷传》，北京：中华书局，1982年，第852页。

③ 参见贾敬颜：《"汉人"考》，《中国社会科学》，1985年第6期。

④ 班固：《汉书》卷九十六下《西域传下》，北京：中华书局，1962年，第3914页。

⑤ 翁独健主编：《中国民族关系史纲要》，北京：中国社会科学出版社，2011年，第76页。

⑥ 司马迁：《史记》卷六《秦始皇本纪》，北京：中华书局，1959年，第247、251、254页。

廿六年十二月癸丑朔辛巳，尉守蜀敢告之：大（太）守令曰：秦
人□□□Ⅰ

侯中秦吏自捕取，岁上物数会九月望（望）大（太）守府，毋
有亦言。Ⅱ问之尉，毋当令者。敢告之。Ⅲ8-67+8-652

辛巳，走利以来。/□半。憙☒8-67 背+8-652 背①

这里的"秦人"及"秦吏"称谓，出现在秦洞庭郡太守之"令"中，
时间是在秦灭楚之后，而且此"令"应是下发到包括迁陵县在内的洞庭郡
各县，表明在秦洞庭郡各县有"秦人"和"秦吏"之特殊群体，这或许
可看作秦代有"秦人"和"非秦人"之区分的又一证据。而在旧属楚地
的迁陵县，似又集中表现为"秦人"与"荆人"（即"楚人"）的区分②。

---

①　陈伟主编：《里耶秦简牍校释》（第一卷），武汉：武汉大学出版社，2012 年，第 52 页。

②　出土于里耶古城 K11 的户籍简牍特别标注了户主的出身国名——"荆"（参见湖南省文物考古研究所编著：《里耶发掘报告》，长沙：岳麓书社，2007 年，第 203-208 页）。此外，里耶还出土有未记录户主出身国名的户籍残简（参见张春龙：《里耶秦简所见的户籍和人口管理》，中国社会科学院考古研究所、中国社会科学院历史研究所、湖南省文物考古研究所编《里耶古城·秦简与秦文化研究——中国里耶古城·秦简与秦文化国际学术研讨会论文集》，北京：科学出版社，2009 年，第 191-194 页）。尹在硕在《秦朝的"非秦人"认识与占领地支配》一文中已言及这两类户籍简牍，认为"像这样在户籍上记录'荆'这一点是在秦王政二十五年，秦完全占领楚国以后，为区别新民与秦内地的故民，因此标记有显示其出身国名的'荆'"，而没有记录出身国名的户籍"可能是秦内地，即，故秦地区移住到迁陵县的故秦人的户籍"（尹在硕：《秦朝的"非秦人"认识与占领地支配》，第三届简帛学国际学术研讨会论文，广西桂林，2015年 11 月，第 80 页）。此外，里耶秦简还有"二人其一秦一人荆皆卒"的简文（参见张春龙：《里耶秦简所见的户籍和人口管理》，中国社会科学院考古研究所、中国社会科学院历史研究所、湖南省文物考古研究所编《里耶古城·秦简与秦文化研究——中国里耶古城·秦简与秦文化国际学术研讨会论文集》，北京：科学出版社，2009 年，第 194 页）。尹在硕指出："可将其释为'两名兵卒中的一名是秦人，另一名是荆人'，推定两人为同一部队的兵卒，但其出身被严格地区分为'秦'和'荆'。此种区分是以记录有两者的出身是秦故民，或是旧楚新民的户籍为基础的。"（尹在硕：《秦朝的"非秦人"认识与占领地支配》，第三届简帛学国际学术研讨会论文，广西桂林，2015 年 11 月，第 81 页。）当然，还应注意到里耶秦简 9-1145、9-2300 号简有关"濮人""杨人""史人"的记载（参见陈伟主编：《里耶秦简牍校释》第二卷，武汉：武汉大学出版社，2018 年，第 268、466 页）。所载"濮人""杨人""史人"，应为南方的蛮夷族群。可见，在秦帝国的南方，有"秦人"和"荆人"的区分，又有"秦人"和"濮人""杨人""史人"的区分，这个多层次的族群区分是以"秦人"为中心而展开的。

　　由秦末反秦起义时的"秦人"称谓，我们也可看到秦代"秦人"与"非秦人"的族群区分。《史记·高祖本纪》记载："及赵高已杀二世，使人来，欲约分王关中。沛公以为诈，乃用张良计，使郦生、陆贾往说秦将，啖以利，因袭攻武关，破之。又与秦军战于蓝田南，益张疑兵旗帜，诸所过毋得掠卤，秦人憙，秦军解，因大破之。"① "秦人""秦军"之称反映的应是当时的族群观念。《史记·高祖本纪》又记载："秦人大喜，争持牛羊酒食献飨军士。沛公又让不受，曰：'仓粟多，非乏，不欲费人。'人又益喜，唯恐沛公不为秦王。"② "秦人"和"秦王"之称，体现的仍是当时的族群观念。与"秦人"拥戴刘邦不同，对于项羽，"秦人大失望，然恐，不敢不服"③。《史记·天官书》还记载："项羽救巨鹿，枉矢西流，山东遂合从诸侯，西坑秦人，诛屠咸阳。"④ "山东诸侯"与"秦人"仍是当时对立的两大族群。

　　《汉纪·高祖皇帝纪》："韩生说羽令都关中。羽曰：'富贵不归故乡，如衣锦夜行。'韩生曰：'人谓楚人曰沐猴而冠，果然。'羽闻之，怒杀韩生。羽所过残贼，秦人失望。"⑤ 项羽不都关中秦地，而要归故乡楚地，又被韩生称为"楚人"，对秦人的极端残暴措施使"秦人失望"，足见当时"楚人"与"秦人"的势不两立。不过，楚人刘邦对"秦人"采取的是怀柔政策。同为楚人的刘邦和项羽，对"秦人"采取了完全不同的政策，这除了因为两人的政治智慧和政治追求有高低之分，很可能还因为项羽是楚人贵族，而刘邦只是楚人的下层，项羽的亡国灭族记忆要比刘邦沉痛得多⑥。这也很可能

---

① 司马迁：《史记》卷八《高祖本纪》，北京：中华书局，1959年，第361页。
② 司马迁：《史记》卷八《高祖本纪》，北京：中华书局，1959年，第362页。
③ 司马迁：《史记》卷八《高祖本纪》，北京：中华书局，1959年，第365页。
④ 司马迁：《史记》卷二十七《天官书》，北京：中华书局，1959年，第1348页。
⑤ 荀悦、袁宏著，张烈点校：《两汉纪》，北京：中华书局，2002年，第17页。
⑥ 《史记·项羽本纪》："居鄡人范增，年七十，素居家，好奇计，往说项梁曰：'陈胜败固当。夫秦灭六国，楚最无罪。自怀王入秦不反，楚人怜之至今，故楚南公曰"楚虽三户，亡秦必楚也"。今陈胜首事，不立楚后而自立，其势不长。今君起江东，楚蜂午之将皆争附君者，以君世世楚将，为能复立楚之后也。'"（司马迁：《史记》卷七《项羽本纪》，北京：中华书局，1959年，第300页。）而刘邦是"起细微"（班固：《汉书》卷一下《高帝纪下》，北京：中华书局，1962年，第80页）。

就是后来楚人刘邦建立汉帝国后不再强调"楚人"与"秦人"、"楚人"与"非楚人"之区别的重要原因。而这促成了更具包容性的"汉人"称谓的产生①。

"秦人"与"非秦人"的族群区分甚至延续到楚汉相争时期。据《史记·樊郦滕灌列传》记载，彭城惨败后，刘邦退居荥阳，面对项羽麾下来势汹汹的"楚骑"，刘邦"择军中可为（车）骑将者，皆推故秦骑士重泉人李必、骆甲习骑兵，今为校尉，可为骑将"。刘邦"欲拜之"，李必、骆甲说道："臣故秦民，恐军不信臣，臣愿得大王左右善骑者傅之。"刘邦"乃拜灌婴为中大夫，令李必、骆甲为左右校尉，将郎中骑兵击楚骑于荥阳东，大破之"②。李必、骆甲明确说自己是"故秦民"，担心自己不能为众军士信服，可见此时仍有"秦人"与"非秦人"之族别观念。不过，刘邦大胆重用"故秦民"，也从一个侧面表明刘邦对"秦人"采取了包容、怀柔的政策，这对融"秦人"于一更具包容性的族群有重要的推动作用。

疆域上已然大一统的秦帝国之内，"秦人"与"非秦人"的并存，亦即"国人"意识犹存，源自秦国与山东六国在法令制度和文化风俗上存在较大差异。宫崎市定早就注意到，秦国法制与六国旧俗多有差异③；陈苏镇认为，"秦之'法律令'与关东文化存在距离，特别是与楚'俗'之间存在较大距离"④；李禹阶指出，秦与关东，尤其是齐、鲁文化，存在价值观上的冲突⑤。因法制与文化上的差异，"六国百姓视其'故俗'为天经地义"，对秦法则难以接受⑥。而秦帝国却以强硬甚至残暴的手段来推行秦

① 关于汉代的"汉人"称谓与认同，详见下一节。
② 司马迁：《史记》卷九十五《樊郦滕灌列传》，北京：中华书局，1959 年，第 2668 页。
③ 宫崎市定著，马云超译：《宫崎市定解读〈史记〉》，北京：中信出版社，2018年，第 84—85 页。
④ 陈苏镇：《〈春秋〉与"汉道"：两汉政治与政治文化研究》，北京：中华书局，2020 年，第 38 页。
⑤ 李禹阶：《秦始皇"焚书坑儒"新论——论秦王朝文化政策的矛盾冲突与演变》，《重庆师范大学学报》（哲学社会科学版），2004 年第 6 期。
⑥ 参见臧知非、沈华、高婷婷：《周秦汉魏吴地社会发展研究》，北京：群言出版社，2007 年，第 71 页。

法、秦制，加剧了秦国法制、文化与六国旧俗的冲突。

法制和文化的冲突，激起了六国故民的故国之思和残存的"国人"意识。最典型者，即楚南公曰"楚虽三户，亡秦必楚"①，正是故楚之人怀有强烈"楚人"认同的表现。里耶秦简和岳麓秦简中关于"从人"的记叙，亦可反映这一情况。里耶秦简曰：

　　　制诏 御史：闻代人多坐从以毄（系），其御史往行，□其名□所坐以毄（系）☒

　　　县官□秦军初□□到使者至，其当于秦下令毄（系）者，衛（率）署其所坐☒

　　　令且解盗戒（械）。卅五年七月戊戌，御史大夫绾下将军，下令叚（假）御史瞀往行☒

　　　☒下书都吏治从人者，□大□□□下校尉主军□都吏治 从人 者☒

　　　☒【听】书从事，各二牒，故何邦人、爵死〈列〉、越□从及有以当制□□☒

（8-532+8-674+8-528 正）

　　　☒书亟言：求代盗，书都吏治从人者所，毋当令者。☒
　　　☒□留。曰：骑行，书留。☒手。

（8-532+8-674+8-528 背）②

简文中提及"代人多坐从""从人"，以往因可参照、对读文献不足，无法完全明了。岳麓秦简中涉及对"从人"通缉与处罚的简文，对认识"从人"提供了更多信息。《岳麓秦简（伍）》013—020 号简曰：

---

① 司马迁：《史记》卷七《项羽本纪》，北京：中华书局，1959 年，第 300 页。
② 陈伟主编：《里耶秦简牍校释》（第一卷），武汉：武汉大学出版社，2012 年，第 173-174 页。录文、标点参考杨振红释文略有改动，参见杨振红：《秦"从人"简与战国秦汉时期的"合从"》，《文史哲》，2020 年第 3 期。

013/1029：●叚（假）正夫言：得近〈从〉人故赵将军乐突弟、舍人招等廿四人，皆当完为城旦，输巴县盐。请论轮〈输〉招等

014/1028：【廿四人，故】代、齐从人之妻、子、同产、舍人及其子已傅嫁者，比故魏、荆从人。·御史言：巴县盐多人，请

015/0960：令夫轮〈输〉招【等廿四人，故】代［代］、齐从人之妻、子、同产、舍人及其子已傅嫁不当收者比故魏、荆从人之

016/0921：【妻】、子、同产、舍人及子已傅嫁者，已论轮〈输〉其完城旦舂洞庭，洞庭守处难亡所苦作，谨将司，令终身

017/0898：毋得免赦，皆盗戒（械）胶致桎传之其为士五（伍）、庶人者处苍梧，苍梧守均处少人所，疑亡者，戒（械）胶致桎传

018/1111：之，其夫、妻、子欲与，皆许之。有等比。·十五

019/1021：●诸治从人者，具书未得者名、族、年、长、物色、疵瑕，移谳县道。县道官谨以谳穷求，得，辄以智巧谮（潜）

020/1019：讯其所智（知）从人、从人属、舍人未得而不在谳中者，以益谳求，皆捕论之。敢有挟舍匿者，皆与同罪。[1]

　　从上引岳麓秦简和里耶秦简来看，在秦之法令中，"从人"遭到通缉和处罚，显然是某种违反政治—社会秩序之人。在简文中，这些从人被冠以"故赵""故代、齐""故魏、荆"等列国故国之名，表明他们与被秦兼并的山东六国有关。而"故"字，也"意味着简的年代在秦始皇二十六年灭六国、统一中国之后"[2]。

　　关于"从人"身份和性质，大体存在两种观点：一种观点认为"从

---

[1]　陈松长主编：《岳麓书院藏秦简（伍）》，上海：上海辞书出版社，2017年，第43-45页。录文、标点参考杨振红释文略有改动，参见杨振红：《秦"从人"简与战国秦汉时期的"合从"》，《文史哲》，2020年第3期。

[2]　杨振红：《秦"从人"简与战国秦汉时期的"合从"》，《文史哲》，2020年第3期。

人"指故六国主张合纵抗秦之人①；另一种观点认为"从人"是从事反秦活动的六国旧贵族或其随从，或故六国抗秦残余势力②。就"从"或"从人"字义来讲，第一种解释似更合情理。然更重要的是，从秦朝对"从人"的通缉和处罚来看③，在秦统一六国、兼并天下后，故六国"从人"仍给秦帝国政治—社会秩序带来挑战。而这些"从人"，被秦朝法令冠以"故国"名号，亦透露出他们的"故国"意识。

杨振红提出"从人狱波及全国，历时长久"，直至始皇三十五年，才赦免部分从人④。这透露出六国故民反秦活动的长期存在。李洪财提出秦统一后"从人"反秦斗争长期存在，上引里耶简反映的就是始皇三十五年故代"从人"反秦事件，以致"代人多坐从"⑤；朱锦程也认为上引里耶简表明"代地在纳入秦统治后并不安定"⑥。考诸传世文献，《史记》记叙的韩人张良、魏人张耳、陈余等，亦可归入"从人"反秦案例之列。《史记·秦始皇本纪》记叙秦始皇二十九年，东游，"至阳武博狼沙中，为盗所惊。求弗得，乃令天下大索十日"⑦。此即张良策划所为，然始皇"令天下大索十日"，恐怕也是意识到民间六国故民反秦势力的存在。始皇三十六年，"有坠星下东郡，至地为石，黔首或刻其石曰'始皇帝死而地分'。

① 参见李洪财：《秦简牍"从人"考》，《文物》，2016 年第 12 期；陈松长主编：《岳麓书院藏秦简（伍）》，上海：上海辞书出版社，2017 年，第 74 页；董飞：《出土秦简所见"从人"问题研究》，《西安财经大学学报》，2022 年第 1 期；杨振红：《秦"从人"简与战国秦汉时期的"合从"》，《文史哲》，2020 年第 3 期。

② 参见吴雪飞：《〈岳麓简五〉所见"从人"考》，简帛网（http://www.bsm.org.cn），2018 年 4 月 13 日；周海锋：《〈里耶秦简（贰）〉初读（一）》，简帛网（http://www.bsm.org.cn），2018 年 5 月 15 日；孟峰：《秦简牍"从人"考论》，《史学月刊》，2021 年第 4 期。

③ 《岳麓秦简（伍）》024—028 号简也记叙了秦帝国对"从人"的处罚。依据简文，从人"根据情节轻重来判刑，重者可判死刑，轻者可判迁、耐刑"。参见杨振红：《秦"从人"简与战国秦汉时期的"合从"》，《文史哲》，2020 年第 3 期。

④ 杨振红：《秦"从人"简与战国秦汉时期的"合从"》，《文史哲》，2020 年第 3 期。

⑤ 李洪财：《秦简牍"从人"考》，《文物》，2016 年第 12 期。

⑥ 朱锦程：《秦对新征服地的特殊统治政策——以"新地吏"的选用为例》，《湖南师范大学社会科学学报》，2017 年第 2 期。

⑦ 司马迁：《史记》卷六《秦始皇本纪》，北京：中华书局，1959 年，第 249 页。

始皇闻之，遣御史逐问，莫服，尽取石旁居人诛之"①。至少在秦始皇看来，此为东郡黔首所为。所谓"始皇帝死而地分"，恰恰表明在六国故民看来，秦始皇死后秦帝国将崩溃（地分），六国将复兴。

简言之，秦帝国以政治权力推动"新秦人"认同普及，但手段显得强硬。六国故民犹怀故国之思，"国人"意识尚存。这给秦帝国塑造的"新秦人"认同带来了危机，也为秦帝国的覆灭埋下了伏笔。汉人徐乐谓"秦之末世"是为"土崩"，"民困而主不恤，下怨而上不知，俗已乱而政不修"②，正是秦朝政治认同危机的写照。是故，秦末，陈胜、吴广起事，"天下云集而响应，赢粮而景从"（贾谊《过秦论》），六国得以复兴。秦帝国崩溃，新塑造的"秦人"认同也随之瓦解。"秦人"身份又缩回到故秦范围，主要为关中、汉中、巴蜀之人。比如刘邦入关中，"与父老约，法三章耳"，史称"秦人大喜"③，此"秦人"即指关中百姓。再如楚汉之际，刘邦"择军中可为（车）骑将者，皆推故秦骑士重泉人李必、骆甲习骑兵"，欲拜为骑将，二人称"臣故秦民，恐军不信臣"云云④。"故秦骑士""故秦民"，亦皆指故秦地区关中之人。

要之，秦帝国兼并六国，统一天下后，继承战国秦国的做法，将"秦人"身份在帝国郡县中推广，以令编户齐民形成均质化的"秦人"认同。秦帝国"法令由一统"，施行"车同轨，书同文，行同伦"政策，促使战国"诸夏"走向"单数的华夏"，令列国"二重认同"走向统一的"秦人"认同。但由于秦法与六国旧俗差异较大，秦帝国推行"秦人"认同手段过于强硬，反激起六国故民的故国之思和反抗意识，最终导致秦帝国崩溃和新"秦人"认同瓦解。

新"秦人"认同的塑造，表明在族群认同塑造上，来自帝国自上而下的权力，往往起到至关重要的作用。或者说，在统一政权下，政治认同是

---

① 司马迁：《史记》卷六《秦始皇本纪》，北京：中华书局，1959年，第259页。
② 班固：《汉书》卷六十四上《徐乐传》，北京：中华书局，1962年，第2804-2805页。
③ 司马迁：《史记》卷八《高祖本纪》，北京：中华书局，1959年，第362页。
④ 司马迁：《史记》卷九十五《樊郦滕灌列传》，北京：中华书局，1959年，第2668页。

族群认同的先导和基础。制度与文化的整合，则是塑造政治—族群认同的
手段与工具。然《荀子·议兵》曰："兼并易能也，唯坚凝之难焉。"[1] 自
上而下的权力，或能起到一时之效，但新认同的维持，必有赖于制度与文
化整合的完成。新"秦人"认同的瓦解，正源自秦国与山东六国间法制和
文化鸿沟较深，并非短期内通过强制手段所能克服的。而这也给承继秦朝
的新王朝留下了一个重要历史任务。

四、汉代现实族群中的"秦人"称谓

拥有悠久历史的"秦人"虽然随着以嬴秦贵族为核心的政治体的覆灭
而在现实族群称谓的表达上失去了昔日的强势主导地位，但"秦人"称谓
本身仍在汉代的现实族群称谓表达中留下了印记。

《史记·大宛列传》有这样的记载："贰师与赵始成、李哆等计：'闻
宛城中新得秦人，知穿井，而其内食尚多。所为来，诛首恶者毋寡。毋寡
头已至，如此而不许解兵，则坚守，而康居候汉罢而来救宛，破汉军必
矣。'军吏皆以为然，许宛之约。宛乃出其善马，令汉自择之，而多出食
食给汉军。"[2] 此处"秦人"称谓出自汉武帝时汉人之口，而同时又言及
"汉军"，可知此"秦人"应为秦时入西域之秦人后裔，他们在汉代仍被
称为"秦人"。《汉书·匈奴传上》："于是卫律为单于谋'穿井筑城，治
楼以藏谷，与秦人守之[3]。汉兵至，无奈我何。'即穿井数百，伐材数千。
或曰胡人不能守城，是遗汉粮也，卫律于是止，乃更谋归汉使不降者苏
武、马宏等。"[4] 此处"秦人"称谓出自汉昭帝时匈奴人之口，也与"汉
兵"对言，可知此"秦人"应为秦时入匈奴之秦人后裔，他们在汉代也被
称为"秦人"。

发现于 19 世纪末的东汉桓帝永寿四年（158）的"龟兹左将军刘平国

---

[1]　梁启雄：《荀子简释》第十五篇《议兵》，北京：中华书局，1983 年，第 206 页。
[2]　司马迁：《史记》卷一百二十三《大宛列传》，北京：中华书局，1959 年，第 3177 页。
[3]　颜师古注："秦时有人亡入匈奴者，今其子孙尚号秦人。"见班固：《汉书》卷九十
四上《匈奴传上》，北京：中华书局，1962 年，第 3783 页。
[4]　班固：《汉书》卷九十四上《匈奴传上》，北京：中华书局，1962 年，第 3782 页。

治关"刻石有"龟兹左将军刘平国，以七月廿六日发家从秦人孟伯山、狄虎贲、赵当卑、万□羌、石当卑、程阿羌等六人共来作……谷关"的铭文①。关于其中"秦人"称谓，王国维认为是指"汉人"②。而李铁提出了不同意见，指出："在汉朝建国三百余年后的刘平国时，再称汉为秦则是不可思议的事……像刘平国这样具有汉绶官阶的将军，决不至于秦汉不分，沿称汉民为秦人了。还有种情况值得注意，在焉耆龟兹出土的文献中有'秦人'和'秦海民'的称谓，联系当地关于秦海的种种神话传说看，可知当地居民就把自己作为秦海的后裔来看待。再从刻石中提到的六人姓名上分析，如当卑、万羌、阿羌者，也都是以族别为名，姓为汉姓，这正是受汉文化影响后，'渐慕华夏之风'改为'姓中国之姓'的缘来……秦人在东汉时乃指秦海以西居民而言，古龟兹离秦海仅四百里，当然也包括在这个范畴之内。"③ 可见，李铁认为铭文中的"秦人"指"秦海"以西受汉文化影响的西域民。初师宾又提出第三种不同的意见，他指出："姓氏于种族、宗亲关系中最为紧要，如排除政治原因而改姓的可能，此六人多汉姓，似属于汉族的可能最大，因久居龟兹地方，故又习用'当卑'、'阿羌'等胡名。这种情形，恰与颜师古注吻合，可见秦时入胡并非凿空之谈。"④ 认为铭文中的"秦人"为秦时入西域之秦人后裔，已受胡风影响，在东汉仍被称作"秦人"⑤。考虑到"在张骞之前，中原经过西北地方与外域的文化通路早已发挥着促进文化沟通、文化交流、文化融汇的历史作用"，"在阿尔泰地区发现的公元前5世纪的贵族墓中曾经出土中国丝

---

① 参见王国维：《刘平国治□谷关颂跋》，《观堂集林（附别集）》卷二十，北京：中华书局，1959年，第979页。

② 王国维：《刘平国治□谷关颂跋》，《观堂集林（附别集）》卷二十，北京：中华书局，1959年，第980页。

③ 李铁：《汉刘平国治关刻石小考》，《社会科学战线》，1979年第4期。

④ 初师宾：《秦人、秦胡蠡测》，《考古》，1983年第3期。

⑤ 初师宾在此所言"汉族"是以后世的概念来述说的，按其意，即指"秦人"。其在文中明确说道："书明为秦人，知与汉人已不可等同……这区别就是：一是秦时胡化的汉人，一是汉时汉人。"（初师宾：《秦人、秦胡蠡测》，《考古》，1983年第3期。）联系上下文，所谓"秦时胡化的汉人"，其本意当为在汉代仍被称为"秦人"的秦时入西域之秦人已胡化的后裔。

织品。巴泽雷克 5 号墓出土有凤凰图案的刺绣和当地独一无二的四轮马车。车辆形制和刺绣风格都表明来自中国。在这一地区公元前 4 世纪至前 3 世纪的墓葬中，还出土了有典型关中文化风格的秦式铜镜。许多古希腊雕塑和陶器彩绘人像表现出所着衣服细薄透明，因而有人推测公元前 5 世纪中国丝绸已经为希腊上层社会所喜好"①，我们认可初师宾的意见。若这样，秦人西入西域，不仅自称为"秦人"，也被西域人称为"秦人"，其后裔直到东汉仍被称为"秦人"。而"秦海"及"秦海民"也很可能跟东方之"秦"及西入西域之"秦人"有关②。可见，西入西域的秦人不仅将"秦人"称谓带到西域，还对西域的地理称名产生了影响。

与汉代"秦人"称谓相关的又有"秦虏"、"秦骑"和"秦胡"称谓。居延新简 E. P. T8：15 号简载有"秦虏"称谓③，李烨认为，"这里的'秦虏'，即是汉朝人对业已胡化的'秦人'的称呼"④。王子今认为，"'秦

① 王子今：《前张骞的丝绸之路与西域史的匈奴时代》，《甘肃社会科学》，2015 年第 2 期。

② "秦海"之名首见于《后汉书·西域传》所载敦煌太守张珰的上书中，其文曰："北虏呼衍王常展转蒲类、秦海之间，专制西域，共为寇钞。"李贤等注："大秦国在西海西，故曰秦海也。"（范晔：《后汉书》卷八十八《西域传》，北京：中华书局，1965 年，第 2911、2913 页。）按李贤等注，秦海似指西海——地中海，源于"大秦国"之名。余太山遵从李贤等注，认为"'秦海'似应指大秦所临之海，即今地中海"（余太山：《两汉魏晋南北朝正史西域传研究》，北京：商务印书馆，2013 年，第 235 页）。清人王先谦早有不同看法，他指出："大秦在海西，去北匈奴绝远，呼衍王不得展转其间……疑匈奴中别有秦海，再考。"（王先谦：《后汉书集解》，北京：中华书局，1984 年，第 1020 页。）谭其骧主编的《中国历史地图集》"东汉西域都护府"图中将"秦海"标注在焉耆附近（参见谭其骧主编：《中国历史地图集》第 2 册，北京：中国地图出版社，1982 年，第 65-66 页）。再考虑到李铁的介绍，即"在焉耆龟兹出土的文献中有'秦人'和'秦海民'的称谓，联系当地关于秦海的种种神话传说看，可知当地居民就把自己作为秦海的后裔来看待"（李铁：《汉刘平国治关刻石小考》，《社会科学战线》，1979 年第 4 期），秦海应在西域焉耆附近，"秦海"之"秦"很可能跟东方之"秦"有关，因为"大秦"之"秦"都跟东方之"秦"有关，所谓"罗马帝国规模盛大，有类中国，中亚人称中国为'秦'，故称罗马为'大秦'"（参见余太山：《两汉魏晋南北朝正史西域传研究》，北京：商务印书馆，2013 年，第 157 页）。

③ 甘肃省文物考古研究所等编：《居延新简：甲渠候官与第四燧》，北京：文物出版社，1990 年，第 51 页。

④ 李烨：《"秦胡"别释》，《内江师范学院学报》，2012 年第 5 期。

虏'之称谓指代,大致是与西北民族形成融合,在生产方式、生活礼俗诸方面与内地民族传统显现一定距离的原中原民众"①。所谓"原中原民众",应是指"秦人",故其意见和李烨相似。肩水金关汉简73EJT1:158号简载有"秦骑"称谓,且与"胡骑"称谓并举②。关于汉代的"胡骑",王子今有过详细探讨,认为"胡骑"是两汉对北方草原游牧族骑兵的通称,包含匈奴、乌桓、鲜卑、羌胡、杂种胡等少数民族骑兵③。李烨也有相似意见:"'胡'在两汉当是对以匈奴为主的北方和西域民族的泛称,'属国胡骑'也应是由多部族所组成的,除了匈奴外,还杂有羌、月氏等诸多北方和西域民族。"④ 那么与"胡骑"对举的"秦骑",该如何定义?李烨的意见或许是可取的:"如果汉时确有世居胡地的'秦人'存在,那么这些尚在匈奴统治下的'秦人'是有可能随着匈奴等胡族的归附后继续生活于'属国'之中的。而胡人和秦人之属同被汉朝政府编入骑兵部队自然也成为了可能。胡人骑兵被称为'胡骑',秦人骑兵自然也就可以称为'秦骑'。"⑤

对于传世文献和出土简牍所载"秦胡"的认识,意见纷呈:第一种意见认为"秦胡"是汉化的胡人;第二种意见认为"秦胡"是指"秦"和"胡",分别指汉族人和非汉族人;第三种意见认为"秦胡"是胡化的汉人;第四种意见认为"秦胡"即"支胡",是塔里木盆地土人之称号;第五种意见认为"秦胡"是秦地之胡;第六种意见认为"秦胡"是降汉的匈奴人;第七种意见认为"秦胡"并不特指某个少数民族或某地少数民族,而是一种政治身份或法律身份,在这一身份之下,又有种落、地域之

---

① 王子今:《说"秦胡"、"秦虏"》,《中国边疆史地研究》,2019年第1期。
② 甘肃简牍保护研究中心等编:《肩水金关汉简(壹)》(下册),上海:中西书局,2011年,第11页。
③ 王子今:《两汉军队中的"胡骑"》,《秦汉边疆与民族问题》,北京:中国人民大学出版社,2011年,第332-347页。
④ 李烨:《"秦胡"别释》,《内江师范学院学报》,2012年第5期。
⑤ 李烨:《"秦胡"别释》,《内江师范学院学报》,2012年第5期。王子今也认为"'秦骑',应与'秦人'称谓有关"(王子今:《汉简河西社会史料研究》,北京:商务印书馆,2017年,第279页)。

分，如卢水胡、湟中义从胡、支胡等，总谓之"秦胡"①；第八种意见认为"'秦胡'应分开理解，'秦'是对秦时亡入胡地的华夏遗民的称谓，'胡'是对北方和西域外族的统称"②；第九种意见认为"'秦胡'之'秦'，已经与'胡'形成极其密切的关系"，并将"秦胡"之"秦"理解为"与西北民族形成融合，在生产方式、生活礼俗诸方面与内地民族传统显现一定距离的原中原民众"③。最后一种意见虽然看似未将"秦胡"作为一个民族称谓整体来看待，但在解释"秦胡"之"秦"的民族属性时，又无疑是将"胡"融入了"秦"，从而实际上是将"秦胡"作为一个民族称谓整体来看待的。其实，要理解"秦胡"的真正含义，我们还需回到"秦胡"在《后汉书》中出现的族群场景。据《后汉书·邓寇列传》记载，汉章帝章和二年（88），包含"烧当种羌""武威种羌"等在内的"诸羌"与包含"月氏胡"在内的"诸胡"之间存在矛盾。在以烧当种羌迷唐为首的诸羌"先欲胁月氏胡"的情况下，邓训否定了许多人"以羌胡相攻，县官之利，以夷伐夷，不宜禁护"的意见，"令开城及所居园门，悉驱群胡妻子内之，严兵守卫"，致使"羌掠无所得，又不敢逼诸胡，因即解去"。于是邓训得到"湟中诸胡"的拥戴，"其中少年勇者数百人"成为邓训的"义从"。之后又因邓训对羌人有德义之举，故一些羌人"自塞外来降"。于是，邓训"发湟中秦胡、羌兵四千人，出塞掩击迷唐"④。可见，邓训"发湟中秦胡、羌兵"的背景是因其采取"以德怀之"的策略而得到湟中"诸胡"和"诸羌"的拥戴，"秦胡"应和"月氏胡"一样，也属湟中"诸胡"之一。《后汉书·董卓列传》所载董卓上书，也言及"湟中义从

---

①　以上七种意见参见胡小鹏、安梅梅：《"秦胡"研究评说》，《敦煌研究》，2005年第1期。

②　李烨：《"秦胡"别释》，《内江师范学院学报》，2012年第5期。

③　王子今：《说"秦胡"、"秦虏"》，《中国边疆史地研究》，2019年第1期。

④　范晔：《后汉书》卷十六《邓寇列传》，北京：中华书局，1965年，第609-610页。中华书局点校本将此处"秦胡"断开，不可取。实际上，中华书局点校本在其他出现"秦胡"的地方又未断开，如《后汉书·皇甫张段列传》所载段颎"将秦胡步骑五万余人"（范晔：《后汉书》卷六十五《皇甫张段列传》，北京：中华书局，1965年，第2153页）。

及秦胡兵"[1]。看来,"湟中诸胡"确实包含"秦胡"。此外,由居延新简"建武六年甲渠言部吏毋作使属国秦胡卢水士民简册"可知,东汉初的张掖属国也有"秦胡"[2]。联系前面所述秦时入西域或匈奴之秦人后裔有胡化的情况,又考虑到"湟中"和"张掖属国"恰好都在秦境之外,将"秦胡"理解为秦时入秦之西部外域之秦人已胡化的后裔或许是可取的。

此外,我们还可看到西汉人仍被匈奴人称为"秦人"的情形。《汉书·西域传下》载汉武帝罪己诏曰:"曩者,朕之不明,以军候弘上书言'匈奴缚马前后足,置城下,驰言"秦人,我匄若马"'[3],又汉使者久留不还,故兴(师)遣贰师将军,欲以为使者威重也。"[4] 此处"秦人"称谓是军候弘所引匈奴人之言,这无疑显示了"秦"及"秦人"对匈奴的深刻影响。

总而言之,到了汉代,拥有悠久历史的"秦人"虽然随着以嬴秦贵族为核心的政治体的覆灭而在现实族群称谓的表达上失去了昔日的强势主导地位,但"秦人"称谓本身仍在汉代的现实族群称谓表达中留下了印记。秦时入居秦境外的秦人后裔在汉代被称为"秦人"、"秦虏"或"秦胡",而匈奴人在某些场景仍称西汉人为"秦人"。

五、余论

"秦人"称谓与认同在先秦秦汉时期遵循着这样的历史轨迹:周孝王时,非子被封于"秦",号为"秦嬴","秦人"的族群意识由此产生,"秦人"作为一个族群由此登上历史舞台。但通观整个西周时期,"秦人"称谓与认同是隐而不显的。春秋时期,随着嬴秦贵族所建立的政治体的不

---

[1] 范晔:《后汉书》卷七十二《董卓列传》,北京:中华书局,1965年,第2322页。

[2] 见居延新简 E. P. F22:696、E. P. F22:42、E. P. F22:322、E. P. F22:43,此应为一完整简册,其中 E. P. F22:42 和 E. P. F22:322 应缀合。参见邢义田:《"秦胡"小议》,《地不爱宝:汉代的简牍》,北京:中华书局,2011年,第70页。

[3] 颜师古注:"谓中国人为秦人,习故言也。"见班固:《汉书》卷九十六下《西域传下》,北京:中华书局,1962年,第3914页。

[4] 班固:《汉书》卷九十六下《西域传下》,北京:中华书局,1962年,第3913页。

断扩张，"秦人"称谓与认同逐步得到凸显，但仍被笼罩在以姬周华夏为核心展开的"夷夏之辨"的族群认同格局中，从而处在异姓、边缘华夏的位置。由战国至秦帝国，嬴秦贵族所建立的政治体继续扩张，且在文化上基本完成了华夏化，在与其他同样具有浓厚宗法血缘色彩、且在文化上也基本完成了华夏化的政治体的资源利益争夺中，"秦人"和"非秦人"的族群区分得到凸显。这样，原来以姬周华夏为核心展开的"夷夏之辨"的多层次族群认同格局，被以"秦人"为核心展开的"秦人非秦人之辨"的多层次族群认同格局取代，且形成了狭隘的"秦（夏）"认同。楚汉相争以后，"秦人"与"非秦人"的现实族群区分由于帝国上层精英的重组及帝国政治名号的改变而退出历史舞台，但"秦人"称谓本身仍在汉代的现实族群称谓表达中留下了印记，如秦时入居秦境外的秦人后裔在汉代被称为"秦人"、"秦虏"或"秦胡"，而匈奴人在某些场景仍称西汉人为"秦人"。

关于春秋战国及秦帝国时期"秦人"的称谓与认同，有两个关键点值得我们注意。

首先，华夏之大认同一直是"秦人"认同的大背景，这不仅体现为春秋时期"秦人"对融入华夏的不懈追求，也体现为战国及秦代"秦人"单方面对"夏"概念的狭隘界定。因为"秦人"单方面对"夏"概念的狭隘界定正体现了"秦人"强烈的华夏认同意识，而且对"夏"概念的这种狭隘界定并不能消弭含纳关东诸夏的华夏之大认同，只是此一华夏之大认同因秦人狭隘的东方政策以及汉初对这一政策的历史惯性延续而被隐藏在历史舞台背后，待至西汉中期，才走上历史舞台。而此华夏之大认同形成和维持的主要因素就是由共同使用以《易》《诗》《书》等经典文本为主要载体的"雅言雅字"① 和共同践行一套虽有历时、共时之差异但文

---

① "雅言"，即"华夏共同语"；"雅字"，即"华夏标准字"，不仅指以"雅言"为基础形成的"字"，还指此"字"有共同的形构标准（即"正体字"）。关于此，可参看华学诚：《周秦汉晋方言研究史》（修订本），上海：复旦大学出版社，2007年，第6页；张中行：《文言和白话》，北京：中华书局，2012年，第27—28、37页；裘锡圭：《文字学概要》（修订本），北京：商务印书馆，2013年，第52—53、64、76、79页。

化精神内核始终不变的礼仪文化制度而形成的共同文化心性①。此共同文化心性不但未因春秋战国时期政治军事的分裂而受影响，也未因秦始皇的"焚书"政策而受影响，其深层原因大概是《易》《诗》《书》并不是待所谓"儒家"兴起后才成为华夏经典的，礼仪文化也不是待所谓"儒家"兴起后才产生的，而是都有着更久远的历史文化起点。此后，共同习用的经典文本的扩展和礼仪文化的更加成熟系统化，更加固了华夏早已形成的共同文化心性。这是带有局限性的"秦人"认同在汉代消失后，更具开放包容性的"汉人"认同得以产生的重要文化原因②。

其次，嬴秦贵族所建立的政治体的消长决定着"秦人"称谓与认同的隐没与凸显，即血缘和政治也成为构建族群认同的重要因素。嬴秦贵族建

---

① 这里的文化心性，是指由习用共同的经典文本、使用共同的书面语言（文字）、共同践行一套虽有历时、共时之差异但文化精神内核始终不变的礼仪文化制度而形成的文化心理特质与文化价值取向。春秋战国时期各国在政治军事上的分裂与对抗虽然在一定程度上加大了各区域文化的差异，但在以《易》《诗》《书》等经典文本为主要载体的"雅言雅字"的使用方面与礼仪文化的关注和建设方面并没有发生改变。这在先秦典籍中不乏记载，兹不赘举。

② 有学者在分析"华夏有关异族群的知识建构"时指出："匈奴、鲜卑、百越等一定也积累了丰富的有关自身以及华夏的知识，可惜因为缺乏文献记录，这些声音在历史中湮没了。除了西域流沙中偶尔残留的一些非汉字材料，唐代以前有关东亚的知识竟只能找到汉字写下的记录。自4世纪以下，北方一些原本非华夏的人群进入并占据中原，留下了很多文字记录，在南方也有相当多的非华夏土著开始用中文留下自己的声音。但是，使用汉字和汉语进行写作，已经从根本上决定了他们难以跳脱先秦秦汉以来定型的华夏文化传统。从思维和表达方式到具体的知识，先秦秦汉的文献是他们唯一可以学习、模仿、取材的对象，他们虽然为华夏传统注入了一些新的内容，但最终的结果是让他们自己越来越与华夏无法区分。"（胡鸿：《能夏则大与渐慕华风：政治体视角下的华夏与华夏化》，北京：北京师范大学出版社，2017年，第115页。）其所强调的非华夏族群使用汉字和汉语进行写作对他们的思维、表达方式、具体知识的深刻影响，与本章所说的由共同使用以《易》《诗》《书》等经典文本为主要载体的"雅言雅字"而形成的共同文化心性有相通之处。而赵汀阳更指出："如果需要对中国文化给出一个最具特征性的描述，也许可以说，那是一个以汉字为主要载体，有核心基因而无边界的开放兼收的精神世界。这个精神世界一直在生长过程中，历史上已经吸纳了众多文化的信息，在多种文化的互化过程中，制度、服饰、美术、音乐、饮食、工具、语音、习俗皆多有变化，唯有作为精神世界载体之汉字保持其超稳定性，而汉字承载着中国文化最为根本的基因。"（赵汀阳：《惠此中国：作为一个神性概念的中国》，北京：中信出版社，2016年，第124页。）这个带有历史哲学性的表达，可以说触及了中国文化的深层本质。

立的政治体和其他贵族建立的长期与其对抗的政治体都有着久远的历史，这是"秦人"称谓与认同得以展开的客观历史情境基础，也是"秦人"认同必然在一定时期内带有局限性的客观原因。秦帝国历时的短暂及其狭隘的东方政策使得"秦人"认同的局限性永远留在历史的遗憾中。刘汉取代嬴秦，帝国政治体上层的激变性重组和帝国政治名号的改变，使"秦人"和"非秦人"的现实族群区分消失在新的帝国政治体中，这表明政治力量在"族群"认同构建中起着重要作用。刘汉继承嬴秦的帝国政治遗产，在政治整合的道路上迈出了坚实步伐，并成功抵达理想的终点，同时又在对凝聚族群认同起重要作用的共同祖先及历史传说上作了成功的构建①，故在西汉中期形成了融政治、文化、血缘和族群于一体的"汉人（华夏）"认同。

　　西汉中期形成的这种"汉人（华夏）"认同突破了战国秦及秦帝国"秦（夏）"认同与汉初"汉人"认同的局限，达到了族群认同、政治认同和文化认同三者之间相对一致的稳固状态（这种稳固状态又带有开放包容性），这奠定了后世中国在族群认同、政治认同和文化认同等方面向心内聚的坚实基础。以后每一次冲击和挑战，都带来了这种稳固状态的一次升华。这或许就是中国最核心、最本质的特征。

---

　　①　史党社认为，同秦代上层精英相比，汉代上层精英在共同祖先的构建上要做得好些，即"把五帝奉为'汉人'的祖先，使自我族群顺利地完成了从战国'华夏'到'汉人'构建的过渡。司马迁把《五帝本纪》列为《史记》之首，就是汉代人重视'五帝'这个族群标志的体现"（史党社：《日出西山：秦人历史新探》，西安：陕西人民出版社，2013年，第360页）。在宗法制色彩浓厚的古代中国，上层精英对虚拟血缘的构建和强化，可以稀释到政治体内的各个阶层，而汉代正是这个重要构建初步完成并成功地稀释到各阶层的历史关键期。

第二章

后战国时代的"国人" 意识与"汉人"认同

秦朝统一后，继承战国时的做法，意图整合"诸夏"，塑造新"秦人"认同。但秦国法制与六国旧俗的冲突，激起六国故民的反秦情绪，导致秦帝国的崩溃和新"秦人"认同的瓦解。在国家意识和族群认同的塑造上，这就给承秦而来的新王朝留下了一个重要的历史任务。

在后战国时代，列国的"国人"意识复生。同时，也出现了一个重要现象，随着"秦人"称谓主导性在汉代的消失，取而代之的是"汉人"或"汉民"称谓的凸显。只不过这一称谓从"汉"这一区域性新政治体名号下的人群称谓，过渡到整体意义上的完全具有族别功能的族群称谓，经历了较长的时期，其间伴随着统治者在政治、文化和族源历史等领域的一系列整合措施而逐步完成。

第一节　后战国时代"国人"意识的变化 与"汉人"人群的衍变

一、"国人"意识的复兴与变化

李开元注意到秦末汉初历史的独特性，他写道：

　　西汉二百余年，以武帝期为界，前后之历史状态差异极大。汉初之六十余年间，其历史状态具有相当的独特性，而此种独特性，又在很大程度上是战国末年以及秦楚汉间历史特征的延伸。为了将这段历史的特点明显地凸现出来，笔者试图将秦末陈涉起义至汉景帝在位之间的历史分离出来，作为一个独立的历史时期加以看待，并称之为后战国时代的秦末汉初期……秦王朝在此期间崩溃，战国七国在此期间复活，项羽在此期间称霸分割天下，汉王朝也在此期间诞生。可以说，这段时期的历史，既连接了战国和秦，又开启了汉，在很大程度上决定了汉初的时代特点。①

　　"后战国时代"的独特性，令列国"国人"意识复兴，也给日后"汉人"认同在汉王朝全境的确立带来了阻碍。

　　在"后战国时代"，"楚人""齐人""赵人"等以国为号的人群称谓广泛出现。这些"某（国）人"称谓，又统称作"诸侯人""诸侯国人"。例如《汉书·高帝纪》载刘邦立为汉王，"楚子、诸侯人之慕从者数万人"②。文颖曰："楚子，犹言楚人也。诸侯人，犹诸侯国人。"③ 再如汉文帝时，淮南王"聚收汉诸侯人及有罪亡者"④。"汉诸侯人"，即汉人与诸侯国人⑤。

　　各诸侯"国人"，因政治上的自主性和文化上的独特性，加上历史渊源，复兴了昔日战国七雄的"国人"意识。秦楚之际，范增说项梁立"楚后"时说："陈胜败固当。夫秦灭六国，楚最无罪。自怀王入秦不反，楚

---

　　① 李开元：《汉帝国的建立与刘邦集团——军功受益阶层研究》，北京：生活·读书·新知三联书店，2000年，第74-75页。

　　② 班固：《汉书》卷一上《高帝纪上》，北京：中华书局，1962年，第29页。

　　③ 其实，站在其他诸侯国的角度，"楚子"（楚人）亦可归入"诸侯人"之列。只因"楚"作为秦楚之际的"主角"，被视作与其他诸侯不同罢了。

　　④ 司马迁：《史记》卷一百一十八《淮南衡山列传》，北京：中华书局，1959年，第3077页。

　　⑤ 班固撰，王先谦补注，上海师范大学古籍整理研究所整理：《汉书补注》，上海：上海古籍出版社，2008年，第3527页。

人怜之至今，故楚南公曰'楚虽三户，亡秦必楚也'。今陈胜首事，不立楚后而自立，其势不长。今君起江东，楚蜂午之将皆争附君者，以君世世楚将，为能复立楚之后也。"项梁从之①。显然，"楚人"的"国人"意识是很强烈的，《史记》称项梁立楚怀王（战国楚怀王孙心）乃"从民所望也"②。其时六国"国人"意识的保存和强化，与秦制强硬推行引发反弹相关。鲁西奇认为，"楚亡之后，在秦强力推行秦式制度、'移风易俗'的过程中，楚地民众逐步强化了对已经灭亡的楚国的认同，在'反秦'的旗帜下，实现了'楚人'的'自我'觉醒"③。故其指出，秦楚汉之际的"楚人"，是兼具政治体和族群性质的人群④。

不单"楚人"如此，秦末汉初的"齐人""赵人""燕人"等"诸侯国人"，也都具有政治—族群共同体的性质。比如齐人，在秦末支持田儋、田横兄弟等故齐王族复齐，"以距诸侯"⑤，展现出强烈的政治自立性和认同感。至韩信灭齐，告汉王刘邦曰"齐伪诈多变，反覆之国也"⑥，即"齐人"政治自立性的表现。刘邦立韩信为齐王，及招揽齐王田横，欲保存齐国来"存恤楚众"，皆考虑到齐地的政治文化特点⑦。后来，刘邦立刘肥为齐王，"食七十城，诸民能齐言者皆予齐王"⑧。语言是文化和族群认同的重要标志，刘邦此举无疑十分顾及齐人的文化认同。可见，秦末汉初的"齐人"，既是以复兴的齐国为依托的政治人群，又是基于齐地文化的族群。

战国列国风俗文化延续至西汉前期，从《史记·货殖列传》对楚、

---

① 司马迁：《史记》卷七《项羽本纪》，北京：中华书局，1959 年，第 300 页。

② 司马迁：《史记》卷七《项羽本纪》，北京：中华书局，1959 年，第 300 页。

③ 鲁西奇：《楚秦汉之际的"楚人"》，《早期中国史研究》第 8 卷第 1 期，2016 年，第 33 页。

④ 鲁西奇：《楚秦汉之际的"楚人"》，《早期中国史研究》第 8 卷第 1 期，2016 年，第 33—35 页。

⑤ 司马迁：《史记》卷九十四《田儋列传》，北京：中华书局，1959 年，第 2644 页。

⑥ 司马迁：《史记》卷九十二《淮阴侯列传》，北京：中华书局，1959 年，第 2621 页。

⑦ 陈苏镇：《〈春秋〉与"汉道"：两汉政治与政治文化研究》，北京：中华书局，2020 年，第 84—85 页。

⑧ 司马迁：《史记》卷五十二《齐悼惠王世家》，北京：中华书局，1959 年，第 1999 页。

齐、赵、魏、燕等地的描述亦能体现，令人感觉"司马迁仿佛仍然生活在战国时代"①。胡宝国指出，"政治上结束战国是在秦代，而从文化上看，战国还远未结束"②。文化上列国遗风犹存，恰给"后战国时代"列国"国人"意识提供了文化基础。当然，正如李开元所论，"后战国时代"在政治上其实亦未真正结束列国并立的政治格局。也正因此，秦楚汉之际的"诸侯国人"，兼具政治人群和文化族群性质。

秦楚汉之际的"诸侯国人"，不仅彼此互为"他者"，还以周边族群为"他者"。《汉书·高帝纪》载汉四年（前203）八月，"北貉、燕人来致枭骑助汉"③。"燕人"与"北貉"并列，当具族属或种族性质。再如，《史记·朝鲜列传》称"（卫氏）朝鲜王满者，故燕人也"，卫满亡命后，"稍役属真番、朝鲜蛮夷及故燕、齐亡命者王之"④。"故燕、齐亡命者"与"真番、朝鲜蛮夷"并举，显示出"燕人""齐人"的族属性质。

有必要指出的是，秦楚汉之际复兴的"国人"意识，较之战国时代发生了一个重要变化。盖秦末汉初的诸侯国与战国七雄并非完全一致，以致"诸侯国人"与战国"国人"亦不完全重合。项羽和刘邦分封诸侯，不乏打破或拆分了战国七雄的区域。例如战国楚国，项羽分封成西楚、九江、衡山、临江四国；战国秦国，被分为汉、雍、塞、翟四国；战国齐国，被分为齐、济北、胶东三国。不同国别的"诸侯国人"，政治身份无疑有别；但在文化和族群认同上，因与战国"国人"无法完全割裂，造成政治身份与族群认同的复杂关系。鲁西奇指出，项羽"分楚为四"后，楚地之人"以不同的政权为依托，成为不同意义上的'楚国之人'"⑤。至汉初，张

---

① 胡宝国：《〈史记〉与战国文化传统》，《汉唐间史学的发展》，北京：商务印书馆，2003年，第3页。

② 胡宝国：《汉代政治文化中心的转移》，《汉唐间史学的发展》，北京：商务印书馆，2003年，第215页。

③ 班固：《汉书》卷一上《高帝纪上》，北京：中华书局，1962年，第46页。

④ 司马迁：《史记》卷一百一十五《朝鲜列传》，北京：中华书局，1959年，第2985页。

⑤ 鲁西奇：《楚秦汉之际的"楚人"》，《早期中国史研究》第8卷第1期，2016年，第33页。

良亦将淮南国人称作"楚人"①。可见,"四楚"之人,皆以"楚人"自居。与之类似,三齐之人皆以"齐人"自居。项羽"徙齐王田市更王胶东",立齐将田都为齐王,立故齐王建孙田安为济北王,引发田荣不满,"自立为齐王,尽并三齐之地";其后,项羽伐齐,田荣死,项羽"烧夷齐城郭,所过者尽屠之","齐人相聚畔之",支持田横、田广重立齐国②。从田荣"并三齐之地"和齐人支持田横、田广立齐来看,三齐之人仍倾向于"齐人"形成统一政治—族群共同体。

就此来讲,在"后战国时代",诸侯国作为政治体,固然是划分人群身份的重要依据,却非判断族群认同的绝对标准。"楚人""齐人"等战国"国人"称谓,曾出现跨越政权存在的现象,与"诸侯国人"并不统一。然对于各"诸侯国人"的族群认同而言,战国以来的历史记忆和文化认同,可能有着更重要的意义,战国列国"国人"称谓仍成为他们身份和认同的标签。在此,历史记忆和文化风俗,成为超越政治体的族群认同的基础。

不过,也必须指出的是,各"国人"称谓中有一个比较特别,即"秦人"。项羽分秦地为四,一方面,雍、塞、翟"三秦"皆认同自己的"秦人"身份;另一方面,封于巴、蜀、汉中的刘邦"汉国",则孕育出一种新的人群——"汉人"。

二、"汉人"人群的出现与衍变

在列国"国人"意识复生的同时,还出现一个重要现象,即"秦人"身份走向消弭,而"汉人"群体出现。换言之,随着"秦人"称谓的主导性在汉代的遽然消失③,取而代之的是"汉人"或"汉民"称谓的凸显,这是与关西之"秦"成为"汉"直辖的郡县相对应的。只是"汉人"

---

① 司马迁:《史记》卷五十五《留侯世家》,北京:中华书局,1959年,第2046页。

② 司马迁:《史记》卷九十四《田儋列传》,北京:中华书局,1959年,第2645-2646页。

③ "秦人"称谓只是在汉代的现实族群称谓表达中留下了些许印记,关于此,可参上一章。

或"汉民"称谓从"汉"这一区域性新政治体名号下的人群称谓过渡到整体意义上的完全具有族别功能的族群称谓经历了较长时间，而这又是随着政治、文化和族源历史的整合而逐步完成的。

秦末，"秦人"认同缩回到"故秦人"的范畴。例如《史记·高祖本纪》称项羽"屠烧咸阳秦宫室，所过无不残破。秦人大失望"①。此"秦人"正指"关中故秦"而言②。这些"故秦人"仍维持着强烈的"秦人"认同感。至项羽分故秦之地为汉、雍、塞、翟四国，关中"三秦"治下之民仍皆称"秦人/秦民"。这从韩信对刘邦分析"三秦"的言辞即可看出：

> 且三秦王为秦将，将秦子弟数岁矣，所杀亡不可胜计，又欺其众降诸侯，至新安，项王诈坑秦降卒二十余万，唯独（章）邯、（司马）欣、（董）翳得脱，秦父兄怨此三人，痛入骨髓。今楚强以威王此三人，秦民莫爱也。大王之入武关，秋豪无所害，除秦苛法，与秦民约，法三章耳，秦民无不欲得大王王秦者。于诸侯之约，大王当王关中，关中民咸知之。大王失职入汉中，秦民无不恨者。今大王举而东，三秦可传檄而定也。③

从韩信说辞来看，"三秦"即"关中"，"秦民"即"关中民"。三秦之人当仍保持"秦人"认同，并与战国"故秦人"一脉相承。但汉中民则不同，刘邦受封汉王，"入汉中"，令汉中之人出现新的身份——"汉人"。而随着汉国定关中、灭三秦，关中"秦人"也渐次融入"汉人"中。

"汉人"人群形成，显然源自刘邦王汉中、巴、蜀，立汉国。刘志平指出，"汉人"称谓出现于楚汉相争之时。《史记·淮阴侯列传》载齐人蒯通游说韩信之言曰：

---

① 司马迁：《史记》卷八《高祖本纪》，北京：中华书局，1959年，第365页。
② 胡宝国：《汉代政治文化中心的转移》，《汉唐间史学的发展》，北京：商务印书馆，2003年，第216页。
③ 司马迁：《史记》卷九十二《淮阴侯列传》，北京：中华书局，1959年，第2612页。

足下自以为善汉王，欲建万世之业，臣窃以为误矣。始常山王、成安君为布衣时，相与为刎颈之交，后争张黡、陈泽之事，二人相怨。常山王背项王，奉项婴头而窜，逃归于汉王。汉王借兵而东下，杀成安君泜水之南，头足异处，卒为天下笑。此二人相与，天下至欢也。然而卒相禽者，何也？患生于多欲而人心难测也。今足下欲行忠信以交于汉王，必不能固于二君之相与也，而事多大于张黡、陈泽。故臣以为足下必汉王之不危己，亦误矣。大夫种、范蠡存亡越，霸句践，立功成名而身死亡。野兽已尽而猎狗亨。夫以交友言之，则不如张耳之与成安君者也；以忠信言之，则不过大夫种、范蠡之于句践也。此二人者，足以观矣。愿足下深虑之。且臣闻勇略震主者身危，而功盖天下者不赏。臣请言大王功略：足下涉西河，虏魏王，禽夏说，引兵下井陉，诛成安君，徇赵，胁燕，定齐，南摧楚人之兵二十万，东杀龙且，西乡以报，此所谓功无二于天下，而略不世出者也。今足下戴震主之威，挟不赏之功，归楚，楚人不信；归汉，汉人震恐：足下欲持是安归乎？夫势在人臣之位而有震主之威，名高天下，窃为足下危之。①

蒯通所言"汉人"，系"汉王刘邦一方人员之统称，是'汉'这一新诸侯王政权名号统摄下的包含'秦人''楚人''燕人''韩人''赵人''魏人''齐人'等在内的人群集合体"，但还不是"族群与文化意义上"的人群称谓②。刘邦集团本多为"楚人"③，立为汉王后，"项王使卒三万人从，楚与诸侯之慕从者数万人"④，加上巴、蜀、汉中的"秦人"，共同构成最初的汉国之人，即"汉人"。

---

① 司马迁：《史记》卷九十二《淮阴侯列传》，北京：中华书局，1959年，第2624-2625页。
② 刘志平：《汉代的"汉人"称谓与"汉人"认同》，《人文杂志》，2018年第12期。
③ 参见李开元：《汉帝国的建立与刘邦集团——军功受益阶层研究》，北京：生活·读书·新知三联书店，2000年，第120-122、147-162页。
④ 司马迁：《史记》卷八《高祖本纪》，北京：中华书局，1959年，第367页。

至于蒯通所言及的与"汉人"相并存的"楚人",则为西楚霸王项羽一方人员之统称,也可理解为先秦以来形成的族群与文化意义上的"楚人"之称。鲁西奇曾指出:"至项羽自立为西楚霸王、建立西楚国之后,分散于楚'东国'故地的种种人群,遂以不同的政权为依托,成为不同意义上的'楚国之人'。楚、汉交争之时,所谓'楚人',大抵皆指西楚国之人或依附西楚之人。"[1] 鲁西奇重视政治体在凝聚"楚人"族群认同中的作用的意见值得重视,但作为拥有久远历史和独特文化风貌的族群,"楚人"共同的祖先记忆和文化特质在凝聚其族群认同中的基础工具意义不容忽视。"楚人"之称首先是族群与文化意义上的人群称谓,然后因"楚国"这样的政治体的存在和发展,其才有了政治上的"国族"含义。但"楚人"作为族群与文化意义上的人群称谓具有相对独立性,亦即可离开以"楚"为名号的政治体而独立存在。实际上,族群与文化意义上的"楚人"之称在西汉延续了很长时间。汉高祖十一年(前196),王旧楚地的淮南王黥布谋反,刘邦亲征,张良对刘邦说道:"楚人剽疾,愿上无与楚人争锋。"[2] 张良以"剽疾"来概括"楚人"的特点,且"楚人"之称本身与"淮南王国"这一诸侯政权名号无涉,足见此处"楚人"之称是族群与文化意义上的人群称谓。汉武帝时,骑都尉李陵曾"将丹阳楚人五千人,教射酒泉、张掖以屯卫胡"[3]。正是这支五千人的"楚人"军队在面对八万匈奴兵的围困时,"连斗八日"[4],展现了"楚人"勇猛强悍的特点。王子今曾讨论过"楚骑"在秦汉战争中具有显赫威名的历史情形,并根据"秦汉文化地理语汇中,往往'越楚'或'楚越'并称"及"楚越"和"楚"互

<hr />

① 鲁西奇:《楚秦汉之际的"楚人"》,《早期中国史研究》第 8 卷第 1 期,2016 年,第 33 页。

② 司马迁:《史记》卷五十五《留侯世家》,北京:中华书局,1959 年,第 2046 页。

③ 司马迁:《史记》卷一百九《李将军列传》,北京:中华书局,1959 年,第 2877 页。关于"丹阳",东汉时又有"丹阳越俗不好学,嫁娶礼仪,衰于中国"(范晔:《后汉书》卷二十一《任李万邳刘耿列传》,北京:中华书局,1965 年,第 756 页)的观念。可见,丹阳"楚人"就是"越人"。

④ 司马迁:《史记》卷一百九《李将军列传》,北京:中华书局,1959 年,第 2877 页。

指的情形,推知"当时所谓'楚骑',有时也可以理解为包含有'楚骑'和'越骑'的含义"①。据此,"楚人"似也可理解为包含有"楚人"和"越人"的含义。可见,西汉的"楚人"之称的确具有鲜明的族别色彩。

"汉人"身份自始即以政治归属来界定,与作为政治—族群共同体的"楚人""齐人"等存在较大差异。汉国初期的制度和文化也是秦、楚杂糅,无法给"汉人"提供族群认同的制度和文化基础。然"汉人"构成的"多元性",令"汉人"身份具有较大的"变动性"和"包容性"。其范畴会因汉国扩张、诸侯国人归降等原因而扩大,也会因分封诸侯、吏民军士逃亡等情况而缩小。"汉人"构成的"多元性"及其身份的"包容性",为日后"汉人"身份认同的推广提供了便利。

随着楚汉战争的发展,"汉人"范畴逐步扩大,而关键点即上述关中"秦人"的"汉人化"。田余庆曾提出刘邦能打败项羽,建立汉帝国,与继承秦制关系密切,所谓"非承秦不能立汉"②;陈苏镇进一步将"承秦立汉"解析为"据秦之地"、"用秦之人"和"承秦之制"③。正是基于这三点,刘邦集团推动了"故秦人"的"汉人化",而这正是"汉人"共同体扩大的关键一步。前面曾提及,汉国"郎中骑"左右校尉重泉人李必、骆甲曾自称"故秦民"④,正是秦人"汉人化"之遗痕。此后,随着汉国兼并诸侯,更多"诸侯人"加入"汉人"。但与此同时,因各诸侯国的存在,"汉人"与各诸侯国"国人"间始终有别,即便某诸侯国臣属或依附于汉。这一情况一直持续到刘邦即皇帝位、天下归汉之后,关东地区仍为诸侯国并立。李开元提出汉朝初年,汉帝国是一个"在汉朝政治主导下"

---

① 王子今:《汉王朝军制中的"越骑"部队》,《秦汉边疆与民族问题》,北京:中国人民大学出版社,2011年,第363-365页。

② 田余庆:《说张楚——关于"亡秦必楚"问题的探讨》,《秦汉魏晋史探微》(重订本),北京:中华书局,2004年,第28页。

③ 陈苏镇:《〈春秋〉与"汉道":两汉政治与政治文化研究》,北京:中华书局,2020年,第45-72页。

④ 司马迁:《史记》卷九十五《樊郦滕灌列传》,北京:中华书局,1959年,第2668页。

的"国家政治联合体"①。陈苏镇指出汉初"东西异制"：西部的中央直辖郡县，由中央派遣郡守、县令"奉汉法以治"；东部的诸侯国，在立法、司法、行政等方面皆有一定自主权，进行"从俗而治"②。蔡万进也论证了"汉初诸侯王国在司法方面同样存在着高度的独立性"③。汉朝分封诸侯王，有着缓和关中和关东地区文化冲突的考虑，以避免再现秦帝国的政治、文化危机。然诸侯国的存在，无疑强化了各诸侯国的"国人"意识。在这种形势下，"汉人"很大程度上依旧"只是与关东'诸侯人'相对的汉朝直辖地区的人群称谓"④，亦即"汉国之人"⑤。

汉初实行郡国并行体制，其实质在于"东西异制"⑥。"在秦、韩、魏等西部地区设郡县'奉汉法以治'，在赵、燕、齐、楚等东部地区则立王国"，诸侯王在制定和颁布本国的政策法令方面有一定的自主权，在一定程度上可依从本国礼俗进行治理⑦。这也使得汉初"汉人"或"汉民"称谓在较多场景只是与关东"诸侯人"相对的汉朝直辖地区的人群称谓。《汉书·淮南王传》："王至长安，丞相张苍、典客冯敬行御史大夫事，与宗正、廷尉杂奏：'长废先帝法，不听天子诏，居处无度，为黄屋盖拟天子，擅为法令，不用汉法。及所置吏，以其郎中春为丞相，收聚汉诸侯人及有罪亡者，匿与居，为治家室，赐与财物爵禄田宅，爵或至关内侯，奉

---

① 李开元：《汉帝国的建立与刘邦集团——军功受益阶层研究》，北京：生活·读书·新知三联书店，2000年，第251-254页。

② 陈苏镇：《〈春秋〉与"汉道"：两汉政治与政治文化研究》，北京：中华书局，2020年，第72-123页。

③ 蔡万进：《张家山汉简〈奏谳书〉研究》，桂林：广西师范大学出版社，2006年，第117页。

④ 刘志平：《汉代的"汉人"称谓与"汉人"认同》，《人文杂志》，2018年第12期。

⑤ 汉武帝将汉朝直辖地区称作"汉国"。参见司马迁：《史记》卷六十《三王世家》"褚先生曰"，北京：中华书局，1959年，第2115页。

⑥ 陈苏镇：《〈春秋〉与"汉道"：两汉政治与政治文化研究》，北京：中华书局，2020年，第73页。

⑦ 陈苏镇：《〈春秋〉与"汉道"：两汉政治与政治文化研究》，北京：中华书局，2020年，第123页。

以二千石所当得。'"① 所谓"汉诸侯人",即"汉人"与"诸侯人"②。张家山汉简《二年律令·贼律》有"诸侯人来攻盗"③ 的简文,所言"诸侯人",亦应是与"汉民"("汉人")对应的。张家山汉简《奏谳书》所载"临菑(淄)狱史阑偕南归临菑(淄)"一案,就明确说到"汉民"称谓:

> 十年七月辛卯朔癸巳,胡状、丞憙敢谳(谳)之。劾(劾)曰:临菑(淄)狱史阑令女子南冠缴(缟)冠,详(佯)病卧车中,袭大夫虞传,以阑出关。·今阑曰:南齐国族田氏,徙处长安,阑送行,取(娶)为妻,与偕归临菑(淄),未出关,得,它如劾(劾)。·南言如劾(劾)及阑。·诘阑,阑非当得取(娶)南为妻也,而取(娶)以为妻,与偕归临菑(淄),是阑来诱及奸,南亡之诸侯,阑匿之也,何解?阑曰:来送南而取(娶)为妻,非来诱也。吏以为奸及匿南,罪,毋解。·诘阑:律所以禁从诸侯来诱者,令它国毋得取(娶)它国人也。阑虽不故来,而实诱汉民之齐国,即从诸侯来诱也,何解?阑曰:罪,毋解。·问:如辞。·鞫:阑送南,取(娶)以为妻,与偕归临菑(淄),未出关,得,审。疑阑罪,毂(系),它县论,敢谳(谳)之。·人婢清助赵邯郸城,已即亡,从兄赵地,以亡之诸侯论。今阑来送徙者,即诱南。·吏议:阑与清同类,当以从诸侯来诱论。·或曰:当以奸及匿黥舂罪论。
>
> 十年八月庚申朔癸亥,大(太)仆不害行廷尉事,谓胡啬夫谳(谳)狱史阑,谳(谳)固有审,廷以闻,阑当黥为城旦,它如律令。④

---

① 班固:《汉书》卷四十四《淮南衡山济北王传》,北京:中华书局,1962年,第2141页。

② 王先谦曾言:"'汉诸侯人',汉郡县及诸侯国之人。"见班固撰,王先谦补注,上海师范大学古籍整理研究所整理:《汉书补注》,上海:上海古籍出版社,2008年,第3527页。

③ 彭浩、陈伟、工藤元男主编:《二年律令与奏谳书:张家山二四七号汉墓出土法律文献释读》,上海:上海古籍出版社,2007年,第88页。

④ 张家山二四七号汉墓竹简整理小组编著:《张家山汉墓竹简〔二四七号墓〕》(释文修订本),北京:文物出版社,2006年,第93页。

此为汉十年（前197）的一个案件，当时齐国分封给高帝刘邦之子刘肥。当时，汉朝为打击关东六国旧贵族势力，把一些关东豪族大姓迁徙到关中地区。《汉书·高帝纪》称汉九年十一月"徙齐楚大族昭氏、屈氏、景氏、怀氏、田氏五姓关中"①。案件中的南为"齐国族田氏"，正在迁徙之列。而负责送行田氏"徙处长安"的小吏阑，娶南为妻，欲携之蒙混出关归齐而被发现。汉朝官员判处阑违背了汉律"禁从诸侯来诱"。从这一案例来看，"'汉民'与诸侯王国人（它国人）之间交往，在汉初存在着诸多限制，影响了正常社会生活"，"汉民"与"诸侯王国百姓"存在明显区别②。显然，在汉朝初年，"汉人"与"诸侯国人"隔阂颇大，各有各的"国人"意识，"汉人"人群范围仅限于汉朝直辖郡县吏民。

在此案件中，阑最后受到"黥为城旦"的处罚。彭浩认为"是按'取亡人为妻'论罪的"③。可见，南犯了"亡之诸侯"罪。再结合"律所以禁从诸侯来诱者，令它国毋得取（娶）它国人也。阑虽不故来，而实诱汉民之齐国，即从诸侯来诱也"和"人婢清助赵邯郸城，已即亡，从兄赵地，以亡之诸侯论"的内容可知："汉国"（指汉朝直辖地区，与诸侯国相对而言）④禁止"诸侯人"引诱"汉民"（"汉人"）离开"汉国"而亡至其他诸侯国，其所辖"汉民"（"汉人"）与"诸侯人"不能通婚；"汉民"（"汉人"）也不能主动离开"汉国"而亡至其他诸侯国。可见，汉朝对"汉民"（"汉人"）有严格的人口管控，这种管控自然造成"汉民"

---

①　班固：《汉书》卷一下《高帝纪下》，北京：中华书局，1962年，第66页。

②　蔡万进：《张家山汉简〈奏谳书〉研究》，桂林：广西师范大学出版社，2006年，第119—120页。

③　彭浩：《谈〈奏谳书〉中的西汉案例》，《文物》，1993年第8期。从张家山汉简《奏谳书》中"律：取（娶）亡人为妻，黥为城旦"（彭浩、陈伟、工藤元男主编：《二年律令与奏谳书：张家山二四七号汉墓出土法律文献释读》，上海：上海古籍出版社，2007年，第341页）的内容可知，彭浩的意见应是正确的。

④　汉武帝还说到"汉国"称谓，所谓"雒阳有武库敖仓，天下冲阨，汉国之大都也。先帝以来，无子王于雒阳者"（司马迁：《史记》卷六十《三王世家》"褚先生曰"，北京：中华书局，1959年，第2115页）。陈苏镇认为"这里的'汉国'指的是汉朝直辖地区，是与诸侯国相对而言的"（陈苏镇：《〈春秋〉与"汉道"：两汉政治与政治文化研究》，北京：中华书局，2020年，第99页）。本书从之。

（"汉人"）与"诸侯人"之间的人群区分和对立。此外，张家山汉简《二年律令·捕律》提到"捕从诸侯来为间者一人，撩（拜）爵一级，有（又）购二万钱。不当撩（拜）爵者，级赐万钱，有（又）行其购"①。由此可见汉朝与诸侯国之对立态势，以及"汉人"与"诸侯国人"间的明显区别。

汉初"汉民"（"汉人"）与"诸侯人"之间的人群区分和对立，在一定层面又以"关中人"与"关外人"之区分的形式表现出来。有学者已注意到"张家山汉简《二年律令》中的《津关令》，数见'关中'字样"的情形②。张家山汉简《二年律令·津关令》也多次提到与"关中"对应的"关外"，如"相国上中大夫书，请中大夫、谒者、郎中、执盾、执戟家在关外者，得私买马关中"③ "相国、御史请郎骑家在关外，骑马节（即）死，得买马关中，人一匹以补"④ "丞相上长信詹事书，请汤沐邑在诸侯属长信詹事者，得买骑、轻车、吏乘、置传马关中，比关外县"⑤ 等简文。此外，又有明确提到"关外人"的简文⑥。

虽说汉初"汉民"（"汉人"）与"诸侯人"之间的人群区分和对立在一定层面又以"关中人"与"关外人"之区分的形式表现出来，但有一点值得我们注意，即"汉民"（"汉人"）是含括"关中人"和"关外郡

---

① 张家山二四七号汉墓竹简整理小组编著：《张家山汉墓竹简〔二四七号墓〕》（释文修订本），北京：文物出版社，2006年，第29页。

② 王子今、刘华祝：《说张家山汉简〈二年律令·津关令〉所见五关》，《中国历史文物》，2003年第1期。

③ 彭浩、陈伟、工藤元男主编：《二年律令与奏谳书：张家山二四七号汉墓出土法律文献释读》，上海：上海古籍出版社，2007年，第315页。

④ 彭浩、陈伟、工藤元男主编：《二年律令与奏谳书：张家山二四七号汉墓出土法律文献释读》，上海：上海古籍出版社，2007年，第320页。臧知非认为"得买马关中人一匹以补"应断读为"得买马关中，人一匹以补"（臧知非：《张家山汉简所见汉初马政及相关问题》，《史林》，2004年第6期）。本书从之。

⑤ 彭浩、陈伟、工藤元男主编：《二年律令与奏谳书：张家山二四七号汉墓出土法律文献释读》，上海：上海古籍出版社，2007年，第322页。

⑥ 彭浩、陈伟、工藤元男主编：《二年律令与奏谳书：张家山二四七号汉墓出土法律文献释读》，上海：上海古籍出版社，2007年，第313页。

人"的①，而"关外人"是含括"关外郡人"和"诸侯人"的，显然，"关外郡人"是"汉民"（"汉人"）和"关外人"的交集。《二年律令·津关令》所载汉初严格的津关制度针对的也是"关外郡人"和"诸侯人"②。不过，其主要目的应是防范"诸侯人"，正如贾谊所言："所为建武关、函谷、临晋关者，大抵为备山东诸侯也。天下之制在陛下，今大诸侯多其力，因建关而备之，若秦时之备六国也。"③

综上所述，汉初"汉民"（"汉人"）与"诸侯人"之间的人群区分和对立是显而易见的，且通过严格的法律制度加以确定。在此意义上，"汉民"（"汉人"）称谓的非族称性是很明显的。

当然，此时期在与塞内外之异族对言时，广义的"汉人"（即含括狭义的"汉人"和"诸侯人"的"汉帝国之人"，或言"中国人"）也有族称含义。陆贾曾对赵佗说："足下中国人，亲戚昆弟坟墓在真定。今足下反天性，弃冠带，欲以区区之越与天子抗衡为敌国，祸且及身矣。……汉诚闻之，掘烧王先人冢，夷灭宗族，使一偏将将十万众临越，则越杀王降汉，如反覆手耳。"又对赵佗说："皇帝起丰沛，讨暴秦，诛强楚，为天下兴利除害，继五帝三王之业，统理中国。中国之人以亿计，地方万里，居天下之膏腴，人众车轝，万物殷富，政由一家，自天地剖泮未始有也。今

---

① 张家山汉简《二年律令·津关令》言及"关外郡"。参见彭浩、陈伟、工藤元男主编：《二年律令与奏谳书：张家山二四七号汉墓出土法律文献释读》，上海：上海古籍出版社，2007年，第318页。

② 臧知非指出："从地缘政治的角度看，西汉初期的国家结构分为关中、关外郡县、诸侯王国三个层次，汉在与王国边境设立亭障戍御系统的同时，更严格关塞制度，出入关塞的所有人、物，无论是属于诸侯王国还是属于关外郡县，都严格检查；既防止违禁物品流往诸侯王国，也防止流往关外郡县，目的是以关外郡县为缓冲，保证关中的中心地位不受王国威胁。"（臧知非：《张家山汉简所见汉初中央与诸侯王国关系论略》，周天游主编《陕西历史博物馆馆刊》第10辑，西安：三秦出版社，2003年，第314页。）

③ 贾谊撰、阎振益、钟夏校注：《新书校注·壹通》，北京：中华书局，2000年，第113页。当然，贾谊的理想是"定地势使无可备之患，因行兼爱无私之道，罢关一通，示天下无以区区独有关中"，从而"令诸侯之民，人骑二马，不足以为患，益以万夫不足以为害"（贾谊撰、阎振益、钟夏校注：《新书校注·壹通》，北京：中华书局，2000年，第113页）。

王众不过数十万，皆蛮夷，崎岖山海间，譬若汉一郡，王何乃比于汉！"①
陆贾所言"中国"，乃除"南越"之外的"政由一家"的"汉"，由
此我们可将其所言"中国人"理解为"汉人"，而此"中国人"（"汉
人"）又是与"反天性，弃冠带"的"蛮夷"相对的，故其是以政治体
为外壳，以族群为内核的人群称谓。有学者指出："陆贾以三种不同的
方法围绕着'中国人'这一集体的血缘概念说服尉佗。……有关陆贾
这段历史的叙述，关键在于它在汉朝与南越国的交涉中，表明了司马
迁有统一的汉帝国统治下的人民集体的概念（collective meaning），并
且给予了一个'中国人'的称呼。"②其实这是陆贾的观念，当然也间
接反映了司马迁的观念。

《史记·朝鲜列传》记载："会孝惠、高后时天下初定，辽东太守即约
满为外臣，保塞外蛮夷，无使盗边；诸蛮夷君长欲入见天子，勿得禁
止。"③汉文帝前元三年（前177），汉文帝言及"上郡保塞蛮夷"④。所谓
"塞外蛮夷"和"保塞蛮夷"⑤无疑是与广义的"汉人"相对而言的。晁
错曾言："以蛮夷攻蛮夷，中国之形也⑥。今匈奴地形技艺与中国异。上下
山阪，出入溪涧，中国之马弗与也；险道倾仄，且驰且射，中国之骑弗与
也；风雨罢劳，饥渴不困，中国之人弗与也：此匈奴之长技也。……今降
胡义渠蛮夷之属来归谊者，其众数千，饮食长技与匈奴同，可赐之坚甲絮
衣，劲弓利矢，益以边郡之良骑。令明将能知其习俗和辑其心者，以陛下

---

① 司马迁：《史记》卷九十七《郦生陆贾列传》，北京：中华书局，1959年，第
2697-2698页。

② 吴淑惠：《〈史记〉论析六章》，桂林：广西师范大学出版社，2015年，第4-5页。

③ 司马迁：《史记》卷一百一十五《朝鲜列传》，北京：中华书局，1959年，第2986页。

④ 班固：《汉书》卷九十四上《匈奴传上》，北京：中华书局，1962年，第3756页。

⑤ 朱圣明指出："对于居住在塞内的'保塞蛮夷'来说，一方面在政治上臣属于两汉
政权，另一方面入居塞内的'保塞蛮夷'通常只是塞外民族的某些部落，他们与留居塞外
的其他部落存在事实上的'同族'关系。这样，对于'保塞蛮夷'来说，政治认同与族群
认同是分开的。"（朱圣明：《华夷之间：秦汉时期族群的身份与认同》，厦门：厦门大学出
版社，2017年，第321页。）

⑥ 颜师古注："不烦华夏之兵，使其同类自相攻击也。"见班固：《汉书》卷四十九
《爰盎晁错传》，北京：中华书局，1962年，第2281页。

之明约将之。"① 可见，在与"匈奴""降胡义渠蛮夷"对应的场景中，广义的"汉人"（"中国人"）也有族称含义。

还有一点值得注意，即在与"诸侯人"相对而言的"汉人"内部，似还有与"蛮夷"相对的更狭义的"汉人"。张家山汉简《奏谳书》有"南郡夷道蛮夷"及"蛮夷律"的相关内容②。南郡属于汉朝直辖的关外郡，其地之人也属"汉人"范畴，但其内部又有"蛮夷"与"非蛮夷"之别，此"非蛮夷"可理解为更狭义的"汉人"，此更狭义的"汉人"因此也就具有了族称含义③。

可见，汉初"汉人"（"汉民"）称谓的含义是复杂的：在与"诸侯人"对言时，其不具族称含义；在与郡"道"之"蛮夷"对言时，其具有族称含义；在与塞内外之异族对言时，其亦具有族称含义。在这复杂多变的场景中，具有伸缩性的政治意义上的"汉人"（"汉民"）是以族属和文化意义上的"汉人"（"汉民"）为基本内核的。整体言之，在汉初，由于与"诸侯人"相对而言的"汉人"（"汉民"）在当时观念和现实中的显著存在，"汉人"（"汉民"）作为真正整体意义上的完全具有族别功能的族群称谓还没有明晰。

第二节　政治、文化及族源历史的整合与"汉人"认同的形成

一、政治、文化及族源历史的整合与"汉人"族称的确定

汉朝/汉国与诸侯国并立的形势，自汉文帝时期逐渐发生改变。历经

---

① 班固：《汉书》卷四十九《爰盎晁错传》，北京：中华书局，1962年，第2281-2283页。

② 彭浩、陈伟、工藤元男主编：《二年律令与奏谳书：张家山二四七号汉墓出土法律文献释读》，上海：上海古籍出版社，2007年，第332-333页。

③ 在汉初，汉朝直辖的郡中"道"的设置体现了汉朝直辖区"蛮夷"的分布情况。参见史党社：《日出西山：秦人历史新探》，西安：陕西人民出版社，2013年，第332-341页。

文、景二朝的削藩和七国之乱的平定，"王国的独立性日益削弱，中央对王国的控制逐渐加强"，汉朝法令"越过关中和关东、郡县和王国的界线"，推广到原诸侯国地区[①]。"景帝中元以后，郡国制之王国不但在领土上等同于汉之一个郡，而且，在职能上也等同于汉之郡，不再是一个个的独立王国，而是变成中央集权的汉帝国内与郡同等的一级政区"[②]。至武帝朝后期，"后战国时代"彻底走向结束，诸侯国与汉郡相差无几[③]。对于西汉前期这一政治、文化整合的过程，陈苏镇有精当的论断：

> 文、景之世，历史沿着既定方向继续向前发展，王国的独立性日益削弱，中央对王国的控制逐渐加强，朝廷的法令终于越过关中和关东、郡县和王国的界线，真正覆盖了东方社会。在这一变化中，汉初的东方政策悄然淡出，当年秦朝的东方政策表现出死灰复燃之势，东西方之间的文化冲突再次显现出来。于是，黄老道家逐步退出政治舞台，儒家学派则起而代之，为巩固汉帝国的统治寻找新的出路，提供新的方案。[④]

具体说来，汉文帝通过"易侯邑"和"令列侯之国"政策，分散和瓦解了淮南国和齐国这两支威胁最大的王国势力，到"景帝平定七国之乱后，王国势力受到沉重打击"[⑤]。此外，汉文帝前元十二年（前168）三月，"除关无用传"[⑥]，"此事意味着汉朝开始改变对关东的歧视态度和防

---

① 陈苏镇：《〈春秋〉与"汉道"：两汉政治与政治文化研究》，北京：中华书局，2020年，第123页。

② 李开元：《汉帝国的建立与刘邦集团——军功受益阶层研究》，北京：生活·读书·新知三联书店，2000年，第251页。

③ 近年，陈昆、李禹阶进一步指出"景帝中五年至昭帝间，侧重于中央'汉法'在诸侯王国的推行"，宣帝以降，诸侯国相"与汉郡太守职能渐趋一致"。参见陈昆、李禹阶：《西汉诸侯国相的"郡守化"趋势及其历史意义》，《中国史研究》，2021年第1期。

④ 陈苏镇：《〈春秋〉与"汉道"：两汉政治与政治文化研究》，北京：中华书局，2020年，第123-126页。

⑤ 陈苏镇：《〈春秋〉与"汉道"：两汉政治与政治文化研究》，北京：中华书局，2020年，第144-145页。

⑥ 班固：《汉书》卷四《文帝纪》，北京：中华书局，1962年，第123页。

范政策，将关东视同关中，在政治上取消了二者的内外远近亲疏之别，'令似一家'"①。虽然景帝"四年春，复置诸关用传出入"②，但其"主要是一种治安设施，而非政治设施。文帝将关东视同关中的政策，在景帝以后继续执行，从而确立了汉朝对关东广大地区的直接统治"③。为了消除由政治的整合而带来的负面效应，即缓和"'汉法'与关东民俗的冲突"，文、景二帝还对刑法进行了改革，虽然这"还不能从根本上解决问题"④，但一定程度上还是减轻了关东人如贾谊所说的"苦属汉"⑤ 的感受。这无疑对超越"汉人"与"诸侯人"之区分的整体性的"汉人"认同的产生有重要促进作用。

此外，"景武之际，当历史在秦朝的老路上再次走入死胡同的时候，儒家便登上了政治舞台"⑥，儒术经学最终在武帝时代获得了独尊的地位，又逐步从根本上解决了关东和关中的文化冲突⑦。同时，武帝时期针对关

---

① 陈苏镇：《〈春秋〉与"汉道"：两汉政治与政治文化研究》，北京：中华书局，2020年，第277页。

② 班固：《汉书》卷五《景帝纪》，北京：中华书局，1962年，第143页。

③ 陈苏镇：《〈春秋〉与"汉道"：两汉政治与政治文化研究》，北京：中华书局，2020年，第277-278页。

④ 陈苏镇：《〈春秋〉与"汉道"：两汉政治与政治文化研究》，北京：中华书局，2020年，第146-151页。

⑤ 贾谊撰，阎振益、钟夏校注：《新书校注·属远》，北京：中华书局，2000年，第117页。

⑥ 陈苏镇：《〈春秋〉与"汉道"：两汉政治与政治文化研究》，北京：中华书局，2020年，第154页。

⑦ 王勇指出："到武帝时，汉王朝最终采纳了'《春秋》大一统'理论，重新关注文化的建设。汉文化的构建不仅在于构造汉代的政治活动与理论，而且形塑了具体的社会生活，更为区域文化的整合确定了标准。武帝以后汉文化成为中国的主体文化，而楚文化的独立形态也在这一文化共同体逐渐形成的过程中消失了。"（王勇：《楚文化与秦汉社会》，长沙：湖南大学出版社，2009年，第129-130页。）他还指出："尽管有相当多的因素受到了压制，自成体系的楚文化在西汉中期以后即不再存在，但这并不意味着楚文化的个性从此消失了。实际情况是楚文化和其他区域文化一起，转化成为全国的共性凌驾于区域的个性之上的汉文化了。不仅楚文化的某些个性被承继强化，成为汉文化的共性，而且还有部分楚文化传统仍然顽强地留存于楚地民众的生活中。"（王勇：《楚文化与秦汉社会》，长沙：湖南大学出版社，2009年，第147页。）这样的分析是允当的。

东诸侯的政治整合有了更大的推进，"推恩令"的颁行①、"左官之律"与"附益之法"的制定②、"广关"政策的实行③，基本解决了关东诸侯威胁汉中央的问题，从而也逐步消弭了以前"汉人"和"诸侯人"的区分，加强了含括旧"汉人"和"诸侯人"的整体性的新"汉人"认同。与此同时，对周边异族政权的军事攻伐和征服，也加强了此整体性的新"汉人"认同。也就是说，伴随着诸侯国"日益削弱"，等同于汉郡，以政治体为基础的"诸侯国人"身份也走向瓦解，与郡县编户民身份趋于等齐④。原本的"诸侯国人"意识走向消弭，而代之以"汉人"认同。诸侯国人"汉人化"，令"涵括旧'汉人'和'诸侯人'的整体性的新'汉人'认

---

① 《史记·平津侯主父列传》："偃说上曰：'古者诸侯不过百里，强弱之形易制。今诸侯或连城数十，地方千里，缓则骄奢易为淫乱，急则阻其强而合从以逆京师。今以法割削之，则逆节萌起，前日晁错是也。今诸侯子弟或十数，而適嗣代立，余虽骨肉，无尺寸地封，则仁孝之道不宣。愿陛下令诸侯得推恩分子弟，以地侯之。彼人人喜得所愿，上以德施，实分其国，不削而稍弱矣。'于是上从其计。"（司马迁：《史记》卷一百一十二《平津侯主父列传》，北京：中华书局，1959年，第2961页。）司马迁说道："诸侯既强，七国为从，子弟众多，无爵封邑，推恩行义，其埶销弱，德归京师。作《王子侯者年表》第九。"（司马迁：《史记》卷一百三十《太史公自序》，北京：中华书局，1959年，第3304页。）对"推恩令"颁行之后的效果，司马迁还说道："诸侯稍微，大国不过十余城，小侯不过数十里，上足以奉贡职，下足以供养祭祀，以蕃辅京师。而汉郡八九十，形错诸侯间，犬牙相临，秉其阸塞地利，强本干，弱枝叶之势，尊卑明而万事各得其所矣。"（司马迁：《史记》卷十七《汉兴以来诸侯王年表》，北京：中华书局，1959年，第803页。）班固也说道："不行黜陟，而藩国自析。"（班固：《汉书》卷十四《诸侯王表》，北京：中华书局，1962年，第395页。）

② 所谓"武有衡山、淮南之谋，作左官之律，设附益之法，诸侯惟得衣食税租，不与政事"。见班固：《汉书》卷十四《诸侯王表》，北京：中华书局，1962年，第395页。

③ 《史记·平准书》："益广关，置左右辅。"裴骃《集解》引徐广曰："元鼎三年，丁卯岁，徙函谷关于新安东界。"（司马迁：《史记》卷三十《平准书》，北京：中华书局，1959年，第1435页。）《史记·梁孝王世家》："汉广关，以常山为限，而徙代王王清河。清河王徙以元鼎三年也。"（司马迁：《史记》卷五十八《梁孝王世家》，北京：中华书局，1959年，第2081页。）"广关"政策的推行，使"汉中央立足于幅员辽阔且凭据山河形胜之'新关西'，在地域格局上占有全面优势，诸侯与天子'分庭抗礼'的地域基础不复存在"（马孟龙：《西汉侯国地理》，上海：上海古籍出版社，2013年，第328页）。

④ 不过，汉朝对诸侯国的防范心理至武帝后犹存，比如"诸侯国人（王国人）不得宿卫"。参见班固：《汉书》卷七十一《隽疏于薛平彭传》，北京：中华书局，1962年，第3052页；同书卷七十二《王贡两龚鲍传》，第3080页。

同"最终形成①。"汉人"认同在汉朝全境内的确立，在真正意义上完成了从"复数诸夏"到"统一华夏"的转变。

有学者指出："武帝元朔至元封年间，是汉帝国疆域急速拓展的时期。这一时期的疆域拓展存在内、外两条战线，外线是通过兼并异族政权来扩大汉帝国的版图，内线则是通过削夺诸侯王国封域来扩大汉中央的直辖区域。"② 诚然，而且随着这种内部政治整合的逐步推进和以此为基础所进行的外部扩展的完成，汉武帝有条件也有必要进行政治和文化的彻底整合，这集中表现在"十三部刺史"的设置③和"太初改制"上④。也正是在汉武帝时代，"汉人"的族源历史得到了最终确定，即"五帝"是"汉人"的祖先。在当时的精英知识阶层和基层民众中都有这样的认识⑤。此后，虽然政治意义上的整体性"汉人"称谓仍然存在，但如前所述，具有伸缩性的政治意义上的"汉人"（"汉民"）是以族属和文化意义上的"汉人"（"汉民"）为基本内核的。因此可以这样说，汉武帝朝，"汉人"认同基本

---

① 刘志平：《汉代的"汉人"称谓与"汉人"认同》，《人文杂志》，2018 年第 12 期。

② 马孟龙：《西汉侯国地理》，上海：上海古籍出版社，2013 年，第 224 页。

③ 《汉书·百官公卿表上》："武帝元封五年初置部刺史，掌奉诏条察州，秩六百石，员十三人。"（班固：《汉书》卷十九上《百官公卿表上》，北京：中华书局，1962 年，第741 页。）《汉书·地理志上》："至武帝攘却胡、越，开地斥境，南置交阯，北置朔方之州，兼徐、梁、幽、并夏、周之制，改雍曰凉，改梁曰益，凡十三部，置刺史。"（班固：《汉书》卷二十八上《地理志上》，北京：中华书局，1962 年，第 1543 页。）

④ 《史记·封禅书》："汉改历，以正月为岁首，而色上黄，官名更印章以五字，为太初元年。"（司马迁：《史记》卷二十八《封禅书》，北京：中华书局，1959 年，第 1402页。）司马迁还说道："汉兴以来，至明天子，获符瑞，封禅，改正朔，易服色，受命于穆清，泽流罔极，海外殊俗，重译款塞，请来献见者，不可胜道。"（司马迁：《史记》卷一百三十《太史公自序》，北京：中华书局，1959 年，第 3299 页。）马孟龙认为，"汉武帝的'太初改制'在中国历史上有着重要的地位，它标志着成熟的汉文化与汉制度的形成，特别是太初元年所建立的一套政治制度，被此后西汉历代帝王沿用"（马孟龙：《西汉侯国地理》，上海：上海古籍出版社，2013 年，第 200 页）。此言不虚。

⑤ 《史记·五帝本纪》："太史公曰：学者多称五帝，尚矣。……余尝西至空桐，北过涿鹿，东渐于海，南浮江淮矣，至长老皆各往往称黄帝、尧、舜之处，风教固殊焉，总之不离古文者近是。"（司马迁：《史记》卷一《五帝本纪》，北京：中华书局，1959 年，第 46 页。）所谓"学者"和"长老"，正分别代表了当时的精英知识阶层和基层民众。

在汉帝国全境确立。在"汉人"认同普及的同时，"中国人"所指也由"中原人"转变为统一的汉帝国统治下的编户齐民[①]。比如《汉书·地理志》称儋耳郡、珠崖郡"自初为郡县，吏卒中国人多侵陵之，故率数岁壹反"[②]。此处"中国人"即指汉朝人。而"汉人"则将域外政权人群称作"某国国人"，如"大夏国人""莎车国人"等[③]；亦可统称为"外国人"，如匈奴降人金日磾自称"臣外国人"[④]。"外国人"作为"他者"存在，增强了"汉人""中国人"的"自我"认同。此后，"汉人"作为真正整体意义上的完全具有族别功能的族群称谓得以明晰。

《后汉书·南蛮西南夷列传》："莋都夷者，武帝所开，以为莋都县。其人皆被发左衽，言语多好譬类，居处略与汶山夷同。土出长年神药，仙人山图所居焉。元鼎六年，以为沈黎郡。至天汉四年，并蜀为西部，置两都尉，一居旄牛，主徼外夷，一居青衣，主汉人。"[⑤] 所叙为汉武帝时事，"汉人"之称可视为西汉时人之族群观念。虽然此处"汉人"在一定程度上具有政治上的含义，但其与"徼外夷"对言，其族属和文化意义也是不容忽视的。在此，我们仍可以说，在当时人的观念里，具有伸缩性的政治意义上的"汉人"（"汉民"）是以族属和文化意义上的"汉人"（"汉民"）为基本内核的。另据《汉书·匈奴传下》记载，汉元帝时郎中侯应将"匈奴"称为"夷狄"而与"中国"对应，所言"汉人"乃与"西羌"对应。此外，其虽视"诸属国降民"与塞外"匈奴"有别，但在族属观念上还

---

① 参见吴淑惠：《〈史记〉论析六章》，桂林：广西师范大学出版社，2015 年，第 1-54 页。汉初，"汉"与"中国"指代不同。在当时一种天文分野中，"汉"被当作与"中国"并列的存在（参见陈鹏：《"辰星正四时"暨辰星四仲躔宿分野考》，《自然科学史研究》，2013 年第 1 期）。

② 班固：《汉书》卷二十八下《地理志下》，北京：中华书局，1962 年，第 1670 页。

③ 班固：《汉书》卷六十一《张骞传》，北京：中华书局，1962 年，第 2689 页；同书卷九十六上《西域传上·莎车国》，第 3897 页。

④ 班固：《汉书》卷六十八《金日磾传》，北京：中华书局，1962 年，第 2962 页。

⑤ 范晔：《后汉书》卷八十六《南蛮西南夷列传》，北京：中华书局，1965 年，第 2854 页。

是有"本故匈奴之人"的明晰认定①。可见，其所言"汉人"（"中国人"）确已具族称之义。又据《三国志·魏书·乌丸鲜卑东夷传》裴松之注引《魏略》所载，王莽时远在异域之人自称"汉人"，且与语言、风俗不同的"韩人"对应②，此"汉人"之族称含义也是明显的。

族属和文化意义上的"汉人"称谓在东汉有了更多的出现。据《后汉书·西羌传》记载，班彪明确说到"与汉人杂处"的是"习俗既异""言语不通""被发左衽"的"羌胡"③，所言"汉人"无疑具有族称含义。另据《后汉书·南匈奴列传》记载，"汉人"既是汉人的自称，也是匈奴单于对汉人的他称，而"汉民"也是与"匈奴"和"羌"对言的④。毋庸置疑，此处"汉人"与"汉民"同样具有族称含义。又据《后汉书·班梁列传》记载，班勇所言"汉人"是与"西域"（"外夷"）、"胡虏"（"匈奴"）对应的⑤，其族属和文化意义也不言自明。

东汉时"汉人"称谓具有族属和文化上的含义，还可从"夷汉""蛮汉""胡汉"等表述中体现出来。《后汉书·南蛮西南夷列传》："建初元年，哀牢王类牢与守令忿争，遂杀守令而反叛，攻（越）嶲唐城。太守王寻奔楪榆。哀牢三千余人攻博南，燔烧民舍。肃宗募发越嶲、益州、永昌夷汉九千人讨之。明年春，邪龙县昆明夷卤承等应募，率种人与诸郡兵击类牢于博南，大破斩之。"⑥所谓"夷汉"，应是指"夷人"和"汉人"，"汉"无疑具有族属含义。《后汉书·南蛮西南夷列传》："元初二年，苍

① 班固：《汉书》卷九十四下《匈奴传下》，北京：中华书局，1962年，第3803—3804页。

② 陈寿：《三国志》卷三十《魏书·乌丸鲜卑东夷传》，北京：中华书局，1982年，第851页。

③ 范晔：《后汉书》卷八十七《西羌传》，北京：中华书局，1965年，第2878页。

④ 范晔：《后汉书》卷八十九《南匈奴列传》，北京：中华书局，1965年，第2957—2958页。

⑤ 范晔：《后汉书》卷四十七《班梁列传》，北京：中华书局，1965年，第1588页。

⑥ 范晔：《后汉书》卷八十六《南蛮西南夷列传》，北京：中华书局，1965年，第2851页。

梧蛮夷反叛,明年,遂招诱郁林、合浦蛮汉数千人攻苍梧郡。"① 所谓"蛮汉",应是指"蛮人"和"汉人","汉"的族属色彩是浓厚的。《后汉书·刘虞公孙瓒陶谦列传》:"刘虞从事渔阳鲜于辅等,合率州兵,欲共报瓒。辅以燕国阎柔素有恩信,推为乌桓司马。柔招诱胡汉数万人,与瓒所置渔阳太守邹丹战于潞北,斩丹等四千余级。乌桓峭王感虞恩德,率种人及鲜卑七千余骑,共辅南迎虞子和,与袁绍将麴义合兵十万,共攻瓒。"② 所谓"胡汉",应是指"胡人"(这里的"胡人"似指"乌桓人"和"鲜卑人")和"汉人","汉"的族属色彩也是浓厚的。

在一定程度上,"汉人"认同的塑造,是对秦朝的重复,同样是在帝国主导下,以权力塑造编户齐民的政治—族群认同。但汉朝经历"郡国并行"阶段的过渡,推行汉法、汉制的方式较秦朝要缓和得多,从而较稳妥地规避了不同地区文化的强烈冲突,最终使得与"诸侯人"相对而言的狭义的"汉人"完全被融政治、文化、血缘和族群于一体的广义的"汉人"所取代,将"汉人"认同推广到汉帝国的疆域内,完成了"华夏"的重塑。

二、"汉人"含义的复杂性与"汉人"认同的塑造

"汉人"称谓始见于楚汉相争之时,其指汉王刘邦一方人员之统称,是"汉"这一新诸侯王政权名号统摄下的人群集合体,其时尚鲜少具有族属和文化含义。上文指出,在汉初,由于与"诸侯人"相对而言的"汉人"在当时观念和现实中的显著存在,"汉人"作为真正整体意义上的完全具有族别功能的族群称谓还没有明晰。

随着西汉政治、文化和族源历史整合的推进,到汉武帝时代,与"诸侯人"相对而言的狭义的"汉人"完全被融政治、文化、血缘和族群于一体的广义的"汉人"所取代。此后直到汉末,虽然由于汉帝国政治体的盈

---

① 范晔:《后汉书》卷八十六《南蛮西南夷列传》,北京:中华书局,1965年,第2837页。

② 范晔:《后汉书》卷七十三《刘虞公孙瓒陶谦列传》,北京:中华书局,1965年,第2363页。

缩带来了政治意义上的"汉人"和族属、文化意义上的"汉人"复杂交错的情形，但族属和文化意义上的"汉人"已经成为带有开放包容性的相对稳固的核心族群。王明珂从"华夏边缘"的角度对此有所阐述，他指出："东汉时，在地理空间的分布上，华夏边缘便已推移至与今日中国'汉族'边缘大致重叠的地区。"并进一步分析道："在汉代，'汉人'在亚洲大陆已扩张至其人类生态地理上的边缘。此后，除了对蒙藏等地区的政策性点状移民、近代东北成为汉移民之天堂，以及汉化造成的汉与非汉区分模糊的西南及南方华夏边缘外，'汉人'没有进一步扩张，也没有让任何华夏之域脱离中国成为非汉人地区。也就是说，华夏一直有效地维持着这形成于汉代的族群地理边缘。因此，虽然'华夏'之自称词在历史上有很多转折变化，但至今构成中国人的主体民族在面对中国边缘少数民族时仍自称'汉人'。这种汉人或'中国人'意象，在当代仍左右着居于地理核心之'中国人'与其边缘人群间的往来互动，并影响中原帝国对边缘人群的政策。"① 葛兆光也有大致类似的意见（不过他忽略了秦与汉的差别及汉初的具体整合进程），他说："一般来说，帝国都有着广袤的疆域、众多的族群和不同的文化，但需要注意的是，秦汉帝国与其他世界帝国相当不同的是，具有制度、文化、族群同一性的核心区域，从一开始就相当稳定和庞大，从政治、制度和文化上看，它早早地形成了一个②设立了中央统一控制的郡县（也包括汉代的同姓诸侯国）、实行了基本同一的律令制度、逐渐淡化了区域文化差异的核心区域，这形成了稳定的'中国'，它也早早形成了具有历史同源感、语言同一性、文化相似性的族群共同体，也就是'汉族'。……秦汉帝国奠定的这个被称为'中国'的共同体始终存在，无论后来这个帝国是分裂还是统一，是缩小还是扩大，'中国'始终存在于人们观念世界中，影响着这个自认汉族的人群的历史想象和文化认同。"③ 如

---

① 王明珂：《华夏边缘：历史记忆与族群认同》，上海：上海人民出版社，2020 年，第 363、366-367 页。

② 按："形成了一个"五字为笔者所加，原句不通。

③ 葛兆光：《历史中国的内与外：有关"中国"与"周边"概念的再澄清》，香港：香港中文大学出版社，2017 年，第 18-20 页。

果说汉代由于"汉朝"的存在而使得"汉人"称谓在保持族属色彩的同时不可避免地带有政治色彩的话，那么汉朝覆亡后仍然存在的"汉人"称谓无疑是带有纯粹的族属色彩的。如《旧唐书·穆宗本纪》："陇山有异兽如猴，腰尾皆长，色青赤而猛鸷，见蕃人则跃而食之，遇汉人则否。"①《旧唐书·吐蕃列传上》载吐蕃赞普之言曰："外甥蕃中已处分边将，不许抄掠，若有汉人来投，便令却送。"②《宋史·兵志五》载王安石之言曰："今以三十万之众，渐推文法，当即变其夷俗。然诏所募勇敢士九百余人，耕田百顷，坊三十余所。蕃部既得为汉，而其俗又贱土贵货，汉人得以货与蕃部易田，蕃人得货，两得所欲，而田畴垦，货殖通，蕃汉为一，其势易以调御。"③《辽史·太宗本纪下》："诏契丹人授汉官者从汉仪，听与汉人婚姻。"④《金史·世宗本纪中》载金世宗之言曰："朕思先朝所行之事，未尝暂忘，故时听此词，亦欲令汝辈知之。汝辈自幼惟习汉人风俗，不知女直纯实之风，至于文字语言，或不通晓，是忘本也。汝辈当体朕意，至于子孙，亦当遵朕教诫也。"⑤《元史·世祖本纪三》："罢诸路女直、契丹、汉人为达鲁花赤者，回回、畏兀、乃蛮、唐兀人仍旧。"⑥《明史·外国列传一·朝鲜列传》载明英宗之谕曰："鸭绿江一带东宁等卫，密迩王境，中多细人逃至王国，或被国人诱胁去者，无问汉人、女直，至即解京。"⑦《清史稿·太宗本纪一》："令汉人与满洲分屯别居。先是汉人十三壮丁为一庄，给满官为奴。至是，每备御止留八人，余悉编为民户，处以别屯，择汉官廉正者理之。"⑧《清史稿·选举志一·学校》载乾隆之谕

① 刘昫等：《旧唐书》卷十六《穆宗本纪》，北京：中华书局，1975 年，第 497 页。

② 刘昫等：《旧唐书》卷一百九十六上《吐蕃列传上》，北京：中华书局，1975 年，第 5231 页。

③ 脱脱等：《宋史》卷一百九十一《兵志五·乡兵二·蕃兵》，北京：中华书局，1977 年，第 4759 页。

④ 脱脱等：《辽史》卷四《太宗本纪下》，北京：中华书局，1974 年，第 49 页。

⑤ 脱脱等：《金史》卷七《世宗本纪中》，北京：中华书局，1975 年，第 159 页。

⑥ 宋濂等：《元史》卷六《世祖本纪三》，北京：中华书局，1976 年，第 118 页。

⑦ 张廷玉等：《明史》卷三百二十《外国列传一·朝鲜列传》，北京：中华书局，1974 年，第 8285 页。

⑧ 赵尔巽等：《清史稿》卷二《太宗本纪一》，北京：中华书局，1977 年，第 20 页。

曰："我朝崇尚本务，宗室子弟俱讲究清文，精通骑射。诚恐学习汉文，流于汉人浮靡之习。世祖谕停习汉书，所以敦本实、黜浮华也。嗣后宗室子弟不能习汉文者，其各娴习武艺，储为国家有用之器。"① 后世带有纯粹族属色彩的"汉人"称谓无疑是汉代已具族属色彩的"汉人"称谓的延续。而在整体意义上完全具有族别功能的"汉人"认同产生的同时，"中国一体"的国家意识也开始凸显②。汉代"汉人"认同的这一特点，正体现了"华夏民族与国家的演进和互动走着一条与西方不同的发展道路，由此形成古代中国民族认同与国家认同的同一性传统及民族意识中的民族与国家认同相一致的深层价值结构"③。

还有一点值得注意，在汉代的族群认同格局中，虽然"华夷之辨"呈现出复杂性和工具性④，但政治意义上的"汉人"（"华夏"）始终是以族属

---

① 赵尔巽等：《清史稿》卷一百六《选举志一·学校》，北京：中华书局，1977 年，第 3112 页。

② 关于汉代人的国家意识，可参看王子今：《"汉朝"的发生：国家观念的历史考察》《大汉·皇汉·强汉：汉代人的国家意识及其历史影响》，收入《秦汉边疆与民族问题》，北京：中国人民大学出版社，2011 年，第 391-405、406-420 页；刘志平：《从〈焦氏易林〉看汉代人的民族意识和国家意识》，陈峰主编《周秦汉唐文化研究》第 9 辑，西安：三秦出版社，2016 年，第 60-71 页；彭丰文：《东汉士人的国家认同及其历史意义》，《河北学刊》，2017 年第 6 期。需要补充的材料是汉代西北边塞简牍，居延新简有"有能生捕得反羌从徼外来为间候动静中国兵欲寇盗杀略人民吏增秩二等民与购钱五万从奴它与购如比"的简文（E. P. F22·233，参见马怡、张荣强主编：《居延新简释校》下，天津：天津古籍出版社，2013 年，第 776 页），此应为"捕反羌科赏"（E. P. F22·235，参见马怡、张荣强主编：《居延新简释校》下，第 776 页），此外还有"捕匈奴虏购科赏"（E. P. F22·231，参见马怡、张荣强主编：《居延新简释校》下，第 776 页），具体内容见 E. P. F22·225-230（参见马怡、张荣强主编：《居延新简释校》下，第 775-776 页）。可见，汉代西北边塞的防卫主要针对匈奴和羌，而与匈奴和羌对应的是"中国"，"中国一体"的国家意识在此得到了具体而生动的展现。敦煌汉简也有"今共奴已与鄯善不和则中国之大利也臣愚以为钦将兵北"的简文（66，参见吴礽骧、李永良、马建华释校：《敦煌汉简释文》，兰州：甘肃人民出版社，1991 年，第 7 页），此处与"鄯善"相对的"中国"，出自汉臣之口，亦可见"中国一体"的国家意识在汉代的凸显。而作为西汉后期至东汉通用的童蒙识字教材，《急就篇》有"酒泉强弩与敦煌""居边守塞备胡虏""远近还集杀胡王""汉土兴隆中国康"（张传官：《急就篇校理》，北京：中华书局，2017 年，第 472-473 页）的内容，这可看作"中国一体"的国家意识下抵御异族侵犯的爱国主义教育在古代中国的早期实践。

③ 李禹阶：《华夏民族与国家认同意识的演变》，《历史研究》，2011 年第 3 期。

④ 朱圣明：《华夷之间：秦汉时期族群的身份与认同》，厦门：厦门大学出版社，2017 年，第 77 页。

和文化意义上的"汉人"（"华夏"）为基本内核的，而且两者皆具有开放、包容、变动的特点，即政治意义上的"汉人"（"华夏"）所含括范围随着汉帝国政治体的盈缩而盈缩，其在理所当然地含纳族属和文化意义上的"汉人"（"华夏"）的同时，可以不断含纳族属和文化意义上的"非汉人"（"非华夏"），而族属和文化意义上的"非汉人"（"非华夏"）可以不断转化为族属和文化意义上的"汉人"（"华夏"）①。这种转化，更多的情况是始于对汉帝国的政治归附，且其过程是长期、曲折的。也就是说，汉帝国外部边缘（边疆地带）和内部边缘（内地的边缘）②的非汉族群对汉帝国的政治认同并不能在短时期内引起其族属和文化认同的整体变化，汉帝国外部边缘和内部边缘的非汉族群在族群和文化认同上保持有一定的相对独立性，这也成为后世中国在族群实态上的惯性特征③。中国作为统一的多

---

①　当然，还有族属和文化意义上的"汉人"（"华夏"）向"蛮夷"转化的情势也值得注意。胡鸿指出："开拓山区的河谷可耕地，转化山地居民成为官府控制的人口，成为东汉以来南方开发的主要趋势。另一个趋势是不断有著籍的平原华夏人口不堪重负而逃亡入山，成为新的蛮夷，为山地抗拒华夏化增加力量。"（胡鸿：《能夏则大与渐慕华风：政治体视角下的华夏与华夏化》，北京：北京师范大学出版社，2017年，第78页。）虽然是从政治体的角度分析"华夏"向"蛮夷"的转化，离族属和文化意义上的"汉人"（"华夏"）向"蛮夷"的转化尚有一定距离，但族属和文化意义上的"汉人"（"华夏"）转化为"蛮夷"，更多的情况是始于对汉帝国（华夏帝国）的政治叛离或疏远。朱圣明探讨过汉代边民的"蛮夷化"，认为汉代边民的这种"蛮夷化"追求"总是带有强烈的政治色彩"，"很可能是一种政治诉求作用下有意识的'身份建构'"，是"为其寻求政治独立张目"，结果是其与中原华夏政权之间"渐行渐远"（朱圣明：《华夷之间：秦汉时期族群的身份与认同》，厦门：厦门大学出版社，2017年，第280、298-301页）。

②　鲁西奇受许倬云的启发，提出了"内地的边缘"这一概念。参见鲁西奇：《中国历史的空间结构》，桂林：广西师范大学出版社，2014年，第231-232页。

③　与本书意见相似的有胡鸿和朱圣明两位学者，胡鸿指出："华夏化应可区分出政治体与文化认同两个层面，政治体意义上的华夏化是指加入或建立华夏式帝国政治体，被制度承认为华夏国家的成员，略等于'王化'；文化认同意义上的华夏化则涉及语言、习俗、祖源重构、心理认同等方面。这两者并非同步进行的，但一般来说，政治体意义上华夏化的完成基本可以宣告文化认同意义上华夏化的启动，只要不出现大的变故，两者间的差距只是时间。"（胡鸿：《能夏则大与渐慕华风：政治体视角下的华夏与华夏化》，北京：北京师范大学出版社，2017年，第164页。）朱圣明则认为"无论在理论上还是现实中"，"'夷汉拉锯'的格局应不仅在历时中承续，更在共时中争衡并存；不仅在汉代贵州地域存在，也存在于其他西南地区，只是程度有所不同罢了"（朱圣明：《华夷之间：秦汉时期族群的身份与认同》，厦门：厦门大学出版社，2017年，第280页注释③）。

民族国家或许就是这样形成的，而对其根本历史原因的进一步探寻是值得我们深入研究的大课题。

纵观战国"国人"意识和"秦人""汉人"认同的塑造，族群认同的形成，往往以政治体为基础，受政治认同和国家意识的直接影响。从这个角度来讲，中国历史上的族群，具有政治共同体性质，与现代"国族"（nation）相近。但现代"国族"是民众自主选择、民族自觉的结果；而中国历史上的族群，比如本书所论列国"国人"和"秦人""汉人"，则是自上而下塑造的。普通民庶在政治和族群认同上的选择机会极少，即便出现机会，"在强大的国家权力面前"，民庶的"主动性"也非常虚弱，"且很快消失"①。不过，"国家权力"在族群认同构建上，也不是为所欲为的，受到历史记忆和文化认同的制约。这从秦帝国新塑造的"秦人"认同的瓦解即可窥一斑。

历史上的"华夏"或"汉人"认同，主要分政治认同和文化认同两个层面。需补充的是，在政治与文化间，尚存在制度认同这一层面。前一章即指出战国"诸夏"认同，有赖于列国制度来维系。秦汉帝国建立后，制度更成为华夏帝国最明显的标志之一。正如制度史家所论，制度在塑造中国社会形态和维系中国历史"连续性"上起到重要作用②。

政治（权力）、文化与制度，共同塑造了历史上"华夏"或"汉人"认同。但在中国历史的不同时期、不同阶段和不同情境下，三者的作用有所不同。这种差异性在统一时期和分裂时期间表现尤为明显。在政治统一时期，政治认同对"华夏"或"汉人"的塑造起到主导作用，文化与制度认同往往作为其手段或工具；但其最终完成与维系，则有待于文化认同的形成；制度认同则是促成政治与文化认同的内在强化剂。在政治分裂时期，由于政治认同的崩溃，文化认同与制度认同则上升为各割据政权、地方政权维系"华夏体系"的主要因素，甚至推动周边民族政权"华夏

---

① 鲁西奇：《楚秦汉之际的"楚人"》，《早期中国史研究》第8卷第1期，2016年，第51页。

② 参见阎步克：《中国古代官阶制度引论》，北京：北京大学出版社，2010年，第8-9页。

化"。尤其是制度认同，成为周边民族政权"华夏化"的重要标志。研究者即注意到北族政权对华夏制度的接受与适应，是将其"纳入中国的制度与文化体系的重大步骤"①。正是有赖于文化认同与制度认同的存在，"华夏"或"汉人"认同在政治分裂时期仍可维系，历久长存。历史上的"华夏"或"汉人"，正是在统一与分裂的过程中，不断重塑和壮大。

最后，可补充的是，汉晋以降，"五胡政权"又出现作为统治氏族的"国人"（胡人），与被支配的"汉人"或"晋人"并举，比如后赵石勒"号胡为国人"②。在这一时期，因胡汉冲突，"汉人"的族群意识得以强化。随着南北朝的胡人"汉化"和胡汉融合，最终形成更具包容性的"汉人"——"唐人"。

---

① 傅海波、崔瑞德编，史卫民等译：《剑桥中国辽西夏金元史（907—1368年）》，北京：中国社会科学出版社，1998年，第3页。

② 房玄龄等：《晋书》卷一百五《石勒载记下》，北京：中华书局，1974年，第2735页。相关论述参见吴洪琳：《国号与"国人"——石勒的政治取向与胡人地位的法制化》，《吉林大学社会科学学报》，2016年第1期。

第三章

秦汉时期边缘地区的
社会整合与华夏化进程

纵观周秦时期"国人"意识、"秦人"认同以及后战国时代"汉人"认同的塑造，族群认同的形成，往往以政治体为基础，受政治认同和国家意识的强烈影响。换言之，在族群认同的塑造上，统治者自上而下的权力往往起到至关重要的作用，但新认同的维系还有赖于制度与文化整合的方式与效果。新"秦人"认同的瓦解，正源于秦国与山东六国间法制和文化鸿沟较深，并非在短时间内通过强制手段所能解决的。"汉人"认同的塑造，也是在国家权力的主导下进行的。汉朝推行汉制的方式要比秦朝缓和渐进得多，较大程度地避免了不同区域文化的强烈冲突，从而较顺利地将"汉人"认同推广到汉帝国的疆域内。

在广袤的内外边缘地区，秦汉王朝同样通过一系列制度与文化的整合措施，积极推动土著族群融入华夏政治体，并以历史记忆的不断塑造推进其在心理、政治与文化认同上的转变，最终使蛮夷的编户化取得了一定成功。但由于受到一些因素的影响与限制，不同地区非华夏族群在编户化的速度与途径、族群融合与华夏化的方式与进程、外封官爵的名号与级别等诸多方面，均呈现出较明显的差异，这些问题是我们在理解和把握秦汉时期边缘地区的族群认同与社会整合时，不能不加以留意的。

第一节　秦汉国家权力对边缘地区整合的区域性差异

秦汉王朝对内外边缘地区的治理与整合，从总体上看，可谓是一个统一的整体，但通过空间上的横向比较，我们能够看出，不同区域板块间也存在一些明显的差异。鉴于此，我们拟对若干典型的区域性差异进行梳理和比较，并以此为基，进一步剖析造成上述差异的深层次原因。

一、区域性差异的典型表现

（一）蛮夷编户化的途径

秦汉王朝通过一系列的制度建设促进内外边缘地区的蛮夷加入华夏政治体，并以历史记忆的不断塑造推动其在族群、心理、政治与文化认同上的转变，最终使蛮夷的编户化取得了一定成功。但由于受到一些因素的影响与限制，不同地区非华夏族群的编户化途径呈现出较明显的差异。

美国人类学家詹姆士·斯科特（James C. Scott）曾提出，是否"完全被统合到纳税人口中"是古代农耕国家划分文明与野蛮人群的重要标准，逃离国家统治也就意味着从文明到野蛮，"变成蛮夷"[①]。事实上，服从国家统治、归于文明状态的划分标准，除了纳税，还应当包括服役。所以，更为准确的表述似乎应该是，如果一些民众服从政府的管理，承担纳税应役等义务，他们就当被视为"文明人群"，即国家的齐民，否则即属于"野蛮人群"。综合比较秦汉时期南北边缘地区族群的编户化途径，我们能够发现，南方夷众主要是通过缴纳賨赋的方式被纳入王朝的编户体系中，而北方蛮民编户化的途径则主要表现为承担徭役。

学界通常认为，賨是统治者面向南方蛮民征收的赋税，而事实上，賨应当是南北方蛮夷民众所纳贡赋的统称。北方与西北地区的不少族群也是统治者征收賨赋的对象，只不过蛮夷民户即使要缴纳货币化或实物化的贡

---

① 詹姆士·斯科特著，王晓毅译：《逃避统治的艺术：东南亚高地的无政府主义历史》，北京：生活·读书·新知三联书店，2019年，第144-145页。

赋，其征收额通常较低，应该说基本在其可承受的范围内，贡赋的具体名目、数额、办法在不同时期、不同地方，针对不同族群可能会有一定差异。后文对此将予详述，此不赘言。但相较而言，北方地区蛮民纳赍不似南方地区那么突出，他们所承担的封建义务更多的是服役，既包括兵役，也包括各类徭役。

譬如，由于北边地区战略地位突出，当地蛮民经常要为王朝守塞戍边、征战御敌，实际上他们相当于以兵役抵赍赋，史籍中相关的记载很多，恕不备举。在居延汉简中，我们常能看到有关"胡骑"的简文，这表明"在居延戍区汉军对抗匈奴军事威胁的前线，部队中有'胡骑'服役"①，此处的"胡骑"即为受汉廷统领的以匈奴为主的异族骑兵。

为便于征发各类徭役，北方边地的官吏通常会对蛮夷降众造册登记，并施以严格的管理。为了管理河西地区的归义羌人，汉廷就专门设立了一系列职官，如"护羌使者""主羌使者""护羌都吏""护羌从事""主羌史"等②；同时，地方政府之所以对"羌人男子都要登记造册"，主要目的就是"为了对羌人征发徭役"③，从而使"羌人在交通、驿置和亭等部门如悬泉置中担任御者、邮卒，从事杂役劳作"④。不仅如此，一些羌人"虽居塞外，但发生纠纷还要告官处理，说明他们已经归顺为郡县官府管理下的臣民"⑤。

综上，北边的异族民众承受了较重的徭役负担，这也成了他们屡屡反抗的主要原因。安帝永初年间（107—113）爆发了严重的羌乱，其根本原因即在于地方官吏豪强征派苛繁、役使过度，致使塞内羌人积怨甚深，所

---

① 王子今：《两汉军队中的"胡骑"》，《秦汉边疆与民族问题》，北京：中国人民大学出版社，2011年，第339页。

② 张德芳：《悬泉汉简羌族资料辑考》，李学勤、谢桂华主编《简帛研究（二〇〇一）》，桂林：广西师范大学出版社，2001年，第358-368页。

③ 汪桂海：《从出土资料谈汉代羌族史的两个问题》，《西域研究》，2010年第2期。

④ 孙占鳌、张瑛：《河西汉简所见汉代西北民族关系研究》，北京：社会科学文献出版社，2019年，第70页。

⑤ 张德芳：《悬泉汉简羌族资料辑考》，李学勤、谢桂华主编《简帛研究（二〇〇一）》，桂林：广西师范大学出版社，2001年，第358-368页。

谓"诸降羌布在郡县，皆为吏人豪右所徭役，积以愁怨"，而直接原因则是东汉政府"迫促发遣"陇右塞内羌人远征西域①。

（二）族群融合与华夏化

秦汉帝国的建立，不仅推动了政治上的大一统，也促成了华夏人群的整合与凝聚②。除属战国"诸夏"外，南北方边缘地区的族群，也在汉武帝时被纳入华夏帝国的疆域内，在与汉民族及其他族群的密切互动交流中，呈现出不同程度的华夏化，但不同地区、不同族群的华夏化进程是不相同、不均匀的。

在 20 世纪 70 年代中期，《中国历史地图集》的编撰人员曾向郭沫若请教，如何从整体上评价我国古代的民族关系。郭老指出，总体上是"北方防御，南方浸润"，并解释这种"浸润"主要是文化浸润③。郭老所说的"北方防御"，主要是指古代游牧民族不断南下，给中原王朝造成很大压力，双方的关系基本上是前者南下侵扰与后者防御的关系，民族融合的特点表现为融合相对激烈，同时充满了矛盾。所谓"南方浸润"，则是指南方少数民族很少越出居住地域进入中原，而与中原汉族之间，在文化方面有较多的相通之处；民族融合过程表现为渐进式的发展与相嵌式的融合④。谢良在评价汉朝统治者对于夷夏关系的主张时也指出，在整个大一统汉人王朝时期南北方呈现出不同的族群格局，即"南边逐渐华夏化，北边保持华夷秩序"⑤。总体上说，汉代北方地区族群融合的程度较南方为低，华夏化进程亦相对缓慢，这在东北与西北边缘地区均有体现。

在东北地区，汉武帝平定卫氏朝鲜，设置乐浪、玄菟、真番、临屯四

---

① 范晔：《后汉书》卷八十七《西羌传》，北京：中华书局，1965 年，第 2886 页。

② 参见胡鸿：《能夏则大与渐慕华风：政治体视角下的华夏与华夏化》，北京：北京师范大学出版社，2017 年，第 35—45 页。

③ 转引自邸永君：《陈连开先生访谈录》，《中国民族研究年鉴（2001 年卷）》，北京：民族出版社，2002 年，第 446 页。

④ 方铁：《方略与施治：历朝对西南边疆的经营》，北京：社会科学文献出版社，2015 年，第 369 页。

⑤ 谢良：《西汉时期夷夏关系的嬗变与思考》，《中国边疆史地研究》，2020 年第 1 期。

郡，但此后四郡或内迁或省并。昭帝始元五年（前82），真番、临屯二郡和玄菟郡沃沮县省并入乐浪郡，玄菟郡内迁；两汉之际，玄菟郡又内迁至辽东郡内；东汉光武帝建武六年（30），又省乐浪东部都尉和岭东七县[①]。魏晋以降，原朝鲜四郡的部分地区甚至逐渐脱离中原王朝，这与西南夷、百越地区的主体部分长期维持在中原王朝治下表现出明显的差异。

客观地说，朝鲜四郡的省并、内迁，是多种因素共同作用的结果，如距离汉朝京师较远，遭受郡内外蛮夷侵扰，维持郡县统治成本较高，等等。但四郡地区族群认同的复杂与华夏化程度的差异，无疑也是造成东北边疆收缩的重要原因，这在岭东地区、第二玄菟郡[②]地区都体现得非常明显。这两地蛮夷的华夏化进程相较于四郡的其他地区要缓慢不少，一直保持着原来的邑落形态。尤其是浑江流域的高句丽，在强化对句骊蛮夷、夫余、秽貊等族群整合与凝聚的过程中，甚至在西汉后期还走上了建国之路，不仅未能实现华夏化，还彻底脱离了汉朝郡县化的统治，并迫使玄菟郡内迁。所以，即使在朝鲜四郡范围内，"次区域"的华夏化进程也呈现出不同的面貌。乐浪、真番的蛮夷华夏化较彻底，令郡县系统在当地得以维持；而其他地区华夏化较缓慢，成为西汉中期以来省并、内迁郡县的重要原因之一。而四郡的省并和内迁，又导致不归郡县管理的蛮夷族群华夏化进程的终止，他们最终又恢复了"蛮夷"身份。

此外，在北部与西北边地，由于秦汉统治力量的不断渗透，华夏与异族间出现了较频繁的互动和交流，从而出现华夏与异族互化互融的情形。尽管边地异族之支流不断汇入华夏之主流，但异族支流在边地始终存在，其整体性的族群自我认同也始终存在。譬如赵代地区，尽管秦汉王朝对当地进行了大规模的渗透，华夏与异族间的互动或以军事冲突的形式出现，或以和平往来的形式展开。在此过程中，华夏与异族的互化互融尽管获得了较大程度的推进，但"夷夏之别"或"夷夏之防"的格局始终没有发

---

① 参见周振鹤、李晓杰、张莉：《中国行政区划通史·秦汉卷》，上海：复旦大学出版社，2017年，第518-522、837-839页。

② 关于"第二玄菟郡"的辖域范围等情况，详见本书第八章第三节《汉朝东北疆域伸缩与族群认同》。

生改变，异族的整体性自我族群认同一直存在，甚至最后因异族占据了赵代地区之大部分，而由异族主导了该地区"夷夏"互动的进程。又如河套地区，虽然华夏与异族在河套地区进行了频繁的互动与交流，但诸族的整体性自我族群认同长期存在。加之，东汉时期河套地区异族人口数量激增，经过华夏势力与异族势力的反复拉锯，该地区最终被鲜卑、匈奴、乌桓与羌人等异族所占领，华夏势力大面积退出河套地区。

简言之，北部、西北边缘地区的华夏化进程并不顺利，缘边族群对汉帝国的政治认同也表现出明显的波动性，这既源于各族群自我认同的存在，同时反过来又会进一步强化其本族认同。所以，与南方地区相比，北方、西北边地的华夏化程度总体较低，进程亦较缓慢，而造成上述情形的主要原因应当是，异族与华夏两分的聚居格局以及由此导致的有限的族际通婚。

西北、北部边地内徙的异族民众多以独立自主的聚居形式与汉人分隔而居。以陇右羌人为例，尽管由于羌人的内徙和汉民的迁入，形成了"诸降羌布在郡县"的局面①，使得陇右地区的羌汉互动有所增强，但陇右塞内羌汉两分的族群分布格局依然未发生根本性改变。加之，羌胡对陇右地区形成的强大攻势，使东汉陇右诸郡被迫内徙，这造成了陇右汉人势力的真空，陇右的异族化趋势一度增强。虽然后来陇右诸郡渐次恢复，但异族化的惯性却延续下来。东汉政府对羌、胡、氐等异族不断地武力讨伐和内徙，又强化了异族与汉人两分的族群格局，遂使异族与汉人的通婚变得更为困难。基于上述原因，由异族与汉人在陇右的互动而产生的族群融合自然较为有限，华夏化进程亦为迟缓。

综上所述，南北边缘地区的族群融合与华夏化进程呈现出较明显的差异。在北方地区，内附的异族民众多聚族而居，与汉民杂居的情形不似南方地区突出，族际通婚亦相对较少，民族关系的基本特点是矛盾冲突多于和谐共处，异族的本族认同强大，华夏化程度较为有限。而在南方地区，土著族群与南迁汉民基本形成了杂居相安、共存共生的关系，各阶层间的

---

① 范晔：《后汉书》卷八十七《西羌传》，北京：中华书局，1965年，第2886页。

族际通婚比较普遍，民族关系的基本特点是和谐共处多于矛盾纷争，华夏化进程较为顺利。同时，部分地区汉民的"夷化"现象亦较突出，后文对此将予详述，于此不赘。

（三）外封官爵制度

在中国古代的民族管理实践中，中原王朝的统治者常会向周边民族和政权首领赐予各类官爵名号。从传世文献与出土资料上看，对边疆民族首领的封授始于先秦，秦、西汉时期逐渐体系化，东汉魏晋时期趋于完备。若将两汉时期南北边缘地区的外封官爵名号进行比较，我们能够发现它们之间的不少异同之处，以及掩藏于后的种种历史隐情。

譬如，在"王""侯"等高级爵号的封授上，未体现出明显的区域性差异。边疆地区众多民族及政权的首领都获赐过此类封爵，只不过具体封号会因族属或颁授主体的不同而有所差异。而在中级爵号的封授上，汉王朝已体现出较明显的区域性差异。尽管边疆地区的不少异族首领都获得过（邑）君、（邑、千、百）长等爵号，南方蛮夷酋豪也有被授予（千、百）长者。但相较而言，（邑）君主要授予的是西南、东南等南方地区的蛮夷首领，而（千、百）长的受赐者则主要是北方、东北以及西北地区的戎狄首领。而诸如小长等低级官号，则更多出现于北方，授予对象基本为安置于王朝北部边疆的属国、边郡内徙少数民族中较小部落的首领。或许可以这么总结，南方地区流行的外封官爵名号，北方往往也有；而北方有的，南方则少有或尚未发现①。

上述差异化的外封实践表明，汉王朝对边缘族群整合施治的重点应在北方，对南方当是借用了对北方的成例与经验，同时结合南北边缘族群各自的制度传统、风俗习尚与社会组织特点等因素，才形成了这种多样化并处于不断演进中的民族职官封授体系。

---

① 譬如，"大都尉"主要赐予的是王朝北部边疆的民族首领，尤其是西北地区。汉代的四则封授事例中，两例发生于西域，一例出现在西羌。需要特别说明的是，掸国王雍由调的获封比较特殊，其身份为西南徼外藩属首领，并非汉王朝西南夷地区的民族首领。所以，准确地说，西南夷乃至南方地区似无获拜"大都尉"的事例，这也从一个侧面反映出汉代职官外封的区域性差异。

若我们再以制度属性和华夏化程度的视角纵向考察汉代的外封实践，还能够发现：越往后期发展，统治者授出的非华夏式官称就越少，至汉末几至绝迹；而外封官爵序列则成为王朝封赐异族首领的主流，且所授名号呈现出向华夏式官爵体系的主轴——王朝内部职官体系靠拢的趋势。外封官爵体制的这种变迁不仅反映了边缘族群与汉王朝交往联系的日益增强，华夏制度文化对周边族群的吸引力与影响力的明显提升，还折射出边缘族群在汉王朝的统治整合下，与以汉民族为主体的其他民族融合程度的不断加深，其自身的华夏化程度亦日渐提高。从文化交流与族群融合的大视野来观察，汉代的外封官爵制度实际是由当时不同地区的众多族群共同参与和创建的，是以汉文化为主的多种文化交融凝聚的结果，它的实施为此期各民族的交流与融合、汉民族的形成与发展提供了有利条件。

二、区域性差异的成因

通过上文的梳理和比较，我们能够明显感受到，秦汉王朝在边缘地区的治理与整合上，存在着较明显的差异。总体上说，这些差异首先是由不同地区的地理生态环境引发的。由于地形、气候、水土、植被、资源等因素对古代社会的人口迁徙与分布、经济类型与发展、居住方式与社会组织、风俗习惯与文化传统等都具有极其重要的影响，它们不仅深刻地影响了王朝的治边方略与整合措施，还影响到非华夏族群的认同改变、融合进程以及我国统一多民族国家的形成过程。

（一）南方地区

南方地区地貌类型多样，有山地、盆地、高原、平原、丘陵等，其中山地占到土地总面积的绝大部分。此外，地貌的垂直差异性也表现明显。不同海拔高度的地区，往往拥有不同的生态环境及以此为生存基础的动植物资源，使得居住在不同海拔高度地区的居民，逐渐形成了对特定生态环境及其动植物资源的依赖关系，很早便形成了适合自身生存和发展的经济类型，进而形成了不同的生产生活方式、社会组织特点与文化习俗等。

南方地区经济类型多样，既有较低水平的农耕经济，也有畜牧业、采集和渔猎等初级复合型经济，但在经济结构中占据主导地位的还是农耕经济。"这一经济类型使区域内从事农耕的民族基本上实现了定居，人口密度空前提高，进而使生产、生活资料的获取和利用能力也大为提高，尽管农业经济在人口、物资上的流动速度以及人们正常的活动半径远不如游牧经济，但是它却为不同民族提供了稳定交往的可能。"① 依赖于不同生态环境的南方各族群，通常有其特定的生计方式，生产的产品也有明显区别，由此形成了经济上的互补性。同时，由于南方各地居民对于特定生态环境及其动植物资源的依赖，"安土重迁、封闭隔绝以及迁徙活动主要为扩散渐进的类型，此类情形在南方边疆民族中极为常见。在相同族源基础上组成的村落，是南方边疆民族社会的基本单位，关系密切的大小村落，又以地缘与血缘关系为纽带，结成更大的势力并相互依存"②。

总体来说，南方地区的经济形态普遍以农耕经济为基础，这不仅使迁入的汉民较易适应，还使不同文明与民族间的冲突较之北方地区缓和了不少。此外，南方地区复杂多样的地理环境，使得各民族在分布格局上多呈现出"大杂居、小聚居"的特点，加之各民族经济文化类型的差异所导致的互补性，使得各族间经济、文化等方面的交流比较容易实现，这也大大推进了南方地区的民族融合与华夏化进程。

（二）北方地区

北方地区同样地形复杂，主要的地貌类型有草原、山地、沙漠、高原与丘陵等。与南方地区一个显著的不同是，北方各地生态环境与动植物资源的差异性较小，因而各游牧族群经济结构所表现出的共同之处是，畜牧业在其社会经济中占据主导地位。当然，狩猎、农业和手工业等营生方式在游牧族群的经济生活中也占有一定位置。

由于北方游牧经济的结构性缺陷，加之与中原农耕经济在发展水平上的较大差距，以及游牧族群对农业地区所出产的粮食、茶叶、盐、布帛与

----

① 尹建东等：《汉唐时期西南地区的豪族大姓与地方社会》，昆明：云南大学出版社，2013年，第211页。

② 方铁：《方略与施治：历朝对西南边疆的经营》，北京：社会科学文献出版社，2015年，第365页。

金属制品等产品旺盛的需求，北方游牧族群经常南下，或不断徙居缘边农耕地区，便有了一定的历史必然性。

同时，北方游牧族群的社会组织大致以"落"为基本细胞，一般一个家庭就是一"落"，以家庭为社会基本细胞、主要从事游牧活动的草原少数民族，集团力量易于聚集和组合，但也容易分散与瓦解①。游牧族群迁入塞内后，往往聚族而居，与汉人有着较严格的空间分隔，从而造成他们与汉民通婚的有限性，这与南方地区各族群与汉族移民多相互杂居、通婚的情形形成了强烈反差。

总体上看，由于内迁的北方游牧族群与汉族民众在经济类型、居住方式、文化习俗等方面存在较大差异，加之王朝统治者对他们多采取民族歧视的态度与剥削压迫的政策，由此产生了尖锐的民族矛盾与反抗斗争。这不仅造成了北方缘边族群在本族认同与对汉王朝政治认同之间经常性的摇摆与波动，还相当程度妨碍了该地区的民族融合，滞缓了游牧族群的华夏化进程。

综上，通过对南北方地区地理生态环境、生产生活方式、社会组织特点等方面的比较与分析，我们能够看到，在上述因素的综合作用下，南北方边疆族群的迁徙、融合等均呈现出不同的面貌。在南方地区（还包括东北部分地区），由于经济形态与文化类型的适应性与兼容性较强，主要表现为汉民不断迁入，土著族群与外来移民的交往与融合一般呈现为渐进式的浸润过程；而在北方与西北地区，由于地理环境及其造成的经济文化的排异性明显，中原农业经济很难进入上述地区，主要是北方族群持续南下、迁居农耕地区，游牧势力与华夏政权通常存在比较激烈的冲突，甚至可能引发严重的社会动荡。所以，许倬云评价说，汉人进入南方是一个全面向前推动、渗透、同化的过程；相对来说，北方是冲突和敌对的②。

---

① 参见方铁：《方略与施治：历朝对西南边疆的经营》，北京：社会科学文献出版社，2015年，第364页。

② 许倬云：《万古江河：中国历史文化的转折与开展》，上海：上海文艺出版社，2006年，第97页。

第二节　封授与华夏化：外封官爵制度 与汉朝对边缘地区族群的整合和同化

在中国古代的民族管理实践中，中原王朝的统治者经常向周边民族和政权首领赐予各类官爵名号。从传世文献与出土资料来看，对边疆民族首领的封赐始于先秦，秦、西汉时期逐渐体系化，东汉魏晋时，趋于完备。这些官爵名号既不同于周边民族及政权已有的职官，又有别于中原王朝内部官僚体系的爵职，因而有学者将其称作"外封官爵名号"①，本书也沿用这种提法。

关于汉代外封官爵的分类，一些学者依据不同的标准提出了不同的分类意见。黄盛璋研究汉代匈奴官印时，根据印文将王朝所授职官分为两类：一类为匈奴语官号，仅用汉字音译；另一类为汉语官号，采用汉字意译②。由于匈奴无文字，所以上述两类官印所用皆为汉字。若将黄盛璋的分类方法推而广之，则汉王朝封赐民族首领的职官名号基本上都可依印文分作汉语音译与意译两大类。李文学则根据官爵的性质与职掌，将外封名号先分成爵位和职官两大体系，继而又在外封职官体系内细分出文官、武官两类③。

黄盛璋、李文学关于外封官爵的分类各有理据，对我们研究王朝的官爵制度以及民族政策等也颇有启示，但其中似也存在一些可商榷之处。黄盛璋以官爵的汉语音译和意译作为分类标准，尽管易于操作，却可能会将不同文化传统的职官混为一类，不利于我们明晰各类官称的渊源与特点。李文学的分类方法逻辑清晰，但在实际操作层面却会遇到一些难题，如官

---

① 李文学：《新莽东汉时期的"率众"官号研究》，《青海民族大学学报》（社会科学版），2015 年第 1 期。

② 黄盛璋：《关于博物馆藏传世汉匈奴语官印考》，《故宫博物院院刊》，1986 年第 4 期；《匈奴官印综论》，《社会科学战线》，1987 年第 3 期。

③ 李文学：《汉魏封授周边民族及政权首领的武官体制》，《光明日报》，2013 年 4 月 25 日第 11 版。

与爵难以确分①，文、武职的界定存在模糊区域，等等。

鉴于此，我们很有必要为外封官爵设立一套更为合理、可行的分类标准，以便能深刻地揭示外封职官的制度渊源、演变规律及其深层次原因，理解和把握王朝对周边民族的治理策略、整合措施以及边疆民族的认同转型与华夏化进程等。我们拟以制度来源为标准将汉王朝的外封官爵名号分为以下三类：一是源于王朝内部官爵体系的职官，如都尉、中郎将等；二是根据华夏文化传统专门创设的官称，如大都尉、大都护等；三是取自周边民族及政权职官体系的名号，如邑君、邑长、千长、百长等。下文便对这三类外授衔号分做阐析②。

一、王朝内部官爵体系的职官

王朝内部官爵体系的职官因通常授予内臣，故也被称作"内臣官爵"。但实际上它们并不全授予内臣，统治者可能会将某些内臣职衔借以封赐边疆民族首领，如都尉、中郎将等，只不过这些职衔前通常会冠以"率善""守善""亲汉""归义"等嘉称，以与内臣职官相区别。据罗新研究，中古北族职官名号一般由官号和官称两部分构成，这也成为其政治制度的一大特色③。实际上，汉晋时期赐予异族首领的官爵名号也具有这样的特点，即修饰性的嘉称（官号）与具体职衔（官称）共同构成完整的外封官爵名号的主体。

汉王朝封赐民族首领时常选用的内臣职官是都尉。但若以长时段

---

① 王朝外封的爵位与官职往往交织在一起，不少名号的性质究竟是爵还是官实际上很难区分清楚。譬如，"王侯君长"序列中的"君""长"能否视为爵位，其实就存在相当的不确定性。所以，李氏也承认，汉魏外封官爵体制在官与爵之间进行完全的区分是困难的。参见李文学：《汉魏外封武官制度研究》，《西南民族大学学报》（人文社会科学版），2013 年第 6 期。

② 在考古资料方面，我们主要以罗福颐主编的《秦汉南北朝官印征存》（北京：文物出版社，1987 年）、周晓陆主编的《二十世纪出土玺印集成》（北京：中华书局，2010 年）与王人聪、叶其峰所著《秦汉魏晋南北朝官印研究》（香港：香港中文大学文物馆，1990 年）中所收录的民族官印、封泥为研究素材。

③ 参见罗新：《中古北族名号研究》"前言"，北京：北京大学出版社，2009 年，第 2-3 页。

的视角分析，我们能看到一种不断扩大的趋势，这主要体现在以下两方面。

第一，职衔种类的增多。西汉王朝外封时，所授内臣职衔基本为都尉。如西域的车师前国有"归汉都尉"，龟兹国有"却胡都尉""击车师都尉"，危须国有"击胡都尉"，乌孙国有"坚守都尉"，等等[1]。东汉时，朝廷封授的内臣职官可能又增加了中郎将。《出三藏记集》载："支谦，字恭明，一名越，大月支人也。祖父法度，以汉灵帝世，率国人数百归化，拜率善中郎将。"[2] 设若这则史料记载属实，则东汉末中郎将之职也已用于外封[3]。

若将时限下延，我们对外封职官种类的扩张会有更深刻的体会。曹魏时，不仅确定已有中郎将的外授，还新增校尉一职。景初二年（238），邪马台国女王卑弥呼派遣大夫难升米、次使都市牛利等人来使。魏明帝下诏，赐卑弥呼为"亲魏倭王"，假金印紫绶；赐难升米为"率善中郎将"，牛利为"率善校尉"，假银印青绶[4]。正始四年（243），倭王再次遣使向魏齐王进献倭人、倭锦、绛青缣、绵衣、帛布、丹木、短弓矢等物，倭使

---

① 班固：《汉书》卷九十六《西域传》，北京：中华书局，1962 年，第 3876-3932 页。

② 释僧祐：《出三藏记集·支谦传》，北京：中华书局，1995 年，第 516 页。

③ 此外，东汉初还有大将军的外封。《后汉书·西域传》载："（建武）十四年，（莎车王）贤与鄯善王安并遣使诣阙贡献，于是西域始通。葱领以东诸国皆属贤。十七年，贤复遣使奉献，请都护。天子以问大司空窦融，以为贤父子兄弟相约事汉，款诚又至，宜加号位以镇安之。帝乃因其使，赐贤西域都护印绶，及车旗黄金锦绣。敦煌太守裴遵上言：'夷狄不可假以大权，又令诸国失望。'诏书收还都护印绶，更赐贤以汉大将军印绶。其使不肯易，遵迫夺之，贤由是始恨。而犹诈称大都护，移书诸国，诸国悉服属焉，号贤为单于。"早在建武五年（29），莎车王贤的父亲康就被汉廷封为"建功怀德王""西域大都尉"（参见范晔：《后汉书》卷八十八《西域传》，北京：中华书局，1965 年，第 2923-2924 页）。至建武十七年（41），贤复遣使奉献，光武帝与窦融遂商议赐贤为"西域都护"，以图镇抚。然"西域都护"在西域诸国中颇具实权与影响，故裴遵以"夷狄不可假以大权"为由建议朝廷收回诏命，光武帝遂更以"大将军"印相赐。所以，莎车王贤最终受封的名号是"大将军"。"大将军"为汉武帝所设，至光武时亦被用以外授，但汉代史籍中只记有莎车王贤一例。这到底是特殊历史背景与条件下的权宜之举，还是近于制度化的封授举措，目前还难以确判，姑且存疑。

④ 陈寿：《三国志》卷三十《魏书·乌丸鲜卑东夷传》，北京：中华书局，1982 年，第 857 页。

掖邪狗等人亦被赐予"率善中郎将"印绶①。

第二，封赐范围的扩大。西汉王朝外授都尉时，主要施用于西域诸国。至东汉，范围至少已扩大至北方的乌桓、西北的氐人等。如乌桓首领戎朱廆受封为"乌桓亲汉都尉"②，汉阳③氐豪蒲密获赐"率善都尉"④。至曹魏时，中郎将、校尉等职还被授予了日本列岛的倭人使者，封授对象不断增多，职衔级别亦有所提高。

通观上述封赐事例可以发现，汉朝统治者选用何种内臣职衔外授有其多方面的考量。首先，这些职官须为周边民族所熟悉；其次，它们要有一定的权力依托，否则徒有虚名的名号即便授予了，恐也难以实行长久。譬如都尉，近塞的属国都尉与边郡都尉恐怕是汉王朝与周边民族接触最多的长吏之一；又如中郎将，"在汉代即经常性地充当使者，来往于周边民族和汉族政权之间，尤其是汉与匈奴的使者往来，基本由中郎将来职掌"⑤。上述王朝边吏与民族首领及其部众常相接触，为其所熟悉，因而他们的职衔在受封群体中具有较大的影响力。同时，此类职衔在王朝职官等级体系内居于中层以上，在民族地区享有较高的认可度。此外，这些较有实权的内臣职官又不属于权力很大者，用作外封亦较合适。

---

① 陈寿：《三国志》卷三十《魏书·乌丸鲜卑东夷传》，北京：中华书局，1982年，第857页。

② 《后汉书·乌桓鲜卑列传》载："阳嘉元年冬，耿晔遣乌桓亲汉都尉戎朱廆率众王侯咄归等，出塞抄击鲜卑，大斩获而还，赐咄归等已下为率众王、侯、长，赐彩缯各有差。"（范晔：《后汉书》卷九十《乌桓鲜卑列传》，北京：中华书局，1965年，第2988页。）

③ 此为汉阳郡，原为西汉武帝时所置天水郡，东汉明帝永平十七年（74）始更名为汉阳郡（参见司马彪：《续汉书·郡国志五》，北京：中华书局，1965年，第3517页）。该郡地处西北，南接武都郡，西邻陇右郡，自秦汉时即为羌、氐等部族杂居之地。

④ 《东观汉记·敬宗孝顺皇帝纪》载：顺帝永建四年（129），"汉阳率善都尉蒲密因桂阳太守文砻献大明珠。诏曰：'海内颇有灾异，而砻不推忠竭诚，而喻明珠之瑞，求媚烦扰，珠今封却还。'"（刘珍等撰，吴树平校注：《东观汉记校注》，北京：中华书局，2008年，第112页。）

⑤ 李文学：《汉魏外封武官制度研究》，《西南民族大学学报》（人文社会科学版），2013年第6期。

二、王朝专门设立的官爵名号

第二类外封职官是汉王朝专为封授民族首领而设置的官爵名号。由于此类名号的创设基于华夏制度传统，故从官称上看，它与第一类内臣职官颇有形似之处。但实际上二者区别明显，关键是看该职衔是否本就存在于王朝内部官爵体系中。以大都尉为例，尽管汉代内臣职官序列中有都尉之职，各类都尉还因职掌不同而官称各异，但从未出现过大都尉职衔，故而也从无内臣获拜过该职。可见，"大都尉"是统治者为周边民族首领特设的名号，故从设置伊始仅向异族首领封赐。下文便对这类职官名号分做阐析。

（一）大都尉

汉代对"大都尉"的封授集中于东汉，史籍中记有以下四则事例。"大都尉"最早的外封应发生在光武初年。"（莎车王）康率傍国拒匈奴，拥卫故都护吏士妻子千余口，檄书河西，问中国动静，自陈思慕汉家。建武五年，河西大将军窦融乃承制立康为汉莎车建功怀德王、西域大都尉，五十五国皆属焉。"① 光武以后，该职时有封授。明帝永平元年（58），"以谒者窦林领护羌校尉，居狄道。林为诸羌所信，而滇岸遂诣林降。林为下吏所欺，谬奏上滇岸以为大豪，承制封为归义侯，加号汉大都尉"②。安帝永宁元年（120），"掸国王雍由调复遣使者诣阙朝贺，献乐及幻人，能变化吐火，自支解，易牛马头。又善跳丸，数乃至千。自言我海西人。海西即大秦也，掸国西南通大秦。明年元会，安帝作乐于庭，封雍由调为汉大都尉，赐印绶、金银、彩缯各有差也"③。顺帝永建二年（127），"（疏勒王）臣磐遣使奉献，帝拜臣磐为汉大都尉"④。

分析上述诸例，我们能得出以下几点重要认识。

---

① 范晔：《后汉书》卷八十八《西域传》，北京：中华书局，1965 年，第 2923 页。
② 范晔：《后汉书》卷八十七《西羌传》，北京：中华书局，1965 年，第 2880 页。
③ 范晔：《后汉书》卷八十六《南蛮西南夷列传》，北京：中华书局，1965 年，第 2851 页。
④ 范晔：《后汉书》卷八十八《西域传》，北京：中华书局，1965 年，第 2927 页。

第一，从封授范围上说，"大都尉"主要赐予王朝北部边疆的民族首领，尤其是西北地区。上述四则事例中，两例发生于西域，一例出现在西羌。掸国王雍由调的情况较为特殊，其身份为西南徼外藩属首领，并非汉王朝西南夷地区的民族首领。所以就传世文献与考古资料所见，西南夷乃至南方地区似无获拜"大都尉"的事例，这也从一个侧面反映出汉代民族职官封授的区域性差异。

第二，异族首领能否获得加号的关键是其势力大小，即是否为"大豪"。汉明帝时，护羌校尉窦林为下吏所欺，以滇岸为羌人"大豪"表奏，朝廷遂赐其"汉大都尉"。再联系之后滇岸实非"豪酋"、窦林此举属谬奏欺君而遭惩处等历史情节能够看出，朝廷外授"大都尉"是有其考量依据的，关键因素便是受赐者当为势力较强的民族部落或政权的首领。

第三，封授异族首领为"大都尉"在汉代业已制度化。不论是莎车王康，还是羌豪滇岸，均系"承制"封赐，这表明至迟在建武五年（29），王朝已有外授"大都尉"的成制。其时天下纷扰，光武帝尚未完成全国统一，尚无暇大规模地建章立制和实施对边疆地区的有效管理，不少治边制度都袭自西汉。所以，不排除西汉时可能已存在外授"大都尉"之制，只不过史载有阙。汉代赐号"大都尉"的做法还对其后的民族首领封授制度产生了重要影响。曹魏统治者亦沿袭汉制，对西域地区民族政权的统治者实行了此类封授，如车师后部王壹多杂即被赐予"大都尉"[1]。

（二）大都护

除"大都尉"外，汉王朝特设的外封名号还有"大都护"。史籍所见汉代赐号"大都护"者都为鲜卑首领，最早的封赐可能发生在东汉建武二十五年（49）。光武帝时，匈奴势盛，鲜卑、乌桓等部族处于匈奴控制下，常随其寇塞抄略。辽东太守祭肜建议朝廷，对北边诸族的入侵应当采取分化瓦解、以夷制夷的策略。建武二十五年，汉廷遂对鲜卑遣使招诱，示以财利。是年，"鲜卑始通驿使"，"其大都护偏何遣使奉献，愿得归化，肜

---

[1]　参见裴松之注《三国志》引《魏略·西戎传》，陈寿：《三国志》卷三十《魏书·乌丸鲜卑东夷传》，北京：中华书局，1982年，第862页。

慰纳赏赐，稍复亲附"①。

观上，史籍记载偏何遣使奉献时径称其"大都护"，再联系建武二十五年汉与鲜卑"始通驿使"，则赐偏何为"大都护"很可能便在此年，属汉廷对鲜卑酋豪招诱赏赐中的一项重要内容。东汉封授的另一位大都护是活跃于和帝时期的鲜卑首领苏拔廆，其因常从护乌丸校尉任尚击匈奴叛者，后被封为"率众王"②。

在汉代民族职官的封授实践中，有一个值得注意的现象——"官爵双授"，即受封者可获赐两项（或以上）官爵名号。这些名号中，通常一个为爵位，一个为官职。譬如，前文所列举的四位大都尉和两位大都护中，莎车王康、归义侯滇岸、掸国王雍由调、疏勒王臣磐、率众王苏拔廆五人都属于此类情形③。而且，两项官爵名号既可以同时授予，如康与滇岸；也可先后颁赐，如雍由调、臣磐与苏拔廆。

外封过程中为何会出现上述"双授"现象呢？主要原因恐怕是，统治者希望通过官爵双授显示朝廷对受赐者的特恩优宠，以抚循怀柔之。为彰显这种恩遇，王朝往往会崇其名号，如所赐官称中多带有"大"字，"大都尉""大都护"等就是如此。这样既遵从了少数民族的习俗传统④，又增加了受封者的权势，提升了他们在本族或政权内统治的合法性以及在部族间竞争的优势地位，自然容易被民族首领所接受和认可。

三、周边民族及政权原有的官爵名号

我们所熟悉的"王侯君长"序列就是典型的源于周边民族及政权职官体系的外封官爵名号。汉王朝南北边疆的不少民族有其自身的制

---

① 范晔：《后汉书》卷二十《铫期王霸祭遵列传》，北京：中华书局，1965年，第745页。
② 范晔：《后汉书》卷八十九《南匈奴列传》，北京：中华书局，1965年，第2956页。
③ 关于鲜卑大都护偏何，囿于史料记载简略，我们尚不清楚他是否也获封过王、侯等爵，姑且不计。
④ 详参李春梅：《匈奴政权中"二十四长"和"四角"、"六角"探析》，《内蒙古社会科学》（汉文版），2006年第2期。

度传统与文化习俗，一些民族政权还建立了较为系统、繁密的职官制度。

譬如，匈奴的职官制度就比较完备，两汉书对此俱有详细记载。《汉书·匈奴传》："置左右贤王，左右谷蠡，左右大将，左右大都尉，左右大当户，左右骨都侯。……而左右贤王、左右谷蠡最大国，左右骨都侯辅政。诸二十四长，亦各自置千长、百长、什长、裨小王、相、都尉、当户、且渠之属。"① 《后汉书·南匈奴列传》："南单于既内附，兼祠汉帝，因会诸部，议国事，走马及骆驼为乐。其大臣贵者左贤王，次左谷蠡王，次右贤王，次右谷蠡王，谓之四角；次左右日逐王，次左右温禺鞮王，次左右渐将王，是为六角：皆单于子弟，次第当为单于者也。异姓大臣左右骨都侯，次左右尸逐骨都侯，其余日逐、且渠、当户诸官号，各以权力优劣、部众多少为高下次第焉。"②

此外，西域诸国的官爵体系亦较发达。《汉书·西域传》载："最凡国五十。自译长、城长、君、监、吏、大禄、百长、千长、都尉、且渠、当户、将、相至侯、王，皆佩汉印绶，凡三百七十六人。"③ 《西域传》还对各国的职官设置进行了详细描述，所涉官爵大大超出了上述列举的这些，其来源多途，明显融汇了汉朝和匈奴的制度传统④。

在名目繁多的民族职官中，汉王朝只选取了一部分纳入到外封官爵体系中，即以"王侯君长"为代表的爵职序列。《续汉书·百官志五》曰："四夷国王，率众王，归义侯，邑君，邑长，皆有丞，比郡、县。"⑤ 《后汉书志》对"王侯君长"的记载十分简略，以致我们对它们的了解还很有限。譬如等级问题，是否四夷国王、率众王、归义侯可比郡，邑君、邑长比县呢？又如，"王侯君长"实际只是笼统的称谓，除去《续汉志》所录

---

① 班固：《汉书》卷九十四上《匈奴传上》，北京：中华书局，1962 年，第 3751 页。
② 范晔：《后汉书》卷八十九《南匈奴列传》，北京：中华书局，1965 年，第 2944 页。
③ 班固：《汉书》卷九十六下《西域传下》，北京：中华书局，1962 年，第 3928 页。
④ 如李文学认为，西域诸国官制其实是汉官制度、西域各国制度传统和匈奴官僚制度共同影响的结果。参见李文学：《汉魏外封武官制度研究》，《西南民族大学学报》（人文社会科学版），2013 年第 6 期。
⑤ 司马彪：《续汉书·百官志五》，北京：中华书局，1965 年，第 3632 页。

上述爵职外，还包括哪些职官呢？凡此种种，我们并不清楚。有赖于近年来玺印封泥、简牍碑刻等考古资料的不断发现与整理，使我们对上述问题的进一步研究成为可能，下文即对"王侯君长"官爵体系涵盖的具体官称做一初步探讨。

（一）王、侯

汉代，在"王""侯"等高级爵号的封授上，未体现出明显的区域性差异。边疆地区的众多民族及政权首领都获赐过此类封爵，只不过具体封号会因族属或颁授主体的不同而有所差异。其例甚多，在此恕不备举①。在此需要强调的是，"侯"在传世文献和玺印封泥中亦或书为"邑侯"，如"归义賨邑侯""汉归义賨邑侯""汉秽邑侯""新保塞乌桓西黎邑率众侯"等。其中，"新保塞乌桓西黎邑率众侯"印章除了反映封授者、受封者族属、爵称等信息，还特别书明了邑名，"西黎"盖为此乌桓邑侯的驻牧地。

（二）君

与"侯"相似，"君"在文献中或会称作"邑君"。尽管该封号也赐予北部边疆的民族首领，如"汉匈奴归义亲汉君""归义车师君""汉归义羌邑君"等，但与"王""侯"外封几无地域性差别不同的是，其授予对象主要还是广大南方地区的民族首领，如"越贸阳君""新越三阳君""新越馀坛君""奉通邑君""越青邑君"等。

（三）长

"长"的情况较为复杂，涵盖的职官亦属繁多。除了通常我们所认为的"长""邑长"等官称外，至少"千长""百长"应也包含在内，"小长"很可能也属于该序列。

在传世文献与出土资料中，"长"或"邑长"的例子很多，譬如南方地区的"越归汉蜻蛉长""板盾夷长""汉叟邑长""汉归义叟邑长"等。

---

① 详参《史记·西南夷列传》《史记·大宛列传》《汉书·匈奴传》《汉书·西南夷两粤朝鲜传》《汉书·西域传》《后汉书·南蛮西南夷列传》《后汉书·西羌传》《后汉书·西域传》《后汉书·南匈奴传》《后汉书·乌桓鲜卑列传》等。

在北部边疆，汉廷对各族酋豪也多有封赐。譬如，授予羌人的有"汉归义羌长""汉归义羌邑长""汉率善羌长""汉破虏羌长""汉青羌长""汉青羌邑长""汉青羌夷长"等，对氐人的封赐有"汉归义氐邑长""汉青芙邑长"等①，授予匈奴的有"汉匈奴归义亲汉长""汉匈奴守善长""汉匈奴破虏长"等，赐予乌桓的有"汉乌桓率众长""汉保塞乌桓率众长""汉保塞乌丸率众长"等，封授鲜卑的有"汉鲜卑率众长"等。由此可见，汉廷对"（邑）长"的封授未显示出明显的区域性差异②，而这与千长、百长的外封形成了巨大反差。

汉王朝对"千（仟）长"的封授既有笼统的以所谓"蛮夷""胡"为赐予对象的情形，如"汉归义夷仟长""汉蛮夷归义仟长""胡仟长""蛮夷仟长"等；也有明确受封者族属的众多例子，主要为北方诸族，如"汉归义羌仟长""汉氐仟长""汉归义氐仟长""汉乌丸归义仟长""汉归义乌桓仟长""汉丁零仟长""汉卢水仟长""汉鲜卑归义仟长""汉高句丽率义仟长"等。汉廷外授"百（佰）长"亦体现出相似的地域性特点，如"汉归义氐佰长""汉率善氐佰长""胡归义氐佰长""汉归义车师佰长""汉归义濊佰长""汉归义羌佰长""汉青羌佰长""汉卢水佰长""汉乌桓归义佰长""新五属左佰长""新西河左佰长""新西河右佰长"等。

以上"仟长""佰长"的封授事例中，不论是氐、羌、卢水（胡）、乌桓、鲜卑、濊（韩）、高句丽等部族名，还是"五属""西河"等反映

---

① 瞿中溶认为，"青芙"即青氐之类，所以"汉青芙邑长"实即"汉青氐邑长"。详见瞿中溶：《集古官印考》卷九，《续修四库全书》第 1109 册，上海：上海古籍出版社，2002 年，第 384 页。

② 关于"邑长"，周伟洲等认为，西南夷系"邑聚而居"，故设邑长；而罗继祖认为，"邑长之邑，当即少数民族中的部落，汉族统治者命官，所以改称为邑"（分别参见周伟洲、闫所香蕬：《陕西出土与少数民族有关的古代印玺杂考》，《民族研究》，2000 年第 2 期；罗继祖：《汉魏晋少数民族的官印》，《吉林大学社会科学学报》，1986 年第 5 期）。可见，北方民族部落也可称邑，故部落酋豪亦可授邑长。盖在中原王朝统治者看来，尽管地理环境的差异导致各民族生活方式与居住格局的不同，但北方的部落与南方的邑聚可大致比附，故也赐予同样的官爵名号。

王朝所置属国的印文，都表明此类官称的受赐者主要还是北部边疆的民族首领。此外，"左（右）佰长"的印文表明，"佰长"有左右之分，这也契合少数民族的习俗传统。

"小长"原为西域诸国常设职官。《汉书·西域传》曰："大夏本无大君长，城邑往往置小长，民弱畏战，故月氏徙来，皆臣畜之，共禀汉使者。"① "小长"后被纳入王朝外封官爵体系内，现存的实物印章以新莽时期为多，如"新西国安千制外羌佰右小长""新保塞渔阳左小长""安定右小长""新前胡小长"等。观上述印例，"小长"的授予对象以族属而论，除羌人外，还多见"胡人"，"胡"在汉魏时期一般指匈奴②。从隶属关系上讲，小长当为佰长属官，且也设有左右，"新西国安千制外羌佰右小长"之印表明，受封者应为羌人佰长之下的右小长。可见，"小长"应属于民族职官封授体系中的低级别官称，主要授予匈奴、羌等安置于王朝北部边疆属国、边郡或近塞分布的少数民族首领。

综上，在来源广泛、名目繁多的民族职官中，汉王朝只吸收了一部分整合入王朝的外封官爵体系中。这类民族官称除了前文所论需要具有封授范围的普遍性外，从形式上看，它们通常是意译的民族职衔。对于异族官称，华夏史官有的采用意译，有的采用音译，这并不是随意选择的。通过众多事例的比较我们能够发现，使用意译的民族职衔，要么源于华夏官制，要么也与华夏职官有相当程度的可比性。双方的制度差异较小，这无疑为它们的交流与互鉴奠定了良好的基础，在此情形下，一些意译的民族职官便可能会朝着制度融合的主流——华夏式官爵体制的方向发展。而音译的民族职衔，往往来自本族或周边民族的文化传统，它们与华夏制度差异较大，融入王朝外封官爵体系的难度自然也较高，因而在王朝的封授实践中逐渐呈萎缩之势。

---

① 班固：《汉书》卷九十六上《西域传上》，北京：中华书局，1962年，第3891页。
② 参见周伟洲：《汉赵国史》，太原：山西人民出版社，1986年，第21~22页；李文学：《东汉魏晋官印中的"率善"号研究》，《民族研究》，2013年第6期。

四、华夏式与非华夏式：官爵制度分类的又一视角

我们需要特别注意的是，并非汉王朝授予异族首领的职衔都属于本书所讨论的外封官爵名号。在此，我们有必要区分两类民族职官。一类是被汉王朝吸收、整合进外封官爵体系内的职衔，另一类是除前者外的其他少数民族爵职，两者的性质迥然不同。

第一类职官虽然源于少数民族的制度文化，但已融入汉王朝的外封官爵体制中，被常态化地授予边疆地区的诸民族首领，并成为王朝边疆治理体系的重要组成部分。从性质上讲，这类民族职官与中原政权内部职官一样同属于华夏式官爵体系，并成为王朝官僚制度的重要基石。

第二类民族职官尽管也有可能被赐予异族首领，但实际上它们并不属于王朝的外封官爵体制。其一，从封授原因上分析，这类封赐仅是中原王朝统治者对周边民族及政权首领政治名分的承认而已，旨在笼络羁縻和确立双方的统属关系（有些还仅仅是名义上的）。其二，从封授对象上讲，此类职官往往只授予某一民族（政权）或某一地区的若干民族（政权）首领，不具有第一类职官在封授范围上的普遍性，这也是两类民族职官区别的关键所在。

大体上说，几乎全部的音译民族职官和多数的意译民族职官都属于第二类①。从性质上论，它们仍是少数民族职官，并不在汉王朝的外封爵职体制内，属于非华夏式官爵制度。

既然提到华夏式与非华夏式官爵制度，我们有必要对二者的辨别标准做一说明。质言之，判断某种官爵体制属于华夏式还是非华夏式，关键要看其制定主体为谁。如果官爵体制的制定主体是华夏政权，哪怕其中一些内容采自周边民族，我们仍应将其视为华夏式官爵制度，譬如前文讨论的"王侯君长"的爵职体系；反之，若制度的创立主体是边疆民族和政权，

---

① 民族职官依据印文的表述形式可以分为以下两种类型：一种是民族语言的音译官号，如匈奴的且渠、当户等；另一种为意译官号，如匈奴的左右大将、左右大都尉，西域的译长、城长等。实际上，前者中几乎全部、后者中的大部分都未被整合进王朝外封官爵体系内。

尽管他们可能会吸收某些中原王朝的制度因素，譬如"将""相""左右大将""左右大都尉"等西域、匈奴职官都鉴用了华夏文化传统，我们宜将其归入非华夏式官爵制度。进而言之，尽管制度来源、封授对象与王朝外封官爵体制的创设与实施关系密切，但它们并不成为其制度属性的判断依据，制定主体才应是区别华夏式与非华夏式官爵制度的合理标准。

根据以上判断标准，华夏式官爵制度主要涵盖王朝内部官爵制度与外封官爵制度两类，非华夏式官爵制度则是未整合进外封爵职体系内的少数民族职官制度。但我们要明晰的是，在华夏式官爵体制内，各系统的华夏化程度可能并不相同。王朝内臣职官体系的华夏化程度无疑是最高的；外封官爵体系来源有三，取自少数民族制度文化的职官序列是华夏化程度最低的，其他两类封授名号要么选自内臣官称，要么根据中原制度文化专门创设，其华夏化色彩自然也很浓厚。

五、外封官爵制度与汉代的文化互鉴和民族融合

以制度属性和华夏化程度的角度来考察、分析外封官爵制度当是值得尝试的新视角。这不仅有助于明晰民族职官封授体制的性质、特点，还能帮助我们深刻理解其演变规律及深层次原因，洞悉外封官爵制度对汉代的文化交流与互鉴、民族交往与融合等方面的作用与意义。

以上述视角纵向考察汉王朝的封授实践能够发现：越往后期发展，统治者授出的非华夏式官称就越少，至汉末几至绝迹[1]；而外封官爵序列则成为王朝封赐异族首领的主流，且所授名号呈现出向华夏式官爵体系的主轴——内臣职官体系靠拢的趋势。

具体来说，中原统治者在封赐民族职官时，选择外封官爵体系内前两

---

[1]　以两汉魏晋时期的匈奴官印为例，依印文的表述形式可将其分为两类：匈奴语官号之印、汉语官号之印。两者所用文字其实皆为汉文，但第一类官印为匈奴语官号的汉字音译，第二类则采用汉字意译。据黄盛璋研究，第一类官印所见皆为汉代；汉以后除个别例外，皆为第二类汉语官印，魏晋尤为多见，并且同名之官印很多（参见黄盛璋：《关于博物馆藏传世汉匈奴语官印考》，《故宫博物院院刊》，1986 年第 4 期）。第一类民族官印的减少乃至消失、第二类印章的普遍增多，实则反映了汉匈交往、联系的密切，以及周边民族在中原王朝的管理、整合下与以汉民族为主体的其他民族日益融合的趋势。

类职官的情况日益增多，尤其是内臣职衔的封授频率明显增加；与此相伴的是，源于周边民族文化传统的名号在封授实践中的地位逐渐下降。最终的结果便是，汉王朝外封官爵体制的华夏化程度不断提高，外封职官与内臣职衔的区别日渐减少①。外封官爵体制的变迁，不仅反映了少数民族与汉王朝交往联系的日益增强，华夏制度文化对周边民族的吸引力与影响力的明显提升，还折射出边疆民族在汉王朝的统治整合下，与以汉民族为主体的其他民族融合程度的不断加深，其自身的华夏化程度亦日渐提高。

实际上，华夏式与非华夏式官爵系统一直处于不断交流、互鉴和融合的状态中，不论是汉民族的还是少数民族的制度往往都是不同文化传统相互融合凝聚的产物。一方面，汉政权的外封官爵体系吸收了不少源自周边民族职官制度的名号，如邑君、邑长、千长、百长等；另一方面，华夏式职官的外授对少数民族进一步吸纳汉文化起到了积极的推动作用。从整体层面上讲，周边民族及政权的制度变革和社会发展都不同程度地选择了汉王朝的制度成果为其资源。

譬如，西域诸国往往置有"将""相""都尉"等职②；匈奴的"二十四长"包括"左右大将""左右大都尉"，"二十四长"之下又各自置"相""都尉"等③。上述"将""相""都尉"等职衔都是借用了中原职官。进而言之，官爵名号的外封实际上是一种华夏文化的输出，是中原王朝对周边民族一种重要的整合手段。最终的实施结果不仅使边疆民族认可和接受了华夏式职官，还相当程度地接受了华夏文化，并深刻影响了本部族及政权的制度建设。

以匈奴为例，其政治制度的核心是分封制，尽管它以部落为实行基础，但与西周的分封制相似，匈奴的分封制也与宗法制紧密结合，实行所谓"家国一体"的统治模式。所以，从这个角度上讲，匈奴的分封制是吸

---

① 魏晋南朝时，蛮夷首领获授为左郡左县之长官亦称守令，职衔名号上与内臣的差异性已大为减小。

② 班固：《汉书》卷九十六下《西域传下》，北京：中华书局，1962 年，第 3928 页。

③ 班固：《汉书》卷九十四上《匈奴传上》，北京：中华书局，1962 年，第 3751 页。

收了中原分封制的某些要素，并结合本政权实际而形成的①。随着与汉王朝交往的日益密切，匈奴统治者不断借鉴、吸收华夏制度因素，其文明程度越来越高，政权结构与组织形式也越来越完备、复杂。至南匈奴时，匈奴已从早期的单于处于最高级、四大国为第二级、二十四长为第三级的军事色彩浓厚的政权结构，发展成单于为顶级、四角为第二级、六角为第三级、裨小王等为更次一级的军事意味相对淡化的政权组织形式。所以，有学者认为，匈奴统治结构的变化应是其统治者渐渐懂得中原诸朝的体制后融会参用的结果②。

六、结语

不同文化间的交流、互鉴与融合是人类文化发展的自然现象，也是社会历史演进的客观规律。汉代的外封官爵制度就是各民族文化交流、互鉴和融合的典型例证。统治者在取材华夏职官制度的同时，还积极吸收、融入了匈奴、乌桓、鲜卑、羌等北方民族以及南方苗蛮、百越等民族和政权的制度传统。从文化的多样性与互补性这个角度上讲，民族职官封授制度尽管是由汉王朝制定和推行的，但实际是由当时不同地区的众多民族共同参与和创建的，是以汉文化为主的多种文化交融凝聚的结果，它的实施为此期民族的交流、融合和汉民族的形成、发展提供了有利条件。

周边民族在与汉文化不断接触、交流、吸收与融合的过程中，逐渐实现了民族文化的变迁与民族意识的弱化，进而导致本族认同的下降与对"汉人"认同及汉文化认同的提升，遂有越来越多的边疆民众将自己视为"汉人"或"汉儿"，并引发了更大范围、更深层次的民族融合和汉民族群体的壮大。

---

① 李春梅：《论匈奴政权的分封制》，《内蒙古社会科学》（汉文版），2014 年第 1 期。
② 李春梅：《匈奴政权中"二十四长"和"四角"、"六角"探析》，《内蒙古社会科学》（汉文版），2006 年第 2 期。

第四章

战国秦汉时期南方楚人的
族群融合与华夏化进程

古代中国多元一体格局的形成是一个漫长的过程，它是一个由各区域族群、民族的聚合逐渐向华夏整个区域统一的线性发展的结果。春秋战国时期在北方中原地区内诸夏完成了从分立走向融合的历史过程，而在南方江淮区域内同样也形成了以单一"楚人"为标志的，这一打破族群间壁垒的，兼跨血缘、区域、政治意义的族群融合模式。先秦时期的"楚人"一词是个复合概念，不仅代表了楚国公族其本身，也代表了居于江淮流域内的先后融入楚国的其他本地族群[①]。"楚人"的概念及其最终形成既是南方江淮区域内国家、族群在政治、军事、文化等领域中长期动态化的内部演化的结果，也是华夏族最终形成的基础之一。在这个过程中，国家组织发挥了极为重要的整合作用。"国家不仅是阶级统治的工具，也是社会整合与稳定的工具"，在中国文明起源过程中，很早便形成了"民族认同与国

[①]　鲁西奇曾对具有多元、融合特征的"楚人"（楚族）的形成、演变过程进行了讨论，指出：先秦典籍中的"楚人"，本指楚国国君及其公族，后渐以指称楚国之人，即居于楚国疆域内的各种人群，亦得泛指遵从、惯用楚文化之人。详见鲁西奇：《楚秦汉之际的"楚人"》，《早期中国史研究》第8卷第1期，2016年。

家认同的同一性传统及民族意识中的民族与国家认同相一致的深层价值结构"①。因此，从某种程度而言，族群问题也是政治问题②。以政治体视角来看族群问题不仅是研究视角的拓宽，也加强了对政治体与族群之间关系的认知。一方面，作为汇聚强制性公共权力的国家可以起到凝聚、整合族群力量的作用，并承担起应对内部治理、外在挑战的重任，这对于族群的形成、发展起到至关重要的作用；另一方面，族群自身的壮大、跨地缘血缘的融合、族群意识的演变等也会促进国家力量的发展。国家组织通过政治、军事等手段，首先在政治上确立了对地域的统治，从而模糊了区域内族别间的血缘、地域身份差异，通过树立新的、统一的政治身份从而加速了地域内各族群之间的融合。先秦时期，长江中下游地区长期处于区域内政治势力较为弱小、分散的状态。虽然在新石器时代，江淮地区也曾产生过诸如良渚、石家河等具有区域性影响力的重要文化遗址，但是在随后的历史发展进程中，南方区域内的政治文明发展则显然滞后于北方中原地区。究其原因，这可能是与南方地区的自然环境因素有关。童恩正曾比较中国南、北方的自然环境，指出南方地区"山峦阻隔，河川纵横，森林密布，沼泽连绵。人们只能在河谷或湖泊周围的平原上发展自己的文化。自然的障碍将古代的文化分割在一个一个文化龛中……文化龛之间虽然互相存在影响，但交往却不如北方平原地区那么方便密切"③。由于自然环境、农业技术等条件制约，在早期中华文明由各个区域向多元一体整体融合方向演进时，由于当地仍处于政治、族群力量分散的状况，南方地区并不能

---

① 关于中国古代华夏民族认同与古代国家发展间的关系，详见李禹阶：《华夏民族与国家认同意识的演变》，《历史研究》，2011年第3期。

② 罗新指出："一切出现在历史视野里的所谓民族，都是政治体，都是以政治关系和政治权力为纽带构建起来的社会团体。"（罗新：《中古北族名号研究》"前言"，北京：北京大学出版社，2009年，第1页。）胡鸿提出，应"暂时抛开带有复杂预设的族群或民族概念，采取政治体的视角去观察古人分类中的华夏以及非华夏各人群集团"（胡鸿：《能夏则大与渐慕华风：政治体视角下的华夏与华夏化》，北京：北京师范大学出版社，2017年，第17页）。

③ 童恩正：《中国北方与南方古代文明发展轨迹之异同》，《中国社会科学》，1994年第5期。

内生出能与中原文化区相媲美的国家组织，以达到整合当地区域、族群的目标。从商周时期历史来看，中原势力曾不断尝试深入江淮区域，并且西周时期曾在南部的"夷夏"之间建立起申、吕、应、邓、陈、蔡、随、唐等"王之支子母弟甥舅"之国，然而当地仍然长期分布着徐、莒、州来、群舒等小国，甚至还有"无君长总统，各以邑落自聚"[①]的百濮、百越、荆蛮等部落、氏族。因此，中原政治力量在长时段内并不能较好地完成深入南方并整合当地族群的使命。从春秋战国乃至秦汉时期历史来看，南方区域在实现与华夏融合过程中，需要凭借外部政治力量介入当地进行整合，而这个外部力量又必须将自身的主体（核心区）成长于南方区域内。楚人祖先来自中原，在国家疆域扩张背景下，逐步建立起以"楚人"为标志的族群认同和以"楚国""楚王"为核心的政治认同，尽管区域内社会整合较为滞后，但是从政治上看初步实现了江淮地区由分散迈向整体的一体化进程，并由此完成了南方区域融入华夏的准备工作。随着秦汉统一国家建立，过去作为诸夏、华夏势力外围的江淮区域开始逐步郡县化、华夏化，汉王朝通过以爵制等措施为代表的政治制度手段最终实现江淮地区本地族群从整体的"楚人"进一步向"汉人"的身份认同的转变，江淮地区最终完成了华夏化的进程。

第一节　春秋战国时期楚国"东向"发展及对江、淮的政治统治

从西周以来南方区域政治、族群分布情况来看，当地并不存在能与中原文化区比肩的具有强大地域影响力的国家，同时中原的政治影响力对当地的影响也相对较弱。正是凭借这种真空局面，来自中原、相较于当地族群而掌握着先进技术、文化等力量的楚人，在根植于江汉平原后，迅速完成了对江淮区域的控制。楚人通过武力征服、会盟等政治手段，改变了江淮区域内的政治格局，使得当地过去存在着的彼此之间分散的政治、族群

---

① 杨伯峻编著：《春秋左传注》（修订本），北京：中华书局，1990 年，第 617 页。

分布态势，逐步转变成以楚国为核心、其他小国和族群附庸的地缘政治局面。这为楚国整合当地族群以及"楚人"的最终形成提供了保障。

在研究春秋时期历史时，我们一般聚焦于在中原大地上发生的"尊王攘夷""政由五伯"等争霸活动，但是对于南方区域内发生的政治、民族的一体化进程则鲜有关注。徐少华指出："如果说齐、晋、楚、秦的中原争霸具有'国际'影响和目的的话，楚、吴、越三国（尤其是楚与吴）在淮域的争夺，则具有明显的区域意义和特征，可以说是中原争霸在南方地区的预演和翻版。"[1] 实际上也确实是如此。南方楚、吴、越三国的争霸，不仅加快了长江中下游地区政治一体化进程，也促进了该区域族群、民族的聚合。不过南方与中原地区的政治、民族一体化进程有所不同，它是一个由江淮国家发起的，通过政治、军事等手段取得江淮各个区域内霸权，然后又将区域内小国转换为己方阵营附庸的过程。正是在这个过程中，南方诸多族群逐渐融合。而中原势力由于地理空间关系，难以将政治势力、影响力广泛地渗透入当地，因此江淮争霸的参与主体基本是本地的大国。相较于中原争霸，江淮区域的争霸具有了一定的封闭性特征。争霸的开端是楚国兴起后向东方的扩张，它搅动了南方松散的地缘形势。楚国通过逐一击败江淮区域内主要的小国，并在每一次胜利之后取得目标区域内的霸权，进而将失败者及周边小国一同转化为己方附庸，迅速将政治势力范围在江淮地区扩散开来，最终取得了横跨江淮区域的霸权。

在这个过程中，楚国通过政治手段控制了当地具有不同血缘、族源、文化等背景的众多小国，最终将后者的政治立场和政治身份属性转变为附庸国。从楚国疆域的发展来看，楚人首先取得江汉平原中的霸权，接着向东发展到淮河流域，最终分阶段取得了在江汉平原、淮河上游、中游地区的政治主导地位。在这个过程中，楚国不仅获取了江汉平原、淮河流域内的地域霸权，也成为支配、控制当地小国的最高政治力量。楚国在江淮地区霸权的确立，为楚人与当地族群融合开创了条件。

---

① 徐少华：《论春秋时期楚人在淮河流域及江淮地区的发展》，《人文论丛》2002 年卷，第 380 页。

一、楚国对江汉平原政治统治的确立

楚人至迟在熊丽、熊绎时期便已进入江汉平原。《墨子·非攻下》"昔者楚熊丽始封此睢山之间"[①]的睢山即荆山。楚灵王曾说："昔我先王熊绎辟在荆山，筚路蓝缕以处草莽，跋涉山林以事天子，唯是桃弧、棘矢以共御王事。"[②]熊渠时期，楚人已成功取得江汉地区内其他族群的广泛支持，"当周夷王之时，王室微，诸侯或不朝，相伐。熊渠甚得江汉间民和，乃兴兵伐庸、杨粤，至于鄂"。在此基础上，楚人可能发生过僭越之举，"熊渠曰：'我蛮夷也，不与中国之号谥。'乃立其长子康为句亶王，中子红为鄂王，少子执疵为越章王，皆在江上楚蛮之地"[③]。虽然熊渠"封王"的事件可能是当地历史传说层累构建的结果，但是从这个传说中可以看到当时的楚人已经是汉水流域中较强的政治势力，并且获得了当地其他小国、族群的支持。在山西晋侯墓地曾出土一件"楚公逆钟"，从形制和铭文内容来看应是楚器。其铭文如下：

唯八月甲午，楚公逆祀厥先高祖考、大工、四方首。楚公逆出，求厥用祀四方首，休，多擒。鎬鐳内（纳）乡（飨）赤金九万钧，楚公逆用自作龢燮锡钟百□。楚公逆其万年用，保□大邦，永宝。[④]

"楚公逆钟"铭文的大意是：楚公逆（熊咢）筹备了一场规模很大的祭祀，祭祀对象有自己的祖先和四方神灵，祭品则是外出擒获的"人牲"，并且获得"鎬鐳"（人名或族名）贡献的赤金九万钧。此处的"鎬鐳"，段渝认为可能是指占据铜绿山古矿的濮越人族氏[⑤]。"钧"是重量单位，据李

① 吴毓江撰，孙启治点校：《墨子校注》卷五《非攻下》，北京：中华书局，1993年，第221页。
② 杨伯峻编著：《春秋左传注》（修订本），北京：中华书局，1990年，第1339页。
③ 司马迁：《史记》卷四十《楚世家》，北京：中华书局，1959年，第1692页。
④ 李学勤：《试论楚公逆编钟》，《文物》，1995年第2期。
⑤ 段渝：《楚公逆编钟与周宣王伐楚》，《社会科学研究》，2004年第2期。

学勤估算，"九万钧"为现在的百万斤以上（五六百吨），并推测铜料来源于鄂东南铜绿山。李学勤是依据战国时期的"斤"（250 克）和"钧"（1 钧等于 30 斤）单位进行估算的，西周晚期南方区域的度量单位可能折算下来实际没有这么多，但是也应该是较为惊人的数目。"内乡"，李学勤认为是"纳享"，进献的含义。从这段材料可以看到当时楚人已经具有区域性政治影响力，并且国力雄厚。

　　这里有一点需要注意，这里的"赤金"应该是指提炼后的粗铜。《史记·平准书》"金有三等，黄金为上，白金为中，赤金为下"，《集解》引《汉书音义》曰："白金，银也。赤金，丹阳铜也。"[①] 在当时长江中下游地区的铜矿产区，矿区周边往往会伴随有冶炼手工业。为了便于运输铜矿，当地一般是将矿石就地冶炼成粗铜后再外运[②]。铜料在先秦时期十分宝贵，是被用来制作礼器、兵器等关乎国计民生产品的重要原材料。《左传·僖公十八年》记载："郑伯始朝于楚。楚子赐之金，既而悔之，与之盟曰：'无以铸兵。'故以铸三钟。"[③] "三钟"的铜料便足以让楚王罔顾外交礼节对他国强行附加"无以铸兵"的要求，而这里的楚公逆一次便获得其他族群进献的能铸"钟百□"的粗铜。当时江汉平原的粗铜主要是产自鄂东南—赣西北一带的大冶铜绿山、阳新丰山洞、江西瑞昌铜岭等地[④]。楚人在祭祀筹备过程中，能一次性获得当地族群贡献出数目如此惊人的粗铜，表明楚人对临近汉水下游、鄂东南地区铜矿带的族群已经具有较强的政治影响力。另外，铭文提到楚人将"四方首"与"先高祖考"并列祭祀，据董珊考证，"四方首"可能代表着四方神和社稷神的集体称谓[⑤]。说

---

①　司马迁：《史记》卷三十《平准书》，北京：中华书局，1959 年，第 1426 页。

②　刘诗中等：《长江中游地区的古铜矿》，《考古与文物》，1994 年第 1 期。

③　杨伯峻编著：《春秋左传注》（修订本），北京：中华书局，1990 年，第 377 页。

④　中国社会科学院考古研究所编著：《中国考古学·两周卷》，北京：中国社会科学出版社，2004 年，第 171-172 页。

⑤　董珊也指出："楚公逆钟铭的'四方首'，虽然在结构系统和功能上都与'社稷五祀'相当，但由于钟铭简略，无法知其详细，所以，钟铭'四方首'所指西周时期楚国的社稷与四方诸神，其名义或有可能与传世文献所载不同。"详见董珊：《晋侯墓出土楚公逆钟铭文新探》，《中国历史文物》，2006 年第 6 期。

明当时楚人已建立起与中原相似且较为完备的祭祀文化系统。在铭文结尾，楚人称呼自己为"大邦"。"大邦"一词也见于《诗·小雅·采芑》"蠢尔蛮荆，大邦为仇"，郑玄笺："大邦，列国之大也。"[1] 联系上文获得众多铜矿资源的记载来看，楚人自称为大邦不仅反映了当时其族群的实力强盛，也显示相较于周边的小邦，楚国已经具有了区域性的政治影响力。

在西周前期发生的"昭王南征"一般视作中原对包括楚人在内的江汉地区土著的讨伐，实际上昭王南征路线并不是以征伐芈姓楚人族群为对象，周人针对的是位于汉东地区尚未臣服于周的楚蛮族群[2]。当时楚国疆域也确实未达到汉水下游地区，《左传·僖公四年》"昭王之不复，君其问诸水滨"，杜预注："昭王时，汉非楚竟，故不受罪。"[3] 楚与中原的冲突，应该是始于周宣王时期。上引的楚公逆钟出土于山西晋侯墓地，段渝认为可能是周宣王时方叔伐楚所得[4]。这说明当时活跃于汉水西部的楚国，在江汉平原内已具有较强的政治影响力，由此导致了与西周在南土利益上的冲突，从而遭致后者的讨伐。

这里要简单说明一下鄂东南铜料的流通问题。中原政权如果要获取产自鄂东南的铜料，需要通过以下运输线路：从鄂东南（长江以南）北运至汉东地区，经过汉东的随枣走廊，再北运中原。从线路来看，在江汉平原内部主要是通过汉水东部地区北运中原，而无需经过汉水西部。近年来发现的曾国苏家垄遗址也可证明这一点。苏家垄遗址位于湖北省荆门的京山境内的涢水支流上，据考古调查，当地有"新石器时代遗存和两周时期遗存，总面积达231万平方米。其中遗址内可能受到后期破坏，或许也可能是初始时炼铜就分为几个区域进行，调查至少发现了三处铜矿炼渣遗迹分布区域，其中遗址内最大的分布的铜矿炼渣遗迹区域达75万平方米。但

---

① 毛亨传，郑玄笺，孔颖达疏：《毛诗正义》卷十《小雅·采芑》，李学勤主编《十三经注疏》，北京：北京大学出版社，1999年，第646页。

② 尹弘兵：《地理学与考古学视野下的昭王南征》，《历史研究》，2015年第1期。

③ 左丘明传，杜预注，孔颖达正义：《春秋左传正义》，李学勤主编《十三经注疏》，北京：北京大学出版社，1999年，第332页。

④ 段渝：《楚公逆编钟与周宣王伐楚》，《社会科学研究》，2004年第2期。

是在苏家垄遗址群的北部地带还发现了两处较集中的铜炼渣分布区。分布区面积较小，仅有三四百平方米大小"①。这说明当时产自鄂东南的铜料主要是经过曾国所在的汉东地区北运，因此在当地发现了大型冶炼遗址。而当时的楚人主要活动在汉水西部地区和丹淅流域，无法直接染指"鄂东南—汉东"这条路线。但是从楚公逆钟的铭文来看，楚人祭祀时所消耗的铜矿来源于其他族群的进献，而非自己开采、贸易所得。这说明当时楚人可能已将政治势力深入到汉水下游、鄂东南区域附近地区，在获得大量铜矿的同时也遭到中原讨伐。

楚武王即位后，将主要精力放在了向汉水东部的进攻中，其主要讨伐对象是汉东的曾（随）国。在楚国与曾国的战争中，不仅可见楚国与曾国之间直接对战，也有后者联合汉东地区的其他小国一起对抗前者。例如《左传·桓公十一年》记载"楚屈瑕将盟贰、轸。郧人军于蒲骚，将与随、绞、州、蓼伐楚师"，这些与曾国一起抗击楚国的小国基本都位于汉东地区。杨伯峻认为："贰在今湖北省应山县境，轸在今应城县西……（郧）在今湖北省京山县西北……安陆县一带……（绞）在今湖北省郧阳地区郧县西北……（蓼）在今河南省唐河县南。"② 不过，杨伯峻认为州国在"今湖北省监利县东之州陵城"的观点，可能有误。州国的地理位置应该在汉水附近，并非在长江沿线附近。石泉认为，州国及汉晋时期的州陵在汉水西侧的今钟祥境内西北③。何浩则认为州国应在郧（国）郊云梦东南④。从这点来看，楚国伐曾（随）的战争，实际上是楚与汉东小国联盟之间的战争。后者能抱团应对楚国，反映了汉东区域形成了以曾（随）国为首的小型政治集团。楚斗伯比曾说："吾不得志于汉东也，我则使然。我张吾三军，而被吾甲兵，以武临之，彼则惧而协以谋我，故难间也。汉

① 方勤：《曾国历史与文化研究——以新出考古材料为线索》，武汉大学博士学位论文，2018年。

② 杨伯峻编著：《春秋左传注》（修订本），北京：中华书局，1990年，第130页。

③ 石泉：《齐梁以前古沮（雎）、漳源流新探（续完）》，《武汉大学学报》（社会科学版），1982年第2期。又见石泉：《古代荆楚地理新探》，武汉：武汉大学出版社，1988年，第211-257页。

④ 何浩：《楚灭国研究》，武汉：武汉出版社，1989年，第215页。

东之国，随为大。随张，必弃小国。小国离，楚之利也。"① 斗伯比建议楚王采取离间汉东国家的方式，进而破坏曾（随）与其他小国之间的关系，以此达到楚人经略汉东的目的。实际上在楚国征服曾国之前，部分汉东国家的贵族可能已经入仕于楚王身边。《左传·桓公十三年》记载："楚子使赖人追之，不及。"杜预注："赖人乃赖国之人仕于楚者。"②

当然，楚武王在不断向汉东地区发展的同时，对于汉西的经略也未停止。楚武王即位后，在汉西灭权为县，"初，楚武王克权，使斗缗尹之，以叛，围而杀之。迁权于那处，使阎敖尹之"③。接下来又继续完成"楚蚡冒于是乎始启濮"④ 的事业，"于是始开濮地而有之"⑤。楚文王、楚成王在位时期在"东向"发展的同时，也继续在汉西经营。"楚强，陵江汉间小国，小国皆畏之"⑥；"楚成王初收荆蛮有之"⑦。此后，汉水流域的小国、族群在政治上基本都倒向楚国。而曾经在汉东区域具有较强政治影响力的曾国，在楚成王时期发动"以汉东诸侯叛楚"⑧ 事件之后，也"世服于楚"。自此以后，江汉平原内部的霸权尽归于楚国。在出土铭文中，可见当地一些中原国家已开始正式将楚国视为当地的霸主，例如，曾国提出"周室之既卑，吾用燮就楚"的理由来"左右楚王"⑨；中子国贵族"中子化用保楚王，用正（征）楉，用择其吉金，自作盨盘"⑩。

① 杨伯峻编著：《春秋左传注》（修订本），北京：中华书局，1990 年，第 110 页。

② 杨伯峻编著：《春秋左传注》（修订本），北京：中华书局，1990 年，第 137 页。

③ 杨伯峻编著：《春秋左传注》（修订本），北京：中华书局，1990 年，第 208-209 页。

④ 徐元诰撰，王树民、沈长云点校：《国语集解》，北京：中华书局，2002 年，第 477 页。

⑤ 司马迁：《史记》卷四十《楚世家》，北京：中华书局，1959 年，第 1695 页。

⑥ 司马迁：《史记》卷四十《楚世家》，北京：中华书局，1959 年，第 1696 页。

⑦ 司马迁：《史记》卷三十二《齐太公世家》，北京：中华书局，1959 年，第 1491 页。

⑧ 杨伯峻编著：《春秋左传注》（修订本），北京：中华书局，1990 年，第 387 页。

⑨ 湖北省文物考古研究所、随州市博物馆：《湖北随州文峰塔墓地 M4 发掘简报》，《江汉考古》，2015 年第 1 期。

⑩ 刘彬徽：《楚系青铜器研究》，武汉：湖北教育出版社，1995 年，第 293 页。

二、楚国对淮河流域政治统治的确立

在楚国取得对江汉平原地区的控制后，其政治影响力也开始扩张至淮河地区。这个过程应是与楚武王征服曾（随）国，控制汉东地区同时发生的。《左传·桓公八年》："夏，楚子合诸侯于沈鹿。使薳章让黄。楚子伐随。军于汉、淮之间。"① 黄国位于淮河上游，曾国处于随枣走廊，两国之间可通过今信阳地区"三关"相互交通，楚人在讨伐曾国的同时又召集淮河流域的黄国参与会盟，说明楚人政治势力在桓公八年以前便已经向淮河上游扩张。同时，曾国由于处在临近淮河的随枣走廊地带，在特定环境下也会主动参与淮河区域的政治军事活动。曾侯墓出土的编钟上有铭文"王遣命南公，营宅汭土，君庇淮夷，临有江夏"，虽然铭文内容是曾国人自述祖先西周初年受周成王任命前往"南土"管理淮夷的事迹，但是它反映的却是西周晚期、春秋时期的南方形势。曾国政治势力进入淮河流域应该是春秋早期偏晚阶段② 。对于楚国而言，如果控制了曾（随）国，自然也便于其向淮河流域的发展。

淮河上游地区既有江、黄等嬴姓国家，也密集分布了众多姬姓国家，例如区域内的蔡、息、蒋、曾、唐等姬姓国家。在楚国政治势力到达时，当地的政治地缘关系松散，并未建立起应对外部威胁的联盟。原因可能与当地分布着诸如蔡、息等彼此之间实力较为接近的小国有关。这些小国在相互制衡的环境下，不仅未能形成单一政治势力带头抗击楚国的局面，反而容易产生内讧。其中，息侯为了与蔡侯争夺一名女子，甚至主动邀请楚国介入当地。楚文王将政治中心迁到樊郢后，接着灭息、服蔡，此后楚国成为淮河上游地区的霸主。淮河上游地区内部又开始出现单一政治力量控制当地的局面，而区域内的其他小国也自此附庸于楚国。《左传·僖公二年》"秋，盟于贯，服江、黄也"，杜注："江、黄，楚与国也；始来服齐，

---

① 杨伯峻编著：《春秋左传注》（修订本），北京：中华书局，1990 年，第 121 页。

② 参见徐少华：《曾侯与钟铭"君庇淮夷，临有江夏"解析》，《中国史研究》，2020 年第 2 期。

故为合诸侯。"① 江、黄成为楚的"与国"时间不详，应该是与楚文王时期楚国政治力量介入当地有关。这条史料也从侧面说明，在鲁僖公二年以前，淮河上游区域内的不少小国已经成为楚国的附庸。当然，由于淮河上游地区毗邻中原的关系，在新的政治力量介入后，该地区小国的政治立场也容易发生转换，前面所提的江、黄便最早倒向齐国，此举似乎曾引发了该地区内小国接踵倒向齐国的局面。《左传·僖公五年》："楚斗穀於菟灭弦，弦子奔黄。于是江、黄、道、柏方睦于齐，皆弦姻也。弦子恃之而不事楚，又不设备，故亡。"② 上述史料说明随着齐国兴起并介入该地区，淮河流域中曾依附于楚国的不少小国发生了在政治外交上的转向。甚至部分小国的国君也敢公然挑衅楚国，如黄国国君，"恃诸侯之睦于齐也，不共楚职，曰：'自郢及我九百里，焉能害我？'"③

楚国在取得淮河上游地区控制权之后，接下来便向淮河中游发展。这里不得不先提到徐国。楚国在淮河中游的霸权取得与其击败徐国密切相关。徐国曾是西周时期在淮河流域中具有较大政治影响力的南方国家，并且在史料中频频可见中原对以徐国为首的淮夷、东夷等进行讨伐。西周时期提到山东南部、淮河流域敌对势力一般是提淮夷、东夷等泛称，但是提到具体的族群则首推徐人。中原政治力量在对淮夷、东夷的战争中，常常是以徐国为目标。《诗·破斧》"周公东征，四国是皇"，《毛传》："四国，管、蔡、商、奄也。"这里的"奄"即"徐奄"，徐人④。《左传·昭公元年》记载赵孟历数前代的叛国时说："虞有三苗，夏有观扈，商有姺邳，周有徐奄。"⑤ 在《竹书纪年》《韩非子》《后汉书》等史籍中多次提及徐偃王的事迹，徐偃王"身行仁义，陆地之朝者三十二国"⑥，"后徐夷僭号，乃率九夷以伐宗周，

① 杨伯峻编著：《春秋左传注》（修订本），北京：中华书局，1990年，第283页。
② 杨伯峻编著：《春秋左传注》（修订本），北京：中华书局，1990年，第306-307页。
③ 杨伯峻编著：《春秋左传注》（修订本），北京：中华书局，1990年，第340页。
④ 参见徐中舒：《蒲姑、徐奄、淮夷、群舒考》，《四川大学学报》（哲学社会科学版），1998年第3期。
⑤ 杨伯峻编著：《春秋左传注》（修订本），北京：中华书局，1990年，第1206页。
⑥ 何宁：《淮南子集释》卷十三《泛论训》，北京：中华书局，1998年，第959页。

西至河上。穆王畏其方炽，乃分东方诸侯，命徐偃王主之"①。虽然徐偃王的事迹是虚构的②，但是这些记载反映出徐国在西周时期曾是淮河流域中一个获得众多小国、族群拥护的具有较强政治影响力的国家。《礼记·檀弓下》记载："邾娄考公之丧，徐君使容居来吊、含。曰：'寡君使容居坐含，进侯玉。'其使容居以含。有司曰：'诸侯之来辱敝邑者，易则易，于则于，易于杂者，未之有也。'容居对曰：'容居闻之，事君不敢忘其君，亦不敢遗其祖。昔我先君驹王西讨，济于河，无所不用斯言也。容居，鲁人也。不敢忘其祖。'"孔颖达《正义》解释："徐自比天子，使大夫敌诸侯。"③ 其实，容居的身份应该是徐国王族。在出土材料中有"余（徐）王容巨此自作其元戈"和"余子白取此之元戈"，孔令远认为这里的"容巨此""白取此"为同一人，即传世文献中的"容居"④。作为徐国王族的容居，要求邾国用"君礼"接待，其应是援引西周时期徐国曾在当地处于政治核心地位的历史作为正当性理由。而从容居遭到邾国拒绝的结果来看，春秋时期徐国在当地的政治影响力已经减弱。在齐桓公时期，文献提到东夷时也没有首推徐国，而是将其与淮河流域小国并举。例如，《左传·僖公四年》提到"东夷"，杜预注："谓指郯、莒、徐诸夷。"⑤ 这种变化反映了在中原势力南下过程中，当地政治力量在遭遇政治、军事等打击后被削弱。

在春秋时期，相比淮河流域其他国家，徐国在当地仍具有一定的地域影响力，并受到中原政权的重视。在齐桓公时期，徐国便加强了与中原的

---

① 范晔：《后汉书》卷八十五《东夷列传》，北京：中华书局，1962年，第2808页。

② 与徐偃王同时代的便有周穆王、楚文王、楚庄王等，时间跨度达到数百年，因此，不少学者怀疑史料中记载的徐偃王的事迹是被后人层累地造成的，并不能指任何一位具体的徐王。但是徐偃王的传说反映了西周时期徐国在南方具有一定的地域影响力。参见顾颉刚：《徐和淮夷的迁、留》，《文史》第32辑，北京：中华书局，1990年；孔令远：《徐偃王的传说及相关问题》，《重庆师范大学学报》（哲学社会科学版），2009年第1期。

③ 郑玄注，孔颖达疏：《礼记正义》卷十《檀弓下》，李学勤主编《十三经注疏》，北京：北京大学出版社，1999年，第314–315页。

④ 孔令远等：《徐王容居戈铭文考释》，《文物》，2013年第3期。

⑤ 杨伯峻编著：《春秋左传注》（修订本），北京：中华书局，1990年，第293页。

接触，并为此招致楚人的讨伐。《左传·僖公十五年》："楚人伐徐，徐即诸夏故也。"[1] 此战中，最值得关注的问题是双方交战的地点。《春秋》《左传》都记载楚人在"娄林"一地打败徐国，其具体的地理位置，据杨伯峻注，"在今安徽省泗县东北"[2]。按照这个说法，此战发生在淮河下游以北、今泗县地区。但在伐徐的前一年，也就是楚成王二十七年，楚人刚在淮河中游以南区域灭掉英，第二年便攻入淮河下游徐国腹地，这样在短时间内发生较大的地理位置跳跃，其中存在一定的疑问。何浩认为此"徐"不是淮河下游以北、今安徽东北境的徐国，而是楚境英氏以东的群舒，娄林很可能是群舒西境的一处地名，不会远在徐国的中心[3]。何浩认为娄林之战发生在淮南群舒所在地区是合理的，但是将楚人讨伐的对象视为群舒而非徐国的观点，则有待商榷[4]。首先，楚人"伐徐"事件在《春秋》《左传》中都有明确的记载，并且当时中原国家曾组织发起了以救援徐国为明确目的的军事行动。"三月，盟于牡丘，寻葵丘之盟，且救徐也。孟穆伯师师及诸侯之师救徐，诸侯次于匡以待之。"[5] 虽然该行动最终并未能成行，但是可明确楚人讨伐的对象是徐国而非群舒。其次，在《春秋·僖公三年》有"徐人取舒"的记载，说明在《春秋》中并未将徐与舒相混淆，而后者应是群舒中的一支。楚人伐徐，双方交战的地方不在徐地或楚地，却在群舒地域。这表明徐、楚交战的导火索除了徐国倒向中原，也与双方试图争夺群舒地区的政治归属有关。在西周时期，淮夷中以徐国为大，包括群舒等在内的当地族群受到徐国影响较大。而到了春秋时期，徐国政治影响力减弱。楚人介入该地区后，通过战争在群舒地域驱逐徐国势力，成为掌控该地区的新霸主。不过，群舒是由一系列分布广泛、支系庞

---

① 杨伯峻编著：《春秋左传注》（修订本），北京：中华书局，1990 年，第 351 页。

② 杨伯峻编著：《春秋左传注》（修订本），北京：中华书局，1990 年，第 350 页。

③ 何浩：《楚灭国研究》，武汉：武汉出版社，1989 年，第 184–202 页。

④ 学术界对徐国与群舒的关系进行了较为深入的研究，主要形成了两派意见：一种意见认为徐、舒同源；另一种意见则认为二者不同。学界不少学者主张"徐、舒同源"，但从目前的文献、考古材料来看，这个问题尚未形成定论。本章按照《春秋》记载，将徐、舒视为彼此有别的两类群体。

⑤ 杨伯峻编著：《春秋左传注》（修订本），北京：中华书局，1990 年，第 351 页。

杂的部落、氏族等组成的集合体，楚人对淮河以南的群舒区域确立政治统治并不是一蹴而就的。而徐国在沦为楚国附庸国之前，也在不断与楚国竞争当地族群的政治归属，例如《左传·僖公十七年》载"齐人为徐伐英氏，以报娄林之役也"[1]，英氏应该是楚成王二十七年所灭的位于淮南地区的英国。

楚成王之后，楚国政治势力继续在当地推进，特别是在继楚文王之后，第二位将政治中心迁到淮河流域的楚庄王在位期间，楚国加大了对淮河流域内小国的征服。《左传·宣公八年》记载："楚为众舒叛，故伐舒蓼，灭之。楚子疆之。"[2] 吴楚战争中也多次提到"群舒叛楚"事件，说明至迟在吴楚战争之前，楚人曾取得过群舒的完整归附，当地包括群舒、徐国在内的小国都成为了"楚邦诸侯"的一部分。楚人逐渐取得淮河中下游地区的控制权后，淮河流域中的包括蛮夷在内的小国在政治上开始附庸于楚国，并随后者卷入其与中原的战争中。例如，《左传·文公九年》载："楚公子朱自东夷伐陈。"[3] 《国语·晋语》载："楚恭（共）王帅东夷救郑。"[4]

楚人取得对淮河流域小国的控制后不久便遭到了本地崛起的吴国的挑战。吴楚战争既是吴楚两国之间的战争，也是区域集团之间的战争。在楚庄王时期，吴国还是楚国的附属国，《左传·宣公八年》载楚庄王灭舒蓼后"盟吴、越而还"[5]，《系年》记载："楚庄王立，吴人服于楚。"[6] 在吴楚战争中，并不只是吴、楚两国单独博弈，而是卷入了淮河流域众多本地小国。在吴楚博弈中，本地区小国的归属与双方实力间的此消彼长形成正相关。在战争中，吴国强大的原因之一便是将原属楚国的本地区小国争取

---

① 杨伯峻编著：《春秋左传注》（修订本），北京：中华书局，1990 年，第 372 页。

② 杨伯峻编著：《春秋左传注》（修订本），北京：中华书局，1990 年，第 696 页。

③ 杨伯峻编著：《春秋左传注》（修订本），北京：中华书局，1990 年，第 573 页。

④ 徐元诰撰，王树民、沈长云点校：《国语集解》，北京：中华书局，2002 年，第 390 页。

⑤ 杨伯峻编著：《春秋左传注》（修订本），北京：中华书局，1990 年，第 696 页。

⑥ 李学勤主编：《清华大学藏战国竹简（贰）》，上海：中西书局，2011 年，第 170 页。

到己方阵营。"蛮夷属于楚者，吴尽取之，是以始大，通吴于上国。"①
"伍员为吴大宰，是教吴人反楚邦之诸侯，以败楚师于柏举，遂入郢。"②
而身处吴、楚两大政治势力之间的小国，往往容易陷入左右为难的窘境，
稍有不慎便要亡国。例如舒鸠，"吴人为楚舟师之役故，召舒鸠人。舒鸠
人叛楚。楚子师于荒浦，使沈尹寿与师祁犁让之。舒鸠子敬逆二子，而告
无之，且请受盟。二子复命"③。这种尴尬处境使当地小国在双方对峙过程
中，在被迫向吴、楚中的某一方表明政治立场的同时，又常常遭致另一方
的吞并。例如徐国，最初是淮域内有一定区域影响力的国家，吴楚战争中
曾先后投靠过战争双方。徐国在鲁昭公五年属于楚国阵营，《春秋·昭公
五年》载："冬，楚子、蔡侯、陈侯、许男、顿子、沈子、徐人、越人伐
吴。"④ 第二年，徐国便倒向楚国，《左传·昭公六年》载："徐仪楚聘于
楚，楚子执之，逃归。惧其叛也，使薳泄伐徐。吴人救之。"⑤ 此后徐国成
为吴国的"与国"，《左传·昭公十二年》载："（楚王）使荡侯、潘子、
司马督、嚣尹午、陵尹喜帅师围徐以惧吴。"杜预注："徐，吴与国，故围
之以逼吴。"⑥ 在吴国灭亡后，徐国⑦又改投当地新兴大国越国。在一件澳
门藏家收藏的青铜戈上有"越邦先王……佐，徐之为王后"的铭文⑧，说
明徐国在越国帮助下继续称王。在吴楚战争后，楚国重新确立在淮河流域
内的核心政治地位，但是域内小国多已经殆尽，之前因战争需要而在淮河
流域设置的一系列楚县、城邑自此开始成为其在本地区统治的基础，淮河
流域也逐渐成为楚国的腹地。

---

① 杨伯峻编著：《春秋左传注》（修订本），北京：中华书局，1990 年，第 835 页。
② 李学勤主编：《清华大学藏战国竹简（贰）》，上海：中西书局，2011 年，第 170 页。
③ 杨伯峻编著：《春秋左传注》（修订本），北京：中华书局，1990 年，第 1092-1093 页。
④ 杨伯峻编著：《春秋左传注》（修订本），北京：中华书局，1990 年，第 1261 页。
⑤ 杨伯峻编著：《春秋左传注》（修订本），北京：中华书局，1990 年，第 1279-1280 页。
⑥ 杨伯峻编著：《春秋左传注》（修订本），北京：中华书局，1990 年，第 1338 页。
⑦ 根据文献记载，徐国是被吴国所灭。《左传·昭公三十年》载："（吴）灭徐……
（楚人）城夷，使徐子处之。"徐国可能在此之后曾复国，当然，也有可能是徐国后裔被越
国扶持重新立国。
⑧ 曹锦炎：《越王得居戈考释》，《古文字研究》第 25 辑，北京：中华书局，2004 年。

这种转变的开端是楚国重组"南土"政治地缘格局,吴楚战争则在一定程度上加快了楚与当地族群融合的步伐。楚人通过在南方区域发起争夺区域霸权的"东向"进取,迅速取得江淮区域内的政治霸权,然后凭借这份具有区域意义的政治权力,将江淮区域内的众多小国团聚在楚国阵营中。这项举措有利于楚国对这些南方小国及其民众的政治统治。从史料可见,附庸于楚国的小国要承担兵役、贡赋等义务,更为重要的是,楚王凭借在江淮具有的最高的政治权力可以给区域内小国国君颁布号令,由此,后者实际上已经开始具有了楚臣的属性。在史料中可见,楚国根据其实际需要,可以较为灵活、便捷地调整己方阵营内的小国"迁国"。例如,《左传·昭公四年》:"(楚人)迁赖于鄢。楚子欲迁许于赖,使斗韦龟与公子弃疾城之而还。"[1]《左传·昭公十三年》:"灵王迁许、胡、沈、道、房、申于荆焉。"[2] 相比中原大国,楚国借着南方江淮地区地缘政治"真空"的局面迅速成为当地的首要政治力量,这使得楚国的政治、文化影响力在江淮地区产生了更为广泛的传播。

第二节　楚国县制背景下的族群融合

楚国在成为江淮区域"霸主"的过程中,一方面争取到地域内小国附庸于己,另一方面开始通过政治方式将附庸国整合到本国的地方行政体系和政治地理结构中,这也使得不同国别、族属的人群在其境内开始了融合。在春秋战国史料中可见,楚国确立对江淮区域的统治后,大量南方小国、族群的名称却逐渐消失在史籍之中。对于消失的小国,史家一般都认为他们的结局是融入楚国。确实如此,但是对于这些拥有不同血缘、文化且分布广泛、数量庞大的南方小国、族群是如何融入楚国的这个问题,则需要进一步探讨。

结合材料特别是出土文献来看,楚人在所取得的南方地域霸权的基础

---

①　杨伯峻编著:《春秋左传注》(修订本),北京:中华书局,1990年,第1254页。

②　杨伯峻编著:《春秋左传注》(修订本),北京:中华书局,1990年,第1360页。

上，以政治认同为主导，通过设置楚县的方式分离了故地的统治阶层和民众。原有的他国人虽然保留了一定的故国意识，却形成了对楚王、楚国的政治认同，并通过逐渐承担政治、经济、军事等义务转换为与真正的楚人无差别的楚国地方行政单元下的"楚县人"身份；而被楚人移出故地的小国统治阶层，则有着转换为楚国大臣、封君等多种结局。这种以政治认同主导的族群融合模式也存在一定的"脆性"：楚国对境内小国、族群的融合，在相当长时期内必须以其强大的政治统治为保障，缺乏文化认同等依靠软实力的方式。楚国在远离中原的江淮地区，所推行的族群融合能取得较好的效果，但是对于那些处于边疆的特别是位于楚与中原接壤地带中的小国、族群来说，则存在不稳定的特征。因此，楚国以政治认同为核心的族群融合模式有利于其"东向"战略，却不利于向北方中原区域的扩张。

过去在讨论楚国如何实现与附庸的小国融为一体的这个问题上，一般都认为楚人采取了以"灭其国，绝其祀"为最终特征的"灭国"形式。虽然在灭国前可能也存在诸如"存国""迁国"等过渡策略、手段，但最终目的仍然是"灭国""绝祀""设县"[1]。学界一般用下列两个标准来判断：第一，史料中明确记载被楚国"所灭"的国家；第二，根据目标对象不再出现在史料中，并且结合楚国在该国地域内设置楚县，或楚国疆域覆盖当地来判断。这两种方法应该说都具有一定的合理性，但是在研究中也会发现存在个别的反例。例如针对第一种情况，便有申国的反例。申地在楚文王时期被楚人改造成"申县"，但实际上申国并没有灭亡，而是被迁到淮河流域内的今信阳地区[2]。史料中有明文记载陈、蔡两国同被楚惠王所灭，并且没有复国的记载，但是在楚惠王之后，两国却在《战国策》《荀子》等文献中屡屡出现[3]。因此，文献中记载的小国被楚"灭国"的时间并不一定是最终的时间，这些小国可能在楚国境内还存在过相当长一

---

① 参见何浩：《楚灭国研究》，武汉：武汉出版社，1989 年，第 89-116 页。

② 参见徐少华：《周代南土历史地理与文化》，武汉：武汉大学出版社，1994 年，第 34-38 页。

③ 何浩曾详细考证陈、蔡两国灭亡时间，认为两国最终亡于战国中期的楚宣王时期。详见何浩：《楚灭国研究》，武汉：武汉出版社，1989 年，第 319-340 页。

段时期。针对第二种情况，便有应国的反例。应国在春秋时期便已经鲜见于史籍，学者根据楚国疆域发展推测其大约在楚文王时期被灭①。但是在平顶山应国墓地 M321 出土了一件可能为战国中期的应侯启戟②，这表明应国或应国国君可能在战国时期还存在过相当长一段时间。以上主要是站在政治角度，从国家兴亡的角度去讨论楚国对地方族群的整合。但是单纯从"灭国绝祀"角度讨论楚国对境内族群的整合，不仅存在史料的缺失，也不能完全反映其对境内族群整合过程的全貌。同时，楚国权力机构中有不少以国为氏的宗族，例如彭氏、申氏、潘氏、沈氏等，他们的来源应是被楚国吞并的江淮小国的公族后裔③。除了"灭国绝祀"这样的暴力方式，楚人是否还有其他方式来完成对江淮区域小国、族群的融合，这是值得思考的问题。楚地中除了楚人自身，其他归属于楚国的族群可以分为两类：一类是楚国疆域内承担国家的政治、经济、军事等义务的他国人；另一类是处于楚人"王化"之外的蛮夷。他们尽管置身于楚境之内，可能也承担了一定政治、经济等义务，但是他们与楚国之间的关系保持着游离、不稳定状态④。在这里，我们主要讨论楚人对前一类族群的融合。

在楚国政治地理结构中，楚县是非常重要的一环。春秋时期的楚县，绝大多数都是楚国在其他小国故地基础上建立起来的。杨宽曾对春秋时期楚县的来源有过详细总结，认为其主要有三类：第一类是灭亡边境附近的

① 参见何浩：《楚灭国研究》，武汉：武汉出版社，1989 年，第 161–169 页；赵炳清：《楚国疆域变迁之研究——以地缘政治为研究视角》，复旦大学博士学位论文，2013 年。

② 王龙正：《从应国墓地发掘看应国的灭亡与复国——兼谈楚平王"复国行动"的历史背景》，《楚文化研究论集》第七集，长沙：岳麓书社，2007 年。对于该墓的年代，另有战国早期说，详见田成方、陈鑫远：《息器与周代息国、楚息县》，《出土文献》第 15 辑，上海：中西书局，2019 年，第 82 页。

③ 参见刘玉堂：《沈氏族属初探》，《江汉论坛》，1987 年第 4 期；田成方：《东周时期楚国宗族研究》第三章《楚国的外来宗族》，武汉大学博士学位论文，2011 年。

④ 在楚国境内存在众多政治上属楚但又未纳入楚国地方行政单元的蛮夷，例如分布于楚国江汉平原周边，直至战国后期还存在的"九夷"。李斯《谏逐客书》中提到"南取汉中，包九夷，制鄢、郢"，李贤注："九夷，属楚夷也。"这里的"九"应该不是实数，而是泛指蛮夷群体。从其中提到的"汉中""鄢""郢"等地名在史料中出现的时间来看，应该是楚怀王、楚顷襄王时期。这说明直至战国后期，在楚国江汉平原核心区内部或者西部仍存在众多政治上属楚却没有居住在楚国地方行政单元中的蛮夷群体。

小国之后改建而成；第二类是利用原来边境附近小国的旧的国都改建而成；第三类是利用原来设在边境的别都改建而成①。杨宽的分类法偏重于考察楚县设置的缘由，实际上上述三类都可以看作是楚国在其他小国地域基础上建立起来的。第一类、第二类明显都是楚人直接基于他国故地设置的。考虑到楚国疆域不断向外拓展，并且边境也在不断向外移动，设置在边地的楚县也应是以在楚地之外的他国故地基础上设置的为主。史料中记载被楚国所灭的小国，也多有"灭国为县"或"灭国为邑"的记载，例如楚文王"实县申、息"②，"（期思）县，故蒋国……楚灭之以为县"③，等等。既然大多数小国被楚国吞并后，其地域上通常会建立楚县，我们在讨论楚国整合江淮小国、族群时应该多关注楚县在其中所发挥的作用，特别是春秋时期的楚县。

楚国是春秋时期较早推行县制的国家之一，并且由楚王任命专门的"尹"来进行管理。目前学术界对于楚县的研究已经产生了非常丰富的成果④，这些研究成果使我们对楚县的来源、数量、地望、特征、性质、作用等问题都有了较为深入的认识。对于楚县在楚国疆域发展过程中起到的对其他族群的融合作用和意义，也有不少学者予以了关注，普遍认为楚县是楚国民族政策中的重要一环⑤。对楚县制下的当地社会、族群的研究也取得了一定的成果。不少学者注意到一个非常重要的细节问题：由于楚县

---

① 杨宽：《春秋时代楚国县制的性质问题》，《中国史研究》，1981 年第 4 期。

② 杨伯峻编著：《春秋左传注》（修订本），北京：中华书局，1990 年，第 1708 页。

③ 郦道元著，陈桥驿校证：《水经注校证》卷三十，北京：中华书局，2007 年，第 706 页。

④ 学界对春秋战国时期有关楚县问题的讨论主要有两大类：第一类是将楚县作为当时"县"的表现形式之一，在春秋战国时期大背景下进行整体研究；第二类则是专门以楚县为对象进行研究。主要代表有顾颉刚：《春秋时代的县》，《禹贡》第 7 卷第 6、7 期，1937 年；增渊龙夫著，吕静译：《中国古代的社会与国家》，上海：上海古籍出版社，2017 年，第 287-365 页；周振鹤：《县制起源三阶段说》，《中国历史地理论丛》，1997 年第 3 期；杨宽：《春秋时代楚国县制的性质问题》，《中国史研究》，1981 年第 4 期；刘家和：《县制的出现和王权的扩展》，日知主编《古代城邦史研究》，北京：人民出版社，1989 年，第 303-308 页；徐少华：《周代南土历史地理与文化》，武汉：武汉大学出版社，1994 年，第 275-291 页；等等。

⑤ 参见顾铁符：《楚国民族述略》，武汉：湖北人民出版社，1984 年；徐少华：《周代南土历史地理与文化》，武汉：武汉大学出版社，1994 年，第 299-304 页。

内的居民仍然是以故国人民为主体，因此当地宗族、民众仍保留了一定的故国意识。例如，郑殿华指出，楚国在"绝其君统，去掉原来的国君。……除此以外其他变化不大，原先的国人、贵族机体似乎并没有被打烂和拆散"①；安倍道子认为，楚国的"县师"来源于旧有的诸侯国军队，而这些军队基于固有的氏族集团和氏族秩序而存续，因此这些县师在为楚人所用的同时，也存在着复国（邑）的欲求②。这些研究应该说都是客观、合理的，对于我们解决楚县制下楚国是如何完成对境内小国、族群进行融合的问题大有裨益。在楚县制背景下，当地社会的族群是如何融入楚国的？当地族群在保持原有的族群记忆的同时，对楚国又有着怎样的认知？楚国又是如何处理他国统治阶层的？这些问题则需要进一步探讨。

上博简中有篇名为《灵王遂申》的文献，其中主要讲述了楚灵王即位后灭亡蔡国，并让申县人参与瓜分蔡国财富的事情。从这则材料可见楚县制下当地族群的族群意识，对于我们讨论楚国如何实现境内小国整合的问题具有很重要的参考价值。原文如下：

> 灵王既立，申息不憖。王败蔡灵侯于吕，命申人室出，取蔡之器。执事人夹蔡人之军门，命人毋敢徒出。申城公濈其子虎未蓄发，命之遣。虎三徒出，执事人止之。虎乘一辕驹，告执事人："小人幼，不能以它器。得此车，又不能御之以归，命以其策归。"执事人许之。虎秉策以归，至戳淦，又弃其策焉。城公惧其有取焉，而逆之亭，为之怒："举邦尽获，汝独无得！"虎不答。又为之怒，虎答曰："君为王臣，王将坠（遂）邦，弗能止，而又欲得焉！"城公与虎归，为袼。③

---

① 郑殿华：《论春秋时期的楚县与晋县》，《清华大学学报》（哲学社会科学版），2002 年第 4 期。

② 安倍道子：《春秋楚国の申县·陈县·蔡县をめぐって》，转引自郑威：《〈灵王遂申〉与春秋后期楚国的申县》，《江汉考古》，2017 年第 5 期。

③ 马承源主编：《上海博物馆藏战国楚竹书（九）》，上海：上海古籍出版社，2012 年，第 159-164 页。另参照郑威：《〈灵王遂申〉与春秋后期楚国的申县》，《江汉考古》，2017 年第 5 期；苏建洲：《上博九〈灵王遂申〉释读与研究》，《出土文献》第 5 辑，上海：中西书局，2014 年，第 92-93 页。

简文所述的故事对应了《春秋·昭公十一年》记载的“楚子虔诱蔡侯般杀之于申”[①]。事件的发生地“申”，其地望一般认为是南阳盆地内的故申国地区[②]。当然，也有学者怀疑此“申”应是位于方城之外的南申国。从简文叙述来看，“申”地应是与“吕”地相近，吕地应是故吕国所在地，位于今天的南阳地区。简文讲述了楚灵王让申人参与瓜分蔡器，地点应该是申地及周边。而蔡侯被弑的地点正是位于申地附近的吕地，这说明简文中的“申”确实是基于南阳“申国”演变而来的楚国申县。简文大意为：楚灵王即位后，引起了申、息人的不满。灵王在申地杀掉蔡侯之后，让申人都必须前去瓜分蔡国的战利品。申城公潡的儿子虎去到现场后，多次试图空手回来。在遭到守卫阻止后，虎被迫拿上一件马策作为战利品返家，最终回家的路上又扔掉了马策。申城公潡担心虎过去后真取回了战利品，便在虎回家的路上拦下并假装发怒责备他：“全邦的人都获取了战利品，只有你一无所获。”虎在父亲发怒后回答：“您是楚王的大臣，现在大王要‘坠（遂）邦’，您不能阻止也就罢了，却还想参与瓜分战利品！”城公潡于是（满意地）带着虎回去，一起祭祀。

简文里面的主人公是申城公潡和他的儿子虎，从简文的内容可明确申城公潡具有“王臣”的身份。这位“申城公”的身份属性及其与申县之间的关系，目前仍然存在一定的争议。例如，曹方向指出，“申城（成）公潡”名号中的“城（成）”字似是指谥号，并认为简文之“申”在当时可能是个有宗庙社稷的国家[③]。郑威认为，此处的“申城公”或许是楚县等高级地理单位内的官员，其具体职掌或许与城邑的管理有关[④]。苏建洲认为，这里的“申城（成）公”与楚简《平王与王子木》篇和《说苑·辨物》

① 杨伯峻编著：《春秋左传注》（修订本），北京：中华书局，1990年，第1321页。

② 详参曹方向：《上博简所见楚国故事类文献校释与研究》，武汉大学博士学位论文，2013年；苏建洲：《〈清华二·系年〉中的“申”及相关问题讨论》，李宗焜主编《古文字与古代史》第4辑，“中研院”历史语言研究所，2015年，第449-490页；郑威：《〈灵王遂申〉与春秋后期楚国的申县》，《江汉考古》，2017年第5期。

③ 曹方向：《上博简所见楚国故事类文献校释与研究》，武汉大学博士学位论文，2013年，第88-89页。

④ 郑威：《〈灵王遂申〉与春秋后期楚国的申县》，《江汉考古》，2017年第5期。

中提到的申地人"成公干"可能为同一个人。我们赞同苏建洲的意见，认为这里出现的"申城（成）公"应是楚国申县之人，而非申国的国君，简文中提到的申、息人是指楚国申县、息县之人。简文开篇提到"灵王既立，申息不憗"，这是说楚灵王即位后曾引起了申、息两县人的不满。根据文献记载，楚灵王是通过政变获得王位的。"（郏敖）四年，围使郑，道闻王疾而还。十二月己酉，围入问王疾，绞而弑之，遂杀其子莫及平夏。"① 楚简《申公臣灵王》记载，楚灵王即位前曾遭到申县县公的抵制，"申公子皇首皇子。王子回（围）夺之，申公争之"②。这里的公子回应该是公子围，即楚灵王。简文的大意是说，申公子皇为了守护王子或太子曾与楚灵王发生过冲突，但是在楚灵王成功夺位后，申公又表示臣服③。申公子皇应该是楚国申县县公，他参与政治斗争的同时，可能也使得申县本地的宗族被卷入其中。楚灵王成功即位，说明政治斗争的结局是申地人失败，这可能是《灵王遂申》开篇提到的申、息人对灵王即位表现出不悦的原因。而楚灵王为了安抚申人，于是让申人前去瓜分蔡器作为补偿。因此，申城公的身份不是申国国君，可能是申县当地的官员。从后面他提到"邦"来判断，他应该是属于申地的宗族。

出自申城公父子口中的两个"邦"字是这则材料所具有的重要价值的体现，特别是申城公说的第一个"邦"字所代表的含义。申城公提到"举邦尽获"，这里的"举邦"应是指被楚王强迫参与瓜分蔡器的全部申县人。"邦"字一般可与"国"互换，指代一个国家。《说文》："邦，国也。从邑，丰声。"④ "邦"字，"甲骨文从♣，从田，表示建立土界，也即'封疆'之义。所以'邦'的造字本义就是'封界'。古文字中'封'、'邦'本为一字……所以'封邦建国'的中动词'封'和所'封'的名词'邦'

① 司马迁：《史记》卷四十《楚世家》，北京：中华书局，1959年，第1703页。
② 马承源主编：《上海博物馆藏战国楚竹书（六）》，上海：上海古籍出版社，2007年，第246-247页。
③ 徐少华：《楚竹书〈申公臣灵王〉与〈平王与王子木〉两篇补论》，《江汉考古》，2009年第4期。
④ 许慎撰，段玉裁注：《说文解字注》，上海：上海古籍出版社，1981年，第283页。

本来是一回事"①。它表示一种对地理空间的政治权力归属判断。相应的
"国"字，《说文》："国，邦也。从囗从或。"② 说明"邦"与"国"意义
相等，在先秦时期"邦"一般是指代一个"国家"，这是对基于一定地理
空间范围内的政治组织的一种属性判断。当然，"邦"字也可以指代与
"国"的概念有所不同的部落等组织。例如，任伟认为"邦"可理解为以
邑为中心，有一定封疆范围的一片土地，即国土，进而可引申为部落组
织、族邦的代名词③。不过这种意指的使用，同样也是以政治地理空间划
分为前提。"邦"字不仅可用于当时平等的国与国之间的外交场合，也可
用在附属国与其所附属的大国之间。例如，曾（随）国作为"世服于楚"
的附庸国，称呼楚国为荆邦。"吴恃有众庶，行乱，西征，南伐，乃加于
楚，荆邦既徊。"④ 申城公在这里提到"举邦"是站在申县人的立场上说
的，而楚国申县是直接继承于西周分封的南土申国。申国是中原在南土建
立的诸侯国，并有依托王命、镇守南方的职责，"往近王舅，南土是保"。
因此，"邦"字被申地人使用，并且没有使用"荆""楚"等作为"邦"
字的前缀，则应是"申邦""申国"含义。另外，从简文叙述来看是楚王
为了拉拢申县人，故而让他们参与瓜分蔡国。也就是说，能参与这场瓜分
活动的就只有申县人，而非其他楚县人。因此，申城公称呼"举邦"或只
是指代申县当地的宗族，并且也是区别于楚的一种标志。也就是说，在申
城公或者申地人的意识中，即使故国被转换为楚县，他们仍然认为自己属
于与楚人有别的"申人"。申地早在楚文王时期便已经成为楚县，"实县
申、息"⑤。但是从简文来看，即便到了楚灵王时期，申县人依然觉得自己
是"申人"身份；虽然已经是楚国申县下的"申人"，但是他们仍然觉得
自己的属性不同于"楚人"。这说明申县人长期保留着"申人"的故国
意识。

---

① 李学勤主编：《字源》，天津：天津古籍出版社，2012 年，第 582 页。
② 许慎撰，段玉裁注：《说文解字注》，上海：上海古籍出版社，1981 年，第 277 页。
③ 任伟：《西周金文与文献中的"邦君"及相关问题》，《中原文物》，1999 年第 4 期。
④ 凡国栋：《曾侯舆编钟铭文柬释》，《江汉考古》，2014 年第 4 期。
⑤ 杨伯峻编著：《春秋左传注》（修订本），北京：中华书局，1990 年，第 1708 页。

　　第二个"邦"字出自申城公儿子虎的口中，"君为王臣，王将坠（遂）邦，弗能止，而又欲得焉!""王将坠邦"中的"坠"可释为"遂"字，整理者引《说文》指出其含义是"亡"，"遂邦"即亡国①。此说得到了普遍支持。从语境来说，"王将遂邦"应是指楚灵王接下来要灭掉蔡邦。《左传·昭公十一年》记载楚灵王杀掉蔡侯后，旋即派出"（楚）公子弃疾帅师围蔡"，并在数月后，"冬十一月，楚子灭蔡，用隐大子于冈山"②。虎指出他父亲作为"王臣"就应该阻止这种行为，这可能是因为申人担心楚王灭蔡后也会把"申邦"一起灭掉。当时楚灵王在灭蔡后确实对境内的附属小国有过大动作，说明虎的担心是有道理的。"楚之灭蔡也，灵王迁许、胡、沈、道、房、申于荆焉"③，这里出现的"申"应该是楚文王在改造申地过程中将原申国的统治阶层和部分申地人迁到方城外的信阳地区后，重新建立起来的申国。在湖北郧阳肖家河地区发现春秋晚期楚墓（XM），研究者认为墓主人身份当是高层的王族，并且墓中出土的簠（XM：5）的器盖与器底上皆有"申王之孙叔姜，自作饮匜，其眉寿无期，永保用之"铭文④。这说明申国国君至迟在春秋晚期还存在，那么他最有可能便是被楚国安置在信阳地区的申国中。虎所担心的事情可能不是楚灵王灭蔡，而是申人原有的统治阶层和其他申人被楚灵王迁回楚国后，可能遭遇与蔡侯一样的厄运。这也是对申国、申人族群身份认同的一种表现。但是从另一面来看，虎所说"王将遂邦"中提到的"王"应是指楚灵王，这与简文前面将楚灵王单称为"王"是一样的用法。虎的话语中没有在"王"前加"楚"字予以区分，说明申县人尽管保持了对自身族群原有身份的认同，但在政治认同上也接受了楚王作为唯一的王。文献记载楚灵王召蔡侯前往申地前，蔡国大臣曾劝蔡侯："王贪而无信，唯蔡于感。"⑤ 说

　　① 马承源主编：《上海博物馆藏战国楚竹书（九）》，上海：上海古籍出版社，2012年，第164页。

　　② 杨伯峻编著：《春秋左传注》（修订本），北京：中华书局，1990年，第1323、1327页。

　　③ 杨伯峻编著：《春秋左传注》（修订本），北京：中华书局，1990年，第1360页。

　　④ 郧阳地区博物馆：《湖北郧县肖家河春秋楚墓》，《考古》，1998年第4期。

　　⑤ 杨伯峻编著：《春秋左传注》（修订本），北京：中华书局，1990年，第1323页。

明与申人一样，当时的蔡国君臣也将楚灵王视为唯一的"王"。田成方认为，"异姓之臣入楚以后，并非都是完全脱离与故国的亲属关系或政治联系"①，从身为"王臣"的申城公和儿子虎的事迹来看，确实如此。申城公父子的案例说明申人在形成对楚国、楚王政治认同的同时，其自身的族群身份认同还是申人。这种区别不仅是反映在族群的身份意识上，也可得到考古材料的佐证。从考古材料来看，文化上申人与楚人之间也存在一定的差异。袁艳玲指出，在包括申地等其他诸侯国地域上出土的楚系青铜器，在形制和纹饰上有一定的地方特征，似乎说明这些地区为楚所灭之后还有独立的铸铜工业②。这也说明申人仍留着一定的自身族群的文化意识。

《灵王遂申》篇表明，在楚国县制建立的背景下：一方面楚申县境内的族群成份仍然是以申国人为主，并保留了对故国的族群、文化意识，从这点来看申人只是作为"楚县人"而非"楚人"存在；但从另一方面来说，申人在政治认同上已经开始接受楚王作为他们唯一或者默认的王。这种"矛盾"表明楚人在整合南方族群时并不是一蹴而就的，但是通过楚国对当地的政治统治，以及以楚王为核心的政治认同的建立，从而使楚人与申人保持着政治立场上的同一性。申县人虽然保留了族群记忆，但是通过被楚人所附加的新的政治认同，申人在楚国的政治、军事、经济等方面发挥了重要的作用。在文献中，春秋中期多有"申、息之师"的提法，即征召申、息人组成的县师，"申、息之师"的统帅"县公"一般是楚王直接任命的楚国大臣。于是，申、息人频频参与到楚国对外的众多军事活动中，是后者对外作战的主力部队。例如，《左传·成公六年》："楚师还。晋师遂侵蔡。楚公子申、公子成以申、息之师救蔡，御诸桑隧。"③《左传·僖公二十五年》："秋，秦、晋伐鄀。楚斗克、屈御寇以申、息之师戍商密。"④作为方城内的重要城邑，申地人还肩负了楚国北疆边防、提供军

---

① 田成方：《东周时期楚国宗族研究》，武汉大学博士学位论文，2011年，第162页。
② 袁艳玲：《楚系青铜器的铸造遗址初探》，《南方民族考古》第14辑，北京：科学出版社，2017年。
③ 杨伯峻编著：《春秋左传注》（修订本），北京：中华书局，1990年，第830页。
④ 杨伯峻编著：《春秋左传注》（修订本），北京：中华书局，1990年，第434页。

需供给等职能，例如《左传·成公七年》记载："楚围宋之役，师还，子重请取于申、吕以为赏田。王许之。申公巫臣曰：'不可。此申、吕所以邑也，是以为赋，以御北方。若取之，是无申、吕也，晋、郑必至于汉。'"① 申人群体不仅承担了对外作战、担任边防的兵役，也构成了楚王、太子最信赖的武装力量。

在"城濮之战"中，楚军实际参战的兵力，据《左传·僖公二十八年》记载是"（楚王）少与之师，唯西广、东宫与若敖之六卒实从之"②，即参战楚军是由"若敖六卒""东宫""西广"组成。李世佳注意到，在"城濮之战"相关的史料中，作为中军的"若敖六卒"并未受到损失，真正受到损失的是楚军的右师和左师。其中，左师便是由楚国"东宫""西广"构成③。楚国战败，楚王责备楚帅子玉："大夫若入，其若申、息之老何？"④ 这说明当时有大量的申、息籍士兵在战争中死去，他们参战的身份应是楚国"东宫""西广"。"东宫""西广"，杜预注："楚有左、右广，又太子有宫甲，分取以给之。"⑤《左传·宣公十二年》也称"其（楚）君之戎分为二广"，杨伯峻注："楚王亲兵分为左右两部，每部皆名曰广。"⑥说明"东宫""西广"都是隶属于楚国国君、太子的核心武装力量。而如此重要的武装力量，主体却是由大量申、息籍士兵组成。从这点来看，楚国通过树立政治认同的方式将楚人与申人、息人一体化后，后者也被楚人视为国境内可信赖的非常重要的力量之一。

这种将申国统治者移出重新立国，而在其故地设楚县，并任命楚人作为县公来管理当地族群的模式，其实在春秋时期的中原地区也可以找到相

---

① 杨伯峻编著：《春秋左传注》（修订本），北京：中华书局，1990年，第833—834页。

② 杨伯峻编著：《春秋左传注》（修订本），北京：中华书局，1990年，第457页。

③ 李世佳：《楚"若敖六卒"研究》，《西部史学》第4辑，重庆：西南师范大学出版社，2020年。

④ 杨伯峻编著：《春秋左传注》（修订本），北京：中华书局，1990年，第468页。

⑤ 左丘明传，杜预注，孔颖达正义：《春秋左传正义》，李学勤主编《十三经注疏》，北京：北京大学出版社，1999年，第445页。

⑥ 杨伯峻编著：《春秋左传注》（修订本），北京：中华书局，1990年，第731页。

似案例。例如，《左传·僖公二十五年》记载晋国对原国的处理："冬，晋侯围原，命三日之粮。原不降，命去之。谍出，曰：'原将降矣。'军吏曰：'请待之。'公曰：'信，国之宝也，民之所庇也。得原失信，何以庇之？所亡滋多。'退一舍而原降。迁原伯贯于冀。赵衰为原大夫，狐溱为温大夫。"① 晋文公通过受降方式获得"原地"后，一方面任命自己的部下赵衰成为当地的主宰"原大夫"，另一方面则把原来的"原伯"迁往"冀"，实现了原地域的统治阶层与被统治阶层的重新建构。这样不仅改变了原有的政治秩序，也利于晋国统治当地。郑庄公对许国的占领也具有同样的性质。郑庄公在占领许国后，"使许大夫百里奉许叔以居许东偏……乃使公孙获处许西偏"②，即郑国在许国疆域中占领一部分，而划出另一部分用来安置许国的国君。但是从《灵王遂申》篇来看，楚国对申国、申人的整合具有特殊性。申地虽然被设置成为楚县，并且申人也加入到楚国政治军事中，但是当地的申人仍然保留了对故国的族群认同和历史记忆，而且当地社会中的旧的宗族力量仍然存在。楚人通过政治统治实现了当地对楚国、楚王的政治认同纽带的建立，成功将申人与楚人置于同样的政治立场上。随着历史发展，以及战国时期"列国皆在国内统一法令、文字和度量衡，'凝聚控制疆域内诸种人群'，从而'形成新型的、以国家为基础的''国族群体'"③。在战国时期，申人是否与楚人最终实现融合，这个问题还有待进一步研究。不过从申人案例可见，楚国的族群融合模式离不开楚人以楚国、楚王为核心的政治认同纽带的建立，通过政治认同来实现凝聚疆域内附属小国的民众，即"先政治认同，后族群认同"的模式。

楚人不仅是在他国故地建立楚县以实现对其他族群的统治，也有将他国人民迁入楚境，成为楚境内特殊行政区的案例。在春秋战国时期，楚国疆域内曾出现一类以"州""路"命名的地方行政单元，部分"州""路"是以"国名"为前缀，可看作楚人将他国民众迁至楚境的案例。例如，楚

① 杨伯峻编著：《春秋左传注》（修订本），北京：中华书局，1990年，第435-436页。
② 杨伯峻编著：《春秋左传注》（修订本），北京：中华书局，1990年，第74-75页。
③ 陈鹏：《战国秦汉的国人意识与族群认同》，《西南大学学报》（社会科学版），2021年第1期。

庄王时有"夏州","（伐陈国后）乡取一人焉以归，谓之夏州"①；包山楚简中有"羕路"（简41）、"郯路"（简81、82）、"邾路"（简94）、"白路"（简150），郑威认为这类由"国名+路"组成的地方行政机构，可能是"诸国灭于楚后，其遗族可能也受到了类似的安置，每'路（落）'管辖数'邑'"②。无论是楚人采取上述哪种方式，其出发点都是将小国的统治阶层与民众分离，通过分离开启以政治认同为先的族群融合模式。当然，这个模式的运作也离不开楚人取得南方江淮地区的霸主政治地位。楚国确立对江淮地区的政治统治和影响力，这方便了楚国通过政治权力将附庸于己方阵营的小国逐步按照自身需求进行整合。晏昌贵在《楚灵王迁国移民考》一文对楚灵王时期"迁国"问题进行了研究，指出楚国的"迁国"活动反映了楚人试图通过"迁国"以切断境内小国与故地之间的血缘联系，以此来加速楚化③。从楚国申县的情形来看，确实如此，但是效果似乎也不尽如楚人意。

　　现在回过头来看楚国是如何处置包括申国等附庸小国的国君和统治阶层的。楚国成为"南方霸主"后，将疆域内众多小国视为附庸。而后者作为前者的附庸国，除了在国家层面有着提供贡赋、兵源等义务，他们的国君和统治阶层又在前者的政治秩序中扮演何等角色？这个问题与楚国整合、融合小国密切相关。

　　附庸于楚的小国国君，在春秋时期楚国政治中的地位可能是与楚县县公相近。例如楚庄王曾说"诸侯、县公皆庆寡人"，孔颖达《正义》曰："经无诸侯，而云以诸侯讨之，诸侯皆庆者，时有楚之属国从行也。"④ 当然，附庸诸侯国国君地位还是要高于一般的楚国大臣，下寺 M2 出土的王

①　杨伯峻编著：《春秋左传注》（修订本），北京：中华书局，1990 年，第 715 页。
②　郑威：《"夏州"小考——兼谈包山楚简"路"的性质》，《江汉考古》，2014 年第 4 期。
③　晏昌贵：《楚灵王迁国移民考》，《江汉论坛》，1990 年第 12 期。
④　左丘明传，杜预注，孔颖达正义：《春秋左传正义》，李学勤主编《十三经注疏》，北京：北京大学出版社，1999 年，第 630 页。

孙诰编钟上有铭文"以乐楚王、诸侯、嘉宾及我父兄、诸士"①，将诸侯直接置于楚王之后，这可能是与礼仪制度相关。从文献来看，楚王和楚国的附庸国国君之间却有着君臣关系。楚王可以如同指挥楚国大臣一般直接指挥附庸国的国君行事。例如在泌之战中，楚庄王曾命令唐惠侯率楚军与晋军作战，"楚子使唐狡与蔡鸠居告唐惠侯曰：'不榖不德而贪，以遇大敌，不榖之罪也。然楚不克，君之羞也。敢借君灵，以济楚师。'使潘党率游阙四十乘，从唐侯以为左拒，以从上军"②。"然楚不克，君之羞也"含义为"唐属楚，故楚之羞亦唐之羞也"，楚王以此激励唐惠侯，说明当时楚王与唐侯之间已有一定的君臣关系色彩。在大国参与的争霸战争中，为适应战争的需求一般会激发国内社会阶层、族群的凝聚力。站在楚人的角度，团聚附庸国参战也可能增加附庸国与主国之间的凝聚力，这样便加速了小国统治阶层融入楚国政治的步伐。在出土金文中，可见南方地域小国服侍楚国有"左右楚王""用保楚王"之语。例如，中子化盘铭文有"中子化用保楚王，用正（征）栖，用择其吉金，自作盨盘"③；义地岗曾侯墓M4钟铭有"徇乔壮武，左右楚王"④；蔡昭侯墓出土蔡侯钟上的铭文有"蔡侯□曰：余唯（虽）末少子，余非敢宁忘，有虔不易，（左）右楚王，豫政，天命是（将），定均庶邦"⑤；下寺M10出土青铜器铭文有"余吕王之孙，楚成王之盟仆，男子之艺，余不忒在天之下，余臣儿难得"⑥。这些声称要"左右"或"用保"楚王的人，应是小国的国君或统治阶层。作为附庸于楚国的小国，在辅佐楚王过程中立功受奖后，也会被记录在各自国内的重要礼器上。例如曾侯與编钟铭文记载了曾侯帮助楚国击退吴国的功劳："荆邦既阋，而天命将误。有严曾侯，业业厥圣，亲搏武功。楚命

---

① 刘彬徽：《楚系青铜器研究》，武汉：湖北教育出版社，1995年，第313页。

② 杨伯峻编著：《春秋左传注》（修订本），北京：中华书局，1990年，第739-740页。

③ 刘彬徽：《楚系青铜器研究》，武汉：湖北教育出版社，1995年，第293页。

④ 湖北省文物考古研究所、随州市博物馆：《湖北随州文峰塔墓地M4发掘简报》，《江汉考古》，2015年第1期。

⑤ 李学勤：《由蔡侯墓青铜器看"初吉"和"吉日"》，《中国社会科学院研究生院学报》，1998年第5期。

⑥ 刘彬徽：《楚系青铜器研究》，武汉：湖北教育出版社，1995年，第318页。

是静，复定楚王。曾侯之灵……余申固楚成，改复曾疆。"① 铭文内容是讲，曾国人把"吴师入郢"视为"天命将误"的重大灾难，而曾侯因帮助楚国击退吴国从而获得"改复曾疆"的赏赐。曾国的案例不是个别现象，而是江淮区域内附庸于楚国的小国共有的特征。例如，徐少华曾经分析过春秋时期南土铜器铭文中的"某子"称谓情况，他认为，"某子"之"某"，基本上是国名，"某子"则多为某国之君或王室、公室贵胄，一些国家在西周至春秋早期称"公""侯""伯"，归属楚以后则称"子"，这称谓的兴起，与楚国在南土地区开疆拓土、服国兼民、进行民族融合的历史大背景密切相关②。张丹认为，"'某子'辞例最先兴起于曾国，先流行于江淮间小国，然后才传播到楚国。随着楚国疆土的扩大，这一称谓开始被赋予了特殊的意义。楚县县尹称'某公'，王室贵族称'楚子'，附庸国国君自称'某子'，表达的恰是与楚县尹及楚国王室贵族等级别，同为楚王臣属的意思"③。不仅是楚国控制下的南方小国贵族仕于楚，也有处于楚境之外的小国公族成员入仕于楚。例如，封子楚簠铭文有"封子楚，郑武公之孙，楚王之士"④；考古发现的团山墓 M1，从鼎缶铜器铭文可知其男性墓主剌叔为"楚化"后的郑公室后裔⑤。楚国境内小国的统治阶层争相效忠、服侍楚王的同时，也在规劝自己的民众效仿。例如，出土的曾姬无邺壶上铭文有："惟王廿又六年，圣（声）趎之夫人曾姬无邺虖荅兹漾陵蒿闼之无匹，用作宗彝尊壶，后嗣用之，职在王室。"⑥ 这里的曾姬无邺，即楚声王的夫人。刘彬徽指出，"作为宣王祖母，即楚王太后，她作器安

---

①　凡国栋：《曾侯與编钟铭文柬释》，《江汉考古》，2014 年第 4 期。

②　徐少华：《彭器、彭国与楚彭氏考论》，《古文字与古代史》第 2 辑，"中研院"历史语言研究所，2009 年。

③　张丹：《南襄盆地出土两周时期铭文研究》，武汉大学博士学位论文，2012 年，第 96 页。

④　谢明文：《封子楚簠小考》，《出土文献综合研究集刊》第 10 辑，成都：巴蜀书社，2019 年。

⑤　冯峰：《郑庄公之孙器新析——兼谈襄阳团山 M1 的墓主》，《江汉考古》，2014 年第 3 期。

⑥　刘彬徽：《楚系青铜器研究》，武汉：湖北教育出版社，1995 年，第 341 页。

抚曾国遗民，昭示后嗣忠于楚王"①。

　　这些仕楚的小国贵族，在政治认同楚国、楚王的同时，也保留了一定的族群记忆。荆州地区天星观1号墓的墓主人是楚国封君，墓葬年代为战国中期（公元前360—前341年）②。墓中出土了数枚写有"赣祷番先戠牛，馈之"（26、85、705、1113）的简牍，晏昌贵认为，这里的"番先"是指墓主人邸阳君番胜的祖先③。楚人祭祀先公、先王的祭祀对象有"三楚先""楚先"，他们是指楚人早期的祖先老童、祝融、季连（鬻熊），而邸阳君番胜祭祀的祖先是"番先"，这说明他不是楚人。番国是南方己姓小国，最早出现在西周时期，地望在今信阳地区，在春秋中后期成为楚国附庸。邸阳君番胜作为楚国封君，祭祀祖先的对象却是"番先"，说明番胜并没有完全与楚人同化，仍然保留了原有的族群身份记忆。楚人任命番胜为邸阳君，不仅说明仕楚的小国贵族存在着转换为楚国封君身份的可能性，也说明了楚人在政治认同主导下的族群融合具有较大的包容性。另外，我们需要注意早期楚国封君的政治地位。在早期，楚国的封君将自己的封地称为"国"，自己则称"寡人"。例如《吕氏春秋·离俗览·上德》篇记载楚国阳城君称其封邑为"国"："墨者巨子孟胜，善荆之阳城君，阳城君令守于国……阳城君走，荆收其国。孟胜曰：'受人之国，与之有符，今不见符，而力不能禁，不能死，不可。'"④ 这里的"国"指的就是阳城君的封地。《墨子·鲁问》也记载楚国封君鲁阳文君⑤称其封地为"国"，并自称"寡人"，"鲁阳文君将攻郑，子墨子闻而止之，谓阳文君曰：'今使鲁四境之内大都攻其小都，大家伐其小家，杀其人民，取其牛

---

① 刘彬徽：《楚系青铜器研究》，武汉：湖北教育出版社，1995年，第343页。
② 湖北省荆州地区博物馆：《江陵天星观1号楚墓》，《考古学报》，1982年第1期。
③ 晏昌贵：《天星观卜筮祭祷简释文辑校》，《巫鬼与淫祀——楚简所见方术宗教考》，武汉：武汉大学出版社，2010年，第360页。
④ 许维遹撰，梁运华整理：《吕氏春秋集释》卷十九《上德》，北京：中华书局，2009年，第521页。
⑤ 鲁阳文君为楚平王之孙，司马子期之子，名宽，因受封于鲁阳而得名。参见郑威：《墨子游楚鲁阳年代考——兼谈出土材料所见楚国县大夫与封君之称谓》，《江汉考古》，2012年第3期。

马狗豕、布帛米粟货财，则何若？'鲁阳文君曰：'鲁四境之内，皆寡人之臣也。'"[1] 早期楚国的封君权力称谓的使用，确与其境内附庸国的国君存在相似性。而且我们也要注意到，在楚国封君中有一类封君较为特别，他们称"侯"而不称"君"，在文献和出土材料中有叶侯、阴侯、州侯、夏侯等。目前可见楚国最早的以"侯"作为称呼的封君为"叶侯"，大约出现在楚简王时期[2]，即战国前期。关于楚国这类封君之所以"称侯"而不"称君"问题的研究，虽然目前尚缺乏更详细的材料进行讨论，但是在今后开展对于这个问题的研究时，应考虑到楚国占据江淮地区后，境内存在大量的附庸国，他们的国君具有"左右楚王"的属性。楚国国中以"侯"相称的封君的来源可能与附庸国统治阶层"楚化"有一定关系。

这种凭借政治权力主导的以"政治认同"为核心的族群融合模式，虽然能使楚国的疆域和政治影响力在中原以外的江淮流域内迅速扩张，但是这种过于依赖政治强力配合的族群融合模式也存在一定的隐患。从楚灵王时期申县人的案例可见，即便是长期处于楚地核心区内，并已经形成了以楚王、楚国为核心的政治认同的他国臣民，在族群、文化认同方面仍然保留了对故国的族群文化意识。也就是说，楚人对申人的融合只达到了"申县人"的认同，申人和楚人仍然有一定区别。那么，当楚国政治力量对当地的控制权减弱后，楚人的政治认同主导下的族群认同是否还可以继续保持下去呢？当地原有的宗族和民众是否能坚定持有对楚国、楚王的政治认同呢？要研究这两个问题，应将视角转向位于楚地边界的小国。因为申地地处楚地核心区，可以避免外界因素干扰，由此楚国可以在当地维持稳定的政治统治。地处边界的小国则不同，他们受到楚国的政治影响力的效果取决于后者在对外战争中的胜负情况，故而存在不稳定的特征。因此，选取附庸体系中处于边界特别是楚与中原政权接壤边界的小国，作为楚国境内族群融合方式的研究对象，既能提升我们对于这个问题的认识，也能与

---

① 吴毓江撰，孙启治点校：《墨子校注》卷十三《鲁问》，北京：中华书局，1993年，第734页。

② 刘信芳：《上博藏竹书〈柬大王泊旱〉圣人诸梁考》，《中国史研究》，2007年第4期。

前面所述及的申国、申人案例进行对比。

《系年》中有一则材料提到楚悼王时期的陈地人，具有代表性。原文如下：

> 厌年，韩取、魏击率师围武阳，以复郘之师。鲁阳公率师救武阳，与晋师战于武阳之城下，楚师大败，鲁阳公、平夜悼武君、阳城桓定君，三执珪之君与右尹昭之俟死焉，楚人尽弃其旆、幕、车、兵，犬逸而还。陈人焉反而内（入）王子定于陈，楚邦以多亡城。①

上引简文提到楚国在与韩、魏的交战中惨败，接着便发生了"陈人焉反而内（入）王子定于陈"的事件。这个事件值得引起注意。整理者认为此处的"王子定"是周王子，"陈人"是指"齐人田氏"②。整理者的说法恐有不确。首先，虽然《史记·六国年表》中有同名的周王子定，但简文中提到的"王子定"应该是指楚王子定。对此，刘全志有详细考证③。其次，"陈人"应该是陈国人或陈地人，而非齐国人。正如苏建洲所指出的那样，史料中"田齐似未见自称为'陈人'"的记载④。《系年》章节提到的整件事始末，据刘全志解读，楚王子定逃离楚国后，为与楚悼王争夺王位，先是借助郑、韩、魏等国力量回国，但是遭到鲁阳公率军阻挡而未果；随后楚国惨败于韩、魏，陈国（地）人于是趁机反叛，并接纳了楚王子定⑤。陈国在楚悼王之前的楚惠王时期已被楚国所灭，陈地并入楚地。《史记·陈杞世家》："二十四年，楚惠王复国，以兵北伐，杀陈湣公，遂灭陈而有之。"⑥《系年》中记载陈人发动叛乱，并迎接王子定的时间是楚

---

① 李学勤主编：《清华大学藏战国竹简（贰）》，上海：中西书局，2011年，第196页。

② 李学勤主编：《清华大学藏战国竹简（贰）》，上海：中西书局，2011年，第200页注释28。

③ 刘全志：《清华简〈系年〉"王子定"及相关史事》，《文史知识》，2013年第6期。

④ 苏建洲、吴雯雯等：《清华二〈系年〉集解》，台北：万卷楼图书股份有限公司，2013年，第923-924页。

⑤ 刘全志：《清华简〈系年〉"王子定"及相关史事》，《文史知识》，2013年第6期。

⑥ 司马迁：《史记》卷三十六《陈杞世家》，北京：中华书局，1959年，第1583页。

悼王六年。之后，楚悼王起用吴起“北并陈蔡”①，陈地又被楚国控制。这说明陈国在此期间可能曾短暂复国②。陈人发动叛乱应该是利用了楚国在北方遭遇惨败的有利时机，蔡国可能也在此期间复国，如此才有了“楚邦以多亡城”的结果。这次陈人接纳楚悼王的政敌楚王子定，有可能是为了效仿过去支持楚平王政变的经历。当时楚灵王已灭陈、蔡为县，而楚平王为了发动政变，曾以“依陈、蔡人以国”为条件换取陈、蔡人的支持，孔颖达《春秋左传正义》曰：“二子更无兵众，唯依倚陈、蔡人耳。以国者，许为复其国，以此招慰之。”③ 楚平王政变成功后，果然实现了诺言，“封陈、蔡，复迁邑”④。从陈人的案例可见，由于地处“楚夏之交”的有利位置，尽管曾多次沦为楚县，但是遇到楚国对当地的政治统治减弱或者其他有利的外部机会时，当地人便会主动谋求复国。复国的主体既可能是前代国君的直系后裔，也可能是当地公族或宗族力量。另外，多次与陈国一并被灭的蔡国，可能也有类似的活动。这说明楚国对地域族群的融合建立在对当地维持较强的政治统治基础上，如果控制减弱，诸如陈、蔡等位于边界的小国便可能发生叛乱。在中原区域内，类似陈、蔡这样的小国被大国吞并为县后，很难自发产生复国的行为。从陈国案例来看，至少在春秋至战国前期，楚国政治认同主导下的族群融合模式有赖于政治、军事“强力”的保障，而不能通过内部社会、文化整合以达到族群融合。当楚国对当地控制减弱后，被灭国置县区域内的当地宗族便很有可能重新寻求复国，这点从位于楚国边界的特别是与中原大国接壤的北方边界区域中的小国、族群的情况来看，是比较明显的。对于这种情况，楚国也并不是完全没有防备意识。楚人有将处于北部边界之外的族群征服后向江汉平原内部

① 司马迁：《史记》卷六十五《孙子吴起列传》，北京：中华书局，1959 年，第 2168 页。
② 何浩认为陈、蔡两国实际上是亡于战国中期的楚宣王时期。详见何浩：《楚灭国研究》，武汉：武汉出版社，1989 年，第 319—340 页。
③ 左丘明传，杜预注，孔颖达正义：《春秋左传正义》，李学勤主编《十三经注疏》，北京：北京大学出版社，1999 年，第 1313 页。
④ 左丘明传，杜预注，孔颖达正义：《春秋左传正义》，李学勤主编《十三经注疏》，北京：北京大学出版社，1999 年，第 1316 页。

迁移的案例。例如，鲁昭公十九年春，楚工尹赤将位于晋、楚之间的阴戎迁至下阴。据杨伯峻注，下阴在今湖北老河口西[①]；同处于晋、楚之间的蛮氏，也被楚国迁入楚地。春秋晚期蛮氏被"司马致邑立宗焉，以诱其遗民，而尽俘以归"[②]，直至战国中期仍然可见蛮氏后裔在楚国境内活动[③]。

通过考察地处楚国边界特别是楚与中原交界地区的陈县（可能还有蔡县，两国曾多次灭国，又复国）可见，楚国这种以"政治认同"为基础的族群融合方式，较为依赖楚人对当地的政治统治。当楚人的控制减弱后，当地人复国的愿望将可能占据主流地位。其中的原因在于楚国通过政治力量主导当地后，虽然将当地改成楚国的地方行政单位，并迁走了故国统治者，但是楚国在相当长的一段时间内并没有完成将"楚县人"转换为"楚人"的任务，当地宗族、民众的族群意识仍然保留了其原有的族群身份记忆。因此，楚人的政治认同主导下的族群融合，需要依赖政治强制力作为保障。这种模式发生于楚地核心区内时自然不成问题，楚国可以进行稳定的政治统治。例如申人、息人等长期作为楚县制下稳定的楚县人，他们只有通过加入楚国行政、军事机构才能实现与境外族群交流，并且这个过程不断强化了他们对"楚人"的政治、族群身份认同，使其最终完成向楚人的转变。但是，当这种模式发生在楚地边缘特别是与大国接壤的边界，由于频繁征战所带来的不稳定状态，楚国对当地族群的整合、融合效果便要大打折扣。例如反复被楚国吞并置县的陈、蔡等国，长期在灭国、复国之间徘徊。同时期，中原国家却少见这种情况，这可能是由楚与中原在族群融合模式上的差异造成的。中原国家自春秋时期便形成对当时天下政治力量以"夷夏"属性判之的二元观，这种观念不仅成为中原国家鉴别"我者"和"他者"的重要依据，也成为中原各国对外关系中的重要影响因素。当然，诸夏和蛮夷的划分标准除了血缘关系，还有文化认同、政治立

---

①　杨伯峻编著：《春秋左传注》（修订本），北京：中华书局，1990年，第1401页。
②　杨伯峻编著：《春秋左传注》（修订本），北京：中华书局，1990年，第1628页。
③　黄锦前：《从伯铜簋谈到两周金文中的蛮氏》，《洛阳考古》，2017年第3期。

场等多重标准①。中原以文化认同为导向的"夷夏之辨"，实际上克服了不同族群在文化、政治身份之间的区别，它比政治认同更具有广泛的包容性，并且存在稳定、持久的影响力。当然，单靠文化认同也是不行的，中原大国的发展与楚国一样也是在不断吞并小国的基础上累积起来的。例如，"齐桓公并国三十，启地三千里"②，晋献公"并国十七，服国三十八"③。因此，具有相同文化认同的中原大国在吞并中原小国或是蛮夷国家之后，都能较为有效地完成对当地族群的融合。相较于中原，楚国以政治认同方式进行的族群融合，虽然能迅速将楚国的影响力扩散至江淮区域，实现族群融合的道路却是漫长的。这种族群融合方式的取向可能与楚人文化观念重"力"（政治）轻"礼"（文化）有关。李明丽曾将中原文献《左传》与楚国史书《系年》进行比较，发现"在深层叙事结构上清华简《系年》不同于《左传》的'以礼统力'，而是呈现'以力系事'的特点：涉礼不论礼，叙事不以礼为评，将力视为推动历史发展的重要因素"④。这种差异也影响了楚国疆域发展的走向，特别是战国时期。

　　战国时期，随着中原区域兼并战争的发展，春秋时期形成的楚国与中原大国之间的缓冲地带逐渐消失，从而导致双方形成更直接的对峙。而楚国北部特别是与中原接壤的疆域，其获取来源多是当地原有的小国。在战国中后期，楚在北方边界与中原大国的交战中一般胜少败多，中原人对楚国往往有"大而不强"的负面认识。例如，张仪说："楚虽有富大之名，

---

　　① 例如，王玉哲认为，"春秋时期的戎狄观念并不是以种姓或血统为根据的，其与华夏主要的分别，乃在于社会性质与生活方式的不同"［王玉哲：《论先秦的"戎狄"及其与华夏的关系》，《南开大学学报》（人文科学），1955 年第 1 期］；罗志田认为，"在'中国'之内是以政治（含血缘）分亲疏，在'中国'以外的天下则以大致的疆域分夷夏"（罗志田：《民族主义与近代中国思想》，台北：东大图书公司，1998年，第 14 页）；胡鸿认为，"是诸夏还是蛮夷戎狄，政治立场比姓氏血缘更为重要"（胡鸿：《能夏则大与渐慕华风：政治体视角下的华夏与华夏化》，北京：北京师范大学出版社，2017 年，第 37 页）。

　　② 王先慎撰，钟哲点校：《韩非子集解》，北京：中华书局，1998 年，第 31 页。

　　③ 王先慎撰，钟哲点校：《韩非子集解》，北京：中华书局，1998 年，第 368 页。

　　④ 李明丽：《以力统礼——试论清华简〈系年〉的深层叙事结构》，《古籍整理研究学刊》，2016 年第 2 期。

其实空虚；其卒虽众多，言而轻走易北，不敢坚战。"① 秦昭襄王时有人献策："臣窃为大王计，不如南出事于南方，其兵弱，天下必能救，地可广大，国可富，兵可强，主可尊。"② 这些案例反映出当时楚国内政可能存在治理的困境，不过，从楚国境内的族群融合模式来看却具有合理性。楚国是以政治认同为纽带建立的族群融合，在与北方大国博弈过程中，如果遭遇战争的失败，那么也会附带造成周边地区对"楚县人""楚人"身份认同程度的下降，这样又会继续加剧战役失败对楚国的负面影响。楚顷襄王东迁后，从陈地迁到寿春可能是一种"东向"意识的反映。通过对楚国族群融合模式的分析，我们还可以做出以下推论：楚顷襄王东迁的第一站是城阳，接着便前往陈地。楚国迁都陈地或许并不是因为其最适合作都城，也可能是由于楚人考虑到陈地是处于"楚夏之交"的地带，在楚国遭受重大打击后，当地有再次产生不稳定因素的风险，于是楚人东迁后选择将政治中心暂时迁至陈地。从战国中期以来楚与中原大国的战争来看，楚国在方城以外的区域处于萎缩趋势。但是从另一方面来看，楚人在北方遭到中原压力的同时，在东方却能继续快速推进，主要是因为战国时期东方最强大的越国相较于楚国也是"政乱兵弱"，在"东向"过程中，楚国以政治认同为主导的族群融合模式可以助其持续、迅速在东方区域推进。

---

① 何建章注释：《战国策注释》卷二十二《魏策一》，北京：中华书局，1990 年，第824 页。

② 该史料后面有"秦果南攻蓝田鄢郢"，何建章据此认为献策的时间大约是在公元前278 年白起拔郢之前，秦王是秦昭王（参见何建章注释：《战国策注释》卷二十五《魏策四》，北京：中华书局，1990 年，第925 页）。秦楚在蓝田的战争，见于《史记·楚世家》和《战国策·秦策四》等，为楚怀王十七年之事。在"蓝田之战"爆发的前一年，即楚怀王十六年，秦派张仪拆散齐楚联盟，进而引发秦楚大战。那么，献策之事发生的时间下限是楚怀王十六年。

第三节　汉朝对楚文化的整合与"楚人" 向"汉人"的转变

——以楚爵制的变迁为中心

关于战国秦汉时期楚文化的变迁以及汉王朝对楚文化的整合，学界过去从风俗礼仪、思想文化、宗教信仰等方面探讨的很多，也积累了较为丰硕的研究成果①。然而从制度文化的视角，专门探讨汉王朝对楚文化整合的研究成果似乎还不多见。因此我们拟从制度文化变迁的视角，尤其以赐爵制度为中心，观察和分析秦汉时期楚文化的演变历程与王朝的整合措施，以及在此过程中"楚人"向"汉人"的转变问题，希冀有助于深化学界对这一问题的认识，并获得抛砖引玉之效。

一、刘邦赐爵之属性

分析刘邦赐爵的属性，即赐予的某一爵位究竟属于楚爵、秦爵还是其他爵制，对于判断刘邦所行爵制的时限问题至为重要，但这并非易事。如徐天麟在《西汉会要》中将刘邦称帝前的爵制笼统地称作"旧爵"，主要就在于难以判断其爵制的属性②。

---

① 相关研究成果主要有王子今：《秦汉区域文化研究》，成都：四川人民出版社，1998 年；雷虹霁：《秦汉历史地理与文化分区研究——以〈史记〉〈汉书〉〈方言〉为中心》，北京：中央民族大学出版社，2007 年；王勇：《楚文化与秦汉社会》，长沙：湖南大学出版社，2009 年；高至喜：《楚文化的南渐》，武汉：湖北教育出版社，2017 年；张正明：《楚文化史》，武汉：湖北教育出版社，2018 年；刘和惠：《楚文化的东渐》，武汉：湖北教育出版社，2019 年；马世之：《中原楚文化研究》，武汉：湖北教育出版社，2019 年；周振鹤：《秦汉风俗地理区划》，《中国历史文化区域研究》，上海：复旦大学出版社，1997 年，第 107-128 页；王子今：《战国秦汉时期楚文化重心的移动——兼论垓下的"楚歌"》，《北大史学》第 12 辑，北京：北京大学出版社，2007 年，第 13-24 页；郑威、易德生：《从"楚国之楚"到"三楚之楚"：楚文化地理分区演变研究》，《江汉论坛》，2017 年第 4 期；等等。

② 朱绍侯：《刘邦施行过楚爵制已有实证》，《南都学坛》，1994 年第 2 期。

战国时期，列国爵制经常相互吸取，各国出现了一批爵称相同、封授普遍的爵位，这为我们推敲和辨析爵位的归属造成了很大障碍。据董说《七国考》记载，卿、君、侯是秦、楚、齐、赵、魏、韩、燕七国所共有的封号，五大夫也是秦、楚、赵、魏四国所共有的爵称，除楚国外，魏国也有国大夫之爵[1]。所以，欲辨明某一爵位的属性应当慎之又慎，需要我们根据当时的历史背景与众多的赐爵事例进行综合分析和判断。总体来说，我们对于刘邦所赐多数爵位的属性比较清楚，但仍有若干爵位如七大夫、君等，学界还存在争议，下文便首先对这两种爵位做一番梳理和分析。

（一）七大夫

1. 学术检讨

楚汉战争结束后，新王朝亟需安定社会、发展生产、复员军人以及妥善安置有功将士。针对上述问题，刘邦于汉五年（前202）五月颁布诏书，《汉书·高帝纪》录其全文如下：

> 诏曰："诸侯子在关中者，复之十二岁，其归者半之。民前或相聚保山泽，不书名数，今天下已定，令各归其县，复故爵田宅，吏以文法教训辨告，勿笞辱。民以饥饿自卖为人奴婢者，皆免为庶人。军吏卒会赦，其亡罪而亡爵及不满大夫者，皆赐爵为大夫。故大夫以上赐爵各一级，其七大夫以上，皆令食邑，非七大夫以下[2]，皆复其身及户，勿事。"又曰："七大夫、公乘以上，皆高爵也。诸侯子及从军归者，甚多高爵，吾数诏吏先与田宅，及所当求于吏者，亟与。爵或人君，上所尊礼，久立吏前，曾不为决，甚亡谓也。异日秦民爵公大夫以上，令丞与亢礼。今吾于爵非轻也，吏独安取此！且法以有功劳

---

① 董说：《七国考》，北京：中华书局，1956年，第71页。
② 刘敏认为，诏书中"七大夫以上"与"非七大夫以下"两句，释义应是相同的，均应指七大夫以上的爵位，但传统解释与"非七大夫以下"的意思是不相符的。出现这种不符的原因可能有二，或是标点断句问题，或是文字讹误问题。详见刘敏：《重释"高帝五年诏"中的爵制问题》，《史学月刊》，2005年第11期。

行田宅，今小吏未尝从军者多满，而有功者顾不得，背公立私，守尉长吏教训甚不善。其令诸吏善遇高爵，称吾意。且廉问，有不如吾诏者，以重论之。"①

该诏书主要涉及帝国初建后奖励军功、安定天下的具体政策，如针对一般民众和低爵者，恢复其故爵田宅，同时向立功将士广泛赐爵，再依法名田宅。凡此种种，都直接关系到新王朝的等级结构与秩序重建。在该诏书中，"七大夫"具有重要而特殊的意义，它作为高低爵的分界爵级究竟属于秦爵还是楚爵，成为长期以来学界争讼纷纭的议题。

颜师古曰："七大夫，公大夫也，爵第七，故谓之七大夫。"② 自颜氏首开其议后，不少学者据颜说认为，七大夫就是秦二十等爵中的第七级公大夫。刘敏认为，自刘邦称帝后，汉在爵制方面，除了诸侯王爵，实行的是秦朝的二十等爵制。五年诏令说"七大夫、公乘以上，皆高爵也"，将"七大夫"与"公乘"并提，说明二者等次相近，而七大夫的等次又明确低于五大夫。所以，五大夫是二十等爵中的第九级，公乘是第八级，七大夫应该就是第七级公大夫，就是秦爵③。李开元也赞同颜师古的说法，理由是汉建国后已将楚制改为秦制，且五年诏中其他爵名都是秦爵，所以七大夫也为秦爵④。

但是，学界也存在不同的看法，如日本学者栗原朋信提出，"高帝五年诏"中所说的七大夫应该是汉初所行的楚爵爵称，而非秦爵⑤，可惜并未申明原因。国内亦有不少学者赞同七大夫为楚爵说，如朱绍侯、卜宪群等。朱绍侯认为，七大夫与刘邦在反秦及楚汉战争时所赐的国大夫、列大夫、五大夫、君、侯等爵位一样，不属于秦的二十级军功爵制，理由是刘

① 班固：《汉书》卷一下《高帝纪下》，北京：中华书局，1962年，第54-55页。

② 班固：《汉书》卷一下《高帝纪下》，北京：中华书局，1962年，第55页。

③ 刘敏：《重释"高帝五年诏"中的爵制问题》，《史学月刊》，2005年第11期。

④ 李开元：《汉帝国的建立与刘邦集团——军功受益阶层研究》，北京：生活·读书·新知三联书店，2000年，第31页。

⑤ 栗原朋信：《关于两汉时代的官民爵》，《史观》第22、23、26、27册，早稻田大学史学会，1930、1931年。

邦不可能同时施行两种爵制，如果这次对立功者赐以秦爵，下一次对立功者赐以另一种爵位，这样势必造成赐爵级别衔接上的混乱[①]。卜宪群亦颇疑颜氏之说，提出楚旧爵中有五大夫，亦有"三闾大夫"，而"三闾大夫"在楚也称"三大夫"，因此七大夫也完全有可能为楚爵名[②]。

以上关于七大夫的属性问题，学者们提出了各自的看法及理由，予人以诸多启示，如卜宪群通过三大夫、五大夫等楚爵推测，七大夫也完全有可能属于楚爵，颇为入理；但也有些观点或还存在进一步商榷的空间，如李开元认为汉建国后已将楚制改为秦制，这种看法有可能过于绝对。可能更符合历史事实的描述是，刘邦受封汉王、据有秦地后，在采用秦爵制的同时，楚爵制并未废除，后文将对该问题展开专门讨论，此不赘言。又，朱绍侯提出刘邦不可能在同一时期施行两种爵制，否则势必将造成赐爵级别衔接上的混乱。朱绍侯的分析亦为合理，可能多数时候都是如此，但在某些特殊时期，施行不同的赐爵制度也是完全有可能的，有证据表明，楚汉之际的刘邦就兼用了秦、楚等多种爵制。

2. 七大夫当为楚爵

囿于史料，目前我们对楚爵制了解得还不是很清楚，尽管目前还缺乏七大夫为楚爵的直接证据，但同样也无材料表明七大夫就是秦爵。所以，我们不能以此就断言，楚爵体系中无此爵位。实际上，七大夫为楚爵的可能性是存在的，而且这种可能性还比较高。

首先，"高帝五年诏"中同时出现"七大夫"与"秦民爵公大夫"，若七大夫即秦爵公大夫，则诏令所涉爵位几乎尽为秦爵，公大夫前似无必要冠诸"秦"以明其属性；而且，对某爵位以两种爵称来书写也极易造成不必要的混淆，尤其还出现在正式的诏书中。所以，七大夫为秦爵的可能性应不大。

其次，若将七大夫视作秦爵第七级的公大夫，则其附带的权益未免有些过高，这不太符合秦爵制的规定。客观来讲，"高帝五年诏"中七大夫

---

① 朱绍侯：《刘邦施行过楚爵制已有实证》，《南都学坛》，1994 年第 2 期。

② 卜宪群：《秦制、楚制与汉制》，《中国史研究》，1995 年第 1 期。

的待遇很高，尤其是拥有食邑特权，这在此前的秦爵中是没有的。如《商君书·境内》载，只有第九级五大夫以上之爵方可食邑①，第七级的公大夫无此权利。

复次，刘邦在反秦、抗楚时期施行过楚爵制，这基本为学界共识。其时，七大夫之爵也常与其他楚爵一起赐予有功将士。据史籍记载，刘邦对曹参先后赐爵七大夫、五大夫、执帛（号建成君）、执珪、建成侯②，对夏侯婴先后赐爵七大夫、五大夫、执帛、执珪③，对灌婴先后赐爵七大夫、执帛（号宣陵君）、执珪（号昌文君）④，等等。这里出现的五大夫、执帛、执珪等俱为楚爵，而一并出现且与其他楚爵具有规律性等级之别的七大夫⑤，在大概率上也应属于楚爵。

（二）君

"君"是春秋末期出现的封授给卿大夫的一种新爵号。据研究，受封卿大夫冠以"君"号者，最早出现在楚国，而战国时期备受推崇的封君制则是春秋时期分封卿大夫为"君"的延续⑥。春秋时期最早的封"君"事例可能在楚惠王时期。据《左传·哀公十八年》载，惠王十二年（前477），时任右司马的子国（公孙宁）以破巴师之功而被封为"析君"⑦。此外，文子（公孙宽）亦被楚惠王封于鲁阳⑧，称为"鲁

---

① 蒋礼鸿：《商君书锥指》卷五《境内》，北京：中华书局，1986年，第117页。
② 司马迁：《史记》卷五十四《曹相国世家》，北京：中华书局，1959年，第2021-2024页。
③ 司马迁：《史记》卷九十五《樊郦滕灌列传》，北京：中华书局，1959年，第2664页。
④ 司马迁：《史记》卷九十五《樊郦滕灌列传》，北京：中华书局，1959年，第2667页。
⑤ 朱绍侯指出，刘邦在称帝前所赐楚爵的级别顺序是比较清楚的，这些楚爵的基本级别次序为：国大夫—列大夫—上闻—七大夫—五大夫—卿—执帛—执珪—侯。详见朱绍侯：《刘邦施行过楚爵制已有实证》，《南都学坛》，1994年第2期。
⑥ 刘泽华、刘景泉：《战国时期的食邑与封君述考》，《北京师范学院学报》（社会科学版），1982年第3期。
⑦ 杨伯峻编著：《春秋左传注》（修订本），北京：中华书局，1990年，第1713页。
⑧ 徐元诰撰，王树民、沈长云点校：《国语集解·楚语下》，北京：中华书局，2002年，第528页。

阳文君"①。进入战国，赵国开启了封"君"先河，赵襄子封赵周于代，号曰"代成君"②。自此，"君"作为战国时期的高等级爵号，普遍出现在各诸侯国。

战国时期，封君所获爵位主要有"君""侯""公"等，总体来说，封"君"的数量明显高于封"侯""公"者。若就封"君"数量而言，楚国无疑列于各国之首。据统计，楚国共有封君63位，其中称"君"者就达59位；赵国封"君"者数量次之，有21位；秦、魏两国分别有15和12位；燕、韩、齐诸国人数最少，均未超过5位（如表4-1所示）。

表4-1　战国时期各诸侯国封君数量统计表③

封君情况	诸侯国						
	楚国	赵国	秦国	魏国	韩国	燕国	齐国
封君总数	63	23	22	17	6	5	5
封"君"者数量	59	21	15	12	5	5	4

关于封"君"者是否享有食邑之权，是学界长期关注的热点问题之一。应该说，封"君"可区分为两类，一为实封，一为虚封，前者有食邑，后者则无，但不同时期情况各异，不宜一概而论。

战国时期，上述两种封"君"类型都存在，但实封的情况更多。刘泽华、刘景泉曾指出，战国封君有三种不同的性质：一种是封君临土治民，终身享有且可以世袭封地，具有独立体系；一种是封君不临土治民，只是收取赋税；最后一种是虚荣之封，只有封号而没有封邑。比较而言，该时

---

① 吴毓江撰，孙启治点校：《墨子校注》卷十三《鲁问》，北京：中华书局，1993年，第734页。

② 司马迁：《史记》卷十五《六国年表》，北京：中华书局，1959年，第693-694页；同书卷四十三《赵世家》，第1794页。

③ 杨娇：《汉代女性封"君"问题研究》，云南民族大学硕士学位论文，2021年，第30页。

期的封君虽有一部分是虚封，但更多的还是实封，他们在封地中拥有包括行政、军事、经济方面相对独立的统治权力①。何浩也赞同上述两位的看法，强调楚国的封君不同于其最高爵位"执珪"，需要在获封爵位且有食邑的基础之上另封"君"号，因而封君是一种更为特殊且尊贵的爵称②。

　　秦汉之际，以陈胜、楚怀王、刘邦、项羽等为代表的楚政权的封"君"，基本是不赐予食邑的虚封，这也是继承了战国末期楚国封"君"制的精神。如樊哙西征入秦时，因军功赐爵"贤成君"。关于"贤成君"的性质与权益，史家多有不同意见。臣瓒曰："秦制，列侯乃有封爵。"颜师古则反驳曰："瓒说非也。楚汉之际，权设宠荣，假其位号，或得邑地，或空受爵，此例多矣。约以秦制，于义不通。"③ 颜氏所言较具理据，也符合当时的历史事实，其说大率可从。

　　进而言之，由于楚系势力集团赐爵时基本都施行楚爵制，所以这一时期所赐"君"爵亦当为楚爵④。与战国时期稍有不同的是，此期封"君"者大多无食邑，故张晏谓其"食禄比封君而无邑也"⑤。汉帝国建立后，对男性的封"君"也基本沿袭了此前楚系封"君"制的风格与特点。对此后文将有详述，于此不赘。在此，我们将反秦、抗楚与汉帝国建立后三个时期刘邦及其后继统治者封"君"的情况整理如下（表4-2），以佐分析。

---

　　① 刘泽华、刘景泉：《战国时期的食邑与封君述考》，《北京师范学院学报》（社会科学版），1982年第3期。

　　② 何浩：《战国时期楚封君初探》，《历史研究》，1984年第5期。

　　③ 班固：《汉书》卷四十一《樊哙传》，北京：中华书局，1962年，第2069页。

　　④ 朱绍侯指出，秦汉之际，刘邦集团封赐的国大夫、列大夫、七大夫、五大夫、执帛、执珪、卿、君、侯等在内的爵称，毫无疑问都是楚爵（详见朱绍侯：《军功爵制研究》，上海：上海人民出版社，1990年，第51-52页；《刘邦施行过楚爵制已有实证》，《南都学坛》，1994年第2期）。卜宪群也强调，刘邦在赐爵制度上并非直接袭秦爵制，其初期赐爵的核心是袭用楚制的（卜宪群：《秦制、楚制与汉制》，《中国史研究》，1995年第1期）。

　　⑤ 班固：《汉书》卷四十一《樊哙传》，北京：中华书局，1962年，第2069页。

表 4-2　秦末至西汉封君情况统计表

序号	时间	赐爵者	受封者	封号	食邑情况	赐爵经过
1	反秦时期	楚怀王	曹参	建成君	无	《史记·曹相国世家》："秦将章邯破杀项梁也，沛公与项羽引而东。楚怀王以沛公为砀郡长，将砀郡兵。于是乃封（曹）参为执帛，号曰建成君。"
2	反秦时期	项羽	陈平	信武君	无	《史记·陈丞相世家》："项羽略地至河上，陈平往归之，从入破秦，赐平爵卿。项羽之东王彭城也，汉王还定三秦而东，殷王反楚。项羽乃以平为信武君。"
3	反秦时期	刘邦	樊哙	贤成君	无	《史记·樊郦滕灌列传》："（樊哙）击破赵贲军开封北，以却敌先登，斩候一人，首六十八级，捕虏二十七人，赐爵卿。从攻破杨熊军于曲遇。攻宛陵，先登，斩首八级，捕虏四十四人，赐爵封号贤成君。"

（续表）

序号	时间	赐爵者	受封者	封号	食邑情况	赐爵经过
4	反秦时期	刘邦	郦商	信成君	无	《史记·樊郦滕灌列传》："沛公略地至陈留，六月余，（郦）商以将卒四千人属沛公于岐。从攻长社，先登，赐爵封信成君。"
5	反秦时期	刘邦	灌婴	宣陵君、昌文君	无	《史记·樊郦滕灌列传》："（灌婴）从攻秦军亳南、开封、曲遇，战疾力，赐爵执帛，号宣陵君。从攻阳武以西至雒阳，破秦军尸北，北绝河津，南破南阳守齮阳城东，遂定南阳郡。西入武关，战于蓝田，疾力，至霸上，赐爵执珪，号昌文君。"
6	反秦时期	刘邦	郦食其	广野君	无	《史记·郦生陆贾列传》："于是遣郦生行，沛公引兵随之，遂下陈留。号郦食其为广野君。"

（续表）

序号	时间	赐爵者	受封者	封号	食邑情况	赐爵经过
7	反秦时期	刘邦	靳歙	临平君	无	《史记·傅靳蒯成列传》："（靳歙）击秦军亳南、开封东北，斩骑千人将一人，首五十七级，捕虏七十三人，赐爵封号临平君。"
8	反秦时期	刘邦	刘交	文信君	无	《汉书·楚元王传》："因西攻南阳，入武关，与秦战于蓝田。至霸上，封（刘）交为文信君。"
9	汉元年（前206）	汉王	傅宽	共德君	无	《史记·傅靳蒯成列传》："（傅宽）击赵贲军于开封，及击杨熊曲遇、阳武，斩首十二级，赐爵卿。从至霸上。沛公立为汉王，汉王赐宽封号共德君。"
10	汉二年（前205）	汉王	叔孙通	稷嗣君	无	《史记·刘敬叔孙通列传》："汉二年，汉王从五诸侯入彭城，叔孙通降汉王……汉王拜叔孙通为博士，号稷嗣君。"

（续表）

序号	时间	赐爵者	受封者	封号	食邑情况	赐爵经过
11	汉四年（前203）	汉王	侯公	平国君	无	《史记·项羽本纪》："汉王复使侯公往说项王，项王乃与汉约，中分天下，割鸿沟以西者为汉，鸿沟而东者为楚。项王许之，即归汉王父母妻子。军皆呼万岁。汉王乃封侯公为平国君。"
12	汉五年（前202）	汉高祖	刘敬	奉春君	无	《史记·刘敬叔孙通列传》："高帝问群臣，群臣皆山东人，争言周王数百年，秦二世即亡，不如都周。上疑未能决。及留侯明言入关便，即日车驾西都关中。于是上曰：'本言都秦地者娄敬，"娄"者乃"刘"也。'赐姓刘氏，拜为郎中，号为奉春君。"
13	汉十年（前197）	汉高祖	乐叔	华成君	有	《史记·乐毅列传》："高帝过赵，问：'乐毅有后世乎？'对曰：'有乐叔。'高帝封之乐卿，号曰华成君。华成君，乐毅之孙也。"

（续表）

序号	时间	赐爵者	受封者	封号	食邑情况	赐爵经过
14	汉十二年（前195）	汉高祖	朱建	平原君	无	《汉书·朱建传》："（朱建）故尝为淮南王黥布相，有罪去，后复事布。布欲反时，问建，建谏止之。布不听，听梁父侯，遂反。汉既诛布，闻建谏之，高祖赐建号平原君，家徙长安。"
15	元鼎四年（前113）	汉武帝	姬嘉	周子男君	有	《史记·周本纪》："汉兴九十有余载，天子将封泰山，东巡狩至河南，求周苗裔，封其后（姬）嘉三十里地，号曰周子南君，比列侯，以奉其先祭祀。"
16	元平元年（前74）	汉宣帝	许广汉	昌成君	无	《汉书·外戚传上·孝宣许皇后传》："数月，曾孙立为帝，（许）平君为倢伃。……上乃诏求微时故剑，大臣知指，白立许倢伃为皇后。既立，霍光以后父（许）广汉刑人不宜君国，岁余乃封为昌成君。"

（续表）

序号	时间	赐爵者	受封者	封号	食邑情况	赐爵经过
17	永光元年（前43）	汉元帝	孔霸	褒成君	有	《汉书·孔光传》："元帝即位，征（孔）霸，以师赐爵关内侯，食邑八百户，号褒成君。"

1. 封"君"数量

观表4-2可知，自秦末至西汉晚期，刘邦及其后继统治者都封赐过"君"爵，只不过在不同时期封授数量有所差异。比较而言，反秦时期封"君"人数最多，除曹参、陈平是由楚怀王和项羽所赐外，其余6人俱系刘邦所授。此后，不论楚汉相争时期，还是汉帝国建立后，刘邦都封赐过"君"爵，这两个时期各有三例；此外，西汉武帝、宣帝、元帝朝，也各有一例。不难看出，即便是新王朝建立后，源于楚爵制的封"君"传统仍得以保留，只不过封授事例相对少些。

2. 封"君"原因

总体上说，封"君"的主要原因是酬功赏劳。表4-2所列反秦、抗楚时期的11则封"君"事例，都属于此类情况。只不过对功劳的理解不宜过狭，它不仅包含军功，还包括建言献计、率众归附、出使斡旋等功劳，我们可统称其为"事功"，叔孙通、侯公以及刘敬等人俱是因之获封。

汉帝国建立后，又出现了两类新的受封群体：一类是古圣先贤之后，赐其号以奉祖祀，如高祖时乐叔以先贤后人获封，武帝时姬嘉以周后绍封；另一类是与最高统治者有密切关系者，如宣帝时许广汉以后父致封，元帝时孔霸以帝师赐号。可见新王朝建立后，在继续遵循褒赏有功的封"君"原则外，赐爵理由也呈现出多元化的倾向，这与当时历史背景、政治环境的变化有密切的关联。

3. 食邑情况

秦末至西汉，"君"爵通常并不能带给受封者食邑特权，更多地代表一种褒功赏勋的爵宠与荣耀。所以，司马贞《史记索隐》称其"非爵土，加美号耳"①，"美号耳，非地邑"②。该时期众多封"君"事例也为我们提供了充分的佐证。如灌婴，其先后赐号"宣陵君""昌文君"，但均未获得食邑，直至后来以击破龙且、魏相项他军之功才赐爵"昌文侯"，食杜平乡③。又，傅宽在刘邦封为汉王后即赐爵"共德君"，亦未获食邑之权，后从入汉中，还定三秦，才赐食邑于雕阴④。其例较多，恕不备举。

当然，这一时期并非所有的封"君"者都无食邑，也存在少数特例，如上文提到的华成君乐叔、周子男君姬嘉与褒成君孔霸。乐叔食邑于乐卿，姬嘉食邑于子南⑤。这两人均为圣王先贤之后，统治者特赐食邑以供其奉祖祀，当是一个重要的考虑因素。在此需要特别说明的是褒成君孔霸，他享有食邑权有其特殊的原因。史载，元帝即位后，"征（孔）霸，以师赐爵关内侯，食邑八百户，号褒成君"⑥。据此，我们可以得出以下两点认识：一是孔霸的食邑并不是由"褒成君"之封带来的，而是由关内侯之爵所致；二是西汉中期以降，男性封"君"数量大量为减少，孔霸之所以在关内侯爵之外还得赐君号，主要有赖于其帝师的特殊身份。

质言之，西汉时期的封"君"基本为虚封，确实与特殊的历史条件下各势力集团难有稳定的政治环境、经济实力或一定的时间对封"君"者划

---

① 司马迁：《史记》卷九十五《樊郦滕灌列传》，北京：中华书局，1959年，第2668页。
② 司马迁：《史记》卷九十八《傅靳蒯成列传》，北京：中华书局，1959年，第2707页。
③ 司马迁：《史记》卷九十五《樊郦滕灌列传》，北京：中华书局，1959年，第2668页。
④ 司马迁：《史记》卷九十八《傅靳蒯成列传》，北京：中华书局，1959年，第2707页。
⑤ 颜师古谓："子南，其封邑之号，以为周后，故总言周子南君。"（班固：《汉书》卷六《武帝纪》，北京：中华书局，1962年，第184页。）徐广《史记正义》引《帝王世纪》云："汉武帝元鼎四年，东巡河洛，思周德，乃封姬嘉三千户，地方三十里，为周子南君，以奉周祀。"（司马迁：《史记》卷四《周本纪》，北京：中华书局，1959年，第170页。）
⑥ 班固：《汉书》卷九十一《孔光传》，北京：中华书局，1962年，第3353页。

地赐邑有关①，但这可能也并不是主要原因，关键原因应该是此时的"君"爵难以达到享有食邑特权的条件。换句话说，"君"爵附丽的权益已无法与战国多数时期相比，它已经不再是能提供食邑特权的高爵了。我们可以看到，尽管这一时期战事频繁，但仍有不少封"侯"者享有食邑之权②。所以，"君"爵实际地位的下降及其附带利益的降低，可能才是统治者多行虚封的主要原因。

4. 男性封"君"的终止时间

通过表4-2可以看出，西汉向男性赐予"君"号最晚的事例应是元帝永光元年（前43）时的孔霸。若将视野延伸至东汉，刘秀封皇考为"南顿君"的建武三年（27）可能是男性获赐"君"号的时间下限③。但我们综合分析这些封"君"案例，并结合其时的历史背景，从制度实施的层面上讲，汉朝对男性封"君"的实际终止时间应在西汉武帝朝，宣、元以降的封"君"事例往往有其特殊的原因和背景，当非制度使然。

宣帝即位后，本欲依外戚恩泽封侯的惯例封后父许广汉，然霍光以许广汉"刑人不宜君国，岁余乃封为昌成君"。直至霍光薨后，地节三年（前67），许广汉终以皇太子外祖父封侯，食邑五千六百户④。不难看出，许广汉例当封侯，其受封为"君"，实是在当时微妙的政治环境下不得已

---

① 如朱绍侯指出，刘邦在称帝前长期处于流动作战阶段，所占地盘有限，经济上也捉襟见肘，益禄、增封实不可能，只能给予荣誉鼓励，即在赐爵卿、执帛、执珪之后，再赐以君号，叫做"赐重封"，和赐爵封的含义基本相同；方原也认为，秦汉之际楚政权的赐爵制度囿于战乱多为虚封。分别参见朱绍侯：《刘邦施行过楚爵制已有实证》，《南都学坛》，1994年第2期；方原：《秦汉之际楚政权封君赐爵制度初探》，《浙江海洋学院学报》（人文科学版），2007年第1期。

② 秦汉之际，刘邦集团中得赐列侯爵并获食邑者，除上文提及的灌婴外，还有周勃、樊哙等人。《史记·绛侯周勃世家》载，刘邦受封汉王后，封周勃为威武侯，"还定三秦，至秦，赐食邑怀德"。又，《史记·樊郦滕灌列传》载：刘邦封樊哙为临武侯，还定三秦，至栎阳，赐食邑于杜之樊乡。后"项羽败汉王于彭城，尽复取鲁、梁地。哙还荥阳，益食平阴二千户"。见司马迁：《史记》，北京：中华书局，1959年，第2067、2655页。

③ 范晔：《后汉书》卷一上《光武帝纪上》，北京：中华书局，1965年，第32页。

④ 班固：《汉书》卷十八《外戚恩泽侯表》，北京：中华书局，1962年，第696页。

而为之的"妥协"①。

此外，如上文所推论，元帝时关内侯孔霸赐号"褒成君"，主要缘于其帝师的特殊身份。《汉书》颜注引如淳曰："（孔霸）为帝师，教令成就，故曰褒成君。"② 这种"重封"的殊荣在西汉中期以后也是极为少见的。而两汉之际的"南顿君"之封，实是刘秀对皇考所上的尊号，主要目的应在于彰明自己汉室后裔的身份以及便于立庙祭祀③。

综上所述，西汉中期以降，统治者对男性封"君"已很少见，且往往都具有特殊的原因。但这"并不是说'君'的封号就退出了历史舞台，而是把原来封赐给男子的'君'号转赐给妇女"，"妇女封'君'的待遇，相当于列侯"④。

《汉书》载："（孝景王）皇后立九年，景帝崩。武帝即位，为皇太后，尊太后母臧儿为平原君……及平原君薨，从田氏葬长陵，亦置园邑如共侯法。"⑤ 汉武帝封"平原君"之举具有标志性的意义，自此拉开了汉代向女性赐"君"爵的序幕。此外，汉武帝还赐予同母姐金俗"汤沐邑，号修成君"⑥。自武帝至献帝，汉代统治者对贵族女性封"君"赐邑的记载不绝于史。据统计，两汉女性封"君"者至少有 21 位⑦。

---

① 《汉书》记载："曾孙立为帝，平君为倢伃。是时，霍将军有小女，与皇太后有亲。公卿议更立皇后，皆心仪霍将军女，亦未有言。上乃诏求微时故剑，大臣知指，白立许倢伃为皇后。既立，霍光以后父广汉刑人不宜君国，岁余乃封为昌成君。"（班固：《汉书》卷九十七上《外戚传上·孝宣许皇后传》，北京：中华书局，1962 年，第 3965 页。）

② 班固：《汉书》卷八十一《孔光传》，北京：中华书局，1962 年，第 3353 页。

③ 范晔：《后汉书》卷一上《光武帝纪上》，北京：中华书局，1965 年，第 32 页。

④ 朱绍侯：《〈秦汉时期的"赐民爵"及"小爵"〉读后——兼论汉代爵制与妇女的关系》，《史学月刊》，2009 年第 11 期。

⑤ 班固：《汉书》卷九十七上《外戚传上·孝景王皇后传》，北京：中华书局，1962 年，第 3947 页。

⑥ 班固：《汉书》卷九十七上《外戚传上·孝景王皇后传》，北京：中华书局，1962 年，第 3948 页。

⑦ 杨娇：《汉代女性封"君"问题研究》，云南民族大学硕士学位论文，2021 年，第 53 页。

二、楚爵制施行的时间下限

学界多认为，在反秦战争时期，刘邦集团作为源于楚地并隶属楚政权的武装力量，在赐爵制度上采用的是楚制，但此后不久，便弃用了楚爵制，改行秦爵制。有学者提出，刘邦在封为汉王后即以秦制代替了楚制[1]；还有学者主张，在新王朝建立前后，刘邦停用楚爵制，施行秦爵制。相较而言，持后一种观点的学者更多。如朱绍侯认为，在刘邦受封汉王后，楚爵制仍在行用，由楚爵制改行秦二十级军功爵制不会早于汉四年，也不会晚于汉五年。刘邦于汉五年五月颁布诏令"复故爵田宅"，秦二十级军功爵制在法令上得到确认，从此汉就一直沿用秦的军功爵制[2]。按照朱绍侯的看法，在统一天下后不久，刘邦似乎就以秦爵制替代了楚爵制。此外，卜宪群还明确提出了楚爵制被废除的时间推测，他认为应是在汉高祖五年，理由是此时全国基本实现统一，刘邦也才有可能着手厘清楚汉之际赐爵杂冗的状况[3]。

但通过全面梳理和分析刘邦集团的封"君"事例我们发现，上述看法或可再商榷。实际上，刘邦不仅在受封汉王后多次封"君"，即使在新王朝建立后，汉帝国的统治者也不断授出"君"号。从授封实践上看，汉朝对男性"君"爵的封赐一直延续至武帝朝。这就意味着，行用楚爵的时间下限应延至西汉中期，至此或许才可以说楚爵制退出了历史舞台，主要袭自秦爵制的汉爵制基本形成。

质言之，西汉前期实际是一个以秦/汉爵制为主，楚爵制[4]、周爵制[5]

---

① 李开元：《汉帝国的建立与刘邦集团——军功受益阶层研究》，北京：生活·读书·新知三联书店，2000 年，第 39 页。

② 朱绍侯：《刘邦施行过楚爵制已有实证》，《南都学坛》，1994 年第 2 期。

③ 卜宪群：《秦制、楚制与汉制》，《中国史研究》，1995 年第 1 期。

④ 如朱绍侯主张，汉初刘邦施行的爵制当主要是杂糅秦爵制和楚爵制而成。详见朱绍侯：《〈奏谳书〉新郪信案例爵制释疑》，《史学月刊》，2003 年第 12 期。

⑤ 如凌文超提出，汉初二十等爵制除继承了秦军功爵制外，还受到了周内爵称的影响。详见凌文超：《汉初爵制结构的演变与官、民爵的形成》，《中国史研究》，2012 年第 1 期。

等诸制并存的时期，不同制度因素都对汉制的形成产生了重要影响①。而造成这一时期诸制并存或曰楚爵制存续较长时间的原因，我们认为可能主要有以下几点。

首先，反秦时期，刘邦所率部队的核心是楚人，因而采用他们熟悉的楚爵来酬功赏劳、聚拢人心是非常自然的。随着秦朝的覆亡与楚汉相争局面的形成，刘邦集团不断汇集秦人及其他诸侯国之人。由于刘邦控制的地域主要为秦地，麾下秦人将士的数量急剧增长，故而刘邦需要兼行秦爵制。这一时期战事频仍，汉政权无暇建章立制，故而难以在爵制上实现"统一化"。即便到新王朝建立后，面对秦制、楚制等诸制并行的格局，统治者也还需要一段不短的时间以及相应的配套措施，以保证政策的平稳过渡与汉制的酝酿创建，实难遽行一体化的爵制。

其次，宗法分封思想尽管在当时有所削弱，但在社会上下仍有相当的影响。加之秦帝国统治时间短促，虽"以其强盛匡合海内，一统天下，但却难以在短期内改造被征服区的社会结构，消除专制主义中央集权制的离心力，特别是铲除人们头脑中根深蒂固的宗法观念"②。在长期的战争过程中，刘邦集团中的不少楚地将士积功累勋，获赐楚爵。汉帝国建立后，仍需要继续向有功者兑现其爵位附带的各项权益，此前授出的楚爵难以在短时间内尽数更易，故而造成了一定时间的遗留，楚系"君"爵在西汉的存续变迁就是典型的例证。

在此还要特别强调的是，西汉中期以降，统治者对女性封"君"呈现出与此前对男性封"君"的一个显著不同——基本都赐予食邑，而且在封

---

① 李学勤强调，楚文化对汉代文化的酝酿形成有过重大的影响（详见李学勤：《东周与秦代文明》，上海：上海人民出版社，2007年，第11页）；李禹阶提出，"汉制"在继承"秦制"的同时，也大量吸取儒家所改造的周代礼仪制度，形成了"汉承秦制"与"汉家法周"的情形［详见李禹阶：《"汉制"新探——论西汉前期的"汉承秦制"与"汉家法周"》，《华南师范大学学报》（社会科学版），2020年第2期］；卜宪群认为，汉制的形成受到了秦制和楚制的深刻影响（详见卜宪群：《秦制、楚制与汉制》，《中国史研究》，1995年第1期）。

② 杨光辉：《汉唐封爵制度》，北京：学苑出版社，2004年，第20页。

授对象、原因等方面也体现出若干规律性的特点①。尽管战国时期齐国也有过对女性的封"君"之举②，但毕竟属于个例，且在其他国家也并不存在，完全不似汉武帝以后对女性封"君"的"制度化"趋向。所以，在这个意义上讲，西汉中期"君"爵封授对象的变化及其附带权益的提高等都从一个角度折射出，新王朝对秦制的因袭，对周制、楚制等制度的兼取至此告一段落，彰显"汉家气象"的制度与文化已大体形成，并持续不断地从关中腹里向关东乃至更远的"边缘"地区辐射，展现出越来越大的影响力与整合力③。

三、楚文化区的变迁与"楚人"向"汉人"的转变

战国后期，随着楚人的东迁和北移，楚文化区也在不断向东、北两个方向扩展。战国末至汉初，其覆盖范围已包括淮河流域、江东地区等。司马迁在《史记·货殖列传》中为我们呈现了秦至汉初人们对不同文化地理分区的认识，其中他将楚地分为西楚、东楚与南楚三大区域。

> 越、楚则有三俗。夫自淮北沛、陈、汝南、南郡，此西楚也。其俗剽轻，易发怒，地薄，寡于积聚。江陵故郢都，西通巫、巴，东有云梦之饶。陈在楚夏之交，通鱼盐之货，其民多贾。徐、僮、取虑，则清刻，矜己诺。
>
> 彭城以东，东海、吴、广陵，此东楚也。其俗类徐、僮。朐、缯以

① 杨娇：《汉代女性封"君"问题研究》，云南民族大学硕士学位论文，2021年，第56-66页。

② 刘向《列女传》载，齐无盐邑之女钟离春因进谏有功被齐宣王封为"无盐君"，并最终成为宣王正后。详参张涛：《列女传译注》，济南：山东大学出版社，1990年，第231-232页。

③ 李禹阶强调，"在西汉前期的'汉制'建构中，因政治、经济形势的需求，汉代政治制度在继承、改造秦旧制的基础上，其制度创新主要源于由儒家学者所改造的周代礼仪制度。宗法血缘尊卑之制成为'汉制'的重要组成部分，从而形成了'汉制'中'汉承秦制'与'汉家法周'的制度架构。这种政治体制重新建构了汉代国家与基层社会的相互关系，并适应了汉朝廷对关东广大地域的统治"[李禹阶：《"汉制"新探——论西汉前期的"汉承秦制"与"汉家法周"》，《华南师范大学学报》（社会科学版），2020年第2期]。

北，俗则齐。浙江南则越。夫吴自阖庐、春申、王濞三人招致天下之喜游子弟，东有海盐之饶，章山之铜，三江、五湖之利，亦江东一都会也。

衡山、九江、江南、豫章、长沙，是南楚也，其俗大类西楚。郢之后徙寿春，亦一都会也。而合肥受南北潮，皮革、鲍、木输会也。与闽中、干越杂俗，故南楚好辞，巧说少信。江南卑湿，丈夫早夭。多竹木。豫章出黄金，长沙出连、锡。然堇堇物之所有，取之不足以更费。九疑、苍梧以南至儋耳者，与江南大同俗，而杨越多焉。番禺亦其一都会也，珠玑、犀、玳瑁、果、布之凑。

颍川、南阳，夏人之居也。夏人政尚忠朴，犹有先王之遗风。颍川敦愿。秦末世，迁不轨之民于南阳。南阳西通武关、郧关，东南受汉、江、淮。宛亦一都会也。俗杂好事，业多贾。其任侠，交通颍川，故至今谓之"夏人"。①

在这里，司马迁所描绘的西楚、东楚之地，正是秦末汉初楚人起事最为活跃的地区。正如王子今所言："司马迁有关'西楚'和'东楚'的界定，显然划线偏向东方。如果考虑到今天江苏连云港、阜宁、盐城、海安一线以东地方当时尚未成陆，则这种偏向更为引人注目。人们都会注意到，秦末战争中最活跃的力量，多形成于淮河流域的西楚和东楚。而以其东部地方涌现出更为集中的政治军事人物。"②

同时，我们细究这段文字还可发现，西楚、东楚、南楚三地的文化各有特点。比较而言，"南楚之俗，在西楚'剽轻'之俗外，又有'巧说少信'之风，与战国中前期的楚国文化相一致，说明这一地区的社会文化从战国至汉初变化不大；西楚之俗在吸收了战国早中期楚人'轻果'之俗外，摒弃了其巧说少信之风，反映了对前期楚风的部分继承，而'易发怒'应是楚文化进入之前西楚区的文化特点；东楚文化区与早期楚文化完

---

① 司马迁：《史记》卷一百二十九《货殖列传》，北京：中华书局，1959 年，第 3267-3269 页。

② 王子今：《战国秦汉时期楚文化重心的移动——兼论垓下的"楚歌"》，《北大史学》第 12 辑，北京：北京大学出版社，2007 年，第 16 页。

全不同，也与同时期的西楚、南楚文化相异，当是更多地保留了楚文化进入之前的地方文化"①。

然而，反观《汉书·地理志》所载的西汉末年地理文化区的划分②，我们能够发现，西汉中期以后，楚地的社会文化状态发生了很大转变，这使得人们眼中的"楚地"与"楚人"也因之发生改变。"战国时期社会观念中的楚地，指的是以江汉平原为中心的'楚国之楚'；秦末汉初社会观念中的楚地，指的是以淮泗流域为中心的'三楚之楚'；西汉中后期的社会观念又逐渐回复到'楚国之楚'的认识上。"③

要之，西汉中期以降，淮泗流域"三楚之楚"观念的消失，表明时人已经基本不将该区域视为楚地。究其原因，恐怕主要是当地楚文化的影响明显减弱，而汉文化已渐居主导地位。进而言之，原有区域文化色彩的减褪意味着，由于疆域变化、民众迁徙，尤其是经过汉王朝的政治、社会整合与常年统治，不同区域文化及其与主流文化之间，不断经历着碰撞、交流、变化与融合。王子今强调，汉初以后，楚国废置反复，地域划分也不断变化，但是大体的趋势是逐渐缩小，和战国时期的"楚"已经根本不能相比了④。由此可见，汉初楚文化的强势地位已经不复存在。这一情形，当然是与楚文化、秦文化和齐鲁文化逐渐合一形成了统一的汉文化的历史大趋势相一致的⑤。在统一的汉文化的构建过程中，昔日的"楚人"逐渐转变为服膺、认同主流文化的"汉人"了。西汉中期以降，即便文献典籍与时人言语中还会间或出现"楚人"之谓，但其意涵与性质实际都已发生了变化。

---

① 郑威、易德生：《从"楚国之楚"到"三楚之楚"：楚文化地理分区演变研究》，《江汉论坛》，2017 年第 4 期。

② 《汉书·地理志》关于各地社会文化的记载，实际是整合了西汉成帝时刘向的《地分》与朱赣的《条其风俗》两篇材料，所以其反映的应是西汉中后期的区域文化面貌。

③ 郑威、易德生：《从"楚国之楚"到"三楚之楚"：楚文化地理分区演变研究》，《江汉论坛》，2017 年第 4 期。

④ 王子今：《战国秦汉时期楚文化重心的移动——兼论垓下的"楚歌"》，《北大史学》第 12 辑，北京：北京大学出版社，2007 年，第 20 页。

⑤ 王子今：《走向大一统的秦汉政治》，齐涛主编《中国政治通史》第 3 卷，济南：泰山出版社，2003 年，第 2 页。

第五章

战国秦汉时期南方楚人的
"九州" 观及族群意识

——兼论先秦"诸夏"民族认同的复杂性

秦汉统一国家的建立，是一次由宗法分封制国家政体和以"诸夏"为标志的早期华夏民族向统一的君主集权制国家和统一的汉民族转化的枢纽期。它使统一的王朝国家和汉民族进入到一种新的国家建构与民族认同的自觉状态。但是，这种国家构建与民族认同、社会整合的历程并不是直线式发展的，而经历了一个曲折往复的过程。尤其是秦汉亘古未有之变局，对长期处于宗法贵族统治与血缘等级制下的关东六国社会的贵族及民众，有一个身份变化、族群认同转换的问题，也有一个对中原王朝及"汉人"的认识转化问题。它说明秦汉时代的国家构建和民族认同并非直线型的发展，而是有一个国家、族群在整合、认同中的矛盾、冲突、博弈过程。战国时期楚人的"九州"观及族群意识便说明了这一点。

战国时期楚人的"天下观"，并非现在我们所认知的如《尚书·禹贡》《周礼·职方氏》《吕氏春秋·有始览》等文献所谓中原人的"天下观"。从最新出土简牍资料来看，楚人的"天下观"与中原人的"天下观"相比较，更有着"东向"趋势。他们将当时"中国"的地理世界分为"楚地"和"九州"（"中国"）两部分。"楚地"之外的"九州"部分，不仅包括中原地区，也包括了楚地东部的江淮地区。楚人在政治地理观念中突出了位于楚地以东、黄河以南的广阔地域，是楚人对古代中国"九州"观的一种政治地理认知。过去由于史料原因，我们对这个问题还没有清晰认识。随着战国时代的古文书如上海博物馆藏战国楚竹书等的出土，我们开始认识楚人"九州"体系的观念，并对春秋战国时代的楚人政治地理空间意识与政治文化观念有了新的认知。

《上海博物馆藏战国楚竹书（二）》中《容成氏》篇的"九州"地理观念异于《尚书·禹贡》（以下简称《禹贡》）、《周礼·职方氏》（以下简称《职方》）、《吕氏春秋·有始览》（以下简称《有始》）、《尔雅·释地》等文献中的传统的"九州"政治地理观念，由此引发学界极大关注①。我们可将《容成氏》中的"九州"观视为战国楚人观念中的政治地理理念加以探讨，并通过联系楚国历史发展，研究在楚系"九州"观背后所反映出的楚人与中原不同的政治地理与族群意识。

第一节　战国时期楚人对"九州"的认知

——以楚简《容成氏》为研究对象

"九州"一词是学界在讨论古代中国早期国家建构、民族融合、社会整合等重大问题时不能回避的政治地理概念。20 世纪以来，不少学者对于当时的"九州"观在打破政治上分散的诸侯国边界、寻求统一的历史意义

---

① 《容成氏》文本的初创年代目前仍有多种解释。例如，有学者认为《容成氏》"九州"系统只是逐一论述某州"始可居"而没有提及创设或划分九州之事，推测这些州名在禹治水前已存在（详见陈伟：《竹书〈容成氏〉所见的九州》，《中国史研究》，2003 年第 3 期）；亦有学者认为《容成氏》"九州"系叙事而非制度，其成书时间应为两周之际或春秋前期［详见晏昌贵：《〈上海博物馆藏战国楚竹书（二）〉中〈容成氏〉九州柬释》，《武汉大学学报》（哲学社会科学版），2004 年第 4 期］；裘锡圭则认为，《容成氏》写成时间在燕王哙禅让失败事件之前，作者的时代大概早于孟子，最晚也应与孟子同时（详见裘锡圭：《中国出土古文献十讲》，上海：复旦大学出版社，2004 年，第 32 页）。由此，我们可将《容成氏》中的"九州"观视为战国楚人的政治地理理念加以探讨。

方面有着较为一致的认识。如顾颉刚便认为九州乃是战国时势引起的区划土地的一种假设，这种假设是建立在当时全国即将统一的认识上的①。周振鹤则认为九州的划分显示出了战国时人普遍希望停止战争、向往统一的"天下"观念，所以将时人所能认知到的地理区域当作一个整体来进行区划②。这些认识显然有着学术价值。实际上，战国割据局面下，"九州"观念是一种超越本国疆域，将"天下"视为一个整体的地理系统而进行政治区划的"天下观"，它不仅是一种政治地理的推测，也是当时各国士人期望天下一统的政治文化意识。因此，"九州"观与"天下"观，本质上是一种政治地理与政治文化观，也是当时士人从其身处的现实中对所能认知的以中原为中心的"空间"环境的一种构想，还是一种通过"空间"环境的构想而产生的对政治、族群、社会等问题的观念集合体③。所以，探讨"九州"观念，不仅能深入了解和认识战国时人"天下观"的重要意义，也能拓展对战国时代各国政治与族群的研究视野。

过去我们通常以《禹贡》《职方》等文献为依据阐释战国时期的"天下"观与"九州"观。《禹贡》《职方》等文献的特征是以中原中心为视角，构成由内及外的完整的"天下"区划的划分。而《容成氏》篇打破了我们惯常的关于"九州"的认识，为我们重新认识战国时期楚人的地理世界提供了材料支持。《容成氏》篇所反映的与《禹贡》《职方》等文献阐释的"九州"观颇有差异的政治地理观念，对我们进一步认识当时各国的"天下"观及所涉及的政治文化意识有着一定的学术价值。

---

① 顾颉刚：《秦汉统一之由来和战国人对于世界的想象》，《国立第一中山大学语言历史学研究所周刊》第 1 卷第 1 期，1927 年。

② 周振鹤：《体国经野之道：中国行政区划沿革》，上海：上海书店出版社，2009 年，第 91 页。

③ 对于"天下观"的定义，学界已有诸多成果。例如，邢义田认为"天下观"的含义是"指人们对这个世界人群组织、关系和政治秩序的概念或想法"，由方位观、层次观和文化观交织而成（详见邢义田：《从古代天下观看秦汉长城的象征意义》，《天下一家：皇帝、官僚与社会》，北京：中华书局，2011 年，第 84-109 页）；游逸飞在讨论周秦汉时期"天下观"问题时，将"天下观"定义为以"天下"为出发点的政治观念和心态（详见游逸飞：《四方、天下、郡国——周秦汉天下观的变革与发展》，台湾大学硕士学位论文，2009 年）。

《容成氏》篇的特征在于，它是以不同于中原列国的政治地理的“空间”观来看待“天下”区划设置及相关环境因素的。其一，《容成氏》简文开篇，既未如其他战国诸子及《禹贡》《职方》等文献一般，呈现一种整齐划一的、明显有着战国时人修正痕迹的大禹区划“九州”的事迹，以及在这个齐一的“九州”观念下体现的与各州域对应的政治区域规划，也未明显涉及其后秦汉文献所宣扬的“大一统”的宇宙、社会、秩序、五方等相互对应的政治文化内容，而是通过大禹治水的“过程”，间接地展现出一个非齐一性、非制度性的以地理规划为表现形式的政治文化结构。其二，一般而言，上古时代各国及族群有将本国、本族群所居之处视为政治地域中心的趋向。例如，蒙文通在考证《山海经》地域时，提出上古各文化族群有视本族所居之地为中央的思想①。邢义田认为古代中国人的“天下”观念是由中央和四方构成，而各个族群、国家显然存在不同的“中心”和“四方”②。罗志田在讨论“天下观”或“天下中国观”时亦认为，“古人的天下观之所以详近略远，不仅是为地理上的认知所限制，同时恐怕更多是一种对文化体系的界定和对既存政治秩序（即天命所归）的肯定”③。应该说，这些思想大多见于上古或商周时期留下的传说或神话记载。而关于战国时代各诸侯国的“天下”“九州”观念的异说却甚为稀少，尤其是战国时代在江淮流域传世性的异见别说更是少见。《容成氏》篇关于“九州”地理的阐释却使我们见到了这么一种情况：它不仅与传统观念中的以中原为中心的华夏“天下”“九州”及“五方”“五地”等观念相异，也与上古传说中以族群所居地为中心的地理概念不同。《容成氏》篇作为战国后期楚简属性的文本，既刻意回避了楚人的龙兴之地——江汉区域，也在“九州”观念中对于江河水泽的分布作了不同于《禹贡》等

---

① 蒙文通：《略论〈山海经〉的写作时代及其产生地域》，《古学甄微》，成都：巴蜀书社，1987年，第35-66页。

② 邢义田：《从古代天下观看秦汉长城的象征意义》，《天下一家：皇帝、官僚与社会》，北京：中华书局，2011年，第84-109页。

③ 罗志田：《先秦的五服制与古代的天下中国观》，《民族主义与近代中国思想》，台北：东大图书公司，1998年，第16页。

文献的解释。《容成氏》所表达的楚人"九州"系统，一方面是基于当时楚人所面对的天下大势做出的对楚人所认知的地理世界及此后有利于楚国发展战略方向的选择性描述结果，另一方面也反映了先秦时期楚人独特的"九州"观与"天下"观。通过对它的解读，我们可以进一步了解古代华夏"天下观"由分到合的渐进过程以及华夏民族融合的复杂性。

一些学者已经注意到《容成氏》对"九州"地理的相异阐释。例如李零在整理《容成氏》篇时便已注意到"东方四州"的问题①；周书灿根据《容成氏》九州至少有四州的州名、州域与今天的山东有关，以及莒州的格外存在，推断《容成氏》九州传说发生的地域最大可能在黄河下游的今山东一带②。但由于研究角度或研究内容的差异，学界对此问题目前还没有专门的深入研究，这不能不说是战国政治地理研究的一个遗憾。从《容成氏》简文看，它主要描绘了楚国传统核心区（江汉地区）以东的地理世界，其认知主要是以楚人等居住的南方江、淮等自然水系为标尺。并且由于认知标尺的不同，《容成氏》通过水系描述的地理空间未能涵盖诸夏整体，其"天下"观显露出明显的以东方为主体的倾向。《容成氏》与《禹贡》《职方》中的包含水系、山川、土壤、物产等物质信息及涵盖华夏诸域的"空间"特征的认知尺度的不同，也是春秋战国时期南方与北方人氏对政治中国与民族融合理解的不同。《容成氏》展现了秦汉大一统帝国建立前华夏地域基于国别视野下的各种关于"九州"地理认知的差异，它反映了当时各个区域内不同国家、人民在天下、民族认识水平上的复杂性以及各国所面临的现实的政治、经济、文化需要。这一点在过去的文献中是不多见的。

因此，要理解《容成氏》篇中楚人的"九州"观，最好是利用对其时间、属地特性的把握，将其视为楚人思想中的独特视角，置于楚国发展

---

① 李零在《容成氏》简文说明中曾将九个州名与五方进行了对应，其中夾、徐、竞、莒在东，蘰州在北，荆、扬在南，豫州在中，雍州在西，异于《禹贡》等书。惜未能深入探讨。见马承源主编：《上海博物馆藏战国楚竹书（二）》，上海：上海古籍出版社，2002年，第249页。

② 周书灿：《上博简〈容成氏〉九州补论》，《史学集刊》，2012年第3期。

的特定时空语境中去考察。这样便为我们理解战国时代各国"九州"观念的多样性提供了新的维度。同时考虑到楚国作为身处诸夏、蛮夷间过渡地带、具有"夷""夏"双重特质的南方国家，《容成氏》篇中对楚人"九州"观念的记录，可以反映楚人在"中心—边缘""蛮夷—华夏"环境下对自身族群的国家战略、族群身份认同、价值判断等重大问题的认知。所以，用《容成氏》描述的"九州"系统与其他出土、传世文献互证，从楚人的地理观念角度来解读楚人的"九州"观念，是十分有意义的。

第二节　《容成氏》篇中的"九州"地理指向

《容成氏》篇公布后，一些学者在简文整理者基础上对文本进行了较为深入的研究，同时亦对其中描述的"九州"中的一些州名、州域作出了解读①。但是对于《容成氏》篇中关于地理、水系的总体走向与"九州"空间框架的构建关系，以及简文中楚人政治地理思想的属性问题，目前研究较少，而这两点正是解读《容成氏》九州观及民族观的关键因素。因此，对《容成氏》篇所涉及的河流及其空间区域，即楚人地理认识中重点关注的区域进行探讨，可以使我们进一步了解楚人的政治与民族认知。

从整体上看，简文在对"九州"进行叙述的过程中，实际上已经暗示了整体空间架构下部分州与州之间存在组合关系，并通过文本段落的语句组合形式表现出来。作者在叙述九州时，并非以九个独立的、前后依次排列的单句陈述，而是在其中使用了分组、聚合的方法，使文本表述具有一定的层次性特征。整理者将简文述及九州的部分断为六个句子，这六个句子可以理解为作者有意识划分的六个部分。如下所示：

---

① 例如，陈伟将"蕊"字释读为"藕"字（详见陈伟：《竹书〈容成氏〉所见的九州》，《中国史研究》，2003 年第 3 期）；晏昌贵认为简文中的夹州应释为冀州［详见晏昌贵：《〈上海博物馆藏战国楚竹书（二）〉中〈容成氏〉九州柬释》，《武汉大学学报》（哲学社会科学版），2004 年第 4 期］；易德生认为应将简文中的夹州、滈州、莒州、蕊州分别释为冀州、兖州、徐州、幽州（详见易德生：《上博楚简〈容成氏〉九州刍议》，《江汉论坛》，2006 年第 5 期）。

1. （大禹）以波（陂）明者（都）之泽，决九河之阻，于是乎夹州、滁（徐）州始可处。

2. 禹通淮与沂，东注之海，于是乎竞州、簪（莒）州始可处也。

3. 禹乃通蓑与汤，东注之海，于是乎藕州始可处也。

4. 禹乃通三江五湖，东注之海，于是乎酯（荆）州、扬州始可处也。

5. 禹乃通伊、洛，并瀍、涧，东注之河，于是乎歔（豫）州始可处也。

6. 禹乃通泾与渭，北注之河，于是乎虔（雍）州始可处也。（第二十四至二十七简）①

按照这样断句，或一句话对应一州，或一句话对应两州，形成了六个并列存在的小集合。第一层级中的夹州、徐州和第二层级中的竞州、莒州，它们都是两州并列出现在一个独立句子中，并共同对应该句前面所列出的水系；而在第三层级中，藕州却是单独出现并对应蓑、汤二水。这种书写应是暗含了创作者的叙述逻辑。我们可以按照这种逻辑将九州分为六个组，如表5-1所示。

表 5-1　《容成氏》中水系、州名按叙述顺序分组

层级	水系	州
第一层级	明都泽、九河	夹州、徐州
第二层级	淮、沂	竞州、莒州
第三层级	蓑、汤	藕州
第四层级	三江五湖	荆州、扬州
第五层级	伊、洛、瀍、涧	豫州
第六层级	泾、渭	雍州

---

① 马承源主编：《上海博物馆藏战国楚竹书（二）》，上海：上海古籍出版社，2002年，第269-271页。本章述及的《容成氏》州名参考简文整理者李零的释文，但不认为《容成氏》与其他"九州"系统中的同名州存在必然对应关系。

简文将九州以六个组合的叙述顺序呈现出来，这是与同时期中原产生的其他几套九州体系截然不同的特征。中原系《禹贡》《职方》等都是先将九州按照诸如方位、地理参照物、对应政治体等标准前后排列，再依次按照从第一个州到第九个州的顺序分别加以叙述，整体叙述排列是以九个独立的且相互并列的句子完成。例如，在《职方氏》中是以空间方位为先导，"东南曰扬州……正南曰荆州……"① 然后分别叙及各州的名山、湖泽、物产、男女比例等信息；在《禹贡》中是以山岳、河流来确定州域，然后分别论述了各州的土壤、赋税、贡道等情况；在《吕氏春秋》中则是先以方位、地理参照物确定各州空间范围，然后又一一对应各自区域内的政治体，"河、汉之间为豫州，周也。两河之间为冀州，晋也……"② 至少从文本角度来看，上述中原视阈下的九州区划在整体上是不存在或不能直接反映出各州之间存在某种组合关系的。而《容成氏》篇则反映出楚人在以"州"为单位区划"天下"时，区域与区域之间具有一定的排列组合规律。要深究这种排列组合规律，仅凭州名的组合关系进行判断是不够精确的，必须要有可靠的地理参照物。从本质上来说，州名是作为人为设定的概念而存在的，而概念本身所具有的内涵及外延又是与创作者的态度、立场、目的、知识背景等紧密联系的。以往学者在研究《容成氏》篇九州时，采用的主要方法便是通过文字考释确定相应的州名，再凭借得出的州名及各自对应的水系与包括其他九州系统在内的传世文献记载进行比附。应该说，这种方法是有一定效果的。但是，《容成氏》既然同《禹贡》《职方》《有始》等一样都借用了自然地理标识（水系）作为确定州域的依据，相较于作为概念而没有实指的州名，我们完全可以通过有较为稳定地理位置指向的水系来考察各州具体的州域，从而对整个楚人《容成氏》中的地理空间框架进行精确把握。简文中具体的水系地望如下所述。

---

① 郑玄注，贾公彦疏：《周礼注疏》卷三十三《职方氏》，李学勤主编《十三经注疏》，北京：北京大学出版社，1999 年，第 870-872 页。

② 许维遹撰，梁运华整理：《吕氏春秋集释》卷十三《有始览第一》，北京：中华书局，2009 年，第 278 页。

一、明都

明都在文献中又作孟诸、望诸、盟诸等，是位于今商丘东北、单县西南的一个先秦时期著名的大泽，《尔雅·释地》称其为天下十薮之一，频见于《左传》《禹贡》《职方》《尔雅》等典籍中。在目前所见战国时人的"九州"观中，明都泽归属州域存在两个不同版本：在《禹贡》中归入豫州，《职方》中归入青州。但是，在《容成氏》中明都泽与九河一并被作为与夹州、徐州相对应的水系。明都泽是当时一个非常重要的地理标识，其重要性主要表现在它的政治归属上。明都泽所在的区域先秦时期长期为宋国所有，且可作为后者的地理象征，史料中频频可见两者的对应关系，如"宋有孟诸"①"宋之孟诸"②。宋国虽然在先秦时期内实力不如传统齐、晋、楚等威震天下的强国，却仍然是时人眼中不可忽视的区域性政权，在战国后期为齐灭亡前仍有"五千乘之劲宋"③之称，甚至汉代人在星野与地域的结合划分中也认为"宋虽灭，本大国，故自为分野"④。故而在先秦地理文献中，明都泽及其代表的宋国（地）在当时各个九州系统中都是不能被忽视的，只能进行归属上的调整。在宋楚关系史中，明都泽也曾多次被提到。《左传·僖公二十八年》记载楚子玉梦到河神"赐女孟诸之麋"⑤；楚穆王"遂道以田孟诸。宋公为右盂，郑伯为左盂。期思公复遂为右司马，子朱及文之无畏为左司马……宋公违命，无畏抶其仆以徇"⑥，"以孟诸之役恶宋"这件事也为楚庄王时期宋楚关系交恶埋下了伏笔。另外还需要注意的是，在《容成氏》中存在州名与水系间2∶2、2∶1、1∶2，甚至4∶1的不同比例，但是每个

---

①　郭璞注，邢昺疏：《尔雅注疏》卷七《释地》，李学勤主编《十三经注疏》，北京：北京大学出版社，1999年，第191页。

②　许维遹撰，梁运华整理：《吕氏春秋集释》卷十三《有始览第一》，北京：中华书局，2009年，第280页。

③　何建章注释：《战国策注释》卷二十九《燕策一》，北京：中华书局，1990年，第1099页。

④　班固：《汉书》卷二十八下《地理志下》，北京：中华书局，1962年，第1664页。

⑤　杨伯峻编著：《春秋左传注》（修订本），北京：中华书局，1990年，第467页。

⑥　杨伯峻编著：《春秋左传注》（修订本），北京：中华书局，1990年，第577-578页。

层级中的水系都存在相邻之间可以直接或间接贯通的关系。简文将明都泽与九河并列对应二州，说明作者有考虑到当时两者在水道上应是可以互通的。这从《墨子》中也可以得到印证："防孟诸之泽，洒为九浍，以楗东土之水，以利冀州之民。"[1] 而明都要实现与黄河下游流域内的九河贯通，有两个选择：第一，在战国中前期可以借助流经明都泽的丹水，南下泗水，再通过泗水北上穿越荷水，从而实现与济水、黄河之间的水路贯通；第二，在战国中后期特别是"鸿沟"水系建成后，从明都泽出发，可以直接通过丹水上溯至魏国都城大梁附近，再接入黄河[2]。因此在考虑明都泽的具体地理指向时，应同时考虑承担着连接九河的中介丹水、泗水。这两个水域不仅存在交通线路上的贯通关系，也是先秦时期宋国疆域所及。

二、九河

夹州是学界在讨论《容成氏》篇各州时存较大争议的州名，学界争论的焦点在于其州域究竟对应《禹贡》中的冀州还是兖州。虽然目前从古文字考释、文献互证角度出发很难得到统一意见，但从与夹州联系的"九河"这个名词上进行说明便相对容易。"九河"一词有两种解释：第一种"九"为实指，"九河"代表了黄河下游古时存在过的九条具体河流，例如《尔雅·释水》中记载的"徒骇、太史、马颊、覆鬴、胡苏、简、洁、钩盘、鬲津"；第二种"九"为虚数，泛指黄河下游存在过的多条河流。有研究表明，"河"一词在黄河下游地区本是黄河的专称，除黄河三条河道外，河北平原一些水道在《汉书·地理志》或《水经》里也有称河的情况，应该是由于它们曾经为黄河或黄河岔流所夺，做过黄河下游故道的

---

① 吴毓江撰，孙启治点校：《墨子校注》卷四《兼爱中》，北京：中华书局，1993年，第160页。

② 谭其骧主编：《中国历史地图集》第1册，北京：中国地图出版社，1982年，第24-25、33-34页。另《水经注》"汳水"条："故汳兼丹水之称。河、济水断，汳承旃然而东，自王贲灌大梁，水出县南而不径其北。"（郦道元著，陈桥驿校证：《水经注校证》卷二十三，北京：中华书局，2007年，第555页。）说明沿丹水可至大梁。

一部分，"九河"中的徒骇河（又名漯池河）正是这种情况①。《容成氏》篇中的"九河"显然应被认为是具有泛指的意义。先秦时期在黄河下游实际上存在过两个"九河"系统：一处是位于《禹贡》兖州境内的"九河"，"济、河惟兖州。九河既道，雷夏既泽，灉、沮会同"；第二处应是位于同篇冀州中的"九河"，"导河积石，至于龙门；南至于华阴，东至于厎柱，又东至于孟津，东过洛汭，至于大伾；北过降水，至于大陆；又北播为九河，同为逆河，入于海"②。当时黄河在流经宿胥口后下游存在三条主河道，两个"九河"系统的出现很可能对应了战国中期黄河筑堤以前黄河下游流道极不稳定的事实。有研究表明，《尔雅》所释"九河"，实际乃属《禹贡》兖州之"九河"，地域在今高唐、黄骅、利津三角区内；《禹贡》中的冀州"九河"，地域在今深州、黄骅、天津、容城之间③。再联系简文中，夹州、徐州的北界应为下文即将提到、域内含有涞水（或漉水）和易水的蓟州。根据地图，蓟州涉及水系，涞水居北，易水居中，漉水居南④，以地处三条水系最南端的漉水来看，古人认为它是冀州的北界。《水经注·漉水》云，漉水出代郡灵丘县西北高氏山，山上有石铭，题言"冀州北界"⑤。这样《容成氏》"九河"空间范围应与《禹贡》中兖州、冀州境内的两个"九河"流经区都有一定重叠关系。综合考虑，《容成氏》中的"九河"基本囊括了黄河下游三条主河道东部支流所流经的华北平原东部地区，南界为明都泽，北界为易水、涞水（或漉水）区域，对应了《禹贡》中的冀州东部靠海区域和兖州区域。

---

① 中国科学院《中国自然地理》编辑委员会：《中国自然地理·历史自然地理》，北京：科学出版社，1982年，第41页。

② 孔安国传，孔颖达疏：《尚书正义》卷六《禹贡》，李学勤主编《十三经注疏》，北京：北京大学出版社，1999年，第139-140、160-162页。

③ 张淑萍、张修桂：《〈禹贡〉九河分流地域范围新证——兼论古白洋淀的消亡过程》，《地理学报》，1989年第1期。

④ 谭其骧主编：《中国历史地图集》第1册，北京：中国地图出版社，1982年，第37-38页。

⑤ 郦道元著，陈桥驿校证：《水经注校证》卷十一，北京：中华书局，2007年，第284页。

三、蒌与汤

"禹乃通蒌与汤，东注之海，于是乎蓏州始可处也。"简文将二水并立，共同作为蓏州一州的水系标识，这是比较特殊的。"蒌"与"汤"二水，前者主要存在"滱水"和"涞水"的争议①，而后者为易水几无争议，三者都发源于太行山脉北部地区。根据《中国历史地图集》可见，三者的南北顺序为涞水居北、易水居中、滱水居南，且距离皆较近。因此，无论"蒌水"究竟是指"滱水"还是"涞水"，我们都可以根据三条河流（特别是易水）的位置大致判断出蓏州的位置，即华北平原北部、太行山脉东北部区域。联系当时列国割据局势来看，不仅中山国位于此区域，燕国疆域也"南有嘑沱、易水"②，且燕国下都正是在易水附近，说明蓏州容纳了部分燕国核心区。燕国不仅与楚国地理空间相隔甚远，甚至在较长时间内不为中原注目，"燕外迫蛮貉，内措齐、晋，崎岖强国之间，最为弱小，几灭者数矣"③。因此，战国时期几套"九州"体系对燕国（燕地）的重视程度是存在差异的。《职方》和《有始》都较为完整地容纳了燕地，两者的区别在于：前者是叙述幽州、并州域内河流山川时，间接涵盖了战国时燕国地域，甚至提到了位于辽东的"医无闾"山④；后者则直接说"北方为幽州，燕也"⑤，以政治体而不提自然参照物实现对燕地的囊括。《禹贡》中与燕地相关的州为冀州，其北界为"常、卫既从，大陆既为……夹右碣石，入于海"，其中"常""卫"分别为滱水、滹沱支流。

---

① 另有"蒌"为"溇水"，即滹沱水支流之说。详见晏昌贵：《〈上海博物馆藏战国楚竹书（二）〉中〈容成氏〉九州柬释》，《武汉大学学报》（哲学社会科学版），2004年第4期。

② 司马迁：《史记》卷六十九《苏秦列传》，北京：中华书局，1959年，第2243页。

③ 司马迁：《史记》卷三十四《燕召公世家》，北京：中华书局，1959年，第1561-1562页。

④ 郑玄注，贾公彦疏：《周礼注疏》卷三十三《职方氏》，李学勤主编《十三经注疏》，北京：北京大学出版社，1999年，第875页。

⑤ 许维遹撰，梁运华整理：《吕氏春秋集释》卷十三《有始览第一》，北京：中华书局，2009年，第278页。

《史记集解》引郑玄曰："《地理志》恒水出恒山，卫水在灵寿，大陆泽在巨鹿。"《史记索隐》："此文改恒山、恒水皆作'常'，避汉文帝讳故也。常水出常山上曲阳县，东入滱水。卫水出常山灵寿县，东入虖池。"① 从上述解释来看，详细可考的冀州北界在黄河下游只能达到燕国下都所在易水区域以南的滱水、滹沱水流域，以及黄河河道流经区。《容成氏》与《禹贡》对燕地的容纳程度虽都不太完整，但是就囊括燕国的核心区域来说，容纳易水流域的《容成氏》相较《禹贡》更丰富一些。考虑到《容成氏》的作者是与燕地相隔甚远的楚国人，《容成氏》应是汇集当时天下特别是东方区域内主要政治体所在地的地理知识后创作而成，拥有较为完整的政治地理观。

四、三江五湖

"通三江五湖，东注之海，于是乎荆州、扬州始可处也。" 简文将一个水系同时配属简文中的荆州、扬州，这是非常特殊的。先秦时期，"三江五湖"一般被认为位于长江下游的吴越地区②。《史记》中记载"（大禹）于吴，则通渠三江、五湖"。《集解》引韦昭曰："五湖，湖名耳，实一湖，今太湖是也，在吴西南。"《索隐》："三江，按《地理志》北江从会稽毗陵县北东入海，中江从丹阳芜湖县东北至会稽阳羡县东入海，南江从会稽吴县南东入海。"③ 在《禹贡》《职方》中，"三江五湖"同为扬州一州所

---

① 司马迁：《史记》卷二《夏本纪》，北京：中华书局，1959 年，第 52-54 页。另外，关于引文中"碣石"的位置一直存有争议，不过从《禹贡》篇中提到的两处碣石史料即"太行、恒山至于碣石""夹右碣石，入于海"来看，大致也应在滱水、滹沱、黄河下游河道范围内，对结果影响不大。

② "三江""五湖"的具体指向历史上说法较多，差异产生的主要原因是对历史时期太湖的形成、周边水系的动态演变把握存在局限。先秦时期"五湖"主要指代太湖及周边湖泊，而"三江"则应参照《汉书·地理志》中的三江，即《尚书·禹贡》三江。参见张可辉：《太湖异名考》，《兰州大学学报》（社会科学版），2006 年第 3 期；王建革：《太湖形成与〈汉书·地理志〉三江》，《历史地理》第 29 辑，上海：上海人民出版社，2014 年，第 44-55 页。

③ 司马迁：《史记》卷二十九《河渠书》，北京：中华书局，1959 年，第 1407 页。

辖。《职方》"东南曰扬州……其薮曰具区（太湖），其川三江，其浸五湖"①；《禹贡》"三江既入，震泽致定"，"震泽"亦太湖的一部分②。《容成氏》却在"三江五湖"区域内划分出扬、荆二州，一方面，这当与楚人长期在南方经略密切联系；另一方面，或许在当时楚人已经根据河流走向将"三江五湖"区域视为一个完整的广阔整体。《墨子》载："南为江、汉、淮、汝，东流之，注五湖之处，以利荆楚、干、越与南夷之民。"③ 显示时人已注意到大水系中的支流汇合情况。其中淮、汝合流入长江下游，应该与春秋时期"吴城邗，沟通江、淮"④ 有关。"三江五湖"中的大部分区域大约在与简文写作时间接近的楚威王、楚怀王时期成为楚境，因此简文作者对于长江下游的吴越地区的熟悉程度相较于《禹贡》《职方》等中原地理文献更高，划分也更为细致。

五、其余水系

简文中，竞州、莒州对应的淮水与沂水，豫州对应的伊、洛、瀍、涧四水，雍州对应的泾水与渭水，都具有非常明了的指向，本章将不再赘述其地望。这些河流也出现在同时期《职方》《禹贡》等文献中，但是在州域的归属划分中存在不同。例如淮水、沂水，在《职方》中为青州境所纳（"其川淮泗，其浸沂沭"），而在《禹贡》中则为徐州所辖（"淮、沂其乂"）；伊、洛、瀍、涧四水，在《禹贡》中为豫州所纳，而《职方》中对应的豫州境内只提到其中的洛水（"其川荥雒"）；泾水、渭水同为《禹贡》《职方》中雍州所纳，该区域内《容成氏》篇也依据二水所在地设立

---

① "具区"就是太湖。见中国历史大辞典·历史地理卷编纂委员会编：《中国历史大辞典·历史地理卷》，上海：上海辞书出版社，1996年，第500页。
② 《史记集解》引孔安国曰："震泽，吴南太湖名。言三江已入，致定为震泽。"《史记索隐》曰："震，一作'振'。《地理志》会稽吴县'故周泰伯所封国，具区在其西，古文以为震泽'。"见司马迁：《史记》卷二《夏本纪》，北京：中华书局，1959年，第58—59页。
③ 吴毓江撰，孙启治点校：《墨子校注》卷四《兼爱中》，北京：中华书局，1993年，第160页。
④ 杨伯峻编著：《春秋左传注》（修订本），北京：中华书局，1990年，第1652页。

了一州，这也是三套九州观在水系与州域组合上出现的少有相一致的情况。但值得注意的是，《容成氏》在叙述泾、渭二水流向时存在错误。简文中提到的同为注入黄河的河流，"豫州"所含伊、洛、瀍、涧四条河流东入黄河（实际应为东北方向）的记载大体是与传统地理文献符合的，而"雍州"所纳泾水与渭水北入黄河的记载却是与事实背离的错误认知。从河流流向来看，泾、渭两水流入黄河前先合为一水，其中泾水为自西北至东南流向并汇入渭水，"泾谷之山，泾水出焉，东南流注于渭"，发源于西部的渭水汇合泾水等河流后"东流注于河"[①]，而并非《容成氏》中记载的北入黄河。这个错误认知反映了当时楚人对东方区域水系的重视而对西北区域水系的陌生，这是值得注意的。

综上所述，可以绘制出下列表格（表5-2）：

表5-2　依据《容成氏》对应的水系位置推断出的州域范围表

州名	对应水系	水系所在地
夹州、徐州	九河、明都泽	兖州以南黄河下游及支流冲积扇和丹水（泗水）流域
竞州、莒州	淮与沂	淮河和沂水
兖州	娄与汤	易水、滱水（涞水）
荆州、扬州	三江五湖	吴越地区三条古代河流和太湖
豫州	伊、洛，瀍、涧	伊水、洛水、瀍水、涧水
雍州	泾与渭	泾河、渭河

依据简文所述及的水系分布，可见简文中的地理世界显然是偏重叙述太行山以东、黄河下游东部区域，从易水流域南至黄河下游冲积扇，再从宋地向南延伸到淮水、长江下游区域，形成了一个包含华北平原、黄淮海平原、江淮平原、长江下游平原，南北远隔、东方濒海的大东方平原地带。

---

① 袁珂校注：《山海经校注》，上海：上海古籍出版社，1980年，第61、64页。

《容成氏》凭借水系描绘的地理世界蓝图不是一个传统观念中的均衡的"天下"。通过水系排列来看，《容成氏》中九个州的大致位置呈现出东方区域远大于西方区域的特征。简文东方部分不仅包括被整理者及相关研究者注意到的位于中原东部的莒、徐、夹、竞四州，还加入了藆州、荆州、扬州三州。这七个州从北到南依次排列，形成从黄河下游主河道及易水、九河等支流所在的华北平原，南下连接明都泽及附近丹水、泗水，容纳淮、沂两水，再南下连接长江下游的吴越等区域；在简文西方部分则仅有豫州、雍州，两州同处黄河中游的支流流域，即关中平原、洛阳盆地。《容成氏》东西方的分界线大体是太行山（黄河下游、易水等分水岭）—桐柏山（淮水发源地）一线。由此可见，《容成氏》中的各州呈横"T"字形分布，东西方向上州数分布极不平衡。这种极为重视东方区域的地理观念，与《禹贡》《职方》等文献中记载的传统"九州"观念不同，它充分表现了楚人对天下地理空间的另一个认知。《禹贡》《职方》通过对各州域内主要自然参照物的合理把握，有效地避免了这样一种不均衡地图的出现。例如在《禹贡》中，九州的分布较为有效地覆盖了长江以北的诸夏活动范围，以及巴蜀、楚国江汉核心区。

《容成氏》中东方州数远大于西方，不仅造成了地理空间框架中东方的权重大于西方，而且使得"太行山—桐柏山"分界线以西甚至没有囊括楚国的江汉核心区，而同时期其他"九州"系统都容纳了江汉地区并都以荆州为该区域命名。这说明《容成氏》篇是楚人对本国疆域外的天下形势所作的带有一定目的的记载。而要对这种目的进行解读，则应联系楚人对楚地与九州之间关系的认识，简文书写于东迁前的时间节点，以及当时楚国面临的列国形势进行讨论。

第三节　《容成氏》九州中的叙述顺序问题

《容成氏》中的九州是对楚地之外的"天下"做出的划分，反映了楚与天下并重的观念。前面已经说过，《容成氏》中的九州顺序存在分组、聚合的关系，使文本在表述上具有一定的层次性特征，我们视其为作者有意识划分的结果①。从整篇叙述来看，《容成氏》篇九州顺序存在两个特点：第一，突出了"东方"的州名。在简文中，各州是以先东方后西方的顺序出现。第二，在以东方数州为先的叙述中，夹州、徐州最先出现。而夹州、徐州区域不仅是楚人祖先颛顼的故地，也是夏、商龙兴之地。

　　虽以东方为先，但简文并未严格按照从北至南或由南至北的线性顺序对东方各州进行说明，其中存在空间跳跃式的特征。例如《容成氏》以叙述夹、徐两州开始，再叙述位于两州南部的竞州、莒州，接着叙述位于夹州、徐州北部的蔌州，由此便形成以夹、徐二州为中心的小范围设计；接下来叙述位于竞州、莒州南部的荆州、扬州，最后转向位于夹州、徐州西部的豫州、雍州。因此，夹州、徐州不仅是《容成氏》"九州"中的起始州，也是东方七州的中心州，它们可能是《容成氏》"九州"中具有特殊意义的州域。所谓特殊意义，即某种政治文化含义，往往与特定时段的政治中心地位相联系，是一种对天下权力中心别具一格的政治地理认知。这个特点可以从其他"九州"系统中看到。在过去的研究中，各文献的"九州"观中都有一些与天下的政治中心相联系的具有特殊意义的州，也是古代帝王所居之州。这些具有特殊意义的州在"九州"叙述中出现的位置有

---

　　① 也有史家认为各版本"九州"的叙述顺序可能只是为了方便纪事，不具备特殊意义。"以《禹贡》九州之次考禹治水次第，岂其道里之使然耶，要必有说。冀为帝都，自帝都而左，旋北而东，东而南，南而西，西而北，此纪事之法，非施功次第。"（陈埴：《木钟集》卷五，《景印文渊阁四库全书》第703册，台北：台湾商务印书馆，1986年，第657页。）但是《容成氏》篇偏重东方各州的水系论述特征，可能与颇具科学性的地理认知有关。例如古人注意到"水往低处流"的自然现象（引力），并认识到中国地势有着西高东低的特征，在治水过程中提倡先从下游地势低的东部、东南部区域开始，再治理地势高的中部、西部区域。例如《尚书》孔颖达疏："九州之次，以治为先后。以水性下流，当从下而泄，故治水皆从下为始。"（孔安国传，孔颖达疏：《尚书正义》卷六《禹贡》，李学勤主编《十三经注疏》，北京：北京大学出版社，1999年，第134页。）不仅是地势，"九州"体现的治水思想也考虑了中原地区的气候关系。我国东部处于季风气候区，受季风支配有着雨热同期的显著气候特征，相对中西部更容易发生季节性洪水灾害。"苏氏曰：尧水，河为患最甚，江次之，淮次之。河行冀、兖为多，而青、徐其下流，被害尤甚。"（胡渭著，邹逸麟整理：《禹贡锥指》卷二《冀州》，上海：上海古籍出版社，2006年，第13页。）正是在这种认知的支配下，《容成氏》采取了与《禹贡》相似的顺序叙述。因此，"九州"的叙述顺序并非单纯为了方便纪事，其中可能反映了作者的一些观念。

两种情况：

第一种是以起始州为特殊州。例如，《禹贡》《尔雅·释地》将冀州作为首州，主要是联系"九州"创始人大禹具有在天下行使"王权"的政治地位。传说大禹的都城在冀州，冀州由此具有（象征性的）天下政治中心的地位而被列于首位。《尚书》孔颖达疏："九州之次，以治为先后。以水性下流，当从下而泄，故治水皆从下为始。冀州，帝都，于九州近北，故首从冀起。"① 《释名·释州国》："冀州……其地有险有易，帝王所都。"② 《汉书·地理志》颜师古注曰："冀州，尧所都，故禹治水自冀州始也。"③ 与《禹贡》《尔雅·释地》不同，《吕氏春秋》是以周所在的豫州为首州，但其用意应同样是突出首州曾经具有的天下政治中心的地位。首先，《吕氏春秋》把州与地域国家相关联，表明其划分依据是春秋战国时期的中原政治格局；其次，《吕氏春秋》成书于东周被灭之后、秦统一天下之前，在观念上，周仍然具有当时天下政治中心的地位。故而，《吕氏春秋》的"九州"叙述同样是以某一时段的天下政治中心为起始州。

第二种则是通过方位设计创造一个较为明确的中心点。以《职方氏》为代表，它将空间方位与州相关联，形成了以黄河中游地区为中心的叙述逻辑，而这个空间意义上的中心在夏、商、周三代具有象征天下政治中心的政治文化地位。在《职方氏》中，各州顺序为：1. "东南曰扬州"；2. "正南曰荆州"；3. "河南曰豫州"；4. "正东曰青州"；5. "河东曰兖州"；6. "正西曰雍州"；7. "东北曰幽州"；8. "河内曰冀州"；9. "正北曰并州"④。除了以"东南""正南"等纯方位为参照划分的州，尤其值得注意的是其中以黄河为方位参照物划分出的河南豫州、河东兖州和河内冀州。这三州未被纳入具体的东南西北方位，那么它们在方位观下便占据

① 孔安国传，孔颖达疏：《尚书正义》卷六《禹贡》，李学勤主编《十三经注疏》，北京：北京大学出版社，1999年，第134页。

② 刘熙：《释名》卷二《释州国》，《景印文渊阁四库全书》第221册，台北：台湾商务印书馆，1986年，第391页。

③ 班固：《汉书》卷二十八上《地理志上》，北京：中华书局，1962年，第1524页。

④ 郑玄注，贾公彦疏：《周礼注疏》卷三十三《职方氏》，李学勤主编《十三经注疏》，北京：北京大学出版社，1999年，第870-876页。

"中"的位置。它们是围绕黄河中游产生的地理概念，并都曾作为王朝的政治中心。《史记·货殖列传》："昔唐人都河东，殷人都河内，周人都河南。夫三河在天下之中，若鼎足，王者所更居也，建国各数百千岁。"[①]《职方氏》以围绕黄河的三州为特殊州的划分，或是对中原视角下黄河中游地区曾拥有的政治中心地位的回顾。三州所在的黄河中游地区，在《禹贡》的叙述中也是较为重要的区域。蒙文通曾依据《禹贡》《职方》中对各州州域内山川河流记载的详略、正误等情况，将中国文化发源于黄河流域的笼统说法精确化，概括出"渭水—南河—济水"一线为汉族繁衍、文化最高之区[②]。这三个与黄河中游、王朝相关的州的出现，说明《职方氏》的天下观是以黄河中游为中心设计而成的。

《容成氏》"九州"叙述中的夹州、徐州既是起始州，也是被其他州环绕的中心州，因此它们可能属于这套系统的特殊州。夹州在黄河下游、华北平原东部区域，即《禹贡》中的兖州、冀州一带；徐州则是位于以明都泽为中心的丹水、泗水一带。这片区域在颛顼时期便是中原的政治核心区，而颛顼正是楚人的先祖。《竹书纪年》云："元年，帝（颛顼）即位，居濮。"[③]《左传·昭公十七年》云："卫，颛顼之虚也，故为帝丘。"[④] 这片区域也是夏朝的重要核心区。一般认为夏朝居于西方，即河东（晋西南）、豫西一带。楚人以中原区域的夹州、徐州为"九州"的特殊州，这既有对该区域在夏商时期曾为天下政治中心地位的历史追溯，也是对自己祖先故地政治地位的一次族类记忆构建。

"九州"在某种程度上反映、象征着古人天下统一的意志，列入"九州"的区域也是一个政治体在制定对外政治、经济、军事等战略时的具体空间指向。从战国后期列国疆域来看，《容成氏》篇的"九州"系统在地

---

① 司马迁：《史记》卷一百二十九《货殖列传》，北京：中华书局，1959年，第3262-3263页。

② 蒙文通：《蒙文通文集》第四卷《古地甄微》，成都：巴蜀书社，1998年，第8-10页。

③ 沈约：《竹书纪年集解》，上海：广益书局，1936年，第6页。

④ 杨伯峻编著：《春秋左传注》（修订本），北京：中华书局，1990年，第1391页。

理空间架构上呈现出不完整态势；但从水系位置与当时列国以都城为代表的核心区来看，《容成氏》篇的"九州"基本能容纳当时天下主要的政治体，且东方区域的区划更细致。

从楚国历史来看，这片广大的东方区域不仅是春秋时期楚国北上争霸的矛头指向，也是战国时期楚国对外交流的核心区域，楚国参与的具有较大影响力的事件如救援邯郸、关东合纵等都发生于此区域。仅以位于此区域北部的中山国为例，其与楚国不接壤，史料中也稀见两国交往，但是依据考古材料可知战国中晚期楚文化在当地曾扮演过较为重要的角色。有学者统计，中山王䰭（公元前327—前310年在位）墓和战国中山国灵寿城遗址共出土玉器1081件（加残件），其中楚式玉器达87件，若再加上具楚玉特征的残器，则数量可达上百件①。从《容成氏》篇所述东方区域的河流分布可见，楚人观念中的"东方世界"也存在南、北不均衡，北、南水系呈现2∶4的比例，由此我们可以断定：突出黄河以南的明都泽（丹水）、沂、淮、泗、三江五湖即莒、徐、扬、荆、竞五州区域，是简文"九州"东西划分不均衡的地理聚焦的更进一步的倾向，此部分也是战国时期与楚国疆域直接接壤的地区。淮、泗、沂水流域从春秋时期开始频繁出现楚人踪迹，同时楚人在地理认知中常将这片区域称为"东国"②，表明了楚国在这片广阔区域的进取。《容成氏》写作时间为战国后期楚国东迁之前，最有可能为楚怀王、顷襄王时期，这段时期应该说是楚国投入对东方区域土地占领最有力度的时期。

当时在楚国北方边境爆发的丹淅之战、蓝田之战、垂沙之战等重大战役中，楚国都遭受严重挫折，丧师失地。作为江汉地区屏障的方城防御地带、南阳盆地逐渐失陷于秦、韩、魏。相较于中原地区的强敌，楚国东方

---

① 蔡青：《论战国中山国出土的楚式玉器》，《江汉考古》，2018年第6期。
② 陈伟曾对楚人的"东国"概念做过详细研究，认为楚国的"东国"从地理空间上讲是个发展变化的概念，其范围大致西起方城，以淮水为中轴向两侧展开，北达淮北平原南部，西北延伸到汝、颍二水上游，东北延至泰山南麓，西南止于大别山脉，东南约接于大江之滨。详见陈伟：《楚"东国"地理研究》，武汉：武汉大学出版社，1992年，第5-6页。

的淮泗、长江下游地区在战国中后期却有不少小国可作为楚国争取的战略空间。"孝公元年，河山以东强国六，与齐威、楚宣、魏惠、燕悼、韩哀、赵成侯并。淮泗之间小国十余。"① 即便是东方颇具实力的越国，与衰弱的楚国相比也是"越乱而楚治也"②。因此，从楚怀王时期开始，向东方区域的经略成为楚国疆域开拓的主要方式。《新书》中记载："楚怀王心矜好高人，无道而欲有伯王之号，铸金以象诸侯人君，令大国之王编而先马，梁王御，宋王骖乘，周、召毕陈，滕、薛、卫、中山之君，皆象使随而趋。"据点校者研究，其中"召"应指燕召公所封燕国③。这段记载说明楚怀王有征服上述国家的野心。值得注意的是，这里面提到的国家都在《容成氏》叙述的水系附近，特别是东方水系：周在洛、伊水系所在豫州；梁王即魏王，其都城大梁与宋国都城同在明都泽所处的丹水区域；滕、薛两国属于泗水区域，与明都泽所处的丹水区域可连接；卫国处于济水、黄河之间，即《禹贡》《有始》中的兖州地，此区域与九河关系密切；中山与燕国则在易水流域附近。这说明《容成氏》中区域的划定与楚国的对外战略导向是有密切联系的。

《容成氏》篇的"九州"观体现出楚人的一种基于现实政治利益的"天下"观，即在政治地理观念中突出位于楚地（江汉平原）以东、黄河以南的先贤踏足过的广阔地域。从《容成氏》中楚人描绘的整体地理世界来看，"天下"是由楚地和"九州"（以中原为主，包括东方区域）组成。这说明直到战国后期，楚人观念中仍存在中原与楚地的二元地缘政治格局。在相关研究中，一般认为楚国在战国时期便逐渐华夏化。但从《容成

---

① 司马迁：《史记》卷五《秦本纪》，北京：中华书局，1959 年，第 202 页。

② 何建章注释：《战国策注释》卷十四《楚策一》，北京：中华书局，1990 年，第505 页。

③ "周、召毕陈，滕、薛、卫、中山之君"一句是由点校本中"周召毕陈滕薛卫中山之君"一句重新断句而来。点校者将此句中"毕陈"二字判为"毕""陈"两国（注释78），并将二者与前后所举列国并列（详见贾谊撰，阎振益、钟夏校注：《新书校注》，北京：中华书局，2000 年，第249、258 页），这是值得商榷的。首先，从当时列国形势来看，"毕""陈"两国并不存在；其次，"毕陈"一词在先秦史书中偶尔可见，表示一种服侍行为。因此，这段史料中的"毕陈"应该不是指国家。

氏》篇的政治地理观来看，我们在注意楚国与诸夏的融合倾向的同时，还须注意楚国与中原在政治、文化等方面的具体区别。从战国后期历史来看，楚人依照《容成氏》的政治地理蓝图，逐步实现了对简文提到的东方淮、泗、丹、沂、三江五湖流域的占领，楚地的概念因此也发生了转换，从战国时期以江汉平原为核心的"楚国之楚"转变成秦末汉初的社会观念中以淮泗区域为中心的"三楚之楚"①。

综上可见，楚人在长期实践后选择了一条游离于传统诸夏地理空间之外的国家发展路径，这条路径存在严重的东方趋向，而缺乏以中原为中心的广域天下视野。它充分说明华夏民族的政治与文化、地理认同并不是直线式发展的，而是有着一个曲折往返的前进过程。

第四节　楚帛书表现的楚人族群意识

在长沙子弹库战国楚帛书中有一则创世神话故事，这个故事不仅突出楚人祖先在创世过程中的巨大贡献，也将一些与南方地域有关的人物掺入其中。从帛书出土于战国中前期的楚墓，且记载的内容多能与《山海经》《楚辞·天问》等南方文献相对应来推断，这则创世神话应是由楚人编撰完成，并且有着整合境内族群祖先的特征。

虽然学界围绕帛书从古文字学、神话学、天文学、宗教学等诸多领域展开研究，并取得了很丰富的成果②，但缺乏从政治角度去理解帛书所表

---

① "楚国之楚"是指战国时期社会观念中以江汉平原为中心的楚地，"三楚之楚"是指秦末汉初社会观念中以淮泗流域为中心的楚地。这种概念变化的基础是战国后期楚国将都城从江汉平原迁至淮河流域。参见郑威、易德生：《从"楚国之楚"到"三楚之楚"：楚文化地理分区演变研究》，《江汉论坛》，2017年第4期。

② 相关研究代表作有商承祚：《战国楚帛书述略》，《文物》，1964年第9期；李零：《长沙子弹库战国楚帛书研究》，北京：中华书局，1985年；饶宗颐、曾宪通：《楚帛书》，香港：中华书局香港分局，1985年；何琳仪：《长沙帛书通释》，《江汉考古》，1986年第2期；李学勤：《楚帛书中的古史与宇宙论》，《简帛佚籍与学术史》，南昌：江西教育出版社，2001年；冯时：《中国天文考古学》，北京：社会科学文献出版社，2001年，第13—30页；董楚平：《中国上古创世神话钩沉——楚帛书甲篇解读兼谈中国神话的若干问题》，《中国社会科学》，2002年第5期；等等。

达观念的研究。我们可以结合帛书的楚地属性，站在楚人角度去理解帛书所表达的与先秦时期楚人相关的政治文化思想。创世神话题材和内容既是对宇宙生成、天地开辟、人类起源等本质性问题做出的主观猜想和解答，也是创作者在主观意图支配下对其所具有的政治、思想、文化、社会等观念和知识背景的综合反映。我们可以通过剥离神话故事中带有想象、神秘色彩的叙述，深入发掘其中所包含的楚人的思想文化等信息。联系先秦时期楚人的历史，帛书中可能也蕴含了楚人在族群整合方面的意识。在楚与中原二元地缘格局下，楚人通过神话故事强调自身以及融入"楚人"族群的氏族、部落的祖先们在"创世"过程中对于整个世界（"天下"）的作用，并通过故事的角色选取表达对王朝兴替的认识以及构建楚国与前代王朝之间的关系，由此达到在中原地缘政治下凝聚南方族群为其"王天下"的政治目标服务的目的。

按照帛书中提到的"千有百岁"这个明确的以年为单位的时间分界点，可以将原文分成上、下两个部分。如下：

> 曰古大兕雹戏（伏羲），出自□〔华〕胥。居于雷□〔夏〕，厥佃渔渔，□□□女。梦梦墨墨，盲章弼弼，□每水□，风雨是阏。乃娶叡遄□子之子，曰女皇（女娲），是生子。四□是襄，天地是格，参化法兆。为禹为离（契），以司土壤，晷天步数，乃上下腾传。山陵不疏，乃命山川四海□〔之〕阳燩阴燩以为其疏，以涉山陵、泷汩、洈漫。未有日月，四神相代，乃步以为岁，是唯四时。长曰青榦，二曰朱四单，三曰□黄难，四曰□〔涂〕墨榦。

> 千有百岁，日月夋生。九州不平，山陵备矣。四神乃作，至于覆，天旁动，扦蔽之青木、赤木、黄木、白木、墨木之精。炎帝乃命祝融以四神降，奠三天，□〔维〕思缚，奠四极。曰：非九天则大矣，则毋敢蔑天灵。帝夋（帝俊）乃为日月之行。共工夸步十日，四时□□，□神则闰，四□毋思；百神风雨，辰祎乱作，乃逆日月，以传

相□思。有宵有朝，有昼有夕。①

　　上部分出现的神灵为伏羲、女娲、大禹、商契、四神，下部分出现的神灵为帝俊、炎帝、祝融、四神、共工。除了四神在上下两部分都有出现，其他神灵分属在不同时期发挥各自的功用。在这些神灵中，祝融为楚人祖先是毫无疑问的。将帛书中提到的其他神灵结合《山海经》等传世文献互证后可见：除了上部分提到的神灵，下部分提到的神灵都与楚人或楚地有着非常直接且密切的关联，都可以看作"楚系"或楚地的神灵。这样，按归属可以将帛书中提到的神灵划分为上部分的中原神灵与下部分的楚系神灵。

　　在上部分中，伏羲、女娲结为了夫妇，是创立天地的始祖，可以看作最高神灵。伏羲、女娲在传世文献中一般被认为是在中原地区产生的，随着近现代考古学、人类学、民族学等多学科理论加入，学术界关于伏羲、女娲的起源形成了"北方说"② 和"南方说"③ 两大学说体系。从目前研究来看，伏羲、女娲与楚人、楚地的联系还需进一步考察，这里暂不宜将伏羲、女娲归为楚系神灵④。而在伏羲、女娲后面出现的大禹、商契，

---

　　① 释文参考冯时：《中国天文考古学》，北京：社会科学文献出版社，2001 年，第 13-14 页。其中"曰女皇，是生子。四□是襄，天地是格，参化法兆。为禹为离"的断句参考了李学勤的释文，冯时原释文断句为"曰女皇，是生子四□，是襄天地，是格参化。法兆为禹为离"。李学勤同意巴纳的意见，认为"四"字应连下读，这样形成四字对偶句，"就语法而言，'四'字是不能连上读的"（详见李学勤：《楚帛书中的古史与宇宙论》，《简帛佚籍与学术史》，南昌：江西教育出版社，2001 年，第 49 页）。

　　② 参见张光直：《中国青铜时代》，北京：生活·读书·新知三联书店，1983 年，第 266-267 页；萧兵：《楚辞与神话》，南京：江苏古籍出版社，1987 年，第 377 页；杨利慧：《女娲的神话与信仰》，北京：中国社会科学出版社，1997 年。

　　③ 参见闻一多：《伏羲考》，《神话与诗》，上海：上海人民出版社，2006 年，第 10-12 页；芮逸夫：《苗族的洪水故事与伏羲女娲的传说》，马昌仪编《中国神话学文论选萃》（上编），北京：中国广播电视出版社，1994 年，第 371-417 页；徐旭生：《中国古史的传说时代》，北京：科学出版社，1960 年；管东贵：《川南鸦雀苗的神话与传说》，《"中研院"历史语言研究所集刊》，1974 年第 3 期；等等。

　　④ 据报道，在上村岭虢国墓地出土的一个玉兽身上有"伏羲女娲纹"（参见任磊：《虢国博物馆藏西周伏羲女娲纹玉兽》，《中国文物报》，2021 年 8 月 31 日第 5 版）。当然，这个说法有待于进一步的研究和考证。

他们分别是夏人、商人的祖先则是没有疑问的。将伏羲、女娲与大禹、商契同置于帛书上部分,他们应该都与中原地域相关。另外,在上下两部分都有出现的四神比较特殊,他们职掌风雨气象,可能为自然神,暂不宜作属性判断。因此,帛书上部分基本可以看作是非楚系神灵的组合。

帛书下部分提到帝夋(俊),司马贞《史记索隐》引皇甫谧云:"帝喾名夋也。"帝俊是否对应中原文化中的帝喾尚存在疑问,南方文献《山海经》中"帝俊"和"帝喾"之名都有出现,在战国时期楚人观念中,两者并不一定是指同一个对象。《山海经》中的《大荒南经》记载:"羲和者,帝俊之妻,生十日。"[①]《大荒西经》记载:"帝俊妻常羲,生月十有二。"[②] 日、月为帝俊所生,这同于帛书记载,由此可以推断,帛书记载的帝俊与楚人存在某种联系。而如果按照帝俊等同于帝喾的观点,帝俊则可以和楚人祖先颛顼产生联系,《史记·五帝本纪》:"高辛于颛顼为族子。"[③] 因此可以把帛书中的帝俊视为楚系神灵。

炎帝是源自中原地区的神话人物,但是在西周春秋时期,江汉平原周边分布了不少作为炎帝后裔的姜姓国家,例如申、吕等。同时,江汉平原也是炎帝传说构建的重要发生地,有学者指出,炎帝在江汉平原完成了与本土神灵神农氏的结合[④]。在接下来的历史中,这些姜姓国家相继被楚国吞并,炎帝元素也可能相应为楚人所继承。帛书将炎帝与楚系神灵组合在一起,应该是将炎帝视为与楚人相关的神灵。同时,在文献记载中常可见炎帝与祝融氏的南方天神组合。例如,《礼记·月令》记载,孟夏之月,"其帝炎帝,其神祝融"[⑤];《淮南子》"南方火也,其帝炎帝,其佐朱明",

① 袁珂校注:《山海经校注》,上海:上海古籍出版社,1980年,第381页。

② 袁珂校注:《山海经校注》,上海:上海古籍出版社,1980年,第404页。

③ 司马迁:《史记》卷一《五帝本纪》,北京:中华书局,1959年,第13页。

④ 参见张正明:《炎帝散论》,《张正明学术文集》,武汉:湖北人民出版社,2007年,第775页;蔡靖泉:《炎帝·颛顼·祝融——楚人始祖论》,《江汉论坛》,2014年第12期。

⑤ 郑玄注,孔颖达疏:《礼记正义》卷十五《月令》,李学勤主编《十三经注疏》,北京:北京大学出版社,1999年,第490页。

许慎注"朱明":"旧说云:祝融"①。按照帛书说法,炎帝命令祝融参与创立世界,奠三天、四极。祝融是楚人的祖先没有太多疑问,炎帝与祝融产生关联可能与楚文化整合南方地域神灵有关。《山海经》中关于楚人始祖的记载有二:其一为《大荒西经》所载"颛顼—老童—祝融"世系②,这与其他文献中的记载相吻合;其二为《海内经》所载"炎帝—炎居—节并—戏器—祝融"世系:"炎帝之妻,赤水之子听訞生炎居,炎居生节并,节并生戏器,戏器生祝融。"③ 关于这两个不同的世系记载,有学者认为可能是《山海经》中同时存在两个分属于黄帝、炎帝阵营的"祝融"④。从战国时期与楚人相关的史料来看,楚人自身认同的是颛顼,新蔡葛陵简、安徽大学藏简中提到"颛顼",屈原《离骚》中也称"帝高阳之苗裔兮"。在传说中,炎帝与祝融确有较多相似。例如,从职司来看,祝融为"火正",炎帝为"火师"。《左传·昭公十七年》记载郯子谈及炎帝:"炎帝氏以火纪,故为火师而火名。"⑤ 从神格来看,两者都具有"太阳神"的神格。炎帝与太阳的关联是明确的,"炎帝者,太阳也"⑥。祝融与太阳的关系未见明确记载,但童书业从"祝融亦能昭显天地之光明"的史料推断祝融也具有"日神"的神格⑦。从后裔的地域分布来看,祝融后裔和炎帝后裔多分布于中原南部。春秋时期,楚、夔等芈姓诸侯国主要分布于江汉平原,周边则是分布于南阳盆地、淮河流域的申、吕、赖(厉)等姜姓诸侯国。关于楚人祖先祝融与炎帝的具体关系,学界已有不少研究⑧。不过

① 何宁:《淮南子集释》卷三《天文训》,北京:中华书局,1998年,第186页。

② 袁珂校注:《山海经校注》,上海:上海古籍出版社,1980年,第395页。

③ 袁珂校注:《山海经校注》,上海:上海古籍出版社,1980年,第471页。

④ 王光镐:《楚文化源流新证》,武汉:武汉大学出版社,1988年,第11-12页。

⑤ 杨伯峻编著:《春秋左传注》(修订本),北京:中华书局,1990年,第1386页。

⑥ 陈立撰,吴则虞点校:《白虎通疏证》卷四《五行》,北京:中华书局,1994年,第177页。

⑦ 童书业:《春秋左传研究》,上海:上海人民出版社,1980年,第29页。

⑧ 例如,张正明认为传说时代的楚人先民生活在黄河下游,文化上属炎帝系统,始祖为祝融(详见张正明:《楚文化史》,武汉:湖北教育出版社,2018年,第4-12页);蔡靖泉认为楚人的血亲始祖是祝融,楚人根据历史传统和文化心理视炎帝为人文始祖(详见蔡靖泉:《炎帝·颛顼·祝融——楚人始祖论》,《江汉论坛》,2014年第12期);等等。

就目前的证据来说，难以确定楚人祖先祝融与炎帝之间存在直接的关联，只能确定帛书中提到的炎帝与楚人、楚地具有某种密切联系。

共工，在早期的中原文献中一般是被作为负面人物。例如《国语·周语》："昔共工弃此道也，虞于湛乐，淫失其身，欲壅防百川，堕高堙庳，以害天下。"① 《史记·五帝本纪》："讙兜进言共工，尧曰不可而试之工师，共工果淫辟。"② 《左传·文公十八年》："少皞氏有不才子，毁信废忠，崇饰恶言；靖谮庸回，服谗搜慝，以诬盛德，天下之民谓之穷奇。"③ 《史记集解》引服虔注"穷奇"曰："谓共工氏也。其行穷而好奇。"④ 帛书对共工并没有恶言描述，只是提到因为共工步历过大，造成了四时失序⑤，而后，伏羲、女娲所生四神进行了补救。对于共工造成的祸乱，《国语·周语》则记载是由大禹"念前之非度，厘改制量，象物天地，比类百则，仪之于民，而度之于群生"⑥。这是帛书和中原文献的不同之处。《山海经·大荒西经》也记载了共工被大禹攻伐，"有禹攻共工国山"，郭璞注："言攻其国，杀其臣相柳于此山。"⑦ 在《山海经·海内经》中，共工氏还被设计成祝融的后代，"祝融降处于江水，生共工"⑧。这些材料显示共工与楚人之间关系更加紧密，而与中原关系较远。

通过以上分析可见：帛书神话上半部分是以非楚系、非南方地域的神灵为主，下半部分则是以楚系、南方系神灵为主。结合春秋战国时期楚与中原在地域、族群等方面的关系来看，这套神话的上下两部分反映的便是一套中原与楚系相对的体系。在这套体系中，也存在一些"疑问"。

---

① 徐元诰撰，王树民、沈长云点校：《国语集解》，北京：中华书局，2002 年，第 93—94 页。

② 司马迁：《史记》卷一《五帝本纪》，北京：中华书局，1959 年，第 28 页。

③ 杨伯峻编著：《春秋左传注》（修订本），北京：中华书局，1990 年，第 639 页。

④ 司马迁：《史记》卷一《五帝本纪》，北京：中华书局，1959 年，第 37 页。

⑤ 冯时：《中国天文考古学》，北京：社会科学文献出版社，2001 年，第 28 页。

⑥ 徐元诰撰，王树民、沈长云点校：《国语集解》，北京：中华书局，2002 年，第 95 页。

⑦ 袁珂校注：《山海经校注》，上海：上海古籍出版社，1980 年，第 387—388 页。

⑧ 袁珂校注：《山海经校注》，上海：上海古籍出版社，1980 年，第 471 页。

首先，帛书刻意忽略了周人祖先后稷。帛书记载，"为禹为离，以司土壤，晷天步数，乃上下腾传。山陵不疏，乃命山川四海□〔之〕阳既阴既以为其疏，以涉山陵、泷汨、滔漫"。冯时认为这是说大禹、商契"平治水土，范围九天九州，定立天周度数"①。这与传世文献中提到的"大禹治水"事迹直接相关，但大禹和商契共同治水这点与传世文献有所差异。在《尚书·禹贡》《尚书·尧典》《史记·夏本纪》等文献中治水的主体是大禹，只在《史记·殷本纪》中提到"契长而佐禹治水有功"②，显示契曾辅佐大禹治水。这里存在一个问题，为何帛书只提了夏人祖先大禹、商人祖先契，却没有提到周人的祖先后稷？后稷在治水中的重要性远大于商契，并且拥有帝舜的任命。《史记·夏本纪》："禹乃遂与益、后稷奉帝命，命诸侯百姓兴人徒以傅土，行山表木，定高山大川。"③ 在政治上后稷也被视为夏的继承，"夏之兴也，周弃继之，故祀以为稷"④。但是，楚人在帛书非楚系神灵的选择上选定了商契而放弃与治水更为相关的后稷，说明帛书神话在此的设定并不是为了突显治水情节。脱离治水故事，楚人确实与商人在血缘、政治上的关系更密切。清华简《楚居》记载楚人先祖季连与盘庚后人妣隹联姻，表明楚人认可自己与商王族的血缘关系。不过，在这里需结合政治视角，联系帛书神话下半部分提到的祝融治理"九州"的叙述来思考上半部分的神灵组合。

其次，帛书神话下半部分提到祝融继承大禹抚平水土之职责，且明确将"九州"一词与祝融相关联。"九州"一般都认为是与大禹相关，除了中原文献，南方文献如《山海经》中也有记载："帝乃命禹卒布土以定九州。"⑤ 按照上博简《容成氏》中楚人的观念，"天下"是由楚地与"九州"共同组成。那么，此篇帛书神话中大禹抚平水土的范围应是包含"九

　①　冯时：《中国天文考古学》，北京：社会科学文献出版社，2001年，第20页。
　②　司马迁：《史记》卷三《殷本纪》，北京：中华书局，1959年，第91页。
　③　司马迁：《史记》卷二《夏本纪》，北京：中华书局，1959年，第51页。
　④　徐元诰撰，王树民、沈长云点校：《国语集解》，北京：中华书局，2002年，第155页。
　⑤　袁珂校注：《山海经校注》，上海：上海古籍出版社，1980年，第472页。

州"在内的整个天下，因此"九州"一词只出现在祝融事迹中，而没有出现在大禹事迹中。帛书神话下半部分开头的"千有百岁"是个较为具体的时间长度，从帝舜、大禹时期往后"千有百岁"应为西周时期。此时祝融主导或参与治水，并且治水地点是楚人观念中包括吴越、秦地在内的中原地区。按照楚人观念，同为楚人祖先，祝融应该出现在鬻熊之前，这点可从清华简《楚居》以及包山楚简中"三楚先"等记载中找到证据。从鬻熊开始，楚人融入西周政治秩序。帛书神话的情节设计表明了这样一个观点：祝融继承了大禹、商契曾经的事业，承担起中原（九州）水土治理的重任。

帛书在水土治理上设定了从夏（禹）、商（契）到楚（祝融）的顺序，当然，祝融参与的只是"九州"治理而非区划"九州"。一般来说，"大禹治水"并不单单是大禹带领民众抚平水土，更具有对天下行使王权的政治含义。文献记载，大禹在治水同时将天下区划成"九州"，"以开九州，通九道，陂九泽，度九山"，然后确立各地贡赋，"禹乃行相地宜所有以贡，及山川之便利"[①]。在楚人观念中，也有"天子建之以州，邦君建之以都"[②]，将区划"九州"视为天子的权力。在先秦时期，中原诸国有将本国、本族群与"禹迹"相联系构建本地历史记忆和族群记忆的尝试，这既是中原文化认同的结果，也是对于自身政治、文化等构建的需要。帛书中，大禹、商契、祝融可明确为氏族、部落的祖先神，其他神灵则只是传说中"帝""王"序列中的一小部分。在有限的帛书神话文本框架内，角色入选标准存在主观性，帛书下半部分的神灵都与楚人或楚地直接相关，而上半部分基本都是中原地区的神灵，这种设定可能与楚人的族群整合意识有关。

在中国文明和国家起源过程中，神权与政治之间的关系是非常紧密的，前者正是后者的重要来源之一，"王权有源于宗教祭祀之权的一面或

---

① 司马迁：《史记》卷二《夏本纪》，北京：中华书局，1959 年，第 51 页。

② 马承源主编：《上海博物馆藏战国楚竹书（六）》，上海：上海古籍出版社，2007年，第 311 页。

王本身就是神"①。而在宗教崇拜中，又以祖先神崇拜为最高崇拜。祖先神不仅属于宗教观念，也是该氏族、部落拥有的优势政治权力的反映。"在中国，早期的宗教与'礼'则是将部落联盟中占统治地位的部族祖先神作为最高主神来尊崇，由此提升了这些主神所护佑的氏族、部落的尊崇地位，也随之提升了这些氏族、部落首领的宗教、政治权力。"② 因此，这些祖先神一方面既代表了作为宗教观念中拥有专门职司的神祇，也是现实中具有优势政治、文化地位的族群、部落的首领。楚人通过神话故事的设计，突出了其祖先以及与楚地相关神灵在至关重要的"创世"环节中的作用，这可能是楚人突出并构建以本国、本族群为核心的政治文化意识的结果，为自身"王权"构建以及在楚与中原二元地缘政治博弈中提供历史依据。大禹和商契在历史朝代更替中具有先后关系，因此帛书的顺序是从大禹到契，再至祝融。楚人通过描写自己祖先祝融接替大禹、商契到楚地之外的"九州""治水"，显示了其意图继承夏、商两朝政治王权，从而将本国政治影响力作用于楚地之外的中原地区的意向。西周时期，楚是以周王为核心的中原政治秩序中的附庸，熊通称王后，楚脱离了该秩序，与周的关系由过去的政治上从属转变为相互对立。尽管东迁后周王室衰落，实际政治影响力下降，但是其政治象征意义仍然存在，中原大国如齐、晋等崛起后也自觉打着维护周代政治秩序的旗号。这样自然便不存在楚继承周的政治遗产，因为在楚王与周王、楚与中原并立格局下双方争夺王权，是非此即彼的竞争关系。

　　整个帛书神话的主题是楚系神灵参与创世，楚地祝融继承中原大禹、商契的事业平治水土，以此显示楚人有意参与中原（九州）政治。通过创世神话，可以看到楚人做出了两方面的努力：第一是强化并整合楚地其他族群对"楚人"身份的认同，形成楚系与中原系神灵对立的二元划分。从帛书可见，楚人着重突出了"创世"过程中楚人祖先以及相关神灵的参与。这些相关神灵中的大部分可能来自南方地域、楚地境内的其他族群，

---

① 王震中：《中国文明起源的比较研究》，西安：陕西人民出版社，1994 年，第 369 页。
② 李禹阶：《中国文明起源中的巫及其角色演变》，《中国社会科学》，2020 年第 6 期。

例如作为炎帝后裔的姜姓申、吕等国。在"东向"过程中,楚国吞并、融合了大量位于江、淮地区的族群,形成了超越血缘关系而具有地域性包容性、政治认同性的更大的"楚人"概念。从帛书来看,楚人通过神话故事将楚人祖先与楚国境内其他族群相关的神灵进行组合,凸显了以广义"楚人"为核心的政治文化塑造和认同。第二,楚人在凝聚域内族群力量后,又有着带领整个"楚人"群体向中原(九州)争霸的意识。在神话中,楚人将自己的祖先与夏、商祖先禹、契都置于为天下"治理水土"的重任上,而未提及周人祖先后稷,这表明了楚人欲继承夏、商的政治意识,以及在楚与中原并立的地缘政治中,通过凝聚南方地区力量,取得中原地区政治影响力的目标。可以说,政治含义是帛书神话最明显的特征,而且文化塑造也是服务于政治目的。

综上所述,楚国的族群融合是一条以政治权力为主导自上而下的整合之路,它与楚国"东向"的关系非常密切。春秋时期,楚人趁中原势力对南方区域政治影响力减弱,持续向东发展。楚国取得南方各个区域内的政治主导地位,并将区域内的一众小国转化为楚国的附庸,形成了政治上楚国统治南方地域小国的模式。楚国在确立了对南方小国的政治统治后,将小国的统治阶层和民众进行分离调整,通过迁移、吸收等方式将前者变为楚国的封君、大臣等,允许保留其祖先祭祀与记忆;对于后者,楚人则通过设置由国君直接控制的楚县,将其身份由他国臣民转换为楚国地方行政单元中的民众,并通过安排兵役、赋税等政治义务使其形成对楚国、楚王的政治认同。应该说,这种在政治权力主导下的自上而下的族群融合模式是较为成功、有效的,它不仅壮大了楚国的国力,也促使南方分散的族群逐渐走向统一。但这种整合模式也存在一定的不足,它需要以楚国对附庸国稳定的政治统治为前提。因此,我们看到对于地处中原与楚之间的小国、族群,楚只能采取迁入楚境的方式进行整合。例如阴戎、蛮氏等原来分布于楚、晋之间的族群,楚人吞并其地后并没有在原地以设置楚县的方式统治其民,而是将其民众迁入楚国核心区进行安置。这既说明楚国对区域族群的整合有明显的地域色彩,也说明其对地域族群的融合比较依赖政治权力的控制,而不是凭借自身的文化优势给予同化。相比之下,中原国家更倡导"文化认同"作为族群融合的首要条件。当楚人政治影响力减弱时，位于边地的宗族、民众对楚国、楚王的政治认同便可能减弱，从而参与叛乱，导致"楚邦以多亡城"。这是楚国与中原国家在族群融合方面的重要区别。

从先秦乃至秦汉之际楚文化的演变来看，楚国疆域内的地域文化可以分为不同板块。例如，李学勤曾将东周时期列国分为七个文化圈，其中有两个文化圈位于楚国疆域内，它们分别是位于长江中游的楚文化圈，以及位于淮水流域和长江下游的吴越文化圈，并且后者"虽受中原文化和楚文化的影响，也自有其本身的特色"①。《中国考古学·两周卷》中将楚墓分为江汉、湘江洞庭湖、豫南鄂西北及其他四个大区域②。秦汉时期传世文献中也有将楚地称为"三楚"的说法。这些说法的建立不仅仅是以地理、物产等客观条件作为依据，主要也是因为这些文化区之间在风俗、文化等方面存在显著的差异。这些都说明楚国的族群融合方式在整合地域文化、习俗等方面还存在一定的不足。从楚国族群融合的结果来看，一方面，楚人通过建立以楚王、楚国为核心的政治认同，迅速凝聚起江淮地区内的小国和族群，这不仅增强了楚国的国力，也加速了江淮地区的政治一体化进程；另一方面，楚人在"东向"发展过程中吞并了大量有着不同族源、信仰、风俗等背景的南方族群，这增加了楚人通过文化认同来实现族群融合的难度。因此，楚人的文化认同建设中也有大量的政治因素。

---

① 李学勤：《东周与秦代文明》，上海：上海人民出版社，2007年，第11页。
② 中国社会科学院考古研究所编著：《中国考古学·两周卷》，北京：中国社会科学出版社，2004年，第348—357页。

第六章

西北边地的族群互动与认同

这里所谓"西北边地",包括陇右地区、河西地区和西域地区。"陇右"这一区域地理概念的较早提出是在东汉,而且往往是与"河西"这一区域地理概念相对而言的。比如,《后汉书·申屠刚列传》记载:"(申屠)刚遂避地河西,转入巴蜀,往来二十许年。及隗嚣据陇右,欲背汉而附公孙述。"《后汉书·窦融列传》记载:"帝闻河西完富,地接陇、蜀,常欲招之以逼嚣、述。"[1] 东汉的"河西"大体指黄河以西的金城郡、武威郡、张掖郡、酒泉郡和敦煌郡等五郡所辖区域[2],而"陇右"大体指黄河以东、陇坻(陇山)以西的陇西郡、天水郡(汉阳郡)、安定郡和武都郡所辖区域[3]。但因金城郡(河湟地区)与"陇右"存在密切关系,不仅西羌对"陇右"的寇犯多经由金城郡(河湟地区),且金城郡(河湟地区)

---

① 范晔:《后汉书》,北京:中华书局,1965 年,第 1015、799 页。与"河西"相对的"陇",应当就是隗嚣所据之"陇右"。

② 窦融曾说道:"河西殷富,带河为固,张掖属国精兵万骑,一旦缓急,杜绝河津,足以自守。"可见,"河西"就是指黄河以西。具体说来,窦融"行河西五郡大将军事"的五郡,即指武威郡、张掖郡、酒泉郡、敦煌郡和金城郡,皆在黄河以西。详见范晔:《后汉书》卷二十三《窦融列传》,北京:中华书局,1965 年,第 796、797 页。

③ 其核心区即天水郡(汉阳郡)。"陇右"这一地理名词在《后汉书》中频繁出现,兹不赘举。

往往成为"陇右"汉朝势力与西羌展开生死角逐的战场，西汉及东汉初金城郡下辖的河关、枹罕、白石、金城、榆中五县地望本在"陇右"，其中枹罕、白石二县即于汉昭帝始元六年（前81）自陇西郡别属金城郡，金城、榆中二县即于汉昭帝始元六年自天水郡别属金城郡，甚至在光武帝建武十二年（36），还曾出现金城郡被省属陇西郡的情形，而在建武十三年（37），金城郡复从陇西郡析出时，河关、枹罕、白石三县又别属陇西郡，故本章所言陇右地区还包括金城郡所辖区域，而河西地区不包括金城郡。汉代的"西域"概念有广义和狭义之分，本章所言西域地区指狭义概念的"西域"，即西域都护所护"西域三十六国"之区域①。秦汉时期，陇右地区、河西地区与西域地区的族群互动与认同呈现出纷繁复杂的历史样貌。

第一节　陇右地区的族群互动与认同

一、先秦至西汉前期陇右地区的族群互动与认同

最早在陇右地区生活的族群是戎人（或称西戎），其历史悠久，"应是本地自新石器时代晚期以来由于气候变化而逐渐畜牧化、武装化，并具有移动习性的羌系人群，同时也不排除更遥远族群的渗入"②。其实所谓"戎人"或"西戎"，除包含"羌系人群"，应还包含"氐系人群"。"古代的氐和羌都是西戎，都居住在西方，又同属汉藏语系，关系密切自不待言"，

---

① 关于狭义概念之"西域"，可参看刘志平：《从〈焦氏易林〉看汉代人的"西域"认知》，《西域研究》，2019年第4期。
② 史党社：《秦与比邻少数族群的关系新探》，天水市博物馆编《西戎文化的发现与研究学术研讨会论文集》，北京：文物出版社，2019年，第27页。苏海洋也认为自"新石器时代结束以后至青铜时代"，随着气候的变化，陇右地区"由原始农业向半农半牧经济或畜牧经济转化。此后，随着北方草原游牧经济的南下和中原农业民族的北上及其双方势力的此消彼长，渭河上游及其代表的北方生态过渡带种植业、家庭畜养业和畜牧业的比重不断发生着变化"（苏海洋：《论渭河上游及毗邻地区原始农业生产结构的演变》，《农业考古》，2008年第6期）。

但"氐与羌自古以来便是两族，不能混而为一"。自岷江上游的冉駹以东北，"包括西汉水、白龙江流域及涪水之上游，都是古氐原始分布所在"，而分布的中心在"甘肃东南部的西汉水、白龙江流域"，即"汉武都郡一带"①。汉武都郡属本章所言陇右地区，可见陇右自先秦以来就是氐、羌的主要聚居地。而至西周中后期，随着秦人入居陇右地区，这里成为秦人和戎人共同生活的区域，秦人和戎人开始交互影响。

春秋时期，虽然秦人主体东徙关中，但陇右之"西垂"是秦人先祖的归葬之地（东迁关中的秦文公死后亦葬于此）②与秦人隆兴之地，从而长期成为秦人重要的祭祖、祭神中心之一③，秦人也因此一直未放弃对其赖以兴起之陇右地区的政治关注。《史记·秦本纪》记载："（秦武公）十年，伐邽、冀戎，初县之。"④ 说明秦人东迁关中后，陇右地区的戎人对秦构成一定威胁，秦人西越陇山对其进行军事讨伐，并设县进行行政管理。而到秦穆公三十七年（前623），"益国十二，开地千里，遂霸西戎"⑤。"秦霸西戎和一批戎族部落方国的被征服，从整体上大大削弱了西戎实力，使双方的力量彻底转换。从此，西戎在春秋后期至战国初年的160年间，再也没有发生攻伐行为，秦戎关系在秦人占据主动的条件下又进入一个长期平稳的时代"⑥。在此期间，陇右地区的戎人主要有绵诸戎、绲戎、翟（狄）戎、獂戎，正所谓"秦穆公得由余，西戎八国服于秦，故自陇以西

---

① 马长寿：《氐与羌》，桂林：广西师范大学出版社，2006年，第8-11页。另外，需要说明的是，虽然氐、羌之称名最迟在商代即已出现，但在两周时期，其称名逐渐隐没，被含括在更为广泛的"戎"之称谓中。于是，两周时期的西戎成为秦汉羌人与氐人的直接族源，而商周"羌人""氐人"并不一定同秦汉羌人之间存在直接渊源关系（参见朱圣明：《华夷之间：秦汉时期族群的身份与认同》，厦门：厦门大学出版社，2017年，第130、146页）。

② 参见徐卫民：《秦公帝王陵》，北京：中国青年出版社，2002年，第1-2、14-27页。

③ 参见王子今：《战国秦代"西—雍"交通》，《东方论坛》，2016年第6期。

④ 司马迁：《史记》卷五《秦本纪》，北京：中华书局，1959年，第182页。

⑤ 司马迁：《史记》卷五《秦本纪》，北京：中华书局，1959年，第194页。

⑥ 雍际春、晏波：《两周时期的秦戎关系与民族融合》，天水市博物馆编《西戎文化的发现与研究学术研讨会论文集》，北京：文物出版社，2019年，第12页。

有绵诸、绲戎、翟、貌之戎"①。这些戎人在陇右地区的存在仍然对秦人构成威胁②，故秦惠公五年（前395）有"伐绵诸"之举③；秦献公初立，有"兵临渭首，灭狄貌戎"之举④；秦孝公元年（前361）有"西斩戎之貌王"之举⑤；秦惠王时，有"置乌氏县"之举。

到秦昭襄王三十五年（前272），秦国在陇右地区内初置陇西郡和北地郡⑥，所谓"至王赧四十三年，宣太后诱杀义渠王于甘泉宫，因起兵灭之，始置陇西、北地、上郡焉"⑦。此后有秦一代，秦人对秦昭襄王长城以东的陇右地区进行正式的以郡统县的郡县制管理，而在以前陇右诸戎聚居之地设有"道"或"县"，如陇西郡的狄道（应在狄戎聚居之地）、貌道（应在貌戎聚居之地）、绵诸道（应在绵诸戎聚居之地）、羌道（应在羌戎聚居之地）、略阳道（亦应在某戎聚居之地，史失载）、薄道（亦应在某戎聚居之地，史失载）和北地郡的乌氏县（应在乌氏戎聚居之地）⑧。

---

① 司马迁：《史记》卷一百十《匈奴列传》，北京：中华书局，1959年，第2883页。《后汉书·西羌传》将"翟戎"写作"狄戎"（范晔：《后汉书》卷八十七《西羌传》，北京：中华书局，1965年，第2872页）。此外，本章所言陇右地区其时还有乌氏戎。《史记·匈奴列传》言及"乌氏"，裴骃《集解》引徐广曰："在安定。"张守节《正义》引《括地志》云："乌氏故城在泾州安定县东三十里。周之故地，后入戎，秦惠王取之，置乌氏县也。"（司马迁：《史记》卷一百十《匈奴列传》，北京：中华书局，1959年，第2884页。）

② 而自秦武公十年（前688）至秦穆公三十七年，邽、冀之戎经过秦人65年的行政管控，已经被同化成秦人，故其时已无"邽、冀戎"之称。

③ 司马迁：《史记》卷十五《六国年表》，北京：中华书局，1959年，第711-712页。

④ 范晔：《后汉书》卷八十七《西羌传》，北京：中华书局，1965年，第2875页。

⑤ 司马迁：《史记》卷五《秦本纪》，北京：中华书局，1959年，第202页。

⑥ 严格说来，其时北地郡东部属陇东地区，不在陇右，其西部在汉武帝元鼎三年（前114）被析置安定郡，属本章所言陇右地区。但为了行文方便，将被析置安定郡之前的北地郡也归入陇右，只是叙述时注意侧重于北地郡的陇右部分，而被析置安定郡之后的北地郡不再归入陇右。

⑦ 范晔：《后汉书》卷八十七《西羌传》，北京：中华书局，1965年，第2874页。

⑧ 以上秦县、道，参考周振鹤、李晓杰、张莉：《中国行政区划通史·秦汉卷》（上），上海：复旦大学出版社，2017年，第64-65页。

　　而在秦始皇三十三年（前 214）蒙恬率大军"北击胡"[1]"斥逐匈奴"[2]"西逐诸戎，北却众狄"[3]之前，黄河以东、秦昭襄王长城以西的陇右地一直是胡（包含匈奴）和羌戎所居之地，而主要应是羌戎[4]。

　　秦始皇三十三年后，陇西郡和北地郡大幅度向西北推进，抵至黄河，新开拓的陇右地的羌、胡（包含匈奴）被驱赶至黄河以北，正所谓"胡人不敢南下而牧马"[5]，"众羌不复南度"[6]。与此同时，"自榆中并河以东，属之阴山，以为四十四县[7]，城河上为塞"[8]。关于此，辛德勇认为"西汉金城郡之榆中，应是承用秦朝旧有建置；至少在西汉设县之前，秦朝的时候当地即已有了'榆中'这一地名"。同时认为此"榆中"应为"表示某一边界范围不是非常清楚而面积又较为广阔的地理区域"，"大致应为西汉榆中县治所附

　　① 司马迁：《史记》卷一百十《匈奴列传》，北京：中华书局，1959 年，第 2886 页。

　　② 司马迁：《史记》卷六《秦始皇本纪》，北京：中华书局，1959 年，第 253 页。

　　③ 范晔：《后汉书》卷八十七《西羌传》，北京：中华书局，1965 年，第 2876 页。

　　④ 朱圣明指出："自商代起，羌人便与中原政权和人群开始了密切的交流。殷墟甲骨文中出现了大量关于羌、羌方、北羌、马羌等的记录，这些羌人或与商人彼此敌对、战争相向，或臣属服事于商朝；在先周时期，羌人中文明程度较高的姜羌与周人世代通婚。武王伐纣，羌为与周联盟的西土八族之一；两周时期，羌人中除与周王室关系密切的一些姜姓诸族得以分封建国外，其他羌人则被涵括在更为广泛的'戎'之称谓中，很少以'羌'称在史籍中出现。"（朱圣明：《华夷之间：秦汉时期族群的身份与认同》，厦门：厦门大学出版社，2017 年，第 130 页。）此说可从。《后汉书·西羌传》介绍西羌的历史时，言及两周时期的各种戎而不称"羌"，还说不知道秦厉公时被秦人拘执的羌人先祖无弋爰剑是"何戎之别"（详见范晔：《后汉书》卷八十七《西羌传》，北京：中华书局，1965 年，第 2871-2875 页）。正因为"羌"和"戎"有密切关系，汉代频频出现"羌戎"称谓，如赵充国言及"羌戎小夷"（班固：《汉书》卷六十九《赵充国传》，北京：中华书局，1962 年，第 2975 页）；冯奉世有"羌戎弓矛之兵耳，器不犀利"之言（班固：《汉书》卷七十九《冯奉世传》，北京：中华书局，1962 年，第 3296 页）；扬雄也有"羌戎睚眦，闽越相乱"之语（班固：《汉书》卷八十七下《扬雄传下》，北京：中华书局，1962 年，第 3561 页）；卢芳也曾说自己"西连羌戎，北怀匈奴"（范晔：《后汉书》卷十二《卢芳列传》，北京：中华书局，1965 年，第 507 页）；朱勃称赞马援"晓诱羌戎，谋如涌泉，势如转规"（范晔：《后汉书》卷二十四《马援列传》，北京：中华书局，1965 年，第 847 页）。

　　⑤ 贾谊撰，阎振益、钟夏校注：《新书校注》，北京：中华书局，2000 年，第 2 页。

　　⑥ 范晔：《后汉书》卷八十七《西羌传》，北京：中华书局，1965 年，第 2876 页。

　　⑦ 《史记·六国年表》所载乃"三十四县"。详见司马迁：《史记》卷十五《六国年表》，北京：中华书局，1959 年，第 757 页。

　　⑧ 司马迁：《史记》卷六《秦始皇本纪》，北京：中华书局，1959 年，第 253 页。

近的一定区域。这一区域，向西南方向，应包括秦县枹罕，它是秦朝在这一带设在最西边的县"，因而"所谓'自榆中并河以东'，应当理解为由'榆中'这一区域顺河岸东行，其最西端，乃是起自'榆中'区域内枹罕县西境的黄河南岸"，并"沿着河岸向东延伸，直至阴山西端并与之相连接；在这一线以内，新设立三十四个县（或四十四个县），并在靠近河岸的地方修筑县城，作为边防要塞"①。虽然"此四十四（或三十四）县的具体名称和位置，今已大多无法确知"②，但黄河以东、秦昭襄王长城以西的陇右地自然也有新县的设置，如上述枹罕县很可能就是新设的四十四县之一，具体说来，很可能是秦人于秦始皇三十三年西逐罕羌后所设③。这些新设的县被称为"初县"，受到责罚的秦人被迁徙到这里，作为戍卒防卫秦帝国新的西北边境，正所谓"徙谪，实之初县"④，"徙適戍以充之"⑤。这样，黄河以东、秦昭襄王长城以西的陇右地成为秦人和羌、胡互动的前沿地带。到秦末，"蒙恬死，诸侯畔秦，中国扰乱，诸秦所徙適戍边者皆复去，于是匈奴得宽，复稍度河南与中国界于故塞"⑥。戍边之秦人"皆复去"，去向大概有两个：一是回到"故塞"（秦昭襄王长城）内，二是亡入更远的西北羌、胡之中。后者之后裔在汉代被称为"秦胡"⑦。黄河以东、秦昭襄王长城以西的陇右地又为羌、胡所占据，也不排除秦人留居此地的可能。

此外，值得注意的是，陇西郡的南部郡界在汉初拓展到了氐人（白马氐）聚居地，故在西汉水流域有氐道、武都道、平乐道、下辨道等设置⑧。

---

① 辛德勇：《秦汉政区与边界地理研究》，北京：中华书局，2009 年，第 207-208 页。

② 辛德勇：《秦汉政区与边界地理研究》，北京：中华书局，2009 年，第 209 页。

③ 《元和郡县图志》即谓"故罕羌侯邑，秦灭为县，后遂因之"（李吉甫：《元和郡县图志》卷三十九，北京：中华书局，1983 年，第 989 页）。

④ 司马迁：《史记》卷六《秦始皇本纪》，北京：中华书局，1959 年，第 253 页。

⑤ 司马迁：《史记》卷一百十《匈奴列传》，北京：中华书局，1959 年，第 2886 页。

⑥ 司马迁：《史记》卷一百十《匈奴列传》，北京：中华书局，1959 年，第 2887-2888 页。

⑦ 具体可参看本书第一章第二节相关内容。

⑧ 汉武帝元鼎六年（前 111），分陇西郡"南部之武都道、下辨道、平乐道、故道等置武都郡"（周振鹤、李晓杰、张莉：《中国行政区划通史·秦汉卷》上，上海：复旦大学出版社，2017 年，第 478 页）。

氏人从此与汉人有了更多的接触与交往。

到西汉景帝时，羌人"研种留何率种人求守陇西塞，于是徙留何等于狄道、安故，至临洮、氐道、羌道县"①。可见，此时羌人入居陇西郡的西部边县，成为汉朝的"保塞蛮夷"，而所保"陇西塞"当为"故塞"（秦昭襄王长城）。羌人作为"保塞蛮夷"与汉人②杂处，交互影响，但"保塞蛮夷"的族群认同与政治认同是复杂的③。景帝时虽然西羌有保汉塞之举，但仍有对汉帝国的反叛，如李广任陇西郡太守时，西羌反叛，李广诱杀降羌八百余人④。而到此时，秦人曾征服的陇右诸戎已大多融入汉人。

在从战国秦厉公时到汉武帝元鼎六年（前111）的较长时期内，陇右的"湟中"（或称"河湟"）地区一直是羌人聚居生活之地。此外，在匈奴冒顿单于攻逐大月氏后，"余种分散，西逾葱领。其嬴弱者南入山阻，依诸羌居止，遂与共婚姻"，被称为"湟中月氏胡"⑤，亦被称"小月氏"⑥"小月氏胡"⑦。小月氏与羌人通婚，无疑促进了两者的融合，其实小月氏与羌人在语言、饮食、服饰、社会组织等方面颇相似，所谓"被服饮食言语略与羌同，亦以父名母姓为种"⑧。羌人还以"湟中"为基地，势力多次侵入黄河以东、秦昭襄王长城以西的陇右地。直到汉武帝元鼎六年，"汉遣将军李息、郎中令徐自为将兵十万人击平之。始置护羌校尉，持节统领焉。羌乃去湟中，依西海、盐池左右"⑨。

---

① 范晔：《后汉书》卷八十七《西羌传》，北京：中华书局，1965年，第2876页。
② 关于汉代的"汉人"称谓与认同，可参看本书第二章第二节相关内容。
③ 关于"保塞蛮夷"的族群认同与政治认同，可参看朱圣明：《华夷之间：秦汉时期族群的身份与认同》，厦门：厦门大学出版社，2017年，第321—325页。
④ 司马迁：《史记》卷一百九《李将军列传》，北京：中华书局，1959年，第2874页。
⑤ 范晔：《后汉书》卷八十七《西羌传》，北京：中华书局，1965年，第2899页。
⑥ 司马迁：《史记》卷一百二十三《大宛列传》，北京：中华书局，1959年，第3162页。
⑦ 范晔：《后汉书》卷十六《邓寇列传》，北京：中华书局，1965年，第609页。
⑧ 范晔：《后汉书》卷八十七《西羌传》，北京：中华书局，1965年，第2899页。
⑨ 范晔：《后汉书》卷八十七《西羌传》，北京：中华书局，1965年，第2876—2877页。《汉书·武帝纪》记载："（元鼎）六年冬十月，发陇西、天水、安定骑士及中尉，河南、河内卒十万人，遣将军李息、郎中令徐自为征西羌，平之。"（班固：《汉书》卷六《武帝纪》，北京：中华书局，1962年，第188页。）

总之，先秦至西汉前期，陇右地区的族群实态经历了复杂微妙的变迁，先是戎人独居，而后戎人与秦人杂处，互融互化，最后秦人征服诸戎，将其置于华夏帝国的行政管控下，与秦人相对立的异族逐渐向西、向北推移，此异族主要就是羌和胡（包含匈奴）。西汉前期仍然承袭了这一族群实态。而在自战国后期至西汉前期的较长时期内，黄河以东、秦昭襄王长城以西的陇右地是族群实态变动剧烈的区域，华夏势力在此区域的渗透只有短短不到十年的时间，而更远的河湟地区一直是羌人及小月氏胡生活、生产的地方，华夏势力对这一区域唯一的有限渗透很可能就是秦之亡人的进入（其后裔被称为"秦胡"）。此外，陇右保塞羌人的出现，更加深了汉羌交流，但其对汉帝国的政治认同是不稳固的，其整体性的自我族群认同仍长期存在。聚居在西汉水流域的氐人（白马氐）在汉初被纳入陇西郡管控，氐人与汉人的交往也更加频繁。而小月氏、羌人、匈奴人、氐人诸异族之间在陇右地区的互动也值得我们重视。

二、西汉中后期（含新莽时期）陇右地区的族群互动与认同

进入汉武帝时代，汉帝国开始"征伐四夷，开地广境，北却匈奴，西逐诸羌"①，华夏势力逐渐向"故塞"（秦昭襄王长城）之西北拓展。元朔二年（前127），"卫青复出云中以西至陇西，击胡之楼烦、白羊王于河南，得胡首虏数千，牛羊百余万。于是汉遂取河南地，筑朔方，复缮故秦时蒙恬所为塞，因河为固"②。大概在此时，陇西郡和北地郡西部郡界再次向西推移，回到秦始皇三十三年"西逐诸戎，北却众狄"后的情形，华夏势力再次进入"故塞"以西、黄河以东的陇右地。这一成果在元狩二年（前121）得到进一步巩固，这一年春夏，骠骑将军霍去病连续两次率军出陇西，对河西的匈奴势力进行了猛烈攻击，取得了重大军事胜利③。特别是这年秋天，占据河西的匈奴浑邪王（又称"昆邪王"）率众降汉，汉朝

---

① 范晔：《后汉书》卷八十七《西羌传》，北京：中华书局，1965年，第2876页。
② 司马迁：《史记》卷一百十《匈奴列传》，北京：中华书局，1959年，第2906页。
③ 司马迁：《史记》卷一百十《匈奴列传》，北京：中华书局，1959年，第2908页。

在河西设置酒泉郡进行管辖，陇右和河西开始连成一片，匈奴人在这一区域对汉的威胁大大减少，正所谓"陇西、北地、河西益少胡寇"①。而降汉的匈奴人被分徙至"边五郡故塞外，而皆在河南，因其故俗，为属国"②，按照唐人张守节的解释，这五郡即陇西、北地、上郡、朔方、云中③。这五个属国处在"故塞"外、黄河以南的地方。可见，"故塞"西北、黄河东南的陇右居住着匈奴人，依其本国之俗而属于汉，其与陇右汉人有了更多的接触和交往④。陇右汉人也因此对匈奴习俗有了更多了解，如汉使王乌，因是北地人，故"习胡俗"，去节黥面，得入匈奴单于穹庐，受到单于喜爱⑤。此外，关东的汉人被大量迁入陇右，总人数大概有29万人⑥。这对陇右异族的影响无疑是巨大的。

元狩四年（前119）夏，汉朝与匈奴进行了一次战略大决战，致使

---

① 司马迁：《史记》卷一百十《匈奴列传》，北京：中华书局，1959年，第2909页。

② 司马迁：《史记》卷一百一十一《卫将军骠骑列传》，北京：中华书局，1959年，第2934页。

③ 张守节《史记正义》："五郡谓陇西、北地、上郡、朔方、云中，并是故塞外，又在北海西南。"（司马迁：《史记》卷一百一十一《卫将军骠骑列传》，北京：中华书局，1959年，第2934页。）其中，"北海"很可能是"北河"之误。此可参班固撰，王先谦补注，上海师范大学古籍整理研究所整理：《汉书补注》，上海：上海古籍出版社，2008年，第4000页。当然，关于五属国的具体位置，学界有不同说法，不过大多认为陇右是以属国形式处置降胡的重要地区之一（参见黎明钊、唐俊峰：《秦至西汉属国的职官制度与安置模式》，《中国史研究》，2018年第3期）。

④ 有学者对西汉属国民的生活模式作了这样的推断："降附的游牧外族被纳入属国体系统治后，虽然还保留原来的部族、文化，但因为居住地的改变，生活空间大大缩小，迫使部分族群不得不逐渐放弃原来游牧的生活方式，开始定居。"同时指出："属国的归附族群在军事、社会等层面皆和汉帝国密切接触。军事上，属国归义者虽享有特权，不用向官府交纳田租，但仍需向汉帝国的军事行动提供协助。实际上，据简牍资料反映，他们有可能被汉人非法强捕为奴，而且因为官吏希望属国民成为汉帝国的正规编户民并缴纳徭赋，双方往往就徭役问题引发大量社会冲突。"（黎明钊、唐俊峰：《秦至西汉属国的职官制度与安置模式》，《中国史研究》，2018年第3期。）虽然属国民与汉人有了频繁接触，甚至有部分游牧人群还过上了定居生活，但属国民的整体异族性并未发生根本变化。

⑤ 司马迁：《史记》卷一百十《匈奴列传》，北京：中华书局，1959年，第2913页。

⑥ 《汉书·武帝纪》载："（元狩）四年冬，有司言关东贫民徙陇西、北地、西河、上郡、会稽凡七十二万五千口。"（班固：《汉书》卷六《武帝纪》，北京：中华书局，1962年，第178页。）若平均来算，每郡徙入14.5万人，陇右之陇西郡和北地郡共徙入29万人。

"匈奴远遁，而幕南无王庭。汉度河自朔方以西至令居，往往通渠置田官，吏卒五六万人①，稍蚕食，地接匈奴以北"②。"令居是汉渡河西以后建筑的最重要的据点……位金城郡北部，邻近《汉志》武威县、张掖县，当是取自张掖郡的两县之一（置金城郡时武威尚未立）。治今甘肃永登县西"③。这样，汉人势力接近陇右之河湟地区。

元鼎三年（前114），陇右的行政区划发生调整，陇西郡析置天水郡，北地郡析置安定郡。据《汉书·地理志下》记载，当初徙处降胡的陇西郡、北地郡之"故塞"外、黄河以南的属国都尉治所分别在天水郡的勇士县、安定郡的三水县④。为表示对新开拓陇右地的重视，汉武帝在元鼎五年（前112）冬十月西越陇山，抵安定郡西边的黄河支流祖厉河⑤。这次西巡对新开拓陇右地的降胡应有一定的震慑作用。

自从汉人势力接近陇右之河湟地区，河湟羌人感受到严重威胁，于是在元鼎五年秋，"先零羌与封养牢姐种解仇结盟，与匈奴通，合兵十余万，共攻令居、安故，遂围枹罕"⑥。所以才有如前所述的元鼎六年汉平西羌之事。此后，汉人势力正式进入河湟地区，汉人和羌人的互动因此更加频繁。此外，到汉帝国"破匈奴，取西河地，开湟中"，"月氏来降，与汉人错居"⑦。小月氏王还因"将众降""将众千骑降"被封侯⑧。安定郡还专

---

① 中华书局点校本1959年版《史记·匈奴列传》于此处断为"往往通渠置田，官吏卒五六万人"，而中华书局点校本1962年版《汉书·匈奴传上》断为"往往通渠置田官，吏卒五六万人"。后者应是。中华书局点校本2014年修订本《史记·匈奴列传》已改断为"往往通渠置田官，吏卒五六万人"，当确。

② 司马迁：《史记》卷一百十《匈奴列传》，北京：中华书局，2014年，第3517页。

③ 周振鹤、李晓杰、张莉：《中国行政区划通史·秦汉卷》（上），上海：复旦大学出版社，2017年，第486页。

④ 班固：《汉书》卷二十八下《地理志下》，北京：中华书局，1962年，第1612、1615页。

⑤ 班固：《汉书》卷六《武帝纪》，北京：中华书局，1962年，第185页。

⑥ 范晔：《后汉书》卷八十七《西羌传》，北京：中华书局，1965年，第2876页。

⑦ 范晔：《后汉书》卷八十七《西羌传》，北京：中华书局，1965年，第2899页。

⑧ 司马迁：《史记》卷二十《建元以来侯者年表》，北京：中华书局，1959年，第1055-1056页。

门设置月氏道以处月氏降者①，这无疑又促进了月氏与汉人的交流，但其众"虽依附县官，而首施两端"②，对汉帝国的政治认同仍具有不稳固性，其整体性的自我族群认同仍长居主流地位。

从汉昭帝始元六年（前81）初置金城郡到汉宣帝神爵二年（前60）或其后不久，"金城郡的地域即已达到《汉志》所示的范围"③。在此期间，面对汉人的威胁，河湟诸种羌人为了维护自己族群的核心利益，即夺取河湟之肥饶之地④，产生较广范围的针对汉人的族群凝聚与认同。如宣帝时，"先零豪言愿时渡湟水北，逐民所不田处畜牧"，遭到拒绝后，竟"抵冒渡湟水，郡县不能禁"，到元康三年（前63），"先零遂与诸羌种豪二百余人解仇交质盟诅"⑤，"将欲寇边"⑥。义渠安国的野蛮政策导致包括"归义羌侯杨玉"⑦等在内的"诸羌怨怒，遂寇金城"⑧。不过，又有政治上服从汉帝国的羌人，也往往参与到汉帝国平叛的军事行动中，如范明友就曾以"羌骑校尉将羌王侯君长以下击益州反虏"⑨；汉宣帝神爵元年（前61）"西羌反"，参与讨伐的除了汉人，也有包括羌人在内的诸异族⑩。其实，正如赵充国所言，羌人的特点就是"其种自有豪，数相攻击，势不壹"，当其欲有针对汉帝国的反叛行动时，往往要"先解仇"⑪。正因其内部存在不相统属及争夺资源利益的情况，故其针对汉人的整体性的羌人族

① 月氏降者还有在湟中、令居与张掖的。详见范晔：《后汉书》卷八十七《西羌传》，北京：中华书局，1965年，第2899页。
② 范晔：《后汉书》卷八十七《西羌传》，北京：中华书局，1965年，第2899页。
③ 周振鹤、李晓杰、张莉：《中国行政区划通史·秦汉卷》（上），上海：复旦大学出版社，2017年，第485页。
④ 班固：《汉书》卷六十九《赵充国传》，北京：中华书局，1962年，第2987页。
⑤ 班固：《汉书》卷六十九《赵充国传》，北京：中华书局，1962年，第2972页。
⑥ 范晔：《后汉书》卷八十七《西羌传》，北京：中华书局，1965年，第2877页。
⑦ 班固：《汉书》卷六十九《赵充国传》，北京：中华书局，1962年，第2973页。
⑧ 范晔：《后汉书》卷八十七《西羌传》，北京：中华书局，1965年，第2877页。
⑨ 班固：《汉书》卷七《昭帝纪》，北京：中华书局，1962年，第230页。
⑩ 班固：《汉书》卷八《宣帝纪》，北京：中华书局，1962年，第260页。除了羌人，还有胡人与越人。
⑪ 班固：《汉书》卷六十九《赵充国传》，北京：中华书局，1962年，第2972页。

群认同也是不稳固的。"通知四夷事"的陇右人赵充国①正是利用羌人的这一特点，在平定河湟叛羌的军事行动中多有胜绩。神爵元年平定先零羌后，次年即"置金城属国以处降羌"②。陇右之河湟地区首次以"属国"的形式管理降羌，而降羌人数达到 35200 余人③。此外，金城郡西部的交通建设得到加强，在湟陿以西修治道桥 70 所，"可至鲜水左右"④。金城郡遂成为羌汉互动的主要区域。

此后，陇右有近 20 年的时间无羌患。直到汉元帝永光二年（前 42），才出现"陇西羌彡姐旁种反"⑤的情形，这是陇右降羌"在竟内背畔"⑥。可见，降羌的整体性自我族群认同依然存在。不过，由于羌种繁多，一些依附汉帝国的羌人仍表现出对汉帝国的政治认同超越羌人族群认同的情态。如针对这次羌叛，参加到平叛行列的除了汉人，也有呼速累、嚼种等羌人⑦。

此后，陇右又是数十年无羌患，正所谓"自彡姐羌降之后数十年，四夷宾服，边塞无事"⑧。而"至王莽辅政，欲耀威德，以怀远为名，乃令译讽旨诸羌，使共献西海之地，初开以为郡，筑五县，边海亭燧相望焉"⑨。具体说来，是羌豪良愿等种，共 12000 人，"愿为内臣，献鲜水海、允谷盐池，平地美草皆予汉民，自居险阻处为藩蔽"⑩。据说他们"思乐内属"的原因是他们觉得王莽"至仁"，多有祥瑞之征，"羌人无所疾苦"⑪。西

① 班固：《汉书》卷六十九《赵充国传》，北京：中华书局，1962 年，第 2971 页。
② 班固：《汉书》卷八《宣帝纪》，北京：中华书局，1962 年，第 262 页。
③ 班固：《汉书》卷六十九《赵充国传》，北京：中华书局，1962 年，第 2992 - 2993 页。
④ 班固：《汉书》卷六十九《赵充国传》，北京：中华书局，1962 年，第 2986 页。
⑤ 班固：《汉书》卷七十九《冯奉世传》，北京：中华书局，1962 年，第 3296 页。
⑥ 班固：《汉书》卷七十九《冯奉世传》，北京：中华书局，1962 年，第 3296 页。
⑦ 班固：《汉书》卷七十九《冯奉世传》，北京：中华书局，1962 年，第 3298 页。
⑧ 范晔：《后汉书》卷八十七《西羌传》，北京：中华书局，1965 年，第 2877 - 2878 页。
⑨ 范晔：《后汉书》卷八十七《西羌传》，北京：中华书局，1965 年，第 2878 页。
⑩ 班固：《汉书》卷九十九上《王莽传上》，北京：中华书局，1962 年，第 4077 页。
⑪ 班固：《汉书》卷九十九上《王莽传上》，北京：中华书局，1962 年，第 4077 页。

海郡设置后，大量汉人（主要是罪犯）被徙入该郡，汉羌互动的场所拓展到陇右金城塞外。但好景不长，两年后，"西羌庞恬、傅幡等怨莽夺其地作西海郡，反攻西海太守程永"，程永逃走，被王莽诛杀，后由护羌校尉窦况等"击破西羌"①。到王莽败亡，"众羌"又"据西海为寇"②。而安定"三水属国羌胡"则与汉人（如卢芳、卢禽、卢程，三水豪杰）一起起兵反莽③。更始、赤眉之际，羌人更是放纵无忌，"寇金城、陇西。隗嚣虽拥兵而不能讨之，乃就慰纳，因发其众与汉相拒"④。陇右人（天水成纪人）隗嚣对羌人采取慰纳的怀柔举措，从而使羌人成为其拒汉的重要力量。

此外，如前所述，陇右南部之西汉水流域的氐人在汉初已接受汉帝国的行政管理，到元鼎六年又设武都郡，进一步加强了对氐人的行政管理。大概因为设郡赋税重⑤，武都氐人在汉武帝和汉昭帝时有反抗之举。《汉书·武帝纪》记载：元封三年（前108），"武都氐人反，分徙酒泉郡"⑥。部分武都氐人被远徙至河西之酒泉郡。《汉书·昭帝纪》记载：元凤元年（前80），"武都氐人反"⑦。此后较长时期内，再无武都氐人反叛的记载。直到王莽时，"氐人亦叛"，后又依附隗嚣和公孙述，隗嚣死后，又"背公孙述降汉"⑧。可见，武都氐人的政治认同是多变的。

总之，自西汉中期以后，汉人与羌人、匈奴人、小月氏及氐人等异族在陇右地区的互动向较深层面和较广范围发展，如在陇右地区设置属国以

---

① 班固：《汉书》卷九十九上《王莽传上》，北京：中华书局，1962年，第4087页。
② 范晔：《后汉书》卷八十七《西羌传》，北京：中华书局，1965年，第2878页。
③ 范晔：《后汉书》卷十二《卢芳列传》，北京：中华书局，1965年，第506页。
④ 范晔：《后汉书》卷八十七《西羌传》，北京：中华书局，1965年，第2878页。
⑤ 《后汉书·南蛮西南夷列传》："冉駹夷者，武帝所开。元鼎六年，以为汶山郡。至地节三年，夷人以立郡赋重，宣帝乃省并蜀郡为北部都尉。"（范晔：《后汉书》卷八十六《南蛮西南夷列传》，北京：中华书局，1965年，第2857-2858页。）可见，冉駹就曾向汉政府反映"立郡赋重"，汉宣帝于是废汶山郡，以减轻冉駹夷的负担。
⑥ 班固：《汉书》卷六《武帝纪》，北京：中华书局，1962年，第194页。
⑦ 班固：《汉书》卷七《昭帝纪》，北京：中华书局，1962年，第225页。
⑧ 范晔：《后汉书》卷八十六《南蛮西南夷列传》，北京：中华书局，1965年，第2859页。

处降胡与降羌，进一步将氐人与月氏人纳入汉帝国的行政管辖范围，汉羌互动的场所向西拓展到河湟及西海地区。值得注意的是，降附汉帝国的诸异族对汉帝国的政治认同有的仍表现出不稳定性，有的政治依附趋向在两汉之际还表现出多变性，此亦表明其整体性的自我族群认同仍长期存在。而依附汉帝国的羌人随汉军进击反叛的羌人，又表明这些依附汉帝国的羌人表现出对汉帝国的政治认同超越羌人族群认同的情态。此外，在陇右西部塞外，羌人作为与汉人对立的异族一直存在。

三、东汉陇右地区的族群互动与认同

据班彪之言，东汉初，包括陇右的整个凉州部"皆有降羌"，"与汉人杂处，习俗既异，言语不通"。班彪还言及羌人"反叛"往往是因为"数为小吏黠人所见侵夺，穷恚无聊"，因而建议光武帝刘秀向前朝学习，复置护羌校尉，理羌人之怨结，"岁时循行，问所疾苦"，"又数遣使驿通动静，使塞外羌夷为吏耳目"。此建议被光武帝采纳①。但陇右的羌患并未就此停息。在建武十年（34），"先零豪与诸种相结，复寇金城、陇西"，被来歙平定②。大概陇右羌人习惯了隗嚣的怀柔政策，对东汉政府的举措不满，故有反汉之举，正所谓"初王莽世，羌虏多背叛，而隗嚣招怀其酋豪，遂得为用。及嚣亡后，五谿、先零诸种数为寇掠，皆营堑自守，州郡不能讨"③。建武十一年（35），"先零种复寇临洮，陇西太守马援破降之。后悉归服，徙置天水、陇西、扶风三郡"④。建武十二年（36），陇右东南部的武都又出现"参狼羌与塞外诸种为寇，杀长吏"的情形，马援带兵进击之，致使羌人"数十万户亡出塞，诸种万余人悉降"，"于是陇右清静"⑤。值得注意的是，这次降汉的羌人只有万余人，而亡出陇右塞外的羌

① 范晔：《后汉书》卷八十七《西羌传》，北京：中华书局，1965 年，第 2878 页。
② 范晔：《后汉书》卷八十七《西羌传》，北京：中华书局，1965 年，第 2878 页。
③ 范晔：《后汉书》卷十五《来歙列传》，北京：中华书局，1965 年，第 588 页。
④ 范晔：《后汉书》卷八十七《西羌传》，北京：中华书局，1965 年，第 2878 - 2879 页。
⑤ 范晔：《后汉书》卷二十四《马援列传》，北京：中华书局，1965 年，第 836 页。

人达到数十万户，以每户 5 人计，总人数有 200 万左右，这远远超过西汉末年的羌人数量①。陇右塞外众多羌人的存在无疑是东汉羌患严重的重要人口因素。另外值得注意的是，如前所述，西汉前期及武、昭时期，武都的异族主要是氐人，大概到了西汉后期，武都成了"杂氐、羌"之地②。这次武都氐人并未参与反叛，应跟之前东汉政府对氐人的政策有关，正所谓"武都氐人背公孙述来降者，（马）援皆上复其侯王君长，赐印绶，（光武）帝悉从之"③。不仅如此，在隗嚣族人隗茂反汉、攻杀武都太守之际，武都"氐人大豪齐钟留为种类所敬信，威服诸豪"，还与武都郡丞孔奋共"击茂，破斩之"④。与武都氐人不同，武都参狼羌在东汉初多次反叛，如"中元元年，武都参狼羌反，杀略吏人"⑤。此外，"安定属国胡"也发生反叛⑥。

值得注意的是，由于金城郡屡屡成为西羌寇犯对象，金城汉民往往北亡至武威，从而成为武威之"客民"，直到光武帝刘秀采纳马援不弃金城破羌以西之建议，三千多客居在武威的金城民才"各反旧邑"，从而出现"郡中乐业"、羌汉"和亲"的局面⑦。

光武帝末期，自烧当种羌大破先零、卑湳羌从而占据了先零的居地大榆中之后，烧当种羌成为威胁东汉陇右安全的西羌强种，"常雄诸羌"，成为"欲侵边"之诸羌的领导者，其对东汉陇右的强势攻击还导致"守塞诸羌皆复相率为寇"⑧。

---

① 有学者指出："到西汉末，估计羌人的数量也有数十万，但其中一部分已纳入汉朝的户籍统计，在户口数之外的羌人不会超过二三十万。"（葛剑雄：《中国人口史》第 1 卷，上海：复旦大学出版社，2002 年，第 399 页。）

② 班固：《汉书》卷二十八下《地理志下》，北京：中华书局，1962 年，第 1646 页。

③ 范晔：《后汉书》卷二十四《马援列传》，北京：中华书局，1965 年，第 836 页。

④ 范晔：《后汉书》卷八十六《南蛮西南夷列传》，北京：中华书局，1965 年，第 2859~2860 页。

⑤ 范晔：《后汉书》卷八十七《西羌传》，北京：中华书局，1965 年，第 2879 页。

⑥ 范晔：《后汉书》卷一下《光武帝纪下》，北京：中华书局，1965 年，第 73 页。

⑦ 范晔：《后汉书》卷二十四《马援列传》，北京：中华书局，1965 年，第 835~836 页。

⑧ 范晔：《后汉书》卷八十七《西羌传》，北京：中华书局，1965 年，第 2879 页。

可见，光武帝期间，威胁陇右的羌人主要是先零羌、武都参狼羌和烧当羌，其寇犯的主要原因应是对东汉政府的政策不满，而东汉政府应对的主要举措就是武力讨伐和内徙，羌人不仅被迁徙到陇右，还被迁徙到关中西部，羌汉互动的地域自此从陇右扩展至关中。而金城郡内的羌汉互动也有了一定程度的加强。但陇右守塞诸羌在自我族群认同与对汉帝国的政治认同之间表现出摇摆状态，尤其在有羌人强种取得对汉的军事优势时，其羌人族群认同会超过对汉帝国的政治认同。此外，陇右塞外数百万羌人的存在无疑是东汉羌患严重的重要人口因素。

而到明帝、章帝、和帝时，对东汉陇右构成严重威胁的是烧当羌。其原因正如东汉人曹凤所言："以其居大、小榆谷，土地肥美，又近塞内，诸种易以为非，难以攻伐。南得锺存以广其众，北阻大河因以为固，又有西海鱼盐之利，缘山滨水，以广田蓄，故能强大，常雄诸种，恃其权勇，招诱羌胡。"①

针对烧当羌的威胁，东汉政府采取的主要措施还是武力讨伐和内徙并举。如永平元年（58），在大破烧当种羌滇吾后，对降羌进行了大规模内徙，总共有七千人被迁徙至三辅地区②。自此始，羌汉在关中的互动得到进一步加强。而与此同时，汉人也被大量募徙至陇右，所谓"募士卒成陇右，赐钱人三万"③。陇右的羌汉互动也得到进一步加强。值得注意的是，东汉政府对羌人的内徙有时又具有主观选择性，如和帝时，针对因与汉有杀父之仇而"难用德怀，终于叛乱"的迷唐，尽管其"不肯远出"，东汉政府还是想方设法促使其出塞④。不过，后来当迷唐率不满千人的种众，"远逾赐支河首，依发羌居"时，东汉政府将其余投降的六千多羌人分徙到陇右汉阳、安定、陇西三郡⑤。这进一步增加了陇右羌人的数量，形成

---

① 范晔：《后汉书》卷八十七《西羌传》，北京：中华书局，1965年，第2885页。
② 范晔：《后汉书》卷八十七《西羌传》，北京：中华书局，1965年，第2880页。
③ 范晔：《后汉书》卷二《显宗孝明帝纪》，北京：中华书局，1965年，第99页。
④ 范晔：《后汉书》卷八十七《西羌传》，北京：中华书局，1965年，第2882-2884页。
⑤ 范晔：《后汉书》卷八十七《西羌传》，北京：中华书局，1965年，第2884-2885页。

了"诸降羌布在郡县"的局面①。

　　虽然随着羌人的内徙和汉人的徙入，陇右的羌汉互动得到进一步增强，但陇右塞内羌汉两分的族群格局依然没有发生改变。典型的例子就是汉章帝建初元年（76），金城郡安夷县的县吏因抢掠卑湳种羌人之妻，被其丈夫杀害，安夷县长宗延竟"追之出塞"，导致整个卑湳种羌人恐惧，于是一起杀了宗延，同时又与勒姐、吾良二种"相结为寇"，从而发生羌汉大战②。汉吏掠羌妇而被杀，这样一件事情居然能引起羌汉大战，足见当时金城塞内羌汉两分的族群认同格局的显明，这也体现了徙入塞内的羌人是聚种而居，与汉人有严格的空间分隔。这应是塞内羌人在族群认同和政治认同上表现出群体性主观选择特征的人口地理因素③。

　　也正因为这样一种人口地理因素，在此期间，陇右守塞诸异族仍在自我族群认同与对汉帝国的政治认同之间表现出摇摆状态。如建初二年（77），在金城塞内，"迷吾遂与诸众聚兵，欲叛出塞"，接着，"诸种及属国卢水胡悉与相应"④。又如元和三年（86），降汉的迷吾"复与弟号吾诸杂种反叛"，随后守塞羌胡"复叛出塞，更依迷吾"⑤。还如汉和帝永元九年（97），迷唐"胁塞内诸种羌共为寇盗，众羌复悉与相应，合步骑三万人，击破陇西兵，杀大夏长"⑥。还如永元十二年（100），迷唐"复背叛"，又"胁将湟中诸胡，寇钞而去"⑦。还如永元十四年（102），"安定降羌烧何种胁诸羌数百人反叛，郡兵击灭之，悉没入弱口为奴婢"⑧。当然，陇右守塞诸异族有时也出于对汉帝国的政治认同而随汉军进击同族。

　　① 范晔：《后汉书》卷八十七《西羌传》，北京：中华书局，1965年，第2886页。
　　② 范晔：《后汉书》卷八十七《西羌传》，北京：中华书局，1965年，第2881页。
　　③ 徙入陇右塞内的羌人往往是以种落的形式聚居，且保留了原初的由种豪统领的部落组织形式，种落族群认同和政治认同的抉择往往由种豪决定。
　　④ 范晔：《后汉书》卷八十七《西羌传》，北京：中华书局，1965年，第2881页。
　　⑤ 范晔：《后汉书》卷八十七《西羌传》，北京：中华书局，1965年，第2881页。
　　⑥ 范晔：《后汉书》卷八十七《西羌传》，北京：中华书局，1965年，第2883页。
　　⑦ 范晔：《后汉书》卷八十七《西羌传》，北京：中华书局，1965年，第2884页。
　　⑧ 范晔：《后汉书》卷八十七《西羌传》，北京：中华书局，1965年，第2885页。

如永元八年（96），护羌校尉史充"发湟中羌胡出塞击迷唐"①。又如永元十三年（101），在"迷唐复将兵向塞"的情形下，护羌校尉周鲔"与金城太守侯霸，及诸郡兵、属国湟中月氏诸胡、陇西牢姐羌，合三万人，出塞至允川，与迷唐战"②。

另外，东汉政府在明、章、和时期，对羌人有一个逐渐向西的压迫，其最显著的表现就是护羌校尉治所的西移：先从陇西郡的狄道西移至金城郡的安夷，再从安夷西移至临羌③。而到汉和帝永元十四年，"缮修故西海郡，徙金城西部都尉以戍之"④。汉羌互动的地域再次西移至西海地区。还"广设屯田"于大、小榆谷，以"规固二榆"，"隔塞羌胡交关之路，遏绝狂狡窥欲之源"⑤。此时，"西海及大、小榆谷左右无复羌寇"⑥。

在此期间，同种羌人有时在对羌人的族群认同与对汉帝国的政治认同上表现出不同的趋向，如"滇吾子东吾立，以父降汉，乃入居塞内，谨愿自守。而诸弟迷吾等数为寇盗"⑦。又如"号吾将其种人降"⑧，而其兄迷吾屡屡寇犯陇右汉塞。

而随着羌汉互动的加深，汉人对羌人的种豪制度也有了更深入的了解。如汉明帝时，护羌校尉窦林先"奏上滇岸以为大豪"，滇岸被"承制封为归义侯，加号汉大都尉"。而后窦林又奏上滇吾为"第一豪"，汉明帝"怪一种两豪，疑其非实"，窦林竟以"滇岸即滇吾，陇西语不正"之语欺骗汉明帝，汉明帝"穷验知之，怒而免林官"⑨。可见汉明帝对羌人一种一豪的制度是熟悉的。

---

① 范晔：《后汉书》卷八十七《西羌传》，北京：中华书局，1965年，第2883页。
② 范晔：《后汉书》卷八十七《西羌传》，北京：中华书局，1965年，第2884页。
③ 范晔：《后汉书》卷八十七《西羌传》，北京：中华书局，1965年，第2880—2881页。
④ 范晔：《后汉书》卷四《孝和孝殇帝纪》，北京：中华书局，1965年，第189页。
⑤ 范晔：《后汉书》卷八十七《西羌传》，北京：中华书局，1965年，第2885页。
⑥ 范晔：《后汉书》卷八十七《西羌传》，北京：中华书局，1965年，第2885页。
⑦ 范晔：《后汉书》卷八十七《西羌传》，北京：中华书局，1965年，第2881页。
⑧ 范晔：《后汉书》卷八十七《西羌传》，北京：中华书局，1965年，第2883页。
⑨ 范晔：《后汉书》卷八十七《西羌传》，北京：中华书局，1965年，第2880页。

到安帝永初年间（107—113），发生了严重的羌患，而且是从塞内降羌开始的。根本原因是地方吏治腐败，致使塞内羌人积怨甚深，所谓"诸降羌布在郡县，皆为吏人豪右所徭役，积以愁怨"①。而导火线则是东汉政府"迫促发遣"陇右塞内羌人远征西域②。

这次羌患，首先是被征发的金城、陇西、汉阳羌"惧远屯不还，行到酒泉，多有散叛"；接着是勒姐、当煎大豪东岸等"同时奔溃"，早降汉而"居安定"的烧当种羌麻奴兄弟"与种人俱西出塞"；紧接着，"先零别种滇零与锺羌诸种大为寇掠，断陇道"③；居然阻断关中西通陇右的通道，大有割据陇右之态势。而他们都是"归附既久"的塞内降羌，因"归附既久"，所以已无真正的军事装备，"或持竹竿木枝以代戈矛，或负板案以为楯，或执铜镜以象兵"。但就是面对这样的叛羌，"郡县畏懦不能制"④。而后东汉政府调集数万大军与滇零等数万人大战于汉阳郡平襄县，汉军大败。在这种情势下，滇零在北地郡自称"天子"，广泛招集武都参狼、上郡、西河诸杂种羌⑤，"东犯赵、魏，南入益州，杀汉中太守董炳，遂寇钞三辅，断陇道"，以致"湟中诸县粟石万钱，百姓死亡不可胜数"⑥。在整个陇右战场，汉政府军一败涂地。于是东汉政府被迫将金城郡治所内徙至陇西郡襄武县，将护羌校尉治所移徙至张掖。羌人甚至东渡黄河，入寇河东、河内、上党，直接威胁都城洛阳，致使东汉政府不得不派重兵屯守黄河重要渡口孟津，以保卫洛阳。在这种情势下，陇西郡治所也东移至襄武县，安定郡治所徙至扶风美阳。对"恋土，不乐去旧"的百姓，采取"刈其禾稼，发彻室屋，夷营壁，破积聚"的野蛮措施。汉阳人杜琦、杜季贡、王信等人还"与羌通谋"，杜琦甚至"自称安汉将军"。后杜琦、王

① 范晔：《后汉书》卷八十七《西羌传》，北京：中华书局，1965年，第2886页。
② 范晔：《后汉书》卷八十七《西羌传》，北京：中华书局，1965年，第2886页。
③ 范晔：《后汉书》卷八十七《西羌传》，北京：中华书局，1965年，第2886页。
④ 范晔：《后汉书》卷八十七《西羌传》，北京：中华书局，1965年，第2886页。
⑤ 有学者认为这是"史载最早的东西羌联盟"。参见朱圣明：《华夷之间：秦汉时期族群的身份与认同》，厦门：厦门大学出版社，2017年，第159页。
⑥ 范晔：《后汉书》卷八十七《西羌传》，北京：中华书局，1965年，第2886页。

信被杀，杜季贡"亡从滇零"①。

可见，在这次羌患中，塞内诸羌已拥有了针对汉人的更广范围的族群认同，而且这种认同已上升到国家政权层面②。与此同时，开始出现了东西羌联盟，这种"跨地域、跨血缘的东西羌联盟的出现则意味着羌人的族群认同上升到了新的高度"③。此外，陇右汉人也开始跟随羌人反汉。经过这次羌患，除了汉阳郡和武都郡，陇右大部分地区为羌人占据，华夏势力在陇右地区大面积退出。

从安帝元初元年（114）到元初五年（118），东汉政府在巴郡板楯蛮、湟中降羌胡、匈奴南单于、匈奴左鹿蠡王须沈、当阗种羌榆鬼、效功种号封、上郡全无种羌雕何等异族的支持下，降服了"西河虔人种羌万一千口"④，剪灭了以零昌、狼莫、杜季贡为首的羌人政权，从而"诸羌瓦解，三辅、益州无复寇儆"⑤。但陇右曾内徙后的陇西郡、安定郡仍为羌人控制⑥。

这次羌汉战争，在一定程度上加强了东汉羌汉两分的整体族群格局，因为"羌人社会政治组织由松散结盟向稳固联盟乃至国家政权的演进是在与汉朝抗争中逐步实现的"，而且"塞内羌人有意识的政治行为并未伴随东羌政权的覆灭而消失，相反却愈加强烈且频繁。这显然与东羌政权的建立一定程度上巩固并提升了塞内羌人的族群认同意识有关"⑦。

---

① 范晔：《后汉书》卷八十七《西羌传》，北京：中华书局，1965年，第2886-2888页。

② 汉安帝元初三年（116），汉军在北地郡袭击滇零之子零昌获得胜利后，"得僭号文书及所没诸将印绶"（范晔：《后汉书》卷八十七《西羌传》，北京：中华书局，1965年，第2890页），也足以说明零昌继承了其父滇零的"天子"僭号，并设有一套职官体系。

③ 朱圣明：《华夷之间：秦汉时期族群的身份与认同》，厦门：厦门大学出版社，2017年，第160页。

④ 但至安帝延光元年（122），"虔人种羌与上郡胡反，攻穀罗城"。见范晔：《后汉书》卷八十七《西羌传》，北京：中华书局，1965年，第2892页。

⑤ 范晔：《后汉书》卷八十七《西羌传》，北京：中华书局，1965年，第2889-2891页。

⑥ 直到"延光三年（124），陇西郡由襄武还治狄道……至此，陇西郡境当完全恢复"；直到"顺帝永建四年（129），安定郡返回故土"。详见周振鹤、李晓杰、张莉：《中国行政区划通史·秦汉卷》（下），上海：复旦大学出版社，2017年，第876、888页。

⑦ 朱圣明：《华夷之间：秦汉时期族群的身份与认同》，厦门：厦门大学出版社，2017年，第164、167页。

汉安帝后期，东羌和西羌对河西和陇右展开配合式攻击。永宁元年（120）春，东羌上郡沈氏种五千多人寇犯河西张掖。这是东羌的一次远途西征，表明其已具备远程作战能力。趁马贤率汉军至张掖抵抗这支东羌力量时，西羌当煎种大豪饥五等乘虚寇犯金城；而当马贤从张掖回师金城时，西羌烧当、烧何种又趁机进犯张掖。建光元年（121），西羌麻奴等在金城郡令居县大败武威、张掖郡兵，并胁将东羌先零、沈氏诸种四千多户，"缘山西走，寇武威"①。东西羌的配合再次说明羌人族群认同的进一步提升。东西羌的配合式攻击虽给东汉陇右和河西地区再次造成严重威胁，但最终东汉政府还是取得了阶段性胜利，典型成果就是延光三年（124）秋，陇西郡治所返回狄道②。这表明东汉政府对陇右的控制得到一定程度的恢复。

汉顺帝前期，即"永和羌叛"之前，只有陇西锺羌有两次反叛，很快都被平定③。在此期间，安定、北地、上郡回复到内徙前的状态，当初内徙的三郡汉民"各归旧县"④，陇右安定郡再次受东汉政府控制，其族群布局也再次回到羌汉分隔而居的杂处状态。另外，由于护羌校尉马续对两河间屯田的正确处理，两河间羌人无寇犯陇右之举。

自永和元年（136）开始，东汉政府又遭十余年的羌患。首先是陇右武都塞上白马羌"攻破屯官，反叛连年"⑤；其次是"烧当种那离等三千余骑寇金城塞"，在受到汉军打击后，"那离等复西招羌胡，杀伤吏民"⑥；再次是"且冻、傅难种羌等遂反叛，攻金城，与西塞及湟中杂种羌胡大寇三辅，杀害长吏"，且冻还"分遣种人寇武都，烧陇关，掠苑马"，"于是东西羌遂大合。巩唐种三千余骑寇陇西，又烧园陵，掠关中……罕种羌千余寇北地……诸种八九千骑寇武威"⑦；最后是"护羌从事马玄遂为诸羌所

---

① 范晔：《后汉书》卷八十七《西羌传》，北京：中华书局，1965年，第2892页。
② 范晔：《后汉书》卷八十七《西羌传》，北京：中华书局，1965年，第2892页。
③ 范晔：《后汉书》卷八十七《西羌传》，北京：中华书局，1965年，第2893-2894页。
④ 范晔：《后汉书》卷八十七《西羌传》，北京：中华书局，1965年，第2893页。
⑤ 范晔：《后汉书》卷八十七《西羌传》，北京：中华书局，1965年，第2894页。
⑥ 范晔：《后汉书》卷八十七《西羌传》，北京：中华书局，1965年，第2894-2895页。
⑦ 范晔：《后汉书》卷八十七《西羌传》，北京：中华书局，1965年，第2895-2896页。

诱，将羌众亡出塞"①。

在这次长达十余年的羌患中，又出现东西羌大联合的局面，说明羌人族群认同又得到进一步的提升。同时，还出现东汉官员出于政治利益考量而带领羌人"亡出塞"的情形。此外，虽有"湟中义从兵及羌胡"跟随汉军攻击叛羌，但又有"降胡"在跟随汉军进击叛羌的中途而"叛走"，说明降羌和降胡的族群认同与政治认同的复杂多变性。而造成这次东西羌联合反汉的主要原因是汉朝官员"天性虐刻"，对羌人"多所扰发"，不能执行"防其大故，忍其小过"的"安羌胡"之策②。这次羌患还造成安定郡和北地郡的再次内徙，直到汉冲帝永嘉元年（145）"陇右复平"后③，才复归故土，说明汉人势力在陇右的存在具有不稳定性。

汉桓帝前期，羌患还不是很严重，只在建和二年（148），"白马羌寇广汉属国"，与此同时，"西羌及湟中胡复畔为寇"④。此后十余年间，陇右无事。延熹二年（159）以后，陇右又是羌患不断。首先是"烧当八种寇陇右"⑤；接着是"零吾复与先零及上郡沈氏、牢姐诸种并力寇并、凉及三辅"⑥；再接着是"鸟吾羌寇汉阳、陇西、金城"⑦。同样存在东西羌联合寇陇右的情形。

东西羌联合寇陇右的情形在汉灵帝时期再次上演，所谓"中平元年，北地降羌先零种因黄巾大乱，乃与湟中羌、义从胡北宫伯玉等反，寇陇右"⑧。湟中月氏胡也参与了此次叛乱⑨。此外，这次羌患，同样有汉人（含汉朝官与民）的参与，如"枹罕河关群盗"与"金城人边章、韩遂"

① 范晔：《后汉书》卷八十七《西羌传》，北京：中华书局，1965年，第2897页。
② 范晔：《后汉书》卷八十七《西羌传》，北京：中华书局，1965年，第2895页。
③ 范晔：《后汉书》卷八十七《西羌传》，北京：中华书局，1965年，第2897页。
④ 范晔：《后汉书》卷八十七《西羌传》，北京：中华书局，1965年，第2897页。
⑤ 范晔：《后汉书》卷八十七《西羌传》，北京：中华书局，1965年，第2897页。
⑥ 范晔：《后汉书》卷八十七《西羌传》，北京：中华书局，1965年，第2897页。
⑦ 范晔：《后汉书》卷七《孝桓帝纪》，北京：中华书局，1965年，第310页。
⑧ 范晔：《后汉书》卷八十七《西羌传》，北京：中华书局，1965年，第2898页。
⑨ 范晔：《后汉书》卷八十七《西羌传》，北京：中华书局，1965年，第2899页。

等①。值得注意的是，汉人是从属于湟中羌人和月氏胡而参加叛乱，所谓
"共立湟中义从胡北宫伯玉、李文侯为将军"，"劫致金城人边章、韩
遂"②。有学者指出："这些汉朝官民的涌入使得羌人的聚合更为牢固、持
久，规模也愈加壮大。"同时指出："至中平三年冬，韩遂杀害边章及北宫
伯玉、李文侯，羌人开始沦为凉州地方势力对抗中央的工具。此后，出现
在董卓、马腾军中的羌胡均是如此。"③看来，东汉时期，在包括汉人在内
的反汉联盟中，羌、胡在陇右地区的地位有一个由强而弱的转变过程。而
从族群互动与认同的角度看，陇右地区的羌、胡作为与汉人对应的整体性
异族似一直存在。

　　东汉末年（汉献帝建安年间）陇右的族群情势仍体现了该地区羌、
胡、氐等异族的长期存在。建安十九年（214），"韩遂徙金城，入氐王千
万部，率羌、胡万余骑与夏侯渊战，击，大破之，遂走西平"④。韩遂率领
的反汉军队，除了氐人，还有羌人和胡人。同年，毌丘兴将赴任安定郡太
守，曹操对其说了这样一番话："羌、胡欲与中国通，自当遣人来，慎勿
遣人往。善人难得，必将教羌、胡安有所请求，因欲以自利；不从便为失
异俗意，从之则无益事。"⑤而毌丘兴没有听曹操的告诫，派遣校尉范陵到
羌中，范陵果然"教羌，使自请为属国都尉"⑥。可见，直到此时，陇右
羌、胡仍是作为与"汉人"（"中国人"）相对的异族群而存在的。此外，
陇右羌人仍是以种落的形式聚居，正所谓"诸羌在遂军者，各还种落"⑦。
陇右羌人的这种独立自主的聚居形式在三国曹魏时期仍旧保持下来，如魏

①　范晔：《后汉书》卷七十二《董卓列传》，北京：中华书局，1965 年，第 2320 页。

②　范晔：《后汉书》卷七十二《董卓列传》，北京：中华书局，1965 年，第 2320 页。

③　朱圣明：《华夷之间：秦汉时期族群的身份与认同》，厦门：厦门大学出版社，
2017 年，第 161 页。

④　陈寿：《三国志》卷一《魏书·武帝纪》，北京：中华书局，1982 年，第 42 页。

⑤　陈寿：《三国志》卷一《魏书·武帝纪》，北京：中华书局，1982 年，第 42-43 页。

⑥　陈寿：《三国志》卷一《魏书·武帝纪》，北京：中华书局，1982 年，第 43 页。

⑦　陈寿：《三国志》卷九《魏书·诸夏侯曹传》，北京：中华书局，1982 年，第 271 页。

文帝曹丕时，"西羌恐，率众二万余落降"①。而此时的河湟地区仍是华夏"吏民"与"羌胡"的共居之地②。此外，曹魏时期的陇右安定郡既有"卢水胡"，又有羌人，自有其"大帅"③。陇右之陇西、南安、金城、西平诸郡还遍布饿何、烧戈、伐同、蛾遮塞诸羌，仍以种落的形式聚居④。

建安二十年（215），曹操"西征张鲁"，"将自武都入氐，氐人塞道"，而后"氐王窦茂众万余人，恃险不服"，被曹操"攻屠"⑤。曹操军"收氐谷十余万斛"⑥。这表明东汉末年的陇右南部武都地区，仍是氐人活动的重要区域。此外，氐人也是以种落的形式聚居。曹操就曾令张既到武都，"徙氐五万余落出居扶风、天水界"⑦。以种落聚居的武都氐人不仅被迁徙到关中，还被迁徙到陇右的核心地区。曹魏时期的陇右氐人亦仍是以种落的形式聚居，如正始元年（240），郭淮曾"按抚柔氐三千余落"⑧。

综上所述，东汉陇右地区的族群互动与认同仍表现出异常复杂的状态。总体来说，由于东汉定都洛阳，政治中心远离陇右，东汉政府对边地采取整体性退缩政策，更重要的是由于东汉朝政及地方吏治腐败，对羌人持以歧视性、压迫性对待的态度⑨，以及陇右塞外存在数百万羌人，东汉陇右羌患极其严重。东汉陇右羌患持续的时间更长，规模更大，波及范围

---

① 陈寿：《三国志》卷十五《魏书·刘司马梁张温贾传》，北京：中华书局，1982年，第476页。

② 陈寿：《三国志》卷十五《魏书·刘司马梁张温贾传》，北京：中华书局，1982年，第476-477页。

③ 陈寿：《三国志》卷十七《魏书·张乐于张徐传》，北京：中华书局，1982年，第526页；同书卷二十六《魏书·满田牵郭传》，第734页。

④ 陈寿：《三国志》卷二十六《魏书·满田牵郭传》，北京：中华书局，1982年，第735页。

⑤ 陈寿：《三国志》卷一《魏书·武帝纪》，北京：中华书局，1982年，第45页。

⑥ 陈寿：《三国志》卷九《魏书·诸夏侯曹传》，北京：中华书局，1982年，第272页。

⑦ 陈寿：《三国志》卷十五《魏书·刘司马梁张温贾传》，北京：中华书局，1982年，第472-473页。

⑧ 陈寿：《三国志》卷二十六《魏书·满田牵郭传》，北京：中华书局，1982年，第735页。

⑨ 东汉政府对边民都有歧视（参见朱圣明：《华夷之间：秦汉时期族群的身份与认同》，厦门：厦门大学出版社，2017年，第277-278页），更不用说对边地异族的歧视了。

更广，塞内外诸羌的联合更加紧密，还出现了东西羌的大联合，陇右一度成为西羌与东羌联合的桥梁地带。这都表明羌人的整体性族群认同得到了进一步强化与提升。此外，羌人与属国匈奴人在陇右地区的联合抗汉也是继续出现的现象，汉人与羌人的联合反叛也多次出现。虽然在包括汉人在内的反汉联盟中，羌、胡在陇右地区的地位有一个由强而弱的转变过程，而从族群互动与认同的角度看，陇右地区的羌、胡作为与汉人对应的整体性异族似一直存在，降羌、降胡与降氐的族群认同与政治认同一直表现出复杂多变性。羌胡对陇右地区还一度形成压迫性攻势，从而迫使东汉陇右诸郡内徙，这一内徙无疑造成了陇右汉人势力的真空，陇右的异族化趋势一度增强。虽然陇右诸郡后来得到恢复，但其异族化的惯性则保留了下来。东汉政府对羌、胡、氐等异族的武力讨伐和内徙都强化了异族与汉人两分的族群格局。何以言之？首先，虽然和平环境下的民族融合是一个十分漫长的过程，但至少提供了民族融合的外在契机，而战争对抗在总体上消弭了这种契机；其次，内徙的异族一直是以独立自主的聚居形式与汉人分隔而居，与汉人的通婚也很有限①，而通婚是民族融合的重要因素；再次，内徙的异族往往受到汉人的歧视性与压迫性对待，两者之间的族群隔阂始终存在。

四、余论

值得我们深思的是，为何秦汉陇右地区的羌、胡、氐等异族经过与华夏四百余年的互动，仍保持其族群的独立性？为何不像戎人那样融入华夏？原因可能是：陇右戎人本身的历史及与华夏互动的历史都更悠久，其在战国时期就已具有相当程度的华夏特征，其融入华夏的障碍比较小。而尽管羌、氐与戎人有一定的渊源关系，但作为华夏所面对的新的异族，羌、氐、胡与华夏的接触要晚些，而其自从与华夏接触后，一直保留有非

---

① 李贤等注《后汉书》引《献帝传》称，马腾的父亲马平在陇西时，因"家贫无妻"，于是"取羌女，生腾"（范晔：《后汉书》卷七十二《董卓列传》，北京：中华书局，1965年，第2335页）。可见，在通常情况下，汉人是不娶羌女的。

华夏特征，且这种非华夏特征在其内徙华夏帝国后仍得以保留，这主要表现为其采取独立自主的聚居形式及组织形式，从而造成异族与汉人通婚的有限性，而通婚是民族融合的重要因素。同时，陇右塞外又始终存在羌、胡、氐等异族，这对陇右塞内异族始终是一个显著的族群认同提示，而华夏政府对陇右塞内异族的歧视性与压迫性对待，又使得这种族群认同提示不断得到强化。

总之，从西汉到东汉，华夏与异族在陇右互动的加深，并未促成两者的族际整合，反而是两者的各自族群认同更加凸显。看来，异族与华夏在边地的接触并不一定造成异族的华夏化，特别是华夏政府错误的边地政策与民族政策造成的族际和平互动环境的缺失，更能促发异族对华夏帝国政治认同的不稳定性，从而促其产生更长久、更强烈的自我族群凝聚与认同，与华夏的通婚也变得更加有限，其华夏化的过程也就变得更加漫长。这样，由异族与华夏互动而产生的有限的族群融合成果也被掩盖了。而从族群互动、交融的角度去看华夏政府对异族的内徙政策，范晔所言“夷貊殊性，难以道御”[①] 及江统所言“非我族类，其心必异，戎狄志态，不与华同”[②] 的反对理由虽不可取，但范晔提到的“朝规失绥御之和，戎帅骞然诺之信。其内属者，或倥偬于豪右之手，或屈折于奴仆之勤。塞候时清，则愤怒而思祸；桴革暂动，则属鞬以鸟惊”[③] 及江统提到的内徙的戎狄因“苦汉人侵之”而产生“毒于骨髓”的“怨恨之气”[④]，都是值得我们深思的。

---

① 范晔：《后汉书》卷八十七《西羌传》，北京：中华书局，1965年，第2901页。

② 房玄龄等：《晋书》卷五十六《江统传》，北京：中华书局，1974年，第1531-1532页。

③ 范晔：《后汉书》卷八十七《西羌传》，北京：中华书局，1965年，第2899页。

④ 房玄龄等：《晋书》卷五十六《江统传》，北京：中华书局，1974年，第1531-1532页。

第二节　河西地区的族群互动与认同

一、先秦至西汉前期河西地区的族群互动与认同

学界曾根据在河西地区发现的西周早期至战国时期的"沙井文化"这一考古文化遗存对较早生活在该地区的族群发表了各种意见①。这种意见的不统一，或许是由传统考古学"仍然将根据反复共生的特定物质文化定义的'考古学文化'直接等同于过去的族群"②这一理念的局限造成的。鉴于此，我们还是从对"河西"已有较丰富认知的汉代的文献中找寻先秦至西汉前期河西地区的族群互动与认同状况。

汉代人对较早时期河西族群的零星了解最先似乎来自汉武帝建元年间（前140—前135）降汉的匈奴人。《史记·大宛列传》："大宛之迹，见自张骞。张骞，汉中人。建元中为郎。是时天子问匈奴降者，皆言匈奴破月氏王，以其头为饮器，月氏遁逃而常怨仇匈奴，无与共击之。"③这是汉人对较早时期河西月氏与匈奴关系的初次了解，此后的较全面信息应来自张骞。首先关于河西乌孙、月氏与匈奴关系的相关信息是张骞于第一次西使被扣押在匈奴期间从匈奴人那里得知的。《史记·大宛列传》记张骞向汉武帝进言：

> 臣居匈奴中，闻乌孙王号昆莫，昆莫之父，匈奴西边小国也。匈奴攻杀其父，而昆莫生弃于野。乌嗛肉蜚其上，狼往乳之。单于怪以为神，而收长之。及壮，使将兵，数有功，单于复以其父之民予昆莫，令长守于西域。昆莫收养其民，攻旁小邑，控弦数万，习攻战。

---

① 参见高荣：《先秦汉魏河西史略》，天津：天津古籍出版社，2007年，第27–33页。

② 希安·琼斯著，陈淳、沈辛成译：《族属的考古：构建古今的身份》，上海：上海古籍出版社，2017年，第17页。

③ 司马迁：《史记》卷一百二十三《大宛列传》，北京：中华书局，1959年，第3157页。

单于死，昆莫乃率其众远徙，中立，不肯朝会匈奴。匈奴遣奇兵击，不胜，以为神而远之，因羁属之，不大攻。今单于新困于汉，而故浑邪地空无人。蛮夷俗贪汉财物，今诚以此时而厚币赂乌孙，招以益东，居故浑邪之地，与汉结昆弟，其势宜听，听则是断匈奴右臂也。①

所谓"臣居匈奴中，闻……"，就是指张骞在被扣押在匈奴期间所听闻的。只是这一"听闻"似乎有不准确的地方。张骞第二次出使西域亲自到了乌孙后，很可能获取了更加准确的信息，只是司马迁在写作《史记》时并未及时采纳，而班固写作《汉书》时进行了采纳，从而纠正、补充了之前的相关信息②。《汉书·张骞传》记张骞向汉武帝进言：

臣居匈奴中，闻乌孙王号昆莫。昆莫父难兜靡本与大月氏俱在祁连、焞煌间，小国也。大月氏攻杀难兜靡，夺其地，人民亡走匈奴。子昆莫新生，傅父布就翎侯抱亡置草中，为求食，还，见狼乳之，又乌衔肉翔其旁，以为神，遂持归匈奴，单于爱养之。及壮，以其父民众与昆莫，使将兵，数有功。时，月氏已为匈奴所破，西击塞王。塞王南走远徙，月氏居其地。昆莫既健，自请单于报父怨，遂西攻破大月氏。大月氏复西走，徙大夏地。昆莫略其众，因留居，兵稍强，会单于死，不肯复朝事匈奴。匈奴遣兵击之，不胜，益以为神而远之。今单于新困于汉，而昆莫地空。蛮夷恋故地，又贪汉物，诚以此时厚赂乌孙，招以东居故地，汉遣公主为夫人，结昆弟，其势宜听，则是断匈奴右臂也。③

---

① 司马迁：《史记》卷一百二十三《大宛列传》，北京：中华书局，1959年，第3168页。
② 有学者已注意到这一点，所谓"班固叙述原委，与《史记》所载存在明显差异，应有纠正旧史之意……除此之外，两文所记，尚有其他不同；仔细对照，又能互相补充"。详见孙闻博：《〈史记〉所见"匈奴西域"考——兼论〈史记·大宛列传〉的撰作特征》，《西域研究》，2019年第4期。
③ 班固：《汉书》卷六十一《张骞传》，北京：中华书局，1962年，第2691-2692页。

　　这样，较全面的信息应是："昆莫父难兜靡统治时期，乌孙尚属小国，与大月氏同在河西祁连山至敦煌之间游牧。大月氏一度强盛，杀难兜靡，夺乌孙之地。乌孙民众于是亡奔匈奴，昆莫也转由单于收养。待昆莫壮健，匈奴将所收乌孙种落交予昆莫统领。'时，月氏已为匈奴所破，西击塞王，塞王南走远徙，月氏居其地'，可知当时月氏被匈奴攻破，其中大部已被迫离开'祁连、焞煌间'，西迁至伊犁河、楚河流域的原塞种活动地区。……'令长守于西（城）〔域〕'，指大月氏西迁后留下的'祁连、焞煌间'的河西地区。之后，昆莫羽翼渐丰，向单于请求西击大月氏复仇，进而向西进兵，大败大月氏，迫使后者再次西迁。大月氏二次迁徙至阿姆河流域，臣服大夏而居之。而'昆莫略其众，因留居'，获胜后实际进至伊犁河、楚河流域。"① 据此，我们可大致梳理出较早时期河西族群实态变化的时间脉络：战国中后期，河西地区的族群主要是大月氏和乌孙，大月氏居东，乌孙居西；战国末期，大月氏攻夺乌孙地，乌孙民众离开河西，亡入匈奴，于是河西被大月氏独占；秦汉之际，匈奴击走河西月氏，在匈奴单于授意下，乌孙又居河西故地（河西西部），而匈奴当居河西东部；汉文帝前期，匈奴单于又派河西乌孙进击已西迁至伊犁河、楚河流域的大月氏，导致大月氏第二次西迁，而乌孙从此离开河西，留居伊犁河、楚河流域，河西被匈奴独占，正所谓"浑邪王居西，休屠王居东"②。

　　总之，战国至西汉前期，河西是乌孙、大月氏、匈奴诸族进行历史表演的舞台，中原华夏势力尚未进入该地区。

---

　　① 孙闻博：《〈史记〉所见"匈奴西域"考——兼论〈史记·大宛列传〉的撰作特征》，《西域研究》，2019 年第 4 期。另有学者认为，"始月氏居敦煌、祁连间"之语里的祁连"不会是南山祁连，而只能是北山祁连，也就是今天山"［姚大力：《大月氏与吐火罗的关系：一个新假设》，《复旦学报》（社会科学版），2019 年第 2 期］。还有王建新、王茜也持这样的意见（详见王建新、王茜：《"敦煌、祁连间"究竟在何处？》，《西域研究》，2020 年第 4 期）。可备一说。

　　② 孙闻博：《〈史记〉所见"匈奴西域"考——兼论〈史记·大宛列传〉的撰作特征》，《西域研究》，2019 年第 4 期。

二、西汉中后期（含新莽时期）河西地区的族群互动与认同

元狩二年（前121）秋，占据河西西部地区的匈奴浑邪王杀了占据河西东部地区的休屠王，率众降汉。降胡被安置在陇右、河套、赵代边郡之属国。虽然汉帝国在同一年就在河西设置了酒泉郡①，但河西尤其是河西西部地区在起初的一段时间内人烟稀少。《汉书·张骞传》所载张骞向汉武帝的进言中有"今单于新困于汉，而昆莫地空"②的内容，反映的就是这种情况。张骞的建议是将乌孙"招以东居故地"③，但最终未达目的，所谓"乌孙国分，王老，而远汉，未知其大小，素服属匈奴日久矣，且又近之，其大臣皆畏胡，不欲移徙，王不能专制"④。

汉人较大规模入居河西，很可能始于酒泉郡初置的元狩二年。其后，汉人移徙河西渐多。元狩五年（前118），"徙天下奸猾吏民于边"⑤，此"边"，应包括新开拓的河西边地。元鼎六年（前111），酒泉郡分置张掖、敦煌两郡，"徙民以实之"⑥。另有徙入河西的诸多个案。如在汉武帝晚年发生的"巫蛊之祸"这一政治风暴中，被戾太子刘据"劫略"的"吏士"，"皆徙敦煌郡"⑦。又如汉成帝永始二年（前15），解万年被罚徙敦煌郡⑧。还如汉

---

①　参见周振鹤、李晓杰、张莉：《中国行政区划通史·秦汉卷》（上），上海：复旦大学出版社，2017年，第487页。

②　班固：《汉书》卷六十一《张骞传》，北京：中华书局，1962年，第2692页。《史记·大宛列传》写作"今单于新困于汉，而故浑邪地空无人"（司马迁：《史记》卷一百二十三《大宛列传》，北京：中华书局，1959年，第3168页），这其实说明了"浑邪王地此前为乌孙地，且昆莫在难兜靡之后尚曾居之"（孙闻博：《〈史记〉所见"匈奴西域"考——兼论〈史记·大宛列传〉的撰作特征》，《西域研究》，2019年第4期）。

③　班固：《汉书》卷六十一《张骞传》，北京：中华书局，1962年，第2692页。

④　司马迁：《史记》卷一百二十三《大宛列传》，北京：中华书局，1959年，第3169页。

⑤　班固：《汉书》卷六《武帝纪》，北京：中华书局，1962年，第179页。

⑥　班固：《汉书》卷六《武帝纪》，北京：中华书局，1962年，第189页。

⑦　班固：《汉书》卷六十六《刘屈氂传》，北京：中华书局，1962年，第2882页。

⑧　班固：《汉书》卷十《成帝纪》，北京：中华书局，1962年，第322页。

哀帝时，李寻和解光被罚徙敦煌郡①，又有薛况被罚徙敦煌郡②。总体说来，河西汉民的来源是："或以关东下贫，或以报怨过当，或以悖逆亡道，家属徙焉。"③ 此外，还有大量的"吏卒"及其家属④。而河西的风土人情是这样的："习俗颇殊，地广民稀，水草宜畜牧，故凉州之畜为天下饶。保边塞，二千石治之，咸以兵马为务；酒礼之会，上下通焉，吏民相亲。是以其俗风雨时节，谷籴常贱，少盗贼，有和气之应，贤于内郡。此政宽厚，吏不苛刻之所致也。"⑤

除了汉人徙入河西，还有异族徙入河西。元封三年（前108），"武都氐人反，分徙酒泉郡"⑥，这是氐人徙入河西。汉宣帝曾诏令"长水校尉富昌、酒泉候奉世将婼、月氏兵四千人"南下击"罕羌"⑦，河西酒泉郡似乎还有婼羌、月氏等异族，他们已成为汉帝国依凭的重要军事力量。

传世文献有关西汉中后期（含新莽时期）河西异族的信息比较有限，令人欣喜的是，河西汉简有此一时期异族在河西的更多记载，关于此，已有学者进行过相关研究⑧。通过翻检河西汉简资料及参阅相关研究成果，我们可知在西汉中后期（含新莽时期），河西异族众多，与华夏汉人的关系比较复杂。比如河西羌人种支繁多，曾以"归义"的名义归附西汉政

---

① 班固：《汉书》卷七十五《李寻传》，北京：中华书局，1962年，第3193-3194页。

② 班固：《汉书》卷八十三《薛宣传》，北京：中华书局，1962年，第3396页。

③ 班固：《汉书》卷二十八下《地理志下》，北京：中华书局，1962年，第1645页。

④ 关于河西"吏卒"的概念、来源与退役、日常工作、物质生活、精神文化生活等情况，可参看赵宠亮：《行役戍备：河西汉塞吏卒的屯戍生活》，北京：科学出版社，2012年。

⑤ 班固：《汉书》卷二十八下《地理志下》，北京：中华书局，1962年，第1645页。

⑥ 班固：《汉书》卷六《武帝纪》，北京：中华书局，1962年，第194页。

⑦ 班固：《汉书》卷六十九《赵充国传》，北京：中华书局，1962年，第2980页。

⑧ 参见张德芳：《悬泉汉简羌族资料辑考》，李学勤、谢桂华主编《简帛研究（二〇〇一）》，桂林：广西师范大学出版社，2001年，第358-368页；汪桂海：《从出土资料谈汉代羌族史的两个问题》，《西域研究》，2010年第2期；马智全：《汉代民族归义与西北边疆开拓》，《西北民族大学学报》（哲学社会科学版），2017年第5期；孙占鳌、张瑛：《河西汉简所见汉代西北民族关系研究》，北京：社会科学文献出版社，2019年。

府，"各归义羌人有'王'统治"，体现了西汉政府"对羌人实行羁縻政策"。不过，河西设有专门管理羌人的官职，如"护羌使者""主羌使者""护羌都吏""护羌从事""主羌史"等①。甚至羌人"虽居塞外，但发生纠纷还要告官处理，说明他们已经归顺为郡县官府管理下的臣民"②。不仅如此，西汉政府"对归附的羌人实行了严格管理，羌人男子都要登记造册"，目的就是"为了对羌人征发徭役"③，从而使"羌人在交通、驿置和亭等部门如悬泉置中担任御者、邮卒，从事杂役劳作"④。更有甚者，还有"羌人沦为奴婢"的情形⑤。可见，河西羌人作为汉人眼中的异族，处于被压迫和奴役的地位。正因为这样，河西羌人有时会响应河湟羌人一起反汉⑥。

除了羌人，"居延汉简中可以看到涉及'胡骑'的简文"，表明"在居延戍区汉军对抗匈奴军事威胁的前线，部队中有'胡骑'服役"⑦。这里的"胡骑"，应是以匈奴为主的异族骑兵。

此外，河西汉简还出现"月氏羌"这一族群称谓⑧，又有"小月氏柳羌人"的简文⑨，赵充国也认为在阳关西南的羌侯狼何是"小月氏种"⑩。这似乎表明"依诸羌居止，遂与共婚姻""被服饮食言语略与羌

---

① 参见张德芳：《悬泉汉简羌族资料辑考》，李学勤、谢桂华主编《简帛研究（二〇〇一）》，桂林：广西师范大学出版社，2001年，第358-368页。

② 张德芳：《悬泉汉简羌族资料辑考》，李学勤、谢桂华主编《简帛研究（二〇〇一）》，桂林：广西师范大学出版社，2001年，第358-368页。

③ 汪桂海：《从出土资料谈汉代羌族史的两个问题》，《西域研究》，2010年第2期。

④ 孙占鳌、张瑛：《河西汉简所见汉代西北民族关系研究》，北京：社会科学文献出版社，2019年，第70页。

⑤ 张德芳：《悬泉汉简羌族资料辑考》，李学勤、谢桂华主编《简帛研究（二〇〇一）》，桂林：广西师范大学出版社，2001年，第358-368页。

⑥ 汪桂海：《从出土资料谈汉代羌族史的两个问题》，《西域研究》，2010年第2期。

⑦ 王子今：《西汉军队中的"胡骑"》，《秦汉边疆与民族问题》，北京：中国人民大学出版社，2011年，第339页。

⑧ 参见张德芳：《悬泉汉简羌族资料辑考》，李学勤、谢桂华主编《简帛研究（二〇〇一）》，桂林：广西师范大学出版社，2001年，第358-368页。

⑨ 谢桂华、李均明、朱国炤：《居延汉简释文合校》，北京：文物出版社，1987年，第547页。

⑩ 班固：《汉书》卷六十九《赵充国传》，北京：中华书局，1962年，第2973页。

同，亦以父名母姓为种"① 的小月氏确实"逐渐融入羌人社会"，"亦称作羌"②。

关于西汉中后期河西地区的族群互动，河西汉简有关西域的重要资料也不能忽视，王子今已就此进行过相关阐述③。从中可知西域诸族在河西经行与停留的具体情景，这是河西族群互动的新的族群元素。

需要注意的是，西汉中后期（含新莽时期）河西族群互动的外部环境的好坏在很大程度上取决于汉匈关系的好坏。自从汉帝国从匈奴手中夺取河西后，渐渐恢复元气的匈奴将河西作为重点进击的地区之一。如汉武帝太初三年（前102），匈奴单于"使右贤王入酒泉、张掖，略数千人。会任文击救，尽复失其所得而去"④。又如征和三年（前90），匈奴入酒泉⑤。与此相应，汉帝国也将河西作为出击匈奴的军队集结地和出发地之一。如天汉二年（前99），"汉使贰师将军将三万骑出酒泉，击右贤王于天山，得首虏万余级而还。匈奴大围贰师，几不得脱。汉兵物故什六七。……使骑都尉李陵将步兵五千人出居延北千余里，与单于会，合战，陵所杀伤万余人，兵食尽，欲归，单于围陵，陵降匈奴，其兵得脱归汉者四百人"⑥。又如征和三年，"重合侯莽通将四万骑出酒泉千余里"⑦。可见，在汉武帝时代，汉匈在河西的互动主要以"军事冲突"的形式展开，正所谓"汉兵深入穷追二十余年"⑧。而汉帝国在河西地区的军事屯守和以该地区为主要军队集结地与出发地的北伐匈奴的军事行动，在总体上无疑会加深该地区

---

① 范晔：《后汉书》卷八十七《西羌传》，北京：中华书局，1965年，第2899页。

② 孙占鳌、张瑛：《河西汉简所见汉代西北民族关系研究》，北京：社会科学文献出版社，2019年，第60页。

③ 王子今：《匈奴经营西域研究》，北京：中国社会科学出版社，2016年，第228-232页。更多资料可参看胡平生、张德芳编撰：《敦煌悬泉汉简释粹》，上海：上海古籍出版社，2001年，第103-174页。

④ 班固：《汉书》卷九十四上《匈奴传上》，北京：中华书局，1962年，第3776页。

⑤ 班固：《汉书》卷九十四上《匈奴传上》，北京：中华书局，1962年，第3778页。

⑥ 班固：《汉书》卷九十四上《匈奴传上》，北京：中华书局，1962年，第3777页。

⑦ 班固：《汉书》卷九十四上《匈奴传上》，北京：中华书局，1962年，第3778页。

⑧ 班固：《汉书》卷九十四上《匈奴传上》，北京：中华书局，1962年，第3781页。

的汉化程度、强化该地区针对匈奴人的汉人认同①。

汉武帝经年累月地出击匈奴虽然使汉帝国"海内虚耗，户口减半"②，但也给匈奴以沉重打击，在汉匈互动上出现了匈奴主动想与汉廷修好的转变，正所谓"汉兵深入穷追二十余年，匈奴孕重惰殰，罢极苦之。自单于以下常有欲和亲计"③。这为昭宣时期的汉匈关系定下了基调。

昭帝时，匈奴虽然也有侵犯和威胁河西地区的行为④，但因"汉边郡烽火候望精明，匈奴为边寇者少利"，反而造成匈奴"兵数困，国益贫"，故匈奴"侵盗益希""希复犯塞"⑤，想修好与汉廷的关系成为匈奴的主流愿望⑥。至宣帝本始三年（前 71），匈奴由于受到汉、乌孙、丁令、乌桓的联合打击，处境更加艰难，正所谓"匈奴遂衰耗""匈奴大虚弱，诸国羁属者皆瓦解，攻盗不能理"⑦。在此情势下，匈奴"兹欲乡和亲，而边境少事矣"⑧。此后，匈奴的主流愿望仍是"欲与汉和亲"⑨。这表明汉朝取得了对匈奴的优势。在此背景下，匈奴降汉的情形也频繁出现⑩。河西地

---

① 当然，这也使得包括河西地区在内的整个北边地区一度失去了族群和平互动的外部环境。

② 班固：《汉书》卷七《昭帝纪》"赞曰"，北京：中华书局，1962 年，第 233 页。

③ 班固：《汉书》卷九十四上《匈奴传上》，北京：中华书局，1962 年，第 3781 页。

④ 如始元七年（前 80），"单于使犁污王窥边，言酒泉、张掖兵益弱，出兵试击，冀可复得其地。时汉先得降者，闻其计，天子诏边警备。后无几，右贤王、犁污王四千骑分三队，入日勒、屋兰、番和。张掖太守、属国都尉发兵击，大破之，得脱者数百人"（班固：《汉书》卷九十四上《匈奴传上》，北京：中华书局，1962 年，第 3783 页）。

⑤ 班固：《汉书》卷九十四上《匈奴传上》，北京：中华书局，1962 年，第 3783、3784 页。

⑥ 如："壶衍鞮单于既立，风谓汉使者，言欲和亲。""匈奴归此二人（苏武、马宏），欲以通善意。""卫律在时，常言和亲之利。""单于弟左谷蠡王思卫律言，欲和亲而恐汉不听，故不肯先言，常使左右风汉使者。……遇汉使愈厚，欲以渐致和亲。"见班固：《汉书》卷九十四上《匈奴传上》，北京：中华书局，1962 年，第 3782、3783 页。

⑦ 班固：《汉书》卷九十四上《匈奴传上》，北京：中华书局，1962 年，第 3786-3787 页。

⑧ 班固：《汉书》卷九十四上《匈奴传上》，北京：中华书局，1962 年，第 3787 页。

⑨ 班固：《汉书》卷九十四上《匈奴传上》，北京：中华书局，1962 年，第 3787 页。

⑩ 如匈奴"三骑亡降汉"；"匈奴前所得西嗕居左地者，其君长以下数千人皆驱畜产行，与瓯脱战，所战杀伤甚众，遂南降汉"；匈奴"民题除渠堂亡降汉"（班固：《汉书》卷九十四上《匈奴传上》，北京：中华书局，1962 年，第 3788、3789 页）。又如"匈奴日逐王先贤掸将人众万余来降"（《汉书》卷八《宣帝纪》，第 262 页）；"呼韩邪单于左大将乌厉屈与父呼遬累乌厉温敦皆见匈奴乱，率其众数万人南降汉"（《汉书》卷九十四下《匈奴传下》，第 3796 页）。

区应是匈奴降人的主要安置地之一，具体来说，他们很可能被安置在张掖属国[①]。

自呼韩邪单于向汉宣帝款塞称臣直到西汉末，匈奴单于一直臣属汉，汉匈关系一直保持和平交往的状态，河西地区的族群互动因此获得了较长时期的和平外部环境。不过，河西长城边塞仍是汉匈的军事与民族分界线。这从汉元帝在匈奴单于"愿保塞上谷以西至敦煌"的情势下仍坚持不"罢边塞事"[②]及匈奴单于在汉政府请其献河西张掖郡塞外"生奇材木"之山地时仍以"孝宣、孝元皇帝哀怜父呼韩邪单于，从长城以北匈奴有之"为由表示拒绝[③]的言行中可以看出。这样，在河西边塞，仍有"都尉居塞上"及士卒于寒苦之地"候望"[④]。

王莽时，汉匈关系再度紧张，这也影响到河西地区，所谓遣"奋武将军王骏、定胡将军王晏出张掖"，河西地区也"骚动"起来[⑤]。王莽下令讨伐匈奴的诏书也传发到河西边塞地区，出土于河西居延地区的额济纳汉简 2000ES9SF4：1 至 2000ES9SF4：12 就有相关内容[⑥]。

综上所述，自从元狩二年汉人从匈奴手中夺取河西后，中原华夏势力开始逐步进入河西，河西逐渐成为由中原华夏主导的多民族互动的地区。在此期间，河西族群互动的外部环境的好坏在很大程度上取决于汉匈关系的好坏。此外，河西长城边塞一直是汉匈的军事与民族分界线。

---

① 关于张掖属国的设置时间，学界有不同意见，但都不脱汉武帝时。而关于张掖属国的民族构成，学界也有不同意见，或认为以匈奴为主，同时包括羌族、小月氏、卢水胡与秦胡，或认为以小月氏为主（参见高荣：《汉代张掖属国新考》，《敦煌研究》，2014 年第 4 期）。笔者倾向认为随着汉帝国逐渐取得对西北诸异族特别是匈奴的压倒性优势，诸异族降汉的情形渐增，张掖属国的民族构成也相应变得比较庞杂，兼有匈奴、小月氏、羌人、卢水胡与秦胡。包括匈奴降人在内的西北诸异族与汉人在河西地区无疑有了更多的接触与互动。

② 班固：《汉书》卷九十四下《匈奴传下》，北京：中华书局，1962 年，第 3803-3805 页。

③ 班固：《汉书》卷九十四下《匈奴传下》，北京：中华书局，1962 年，第 3810 页。

④ 班固：《汉书》卷九十四下《匈奴传下》，北京：中华书局，1962 年，第 3810 页。

⑤ 班固：《汉书》卷九十九中《王莽传中》，北京：中华书局，1962 年，第 4121 页。

⑥ 孙家洲主编：《额济纳汉简释文校本》，北京：文物出版社，2007 年，第 82-85 页。

三、东汉河西地区的族群互动与认同

两汉之际，战乱频仍，华夏王朝内部的政治与社会秩序混乱不堪，天子林立，再加上羌胡逼扰，河西地区的族群互动与认同呈现出新的错综复杂的局面。

在"天下安危未可知"的情势下，由汉人管控的河西异族军队一度成为汉人官吏割据河西的重要依靠力量，这正如因"累世在河西"而"知其土俗"的窦融所言："河西殷富，带河为固，张掖属国精兵万骑，一旦缓急，杜绝河津，足以自守，此遗种处也。"① 可见，窦融对张掖属国异族兵的战斗力很了解。也正因为这样，当被任命为张掖属国都尉时，窦融"大喜，即将家属而西"②。而窦融到达河西后，之所以能取得"河西翕然归之"的成效，除因"抚结"河西汉人"雄杰"外，还因"怀辑羌虏，甚得其欢心"③。可知河西羌人"欢心"与否直接关系到河西稳定与否。

窦融被推举"行河西五郡大将军事"后，"居属国，领都尉职如故，置从事监察五郡"④，将异族聚集的张掖属国作为河西的军政中心，足见河西异族力量不容小觑。

窦融主持河西军政期间，"保塞羌胡皆震服亲附，安定、北地、上郡流人避凶饥者，归之不绝"⑤。额济纳汉简2000ES9SF3∶4A-E⑥记载了建武四年（28）匈奴人入侵河西的相关情况，其中有"略得……羌女子一人"的内容。有学者就此指出："在窦融所管理的军事形势非常紧张的汉塞边缘居然有羌女子存在，且被匈奴所掠，似乎也是窦融统治时期汉羌民族友好亲善的一个注脚。"⑦ 而为了赢得张掖属国"秦胡"及"卢水土民"之

---

① 范晔：《后汉书》卷二十三《窦融列传》，北京：中华书局，1965年，第796页。
② 范晔：《后汉书》卷二十三《窦融列传》，北京：中华书局，1965年，第796页。
③ 范晔：《后汉书》卷二十三《窦融列传》，北京：中华书局，1965年，第796页。
④ 范晔：《后汉书》卷二十三《窦融列传》，北京：中华书局，1965年，第797页。
⑤ 范晔：《后汉书》卷二十三《窦融列传》，北京：中华书局，1965年，第797页。
⑥ 孙家洲主编：《额济纳汉简释文校本》，北京：文物出版社，2007年，第77-78页。
⑦ 孙占鳌、张瑛：《河西汉简所见汉代西北民族关系研究》，北京：社会科学文献出版社，2019年，第127页。

心，窦融于建武六年专门颁行了"禁止役使、庇匿属国秦胡、卢水士民"的禁令①。这些都无疑为汉人与羌人、秦胡、卢水胡等异族在河西的友好互动提供了难得的历史机遇。以此为基点，窦融取得了"外则折挫羌胡，内则百姓蒙福"②的政绩，其治下的河西内部，汉人与羌胡等异族的友好互动取得了显著成效，典型例子就是武威郡姑臧县。窦融请孔奋"守姑臧长"，"时天下扰乱，唯河西独安，而姑臧称为富邑，通货羌胡，市日四合，每居县者，不盈数月辄致丰积"，从而受到姑臧吏民及羌胡的拥戴③。

建武五年（29），"河西大将军窦融始遣使贡献"④，刘秀遂任命窦融为凉州牧⑤，标志着河西正式归属东汉王朝，河西异族对窦融地方政府的政治认同从而转变为对东汉王朝的政治认同⑥。此后河西异族仍是东汉政府凭依的重要军事力量，如在建武八年（32）讨伐陇右隗嚣的军事行动中，河西"羌虏小月氏等"就是重要的异族力量⑦。

窦融主政时期的河西，面临的外部军事威胁主要来自匈奴，这在河西简牍资料中有较多反映⑧。只是值得注意的是，窦融虽然"怀辑羌虏"，得到大多数羌人的拥护，但仍存在羌人反叛的情形，这从居延新简 E. P. F22: 232-235 所载有关"捕反羌科赏"的内容即可得知⑨。

---

① 相关完整简文资料可参看邢义田：《"秦胡"小议》，《地不爱宝：汉代的简牍》，北京：中华书局，2011 年，第 70 页。关于"秦胡"及"卢水士民"的族属，学界有不同意见，笔者倾向认为"秦胡"是秦时亡至秦境外的秦人已胡化的后裔，而"卢水士民"是指"卢水胡"。

② 范晔：《后汉书》卷二十三《窦融列传》，北京：中华书局，1965 年，第 799 页。

③ 范晔：《后汉书》卷三十一《孔奋列传》，北京：中华书局，1965 年，第 1098-1099 页。

④ 范晔：《后汉书》卷一上《光武帝纪上》，北京：中华书局，1965 年，第 38 页。

⑤ 范晔：《后汉书》卷二十三《窦融列传》，北京：中华书局，1965 年，第 799 页。

⑥ 窦融在责让隗嚣的书信中就多次提到"本朝"，所谓"承事本朝""初事本朝"（范晔：《后汉书》卷二十三《窦融列传》，北京：中华书局，1965 年，第 801 页），"本朝"即指刘秀建立的东汉王朝。

⑦ 范晔：《后汉书》卷二十三《窦融列传》，北京：中华书局，1965 年，第 805 页。

⑧ 详参孙占鳌、张瑛：《河西汉简所见汉代西北民族关系研究》，北京：社会科学文献出版社，2019 年，第 124-133 页。

⑨ 甘肃省文物考古研究所等编：《居延新简：甲渠候官与第四燧》，北京：文物出版社，1990 年，第 492 页。

建武十二年（36），在"陇、蜀平"的背景下，窦融离开河西，"奏事京师"，"上凉州牧、张掖属国都尉、安丰侯印绶"。刘秀接收凉州牧和张掖属国都尉印绶，"诏遣使者还侯印绶"①。这标志着"东汉朝廷开始正式接管河西防务，处理河西地区的民族关系"②。只是刘秀的边防策略趋于守势，所谓"诏边吏力不足战则守，追虏料敌不拘以逗留法"③。刘秀这种边防策略使包括居延地区在内的河西边塞屯戍规模大不如西汉，不过，河西边塞的屯戍活动并未停止④。

光武帝时期，河西还不是匈奴进犯的重点，特别是在南匈奴内附后，北匈奴不仅未侵犯河西，还多次向东汉政府求和亲⑤，其中建武二十七年（51）这一次是"遣使诣武威求和亲"⑥，河西成为北匈奴通汉的桥梁。只是光武帝拒绝了北匈奴的和亲请求，所谓"告武威太守勿受其使"⑦。

值得玩味的是，建武二十七年这一次的拒绝，正出于当时还是皇太子的刘庄的建议："南单于新附，北虏惧于见伐，故倾耳而听，争欲归义耳。今未能出兵，而反交通北虏，臣恐南单于将有二心，北虏降者且不复来矣。"⑧ 而刘庄即位后，在"北匈奴犹盛，数寇边"的情势下，曾一度答应了北匈奴"合市"及"和亲"的请求，果然引起"南部须卜骨都侯等……怀嫌怨欲畔，密因北使"，同时，北匈奴想要"迎南部畔者"，最终

---

① 范晔：《后汉书》卷二十三《窦融列传》，北京：中华书局，1965年，第807页。
② 孙占鳌、张瑛：《河西汉简所见汉代西北民族关系研究》，北京：社会科学文献出版社，2019年，第135页。
③ 范晔：《后汉书》卷一下《光武帝纪下》，北京：中华书局，1965年，第60页。
④ 孙占鳌、张瑛：《河西汉简所见汉代西北民族关系研究》，北京：社会科学文献出版社，2019年，第137-138页。
⑤ 详见范晔：《后汉书》卷八十九《南匈奴列传》，北京：中华书局，1965年，第2945-2948页；同书卷一下《光武帝纪下》，第79-81页。
⑥ 范晔：《后汉书》卷八十九《南匈奴列传》，北京：中华书局，1965年，第2945页；同书卷一下《光武帝纪下》，第79页。
⑦ 范晔：《后汉书》卷八十九《南匈奴列传》，北京：中华书局，1965年，第2946页。
⑧ 范晔：《后汉书》卷八十九《南匈奴列传》，北京：中华书局，1965年，第2945-2946页。

因"汉有备"而未遂①。此后，北匈奴对河西展开了疯狂进攻，造成"河西城门昼闭"②。于是明帝刘庄下定了"遵武帝故事，击匈奴，通西域"的决心③。这样，河西成为北伐匈奴的重要基地之一。如永平十六年（73），在北击匈奴的四路大军中，有两路是出河西，一路是窦固与耿忠"率酒泉、敦煌、张掖甲卒及卢水羌胡万二千骑出酒泉塞"，一路是"耿秉、秦彭率武威、陇西、天水募士及羌胡万骑出居延塞"④。从中还可知河西的异族兵仍是东汉政府北伐匈奴的重要力量。而窦固"在边数年，羌胡服其恩信"⑤，取得了羌胡与汉人互动的良好效果。不过，河西异族对东汉王朝的政治认同并不稳固，也会出现反汉的情形，如章帝元和三年（86），"卢水胡反畔"⑥；章帝和帝之际，武威种羌也参与到陇右羌人的反叛行列⑦。

到章帝时，北匈奴势衰，主动向汉示好。元和元年（84），"武威太守孟云上言北单于复愿与吏人合市"，章帝诏命孟云"遣驿使迎呼慰纳之"，"北单于乃遣大且渠伊莫訾王等，驱牛马万余头来与汉贾客交易。诸王大人或前至，所在郡县为设官邸，赏赐待遇之"⑧。河西的胡汉经贸交流一度兴盛起来，河西成为北匈奴与汉人友好互动的重要场所。只是这受到南匈奴的干扰，所谓"南单于闻，乃遣轻骑出上郡，遮略生口，钞掠牛马，驱还入塞"⑨。为了平衡南北匈奴的利益，从而使南北匈奴能同时交好东汉政府，章帝听取孟云的建议，采取了"倍雇南部所得生口，以还北虏"及

---

① 范晔：《后汉书》卷八十九《南匈奴列传》，北京：中华书局，1965年，第2949页。
② 范晔：《后汉书》卷八十九《南匈奴列传》，北京：中华书局，1965年，第2949页。
③ 范晔：《后汉书》卷二十三《窦融列传》，北京：中华书局，1965年，第810页。
④ 范晔：《后汉书》卷二十三《窦融列传》，北京：中华书局，1965年，第810页。
⑤ 李贤等注《后汉书》引《东观记》曰："羌胡见客，炙肉未熟，人人长跪前割之，血流指间，进之于固，固辄为啖，不秽贱之，是以爱之如父母也。"（范晔：《后汉书》卷二十三《窦融列传》，北京：中华书局，1965年，第810-811页。）
⑥ 范晔：《后汉书》卷十六《邓寇列传》，北京：中华书局，1965年，第609页。
⑦ 范晔：《后汉书》卷八十七《西羌传》，北京：中华书局，1965年，第2882-2883页；同书卷十六《邓寇列传》，第609页。
⑧ 范晔：《后汉书》卷八十九《南匈奴列传》，北京：中华书局，1965年，第2950页。
⑨ 范晔：《后汉书》卷八十九《南匈奴列传》，北京：中华书局，1965年，第2950页。

"南部斩首获生，计功受赏如常科"的策略①。

到和帝时，北匈奴受到东汉政府、义从羌胡、南匈奴及鲜卑更严重的打击，破灭殆尽，北单于"逃亡不知所在"②，其地被鲜卑占据③。紧接着，本属南匈奴的逢侯"率众出塞"。不过，其受到鲜卑及南单于的屡次攻击，"转困迫"。而"国贫"的北匈奴对河西的威胁基本解除，甚至"遣使诣敦煌贡献"④。

安帝时，出现南匈奴、保塞乌桓、保塞鲜卑联合反汉的情形，只是其侵犯的重点区域不在河西。而北匈奴似乎又恢复了元气，重新控制西域诸国，"共为边寇十余岁"，"连与车师入寇河西，朝廷不能禁"，因而有人提出"闭玉门、阳关，以绝其患"的建议⑤。汉安帝否定了这个建议，采纳了尚书陈忠"敦煌宜置校尉，案旧增四郡屯兵，以西抚诸国……震怖匈奴"的建议⑥。而为了应对西域背叛的局面，东汉政府曾调发"金城、陇西、汉阳羌数百千骑征西域"，最终发生"群羌惧远屯不还，行到酒泉，多有散叛"的情形。于是在河西上演了"诸郡各发兵傲遮，或覆其庐落"的血腥一幕⑦。结果造成了如前所述的"永初羌患"，护羌校尉治所也被迫移徙至张掖。永初羌患导致"边民死者不可胜数，并凉二州遂至虚耗"⑧，属凉州辖域的河西自然受到影响。

从安帝"永初羌患"开始，河西的族群互动环境深受羌人影响。如前

---

① 范晔：《后汉书》卷八十九《南匈奴列传》，北京：中华书局，1965年，第2951页。
② 范晔：《后汉书》卷八十九《南匈奴列传》，北京：中华书局，1965年，第2954页。据范晔之言，北单于"遁走于乌孙之地"（范晔：《后汉书》卷八十九《南匈奴列传》"论曰"，第2967页）。
③《后汉书·乌桓鲜卑列传》："和帝永元中，大将军窦宪遣右校尉耿夔击破匈奴，北单于逃走，鲜卑因此转徙据其地。"（范晔：《后汉书》卷九十《乌桓鲜卑列传》，北京：中华书局，1965年，第2986页。）
④ 范晔：《后汉书》卷八十九《南匈奴列传》，北京：中华书局，1965年，第2956-2957页。
⑤ 范晔：《后汉书》卷八十八《西域传》，北京：中华书局，1965年，第2911页。
⑥ 范晔：《后汉书》卷八十八《西域传》，北京：中华书局，1965年，第2912页。
⑦ 范晔：《后汉书》卷八十七《西羌传》，北京：中华书局，1965年，第2886页。
⑧ 范晔：《后汉书》卷八十七《西羌传》，北京：中华书局，1965年，第2891页。

所述，汉安帝后期羌患及汉顺帝"永和羌患"、汉桓帝"延熹羌患"中，东羌和西羌对河西和陇右展开配合式攻击①，表明羌人的族群认同得到提升。而从西汉时期河西羌人往往会响应河湟羌人反汉来看，东西羌对河西的配合式攻击也会影响到河西境内之羌人。可见，东汉中后期，河西、陇右、河套地区羌人族群认同的提升，是影响东汉帝国西北边地稳定的新因素。面对不断出现的"羌胡反乱"与"西羌反"，朝廷出现了"弃凉州"之议，而且不止一次②。虽然东汉政府最终未弃凉州，但凉州的边缘化、异族化进程逐渐加快。到汉末魏初，河西异族成为威胁河西稳定的重要势力。如曹丕时，"凉州卢水胡伊健妓妾、治元多等反"，造成"河西大扰"，而当"谋略过人"的张既大破卢水胡后，曹丕称赞张既的功勋"非但破胡，乃永宁河右"③。足见河西异族能左右河西的安宁。不仅如此，河西汉人还与异族共同反叛，所谓"酒泉苏衡反，与羌豪邻戴及丁令胡万余骑攻边县"④。

值得留意的是，自从鲜卑取代北匈奴成为东汉帝国北边之劲敌后，鲜卑开始成为影响河西族群形势的主要异族势力。如延熹九年（166）秋，"鲜卑复率八九千骑入塞，诱引东羌与共盟诅。于是上郡沈氏、安定先零诸种共寇武威、张掖，缘边大被其毒"⑤。又如光和元年（178），鲜卑"寇酒泉，缘边莫不被毒"⑥。而东汉末年，河西似已有鲜卑入居。《晋

---

① 永和羌患中，羌人攻击河西的详情是：永和五年（140）秋，"诸种八九千骑寇武威，凉部震恐"。延熹羌患中，羌人攻击河西的详情是：延熹五年（162），"沈氏诸种复寇张掖、酒泉"；"滇那等五六千人复攻武威、张掖、酒泉，烧民庐舍"。见范晔：《后汉书》卷八十七《西羌传》，北京：中华书局，1965年，第2896、2898页。

② 范晔：《后汉书》卷五十八《虞诩列传》，北京：中华书局，1965年，第1866页；同书卷五十八《傅燮列传》，第1875页。

③ 陈寿：《三国志》卷十五《魏书·张既传》，北京：中华书局，1982年，第474-475页。而这次的战果是："斩首五万余级，获生口十万，羊一百一十一万口，牛八万。"（裴松之注《三国志》引《魏书》，陈寿：《三国志》卷二《魏书·文帝纪》，北京：中华书局，1982年，第79页。）可见河西异族实力雄厚。

④ 陈寿：《三国志》卷十五《魏书·张既传》，北京：中华书局，1982年，第476页。

⑤ 范晔：《后汉书》卷六十五《张奂列传》，北京：中华书局，1965年，第2139页。

⑥ 范晔：《后汉书》卷九十《乌桓鲜卑列传》，北京：中华书局，1965年，第2994页。

书·秃发乌孤载记》："秃发乌孤，河西鲜卑人也。其先与后魏同出。八世
祖匹孤率其部自塞北迁于河西，其地东至麦田、牵屯，西至湿罗，南至浇
河，北接大漠。匹孤卒，子寿阗立。……寿阗卒，孙树机能立，壮果多谋
略。泰始中，杀秦州刺史胡烈于万斛堆，败凉州刺史苏愉于金山，尽有凉
州之地，武帝为之旰食。"① 匹孤的曾孙树机能在晋武帝泰始年间（265—
274）已是壮年（30 岁左右），若按 20 年一代人计算，到泰始年间，匹孤
的年龄应为 90 岁，则匹孤出生于公元 175—184 年，其带领部众"自塞北
迁于河西"时，亦应为壮年（30 岁左右），故其迁徙时间应在公元 205—
214 年，即东汉献帝建安年间。若此推测不误，则曹丕时，牵招所"通"
的"河西鲜卑"② 应属匹孤这支鲜卑。

此外，自从元嘉二年（152）西域长史王敬被杀，"东汉对西域的统治
趋于崩溃"③，从而出现羌人与西域诸国联合进犯河西的情形，所谓"羌虏
及疏勒、龟兹，数出攻钞张掖、酒泉、云中诸郡，百姓屡被其害"④。而河
西敦煌后又有西域人入居，所谓"卑君还敦煌"⑤。

总而言之，东汉河西族群互动的外部环境先后主要受北匈奴、羌人与
鲜卑的影响。东汉河西虽然一直由中原华夏帝国掌控，但其逐渐异族化、
边缘化。

---

① 房玄龄等：《晋书》卷一百二十六《秃发乌孤载记》，北京：中华书局，1974 年，
第 3141 页。

② 陈寿：《三国志》卷二十六《魏书·牵招传》，北京：中华书局，1982 年，第 732 页。

③ 余太山：《两汉魏晋南北朝与西域关系史研究》，北京：商务印书馆，2011 年，第
135 页。

④ 范晔：《后汉书》卷六十七《党锢列传》，北京：中华书局，1965 年，第 2191-
2192 页。

⑤ 范晔：《后汉书》卷八十八《西域传》，北京：中华书局，1965 年，第 2931 页。

第三节　西域地区的族群互动与认同

一、先秦至西汉前期西域地区的族群互动与认同

如前所述，早在春秋战国时期，中原华夏即与西域有了交往，只是"这些现象当时似乎并没有进入中国古代史学家的视野，因而在中国正史记录中，汉代外交家张骞正式开通丝绸之路的事迹被誉为'凿空'"①。不仅如此，秦时已有秦人亡入西域，其后裔在汉代仍被称为"秦人"。而尤其值得注意的是，"最迟到战国时期，起源于大秦之西的'弱水、西王母'传说已和'昆仑'联系了起来"②，这也是中原华夏较早和西域发生联系的体现。

亦如前述，战国末期，河西被大月氏独占，大月氏势力一度盛极一时，连匈奴冒顿都"质于月氏"③，而此时的西域诸国④很可能役属于大月氏。秦汉之际，匈奴击走河西月氏，在匈奴单于授意下，乌孙又居河西故地（河西西部），而匈奴当居河西东部。汉文帝前期，匈奴单于又派河西乌孙进击已西迁至伊犁河、楚河流域的大月氏，导致大月氏第二次西迁，而乌孙从此离开河西，留居伊犁河、楚河流域，河西被匈奴独占。至此时，匈奴势力盛极一时，取代月氏威慑西域诸国，正如汉文帝前元四年（前176）"单于遗汉书曰：'……夷灭月氏，尽斩杀降下之。定楼兰、乌孙、呼揭及其旁二十六国，皆以为匈奴。诸引弓之民，并为一家……'"⑤汉代最高层关于西域诸国名号的确切知识最初似乎即来自匈奴单于的这封"遗汉书"。

---

① 王子今：《前张骞的丝绸之路与西域史的匈奴时代》，《甘肃社会科学》，2015 年第 2 期。

② 刘志平：《从〈焦氏易林〉看汉代人的"西域"认知》，《西域研究》，2019 年第 4 期。

③ 司马迁：《史记》卷一百十《匈奴列传》，北京：中华书局，1959 年，第 2888 页。

④ 这里的"西域诸国"指狭义西域。

⑤ 司马迁：《史记》卷一百十《匈奴列传》，北京：中华书局，1959 年，第 2896 页。

　　而关于西域诸国的更多确切知识最初来自西使的张骞。张骞首次西使了解到的西域诸国有扜罙、于寘、楼兰、姑师等，这应跟张骞首次西使返程经行西域南道有关，所谓"还，并南山"①。这也是汉人第一次跟西域诸国的直接接触。而当时的形势是"匈奴右方居盐泽以东，至陇西长城，南接羌，鬲汉道焉"②。匈奴占据了整个河西地区及西域东部地区，对西域诸国应有一定的控驭，因为此时西域诸国北边势力雄盛的乌孙及乌孙西边的康居都"羁事"匈奴③。

　　综上，先秦至西汉前期，中原华夏虽然与西域诸族有过互动与交流，但华夏势力对西域诸族的影响很有限，西域诸族先后主要受大月氏、匈奴控驭。

二、西汉中后期（含新莽）西域地区的族群互动与认同

　　自元狩二年（前121）汉帝国从匈奴手中夺取河西后，汉匈双方对西域展开长期的争夺，这种争夺与汉匈双方势力的消长紧密相关，客观上也促成汉人、匈奴人与西域诸族互动的加深。

　　元狩四年（前119），张骞第二次西使，"其去路似乎可以认为是沿阿尔金山北麓西进，抵达罗布泊西南的楼兰，自楼兰北上，到达泊西北的姑师（今楼兰古城遗址一带），复沿孔雀河西进，取西域北道经龟兹到达乌孙。当时，汉征匈奴已取得重大胜利，特别是元狩二年，匈奴西域王浑邪降汉后，出现了《史记·大宛列传》所谓'金城河西西并南山至盐泽空无

---

① 司马迁：《史记》卷一百二十三《大宛列传》，北京：中华书局，1959年，第3159页。"此处所谓'南山'，指西域南山，即今喀喇昆仑、昆仑、阿尔金山。而张骞归途很可能沿南道，经于阗、扜罙后，抵达位于罗布泊西南之楼兰，复北上至泊西北之姑师。《史记·大宛列传》前半部留下了这四国的记录，表明张骞很可能是经过姑师之后再次被匈奴拘捕的。"（余太山：《两汉魏晋南北朝与西域关系史研究》，北京：商务印书馆，2011年，第290页。）

② 司马迁：《史记》卷一百二十三《大宛列传》，北京：中华书局，1959年，第3160页。

③ 司马迁：《史记》卷一百二十三《大宛列传》，北京：中华书局，1959年，第3161页。而"'羁事'之具体的形式和表现的程度可能各有不同。对于所谓'羁事匈奴'，我们不宜理解作彼此关系非常松散，也不宜认定必然构成非常紧密牢固的亲盟附庸关系"（王子今：《匈奴经营西域研究》，北京：中国社会科学出版社，2016年，第80页）。

匈奴'的局面。既然沿南山即阿尔金山至盐泽即罗布泊空无匈奴，张骞取此道使乌孙是完全可能的。另外，虽然元狩四年汉已将匈奴逐至漠北，但匈奴并未失去对阿尔泰山南麓包括准格尔盆地的控制，因而天山北路对张骞来说未必是坦途。至于张骞的归途，不妨认为与去路相同"①。此外，张骞"分遣副使使大宛、康居、大月氏、大夏、安息、身毒、于寘、扜罙及诸旁国"②，其中"于寘、扜罙及诸旁国"就是本节所言"西域"南道诸国。可见，张骞使团这次西使，与西域北道、南道诸国都有了直接的接触与交流，而且未受到匈奴的阻挠。这或许可认为在汉帝国于元狩四年取得北伐匈奴的重大胜利后，匈奴已失去对西域南北两道诸国的控制，西域南北两道诸国一度转向亲汉。而张骞"所遣使通大夏之属者皆颇与其人俱来，于是西北国始通于汉矣"③，"于寘、扜罙及诸旁国"之人自然也在"俱来"之列。

　　张骞之后，汉人西使活动更加频繁，所谓"诸使外国一辈大者数百，少者百余人，人所赍操大放博望侯时。……汉率一岁中使多者十余，少者五六辈，远者八九岁，近者数岁而反"④。其中"姑师、扜罙、苏薤之属，皆随汉使献见天子。天子大悦。而汉使穷河源，河源出于寘，其山多玉石，采来，天子案古图书，名河所出山曰昆仑云"⑤。可见，汉不仅和西域诸国有了进一步的官方使节往来，而且汉使还可在西域地区进行自然地理考察。这充分说明汉人与西域诸族的互动有了进一步的发展。

　　经元狩四年一役，汉匈双方都损失惨重，"于是汉久不北击胡"，"匈奴亦不侵入边"⑥。匈奴的策略是一边"休养息士马，习射猎"，一边对汉

---

　　①　余太山：《两汉魏晋南北朝与西域关系史研究》，北京：商务印书馆，2011年，第293—294页。

　　②　司马迁：《史记》卷一百二十三《大宛列传》，北京：中华书局，1959年，第3169页。

　　③　司马迁：《史记》卷一百二十三《大宛列传》，北京：中华书局，1959年，第3169页。

　　④　司马迁：《史记》卷一百二十三《大宛列传》，北京：中华书局，1959年，第3170页。

　　⑤　司马迁：《史记》卷一百二十三《大宛列传》，北京：中华书局，1959年，第3173页。

　　⑥　司马迁：《史记》卷一百十《匈奴列传》，北京：中华书局，1959年，第2911—2912页。

使"详许甘言","以求和亲"①。经过近十年的休养生息，匈奴又恢复了元气，西域小国又转向亲匈奴，于是两者联合起来对西出的汉使进行"攻劫"与"遮击"②。为了保证西使交通的安全，汉帝国先是出兵"欲以击胡"，而"胡皆去"③，"不见匈奴一人"④，之后是出兵"虏楼兰王，遂破姑师。因举兵威以困乌孙、大宛之属"⑤。与此同时，加强紧邻西域的河西西部地区的长城防御体系的建设，所谓"酒泉列亭鄣至玉门矣"⑥。而匈奴的势力再次威逼河西与西域，所谓"单于益西北，左方兵直云中，右方直酒泉、燉煌郡"⑦。

值得注意的是，此时的西域仍在汉匈之间找寻依从的平衡点，其倾向性依从完全由汉匈对西域的军事威慑的强弱来决定。《汉书·西域传上》："楼兰既降服贡献，匈奴闻，发兵击之。于是楼兰遣一子质匈奴，一子质汉。"⑧ "这表明从元封三年起，楼兰自完全臣服于匈奴转变为两属于汉和匈奴"⑨。太初元年（前104），贰师将军李广利奉命远征大宛，当"西过盐水"后，西域"当道小国恐，各坚城守，不肯给食。攻之不能下。下者得食，不下者数日则去"⑩。可见，西域诸国并未对汉帝国有倾向性依从。这直接造成汉帝国第一次远征大宛的失败，所谓"比至郁成，士至者不过数千，皆饥罢。攻郁成，郁成大破之，所杀伤甚众。……引兵而还。往来

---

① 司马迁：《史记》卷一百十《匈奴列传》，北京：中华书局，1959年，第2912-2913页。

② 司马迁：《史记》卷一百二十三《大宛列传》，北京：中华书局，1959年，第3171页。

③ 司马迁：《史记》卷一百二十三《大宛列传》，北京：中华书局，1959年，第3171页。

④ 司马迁：《史记》卷一百十《匈奴列传》，北京：中华书局，1959年，第2912页。

⑤ 司马迁：《史记》卷一百二十三《大宛列传》，北京：中华书局，1959年，第3171-3172页。

⑥ 司马迁：《史记》卷一百二十三《大宛列传》，北京：中华书局，1959年，第3172页。

⑦ 司马迁：《史记》卷一百十《匈奴列传》，北京：中华书局，1959年，第2914页。

⑧ 班固：《汉书》卷九十六上《西域传上》，北京：中华书局，1962年，第3877页。

⑨ 余太山：《两汉魏晋南北朝与西域关系史研究》，北京：商务印书馆，2011年，第41页。

⑩ 司马迁：《史记》卷一百二十三《大宛列传》，北京：中华书局，1959年，第3175页。

二岁。还至敦煌，士不过什一二"①。而当汉帝国倾全国之力第二次远征大宛时，西域南北道"小国莫不迎，出食给军"②，形成与前次"各坚城守，不肯给食"完全不同的局面。不过，仍有拒汉的，所谓"至仑头，仑头不下，攻数日，屠之"③。甚至当李广利胜利回师行经西域南道时，两属于汉与匈奴的楼兰仍听从匈奴的指使，欲遮击汉使。而当汉军奉诏命抓捕了楼兰王并对其进行"簿责"时，楼兰王回答道："小国在大国间，不两属无以自安。愿徙国入居汉地。"④ 汉武帝竟"直其言，遣归国，亦因使候司匈奴。匈奴自是不甚亲信楼兰"⑤。汉武帝认可楼兰王的回答，正体现了当时汉、匈奴、西域三者之间的实际关系状态：汉与匈奴作为大国，对西域小国的"两属"倾向似乎都保持了客观理性的接受态度。

汉武帝远征大宛，无疑"扩大了汉王朝在西域地区的影响"⑥，正所谓"汉既诛大宛，威震外国"⑦，"西域震惧，多遣使来贡献"⑧。与此同时，长城亭燧也延伸到西域地区，在西域地区还有汉人屯田，以保证汉使的物资供应，正所谓"自敦煌西至盐泽，往往起亭，而轮台、渠犁皆有田卒数百人，置使者校尉领护，以给使外国者"⑨。

太初四年（前101）后，汉武帝"意欲遂困胡"，发动了对匈奴的频

① 司马迁：《史记》卷一百二十三《大宛列传》，北京：中华书局，1959年，第3175页。李广利上书言"愿且罢兵，益发而复往"的理由就是"道远多乏食；且士卒不患战，患饥"（司马迁：《史记》卷一百二十三《大宛列传》，第3175页），足见西域诸国给不给食决定着远征大宛的成败。
② 司马迁：《史记》卷一百二十三《大宛列传》，北京：中华书局，1959年，第3176页。
③ 司马迁：《史记》卷一百二十三《大宛列传》，北京：中华书局，1959年，第3176-3177页。
④ 班固：《汉书》卷九十六上《西域传上》，北京：中华书局，1962年，第3877页。
⑤ 班固：《汉书》卷九十六上《西域传上》，北京：中华书局，1962年，第3877页。
⑥ 王子今：《匈奴经营西域研究》，北京：中国社会科学出版社，2016年，第167页。
⑦ 司马迁：《史记》卷一百十《匈奴列传》，北京：中华书局，1959年，第2917页。
⑧ 班固：《汉书》卷九十六上《西域传上》，北京：中华书局，1962年，第3873页。如天汉二年，"渠黎六国使使来献"（班固：《汉书》卷六《武帝纪》，第203页）。
⑨ 班固：《汉书》卷九十六上《西域传上》，北京：中华书局，1962年，第3873页。

繁攻击，但失利居多①。特别是征和三年（前90）"（李）广利败，降匈奴"②后，匈奴单于又表现得很强势，遂有"南有大汉，北有强胡"③之骄言。而"自贰师没后，汉新失大将军士卒数万人，不复出兵"④。汉武帝"深陈既往之悔"的罪己诏否定了部分朝臣提出的"遣屯田卒诣故轮台以东"，"以威西国"的计划，宣示了汉帝国对西域扩张态势的终止⑤。大概在此后，"匈奴西边日逐王置僮仆都尉，使领西域，常居焉耆、危须、尉黎间，赋税诸国，取富给焉"⑥。匈奴对西域的控驭从而超越了汉⑦。

　　如前所述，昭帝时，想修好与汉廷的关系成为匈奴的主流愿望。不过，西域逐渐脱离匈奴的控制而转为受汉帝国控驭则经历了一个较长过程。如西域南道的楼兰，直到元凤四年（前77），才依汉"威重"，由汉"填抚之"，而之前则是"复为匈奴反间，数遮杀汉使"⑧。楼兰这次依汉，体现了双方互动、交流的进一步加深。汉立的楼兰王尉屠耆"身在汉久"，深受汉文化影响。汉将"楼兰"更名为"鄯善"，"为刻印章，赐以宫女为夫人，备车骑辎重……祖而遣之"；又应楼兰王之请，"遣司马一人、吏士四十人，田伊循以填抚之。其后更置都尉。伊循官置始此矣"⑨。可见，在物质文化、礼仪精神文化和官制文化方面，楼兰全面受汉文化影响。而

------

　　① 班固：《汉书》卷九十四上《匈奴传上》，北京：中华书局，1962年，第3776-3781页。

　　② 班固：《汉书》卷六《武帝纪》，北京：中华书局，1962年，第209页。

　　③ 班固：《汉书》卷九十四上《匈奴传上》，北京：中华书局，1962年，第3780页。

　　④ 班固：《汉书》卷九十四上《匈奴传上》，北京：中华书局，1962年，第3781页。

　　⑤ 班固：《汉书》卷九十六下《西域传下》，北京：中华书局，1962年，第3912页。

　　⑥ 班固：《汉书》卷九十六上《西域传上》，北京：中华书局，1962年，第3872页。

　　⑦ 在此之前，汉对西域的控驭是超越匈奴的，如在征和年间击亲匈奴的车师时，楼兰、尉犁、危须等六国兵"共围车师，车师王降服，臣属汉"（班固：《汉书》卷九十六下《西域传下》，北京：中华书局，1962年，第3922页）。

　　⑧ 班固：《汉书》卷九十六上《西域传上》，北京：中华书局，1962年，第3878页。

　　⑨ 班固：《汉书》卷九十六上《西域传上》，北京：中华书局，1962年，第3878页。

汉宫女成为楼兰王夫人，作为族群融合的重要途径值得关注①。

又如车师，在昭帝时又受匈奴控制，所谓"匈奴发骑田车师，车师与匈奴为一"②，"匈奴复使四千骑田车师"③。直到"宣帝即位，遣五将将兵击匈奴，车师田者惊去，车师复通于汉"，但不久车师又"与匈奴结婚姻，教匈奴遮汉道通乌孙者"。到地节二年（前68），经过汉帝国的军事打击，车师又降汉。不过，车师王仍对匈奴表示畏惧，为了避兵匈奴，竟投奔乌孙。而匈奴与汉帝国对"地肥美"的车师展开了激烈争夺，结果是汉帝国"尽徙车师国民令居渠犁，遂以车师故地与匈奴"。在此情形下，"车师王得近汉田官，与匈奴绝，亦安乐亲汉"④。

到汉宣帝神爵三年（前59），有了"名副其实的西域都护"⑤，由"独护南道"发展为"并护北道"。而此前北道诸国很可能受匈奴日逐王所置的僮仆都尉领护，因日逐王降汉而罢僮仆都尉，是"名副其实的西域都护"得以设置的直接原因⑥。而"所谓'僮仆都尉由此罢'，宣告了匈奴西域经营的最终失败"⑦。此后，"匈奴益弱，不得近西域"⑧。特别是到元帝时，设置戊己校尉，"屯田车师前王庭"⑨，曾经"与匈奴"的"车师故地"也由汉控制。不仅如此，"匈奴东蒲类王兹力支将人众千七百余人降

---

① 王子今还指出："复杂的姻亲关系，可能是西域不少国家交往形式的特点。"（王子今：《匈奴经营西域研究》，北京：中国社会科学出版社，2016年，第239页。）而从族群互动、融合的角度看，族群间的通婚是族群融合的最重要途径。这种融合的具体体现，除了人种相貌外，还有族群文化，即少数外族以婚姻的形式入居当地，在给当地族群注入外族文化因子的同时，其本身在总体上往往会受当地族群文化的影响。

② 班固：《汉书》卷九十六下《西域传下》，北京：中华书局，1962年，第3905页。

③ 班固：《汉书》卷九十六下《西域传下》，北京：中华书局，1962年，第3922页。

④ 班固：《汉书》卷九十六下《西域传下》，北京：中华书局，1962年，第3924页。

⑤ 余太山：《两汉魏晋南北朝与西域关系史研究》，北京：商务印书馆，2011年，第327页。

⑥ 班固：《汉书》卷九十六上《西域传上》，北京：中华书局，1962年，第3873-3874页。

⑦ 王子今：《匈奴经营西域研究》，北京：中国社会科学出版社，2016年，第53页。

⑧ 班固：《汉书》卷九十六上《西域传上》，北京：中华书局，1962年，第3874页。

⑨ 班固：《汉书》卷九十六上《西域传上》，北京：中华书局，1962年，第3874页。

都护，都护分车师后王之西为乌贪訾离地以处之"①。可见，最接近匈奴的东天山北麓诸国也脱离匈奴而受汉帝国控制。当然，宣、元之后，西域诸族对汉帝国的服从，是与"单于称藩臣"紧密相关的②。

很显然，在上述汉匈争夺西域的较长历程中，汉人、匈奴人与西域诸族有了广泛而深入的互动与交流③。此外，西域诸族之间也有频繁的互动与交流，如"随畜逐水草，不田作"的婼羌，要依赖鄯善、且末的粮食供应④；又如依耐国"寄田疏勒、莎车"⑤；还如杅弥太子赖丹曾"为质于"龟兹⑥；再如山国"寄田籴谷于焉耆、危须"⑦。

如前所述，王莽时，汉匈关系再度紧张。与此同时，西域与中原华夏关系恶化，又开始倾向匈奴，出现西域诸族亡入匈奴的情形。如王莽秉政时期，车师后王姑句亡入匈奴。接着是与赤水羌比邻的去胡来王唐兜"将

---

① 班固：《汉书》卷九十六上《西域传上》，北京：中华书局，1962 年，第 3874 页。

② 班固：《汉书》卷九十六上《西域传上》，北京：中华书局，1962 年，第 3874 页。

③ 有学者指出："匈奴以强大的军事实力试图控制西域，其机动性和进取性甚强的文化特征也对西域地区形成了强烈的影响。……匈奴对西域的经营，既重视武功，也关注文化；既利用军事威势，也借助和亲手段；既体现于经济掠取，也不忽略产业开发。匈奴对西域的经营，实际上也成为西域文化融汇于中国主流文化的重要条件之一。在这样的背景下，西域文化发展表现出自己的个性。……汉文化的影响扩张至西域，是通过战胜匈奴的军事形式实现的。"（王子今：《匈奴经营西域研究》，北京：中国社会科学出版社，2016 年，第 232—234 页。）然后又以龟兹为例，作了这样的阐述："'龟兹王绛宾'所爱的有 50% 汉家血统，并且在长安接受音乐教育的夫人，得'号称公主'，具有'比宗室入朝'的地位。因这位女子的作用，龟兹贵族当时应已受到汉文化的深刻影响。所谓'乐汉衣服制度'、'如汉家仪'者，体现出对中原文明的倾慕，在礼仪制度方面对汉文化全面的模仿和复制。所谓'驴非驴，马非马，若龟兹王，所谓骡也'，体现龟兹文化面貌因汉文化的熏陶而改观。……所谓'不纯一'，指出了不同文化汇合交融的形式。所谓'性难伏'，虽未知所出，也形容其自在的文化个性依然得以坚持。"（王子今：《匈奴经营西域研究》，北京：中国社会科学出版社，2016 年，第 240 页。）体现汉文化对西域的影响的史例又有莎车，史载莎车王延在"元帝时，尝为侍子，长于京师，慕乐中国，亦复参其典法。常敕诸子，当世奉汉家，不可负也"（范晔：《后汉书》卷八十八《西域传》，北京：中华书局，1965 年，第 2923 页）。

④ 班固：《汉书》卷九十六上《西域传上》，北京：中华书局，1962 年，第 3875 页。

⑤ 班固：《汉书》卷九十六上《西域传上》，北京：中华书局，1962 年，第 3883 页。

⑥ 班固：《汉书》卷九十六下《西域传下》，北京：中华书局，1962 年，第 3916 页。

⑦ 班固：《汉书》卷九十六下《西域传下》，北京：中华书局，1962 年，第 3921 页。

妻子人民千余人亡降匈奴"①。王莽篡位后，车师后王须置离被都护但钦斩杀，其兄狐兰支"将置离众二千余人，驱畜产，举国亡降匈奴"②。此后，亡降匈奴的狐兰支与匈奴"共寇击车师，杀后城长，伤都护司马"，从而在屯守西域的汉人将吏中出现"西域诸国颇背叛，匈奴欲大侵"的舆论，最终"戊己校尉吏士男女二千余人"被"胁略"至匈奴③。除了其中三十一人在匈莽短暂和亲的背景下被单于送回长安，最终被"烧杀"外，其余汉人皆留止匈奴。之后，王莽"复欺诈单于，和亲遂绝。匈奴大击北边，而西域亦瓦解。焉耆国近匈奴，先叛，杀都护但钦，莽不能讨"④。在此后征讨焉耆的过程中，西域诸国的政治倾向各异，莎车与龟兹倾向中原华夏，而姑墨、尉犁、危须则背离中原华夏。最后，西域都护李崇"收余士，还保龟兹。数年莽死，崇遂没，西域因绝"⑤。

总而言之，西汉中后期（含新莽），汉匈双方对西域展开了长期争夺，伴随着这种争夺，汉人、匈奴人与西域诸族有了广泛而深入的互动与交流，汉文化与匈奴文化都对西域诸族产生了影响。而西域诸族的政治认同倾向是多变的，时而倾向匈奴，时而倾向汉帝国，这往往取决于汉匈势力的消长。有的西域国家甚至有时两属于汉与匈奴，而汉与匈奴作为大国，对西域小国的"两属"倾向似乎都保持了客观理性的接受态度。此外，西域诸族之间也有频繁的互动与交流。

三、东汉时期西域地区的族群互动与认同

自王莽末"西域绝"之后，西域"复役属匈奴"，但由于"匈奴敛税重刻"，西域诸国"不堪命"，于是在光武帝建武年间，"遣使求内属，愿

① 班固：《汉书》卷九十六下《西域传下》，北京：中华书局，1962 年，第 3925 页。
② 班固：《汉书》卷九十六下《西域传下》，北京：中华书局，1962 年，第 3925 - 3926 页。
③ 班固：《汉书》卷九十六下《西域传下》，北京：中华书局，1962 年，第 3926 页。
④ 班固：《汉书》卷九十六下《西域传下》，北京：中华书局，1962 年，第 3927 页。
⑤ 班固：《汉书》卷九十六下《西域传下》，北京：中华书局，1962 年，第 3927 页。

请都护"①。具体说来，建武十四年（38），"莎车国、鄯善国遣使奉献"②；建武二十一年（45），"鄯善王、车师王等十六国皆遣子入侍奉献，愿请都护"③。但光武帝刘秀"以中国初定，未遑外事，乃还其侍子，厚加赏赐"④。

光武帝后期，匈奴分裂为南北两部，南匈奴内附称臣，北匈奴也多次遣使求和亲⑤。这样，在"匈奴衰弱"而东汉帝国又绝其内属的情势下，西域诸国内部展开了激烈的争斗，正所谓"莎车王贤诛灭诸国，贤死之后，遂更相攻伐。小宛、精绝、戎庐、且末为鄯善所并。渠勒、皮山为于寊所统，悉有其地。郁立、单桓、孤胡、乌贪訾离为车师所灭。后其国并复立"⑥。

明帝时，西域诸国的政治认同倾向和北匈奴与东汉帝国的实力对比有关，表现出多变性。起初，强势的北匈奴胁迫西域诸国"共寇河西郡县"，造成河西"城门昼闭"。而后，明帝"命将帅，北征匈奴，取伊吾卢地，置宜禾都尉以屯田，遂通西域，于寊诸国皆遣子入侍。西域自绝六十五载，乃复通焉"⑦。紧接着，趁在蒲类海上击破白山虏而"入车师"之机，东汉政府又开始设置西域都护与戊己校尉⑧。在此期间，班超以超凡的智慧与勇气震服西域诸国，使其摆脱北匈奴的控制，功不可没⑨。不过，不久之后，"焉耆、龟兹攻西域都护陈睦，悉没其众"，同时，"北匈奴及车师后王围戊己校尉耿恭"⑩。

章帝时，东汉政府又主动放弃了对西域的控驭，先是"迎还戊己校尉，

① 范晔：《后汉书》卷八十八《西域传》，北京：中华书局，1965 年，第 2909 页。
② 范晔：《后汉书》卷一下《光武帝纪下》，北京：中华书局，1965 年，第 64 页。
③ 范晔：《后汉书》卷一下《光武帝纪下》，北京：中华书局，1965 年，第 73 页。
④ 范晔：《后汉书》卷一下《光武帝纪下》，北京：中华书局，1965 年，第 73 页。
⑤ 范晔：《后汉书》卷一下《光武帝纪下》，北京：中华书局，1965 年，第 76—81 页。
⑥ 范晔：《后汉书》卷八十八《西域传》，北京：中华书局，1965 年，第 2909 页。
⑦ 范晔：《后汉书》卷八十八《西域传》，北京：中华书局，1965 年，第 2909 页。
⑧ 范晔：《后汉书》卷二《显宗孝明帝纪》，北京：中华书局，1965 年，第 122 页。
⑨ 范晔：《后汉书》卷四十七《班超列传》，北京：中华书局，1965 年，第 1572—1574 页。
⑩ 范晔：《后汉书》卷二《显宗孝明帝纪》，北京：中华书局，1965 年，第 123 页。

不复遣都护"，然后是"罢屯田伊吾"。匈奴趁机"遣兵守伊吾地"①。之后，主要靠智勇双全的班超维持并扩大、增强中原华夏势力对西域的渗透，所谓"军司马班超留于寞，绥集诸国"②。在此期间，西域诸族内部的结怨争斗是班超所面临的复杂族群环境。

和帝时，大破北匈奴，班超最终平定西域，"西域五十余国悉皆纳质内属"③。值得留意的是，西域诸族仍被班超视为"怀鸟兽之心，难养易败"的"蛮夷"④。这应该是班超在西域经营三十余年后获得的直接体会，也表明"夷夏之别"的观念已深入汉人之心。

此外，值得注意的是，班超经营西域期间，西域小国的政治认同有的往往在西域大国和班超所代表的华夏帝国之间摇摆不定。如疏勒，当班超奉诏离开西域时，其"举国忧恐"，其都尉黎弇说道："汉使弃我，我必复为龟兹所灭耳。诚不忍见汉使去。"⑤ 而当班超离开不久，疏勒即"复降龟兹，而与尉头连兵"⑥。后又出现"疏勒都尉番辰亦复反叛"⑦ 及"莎车阴通使疏勒王忠，啖以重利，忠遂反从之，西保乌即城"⑧ 的情形。不过，也有西域小国表现出对班超所代表的华夏帝国的较稳固政治认同。如于寞，当班超奉诏离开西域时，其"王侯以下皆号泣曰：'依汉使如父母，诚不可去。'互抱超马脚，不得行"⑨，把汉使比作父母，表现出对汉使的极度拥戴，而其后来也一直跟随班超征讨西域他国。

西域诸族对汉帝国的政治认同既与汉帝国在西域势力的强弱有关，也与汉帝国在西域的势力代表所施行的政策有关，而后者显得更为重要。班

---

① 范晔：《后汉书》卷八十八《西域传》，北京：中华书局，1965 年，第 2910 页。
② 范晔：《后汉书》卷八十八《西域传》，北京：中华书局，1965 年，第 2910 页。详情见范晔：《后汉书》卷四十七《班超列传》，第 1575–1580 页。
③ 范晔：《后汉书》卷四十七《班超列传》，北京：中华书局，1965 年，第 1582 页。
④ 范晔：《后汉书》卷四十七《班超列传》，北京：中华书局，1965 年，第 1586 页。
⑤ 范晔：《后汉书》卷四十七《班超列传》，北京：中华书局，1965 年，第 1575 页。
⑥ 范晔：《后汉书》卷四十七《班超列传》，北京：中华书局，1965 年，第 1575 页。
⑦ 范晔：《后汉书》卷四十七《班超列传》，北京：中华书局，1965 年，第 1577 页。
⑧ 范晔：《后汉书》卷四十七《班超列传》，北京：中华书局，1965 年，第 1579 页。
⑨ 范晔：《后汉书》卷四十七《班超列传》，北京：中华书局，1965 年，第 1575 页。

超离开西域之前，曾对其接替者任尚有"宜荡佚简易，宽小过，总大纲而已"的警示之言，但不为任尚所重，终致"西域反乱"①。

这次西域反叛后，东汉朝廷"以其险远，难相应赴，诏罢都护。自此遂弃西域"②，"西域绝无汉吏十余年"③。在中原华夏势力退出西域的这十几年，西域诸国又被北匈奴控制，正所谓"北匈奴即复收属诸国，共为边寇十余岁"④。

安帝元初六年（119）后，东汉朝廷又开始与北匈奴争夺西域，互有胜负，结果是东汉政府"虽复羁縻西域，然亦未能出屯。其后匈奴果数与车师共入寇钞，河西大被其害"⑤。当时西域的情势是这样的："北虏呼衍王常展转蒲类、秦海之间，专制西域，共为寇钞。"⑥ 延光二年（123）后，东汉朝廷再次与北匈奴争夺西域，目的还是要"断匈奴右臂"，以免控制西域诸国的北匈奴"财赂益增，胆执益殖，威临南羌"，从而危及"河西四郡"⑦。在西域长史班勇的努力下，鄯善、龟兹、姑墨、温宿、疏勒、车师、焉耆、于寘、莎车等都归顺东汉朝廷，在西域的匈奴势力也被击走⑧。

综上，"自建武至于延光，西域三绝三通"⑨。在"绝"与"通"的往复历程中，中原华夏与北匈奴交替影响西域，西域诸族的政治认同倾向多变，其内部也未形成统一的族群认同与政治认同，仍是"各有君长，兵众分弱，无所统一"⑩。

---

① 范晔：《后汉书》卷四十七《班超列传》，北京：中华书局，1965年，第1586页。
② 范晔：《后汉书》卷八十八《西域传》，北京：中华书局，1965年，第2911页。
③ 范晔：《后汉书》卷四十七《班超列传》，北京：中华书局，1965年，第1587页。
④ 范晔：《后汉书》卷八十八《西域传》，北京：中华书局，1965年，第2911页。
⑤ 范晔：《后汉书》卷四十七《班超列传》，北京：中华书局，1965年，第1589页。
⑥ 范晔：《后汉书》卷八十八《西域传》，北京：中华书局，1965年，第2911页。
⑦ 范晔：《后汉书》卷八十八《西域传》，北京：中华书局，1965年，第2912页。
⑧ 范晔：《后汉书》卷四十七《班超列传》，北京：中华书局，1965年，第1589-1590页；同书卷八十八《西域传》，第2912页。
⑨ 范晔：《后汉书》卷八十八《西域传》，北京：中华书局，1965年，第2912页。
⑩ 班固：《汉书》卷九十六下《西域传下》"赞曰"，北京：中华书局，1962年，第3930页。

　　顺帝阳嘉以后，汉帝国对西域的控制转弱，正所谓"朝威稍损，诸国骄放，转相陵伐"①。桓帝以后，汉帝国对西域的控制越来越弱，正所谓"元嘉二年，长史王敬为于寘所没。永兴元年，车师后王复反攻屯营。虽有降首，曾莫惩革，自此浸以疏慢矣"②。余太山对顺帝阳嘉元年（132）以后东汉与西域的关系有这样的总结："自阳嘉元年至桓帝元嘉元年……东汉尚能维持对西域的控制，但诸国相互侵陵，东汉的权威已一天不如一天。元嘉二年，西域长史王敬被杀，可以认为是东汉对西域的统治趋于崩溃的标志。虽然灵帝建宁三年凉州刺史尚能发焉耆、龟兹、车师前后部兵攻疏勒，熹平四年戊己校尉、西域长史尚能发兵辅立拘弥侍子为王，似乎东汉对西域的控制至少延续至灵帝后期，但这两次出兵毋宁说是东汉为控制西域所作的最后努力。建宁三年之后，疏勒王接连被害，汉廷无力禁止；尽管立拘弥侍子为王，却未能问罪于杀死拘弥前王的于阗国王；都能说明这一点。"③ 这大体是允当的。只是需要补充的是，在此过程中，又出现北匈奴对汉帝国经营西域的威胁④。可见，北匈奴故地被鲜卑占领后，一部分北匈奴向西移徙而居于西域之北，与西域诸国特别是东天山北麓诸国仍保持频繁的互动。

　　总而言之，东汉王朝对西域的经营始终受到北匈奴的干扰，"三绝三通"的西域经营史表明东汉政府控驭西域绝远异国的愿望并不强烈，这应与东汉保守的边政风格有关，而东汉河西的异族化、边缘化也使得更西远的西域更容易脱离中原华夏的控驭。

---

　　① 范晔：《后汉书》卷八十八《西域传》，北京：中华书局，1965 年，第 2912 页。
　　② 范晔：《后汉书》卷八十八《西域传》，北京：中华书局，1965 年，第 2912 页。
　　③ 余太山：《两汉魏晋南北朝与西域关系史研究》，北京：商务印书馆，2011 年，第 135 页。
　　④ 详见范晔：《后汉书》卷八十八《西域传》，北京：中华书局，1965 年，第 2930-2931 页。

第七章

北部边地的族群互动与认同

　　这里所谓"北部边地"，主要指赵代地区①与河套地区。赵代地区大致相当于汉代的五原郡、云中郡、定襄郡、雁门郡与代郡所辖区域。河套地区大致相当于汉代的朔方郡、上郡、西河郡和北地郡所辖区域②，这一区域又分为"故塞"（秦昭襄王长城）内之地和"故塞"外之地。秦汉时期，赵代地区与河套地区的族群互动与认同也呈现出纷繁复杂的历史样貌。

第一节　赵代地区的族群互动与认同

一、战国时期赵代地区的族群互动与认同

　　战国时期，赵武灵王"变俗胡服，习骑射，北破林胡、楼烦。筑长

---

　　① 本书所言"赵代地区"，是指以代地为主要代表区域的原赵国北部边地，这一区域在秦汉时期仍属于秦汉帝国的北部边地。

　　② 此外，在本书中，汉代五原郡黄河以南的区域也属河套地区，同时我们将析置安定郡之前的北地郡归入河套，但叙述时注意侧重于北地郡的河套部分。要说明的是，我们在论述陇右地区的族群互动与认同时，将析置安定郡之前的北地郡又归入陇右，但叙述时注意侧重于北地郡的陇右部分。

城，自代并阴山下，至高阙为塞。而置云中、雁门、代郡"①，表明这一区域在赵国设郡管辖之前主要是林胡、楼烦所居之地。具体说来，"云中郡本为林胡地"②，"雁门郡本楼烦地"③，"代郡本代国之地"④。代国是代戎（或称北戎）所建之国⑤，其同战国时期的其他戎国一样，最高统治者也称王。值得注意的是，代戎似乎较早与华夏赵人有了较多接触、互动与交融。例如，赵襄子的姐姐即为代王夫人，而赵襄子平灭代国后，又"以代封伯鲁子周为代成君"⑥。这种封君制应当和秦国的封君制一样，是政治扩张和社会整合的重要途径⑦。

---

① 司马迁：《史记》卷一百十《匈奴列传》，北京：中华书局，1959年，第2885页。对于《史记》此处"没有提到九原郡"，辛德勇认为"是因为据《竹书纪年》记载，在这之前两年（魏襄王十七年，赵武灵王二十四年），'邯郸命吏大夫奴迁于九原'，说明赵国已经拓地至此。按照当时惯例，应当设郡管理边地，所以，九原在这时应当已经置郡，到两年以后设置云中等郡时，自然无需再提及九原"。同时认为，"赵武灵王长城既在阴山南侧，则赵九原郡之西北辖界，便不得北越出于阴山之外"，"赵武灵王修筑阴山长城之后，这道城垣，就应当一直是赵国的西北边界"。还认为，《汉书·地理志》在叙述赵国分野时，"显然是以西汉五原郡，来表述战国赵九原郡的地域范围。汉武帝元朔二年以后，西汉在原秦九原郡辖境内，本设有朔方、五原两郡，朔方在西，五原居东。五原郡虽然兼有阴山以北部分区域，但是其主体部分，是在阴山南侧。《汉书·地理志》在这里仅仅叙及五原而不提朔方，正表明赵九原郡的地域范围，比秦九原郡（实际上是秦始皇三十三年蒙恬拓地至阳山之后的九原郡）要小很多，并不包括西汉朔方郡辖地，实际只限止在阴山南侧"。详见辛德勇：《秦汉政区与边界地理研究》，北京：中华书局，2009年，第190、200-201、267页。

② 赵九原郡亦本为林胡之居地。

③ 周振鹤、李晓杰：《中国行政区划通史·总论 先秦卷》，上海：复旦大学出版社，2017年，第432页。

④ 周振鹤、李晓杰：《中国行政区划通史·总论 先秦卷》，上海：复旦大学出版社，2017年，第430页。

⑤ 《后汉书·西羌传》这样记载赵灭代国的情形："赵亦灭代戎，即北戎也。"（范晔：《后汉书》卷八十七《西羌传》，北京：中华书局，1965年，第2874页。）而较早的《史记·赵世家》所载赵武灵王的言论有"襄主并戎取代以攘诸胡"的内容（司马迁：《史记》卷四十三《赵世家》，北京：中华书局，1959年，第1809页），即指赵襄子灭代国之事，而"并戎取代"似可理解为"并取代戎"。

⑥ 司马迁：《史记》卷四十三《赵世家》，北京：中华书局，1959年，第1794页。

⑦ 参见崔建华：《秦统一进程中的分封制》，《陕西师范大学学报》（哲学社会科学版），2017年第1期。

　　而赵武灵王"胡服骑射"的改革，展现的是中国（华夏）主动吸收异族文化的情形。这从当时人的言论中可得到明显的体现。例如，公子成反对这项改革，说道："臣闻中国者，盖聪明徇智之所居也，万物财用之所聚也，贤圣之所教也，仁义之所施也，《诗》《书》礼乐之所用也，异敏技能之所试也，远方之所观赴也，蛮夷之所义行也。今王舍此而袭远方之服，变古之教，易古之道，逆人之心，而怫学者，离中国，故臣愿王图之也。"①　而赵武灵王反驳道："夫服者，所以便用也；礼者，所以便事也。……礼服莫同，其便一也。……儒者一师而俗异，中国同礼而教离，况于山谷之便乎？……叔顺中国之俗以逆简、襄之意，恶变服之名以忘鄙事之丑，非寡人之所望也。"②　两人都提到"中国"，而成功推行的"胡服骑射"无疑是中国（华夏）主动拥抱异族文化的典型表现。当然，赵武灵王"变服骑射"的目的是"备燕、三胡、秦、韩之边"③，这说明是赵国在与周边敌对国特别是与北边异族的军事冲突中认识到了自己的缺陷而采取的改革措施。

　　自赵武灵王成功推行"胡服骑射"的改革尤其是赵代地区被纳入赵国的郡县体系之后，该地区的族群互动更加频繁，族群互化互融④的情形也更加凸显。"胡兵"一度成为赵国所属的异族军事力量，如"代相赵固主胡，致其兵"⑤；"赵希并将胡、代"，"攻中山"⑥；赵武灵王"行新地，遂出代，西遇楼烦王于西河而致其兵"⑦。该地区还形成了"代马胡犬"⑧ 这一独具特色的物产风貌。此外，该地区的民风民俗也更具有杂糅的特点。《史记·货殖列传》记载："种、代，石北也，地边胡，数被寇。人民矜懻

①　司马迁：《史记》卷四十三《赵世家》，北京：中华书局，1959年，第1808页。
②　司马迁：《史记》卷四十三《赵世家》，北京：中华书局，1959年，第1808-1809页。
③　司马迁：《史记》卷四十三《赵世家》，北京：中华书局，1959年，第1809页。
④　族群的互化互融，是指不同族群各自吸纳对方的某些族属文化因子而在一定时期都各自保持自己族群的主体风貌和主体认同。
⑤　司马迁：《史记》卷四十三《赵世家》，北京：中华书局，1959年，第1811页。
⑥　司马迁：《史记》卷四十三《赵世家》，北京：中华书局，1959年，第1811页。
⑦　司马迁：《史记》卷四十三《赵世家》，北京：中华书局，1959年，第1813页。
⑧　司马迁：《史记》卷四十三《赵世家》，北京：中华书局，1959年，第1818页。

忮，好气，任侠为奸，不事农商。……其民羯羠不均，自全晋之时固已患其慓悍，而武灵王益厉之，其谣俗犹有赵之风也。"① 很显然，赵武灵王"胡服骑射"改革的推行使代地民"慓悍"的民俗风格更加显著，但仍然保持了赵国之遗风。而代地以西的楼烦、林胡等异族聚居之地，在被纳入赵国的郡县体系后，"为了开发这些地区、巩固北部边疆，一批移民从赵国中心区迁入这里"②。已经"胡服骑射"化的华夏赵人也因与北边异族的进一步互动而逐步形成了"鄙朴，少礼文，好射猎"③ 的民俗风格。

此外，赵代地区的云中、九原两郡也成为赵人与秦人互动的前沿地带。据《史记·赵世家》记载，赵武灵王曾"欲从云中、九原直南袭秦，于是诈自为使者入秦。秦昭王不知，已而怪其状甚伟，非人臣之度，使人逐之"，而赵武灵王"驰已脱关④矣"，这使得"秦人大惊"。赵武灵王"所以入秦者，欲自略地形，因观秦王之为人也"⑤。

值得一提的是，赵国在雁门郡很可能已设置了楼烦县⑥，此县很可能就是归附赵国的楼烦人的聚居之地。大概因为楼烦人善骑射的特点名扬天下，所以秦汉之际还专门以"楼烦"作为射士之美称⑦，特意设有"楼烦将"之武职⑧，甚至在汉王刘邦麾下还有名叫"楼烦"的射士⑨。

值得注意的是，赵代之民因异族的介入，对赵国的政治认同具有不稳定性。如赵惠文王二十六年（前273），"取东胡欧代地"。司马贞《史记索

① 司马迁：《史记》卷一百二十九《货殖列传》，北京：中华书局，1959年，第3263页。

② 葛剑雄主编：《中国移民史》第2卷，福州：福建人民出版社，1997年，第32页。

③ 班固：《汉书》卷二十八下《地理志下》，北京：中华书局，1962年，第1656页。

④ 在赵九原郡西南面，赵武灵王也筑有长城，主要是防御"河南地"的胡人；而在秦上郡和赵九原郡之间，秦昭襄王也修筑有长城，这"应当是秦、赵两国间的边塞"。详见辛德勇：《秦汉政区与边界地理研究》，北京：中华书局，2009年，第276页。

⑤ 司马迁：《史记》卷四十三《赵世家》，北京：中华书局，1959年，第1812-1813页。

⑥ 参见周振鹤、李晓杰：《中国行政区划通史·总论 先秦卷》，上海：复旦大学出版社，2017年，第337页。

⑦ 裴骃《史记集解》引"李奇曰"，司马迁：《史记》卷九十五《樊郦滕灌列传》，北京：中华书局，1959年，第2669页。

⑧ 司马迁：《史记》卷九十五《樊郦滕灌列传》，北京：中华书局，1959年，第2668、2670、2672页；同书卷十八《高祖功臣侯者年表》，第904页。

⑨ 司马迁：《史记》卷七《项羽本纪》，北京：中华书局，1959年，第328页。

隐》："东胡叛赵，驱略代地人众以叛，故取之也。"① 而至悼襄王时，赵国名将李牧还有"破东胡，降林胡"② 之举。可见，赵代地区的异族对赵国的政治认同也具有不稳固性。而此次林胡降赵后，似乎完全归顺了赵国，因自此后，林胡不再以异族的名号出现于北部边地。与此相对的是，楼烦除一部分留居赵代地区外，似乎还有很大一部分向西移徙至河南地，从而成为后来秦汉王朝所面对的占据河南地的两支异族势力（楼烦王和白羊王）之一。

可以理解的是，赵阴山（今大青山）长城的修筑，使赵代地区成为抵御异族侵扰的前沿地带，而李牧对北边异族尤其是对匈奴的军事胜利，使得赵代地区拥有了和平稳定的社会环境，该地区族群正常的互动互融也一度不受外力的干扰，正所谓"其后十余岁，匈奴不敢近赵边城"③。而"邯郸为秦"④ 后，"赵之亡大夫共立嘉为王，王代六岁"⑤。赵代地区一度成为赵国宗室的栖居之地，这对该地的族群互动无疑也会产生积极的推促作用。

综上，战国时期，在赵代地区，华夏赵人以武力征服的方式将楼烦、林胡等异族的居地纳入华夏郡县管控，从此华夏与异族在此交互影响、互化互融。

二、秦及西汉时期（含新莽）赵代地区的族群互动与认同

秦灭六国之后，赵代地区成为秦帝国直辖的郡县。秦朝政府对赵代地区似已有移民之举，而移徙的对象主要应为赵、齐、卫、楚之民，所谓"定襄、云中、五原，本戎狄地，颇有赵、齐、卫、楚之徙"⑥。其中典型

---

① 司马迁：《史记》卷四十三《赵世家》，北京：中华书局，1959 年，第 1821 页。
② 司马迁：《史记》卷八十一《廉颇蔺相如列传》，北京：中华书局，1959 年，第 2450 页。
③ 司马迁：《史记》卷八十一《廉颇蔺相如列传》，北京：中华书局，1959 年，第 2450 页。
④ 司马迁：《史记》卷四十三《赵世家》，北京：中华书局，1959 年，第 1833 页。
⑤ 司马迁：《史记》卷四十三《赵世家》"太史公曰"，北京：中华书局，1959 年，第 1833 页。
⑥ 班固：《汉书》卷二十八下《地理志下》，北京：中华书局，1962 年，第 1656 页。当然，如前所述，赵武灵王时期，已出现赵国内地之民移徙至赵代地区的情形。

的史例就是班固先祖由南方楚地迁徙至赵代边地，正所谓"秦之灭楚，迁晋、代之间"①。而"始皇之末，班壹避墜于楼烦，致马牛羊数千群"②。可见，"食鱼稻，以渔猎山伐为业，果蓏蠃蛤，食物常足"③的楚人，到了赵代边地后，成了从事畜牧经营的高手。

到秦始皇三十三年（前214），蒙恬率大军"斥逐匈奴。自榆中并河以东，属之阴山，以为四十四县，城河上为塞"，又"渡河取高阙、阳山、北假中"之后④，相对于赵九原郡和云中郡，秦九原郡和云中郡的北界向北有了拓展，越过阴山而达至阳山长城。不过，秦末"诸侯畔秦，中国扰乱，诸秦所徙適戍边者皆复去，于是匈奴得宽，复稍度河南与中国界于故塞"⑤。"匈奴已经渡过黄河，说明秦人不仅撤防阳山长城，而且还放弃了环绕'河南地'的黄河防线。因此，这里所谓'故塞'，在原战国秦国北部地区，就应当是指蒙恬出兵'河南地'之前，秦王朝据守的秦昭襄王长城；而在原赵国西北部地区，则只能是指蒙恬占据阳山之前所据守的赵武灵王长城。……在西汉初年，阴山南麓的西安阳、九原等县，都在汉朝的有效控制之下。这说明秦朝末年，在为应付内乱而兵力万分吃紧的情况下，秦王朝也始终没有放弃据守阴山长城防线。汉朝初年，在这一地区，继承的正是这一边界"⑥。可见，秦及汉初，赵代地区一直处于华夏帝国的有效控制之下。但值得注意的是，这一区域因在汉初发生过复杂的行政区划变迁，又靠近匈奴，故其在族群互动与认同方面仍表现出复杂的情形。

首先，汉初九原郡承袭原赵九原郡的辖域⑦，一直是汉廷直辖地，其

① 班固：《汉书》卷一百上《叙传上》，北京：中华书局，1962年，第4197页。
② 班固：《汉书》卷一百上《叙传上》，北京：中华书局，1962年，第4197页。
③ 班固：《汉书》卷二十八下《地理志下》，北京：中华书局，1962年，第1666页。
④ 司马迁：《史记》卷六《秦始皇本纪》，北京：中华书局，1959年，第253页。
⑤ 司马迁：《史记》卷一百十《匈奴列传》，北京：中华书局，1959年，第2887-2888页。
⑥ 辛德勇：《秦汉政区与边界地理研究》，北京：中华书局，2009年，第264页。
⑦ 参见辛德勇：《秦汉政区与边界地理研究》，北京：中华书局，2009年，第264-271页。

民也因此而成为"汉人"（"汉民"）①。而从高帝六年（前201）至景帝前元三年（前154），云中②、雁门、代郡在较长时期成为代国和赵国的封地③，其民属于与"汉人"相对的"诸侯人"④。景帝前元三年以后，雁门、代郡及由云中郡析分的定襄郡才比较稳定地成为汉廷直辖的郡，此三郡之民也成为真正意义上的"汉人"（"汉民"）。这样，整个赵代地区之民皆完成了向"汉人"（"汉民"）的转化。可见，在赵代地区，郡县制最终取代了王国制，表明该地区的政治与社会整合取得了成功，赵代之民成为名副其实的"汉人"。

其次，在上述赵代之民向"汉人"（"汉民"）转化的进程中，赵代地区也深受匈奴的影响。"代地居常山之北，与夷狄边，赵乃从山南有之，远，数有胡寇，难以为国"⑤。这一情势使得赵代华夏民的政治认同与族群认同具有复杂性。一方面，迫于政治压力，赵代华夏民会放弃对汉廷的政治认同，而与匈奴一起对抗汉廷⑥；另一方面，与匈奴共同抗击汉廷的赵

---

①　关于此，详见本书第二章相关内容。

②　高帝十一年（前196），"代之云中以西为云中郡"（班固：《汉书》卷一下《高帝纪下》，北京：中华书局，1962年，第70页），"即割云中东部数县另置定襄郡属代，而以缩小的云中郡自领焉"（周振鹤、李晓杰、张莉：《中国行政区划通史·秦汉卷》上，上海：复旦大学出版社，2017年，第474页）。

③　参见周振鹤、李晓杰、张莉：《中国行政区划通史·秦汉卷》（上），上海：复旦大学出版社，2017年，第469-474页。

④　当然，"汉人"与"诸侯人"在广义上都属于华夏。

⑤　班固：《汉书》卷一下《高帝纪下》，北京：中华书局，1962年，第70页。

⑥　典型例子就是韩王信和陈豨之叛。韩王信因受到刘邦的猜忌，"恐诛，因与匈奴约共攻汉，反，以马邑降胡，击太原"。之后，韩王信"亡走匈奴。其将白土人曼丘臣、王黄等立赵苗裔赵利为王，复收信败散兵，而与信及冒顿谋攻汉"，从而造成对汉匈关系产生深远影响的"平城白登之围"事件的发生。而韩王信仍然"为匈奴将兵往来击边"（司马迁：《史记》卷九十三《韩信卢绾列传》，北京：中华书局，1959年，第2633-2634页）。这一度迫使"代王喜弃国，自归雒阳"（班固：《汉书》卷一下《高帝纪下》，北京：中华书局，1962年，第63页）。"以赵相国将监赵、代边兵"的陈豨也是因受到刘邦的猜忌而产生恐惧，从而与韩王信及匈奴共抗汉廷（详见司马迁：《史记》卷九十三《韩信卢绾列传》，第2635、2638-2640页；《史记》卷九十五《樊郦滕灌列传》，第2657页）。赵代吏民也多被劫略而参与反汉（详见司马迁：《史记》卷九十三《韩信卢绾列传》，第2640页；《史记》卷九十五《樊郦滕灌列传》，第2657页；《史记》卷五十七《绛侯周勃世家》，第2070页）。

代华夏民的内心深处仍然具有显著的"华夷之辨"的族群观念①，这种根基性的华夏自我认同的族群观念在一定条件下又会促成身在异族的华夏民对汉帝国的政治认同②。

　　景帝时，赵代地区是汉匈互动（包括和平往来与战争冲突）的重要场所。如景帝前元元年（前156），汉于"代下与匈奴和亲"③。景帝前元三年吴楚七国之乱之后，"孝景帝复与匈奴和亲，通关市，给遗匈奴，遣公主，如故约。终孝景时，时小入盗边，无大寇"④。所谓"时小入盗边"之"边"，就包括赵代地区。据《汉书·景帝纪》记载，汉景帝中元六年（前144）"六月，匈奴入雁门，至武泉，入上郡，取苑马。吏卒战死者二千人"⑤。其中，雁门、武泉⑥就属赵代地区。而在汉景帝后元二年（前142）"春，匈奴入雁门，太守冯敬与战死。发车骑材官屯"，颜师古注《汉书》曰："屯雁门。"⑦雁门郡仍然是汉匈冲突的前沿地带。

　　武帝时期，赵代地区是汉军屯守的军事要地，成为汉廷防御匈奴的前沿地带，也是汉军进击匈奴主要的军队集结地与出发地。据《汉书·武帝纪》记载，元光元年（前134），"卫尉李广为骁骑将军屯云中，中尉程不识为车骑将军屯雁门"⑧。而元光二年（前133）未遂的"马邑诱敌"⑨就

---

　　① 如韩王信在与汉军死战之前，仍有"仆亡匿山谷间，旦暮乞贷蛮夷"之言（详见司马迁：《史记》卷九十三《韩信卢绾列传》，北京：中华书局，1959年，第2635页）。可见其虽依附匈奴，但其内心深处仍视匈奴为蛮夷。

　　② 如亡入匈奴的韩王信及其太子，分别生了韩颓当和韩婴，"至孝文十四年，颓当及婴率其众降汉"。详见司马迁：《史记》卷九十三《韩信卢绾列传》，北京：中华书局，1959年，第2635-2636页。

　　③ 班固：《汉书》卷五《景帝纪》，北京：中华书局，1962年，第140页。

　　④ 司马迁：《史记》卷一百十《匈奴列传》，北京：中华书局，1959年，第2904页。

　　⑤ 班固：《汉书》卷五《景帝纪》，北京：中华书局，1962年，第150页。

　　⑥ 武泉为云中郡属县。

　　⑦ 班固：《汉书》卷五《景帝纪》，北京：中华书局，1962年，第151页。

　　⑧ 班固：《汉书》卷六《武帝纪》，北京：中华书局，1962年，第160页。

　　⑨ 司马迁：《史记》卷一百十《匈奴列传》，北京：中华书局，1959年，第2905页；班固：《汉书》卷六《武帝纪》，北京：中华书局，1962年，第162-163页。

发生在雁门郡，表明赵代地区一度成为汉匈军事冲突的战场①。元光五年（前130），"发卒万人治雁门阻险"。颜师古注《汉书》曰："所以为固，用止匈奴之寇。"② 元光六年（前129），汉武帝派遣"车骑将军卫青出上谷，骑将军公孙敖出代，轻车将军公孙贺出云中，骁骑将军李广出雁门"进击匈奴③。元朔元年（前128），汉武帝又派"将军卫青出雁门，将军李息出代"进击匈奴④。元朔二年（前127），"将军卫青、李息出云中，至高阙"⑤。

元朔二年"收河南地，置朔方、五原郡"⑥ 之后，匈奴对赵代地区的侵扰更加频繁。如元朔三年（前126）夏，"匈奴入代，杀太守；入雁门，杀略千余人"⑦；元朔四年（前125）夏，"匈奴入代、定襄、上郡，杀略数千人"⑧；元朔五年（前124）秋，"匈奴入代，杀都尉"⑨。面对匈奴对包括赵代地区在内的北部边地的侵袭，汉廷以赵代为战略基地对匈奴展开了大规模的军事出击。元朔六年（前123）春二月，"大将军卫青将六将军兵十余万骑出定襄，斩首三千余级。还，休士马于定襄、云中、雁门"⑩。而在元狩四年（前119）汉匈之间的战略大决战中，汉廷也是以赵代地区为主要军队集结地与出发地，所谓"大将军卫青将四将军出定襄，

---

①　"自是之后，匈奴绝和亲"，汉匈之间的互动主要以战争冲突的形式体现。当然，在战争冲突这一主要互动形式之下，仍然潜含着和平经济往来的互动形式，正所谓"然匈奴贪，尚乐关市，嗜汉财物，汉亦尚关市不绝以中之"。详见司马迁：《史记》卷一百十《匈奴列传》，北京：中华书局，1959年，第2905页。

②　班固：《汉书》卷六《武帝纪》，北京：中华书局，1962年，第164页。

③　班固：《汉书》卷六《武帝纪》，北京：中华书局，1962年，第165页。据《史记·匈奴列传》记载，"汉使四将军各万骑击胡关市下"（司马迁：《史记》卷一百十《匈奴列传》，北京：中华书局，1959年，第2906页）。可见，赵代地区的云中郡、代郡、雁门郡都有与匈奴进行经济交流的"关市"。

④　班固：《汉书》卷六《武帝纪》，北京：中华书局，1962年，第169页。

⑤　班固：《汉书》卷六《武帝纪》，北京：中华书局，1962年，第170页。

⑥　班固：《汉书》卷六《武帝纪》，北京：中华书局，1962年，第170页。

⑦　班固：《汉书》卷六《武帝纪》，北京：中华书局，1962年，第171页。

⑧　班固：《汉书》卷六《武帝纪》，北京：中华书局，1962年，第171页。

⑨　班固：《汉书》卷六《武帝纪》，北京：中华书局，1962年，第172页。

⑩　班固：《汉书》卷六《武帝纪》，北京：中华书局，1962年，第172页。

将军去病出代，各将五万骑。步兵踵军后数十万人"①。此次决战之后，"匈奴远遁，而幕南无王廷"，汉"地接匈奴以北"，"汉久不北击胡"，"匈奴亦不侵入边"②。直到元鼎五年（前112），"匈奴入五原，杀太守"③，又开始进犯赵代地区。不过，在元鼎六年（前111）的北部边地军事扫荡中，在汉帝国北部边塞外，"不见匈奴一人"④。

但十年之后，太初三年（前102）秋，恢复元气的匈奴又"大入定襄、云中，杀略数千人，败数二千石而去"⑤。天汉三年（前98），"匈奴入雁门"⑥。征和二年（前91），"匈奴入……五原，杀略吏民"⑦。赵代吏民又成为匈奴杀略的对象。面对这种形势，汉帝国一方面增强赵代地区的防御力量⑧；一方面仍以赵代地区为主要的军队集结地与出发地之一，多次北伐匈奴⑨。

可见，正如前所述，在汉武帝时代，汉匈互动的形式主要以"军事冲突"为主。而汉帝国在赵代地区的军事屯守和以该地区为主要军队集结地与出发地的北伐匈奴的军事行动，在总体上无疑会加深该地区的汉化程度，强化该地区针对匈奴人的汉人认同⑩。汉武帝诏书中"夷狄无义"⑪"西蛮北夷颇未辑睦"⑫的华夷之别观念及"中国一统而北边未安"⑬的国

① 班固：《汉书》卷六《武帝纪》，北京：中华书局，1962年，第178页。
② 司马迁：《史记》卷一百十《匈奴列传》，北京：中华书局，1959年，第2911-2912页。
③ 班固：《汉书》卷六《武帝纪》，北京：中华书局，1962年，第188页。
④ 司马迁：《史记》卷一百十《匈奴列传》，北京：中华书局，1959年，第2912页。
⑤ 司马迁：《史记》卷一百十《匈奴列传》，北京：中华书局，1959年，第2916页。
⑥ 班固：《汉书》卷六《武帝纪》，北京：中华书局，1962年，第204页。
⑦ 班固：《汉书》卷六《武帝纪》，北京：中华书局，1962年，第209页。
⑧ 如天汉元年（前100），"发谪戍屯五原"（班固：《汉书》卷六《武帝纪》，北京：中华书局，1962年，第203页）。
⑨ 如天汉四年（前97），"游击将军（韩）说将步骑三万人，出五原。因杅将军（公孙）敖将骑步兵三万人，出雁门"（司马迁：《史记》卷一百十《匈奴列传》，北京：中华书局，1959年，第2918页）。征和三年（前90），"遣贰师将军（李）广利将七万人出五原"（班固：《汉书》卷六《武帝纪》，北京：中华书局，1962年，第209页）。
⑩ 当然，这也使得包括赵代地区在内的整个北边地区一度失去了族群和平互动的外部环境。
⑪ 班固：《汉书》卷六《武帝纪》，北京：中华书局，1962年，第165页。
⑫ 班固：《汉书》卷六《武帝纪》，北京：中华书局，1962年，第189页。
⑬ 班固：《汉书》卷六《武帝纪》，北京：中华书局，1962年，第173页。

家观念也会对赵代吏民产生较大影响。而汉武帝"朕将巡边垂，择兵振旅，躬秉武节，置十二部将军，亲帅师焉"①的宣言及"出长城，北登单于台""勒兵十八万骑，旌旗径千余里，威震匈奴"②的实际行动，对包括赵代吏民在内的北部边地吏民针对匈奴人的汉人认同与汉帝国认同无疑会起到催化剂的作用。不过，不宜忽略的是，汉武帝元狩二年（或元狩三年）③设置的以处降附的匈奴人的五属国中，有的处于赵代地区④。属国降胡与赵代地区的汉人无疑有了更多的接触和交往，甚至有部分游牧人群还过上了定居生活⑤，但属国民的整体异族性及自我族群认同并未发生根本变化⑥。

此外，汉武帝时期，匈奴频繁进击赵代地区，从赵代地区掳掠了大量汉人。赵代地区的汉人进入匈奴地区，和匈奴人的互动向更深层次发展：首先是匈奴人为了增加人口，鼓励汉匈间的通婚；其次是汉人的先进生产技术和统治管理技术传入匈奴地区⑦。

如前所述，汉武帝对匈奴连年出击，虽使得汉匈两败俱伤，但从侧面促进了之后的汉匈和亲。昭帝时，匈奴虽然也有侵犯和威胁赵代地区的行为⑧，但想修好与汉廷的关系成为匈奴的主流愿望。至宣帝本始三年（前

---

①　班固：《汉书》卷六《武帝纪》，北京：中华书局，1962年，第189页。

②　班固：《汉书》卷六《武帝纪》，北京：中华书局，1962年，第189页。

③　关于汉代属国的始设时间，学界有不同意见，但主流意见认为始设于元狩二年或元狩三年。参见黎明钊、唐俊峰：《秦至西汉属国的职官制度与安置模式》，《中国史研究》，2018年第3期。

④　关于五属国的具体位置，学界也有不同意见，但基本都认为五原郡所属的赵代地区是安置降胡的重要地区之一。参见黎明钊、唐俊峰：《秦至西汉属国的职官制度与安置模式》，《中国史研究》，2018年第3期。

⑤　参见黎明钊、唐俊峰：《秦至西汉属国的职官制度与安置模式》，《中国史研究》，2018年第3期。

⑥　详见后文。

⑦　参见葛剑雄主编：《中国移民史》第2卷，福州：福建人民出版社，1997年，第175-176页。

⑧　如始元四年（前83），"匈奴入代，杀都尉"。元凤二年（前79），"匈奴三千余骑入五原，略杀数千人，后数万骑南旁塞猎，行攻塞外亭障，略取吏民去"。见班固：《汉书》卷九十四上《匈奴传上》，北京：中华书局，1962年，第3782、3784页。

71），匈奴由于受到汉、乌孙、丁令、乌桓的联合打击，处境更加艰难。在此情势下，匈奴"兹欲乡和亲，而边境少事矣"。此后，匈奴的主流愿望仍是"欲与汉和亲"①。这表明汉朝取得了对匈奴的优势。在此背景下，匈奴降汉的情形也频繁出现。按照惯例，赵代地区应是匈奴降人的主要安置地之一，匈奴降人与赵代汉人无疑会有更多的接触与互动。

　　赵代地区的汉匈互动在呼韩邪单于款塞称臣的事件中得到了淋漓尽致的呈现。《汉书·匈奴传下》记载，宣帝甘露二年（前52），"呼韩邪单于款五原塞，愿朝三年正月。汉遣车骑都尉韩昌迎，发过所七郡郡二千骑，为陈道上"。颜师古注："所过之郡，每为发兵陈列于道，以为宠卫也。"②所过七郡中，就有赵代地区的五原郡③。可见，五原郡是匈奴人在与汉朝修好的过程中最先直接和平接触的地区，五原郡之汉人与匈奴人的和平互动得到汉帝国最高层的关注和重视。不仅如此，呼韩邪单于所部匈奴人后来就居住在南邻五原郡的受降城及其附近，所谓"单于自请愿留居光禄塞下，有急保汉受降城"④。当聚居此地的匈奴人"困乏"时，首先就是赵代之汉民给予其援助⑤。

　　此后直到西汉末，匈奴单于一直臣属汉，汉匈关系一直保持和平交往的状态。赵代地区的族群互动因此获得了较长时期的和平外部环境。不过，由于自然灾害的发生，赵代地区又很可能有关东流民的徙入。《汉书·成帝纪》记载，汉成帝阳朔二年（前23）秋，"关东大水，流民欲入函谷、天井、壶口、五阮关者，勿苛留"。颜师古注引应劭曰："天井在上

---

　　① 班固：《汉书》卷九十四上《匈奴传上》，北京：中华书局，1962年，第3787页。
　　② 班固：《汉书》卷九十四下《匈奴传下》，北京：中华书局，1962年，第3798、3799页。
　　③ 清人王先谦曰："《通鉴》胡注七郡谓过五原、朔方、西河、上郡、北地、冯翊而后至长安者也。"见班固撰，王先谦补注，上海师范大学古籍整理研究所整理：《汉书补注》，上海：上海古籍出版社，2008年，第5675页。
　　④ 班固：《汉书》卷九十四下《匈奴传下》，北京：中华书局，1962年，第3798页。
　　⑤ 《汉书·匈奴传下》："元帝初即位，呼韩邪单于复上书，言民众困之。汉诏云中、五原郡转谷二万斛以给焉。"（班固：《汉书》卷九十四下《匈奴传下》，北京：中华书局，1962年，第3800页。）

党高都。壶口在壶关。五阮在代郡。"① 可见，关东流民很可能有过五阮关而徙入代郡者。这些新徙入的关东华夏民，与赵代本土华夏民、非华夏民有了接触与互动的机会。

王莽时，汉匈关系再度紧张，赵代地区成为汉匈明争暗斗的前沿地带。据《汉书·匈奴传下》记载，王莽曾 "遣中郎将蔺苞、副校尉戴级将兵万骑，多赍珍宝至云中塞下，招诱呼韩邪单于诸子，欲以次拜之"，并 "使译出塞诱呼右犂汗王咸、咸子登、助三人"②。很明显，云中郡是这次招诱匈奴降人的主要基地。与此相应，云中郡也成为匈奴单于进行疯狂报复的主要地区，赵代吏民于是成为匈奴大肆杀掠的对象，正所谓 "单于闻之，怒……遣左骨都侯、右伊秩訾王呼卢訾及左贤王乐将兵入云中益寿塞，大杀吏民"③。此后，汉匈冲突更加频繁、激烈，匈奴 "入塞寇盗，大辈万余，中辈数千，少者数百，杀雁门、朔方太守、都尉，略吏民畜产不可胜数，缘边虚耗"④。很显然，赵代地区所属的雁门郡成为汉匈军事冲突的主要战场之一，赵代吏民也被大量掳掠到匈奴。面对匈奴的大举侵边，赵代地区再度成为北伐匈奴主要的军队集结地与出发地⑤。这样，包括赵代地区在内的整个北边地区一度又失去了族群和平互动的外部环境，战争和死亡的阴云笼罩着赵代地区，正所谓 "北边自宣帝以来，数世不见烟火之警，人民炽盛，牛马布野。及莽挠乱匈奴，与之构难，边民死亡系获，又十二部兵久屯而不出，

---

① 班固：《汉书》卷十《成帝纪》，北京：中华书局，1962 年，第 313 页。
② 班固：《汉书》卷九十四下《匈奴传下》，北京：中华书局，1962 年，第 3823 页。
③ 班固：《汉书》卷九十四下《匈奴传下》，北京：中华书局，1962 年，第 3823 页。
④ 班固：《汉书》卷九十四下《匈奴传下》，北京：中华书局，1962 年，第 3824 页。
⑤ 《汉书·王莽传中》："遣五威将军苗䜣、虎贲将军王况出五原，厌难将军陈钦、震狄将军王巡出云中，振武将军王嘉、平狄将军王萌出代郡，相威将军李棽、镇远将军李翁出西河，诛貉将军阳俊、讨秽将军严尤出渔阳，奋武将军王骏、定胡将军王晏出张掖，及偏裨以下百八十人。募天下囚徒、丁男、甲卒三十万人，转众郡委输五大夫衣裘、兵器、粮食，长吏送自负海江淮至北边，使者驰传督趣，以军兴法从事，天下骚动。先至者屯边郡，须毕具乃同时出。"（班固：《汉书》卷九十九中《王莽传中》，北京：中华书局，1962 年，第 4121 页。）其中，五原、云中、代郡即属赵代地区。又《汉书·匈奴传下》记载："厌难将军陈钦、震狄将军王巡屯云中葛邪塞。"（班固：《汉书》卷九十四下《匈奴传下》，北京：中华书局，1962 年，第 3826 页。）

吏士罢弊，数年之间，北边虚空，野有暴骨矣"①。虽然后来汉匈关系有所缓和，但匈奴"寇盗如故"②，最终造成"北边"之"败坏"③。

值得注意的是，在此期间，在代郡有乌桓、丁令兵屯守，其家属也作为人质居住在赵代之郡县④。这是乌桓、丁令等异族与赵代华夏民的较早接触。但乌桓"不便水土，惧久屯不休，数求谒去。莽不肯遣，遂自亡畔，还为抄盗，而诸郡尽杀其质，由是结怨于莽"⑤。可见，暂居赵代地区的乌桓有着强烈的自我族群认同。

此外，在此期间，被掳掠到匈奴的赵代边民后又被遣送回边郡⑥。赵代边民在匈奴地区与边郡之间的往返移徙，无疑会对其在族群身份上的认同产生一定影响，不过要认识到其总体上是被动的，缺乏主体性和自觉性。当然，在族群认同与政治认同上，赵代边民有时也表现出主体性和自觉性。如在面对匈奴的侵扰和边郡的战时经济压力时，赵代边民或"流入内郡，为人奴婢"⑦，或"起为盗贼"，"转入旁郡"⑧。值得注意的是，其虽未主动亡入匈奴，从而体现了根基性的华夏认同，但其对生活地域的主动选择和对政府的反抗使其在族群认同与政治认同上的复杂性也得以呈现：一方面，其具有根深蒂固的族属和文化含义上的华夏认同意识；另一方面，其在糟糕的政治经济环境下会失去对王朝的政治认同。

---

① 班固：《汉书》卷九十四下《匈奴传下》，北京：中华书局，1962年，第3826页。王莽对匈奴采取强硬攻伐之策，在赵代地区诸郡的名称更改上亦可见一斑。如将五原郡、云中郡、定襄郡、雁门郡、代郡分别改为获降郡、受降郡、得降郡、填狄郡、厌狄郡。详见班固：《汉书》卷二十八下《地理志下》，北京：中华书局，1962年，第1619、1620、1621、1622页。

② 班固：《汉书》卷九十四下《匈奴传下》，北京：中华书局，1962年，第3828页。

③ 班固：《汉书》卷九十四下《匈奴传下》，北京：中华书局，1962年，第3829页。

④ 范晔：《后汉书》卷九十《乌桓列传》，北京：中华书局，1965年，第2981页。

⑤ 范晔：《后汉书》卷九十《乌桓列传》，北京：中华书局，1965年，第2981页。

⑥ 《汉书·王莽传中》："（王莽）又令匈奴却塞于漠北，责单于马万匹，牛三万头，羊十万头，及稍所略边民生口在者皆还之。莽好为大言如此。咸到单于庭，陈莽威德，责单于背畔之罪，应敌从横，单于不能诎，遂致命而还之。"（班固：《汉书》卷九十九中《王莽传中》，北京：中华书局，1962年，第4140页。）

⑦ 班固：《汉书》卷九十九中《王莽传中》，北京：中华书局，1962年，第4138页。

⑧ 班固：《汉书》卷九十九中《王莽传中》，北京：中华书局，1962年，第4140页。

综上，秦及西汉时期（含新莽），赵代地区既有华夏内部的互动与整合，也有华夏与异族的互动与交流，而此异族主要就是匈奴，此外还有乌桓与丁令。赵代地区族群互动外部环境的好坏主要取决于汉匈关系的好坏。另外，值得注意的是，赵代边民的族群认同与政治认同具有复杂性。

三、东汉时期赵代地区的族群互动与认同

两汉之际，战乱频仍，华夏王朝内部的政治与社会秩序混乱不堪，再加上匈奴逼扰，赵代地区的族群互动与认同也呈现出新的错综复杂的局面。

起初是五原郡汉人李兴、随昱和代郡汉人石鲔、闵堪"各起兵自称将军"[1]，建立各自的势力范围。到建武四年（28），匈奴人"入五原塞，与李兴等和亲"，商讨有关卢芳"还汉地为帝"事宜。建武五年（29），李兴、闵堪带兵到匈奴单于庭迎归卢芳，建立了以五原郡九原县为政治中心，囊括朔方、五原、云中、定襄、雁门五郡的割据政权，并与匈奴"通兵，侵苦北边"[2]。紧接着，卢芳政权内部发生争斗，朔方郡和云中郡"举郡降"光武，卢芳在众叛亲离的情势下"与十余骑亡入匈奴"[3]。这样，赵代地区一度归附东汉政权。但好景不长，建武十三年（37），在匈奴大举侵犯的压力下，东汉政府不得不"渐徙幽、并边人于常山关、居庸关已东"[4]，赵代边民于是与内郡汉民有了较大规模互动。这样，赵代边郡只是虚悬郡名，一度成为汉与匈奴交兵之地带，所谓"匈奴左部遂复转居塞

---

① 范晔：《后汉书》卷十二《卢芳列传》，北京：中华书局，1965年，第506页。

② 范晔：《后汉书》卷十二《卢芳列传》，北京：中华书局，1965年，第506页。

③ 范晔：《后汉书》卷十二《卢芳列传》，北京：中华书局，1965年，第507页。

④ 范晔：《后汉书》卷八十九《南匈奴列传》，北京：中华书局，1965年，第2940页。具体说来，在建武十五年（39），"徙雁门、代郡、上谷三郡民，置常山关、居庸关以东"；在建武二十年（44），"省五原郡，徙其吏人置河东"而早在此前，东汉政府已有徙赵代边民于内郡之举，如建武九年（33），"徙雁门吏人于太原"；建武十年（34），"省定襄郡，徙其民于西河"（见范晔：《后汉书》卷一下《光武帝纪下》，北京：中华书局，1965年，第64、73、55、57页）。另外，有学者指出："颇疑云中郡之暂弃领县在建武十年至二十年之间。"（周振鹤、李晓杰、张莉：《中国行政区划通史·秦汉卷》下，上海：复旦大学出版社，2017年，第855页。）

内。朝廷患之，增缘边兵郡数千人，大筑亭候，修烽火"①。

这种局面直到匈奴分裂为南、北两部后才逐渐结束。建武二十四年（48），匈奴"分为南、北匈奴"②。建武二十五年（49），南单于"奉蕃称臣"，"遣子入侍"③。建武二十六年（50），光武帝刘秀派遣中郎将段郴"授南单于玺绶"，并"令入居云中，始置使匈奴中郎将，将兵卫护之"。紧接着，"云中、五原、朔方、北地、定襄、雁门、上谷、代八郡民归于本土。遣谒者分将施刑补理城郭。发遣边民在中国者，布还诸县，皆赐以装钱，转输给食"④。后来，虽然南单于又"徙居西河美稷"，但其在赵代地区的五原、云中、定襄、雁门、代郡都派了部属屯守，充当东汉边郡"侦罗耳目"⑤。可见，曾徙入内郡的赵代边民又返回到赵代地区，其与入居赵代地区的匈奴人有了互动和接触的机会。不仅如此，在此期间，在赵代地区之代郡和雁门郡还有乌桓（乌丸）人入居⑥。这样，赵代地区成为乌桓、南匈奴和华夏汉民频繁互动的重要边地。

值得留意的是，在章帝与和帝时，北匈奴有大量降者入居赵代地区。如建初八年（83），"北匈奴三木楼訾大人稽留斯等率三万八千人、马二万匹、牛羊十余万，款五原塞降"⑦。又如元和二年（85），"北匈奴大人车利、涿兵等亡来入塞，凡七十三辈"⑧。还如章和元年（87），"北庭大乱，

① 范晔：《后汉书》卷八十九《南匈奴列传》，北京：中华书局，1965年，第2940页。
② 范晔：《后汉书》卷一下《光武帝纪下》，北京：中华书局，1965年，第76页。
③ 范晔：《后汉书》卷一下《光武帝纪下》，北京：中华书局，1965年，第77页。
④ 范晔：《后汉书》卷一下《光武帝纪下》，北京：中华书局，1965年，第78页。
⑤ 范晔：《后汉书》卷八十九《南匈奴列传》，北京：中华书局，1965年，第2945页。
⑥ 详裴松之注《三国志》引《魏书》，陈寿：《三国志》卷三十《魏书·乌丸鲜卑东夷传》，北京：中华书局，1982年，第833页。另据《后汉书·乌桓鲜卑列传》记载，在光武帝后期，乌桓"向化，诣阙朝贡"，"或愿留宿卫，于是封其渠帅为侯王君长者八十一人，皆居塞内，布于缘边诸郡，令招来种人，给其衣食，遂为汉侦候，助击匈奴、鲜卑"（范晔：《后汉书》卷九十《乌桓鲜卑列传》，北京：中华书局，1965年，第2982页）。所谓"塞内""缘边诸郡"，即包含赵代地区之代郡、雁门郡。
⑦ 范晔：《后汉书》卷八十九《南匈奴列传》，北京：中华书局，1965年，第2950页。
⑧ 范晔：《后汉书》卷八十九《南匈奴列传》，北京：中华书局，1965年，第2950页。赵代地区应是降者的主要居地之一。

屈兰、储卑、胡都须等五十八部，口二十万，胜兵八千人，诣云中、五原、朔方、北地降"①。很明显，赵代之云中、五原两郡是投降的北匈奴入居的重要地区。而在和帝永元元年（89），北伐北匈奴取得重大胜利，"温犊须、日逐、温吾、夫渠王柳鞮等八十一部率众降者，前后二十余万人"②。这无疑大大增加了赵代地区的异族人口，其与赵代汉民互动的机会也会增多。只是新降的匈奴有时会大规模反叛，放弃对东汉王朝的政治认同，如永元六年（94），"新降胡遂相惊动，十五部二十余万人皆反畔……遂杀略吏人，燔烧邮亭庐帐，将车重向朔方，欲度漠北"③。

在这次平叛中，在五原郡的满夷谷，发生了一场由汉人任尚领导的"要击"匈奴逢侯④的战争，参与"要击"的除了乌桓，还有鲜卑⑤。而大概在汉和帝永元年间，北匈奴居地被鲜卑占领，"匈奴余种留者尚有十余万落，皆自号鲜卑"，雄踞东汉帝国北边的异族从此变成杂糅了匈奴的"鲜卑"。"鲜卑由此渐盛"，原先"保塞无事"的鲜卑渐渐开始反叛⑥。紧接着，原先同样"保塞无事"⑦的乌桓也渐渐开始反叛。与此同时，南匈奴也参与进来。

在赵代地区的反叛，首先是安帝永初三年（109），"雁门乌桓率众王无何，与鲜卑大人丘伦等，及南匈奴骨都侯，合七千骑寇五原，与太守战于九原高渠谷，汉兵大败，杀郡长吏。乃遣车骑将军何熙、度辽将军梁懂

---

① 范晔：《后汉书》卷八十九《南匈奴列传》，北京：中华书局，1965 年，第 2951 页。
② 范晔：《后汉书》卷二十三《窦融列传》，北京：中华书局，1965 年，第 814 页。赵代地区亦应是降者的主要居地之一。
③ 范晔：《后汉书》卷八十九《南匈奴列传》，北京：中华书局，1965 年，第 2955-2956 页。
④ 逢侯后受鲜卑压迫，在汉安帝元初五年（118）降汉，被徙至颖川郡。参见范晔：《后汉书》卷八十九《南匈奴列传》，北京：中华书局，1965 年，第 2958 页。
⑤ 范晔：《后汉书》卷八十九《南匈奴列传》，北京：中华书局，1965 年，第 2956 页。值得注意的是，《后汉书·窦融列传》有鲜卑出现在赵代地区的更早记载："（永平十六年）骑都尉来苗、护乌桓校尉文穆将太原、雁门、代郡、上谷、渔阳、右北平、定襄郡兵及乌桓、鲜卑万一千骑出平城塞。"（范晔：《后汉书》卷二十三《窦融列传》，北京：中华书局，1965 年，第 810 页。）平城塞即在雁门郡。
⑥ 范晔：《后汉书》卷九十《乌桓鲜卑列传》，北京：中华书局，1965 年，第 2986 页。
⑦ 范晔：《后汉书》卷九十《乌桓鲜卑列传》，北京：中华书局，1965 年，第 2983 页。

等击，大破之。无何乞降，鲜卑走还塞外"①。其次是安帝元初五年
（118），"代郡鲜卑万余骑遂穿塞入寇，分攻城邑，烧官寺，杀长吏而
去"②。

自从鲜卑占据匈奴故地而成为雄踞东汉帝国北边的异族后，赵代地区
成为鲜卑寇略的重要区域之一。如汉安帝建光元年（121），鲜卑围击乌桓
校尉徐常于代郡马城；延光元年，鲜卑"复寇雁门、定襄，遂攻太原，掠
杀百姓"；延光三年，鲜卑"复寇"代郡高柳，"击破南匈奴，杀渐将
王"③。又如顺帝永建元年（126），"鲜卑其至鞬寇代郡，太守李超战死"；
阳嘉二年（133），"鲜卑穿塞入马城，代郡太守击之，不能克"④。还如桓
帝永寿二年（156），鲜卑"檀石槐遂将三四千骑寇云中"；延熹二年
（159），鲜卑"复入雁门，杀数百人，大抄掠而去"⑤。汉灵帝时，"幽、
并、凉三州缘边诸郡无岁不被鲜卑寇抄，杀略不可胜数"⑥。在此情势下，
汉灵帝"遂遣夏育出高柳，田晏出云中，匈奴中郎将臧旻率南单于出雁
门，各将万骑，三道出塞二千余里。檀石槐命三部大人各帅众逆战，育等
大败，丧其节传辎重，各将数十骑奔还，死者十七八"⑦。可见，赵代汉民
及南匈奴与鲜卑的互动主要以战争的形式展开。

此外，自汉顺帝阳嘉四年（135）直至汉末，赵代地区的乌桓时附时
叛。如顺帝阳嘉四年，"乌桓寇云中，遮截道上商贾车牛千余两，度辽将
军耿晔率二千余人追击，不利，又战于沙南，斩首五百级。乌桓遂围晔于
兰池城，于是发积射士二千人，度辽营千人，配上郡屯，以讨乌桓，乌桓

①　范晔：《后汉书》卷九十《乌桓鲜卑列传》，北京：中华书局，1965年，第2983页。
②　范晔：《后汉书》卷九十《乌桓鲜卑列传》，北京：中华书局，1965年，第2987页。
③　范晔：《后汉书》卷九十《乌桓鲜卑列传》，北京：中华书局，1965年，第2987、2988页。
④　范晔：《后汉书》卷九十《乌桓鲜卑列传》，北京：中华书局，1965年，第2988、2989页。
⑤　范晔：《后汉书》卷九十《乌桓鲜卑列传》，北京：中华书局，1965年，第2989页。
⑥　范晔：《后汉书》卷九十《乌桓鲜卑列传》，北京：中华书局，1965年，第2990页。
⑦　范晔：《后汉书》卷九十《乌桓鲜卑列传》，北京：中华书局，1965年，第2993-2994页。

乃退"①。到永和五年（140），"乌桓大人阿坚、羌渠等与南匈奴左部句龙吾斯反畔，中郎将张耽击破斩之，余众悉降"②。再到桓帝延熹九年（166），"乌桓复与鲜卑及南匈奴寇缘边九郡，俱反"③。所谓"缘边九郡"，应包含赵代边郡④。只是"匈奴、乌桓闻（张）奂至，因相率还降，凡二十万口。奂但诛其首恶，余皆慰纳之。唯鲜卑出塞去"⑤。到汉献帝初平四年（193），雁门乌桓又有反叛之举⑥。此后赵代地区的乌桓似又归附东汉王朝，如汉献帝建安十二年（207），曹操在取得北征辽东、辽西、右北平三郡乌丸（乌桓）的胜利而返至易水时，前来祝贺的就有代郡乌丸⑦；又如建安二十一年（216），"天子进公爵为魏王。代郡乌丸行单于普富卢与其侯王来朝"⑧。但两年后，"代郡、上谷乌丸无臣氏等叛"⑨。这种时附时叛体现了乌桓在族群认同和政治认同的选择上有自己的主动权。

值得注意的是，在建安二十年（215），赵代地区的行政区划发生重大变化，正所谓"省云中、定襄、五原、朔方郡，郡置一县领其民，合以为

---

①　范晔：《后汉书》卷九十《乌桓鲜卑列传》，北京：中华书局，1965 年，第 2983 页。

②　范晔：《后汉书》卷九十《乌桓鲜卑列传》，北京：中华书局，1965 年，第 2983 页。在这次联合反叛中，南匈奴吾斯是"东引乌桓，西收羌戎"。吾斯所"东引"之"乌桓"应主要为赵代边郡之乌桓，因东边更远的"幽州乌桓诸郡营兵"皆由张耽统领"击畔虏"，而战场就在雁门郡的马邑。详见范晔：《后汉书》卷八十九《南匈奴列传》，北京：中华书局，1965 年，第 2961、2962 页。

③　范晔：《后汉书》卷九十《乌桓鲜卑列传》，北京：中华书局，1965 年，第 2983 页。

④　《后汉书·班梁列传》："发缘边十郡兵二万余人。"李贤等注："缘边十郡谓五原、云中、定襄、雁门、朔方、代郡、上谷、渔阳、辽西、右北平。"（范晔：《后汉书》卷四十七《班梁列传》，北京：中华书局，1965 年，第 1592—1593 页。）

⑤　范晔：《后汉书》卷六十五《皇甫张段列传》，北京：中华书局，1965 年，第 2140 页。

⑥　范晔：《后汉书》卷七十四上《袁绍刘表列传上》，北京：中华书局，1965 年，第 2382 页。

⑦　陈寿：《三国志》卷一《魏书·武帝纪》，北京：中华书局，1982 年，第 29—30 页。

⑧　陈寿：《三国志》卷一《魏书·武帝纪》，北京：中华书局，1982 年，第 47 页。

⑨　陈寿：《三国志》卷一《魏书·武帝纪》，北京：中华书局，1982 年，第 51 页。在此之前，代郡乌桓（乌丸）三单于已叛过一次，而且是与代郡汉吏互为表里。裴潜平叛后，曾有"代必复叛"的预言。详见陈寿：《三国志》卷二十三《魏书·裴潜传》，北京：中华书局，1982 年，第 672 页。

新兴郡"①。赵代之云中、定襄、五原三郡完全被省弃，以鲜卑、乌桓（乌丸）为主的异族完全占据了该地区②，该地华夏民也大多内徙至新兴郡。大概在此前后，代郡和雁门郡领地也向内收缩，其中雁门郡"盖仅凭据南句注山之险，有广武、原平（二县位于句注山之南）二县而已"③，"代郡仅能控制原有领域中灅水以南的地区"④，两郡辖地之大部也被以鲜卑、乌桓（乌丸）为主的异族占据⑤。这样，赵代地区之大部由以鲜卑、乌桓（乌丸）为主的异族控制，赵代华夏民与异族的互动也一度变成由异族来主导（在完全由异族控制的赵代地区理所当然是由异族来主导，就是由华夏政府进行郡县式管控的夷夏杂居的赵代地区有时也是由异族来主导）。如建安二十一年，代郡"乌丸王及其大人，凡三人，各自称单于，专制郡事。前太守莫能治正"，"郡中大吏与单于为表里者"有"郝温、郭端等十余人"⑥。赵代华夏民与异族的互动一度变成由异族来主导的情势到曹魏

① 陈寿：《三国志》卷一《魏书·武帝纪》，北京：中华书局，1982年，第45页。其中河套地区的朔方郡在汉顺帝永和五年（140）已徙置于赵代之五原郡内，到汉献帝建安二十年，"侨置于五原郡之朔方郡省为广牧一县领原郡之民，徙于太原郡北界，成为新置的新兴郡中的一县"（周振鹤、李晓杰、张莉：《中国行政区划通史·秦汉卷》下，上海：复旦大学出版社，2017年，第862-863页）。

② 魏文帝曹丕时，雁门郡太守牵招领兵出击的鲜卑大人轲比能所部就屯居在"云中故郡"。详见陈寿：《三国志》卷二十六《魏书·牵招传》，北京：中华书局，1982年，第732页。

③ 周振鹤、李晓杰、张莉：《中国行政区划通史·秦汉卷》（下），上海：复旦大学出版社，2017年，第850页。

④ 周振鹤、李晓杰、张莉：《中国行政区划通史·秦汉卷》（下），上海：复旦大学出版社，2017年，第854页。

⑤ 魏文帝曹丕时，鲜卑轲比能所部与素利所部相攻，素利向护乌丸校尉田豫求救，田豫"单将锐卒，深入虏庭"后，被围困在故代郡马城（详见陈寿：《三国志》卷二十六《魏书·田豫传》，北京：中华书局，1982年，第727页）。可知马城所属的故代郡地区已为鲜卑占据，其占据的起始时间很可能就在汉末。魏明帝曹叡太和二年（228），"护乌丸校尉田豫出塞，为轲比能所围于故马邑城"（陈寿：《三国志》卷二十六《魏书·牵招传》，第732页）。可知马邑城所属的故雁门郡地区已成为轲比能的势力范围，其占据的起始时间也很可能就在汉末。此外，从"乌丸王骨进桀黠不恭，（田）豫因出塞案行"（陈寿：《三国志》卷二十六《魏书·田豫传》，第727页）来看，汉末丧失的赵代地区应还有乌丸（乌桓）屯居。

⑥ 陈寿：《三国志》卷二十三《魏书·裴潜传》，北京：中华书局，1982年，第672页。

时期有进一步的发展。例如，黄初二年（221），鲜卑大人轲比能令五百余家生活在鲜卑的华夏民"还居代郡"；第二年，又"帅部落大人小子代郡乌丸修武卢等三千余骑，驱牛马七万余口交市"①。

综上所述，东汉赵代地区的异族越来越多，既有匈奴，又有乌桓、鲜卑。这些异族的族群认同与政治认同是复杂的，有时其族群认同会超越政治认同，而有时其政治认同又会超越族群认同。值得注意的是，东汉中后期，赵代地区北边的异族发生重大变化，出现了融合了匈奴的"鲜卑"，这似乎表明与华夏的多元化族群来源一样，华夏帝国北边的异族也具有族群来源的多元性。而尽管赵代地区华夏与异族的互动（包括战争、和平交往与双向人口流动）频繁，互化互融的现象也较显著②，但"夷夏之别"或"夷夏之防"的格局始终没有发生改变，甚至最后因异族占据赵代地区之大部而由异族主导了该地区"夷夏"互动的进程。

第二节　河套地区的族群互动与认同

一、战国时期河套地区的族群互动与认同

为了能比较清晰地了解战国时期河套地区的族群互动与认同状况，我们可将河套地区分为两大区域：秦昭襄王长城以西以北的河套地区与秦昭襄王长城以东以南的河套地区（而后者又可分为东西两部分）③。以下将分别阐述。

在秦昭襄王长城以东以南的河套地区的东部，"至迟公元前395年，

---

① 陈寿：《三国志》卷三十《魏书·乌丸鲜卑东夷传》，北京：中华书局，1982年，第838–839页。

② 甚至到汉末，活跃于赵代边地的鲜卑大人轲比能还深受"中国亡人"的影响，不仅向华夏民学习兵器铠楯制造技术，还"颇学文字"，"故其勒御部众，拟则中国，出入弋猎，建立旌麾，以鼓节为进退"（陈寿：《三国志》卷三十《魏书·乌丸鲜卑东夷传》，北京：中华书局，1982年，第838页）。"中国亡人"无疑也会受鲜卑影响。

③ 以秦昭襄王长城为地理界标，河套地区的族群进退、族群互动与行政区划在战国至西汉中期发生了复杂的变迁。

魏已置上郡"①。这里成为魏人生产生活之地。近70年后，即公元前328年，"魏上郡十五县之地尽入于秦"，秦上郡即设置于此时②。经过时间的推移，这里的"魏人"逐渐成了"秦人"，逐渐确立了"秦人"认同③。

在秦昭襄王长城以东以南的河套地区的西部，长期生活着义渠戎。"义渠戎活动地，春秋晚期——战国时代，所流行的是北方系的器物，鲜有秦式礼器的发现，相反却出现了北方系游牧文化的因素，说明义渠与秦对立性的强烈"④。不过，虽然义渠戎与秦在文化习俗上有差异，但由于接近秦，也受到秦的影响，特别是面对秦的压迫，义渠戎也修筑了用以定居自保的城郭，所谓"义渠之戎筑城郭以自守，而秦稍蚕食，至于惠王，遂拔义渠二十五城"⑤。其与河套更北区域的游牧性的异族是有较大差异的。到秦昭襄王时，"宣太后诈而杀义渠戎王于甘泉，遂起兵伐残义渠。于是秦有陇西、北地、上郡，筑长城以拒胡"⑥。秦将义渠戎纳入郡县管理体系，同时修筑长城，以界别更北的异族——胡⑦。故塞内北地郡的义渠戎也逐

---

① 周振鹤、李晓杰：《中国行政区划通史·总论 先秦卷》，上海：复旦大学出版社，2017年，第434页。

② 周振鹤、李晓杰：《中国行政区划通史·总论 先秦卷》，上海：复旦大学出版社，2017年，第448页。有学者指出："本区域在春秋时代，一直是白狄的区域，但晋的势力很早就到了这里，后者文化上对本地的影响也很大……战国早中期，此处是魏的上郡，战国中期的秦惠王时期，魏纳上郡入秦，秦的政治势力到达于此……由于本地与中原联系紧密，华夏化程度较深，并且以中原移民为主，所以道的设置是比较少的。在华夏化的过程中，不能忘记秦之前晋（魏）的功劳。"（史党社：《秦与比邻少数族群的关系新探》，天水市博物馆编《西戎文化的发现与研究学术研讨会论文集》，北京：文物出版社，2019年，第63、65页。）这样的意见值得参考。

③ 这同较早入秦的南郡楚人逐渐产生了"秦人"认同一样。参见琴载元：《秦代南郡编户民的秦、楚身份认同问题》，杨振红、邬文玲主编《简帛研究（二〇一五·秋冬卷）》，桂林：广西师范大学出版社，2015年，第91页。

④ 史党社：《秦与比邻少数族群的关系新探》，天水市博物馆编《西戎文化的发现与研究学术研讨会论文集》，北京：文物出版社，2019年，第62页。

⑤ 司马迁：《史记》卷一百十《匈奴列传》，北京：中华书局，1959年，第2885页。

⑥ 司马迁：《史记》卷一百十《匈奴列传》，北京：中华书局，1959年，第2885页。

⑦ 战国时期，"胡"是对北方游牧民族的统称，并不专指匈奴。到秦汉之际的冒顿时代，匈奴统并了北方诸胡，时人才逐渐将"胡"与"匈奴"互称。参见陈勇：《〈史记〉所见"胡"与"匈奴"称谓考》，《民族研究》，2005年第6期。

渐成为"秦人",被纳入由秦界定的"华夏"。

在秦昭襄王长城以西以北的河套地区,即所谓"河南地",是游牧化色彩浓厚的异族——楼烦人与白羊人。其中楼烦很可能是原居赵代地区的楼烦在受到赵的军事压迫后,西移到河南地的一部分。而白羊很可能是从西移至河南地的楼烦中再分出去的部族。在他们的北面,才是匈奴。

二、秦及西汉时期(含新莽)河套地区的族群互动与认同

秦始皇三十三年后,占据故塞外河南地的楼烦王和白羊王被秦人赶走,北地郡和上郡的郡界也越过故塞向北拓展,而在北地郡与上郡之北的河套地区新设了九原郡。受到责罚的秦人被迁徙到新设于河套地区的县——"初县",这是华夏势力首次对河套核心地区的渗透。但好景不长,秦末大乱,楼烦王和白羊王趁机南下,重新占领故塞以西以北的河套地区,也不排除秦人留居此地的可能。与此同时,更北的匈奴进入强悍的冒顿单于时代,统一了北方"诸胡",正所谓"大破灭东胡王,而虏其民人及畜产。既归,西击走月氏,南并楼烦、白羊河南王"[1]。白羊人与楼烦人也成为匈奴的一部分[2],成为真正意义上的"匈奴河南白羊、楼烦王"[3]。

值得注意的是,义渠戎在受到秦的军事打击后,除了大部分接受秦的管理而逐渐成为"秦人"的一部分,似乎还有一部分向北移徙,长期活跃于故塞外的河套地区,随华夏势力在河套地区的进退而退进。到汉文帝时期,"故塞"外还有义渠戎来降汉。《汉书·爰盎晁错传》载晁错之言曰:"今降胡义渠蛮夷之属来归谊者,其众数千,饮食长技与匈奴同,可赐之

---

① 司马迁:《史记》卷一百十《匈奴列传》,北京:中华书局,1959年,第2889-2890页。

② 林幹曾在谈到"匈奴人的氏族组织"时也指出:"在氏族组织中,除了本族的成员外,流入了大量的外族人口,如东胡人、西嚄人、月氏人、楼烦人、白羊人、浑庾人、屈射人、丁令人、鬲昆人、薪犁人、乌孙人、西域人、羌人和汉人。"(林幹:《匈奴史》,北京:人民出版社,2010年,第11页。)

③ 司马迁:《史记》卷九十九《刘敬叔孙通列传》,北京:中华书局,1959年,第2719页。

坚甲絮衣，劲弓利矢，益以边郡之良骑。令明将能知其习俗和辑其心者，以陛下之明约将之。"① 可见，在当时汉人眼里，故塞外的义渠戎是"饮食长技与匈奴同"的异族，但不是匈奴，其被汉人用来抵御匈奴。据《史记·匈奴列传》记载，汉文帝"三年五月，匈奴右贤王入居河南地，侵盗上郡葆塞蛮夷，杀略人民。于是孝文帝诏丞相灌婴发车骑八万五千，诣高奴，击右贤王。右贤王走出塞"②。所谓"上郡葆塞蛮夷"，很可能就是晁错所说的"降胡义渠蛮夷"。

此外，汉文帝还听从晁错的建议，"募民徙塞下"③。这些华夏汉民成为故塞内河套地区有"家室"、能"田作"的"常居者"④。这对华夏农业文明向故塞内河套地区的拓展无疑具有推促作用，同时对故塞内河套地区农耕文明与游牧文明的互动也会产生积极的促进作用。

文景之世，汉匈总体上保持和亲与通关市的关系，形成"长城以北，引弓之国，受命单于；长城以内，冠带之室，朕（汉文帝自称）亦制之"⑤ 的局面，故塞外的河套地区自然也是"引弓"之民所居之地。这种局面一直维持到汉武帝元朔二年（前127）。

汉武帝元朔二年，汉人从"胡之楼烦、白羊王"手中重新夺取河南地⑥，北地郡和上郡的郡界再次越过故塞向北拓展，而在北地郡与上郡之北的河套地区新设了朔方郡，并"募民徙朔方十万口"⑦，这是汉人（华夏）势力向故塞外河套地区的大规模渗透。元狩二年（前121）秋，占据河西的匈奴昆邪王率众降汉，降汉的匈奴人被分徙至陇西、北地、上郡、朔方、云中等五郡，依其本国之俗而属汉。两年后，关东的汉人被大量迁

① 班固：《汉书》卷四十九《爰盎晁错传》，北京：中华书局，1962年，第2282-2283页。
② 司马迁：《史记》卷一百十《匈奴列传》，北京：中华书局，1959年，第2895页。
③ 班固：《汉书》卷四十九《爰盎晁错传》，北京：中华书局，1962年，第2287页。
④ 班固：《汉书》卷四十九《爰盎晁错传》，北京：中华书局，1962年，第2286页。
⑤ 司马迁：《史记》卷一百十《匈奴列传》，北京：中华书局，1959年，第2902页。
⑥ 司马迁：《史记》卷一百十《匈奴列传》，北京：中华书局，1959年，第2906页。
⑦ 班固：《汉书》卷六《武帝纪》，北京：中华书局，1962年，第170页。

入河套地区，总人数大概有 29 万①。这对河套异族的影响无疑是巨大的，也为异族与汉人（华夏）在河套地区的近距离互动提供了机会。

自从汉人重新夺取河南地之后，河套地区成为匈奴重点进犯的地区之一，正所谓"匈奴右贤王怨汉夺之河南地而筑朔方，数为寇，盗边，及入河南，侵扰朔方，杀略吏民甚众"②。于是，同赵代地区一样，河套地区也成为汉军屯守的军事要地及汉廷防御匈奴的前沿地带，也是汉军进击匈奴主要的军队集结地与出发地。如元朔五年（前 124），"大将军卫青将六将军兵十余万人出朔方、高阙，获首虏万五千级"③。不过在元狩四年对匈奴实施空前的战略打击后，"汉久不北击胡"，"匈奴亦不侵入边"④。直到元封四年（前 107），"匈奴数使奇兵侵犯边。汉乃拜郭昌为拔胡将军，及浞野侯屯朔方以东，备胡"⑤。太初三年（前 102），"匈奴大入云中、定襄、五原、朔方，杀略数千人，败数二千石而去"⑥。同赵代地区和河西地区一样，河套地区也再受到匈奴的威胁。汉廷复以河套地区为主要的军队集结地和出发地之一北伐匈奴。如太初二年（前 103），"汉使浞野侯破奴将二万余骑出朔方西北二千余里"击匈奴⑦。又如天汉四年（前 97），"遣贰师将军李广利将六万骑、步兵七万人出朔方"击匈奴⑧。还如征和三年（前 90），"御史大夫商丘成将三万余人出西河"击匈奴⑨。

---

① 《汉书·武帝纪》载："（元狩）四年冬，有司言关东贫民徙陇西、北地、西河、上郡、会稽凡七十二万五千口。"（班固：《汉书》卷六《武帝纪》，北京：中华书局，1962 年，第 178 页。）若平均来算，每郡徙入 14.5 万人，河套之上郡与西河郡总徙入 29 万人。要说明的是，在元狩四年（前 119），北地郡尚未析分出安定郡，因之前在阐述此次徙入陇右地区的汉人数量时，将北地郡归入了陇右，故此处不将北地郡归入河套。

② 司马迁：《史记》卷一百十《匈奴列传》，北京：中华书局，1959 年，第 2907 页。

③ 班固：《汉书》卷六《武帝纪》，北京：中华书局，1962 年，第 171 页。

④ 司马迁：《史记》卷一百十《匈奴列传》，北京：中华书局，1959 年，第 2911、2912 页。

⑤ 司马迁：《史记》卷一百十《匈奴列传》，北京：中华书局，1959 年，第 2914 页。

⑥ 班固：《汉书》卷九十四上《匈奴传上》，北京：中华书局，1962 年，第 3776 页。

⑦ 司马迁：《史记》卷一百十《匈奴列传》，北京：中华书局，1959 年，第 2915 页。

⑧ 班固：《汉书》卷六《武帝纪》，北京：中华书局，1962 年，第 205 页。

⑨ 班固：《汉书》卷九十四上《匈奴传上》，北京：中华书局，1962 年，第 3778 页。

如前所述，汉武帝经年累月地出击匈奴虽然使汉帝国消耗很大，但也给匈奴以沉重打击，在汉匈互动上出现了匈奴主动想与汉廷修好的转变，这为昭宣时期的汉匈关系定下了基调。昭宣时代，汉朝取得了对匈奴的优势。在此背景下，匈奴降汉的情形也频繁出现。按照惯例，河套地区是匈奴降人的主要安置地之一，正所谓"置西河、北地属国以处匈奴降者"①。此外，在上郡龟兹县，很可能安置了西域龟兹、渠黎人和匈奴降众②。匈奴降人、西域龟兹、渠黎人与汉人在河套地区应当会有更多的接触与互动。

与前述赵代地区一样，河套地区的汉匈互动在呼韩邪单于款塞称臣的事件中也得到了淋漓尽致的呈现。呼韩邪单于返回塞外时，行经的也是河套地区，正所谓"汉遣长乐卫尉高昌侯董忠、车骑都尉韩昌将骑万六千，又发边郡士马以千数，送单于出朔方鸡鹿塞"③。河套地区是匈奴人在与汉朝修好的过程中接触最多的地区，河套汉人与匈奴人的和平互动得到汉帝国最高层的关注和重视。

亦如前述，此后直到西汉末，匈奴单于一直臣属汉，汉匈关系一直保持和平交往的状态。河套地区的族群互动因此也获得了较长时期的和平外部环境。但居住在河套地区的降胡有的放弃对汉帝国的政治认同，转而返回塞外的匈奴同族故地④，表明其整体性的自我族群认同一直存在。正因

① 班固：《汉书》卷八《宣帝纪》，北京：中华书局，1962年，第267页。
② 参见王子今：《匈奴经营西域研究》，北京：中国社会科学出版社，2016年，第242页。
③ 班固：《汉书》卷九十四下《匈奴传下》，北京：中华书局，1962年，第3798页。
④ 《汉书·冯奉世传》："元帝即位，为执金吾。上郡属国归义降胡万余人反去。初，昭帝末，西河属国胡伊酋若王亦将众数千人畔，奉世辄持节将兵追击。"（班固：《汉书》卷七十九《冯奉世传》，北京：中华书局，1962年，第3295页。）所言"昭帝末"，应为"宣帝末"之误。王先谦《汉书补注》："齐召南曰：案，'昭帝'应是'宣帝'之讹。昭帝时，奉世名尚未著，安得持节将兵？且西河属国始置于五凤四年，《宣纪》可证也。当昭帝时，尚无西河属国，安得有叛人耶！周寿昌曰：齐说是。下云'右将军典属国常惠蒦'，考惠封长罗侯为宣帝本始四年，蒦在元帝初元二年，皆不及昭帝时。"（班固撰，王先谦补注，上海师范大学古籍整理研究所整理：《汉书补注》，上海：上海古籍出版社，2008年，第5048页。）虽据《汉书·宣帝纪》载，齐召南所言"西河属国始置于五凤四年"为"西河属国始置于五凤三年"之误，但其所言"当昭帝时，尚无西河属国"是正确的。又《汉书·元帝纪》："上郡属国降胡万余人亡入匈奴。"（班固：《汉书》卷九《元帝纪》，北京：中华书局，1962年，第280页。）

如此，汉"设塞徼，置屯戍，非独为匈奴而已，亦为诸属国降民，本故匈奴之人，恐其思旧逃亡"①。另外，值得注意的是，包括河套在内的北边地区，也有汉人亡入匈奴者：一是北伐匈奴的汉军将士降留匈奴后，其子孙贫困，有亡入匈奴"从其亲戚"者；二是"边人奴婢愁苦"，"时有亡出塞者"②。这表明北部边地的底层汉人对汉帝国的政治认同是不稳固的，他们的政治认同抉择往往取决于他们实际生活境遇的好坏。

王莽时，汉匈关系再度紧张，同赵代地区一样，河套地区也成为汉匈明争暗斗的前沿地带。有"怨恨"的匈奴单于派大军首先威胁的就是河套地区，所谓"遣右大且渠蒲呼卢訾等十余人将兵众万骑，以护送乌桓为名，勒兵朔方塞下。朔方太守以闻"③。此后，汉匈冲突更加频繁、激烈，河套地区所属的朔方郡成为汉匈军事冲突的主要战场之一，河套吏民也被大量掳掠到匈奴④。面对匈奴的大举侵边，河套地区再度成为北伐匈奴主要的军队集结地与出发地⑤。这样，包括河套地区在内的整个北边地区一度又失去了族群和平互动的外部环境，战争和死亡的阴云笼罩着河套地区。

总而言之，秦及西汉时期（含新莽），华夏势力对河套地区进行了大规模渗透，华夏与异族（主要是匈奴）的互动或以军事冲突的形式展开，或以和平往来的形式展开。在此进程中，虽然华夏与异族在河套地区的互化互融有了较大推进，但异族的整体性自我族群认同一直存在，其也一直被华夏视为"蛮夷"。

三、东汉时期河套地区的族群互动与认同

两汉之际，战乱频仍，华夏王朝内部的政治与社会秩序混乱不堪，再

---

① 班固：《汉书》卷九十四下《匈奴传下》，北京：中华书局，1962 年，第 3804 页。
② 班固：《汉书》卷九十四下《匈奴传下》，北京：中华书局，1962 年，第 3804 页。
③ 班固：《汉书》卷九十四下《匈奴传下》，北京：中华书局，1962 年，第 3822 页。
④ 见班固：《汉书》卷九十四下《匈奴传下》，北京：中华书局，1962 年，第 3824 页。
⑤ 《汉书·王莽传中》载王莽兴兵，遣相威将军李棽、镇远将军李翁出西河。西河郡即属河套地区。见班固：《汉书》卷九十九中《王莽传中》，北京：中华书局，1962 年，第 4121 页。

加上匈奴逼扰，河套地区的族群互动与认同与河西地区、赵代地区一样，也呈现出新的错综复杂的局面。

如前所述，建武五年，李兴、闵堪带兵到匈奴单于庭迎归卢芳，建立了以五原郡九原县为政治中心的割据政权，其中就囊括了朔方郡。紧接着，卢芳政权内部发生争斗，朔方郡降光武。但好景不长，在匈奴大举侵犯的压力下，东汉政府不得不徙边民于内郡。如建武十年（34），"省定襄郡，徙其民于西河"①。赵代边民于是与河套西河郡之汉民有了接触与互动的机会。而在建武十年至二十年（44）间，朔方郡与北地郡亦省弃②，河套边民也徙入内郡。直到建武二十六年（50），朔方郡和北地郡郡民才"归于本土"③。与此同时，南单于"徙居西河美稷"，受汉人"卫护"；南单于还"使韩氏骨都侯屯北地，右贤王屯朔方"，"皆领部众为郡县侦罗耳目"④。这样，汉人与匈奴人在河套地区有了更多接触与互动的机会。不仅如此，在此期间，在河套地区之朔方郡还有乌桓（乌丸）人入居⑤。这样，河套地区也成为乌桓、南匈奴和华夏汉民频繁互动的重要边地。

值得注意的是，南匈奴虽然在政治上归附了东汉政府，并受到东汉政府的间接监管，但其有自己的独立性，仍保留着匈奴的主体性族群特征，正所谓"南单于既居西河，亦列置诸部王，助为扞戍"⑥。而关于河套边民的族群认同，虽然"从长久与全局看来，中原（华夏核心）视角下边民的族群身份始终徘徊于夷与非夷、汉与非汉之间，具有不确定性"，且"边

---

① 范晔：《后汉书》卷一下《光武帝纪下》，北京：中华书局，1965 年，第 57 页。
② 参见周振鹤、李晓杰、张莉：《中国行政区划通史·秦汉卷》（下），上海：复旦大学出版社，2017 年，第 862、871 页。
③ 范晔：《后汉书》卷一下《光武帝纪下》，北京：中华书局，1965 年，第 78 页。
④ 范晔：《后汉书》卷八十九《南匈奴列传》，北京：中华书局，1965 年，第 2945 页。
⑤ 详裴松之注《三国志》引《魏书》，陈寿：《三国志》卷三十《魏书·乌丸鲜卑东夷传》，北京：中华书局，1982 年，第 833 页。另据《后汉书·乌桓鲜卑列传》记载，在光武帝后期，乌桓"向化，诣阙朝贡"，"或愿留宿卫，于是封其渠帅为侯王君长者八十一人，皆居塞内，布于缘边诸郡，令招来种人，给其衣食，遂为汉侦候，助击匈奴、鲜卑"（范晔：《后汉书》卷九十《乌桓鲜卑列传》，北京：中华书局，1965 年，第 2982 页）。所谓"塞内""缘边诸郡"，即包含河套地区之朔方郡。
⑥ 范晔：《后汉书》卷八十九《南匈奴列传》，北京：中华书局，1965 年，第 2945 页。

民这种"华夷之间"的身份在一定程度上还被固定化了，轻易难得改变"①，但从河套边民与北匈奴及留居河套地区的匈奴人的互动来看，尽管两者有互化互融的现象，但在较长时期仍各自保留自己族群的主体风貌与主体认同，河套边民在总体上是作为华夏汉民而与北匈奴及聚居在河套地区的匈奴人迥然有异的。北匈奴"钞兵每到南部下，还过亭候"时，特意要向东汉政府解释说其是为了攻击南匈奴，"非敢犯汉人"②。可见在北匈奴眼里，河套边民是"汉人"，与南匈奴不同。甚至河套"汉人"被北匈奴掳掠后，其在匈奴地区总体上仍是作为与匈奴人不同的族群而存在的。这从北匈奴为了向东汉政府示好而特意将所掠汉人归还东汉政府③的行为中就可看出。

此后，在较长时期内，河套地区的南匈奴和乌桓在总体上保持自己族群独立性的同时，也在总体上保持着对东汉王朝的政治认同④。南匈奴对东汉王朝的这种政治认同是在超越对匈奴的大族群认同的基础上而产生的，这往往体现为协助东汉政府进击作为同族的北匈奴。如永平十六年（73），"乃大发缘边兵，遣诸将四道出塞，北征匈奴。南单于遣左贤王信随太仆祭肜及吴棠出朔方高阙，攻皋林温禺犊王于涿邪山"⑤。而河套地区的"乌桓兵"也往往与南匈奴一起进击北匈奴。如建初元年（76），"皋林温禺犊王复将众还居涿邪山，南单于闻知，遣轻骑与缘边郡及乌桓兵出塞击之"⑥。与此相应，东汉政府也对河套地区的南匈奴给予更多关照。如南匈奴受到蝗虫灾害的影响，发生饥荒，东汉政府积极赈灾救灾，帮助南

①　朱圣明：《华夷之间：秦汉时期族群的身份与认同》，厦门：厦门大学出版社，2017年，第277页。

②　范晔：《后汉书》卷八十九《南匈奴列传》，北京：中华书局，1965年，第2945页。

③　范晔：《后汉书》卷八十九《南匈奴列传》，北京：中华书局，1965年，第2945页。

④　说总体上保持对东汉王朝的政治认同，是因为南匈奴有时也会因东汉政府"交使"北匈奴而出现"怀嫌怨欲畔"者，从而造成"北虏果遣二千骑候望朔方，作马革船，欲度迎南部畔者"的情形。详见范晔：《后汉书》卷八十九《南匈奴列传》，北京：中华书局，1965年，第2949页。

⑤　范晔：《后汉书》卷八十九《南匈奴列传》，北京：中华书局，1965年，第2949页。

⑥　范晔：《后汉书》卷八十九《南匈奴列传》，北京：中华书局，1965年，第2949页。

匈奴三万多贫民度过灾荒①。

同样，值得留意的是，在章帝与和帝时，北匈奴有大量降者也入居河套地区。如建初元年，有三四千北匈奴人向南单于投降②。又如元和元年（84），南单于"遣轻骑出上郡"，从北匈奴劫掠大量人口，"驱还入塞"③。再如章和元年（87），"北庭大乱，屈兰、储卑、胡都须等五十八部，口二十万，胜兵八千人，诣云中、五原、朔方、北地降"④。很明显，河套之朔方、北地两郡是投降的北匈奴入居的重要地区。河套之南匈奴因"连克获纳降，党众最盛，领户三万四千，口二十三万七千三百，胜兵五万一百七十"，于是，"耿谭以新降者多，上增从事十二人"⑤。这无疑大大增加了河套地区的异族人口，其与河套汉民互动的机会无疑也会增多。只是如前所述，新降的匈奴有时会大规模反叛，放弃对东汉王朝的政治认同。

若仔细留意南匈奴在族群认同与政治认同上的微观情境，我们会发现极其微妙的情形。在政治认同上，南单于一方面向汉称臣，一方面又有"破北成南，并为一国"的政治诉求⑥。在族群认同上，南匈奴有强烈的"故胡"与"新胡"之自我认同意识，其也仍被汉人视为与"华夏"有别的"夷"⑦。而这是在南匈奴"归汉""积四十年"之后⑧。正因如此，到安帝永初三年（109），出现南单于公开反叛的情形⑨。

此后，南单于虽较少公然反叛，但逐步失去对南部匈奴的管控能力，

---

① 范晔：《后汉书》卷八十九《南匈奴列传》，北京：中华书局，1965年，第2950页。

② 范晔：《后汉书》卷八十九《南匈奴列传》，北京：中华书局，1965年，第2949-2950页。

③ 范晔：《后汉书》卷八十九《南匈奴列传》，北京：中华书局，1965年，第2950页。

④ 范晔：《后汉书》卷八十九《南匈奴列传》，北京：中华书局，1965年，第2951页。

⑤ 范晔：《后汉书》卷八十九《南匈奴列传》，北京：中华书局，1965年，第2953-2954页。

⑥ 范晔：《后汉书》卷八十九《南匈奴列传》，北京：中华书局，1965年，第2952页。

⑦ 范晔：《后汉书》卷八十九《南匈奴列传》，北京：中华书局，1965年，第2952-2953页。

⑧ 范晔：《后汉书》卷八十九《南匈奴列传》，北京：中华书局，1965年，第2952页。

⑨ 范晔：《后汉书》卷八十九《南匈奴列传》，北京：中华书局，1965年，第2957-2958页。

南部匈奴的反叛于是频频发生。如顺帝永和五年（140），"南匈奴左部句龙王吾斯、车纽等背畔，率三千余骑寇西河，因复招诱右贤王，合七八千骑围美稷，杀朔方、代郡长史……天子遣使责让单于，开以恩义，令相招降。单于本不豫谋，乃脱帽避帐，诣并谢罪。并以病征，五原太守陈龟代为中郎将。龟以单于不能制下，逼迫之，单于及其弟左贤王皆自杀"①。又如桓帝延熹九年（166），"南单于诸部并畔"，"以张奂为北中郎将讨之，单于诸部悉降。奂以单于不能统理国事，乃拘之，上立左谷蠡王"②。还如灵帝中平五年（188），"国人恐（羌渠）单于发兵无已"，"右部醢落与休著各胡白马铜等十余万人反，攻杀单于"③。此后，攻杀羌渠单于的一部匈奴占据西河美稷之"南庭"，"以老王行国事"④，已脱离东汉政府的管控。而於扶罗、呼厨泉单于所部匈奴留"止河东"⑤，受东汉政府的间接管控。

此外，自从鲜卑占据匈奴故地而成为雄踞东汉帝国北边的异族后，河套地区也成为鲜卑寇略的重要区域之一，正所谓"先是朔方以西障塞多不修复，鲜卑因此数寇南部，杀渐将王。单于忧恐，上言求复障塞，顺帝从之"⑥。具体说来，安帝延光二年（123），鲜卑"其至鞬自将万余骑入东领候，分为数道，攻南匈奴于曼柏"⑦。之后，顺帝永建"三年、四年，鲜卑频寇渔阳、朔方"⑧。灵帝熹平三年（174），"鲜卑入北地"⑨。灵帝光和年间，鲜卑和连又"出攻北地"⑩。

---

① 范晔：《后汉书》卷八十九《南匈奴列传》，北京：中华书局，1965年，第2960页。
② 范晔：《后汉书》卷八十九《南匈奴列传》，北京：中华书局，1965年，第2963页。《后汉书·南匈奴列传》将此事系于延熹元年，而《后汉书·孝桓帝纪》将此事系于延熹九年，《后汉书·张奂列传》亦将此事系于延熹九年，应从后两者。
③ 范晔：《后汉书》卷八十九《南匈奴列传》，北京：中华书局，1965年，第2964-2965页。
④ 范晔：《后汉书》卷八十九《南匈奴列传》，北京：中华书局，1965年，第2965页。
⑤ 范晔：《后汉书》卷八十九《南匈奴列传》，北京：中华书局，1965年，第2965页。
⑥ 范晔：《后汉书》卷八十九《南匈奴列传》，北京：中华书局，1965年，第2959页。
⑦ 范晔：《后汉书》卷九十《乌桓鲜卑列传》，北京：中华书局，1965年，第2988页。
⑧ 范晔：《后汉书》卷九十《乌桓鲜卑列传》，北京：中华书局，1965年，第2988页。
⑨ 范晔：《后汉书》卷九十《乌桓鲜卑列传》，北京：中华书局，1965年，第2990页。
⑩ 范晔：《后汉书》卷九十《乌桓鲜卑列传》，北京：中华书局，1965年，第2994页。

要更全面、更清晰地掌握河套地区族群互动与认同的复杂情状，还须关注河套地区的行政区划变迁。首先是上郡和北地郡在安帝永初五年（111）发生内徙，其地为羌人占据。到顺帝永建四年（129），上郡和北地郡重归旧土。顺帝永和五年（140），在南匈奴、乌桓、羌人等叛攻下，上郡第二次内徙，与此同时，西河郡也发生内徙，朔方郡徙于五原郡内。永和六年（141），在羌人迫击下，北地郡再次内徙。到冲帝永嘉元年（145），北地郡复归故土，而至汉末，北地郡再次内徙。上郡第二次侨置左冯翊后，即未再返回旧土。汉末，上郡省废。同样，西河郡和朔方郡自发生移徙后，也再未返回故土，汉末皆省废①。可见，从安帝永初五年开始直至汉末，河套地区成为华夏汉人与匈奴、羌②、乌桓、鲜卑等异族反复拉锯的敏感地带，最终的结果是，河套地区被鲜卑、匈奴、乌桓与羌等异族占领，华夏势力大面积退出河套地区。

综上，东汉时期，河套地区的异族人口数量大增，既有匈奴，也有乌桓、羌与鲜卑。同样，虽然华夏与异族在河套地区有了频繁的互动与交流，但诸异族的整体性自我族群认同仍长期存在。经过华夏势力与异族势力在河套地区的反复拉锯，河套地区最终被鲜卑、匈奴、乌桓与羌等异族占领，华夏势力大面积退出河套地区。

通过对先秦秦汉时期华夏认同（包含"秦人"认同与"汉人"认同）及秦汉帝国北部与西北边地族群互动与认同的考察，我们可获得如下体认：

首先，从先秦到秦汉，华夏认同不断扩展，在此进程中，政治、文化、族群与血缘诸因素共同发挥作用。到西汉中期，最终形成了核心稳固、边界开放的融政治、文化、族群与血缘于一体的"汉人"（华夏）认同，同时出现了"中国一体"的国家意识。

其次，在核心稳固、边界开放的融政治、文化、族群与血缘于一体的

---

① 以上内容参见周振鹤、李晓杰、张莉：《中国行政区划通史·秦汉卷》（下），上海：复旦大学出版社，2017年，第862—872页。

② 主要是东羌，如西河郡度人种羌、上郡全无种羌、上郡沈氏种羌等。

"汉人"（华夏）认同形成后，华夏势力向北部与西北边地渗透，与异族有了频繁的互动（包括战争与和平往来），从而出现了华夏与异族互化互融的情形。不过，虽然边地异族之支流不断汇入华夏之主流，但异族之支流在边地始终存在，其整体性的族群自我认同也始终存在。已有较多学者对秦汉帝国边地这一族群实态形成的原因进行了相关阐述①，这些意见都值得参考。需要强调的是，由于华夏对边地及边地民众（包含异族）总体上是投以歧视的眼光，所以，虽然也有华夏边吏优抚边地异族的情形，但往往是人去政息，这种对边地异族的优抚始终未成为一个自上而下的固定的治边战略。这使得华夏与异族在边地的矛盾始终存在，而这又进一步维持了华夏与异族在边地的界隔。

再次，核心稳固、边界开放的融政治、文化、族群与血缘于一体的"汉人"（华夏）认同形成后，其已成为一个虽有吸附弱区（边地）但中心（中原内地）持续保持强大吸附力的"中国旋涡"②。中原华夏之所以能成为这个"旋涡"的中心，是因为"中原的精神世界""具有号召力和普遍可分享性"。而这又是因为以下几个因素：

> （1）汉字。……以汉字为载体的精神世界使早期中国最早发展了具有大规模传播能力的信息和知识系统。……汉字可以独立于中原语音而成为普遍共享的精神载体，因此，汉字在本质上是一种开放的普遍共享资源，使用其他语言的所有其他族群都能够占有或分享汉字，

---

① 王明珂将其视为"一个历史本相的产物"，而"这个历史本相便是华夏（或中原之人）的北方资源界线或边界"（王明珂：《游牧者的抉择：面对汉帝国的北亚游牧部族》，上海：上海人民出版社，2018年，第298页）。胡鸿总结了制约秦汉帝国扩张的三个因素："一是集权帝国自身的动员成本和离心倾向；二是地理环境以及经济生态；三是原住人群的政治组织形态。"（胡鸿：《能夏则大与渐慕华风：政治体视角下的华夏与华夏化》，北京：北京师范大学出版社，2017年，第65页。）谢良在指出地理环境与经济生态之客观因素的同时，补充了"汉廷皇帝对于夷夏关系的主张"这一主观因素，同时指出了"在整个大一统汉人王朝时期……南边逐渐华夏化，北边保持华夷秩序"这一南北不同的族群格局（谢良：《西汉时期夷夏关系的嬗变与思考》，《中国边疆史地研究》，2020年第1期）。

② 赵汀阳：《惠此中国：作为一个神性概念的中国》，北京：中信出版社，2016年，第43页。

而以汉字为载体的精神世界也就成为可以普遍共享的精神资源。（2）思想系统。得益于汉字的成熟，中原文化发展成为当时具有最大容量的解释能力和反思能力的思想系统，具有解释万物、人类生活和政治的世界观和历史观，那些早期的思想成就集中保留并表达在《周易》《尚书》《周礼》《诗经》《春秋》等经典文献里。深思熟虑的思想意味着早期中原的思想系统已经具备了组织大规模空间和占有时间的能力，既占有历史性，又占有公共性，也就是说，具备了组织大规模社会的能力和创造制度的能力，同时具有对历史、社会、制度和权力正当性的自我解释能力，因此，自然成为了当时中国最具优势的精神资源。（3）周朝创制的天下体系也是一个决定性的因素。天下概念的"无外"原则意味着最大限度的兼容性，不拒绝任何人的参与，也就预先承诺了一个任何人都可参加的博弈模式，也因此成为对所有人具有同等吸引力并且同样可加以利用的政治资源……（4）政治神学的雪球效应。逐鹿的胜利者们为了保有对优势的精神资源和物质资源的合法利用和稳定占用，几乎都理性地选择了周朝创作的天命传承神话来解释自己的王霸故事，将自己的王朝加入到以黄帝为始的悠久政治传承叙事中，成为这个长篇故事的一章节，以此解释其政治合法性。这是获得政治合法性的最低成本策略，也是最高收益策略，很难想象逐鹿胜利者们会拒绝这种政治神学。于是，这个不断被后来的故事所丰富的历史线索本身变成了一个众所信任的政治神话，不仅成为难以拒绝的现成优势资源，同时也几乎封死了重启全新历史叙事的可能性。因为拒绝一种根深叶茂的历史神学而重新编造另一个历史神话的成本太高，难度太大，几乎注定会遇到各种难以自圆其说的困难而失败。①

这或许也就是以汉族为核心的多元一体的中华民族形成的根本原因。

---

① 赵汀阳：《惠此中国：作为一个神性概念的中国》，北京：中信出版社，2016年，第46—49页。

第八章
燕齐地区的人群身份与族群认同

秦汉时期，燕齐地区（大体今河北、辽宁、山东一带）存在地理、经济和文化上的密切联系，可作为一大区域来考察。例如秦汉方士、神仙信仰，盛于"海上燕齐之间"[①]；汉初齐相栾布死后，"燕齐之间皆为栾布立社，号曰栾公社"[②]。可见，燕齐地区颇存共通性和关联性。而燕齐地区一个显著共性，即二者均存在滨海郡县，王子今将燕齐地区文化称作"环渤海地区文化"[③]。另外，汉武帝朝，汉帝国东北疆域扩张，曾发动燕齐地区民众商贾，"置沧海之郡，则燕齐之间靡然发动"[④]；新置乐浪四郡，亦可算作广义上的燕地，且不乏齐地移民。考察燕齐族群认同，尤其是"汉人"认同确立，既能给认识秦汉人群身份和族群认同提供区域性个案，又可通过秦汉东北滨海人群身份和边缘族群认同的特色来观察秦汉人群身份和族群认同的复杂情形。

战国时，列国作为"地域国家"存在，已形成了本国"国人"意识。秦汉帝国建立，带来政治上的统一，也促成族群上的凝聚，令"复数的诸

---

① 司马迁：《史记》卷十二《孝武本纪》，北京：中华书局，1959年，第464页。

② 司马迁：《史记》卷一百《季布栾布列传》，北京：中华书局，1959年，第2734页。

③ 王子今：《秦汉时期的环渤海地区文化》，《社会科学辑刊》，2000年第5期。

④ 司马迁：《史记》卷三十《平准书》，北京：中华书局，1959年，第1421页。

夏”走向“单数的统一之华夏”①。尽管秦楚汉之际，列国“国人”意识一度复兴，但经过汉帝国努力，“汉人”认同最终确立②。由列国“国人”意识转向“汉人”认同，是战国至秦汉时代族群认同发展的一般特征。但由于列国故地存在不同的地理、政治和文化特点，族群认同的衍变进程也有所差异。燕、齐二地即有各自特点，而燕齐滨海地域和乐浪四郡地区尤为特别。本章拟先考察燕、齐二地“汉人”身份确立及其异同，再分别考察燕齐滨海地域和乐浪四郡的人群身份认同，以期进一步认识秦汉时代的社会整合与族群认同。

第一节　燕齐地区“汉人”认同的确立

战国时，燕、齐之人已形成“燕人”“齐人”的“国人”意识③。秦兼并天下后，着意将山东六国故民塑造为“新秦人”“秦黔首”，但因秦帝国的崩溃而失败；秦楚汉之际，列国复兴，呈现出“后战国时代”的政治和文化分裂，列国“国人”意识复兴；随着汉帝国消灭异姓诸侯、削弱同姓诸侯，至汉武帝朝以后，诸侯国渐同于汉郡，诸侯“国人”成为汉朝编户，“汉人”身份认同得以在帝国疆域内普及④。燕齐地区人群，由战国入秦汉，正经历了上述从“燕人”“齐人”到“汉人”身份认同的转变过程。不过，这一过程事实上颇为复杂，燕、齐二地也各有特点。本节即拟论述燕、齐二地“汉人”认同的确立过程及其异同。

---

① 罗志田：《先秦的五服制与古代的天下中国观》，《民族主义与近代中国思想》（修订版），台北：三民书局，2011 年，第 32 页。

② 陈鹏：《战国秦汉的国人意识与族群认同》，《西南大学学报》（社会科学版），2021 年第 1 期。

③ 许倬云提到，“燕齐相争，田单与燕昭，也都借其国家认同，各自反败为胜，救亡复国”（许倬云：《我者与他者：中国历史上的内外分际》，北京：生活·读书·新知三联书店，2015 年，第 26 页）。

④ 详见陈鹏：《战国秦汉的国人意识与族群认同》，《西南大学学报》（社会科学版），2021 年第 1 期。

一、齐地族群意识与"汉人"认同确立

齐地本东夷之地，周灭商后，封太公望于营丘。"太公至国，修政，因其俗，简其礼，通商工之业，便鱼盐之利，而人民多归齐，齐为大国。"① 自此，齐地人群开始步入"诸夏"之列。春秋时代，齐桓公首倡"尊王攘夷"，齐国为"诸夏"之代表。然太公治齐，"因其俗，简其礼"；管仲相齐，"与俗同好恶"，"俗之所欲，因而予之；俗之所否，因而去之"②，皆展现出"因俗而治"倾向。这固然促进了齐国统治氏族"国人"与当地夷人的融合③，但也令齐国保存不少东夷习俗。至战国，田氏代齐，也和其他诸侯国类似，进行制度改革，推行"编户齐民"制度，打破国野之别，也促使齐国内部人群"均质化"④，形成兼具政治人群与族群性质的"齐人"。不过，齐国的制度和文化特色，给日后秦汉帝国在齐地推广"秦人""汉人"认同造成影响。

齐国在山东六国中最后灭亡。秦灭齐，迁齐王建于共。史称："故齐人怨王建不蚤与诸侯合从攻秦，听奸臣宾客以亡其国，歌之曰：'松耶柏耶？住建共者客耶？'疾建用客之不详也。"⑤ 显然，"齐人"对于齐国灭亡颇有不甘和怨恨。在秦兼并六国后，"海内为郡县，法令由一统"⑥，"一法度衡石丈尺。车同轨。书同文字"⑦，着意塑造普遍的"新秦人"认同⑧。值得注意的是，秦丞相王绾等曾建言："诸侯初破，燕、齐、荆地远，不为置王，毋以填之。请立诸子，唯上幸许。"但这一意见遭到秦始

---

① 司马迁：《史记》卷三十二《齐太公世家》，北京：中华书局，1959年，第1480页。

② 司马迁：《史记》卷六十二《管晏列传》，北京：中华书局，1959年，第2132页。

③ 王晖：《古文字与商周史新证》，北京：中华书局，2003年，第47页。

④ 参见张宝允：《齐国"编户齐民"和基层社会组织研究》，陕西师范大学硕士学位论文，2011年。

⑤ 司马迁：《史记》卷四十六《田敬仲完世家》，北京：中华书局，1959年，第1903页。

⑥ 司马迁：《史记》卷六《秦始皇本纪》，北京：中华书局，1959年，第236页。

⑦ 司马迁：《史记》卷六《秦始皇本纪》，北京：中华书局，1959年，第239页。

⑧ 参见陈鹏：《战国秦汉的国人意识与族群认同》，《西南大学学报》（社会科学版），2021年第1期。

皇和李斯的反对，李斯认为推行郡县，"天下无异意，则安宁之术也"①。
王绾等提出于燕、齐、荆置王，以三地距离关中故秦偏远之故，但恐怕也
考虑到三地风俗文化较诸三晋，与秦地差异尤大；而李斯则认为行郡县使
"天下无异意"，消弭列国"国人"意识，以免征伐。尽管秦始皇肯定了
李斯的说法，但王绾等建言并非无的放矢。

　　就齐地制度和文化而言，确实与关中故秦差异较大。在制度方面，战
国齐国虽推行编户齐民制和乡里制度，但未实行郡县制。战国列国行郡
县，而齐国却施行都邑制，是以五都为中心的分权体制②。研究者或以为
齐国"五都"相当于郡③，但事实上"五都"也只是五个大邑或地位较突
出的县，与郡不同④。尤其齐国都邑在军政上颇有分权倾向，与郡县体制
之集权性质有别。这无疑给秦帝国在故齐之地推行郡县制带来一定困难。

　　在文化方面，齐与秦差异则更大。秦自商鞅变法以来，推行法家文
化，秦统一后甚至有"焚书""禁百家语"之举；而齐国文化较开放自
由，稷下学宫诸子并至，至汉代司马迁尚称齐地"其俗宽缓阔达，而足
智，好议论"⑤。秦地风俗，"其百姓朴，其声乐不流污，其服不挑，甚畏
有司而顺"⑥；而齐地"织作冰纨绮绣纯丽之物，号为冠带衣履天下"⑦，
国都临淄"其民无不吹竽鼓瑟，弹琴击筑，斗鸡走狗，六博蹹鞠者"⑧，风
尚显然有别。在宗教方面，秦、齐也各有信仰。周振鹤即认为"在差异颇
大的多元文化类型中，要数秦、齐之别最大"⑨。

---

①　司马迁：《史记》卷六《秦始皇本纪》，北京：中华书局，1959 年，第 238-239 页。
②　参见周振鹤、李晓杰：《中国行政区划通史·总论 先秦卷》，上海：复旦大学出版
社，2017 年，第 422 页。
③　参见宣兆琦：《论战国时期的齐国政治体制》，《管子学刊》，1996 年第 3 期。
④　参见臧知非：《齐国行政制度考源——兼谈〈国语·齐语〉的相关问题》，《文史哲》，
1995 年第 4 期；赵庆淼：《齐国置"五都"说刍议》，《中国历史地理论丛》，2009 年第 4 辑。
⑤　司马迁：《史记》卷一百二十九《货殖列传》，北京：中华书局，1959 年，第 3265 页。
⑥　梁启雄：《荀子简释》第十六篇《强国》，北京：中华书局，1983 年，第 217 页。
⑦　班固：《汉书》卷二十八下《地理志下》，北京：中华书局，1962 年，第 1660 页。
⑧　司马迁：《史记》卷六十九《苏秦列传》，北京：中华书局，1959 年，第 2257 页。
⑨　周振鹤：《假如齐国统一了天下》，《随无涯之旅》，北京：生活·读书·新知三联
书店，2007 年，第 44 页。

秦、齐在制度和文化上的差异，无疑制约着"秦人"认同在齐地的确立。秦始皇显然也清楚这一点，始皇东巡，数次到达齐地，恐怕即有宣扬皇帝权威，威慑当地潜在反抗力量的考虑①。岳麓秦简中提到秦帝国对故齐"从人"及其妻、子、同产等处置，即为齐地存在反秦力量的反映②。

不过，也应注意的是，齐文化对秦帝国也产生重要影响，尤其是齐地方术和宗教文化。秦帝国确立"五德终始说"，即为齐人邹衍所创。《史记·封禅书》曰："自齐威、宣之时，邹子之徒论著终始五德之运，及秦帝而齐人奏之，故始皇采用之。"③《封禅书》又曰："邹衍以阴阳主运显于诸侯，而燕齐海上之方士传其术不能通，然则怪迂阿谀苟合之徒自此兴，不可胜数也。"④ 方士宣扬求仙长生，被秦始皇所采信。始皇东巡，也有这一方面考虑。而且，齐地固有宗教祭祀——"八神"（八主），也被始皇纳入秦帝国祭祀系统⑤。就此来讲，在秦帝国统一文化、"以法化俗"的进程中，齐文化并不全是被动的，也对秦帝国文化建设产生影响。这在秦朝各地文化中是较特别的。

秦帝国法令过于严密，又与故六国风俗存在冲突，兼之秦征发劳役过度，以致"天下苦秦久矣"。秦帝国因之崩溃，而其极力塑造的新"秦人"认同也随之瓦解。秦末，山东六国复兴，齐国也在故齐王族田儋兄弟的带领下复国。在秦楚汉之际，"齐人"颇具自立意识。田儋复齐之初，即"发兵以击周市"，"东略定齐地"；秦将章邯破齐军、杀田儋，"齐人闻王田儋死，乃立故齐王建之弟田假为齐王"，"以距诸侯"⑥，体现了齐

---

① 周振鹤：《秦始皇东巡探踪》，《随无涯之旅》，北京：生活·读书·新知三联书店，2007 年，第 252-253 页。

② 参见杨振红：《秦"从人"简与战国秦汉时期的"合从"》，《文史哲》，2020 年第 3 期。

③ 司马迁：《史记》卷二十八《封禅书》，北京：中华书局，1959 年，第 1368 页。

④ 司马迁：《史记》卷二十八《封禅书》，北京：中华书局，1959 年，第 1369 页。

⑤ 司马迁：《史记》卷二十八《封禅书》，北京：中华书局，1959 年，第 1367-1369 页。相关论述参见田天：《秦汉国家祭祀史稿》，北京：生活·读书·新知三联书店，2015 年，第 65-67 页。

⑥ 司马迁：《史记》卷九十四《田儋列传》，北京：中华书局，1959 年，第 2643-2644 页。

人注重保持齐国的独立性。项羽灭秦后，分封三齐王，引发田荣不满，"自立为齐王，尽并三齐之地"；项羽伐齐，田荣身死，"项王遂烧夷齐城郭，所过者尽屠之"，"齐人相聚畔之"，支持田荣弟田横、田荣子田广复国①。这透露出齐人"国人"意识颇强烈。后来，韩信平齐，"使人言汉王曰：'齐伪诈多变，反覆之国也，南边楚，不为假王以镇之，其势不定。愿为假王便。'"② 陈苏镇指出所谓"齐伪诈多变，反复之国也"，正是齐文化风俗独特性的表现，不利于置郡县进行一体化统治③。其实，这正是齐人"国人"意识强烈的表现。

至汉五年（前 202），天下初定，以"齐王韩信习楚风俗，徙为楚王"④，齐地曾短暂无封国。但不久后，汉六年十二月，齐人田肯进言刘邦："夫齐，东有琅邪、即墨之饶，南有泰山之固，西有浊河之限，北有勃海之利。地方二千里，持戟百万，县隔千里之外，齐得十二焉"，建议刘邦立"亲子弟"为齐王⑤。不久，刘邦以"子肥为齐王，王七十余城，民能齐言者皆属齐"⑥。田肯言及汉初齐地的形胜之处，这种观念也保存于汉初星占著作中。在《史记·天官书》载辰星四仲躔宿分野中，"齐"被作为与"汉""楚""中国"并存的四大区域之一⑦。至少在部分星占家看来，汉朝初年"齐"仍是一个政治—文化区域。刘肥封齐王，"民能齐言者皆属齐"，而语言是族群文化的核心要素之一，尤可见汉初"齐人"作为一个政治—族群共同体，是存在文化基础的。

虽然汉初齐国颇具政治和文化上的自主性，"齐人"国人意识很强烈，

---

① 司马迁：《史记》卷九十四《田儋列传》，北京：中华书局，1959 年，第 2645-2646 页。

② 司马迁：《史记》卷九十二《淮阴侯列传》，北京：中华书局，1959 年，第 2621 页。

③ 陈苏镇：《〈春秋〉与"汉道"：两汉政治与政治文化研究》，北京：中华书局，2020 年，第 84-85 页。

④ 司马迁：《史记》卷八《高祖本纪》，北京：中华书局，1959 年，第 380 页。

⑤ 司马迁：《史记》卷八《高祖本纪》，北京：中华书局，1959 年，第 382-383 页。

⑥ 司马迁：《史记》卷八《高祖本纪》，北京：中华书局，1959 年，第 384 页。另，参见同书卷五十二《齐悼惠王世家》，第 1999 页。

⑦ 陈鹏：《"辰星正四时"暨辰星四仲躔宿分野考》，《自然科学史研究》，2013 年第 1 期。

但也必须看到汉朝对于齐地的经略。第一，齐国相为汉朝皇帝任命。刘邦立刘肥为齐王，以曹参为齐相国；惠帝元年（前194），"除诸侯相国法，更以参为齐丞相"①。曹参治齐，固用黄老术，未改齐俗，但毕竟体现了汉朝中央对诸侯国的干涉，尤其当时"悼惠王富于春秋"②，齐国政务实由汉廷任命之齐相掌控。第二，汉朝为避免故六国贵族叛乱，汉九年（前198）十一月"徙齐楚大族昭氏、屈氏、景氏、怀氏、田氏五姓关中"③。故齐王族田氏正在迁徙之列，张家山汉简《奏谳书》中田南案件可为实证④。这打击了故齐贵族在齐地的影响力。

值得注意的是，吕后当政时期，对齐国颇有拆分，比如悼惠王献城阳郡为鲁元公主汤沐邑、割齐济南郡为吕王奉邑、割齐琅邪郡立刘泽为琅邪王。这引发齐王及其兄弟、臣僚不满，以致其在吕后死后发兵欲诛诸吕，甚至争帝位。至孝文帝立，"尽以高后时所割齐之城阳、琅邪、济南郡复与齐"⑤。这是对高帝刘邦时分封齐国疆域的认可，也是对齐国在诛杀诸吕中功绩的承认和妥协。不过，吕后析分齐国的做法，给日后文景二朝析分齐国和收齐地为汉郡做出了示范。

汉文帝二年（前178），"以齐之城阳郡立朱虚侯为城阳王，以齐济北郡立东牟侯为济北王"；次年，"济北王反，汉诛杀之，地入于汉"，而未返还齐国。汉文帝十五年（前165），齐文王死，无子，"国除，地入于汉"。齐国一度不存，齐系诸侯国惟剩一城阳国。后一岁，汉文帝又重新分封齐悼惠王诸子，加上城阳国，"凡七王"⑥。齐地虽仍为悼惠王子孙封国，但各诸侯国疆域远小于汉初之齐国，不过一郡之地，政治立场也不一致。统一的"齐人"意识，已走向瓦解。景帝朝，吴楚七国之乱，齐系诸

① 司马迁：《史记》卷五十四《曹相国世家》，北京：中华书局，1959年，第2028页。
② 司马迁：《史记》卷五十四《曹相国世家》，北京：中华书局，1959年，第2028-2029页。
③ 班固：《汉书》卷一下《高帝纪下》，北京：中华书局，1962年，第66页。
④ 张家山二四七号汉墓竹简整理小组编著：《张家山汉墓竹简〔二四七号墓〕》（释文修订本），北京：文物出版社，2006年，第93页。
⑤ 司马迁：《史记》卷五十二《齐悼惠王世家》，北京：中华书局，1959年，第2004页。
⑥ 司马迁：《史记》卷五十二《齐悼惠王世家》，北京：中华书局，1959年，第2005页。

侯中济南、菑川、胶西、胶东四国"擅发兵应吴楚","欲与齐",而齐国"城守不听";济北国"志坚守,不与诸侯合谋";城阳国亦未参与。叛乱平定后,济南、胶西、胶东成为汉郡;济北王改封菑川,济北成为汉郡①。可以说,历经文景二朝,齐国遭到析分、齐地收为汉郡,余下三国也不过相当汉之一郡,整体性"齐人"认同已趋于消散。至汉武帝时,齐国亦入于汉。所谓"齐人"作为"诸侯国人"彻底消失。城阳、菑川二国虽在,但武帝以降,诸侯国也渐"郡化",不再有所谓"国人"意识了。齐地人成为汉朝编户,确立了"汉人"身份认同。

　　"汉人"认同在齐地确立,然齐地旧为东夷居地,当地夷夏虽早已融合,但东夷风俗不无遗存,以致汉人视之"异类"。齐地"东夷"遗俗,主要体现在语言和婚俗上。在语言方面,扬雄《方言》划分汉代方言区,包括齐方言区和东齐方言区②。周振鹤、游汝杰指出春秋战国"齐东即当今山东半岛东部,是莱夷所居地",又指出"当时齐言的差异是很引人注目的"③。可见,齐东(或东齐)方言受莱夷影响,甚至整个齐地方言都有不同其他地区之处。林语堂指出扬雄《方言》载西汉方言中"有非纯粹中国方言而夹入他语者,如东齐青徐之夷,西秦之羌,秦北之狄,南楚之蛮,北燕之东胡皆异种语"④。就语言上讲,齐地尤其东齐地区不无东夷遗风。

　　在婚俗方面,《汉书·地理志》叙述齐地风俗有云:

　　　　始桓公兄襄公淫乱,姑姊妹不嫁,于是令国中民家长女不得嫁,

---

　　① 司马迁:《史记》卷五十二《齐悼惠王世家》,北京:中华书局,1959年,第2006-2012页。

　　② 既往学者对《方言》方言区的划分,参见雷虹霁:《秦汉历史地理与文化分区研究——以〈史记〉〈汉书〉〈方言〉为中心》,北京:中央民族大学出版社,2007年,第169页。

　　③ 周振鹤、游汝杰:《方言与中国文化》(第2版),上海:上海人民出版社,2006年,第73页。

　　④ 林语堂:《前汉方音区域考》,《林语堂名著全集》第19卷《语言学论丛》,长春:东北师范大学出版社,1994年,第33页。

　　名曰"巫儿",为家主祠,嫁者不利其家,民至今以为俗。①

　　齐地"民家长女不得嫁","为家主祠"风俗,春秋时即存在,至汉代犹存②。而这种风俗,有研究者提出来自东夷母系社会遗俗③。在汉代士大夫看来,这显然不合礼法。

　　齐地"东夷"遗俗,令汉人不时给当地贴上"东夷"文化标签。《汉书·地理志》曰:"琅邪郡,秦置。莽曰填夷。"④ 这是王莽复古改制时改置地名所为,以示镇抚边疆民族。其中有"四填郡",即改琅邪为填夷、长沙为填蛮、天水为填戎、雁门为填狄⑤。长沙、天水、雁门三郡或居住或边临蛮、戎、狄,改名倒也符合现实;但琅邪郡改曰"填夷",与琅邪早已华夏化似不尽相符。这恐怕既源自汉人观念中齐为"东夷"旧地,又与琅邪郡交通东北夷的地理位置有关⑥。当然,齐地东夷遗俗和齐为东夷旧地观念,虽偶尔影响到汉人对齐地人群身份的认识和齐地人群的自我认同,但整体上对齐地"汉人"认同影响并非实质性的。自武帝以降,"汉人"身份认同在齐地已基本确立。

二、燕地族群格局与"汉人"认同确立

　　燕地"汉人"身份认同的确立过程与齐地类似,但由于燕地位于华夏东北边缘的特殊位置,又呈现出与齐地不同之处。周灭商,封召公于燕,始有燕国。战国时代,列国"国人"意识形成,燕国也形成具有政治—族

---

① 班固:《汉书》卷二十八下《地理志下》,北京:中华书局,1962年,第1661页。
② 参见刘德增:《女闾、巫儿、不亲迎及其他——齐地女性与婚俗问题新考》,《山东社会科学》,2012年第3期。
③ 参见文镛盛:《秦汉巫觋的地域分布》,《文史知识》,1999年第8期;侯强:《齐"巫儿"婚俗探析》,《管子学刊》,2001年第2期;王克奇、王钧林主编:《山东通史·先秦卷》,北京:人民出版社,2009年,第303页。
④ 班固:《汉书》卷二十八上《地理志上》,北京:中华书局,1962年,第1585页。
⑤ 张亚凤:《新莽时期的行政区划与地名改易研究》,《档案》,2016年第11期。
⑥ 参见陈鹏:《"汉人"与"海人":秦汉时期滨海人群的身份认同》,《人文杂志》,2021年第8期。

群共同体性质的"燕人"认同。太史公曰："燕外迫蛮貉，内措齐、晋，崎岖强国之间，最为弱小，几灭者数矣。然社稷血食者八九百岁，于姬姓独后亡，岂非召公之烈邪!"① 太史公将燕国"社稷血食者八九百岁"归于召公之功德，但"最为弱小"的燕国长期未亡，实因"燕人"意识存在之故。例如燕王哙时，因让位子之，以致"国大乱，百姓恫恐"，齐趁势破燕，而"燕人共立"燕昭王，复兴燕国②。然太史公注意到"燕外迫蛮貉"，确为燕国族群格局特色。燕国北边东胡，燕将秦开破东胡，"东胡却千余里"，燕置上谷、渔阳、右北平、辽西、辽东五郡③。此五郡之地，除燕人外，恐怕不无胡貉。在东北方向，燕国"尝略属真番、朝鲜，为置吏，筑鄣塞"④，当地当为汉貉杂居。是故，燕国虽形成"燕人"认同，但北边邻近东胡、箕氏朝鲜，因燕国扩张而不乏胡貉族群。这是燕国族群格局之特点。

秦统一后，将"新秦人"推广至帝国各地，燕地人群也呈现出"秦人化"趋势。但与齐、楚诸国类似，燕地风俗亦不同于秦，燕人也不乏反秦情绪和故国之思。值得注意的是，《史记·朝鲜列传》提到"故燕、齐亡命者"⑤，盖战国末燕、齐亡命朝鲜者，此尤可见燕人、齐人颇有不欲为"秦民"者。

秦末，陈胜、吴广起事，列国复兴，燕也走向复国。赵将"韩广将兵北徇燕地"，"燕故贵人豪杰"说服韩广自立为燕王⑥，"燕人"意识亦复兴。至秦亡，项羽分封诸侯，以"燕将臧荼从楚救赵，因从入关，故立荼

---

① 司马迁：《史记》卷三十四《燕召公世家》，北京：中华书局，1959 年，第 1561-1562 页。

② 司马迁：《史记》卷三十四《燕召公世家》，北京：中华书局，1959 年，第 1556-1557 页。

③ 司马迁：《史记》卷一百十《匈奴列传》，北京：中华书局，1959 年，第 2885-2886 页。

④ 司马迁：《史记》卷一百一十五《朝鲜列传》，北京：中华书局，1959 年，第 2985 页。

⑤ 司马迁：《史记》卷一百一十五《朝鲜列传》，北京：中华书局，1959 年，第 2985 页。

⑥ 司马迁：《史记》卷四十八《陈涉世家》，北京：中华书局，1959 年，第 1955-1956 页。

为燕王"，而"徙燕王韩广为辽东王"；"臧荼之国，因逐韩广之辽东，广弗听，荼击杀广无终，并王其地"①。就此而言，秦末燕国自复国以来，并未发生实质性分裂，令当地人群始终保持整体和统一的"燕人"认同。这与楚一度分为四、齐一度分为三颇有不同。

楚汉战争中，汉将韩信从李左车之策，"发使使燕，燕从风而靡"②。《汉书·高帝纪》称汉四年（前203）八月"北貉、燕人来致枭骑助汉"③。"燕人"与"北貉"并列，可见"燕人"具有族群性质。而二者一并"致枭骑助汉"，当皆为燕国之兵。颜师古注引应劭曰："北貉，国也。"又曰："貉在东北方，三韩之属皆貉类也。"④ 貉，或作"貊"，一般认为与秽人共同构成分布于今中国东北地区和朝鲜半岛的秽貊族系⑤，但不乏学人主张貉人出自东胡或山戎等游牧族群⑥。上文提到战国燕国北边邻近东胡、箕氏朝鲜，正与北貉相接，甚至因燕国扩张，境内不乏貉人。此处"北貉""燕人"当皆燕国发来助汉之军，也透露出燕国境内存在貉人。

汉灭楚，臧荼与各诸侯王共尊汉王刘邦为皇帝。然汉五年十月，臧荼反，被汉所灭，刘邦立卢绾为燕王。汉十二年，卢绾遭猜忌，刘邦使樊哙击燕，卢绾"悉将其宫人家属骑数千居长城下"，后于刘邦死后，"将其众亡入匈奴"⑦。秦楚汉之际，韩广、臧荼、卢绾先后自立或分封为燕王。一方面，这显示出"燕人"认同尚存，有着燕地自立一诸侯国的需求；另一方面，这三位燕王皆非故燕王族或贵族，与齐、楚等国明显有别，又透露出故燕贵族虽尚有一定影响力，但不足以决定燕地政治立场，有利于日后燕地"汉人化"进程。

---

① 司马迁：《史记》卷七《项羽本纪》，北京：中华书局，1959年，第316、320页。

② 司马迁：《史记》卷九十二《淮阴侯列传》，北京：中华书局，1959年，第2618页。

③ 班固：《汉书》卷一上《高帝纪上》，北京：中华书局，1962年，第46页。

④ 班固：《汉书》卷一上《高帝纪上》，北京：中华书局，1962年，第46页。

⑤ 王锺翰主编：《中国民族史》，武汉：武汉大学出版社，2012年，第259页。

⑥ 参见蒙文通：《周秦少数民族研究》，蒙默编《蒙文通全集》第4册《古族甄微》，成都：巴蜀书社，2015年，第72-73页；杨军：《秽与貊》，《烟台师范学院学报》（哲学社会科学版），1996年第4期。

⑦ 司马迁：《史记》卷九十三《韩信卢绾列传》，北京：中华书局，1959年，第2639页。

卢绾逃亡，刘邦"赦燕吏民与反者"，"立皇子建为燕王"①。高后七年（前181），刘建死，无后，国除；八年十月，吕后封吕通为燕王，同年高后死，诸吕被杀。文帝立，徙琅邪王刘泽为燕王。从吕通、刘泽立为燕王来看，燕国废立几乎已由汉朝中央操控。景帝三年（前154），汉朝平定吴楚七国之乱后，趁势收诸侯国之边郡，"燕国之上谷等五边郡收属汉，燕国唯余广阳一郡"②。五边郡即上谷、渔阳、右北平、辽东、辽西，皆战国燕国发东胡后新置。削此五郡，既令燕国疆域无异于汉郡，更令整体性"燕人"认同消散。至武帝元朔元年（前128），刘泽曾孙燕王刘定国因罪自杀，"国除为郡（燕郡）"③。"燕人"认同彻底消亡，而"汉人"认同在燕地确立。此后，元狩六年（前117），武帝虽立子刘旦为燕王，但此燕国与汉郡已无多大区别，更不存在政治—族群共同体性质的"燕人"认同了。

燕地处于汉帝国东北边缘，邻近胡貊。《史记·货殖列传》曰：

> 夫燕亦勃、碣之间一都会也。南通齐、赵，东北边胡。上谷至辽东，地踔远，人民希，数被寇，大与赵、代俗相类，而民雕捍少虑，有鱼盐枣栗之饶。北邻乌桓、夫余，东绾秽貊、朝鲜、真番之利。④

《汉书·地理志》也有类似记叙⑤。燕地原本北邻东胡、匈奴，东北邻秽貊、夫余、箕氏朝鲜等边疆族群和政权。然秦汉之际，匈奴冒顿单于破灭东胡，"虏其民人及畜产"⑥，东胡分崩为乌桓、鲜卑诸部，燕地北边则为匈奴左部和东胡余部。汉初燕王卢绾反，燕人卫满"亡命，聚党千余人，

---

① 司马迁：《史记》卷八《高祖本纪》，北京：中华书局，1959年，第391页。
② 周振鹤：《西汉政区地理》，北京：商务印书馆，2017年，第68-69页。
③ 司马迁：《史记》卷五十一《荆燕世家》，北京：中华书局，1959年，第1997页。
④ 司马迁：《史记》卷一百二十九《货殖列传》，北京：中华书局，1959年，第3265页。
⑤ 班固：《汉书》卷二十八下《地理志下》，北京：中华书局，1962年，第1657页。
⑥ 司马迁：《史记》卷一百十《匈奴列传》，北京：中华书局，1959年，第2889页。

魋结蛮夷服而东走出塞，渡浿水"①，进入箕氏朝鲜北部，后代箕氏朝鲜建立卫氏朝鲜。汉武帝时，"遣骠骑将军霍去病击破匈奴左地，因徙乌桓于上谷、渔阳、右北平、辽西、辽东五郡塞外，为汉侦察匈奴动静"②；又经略东北，破卫氏朝鲜，置乐浪、玄菟、真番、临屯四郡，亦属广义之燕地③。

可以说，自战国以来，燕地北邻胡貉，甚至有胡貉之人进入燕地边郡。汉武帝以降，乌桓葆塞，居五郡塞外，但亦不乏入塞者；武帝东北经略，置四郡，更是将当地秽貉、朝鲜、真番等东北夷纳入汉朝郡县统治。在这一情形下，西汉燕地已杂居胡貉之人。降至东汉，乌桓因汉朝劳飨、赏赐或打击，渐入塞内。光武帝朝，"乌桓或愿留宿卫，于是封其渠帅为侯王君长者八十一人，皆居塞内，布于缘边诸郡，令招来种人，给其衣食，遂为汉侦候，助击匈奴、鲜卑"④，已有大量乌桓进入塞内"缘边诸郡"，而塞外则分布着鲜卑诸部。乌桓入塞，令燕地汉人与乌桓杂糅。例如灵帝"中平四年，前中山太守张纯畔，入丘力居众中，自号弥天安定王，遂为诸郡乌桓元帅，寇掠青、徐、幽、冀四州"⑤，汉人张纯成为诸郡乌桓首领；再如刘虞任幽州刺史，"民夷感其德化，自鲜卑、乌桓、夫余、秽貊之辈，皆随时朝贡，无敢扰边者"⑥，可知幽州民夷杂居；再如"广阳阎柔，少没乌丸、鲜卑中，为其种所归信"⑦，亦可见燕地汉人与乌桓、鲜卑交融。

《汉书·王莽传》载王莽下书曰："粟米之内曰内郡，其外曰近郡。有障徼者曰边郡。"⑧《汉书·宣帝纪》颜师古注引韦昭曰："中国为内郡，

① 司马迁：《史记》卷一百一十五《朝鲜列传》，北京：中华书局，1959 年，第 2985 页。
② 范晔：《后汉书》卷九十《乌桓鲜卑列传》，北京：中华书局，1965 年，第 2981 页。
③ 《汉书·地理志》叙燕地风俗，即称"乐浪、玄菟，亦宜属焉"。参见班固：《汉书》卷二十八下《地理志下》，北京：中华书局，1962 年，第 1657 页。
④ 范晔：《后汉书》卷九十《乌桓鲜卑列传》，北京：中华书局，1965 年，第 2982 页。
⑤ 范晔：《后汉书》卷九十《乌桓鲜卑列传》，北京：中华书局，1965 年，第 2984 页。
⑥ 范晔：《后汉书》卷七十三《刘虞列传》，北京：中华书局，1965 年，第 2353 页。
⑦ 陈寿：《三国志》卷三十《魏书·乌丸传》，北京：中华书局，1982 年，第 835 页。
⑧ 班固：《汉书》卷九十九中《王莽传中》，北京：中华书局，1962 年，第 4136 页。

缘边有夷狄障塞者为外郡。"① "边郡" 系相对于 "内郡" 而言，边邻夷狄，置有障徼，在政治制度、族群格局和社会风俗等方面，皆与 "内郡" 有别②。燕地诸郡中上谷、渔阳、右北平、辽西、辽东，以及乐浪四郡等，皆属边郡。而燕地编户齐民因居于边地，甚至与胡貊杂居，也被视作 "边民" "边人"。这意味着燕地人群处于 "华夏边缘" 的位置。燕地人群处于 "汉人" 与北方诸族交界地带，呈现出胡汉交融色彩。即如朱圣明指出，汉代边民 "有着不同于 '内郡汉民' 与 '塞内蛮夷' 的族群特征和群体心理"③。燕地人群在族群认同上，于胡汉之间具有一定可选择性。

秦汉之际，燕地因处东北边，上自贵族，下到齐民，均存在移民塞外的情况。上文提及战国末，燕、齐之人颇有亡命朝鲜者；汉初燕王卢绾率众入匈奴，居东胡故地，号东胡卢王；燕人卫满率众入朝鲜，后建立卫氏朝鲜。他们离开燕齐，进入草原地区或朝鲜半岛北部，显然抛弃了原本的 "燕人" 身份。"汉人" 身份认同在燕地确立后，也不乏越塞或出塞现象。而且，西汉灭卫氏朝鲜，乐浪四郡即汉人与秽貊族系杂居；东汉乌桓内迁，幽州边郡也是胡汉杂糅。这令汉人进入非华夏族群聚居区更为方便，甚至不需越塞。上文提及东汉张纯、阎柔进入乌桓，恐怕即不需出塞。汉末，"时幽、冀吏人奔乌桓者十万余户"④，燕地（幽州）吏民入乌桓者极多。那么，燕地人群出塞或亡入夷狄者，是否形成新的身份认同呢？

王子今指出汉代 "'亡人' 作为流动人口，具有背离编户齐民社会结构定式的身份"，并提出 "汉代 '亡人' 的民族意识并不十分鲜明，在民族关系中不持极端的态度，而取宽和倾向"⑤。王子今指出 "亡人" 背离编户身份诚属卓识，而他认为 "汉人" 民族意识不鲜明，恐怕主要指 "亡

---

① 班固：《汉书》卷八《宣帝纪》，北京：中华书局，1962 年，第 241 页。

② 参见谢绍鹢：《秦汉边郡概念小考》，《中国历史地理论丛》，2009 年第 3 期；杜晓宇：《试论秦汉 "边郡" 的概念、范围与特征》，《中国边疆史地研究》，2012 年第 4 期。

③ 朱圣明：《华夷之间：秦汉时期族群的身份与认同》，厦门：厦门大学出版社，2017 年，第 292 页。

④ 范晔：《后汉书》卷九十《乌桓鲜卑列传》，北京：中华书局，1965 年，第 2984 页。

⑤ 王子今：《汉代北边 "亡人"：民族立场与文化表现》，《南都学坛》，2008 年第 2 期。

人"未表现出"正统的强烈的民族情绪",或者说并不一定对其他民族保持长期敌对情绪①。但亡入其他族群的"汉人",族群认同未必没有变化。就燕地人群来看,似可分为两类情形:一类明显改变族群认同,比如卫满率众出塞,"魋结蛮夷服",俨然以蛮夷自居;汉文帝时"宦者燕人中行说"被迫随公主入匈奴,教匈奴保存故俗,勿用"汉物",甚至让单于在汉匈交往文书中"倨傲其辞",展现出"亲近匈奴而背弃中原"的情感倾向②;东汉张纯入乌桓,"自号弥天安定王","为诸郡乌桓元帅",被乌桓奉为首领,至少形式上改变了族群认同。另一类亡入边疆族群者,族群意识则较模糊。比如卢绾入匈奴,虽为东胡卢王,但"为蛮夷所侵夺,常思复归",其妻子于吕后时归汉,其孙卢他之于景帝朝降汉。卢绾家族虽入匈奴,但仍怀故国之思,后归汉,恢复"汉人"身份③。再如阎柔虽"少没乌丸、鲜卑中,为其种所归信",但并不以乌桓或鲜卑人自居,后降曹操,"迁护乌丸校尉",并曾"从征三郡乌丸",曹魏时任"度辽将军"④。

　　综上,燕地因邻近边疆民族,甚至因汉朝开边和边疆民族内迁,燕地边疆呈现出胡汉杂糅的族群格局。燕地"汉人"作为汉朝边民,呈现出胡汉之间的族群身份特征。他们易于进入胡貊聚落,甚至被胡貊族群接纳和推崇,在族群认同上有着更多的选择。不过,整体上讲,燕地人群更多保持"汉人"认同,进入汉朝郡县的蛮夷也渐"汉化"。费孝通指出,华夏或汉人形成后,成为"中华民族多元一体格局"之凝聚核心,汉人进入民族聚居区,渐形成一个网络,构成多元一体格局的骨架⑤。就此来讲,历经秦汉二朝整合,"汉人"身份认同在各地确立,有助于吸引周边族群"汉化"。而周边族群面对汉朝之富强,或向往归附,或被迫投降,呈现出"内聚化"趋势,也成为他们趋于"汉化"因素之一。这也是燕地汉人保

---

①　王子今:《汉代北边"亡人":民族立场与文化表现》,《南都学坛》,2008 年第 2 期。

②　王子今:《汉代北边"亡人":民族立场与文化表现》,《南都学坛》,2008 年第 2 期。

③　严格来讲,卢绾家族是以"燕人"身份进入匈奴,返回汉朝后,成为"汉人"的。

④　陈寿:《三国志》卷八《魏书·公孙瓒传》,北京:中华书局,1982 年,第 247 页。

⑤　费孝通:《中华民族的多元一体格局》,费孝通主编《中华民族多元一体格局》(修订本),北京:中央民族大学出版社,1999 年,第 31-32 页。

持"汉人"身份和燕地胡貊"汉化"的背景。

三、余论：燕齐族群认同的共性和差异

纵观秦汉时代燕齐地区的族群认同，可发现燕、齐之间存在着共性和差异。燕、齐人群由战国入秦汉，均经历从诸侯"国人"到"汉人"身份的转变。这可以说是二者最大的共性，体现了秦汉帝国统一促使"诸夏"整合，形成"单数的华夏"。但因燕地和齐地的地理环境和文化风俗差异，两地人群的"汉人化"进程也不尽相同。相对而言，燕地"汉人"认同确立的波折较齐地略小。齐为形胜之地，号曰"东秦"，秦末汉初齐地政治势力较强，接受"汉人"身份的阻碍稍大。然普遍的"汉人"认同在汉帝国境内确立后，燕地人群身份和族群认同较诸齐地却更为复杂。盖燕地邻近胡貊，既有汉人亡入胡貊之中，又有北方族群进入郡县，令燕地胡汉杂居，当地人群在身份认同上也存在更多选择；而齐虽东夷旧地，不无东夷遗俗，但整体上已然华夏化久矣。就此来看，秦汉帝国整合"诸夏"，最终确立"汉人"身份认同，在各地区呈现出不同面貌。

应补充的是，本章伊始指出燕齐地区存在着一个显著共性，即二者均存在滨海郡县。《史记·货殖列传》称"夫燕亦勃、碣之间一都会也"，"有鱼盐枣栗之饶"；"齐带山海"，"人民多文彩布帛鱼盐"，"临菑亦海岱之间一都会也"①。这点本节较少涉及，但滨海环境带来的文化和生计方式，影响到燕齐人群的身份认同。另外，汉朝经略东北，置乐浪四郡，不乏燕齐之人迁居四郡，与当地族群杂居。四郡亦属广义上之燕地，但族群格局和族群认同却呈现出与"故燕地"②不同的面貌，更与齐地不同。以上两点，作为特殊地域和人群之案例，有助于全面认识秦汉时代燕齐地区的人群身份和族群认同，本章将于接下来二节分别予以讨论。

① 司马迁：《史记》卷一百二十九《货殖列传》，北京：中华书局，1959年，第3265页。
② 此处"故燕地"大抵指战国中后期燕国疆域。

第二节 燕齐滨海地域人群的身份认同

燕齐地区濒临海洋，在人群身份和族群认同的塑造上，受到滨海环境与海洋文化的影响。在燕齐地区"汉人"身份确立进程中，滨海人群的身份认同，呈现出不同于内陆地区之处。20世纪30年代，陈寅恪发表《天师道与滨海地域之关系》一文，已注意到汉晋时期滨海地域文化和人群的特殊性①；顾颉刚也论及燕齐滨海风尚对神仙方士的影响②。其后，卢云系统论述了汉晋时期燕齐滨海地带方士文化、谶纬神学和早期道教的渊源、发展与传播情况③；王子今广泛研究了秦汉燕齐滨海地域的政治、经济、交通和文化等方面，涉及鱼盐业、航海业、海盗、海洋文化、海洋灾害诸问题④，其中部分成果近年结集成《东方海王》一书⑤；鲁西奇深入考察了汉唐间滨海地域人群的生计方式、活动形态和文化信仰⑥。这些研究丰富了我们

① 陈寅恪：《天师道与滨海地域之关系》，《陈寅恪集·金明馆丛稿初编》，北京：生活·读书·新知三联书店，2015年，第1-46页。

② 顾颉刚：《秦汉的方士与儒生》，《顾颉刚古史论文集》卷二，北京：中华书局，2011年，第478-481页。

③ 详见卢云：《秦汉时代滨海地区的方士文化》，《复旦学报》（社会科学版），1988年第6期；《汉晋文化地理》，西安：陕西人民教育出版社，1991年，第143-250页。

④ 详见王子今：《秦汉时代的并海道》，《中国历史地理论丛》，1988年第2期；王子今：《秦汉区域文化研究》，成都：四川人民出版社，1998年，第76-93页；王子今：《秦汉时期的环渤海地区文化》，《社会科学辑刊》，2000年第5期；王子今：《秦汉时期的海洋开发与早期海洋学》，《社会科学战线》，2013年第7期；王子今、李禹阶：《汉代的"海贼"》，《中国史研究》，2010年第1期。

⑤ 王子今：《东方海王：秦汉时期齐人的海洋开发》，北京：中国社会科学出版社，2015年。此外，王子今的《秦汉海洋文化研究》（北京：北京师范大学出版社，2021年）一书，也收录多篇相关论文，但不局限于燕齐滨海地域。

⑥ 详见鲁西奇：《中古时代滨海地域的"水上人群"》，《历史研究》，2015年第3期；鲁西奇：《汉唐时期王朝国家的海神祭祀》，《厦门大学学报》（哲学社会科学版），2017年第6期；鲁西奇：《汉唐时期滨海地域的社会与文化》，《历史研究》，2019年第3期；鲁西奇：《中古时代的滨海地域》，《谁的历史》，桂林：广西师范大学出版社，2019年，第110-134页；鲁西奇、宋翔：《中古时代滨海地域的"鱼盐之利"与滨海人群的生计》，《华东师范大学学报》（哲学社会科学版），2016年第4期。

对秦汉时代燕齐滨海地域的了解，但对这一区域人群的身份认同却所涉不多。事实上，滨海环境与海洋文化，令燕齐滨海人群在身份塑造和认同构建上，呈现出独特之处①。本节即拟考察秦汉时代燕齐滨海人群的身份认同，探讨"汉人"身份认同在这一区域的建立与遭遇的阻碍，以期为认识秦汉时代社会整合与"华夏"塑造提供新视角。

一、燕齐滨海地域"汉人"认同建立及其阻碍

陈寅恪提出的"滨海地域"概念，大体指滨海郡县或受海洋影响之文化区域。其后，卢云、王子今等基本都遵循这种用法。近年，鲁西奇将"滨海地域"界定为一种"基于自然地理区域的经济区域"，即"濒临海洋、居住人群之生计与海洋环境有着密切关系或受海洋环境影响其巨的地区，包括大陆的沿海地区、沿海诸岛屿及相关水域"②。这一定义侧重从区域人群的生计方式来界定似更精确，但或有失诸狭义之嫌。汉代有"负海之郡"一词③，是对滨海郡县的直接描述；而滨海郡县民户并不都从事与海洋有关的生计，惟生活与文化受到海洋环境影响。因此，本节所论"滨海地域"，仍因袭陈寅恪开创的较宽泛用法。秦汉"燕齐滨海地域"，指濒临今渤海、黄海的郡县地区④，以及相临海域、岛屿。

上节指出，燕齐滨海人群，在战国时，基本属于"燕人""齐人"的一部分。随着秦汉帝国统一，他们渐被整合进"秦人"或"汉人"中，最终形成"汉人"认同。当然，这一过程是颇为复杂和波折的。滨海环境和海洋文化，即给上述进程带来了阻碍和挑战，令当地"汉人"身份认同建立呈现出独特之处。

首先，燕齐滨海地域为诸侯国提供了地理和资源上的优势，延缓了燕

---

① 研究者考察宋元以降东南沿海疍民，注意到滨海人群的族群认同问题。参见黄向春：《从疍民研究看中国民族史与族群研究的百年探索》，《广西民族研究》，2008 年第 4 期。

② 鲁西奇：《中古时代滨海地域的"水上人群"》，《历史研究》，2015 年第 3 期。

③ 司马迁：《史记》卷一百一十二《平津侯主父列传》，北京：中华书局，1959 年，第 2954 页。

④ 汉代尚无"黄海"概念，当时"东海"包括今黄海和东海。参见王赛时：《山东海疆文化研究》，济南：齐鲁书社，2006 年，第 16 页。

齐诸侯和"燕人""齐人"认同的衰亡。地理优势是指海洋、岛屿可供滨海诸侯逃亡避难，并对抗和威胁陆上政权。最典型者，即汉初齐王田横率众"入海，居岛中"之事。刘邦认为田横在齐地影响较大，"在海中不收，后恐为乱，乃使使赦田横罪而召之"；田横"请为庶人，守海岛中"，但未获允，后于"诣雒阳"途中自刭，其海岛徒属五百余人皆自杀①。刘邦召田横，有利用其威望"'存恤'齐众"的考量②，但也是顾及田横海岛势力对汉帝国的威胁。《史记·傅靳蒯成列传》提到汉初傅宽"为齐右丞相，备齐"，裴骃《集解》引张晏曰："时田横未降，故设屯备。"③ 所备之"齐"，正指田横海岛势力。与之类似，汉景帝时，七国之乱，汉军伐胶西国，胶西王太子刘德建议其父袭击汉军，并称"击之不胜，乃逃入海，未晚也"④。可见，海洋、岛屿为燕齐诸侯提供了退路和据守、抗争之地。

资源优势则为滨海地域的"鱼盐之利"。先秦齐国凭此强盛，甚至萌生"海王之国"的理想⑤。战国末，燕王"尽率其精兵东保于辽东"⑥，欲凭"辽泽"天险抵御秦军，也是因辽东海盐可为燕国提供经济支持⑦。至汉朝前期，滨海诸侯仍"专巨海之富而擅鱼盐之利"⑧，以此积累财富来对抗汉朝廷。自战国至汉初，滨海地利与"鱼盐之利"，成为燕、齐诸侯阻碍统一或抗衡中央的重要凭借，也因之延缓了"燕人""齐人"融入"汉人"的进程。

其次，燕齐滨海地域距离秦与西汉的统治核心区——关中地区较远，

① 司马迁：《史记》卷九十四《田儋列传》，北京：中华书局，1959年，第2647-2649页。

② 陈苏镇：《〈春秋〉与"汉道"：两汉政治与政治文化研究》，北京：中华书局，2020年，第85页。

③ 司马迁：《史记》卷九十八《傅靳蒯成列传》，北京：中华书局，1959年，第2708页。

④ 司马迁：《史记》卷一百六《吴王濞列传》，北京：中华书局，1959年，第2835页。

⑤ 王子今：《"鱼盐所出"：先秦齐人的海洋资源开发》，《东方海王：秦汉时期齐人的海洋开发》，北京：中国社会科学出版社，2015年，第11-12页。

⑥ 司马迁：《史记》卷八十六《刺客列传》，北京：中华书局，1959年，第2536页。

⑦ 王海：《东北亚走廊与"秦灭燕"》，王子今主编《秦统一的进程与意义》，北京：中国社会科学出版社，2017年，第120页。

⑧ 王利器校注：《盐铁论校注》卷二《刺权》，北京：中华书局，1992年，第120页。

成为隐逸、亡命的隐匿场所。秦时，韩国贵族子弟张良"东见仓海君"，"得力士"，于博浪沙狙击秦始皇；失败后，"更名姓，亡匿下邳"①。"仓海君"身份暂无从确定②，可能是燕齐滨海之人。下邳为秦东海郡属县，地属"东楚"，但初为战国齐相邹忌封地，地理位置和文化风俗皆近于齐。张良"见仓海君"与"亡匿下邳"，实透露出燕齐滨海地域存在反秦力量。滨海人群甚至因交通之便，逃离秦汉帝国的统治。秦朝著名方士燕人卢生、齐人徐福，即先后因入海求仙而不返。普通滨海民众，也可能因逃避赋役或战乱而亡命入海。《后汉书·东夷列传》曰"辰韩，耆老自言秦之亡人，避苦役，适韩国"③，很可能即来自燕齐滨海地域。无论是隐匿海滨，还是亡命入海，这些人均展现出逃避王朝统治的一面，对"秦人""汉人"认同在燕齐地区的推进无疑也是一种阻碍或挑战。

最后，燕齐滨海地域与秦、西汉的统治核心区（关中）文化差异较大，阻碍了"秦人""汉人"认同在燕齐地区的建立。自战国以来，关中与关东文化即呈现较大差异。周振鹤指出齐、秦文化在政治制度、经济思想、学术文化、宗教信仰、风俗习尚等方面差异极明显④；王子今注意到"处于北边区、滨海区以及三晋文化区"交接处的燕地，在秦统一过程中出现"最激烈的反抗"，至西汉也发生"频繁的反乱"，展现出特殊的区域政治文化风格⑤。《荀子·议兵》曰："兼并易能也，唯坚凝之难焉。"⑥在政治统一后，欲实现身份和认同的整齐划一，必有赖于文化大一统。燕、齐文化无疑会影响"秦人""汉人"认同在当地的建立，而海洋文化正是燕齐文化的重要组成和独特之处。

---

①　司马迁：《史记》卷五十五《留侯世家》，北京：中华书局，1959 年，第 2034 页。

②　参见王子今：《"仓海君"传说》，《东方海王：秦汉时期齐人的海洋开发》，北京：中国社会科学出版社，2015 年，第 113-116 页。

③　范晔：《后汉书》卷八十五《东夷列传》，北京：中华书局，1965 年，第 2819 页。

④　周振鹤：《假如齐国统一了天下》，《随无涯之旅》，北京：生活·读书·新知三联书店，1996 年，第 34-49 页。

⑤　王子今：《〈安世房中歌〉"纷乱东北"、"盖定燕国"解》，《秦汉边疆与民族问题》，北京：中国人民大学出版社，2011 年，第 100-101 页。

⑥　梁启雄：《荀子简释》第十五篇《议兵》，北京：中华书局，1983 年，第 206 页。

滨海环境和海洋文化给秦汉帝国整合和重塑"华夏"带来阻碍和挑战，迫使帝国统治者予以足够的重视。秦始皇五次出巡，其中四次抵达燕齐海滨地域，甚至巡行海上，即有着稳定和控制燕齐滨海地域乃至临近海域的考虑。始皇东巡刻石，展现出这种想法。琅邪刻石曰"东抚东土，以省卒士。事已大毕，乃临于海"；之罘刻石曰"巡登之罘，临照于海"，"览省远方"，"逮于海隅"①。同时，秦帝国注重吸收燕齐滨海文化，尤其是邹衍"五德终始说"、齐地"八主"祭祀和"神仙说"，皆与"燕齐海上之方士"有关②。秦帝国塑造文化和信仰的大一统，对六国旧俗多用法令加以整饬和规范，而很少积极吸取，但燕齐滨海文化是个例外。这或许是由于滨海文化有助于塑造秦帝国的正统性，并迎合了秦始皇追求长生的个人需求。但此举在客观上起到调和秦文化与燕齐文化的作用，有助于促进燕齐故民接受"新秦人"身份。

汉朝前期，滨海地利和资源对诸侯国的作用得到皇帝和中央朝廷的重视。王子今指出："汉景帝削藩，极其重视对沿海地方统治权的回收，突出表现在吴楚七国之乱平定之后对于沿海区域的控制。"③ 吴楚七国之乱前后，燕之辽东、辽西、右北平、渔阳，齐之渤海、北海、平原、东莱、琅邪等滨海之郡皆纳于汉④。太史公曰诸侯"或以適削地"，"名山陂海咸纳于汉"⑤，正透露出汉朝有意剥夺诸侯国的海洋资源。

经过景帝朝对燕齐诸侯的"削地"和剥夺海洋资源，兼之收夺诸侯王自治权、推行"汉法"等措施，诸侯王国渐近乎汉郡⑥。燕齐诸侯国人随之成为汉朝编户，接受了"汉人"身份。然汉武帝对燕齐滨海地域仍十分

---

① 司马迁：《史记》卷六《秦始皇本纪》，北京：中华书局，1959 年，第 245、249-250 页。

② 司马迁：《史记》卷二十八《封禅书》，北京：中华书局，1959 年，第 1367-1369 页。

③ 王子今：《秦汉帝国执政集团的海洋意识与沿海区域控制》，中国人民大学国学院国史教研室编《国学视野下的历史秩序》，北京：中国社会科学出版社，2016 年，第 119 页。

④ 参见周振鹤、李晓杰、张莉：《中国行政区划通史·秦汉卷》（上），上海：复旦大学出版社，2017 年，第 150-155 页。

⑤ 司马迁：《史记》卷十七《汉兴以来诸侯王年表》，北京：中华书局，1959 年，第 803 页。

⑥ 参见陈苏镇：《〈春秋〉与"汉道"：两汉政治与政治文化研究》，北京：中华书局，2020 年，第 144-146 页。

重视，先后至少十次"东巡海上"，并吸收以"燕齐海上方士"为代表的滨海文化①。武帝"东巡海上"，虽有着追求长生的企图，但不能否定其中蕴含着稳定滨海地域的考虑。他对燕齐滨海地域控制的强化、对滨海文化的重视，从政治和文化上对燕齐之人完成接受"汉人"认同的心理转变无疑起到积极作用。

二、燕齐滨海地域人群的类型与身份

汉武帝朝，"汉人"身份与认同在燕齐地区基本建立，但来自滨海地域的挑战却未就此消弭。燕齐滨海人群，较诸内陆民户仍存在特殊之处。那么，秦汉时代燕齐滨海地域生活着哪些人呢？鲁西奇认为滨海人群"在生计方式、居住方式与生活方式诸方面依赖于海洋"，是"以海为生的人群"，并将滨海人群分为渔民、艇户、盐民和海盗四类②。

在秦汉时代，上述四类人在燕齐滨海人群中的确比较典型。《史记》称燕"有鱼盐枣栗之饶"；"齐带山海"，"人民多文彩布帛鱼盐"③。燕齐滨海地域鱼盐资源丰富，不乏捕鱼的渔人和煮盐的盐民。因海上交通之便，燕齐地区亦存在从事海上运输营生的船人、水手，劳榦即指出"燕齐人向来长于航海"④。王子今注意到《史记·平准书》和《汉书·卜式传》载齐地"习船者"，认为他们是"善于驾驶船舶、操纵船舶的人员"⑤。至于海贼，作为滨海地域的劫掠者或反朝廷武装力量，屡见于文献记载⑥。

---

① 王子今：《汉武帝"东巡海上"》，《东方海王：秦汉时期齐人的海洋开发》，北京：中国社会科学出版社，2015年，第122—139页。
② 鲁西奇：《中古时代滨海地域的"水上人群"》，《历史研究》，2015年第3期；《中古时代的滨海地域》，《谁的历史》，桂林：广西师范大学出版社，2019年，第112—119页。
③ 司马迁：《史记》卷一百二十九《货殖列传》，北京：中华书局，1959年，第3265页。
④ 劳榦：《两汉户籍与地理之关系》，中华书局编辑部编《中研院历史语言研究所集刊论文类编·历史编·秦汉卷》，北京：中华书局，2009年，第51页。
⑤ 王子今：《"博昌习船者"考议》，《东方海王：秦汉时期齐人的海洋开发》，北京：中国社会科学出版社，2015年，第159页。
⑥ 参见王子今、李禹阶：《汉代的"海贼"》，《中国史研究》，2010年第1期；王子今：《吕母暴动与青州"海贼"》，《东方海王：秦汉时期齐人的海洋开发》，北京：中国社会科学出版社，2015年，第166—184页。

　　直接与海洋有关的人群，还有滨海方士和海商。以《史记·封禅书》《汉书·郊祀志》为代表的先秦秦汉文献，屡次提到"燕齐海上方士"。他们对神仙方术的构建和阐发，往往来自对海洋自然环境和神秘现象的探索与想象。海商也是燕齐滨海地域活动的人群。研究者即注意到汉朝燕齐地区与朝鲜半岛、日本之间存在着海路贸易往来①。

　　以上几类滨海人群，无论是海上劳作的渔人、船人，还是往来于海上的海商、海贼，抑或入海求仙的方士、海滨煮盐的盐民，在生活或生计方式上，往往依靠海洋环境和资源。然而，依据生活和生计方式来界定"滨海人群"，虽令这一概念明晰、具体，但也失诸狭隘。

　　其实，滨海地域的最大人群，仍要属滨海郡县的普通民户。他们多以农为生，在生计上不依靠（或少依靠）海洋资源，以致其"滨海人群"身份往往被忽略。但他们与渔人交换海产品，信奉滨海祭祀或神仙方术，也遭受海洋灾害带来的损失②，在生活环境与文化信仰上与内陆民户存在明显差异。更关键的是，滨海吏民会因经济压力或政治压迫而转向依靠海洋生存。秦始皇时，"燕、齐之士，释锄耒，争言神仙"③。"释锄耒"的燕齐之士，显然多为原农耕民户。西汉时，菑川人公孙弘"少时为薛狱吏，有罪，免。家贫，牧豕海上"④，是普通民户因贫困而暂时从事海滨畜牧。莽新时，琅邪"吕母子为县吏，为宰所冤杀"，吕母起事"杀其宰"，"引兵入海"⑤，则是由吏民之家转变为海中武装集团。

　　另外，滨海地域还存在着隐逸人士。在生计上，他们可能以农业、采集为生，也可能从事渔钓等依靠海洋的生计；在生活上，他们可能近乎普

　　① 罗德里希·普塔克著，史敏岳译：《海上丝绸之路》，北京：中国友谊出版公司，2019年，第58页。
　　② 关于汉代海洋灾害，参见王子今：《齐地"海溢"灾害的历史记忆》，《东方海王：秦汉时期齐人的海洋开发》，北京：中国社会科学出版社，2015年，第298-308页。
　　③ 王利器校注：《盐铁论校注》卷六《散不足》，北京：中华书局，1992年，第355页。
　　④ 司马迁：《史记》卷一百一十二《平津侯主父列传》，北京：中华书局，1959年，第2949页。
　　⑤ 班固：《汉书》卷九十九下《王莽传下》，北京：中华书局，1962年，第4150页。

通农户或渔人，也可能存在类似方士的活动。从职业或生计角度来讲，隐逸人士与上述人群存在着交叉；但"隐逸"身份，并不取决于生计和生活方式，而是由他们远离甚至脱离政府的行为来界定的。

对于滨海人群，秦汉时代存在"海人""海上人"称谓。《说苑·君道》曰："海人入鱼，（齐景）公以五十乘赐弦章。章归，鱼乘塞涂。"[①]《吕氏春秋》曰："人有大臭者，其亲戚兄弟妻妾知识无能与居者，自苦而居海上。海上人有说其臭者，昼夜随之而弗能去。"[②]《史记·齐太公世家》曰："太公望吕尚者，东海上人。"[③]"海上"意指海滨、海畔[④]。《吕氏春秋》载"海上人"，《刘子》作"海人悦至臭之夫"，唐袁孝政注曰："海人者，其人在海畔住。"[⑤] 可见，"海人"与"海上人"可通，即指海滨、海畔之人。"海人""海上人"之称，沿用至魏晋以降，例如《拾遗记》曰："燕昭王二年，海人乘霞舟，以雕壶盛数斗膏，以献昭王。"[⑥]

从文献记载来看，秦汉时代的"海人""海上人"，是一种不同于内陆郡县民户的社会身份。《说苑》载"海人入鱼"，当从事渔业。《吕氏春秋》"海上人逐臭"故事，或即因其长期接触水产品，"久而不闻其臭"[⑦]，甚至悦之。而《拾遗记》载"海人乘霞舟"，则透露出"海人"善于操船。王子今指出秦汉"海人"作为一种社会身份，是指"以'海'作为基本生活环境，以海上劳作作为基本营生方式"，从事海洋渔业或航运业

---

① 刘向撰，向宗鲁校证：《说苑校证》卷一《君道》，北京：中华书局，1987 年，第 29 页。

② 许维遹撰，梁运华整理：《吕氏春秋集释》卷十四《孝行览·遇合》，北京：中华书局，2009 年，第 345 页。

③ 司马迁：《史记》卷三十二《齐太公世家》，北京：中华书局，1959 年，第 1477 页。

④ 辛德勇：《越王勾践徙都琅邪事析义》，《旧史舆地文录》，北京：中华书局，2013 年，第 69-70 页。

⑤ 傅亚庶：《刘子校释》卷八《殊好》，北京：中华书局，1998 年，第 377、383 页。

⑥ 王嘉撰，萧绮录，齐治平校注：《拾遗记》卷十《方丈山》，北京：中华书局，1981 年，第 225 页。

⑦ 刘向撰，向宗鲁校证：《说苑校注》卷十七《杂言》，北京：中华书局，1987 年，第 434 页。

的人群①。他还注意到东汉张衡《灵宪》提及"海人之占"②，认为"海人"也应包括"进行海洋探索的知识人'燕齐海上方士'"③。笔者赞同此说。《淮南子》提到卢敖游于北海，见一士，"倦龟壳而食蛤梨"，即"蹲于龟甲之上而食海蚌"④。这种生活方式颇近于海上渔人。方士入海求仙，也属航海行为。他们的生活方式与渔人、船人存在共同之处，被视作"海人"理所当然。

滨海渔人、船人和方士，被称作"海人""海上人"。海贼、海商往来于海上劫掠、贸易，且可能由渔人、船人兼任，似亦可归入"海人"之列。而滨海农户、盐民，主要活动于海滨陆上，较少"入海"，故未见被称作"海人"的情形。至于滨海隐逸，则要视其生活、生计方式和隐居场所来定。鲁西奇曾将滨海人群区分为居于陆地的农民、盐民和活动于近海水域的渔民、水手⑤。参照此说，可将秦汉时代燕齐滨海地域的各种人群归纳为两大类：一类是从事海上生计的"海人"，包括渔人、船人、方士、海商、海贼；一类是滨海陆上民户，包括农户和盐民。当然，二者之间，存在着兼职和转行的可能，滨海陆上民户"入海"则将转变为"海人"。

"海人"较滨海农户、盐民，与海洋的关系无疑更为亲密，与内陆农耕编户的差异也更大。正因此，他们才被赋予一种特殊的社会身份。从《吕氏春秋》载"海上人逐臭"故事来看，内陆人士对"海人"存在某种歧视⑥，或者说出现了"污名化"倾向。这种倾向的出现，既是由于"海人"的生活方式和习惯与内陆编户存在较大差异，被视作"异类"；也是

①　王子今：《汉代"海人"称谓》，《东方海王：秦汉时期齐人的海洋开发》，北京：中国社会科学出版社，2015 年，第 365-366 页。

②　司马彪：《续汉书·天文志上》，北京：中华书局，1965 年，第 3217 页。

③　王子今：《汉代的"海中星占"书》，《东方海王：秦汉时期齐人的海洋开发》，北京：中国社会科学出版社，2015 年，第 357 页。

④　何宁：《淮南子集释》卷十二《道应训》，北京：中华书局，1998 年，第 882 页。

⑤　鲁西奇：《中古时代滨海地域的"水上人群"》，《历史研究》，2015 年第 3 期。

⑥　王子今：《汉代"海人"称谓》，《东方海王：秦汉时期齐人的海洋开发》，北京：中国社会科学出版社，2015 年，第 372 页。

由于"海人"在海上漂泊，流动性较大，不便管理，被统治者视作"异端"①。

在秦汉时代，编户齐民是帝国吏民最重要、最基本的政治—社会身份，是民众纳入帝国秩序的体现。滨海人群对编户身份的接受程度，往往与其依赖海洋的程度呈现反比。"海人"往来于海上，不乏未被纳入王朝户籍的"海上人家"。其中，滨海隐逸、方士往往远离甚至脱离王朝统治，海贼更是作为亡命、叛逆脱离了帝国版籍。不过，"海人"中的渔人、船人、海商，也不乏帝国编户。汉朝存在针对滨海渔业的"海租"和"海税"②，被征收租税的渔人当被纳入户籍管理③。汉武帝时，南越反，齐相卜式上书曰："臣愿与子男及临菑习弩博昌习船者请行死之，以尽臣节。"④这些被称作"习船者"的船人亦当属汉朝编户。海商，置田宅家属于滨海陆上者，也当被纳入帝国版籍。是故，渔人、船人和海商可能既具有帝国编户的政治身份，又具备"海人"的社会身份。

较诸"海人"，滨海陆上民户多具备编户齐民身份。滨海郡县农户大多属编户齐民（居海岛者或许例外）。盐民的情况稍复杂，海盐的生产与运销需要较大的投入与协作，是故盐民一般要依靠官府（官营）或豪强（私营）⑤。后者多沦为豪强富贾的依附人口；而前者包括"募民"和"更卒"，"募民"主要来自郡县编户，"更卒"为郡县编户服役者⑥。不过，

① 汉末，郑浑历任地方官，"所在夺其渔猎之具"（陈寿：《三国志》卷十六《魏书·郑浑传》，北京：中华书局，1982 年，第 509 页），迫使不定居的渔猎之人回归定居农耕。这透露出在以定居农业立国的秦汉帝国的秩序下，不定居的渔人被当作"异端"。

② 马大英：《汉代财政史》，北京：中国财政经济出版社，1983 年，第 103 页。

③ 褚少孙补《史记·龟策列传》载"宋元王梦神龟"故事，提到登记"水上渔者"的籍、图，事虽不经，但可作为渔人编户管理的佐证。参见司马迁：《史记》卷一百二十八《龟策列传》，北京：中华书局，1959 年，第 3229—3230 页。

④ 班固：《汉书》卷五十八《卜式传》，北京：中华书局，1962 年，第 2627 页。

⑤ 参见鲁西奇：《中古时代的滨海地域》，《谁的历史》，桂林：广西师范大学出版社，2019 年，第 115 页；鲁西奇、宋翔：《中古时代滨海地域的"鱼盐之利"与滨海人群的生计》，《华东师范大学学报》（哲学社会科学版），2016 年第 4 期。

⑥ 罗庆康、罗威：《汉代盐制研究》，《盐业史研究》，1995 年第 1 期。

如上所论，滨海陆上民户可能会"入海"成为"海人"，其生活方式和文化风俗亦受到海洋影响，可谓是处于"内陆编户"与"海人"之间的人群。

三、脱离"汉人"身份与燕齐滨海人群的认同

秦汉帝国以编户齐民为基础，构建起兼具政治认同和族群认同的"汉人"认同。胡鸿提出："秦汉时期的华夏可以定义为拥有正常编户身份的帝国政治体成员。"[①] 可以说，拥有编户齐民身份者，往往具备了"汉人"身份和认同[②]。然据上文所述，燕齐滨海人群尤其是"海人"，存在着逃避王朝统治和脱离编户身份的情形，这无疑将影响他们的政治—族群认同。

滨海地域的生态环境、经济方式和文化风俗，与内陆均存在较大差异和隔阂。海洋史家即认为古代中国的海域与陆域间"保持着独自性"，海域世界形成"有别于'陆'域的秩序空间"[③]。在政治上，滨海地域尤其是海洋和岛屿，呈现出远离乃至脱离王朝统治的面貌；而立足内陆的中原王朝，往往难以对滨海地域建立有效的、严密的行政统治。因此，滨海地域常常被视作"遐远""仄陋"的帝国边缘地区。汉宣帝时，"渤海左右郡岁饥，盗贼并起"，循吏龚遂谓之"海濒遐远，不沾圣化"[④]；汉哀帝时，谏大夫鲍宣有"海濒仄陋"之语[⑤]。帝国边缘的滨海地域，为有意逃避王朝统治的人们提供了一处空间。

滨海地域的经济模式，也导致部分以海为生的滨海人群逃离王朝统

---

① 胡鸿：《能夏则大与渐慕华风：政治体视角下的华夏与华夏化》，北京：北京师范大学出版社，2017年，第45页。

② 应指出的是，"政治体视角下的华夏"说，尚存可进一步探讨之处。比如依附人口（奴、客、徒附）并非编户齐民，却存在族群身份，《史记·大宛列传》即提到与张骞一同出使大月氏的"堂邑氏胡奴甘父"（司马迁：《史记》卷一百二十三《大宛列传》，北京：中华书局，1959年，第3157页）。

③ 于逢春：《构筑中国疆域的文明板块类型及其统合模式序说》，《中国边疆史地研究》，2006年第3期。

④ 班固：《汉书》卷八十九《循吏传·龚遂传》，北京：中华书局，1962年，第3639页。

⑤ 班固：《汉书》卷七十二《鲍宣传》，北京：中华书局，1962年，第3093页。

治。滨海经济因"存在着结构性的短缺",无法"完全自给自足",必然要"与农耕因素或贸易因素相结合"。滨海人群或者兼事农耕以获得粮食,或者通过贸易交换、武装劫掠来获取粮食、衣物等生活、生产必需品[①]。选择农耕和贸易来补充海上生计的不足,强化了从业者与陆地政权和社会的联系;而选择劫掠者,则走向了秦汉帝国的对立面。

在滨海地域的地理环境、经济模式及其在王朝中的边缘地位影响下,各种滨海人群呈现出不同程度的逃离王朝统治和脱离"汉人"身份的倾向。其中,隐逸、方士和海贼最为明显,渔人、船人和海商等"海人"次之;而农户、盐户等滨海陆上民户,也可能因政治压迫或生计压力而"入海"。

孔子曰:"道不行,乘桴浮于海。"(《论语·公冶长》)战国至秦汉,遐远的滨海地域为隐逸人士提供了隐身匿形的空间[②],比如东汉姜肱"隐身遁命,远浮海滨"[③]。而海洋也给隐遁之士提供了通往外界的道路,比如西汉末北海逢萌以"三纲绝矣",遂"将家属浮海,客于辽东"[④]。隐逸的原因虽然不尽相同,但其行为往往呈现出"自致寰区之外"的政治超脱倾向[⑤]。《韩非子》记载周初齐国"东海上"居士狂矞、华士昆弟二人的言论,清晰地表达出隐逸人士的这种心理——"吾不臣天子,不友诸侯,耕作而食之,掘井而饮之,吾无求于人也;无上之名,无君之禄,不事仕而事力"[⑥]。这种政治超脱行为,降至秦汉,则表现为逃避王朝统治,脱离作为编户齐民的"汉人"身份了。

滨海方士追求长生、升仙,具有超脱人世和逃避统治的倾向。方士在

①　参见鲁西奇:《中古时代滨海地域的"水上人群"》,《历史研究》,2015 年第 3 期。
②　参见曲柄睿:《进山还是入海:战国秦汉海洋隐逸的历史记载》,《浙江学刊》,2016 年第 5 期。
③　范晔:《后汉书》卷五十三《姜肱列传》,北京:中华书局,1965 年,第 1750 页。
④　范晔:《后汉书》卷八十三《逸民列传·逢萌》,北京:中华书局,1965 年,第 2759 页。
⑤　范晔:《后汉书》卷八十三《逸民列传》,北京:中华书局,1965 年,第 2755 页。
⑥　王先慎撰,钟哲点校:《韩非子集解》卷十三《外储说右上》,北京:中华书局,1998 年,第 315 页。

滨海地域活动，往往行踪不定，跨越不同郡县，出入海滨、岛屿之间。比如安期生，琅邪人，卖药东海边，据称"通蓬莱中，合则见人，不合则隐"①。他们入海求仙，更是远离秦汉帝国疆域，甚至如秦时卢生、徐福一般入海不返。《淮南子》描述卢敖（即卢生）"游乎北海"，"至于蒙穀之上"，"见一士焉"，其人语卢敖曰："子中州之民，宁肯而远至此。"② 此事未必属实，但反映出方士访仙之处对王朝统治的"中州"的超脱。

滨海隐逸和方士，因追求政治或生命的超脱而逃避王朝统治。滨海普通民户也会因政治或生计压力而亡命"入海"，甚至形成海贼、义军等反朝廷海中武装势力。上文提到的田横海岛势力，即为海中武装势力代表。莽新时，琅邪吕母为子报仇，"相聚得数十百人"，"入海中，招合亡命，众至数千"，后破海曲，杀县宰，"复还海中"③。吕母"招合亡命，众至数千"，足见当时亡命入海者之多。

较诸田横、吕母势力，普通海贼并未有明确的政治目标或反朝廷倾向，主要是劫掠滨海郡县和海上船只。"海贼"这一称谓，在东汉时期频繁出现。汉安帝朝的张伯路集团，是燕齐滨海地域较具规模的海贼。《后汉书·孝安帝纪》称永初三年（109）"秋七月，海贼张伯路等寇略缘海九郡，遣侍御史庞雄督州郡兵讨破之"；次年正月，"海贼张伯路复与勃海、平原剧贼刘文河、周文光等攻厌次，杀县令"④。《后汉书·法雄列传》详细描述了汉朝平定张伯路势力，称朝廷"遣御史中丞王宗持节发幽、冀诸郡兵，合数万人"，与青州刺史法雄"并力讨之"，迫使海贼"遁走辽东，止海岛上"；永初五年春，海贼"乏食，复抄东莱间，（法）雄率郡兵击破之，贼逃还辽东，辽东人李久等共斩平之"⑤，至此覆灭。海贼张伯路等

---

① 司马迁：《史记》卷十二《孝武本纪》，北京：中华书局，1959 年，第 455 页。

② 何宁：《淮南子集释》卷十二《道应训》，北京：中华书局，1998 年，第 881-884 页。

③ 范晔：《后汉书》卷十一《刘盆子列传》，北京：中华书局，1965 年，第 477 页。

④ 范晔：《后汉书》卷五《孝安帝纪》，北京：中华书局，1965 年，第 213、214 页。

⑤ 范晔：《后汉书》卷三十八《法雄列传》，北京：中华书局，1965 年，第 1277 页。

寇略"缘海九郡"，波及幽、冀、青三州①，劫掠范围广，作战机动性
强②。而汉朝为击败张伯路，先后遣侍御史庞雄、御史中丞王宗督州郡兵，
合幽、冀、青三州军队"并力讨之"，也正是针对这点。辽东海岛，作为
海贼巢穴所在，是汉朝难以控制之地。青州刺史法雄即称："贼若乘船浮
海，深入远岛，攻之未易也。"③

　　海贼与滨海方士还存在交融。方诗铭揭示出张伯路集团使用"使者"
这一"原始道教的称号"④。陈寅恪曾提示黄巾起事与滨海地域的神仙方士
存在渊源⑤，而青州海贼管承等即加入黄巾军⑥。海贼与神仙方士的结合，
是滨海人群受方仙道影响的结果。方士追求升仙或建立道教种民世界，与
海贼寇略郡县的行为，都是对秦汉帝国统治秩序的挑战。这可能是二者结
合的内在原因。

　　燕齐滨海人群逃避王朝统治，脱离编户身份，也就不再是"秦人"
"汉人"。人类学家詹姆士·斯科特（James C. Scott）注意到，是否"完
全被统合到纳税人口中"是古代农耕国家划分文明与野蛮的重要标准，逃
离国家统治也就意味着从文明到野蛮，"变成蛮夷"⑦。然而，逃避秦汉帝
国统治的滨海人群，虽然放弃了"秦人"或"汉人"身份，但从文献来
看，他们并未形成新的政治身份与族群认同。

---

① "缘海九郡"，《后汉书·法雄列传》作"滨海九郡"（范晔：《后汉书》卷三十八
《法雄列传》，北京：中华书局，1965 年，第 1277 页）。从张伯路集团活动于幽、青、冀三州
来看，"缘海九郡"当指"从幽州的辽东郡到青州的平原、东莱郡"，即辽东、辽西、右北
平、渔阳、渤海、乐安、北海、平原、东莱（参见方诗铭：《曹操·袁绍·黄巾》，上海：上
海社会科学院出版社，1996 年，第 235 页）。
② 王子今、李禹阶：《汉代的"海贼"》，《中国史研究》，2010 年第 1 期。
③ 范晔：《后汉书》卷三十八《法雄列传》，北京：中华书局，1965 年，第 1277 页。
④ 方诗铭：《曹操·袁绍·黄巾》，上海：上海社会科学院出版社，1996 年，第 236-
237 页。
⑤ 陈寅恪：《天师道与滨海地域之关系》，《陈寅恪集·金明馆丛稿初编》，北京：生
活·读书·新知三联书店，2015 年，第 1-3 页。
⑥ 方诗铭：《青州·"青州兵"·"海贼"管承——论东汉末年的青州与青州黄
巾》，《史林》，1993 年第 2 期。
⑦ 詹姆士·斯科特著，王晓毅译：《逃避统治的艺术：东南亚高地的无政府主义历
史》，北京：生活·读书·新知三联书店，2019 年，第 144-145 页。

　　然值得注意的是，燕齐滨海地域在先秦时为"东夷"（九夷）居地。《论语·子罕》云"子欲居九夷"，当即指滨海地域。春秋以来，原本的"东夷"融入"华夏"；至秦汉，现实中的"东夷"转变为夫余、肃慎等"东北夷"。但在时人的历史记忆中，燕齐滨海地域仍为东夷故地，并可能影响到现实。王莽复古改制，曾改置一批具有镇抚边疆族群含义的地名，以示"内诸夏而外夷狄"。其中有"四填郡"，即改琅邪为填夷、长沙为填蛮、天水为填戎、雁门为填狄①。填蛮、填戎、填狄三郡，确实居住着不少非华夏人群；填夷郡（琅邪），却早已华夏化。然诚如王子今所示，"填夷"命名"体现其联系外洋的交通地理地位"②。琅邪郡是海路通往秽、韩、倭等"东北夷"的重要港口，更名"填夷"，当与该地交通、镇抚东夷的地理位置有关。就此而言，燕齐滨海地域可说是与"东夷"比邻相通的秦汉帝国边地。脱离"汉人"身份的燕齐滨海人群，通过海路可抵达秽、韩、倭地区，甚至沦为"东夷"。燕齐滨海人群，尤其是"海人"，可谓是游走于"汉人"与"东夷"之间的人群。

　　面对燕齐滨海人群逃避王朝统治的情况，秦汉帝国统治者注重强化滨海地域的控制。正如学人所论："当时社会观念中，对于'海'的控制，是据有'天下'的一种象征。"③除如秦始皇、汉武帝一般"东巡海上"外，秦汉帝国在滨海郡县设置司马、候等武官，将之作为"边郡"，以加强统治④。秦汉朝廷和地方官员还注重将海上隐逸、方士乃至海贼拉进帝国的政治与社会秩序。研究者注意到汉末三国"水上人群"上岸，纳入版籍，甚至设县邑管理⑤。渡海隐遁的士人，也会因征召而返。比如汉末管

---

　　① 参见张亚凤：《新莽时期的行政区划与地名改易研究》，《档案》，2016年第11期。

　　② 王子今：《琅邪的地位》，《东方海王：秦汉时期齐人的海洋开发》，北京：中国社会科学出版社，2015年，第243页。

　　③ 王子今：《齐人与海：〈汉书〉的海洋纪事》，《东方海王：秦汉时期齐人的海洋开发》，北京：中国社会科学出版社，2015年，第324页。

　　④ 参见辛德勇：《越王勾践徙都琅邪事析义》，《旧史舆地文录》，北京：中华书局，2013年，第76页。

　　⑤ 鲁西奇：《中古时代滨海地域的"水上人群"》，《历史研究》，2015年第3期。

宁"浮海遁居"于辽东，"文帝即位，征宁，遂将家属浮海还郡"①。隐逸、方士受召出仕，海贼受抚归诚，则将"上岸"定居，被纳入帝国版籍，重塑编户齐民身份和"汉人"认同。

四、结语

黑格尔（G. W. F. Hegel）曾提出中国等内陆国家"以海为界"，将海洋仅视作"陆地的中断，陆地的天限"，"和海不发生积极的关系"②。然战国燕、齐二国，积极进行海洋探索，兼具内陆国家和海洋国家风格。秦汉帝国兼并天下，也继承了燕、齐二国的"海国"倾向。秦皇汉武"东巡海上"，可置诸这一背景下理解。在秦汉时代，海洋作为华夏文明东部的自然边界，构成帝国的政治与族群边界，可谓是天然的"华夏边缘"；但它同时也是通往异域的途径，令滨海地域人群游走于"汉人"与"蛮夷"之间③。

纵观燕齐滨海人群身份与认同的变化，"华夏"或"汉人"身份的建立与维系，往往取决于是否纳入秦汉帝国的版籍，王朝权力在其中起到主导作用。但滨海地理和海洋文化，令燕齐滨海人群呈现出不同于内陆编户的特点，尤其是从事海上生计者被赋予"海人"的社会身份。他们"入海"逃避王朝统治，则将脱离编户身份，放弃"汉人"身份与认同。由此可见，在秦汉时代，族群身份与认同的塑造，深受政治身份影响，"政治体视角下的华夏"说，有其合理之处。但各类人群生活环境与生计方式塑造的社会身份，也会带动政治—族群身份与认同的变迁。

---

① 陈寿：《三国志》卷十一《魏书·管宁传》，北京：中华书局，1982年，第356页。

② 黑格尔著，王造时译：《历史哲学》，上海：上海书店出版社，2006年，第84页。

③ 东南滨海地域，涉及瓯、越等非华夏族群，尚未完全华夏化，情况较燕齐滨海地域更复杂。《越绝书》提到秦始皇三十七年（前210）东游会稽，"徙天下有罪適吏民，置海南故大越处，以备东海外越"（李步嘉校释：《越绝书校释》卷八《越绝外传记地传》，北京：中华书局，2013年，第230页）。"东海外越"当在海中，东南滨海人群，不论华夏抑或瓯越，"入海"可交通海中"外越"。

第三节　汉朝东北疆域伸缩与族群认同

　　秦汉帝国建立，促成华夏人群的整合与凝聚，最终形成"汉人"认同。除属战国"诸夏"外，西南夷、百越、古朝鲜等地区和族群也在汉武帝朝被纳入汉帝国疆域内，并出现不同程度的华夏化倾向。在东北疆域，武帝朝平定卫氏朝鲜，置乐浪、玄菟、真番、临屯四郡。但此后，四郡内迁或省并，魏晋以降甚至逐渐脱离中原王朝，与西南夷、百越地区的主体部分长期维持在中原王朝治下的情况不同，呈现出另一种面貌。

　　乐浪四郡（汉四郡）对中国史和东北亚史的深远影响，相关研究成果颇丰，涉及四郡设置、省并、位置、功能等问题①。然四郡内迁、省并的原因，四郡治下汉夷族群的身份认同，及其改置与族群认同的关系等问题，都有待进一步探讨。近年，胡鸿提出"集权帝国自身的动员成本和离心倾向"、"地理环境以及经济生态"和"原住人群的政治组织形态"是制约华夏帝国扩张的三个主要因素②；朱圣明注意到汉代边民"有着不同于'内郡汉民'与'塞内蛮夷'的族群特征和群体心理"③。二者在研究视角和问题意识上极具启发，也多少涉及乐浪四郡的情况，但因关注点不限于此，对相关史料和问题的阐释难免不够充分。

　　此外，平壤贞柏洞出土的《乐浪郡初元四年县别户口集簿》，是今人认识汉代乐浪郡的第一手资料，韩国学者曾据以考察汉代乐浪郡的区域、户口等问题④。杨振红、尹在硕将之介绍到中国，并对释文加以补正⑤；胡

---

　　① 参见苗威：《乐浪研究》，北京：高等教育出版社，2016年，第9–31页。

　　② 详见胡鸿：《能夏则大与渐慕华风：政治体视角下的华夏与华夏化》，北京：北京师范大学出版社，2017年，第46–78页。

　　③ 朱圣明：《华夷之间：秦汉时期族群的身份与认同》，厦门：厦门大学出版社，2017年，第292页。

　　④ 参见戴卫红：《韩国木简研究》，桂林：广西师范大学出版社，2017年，第41页。

　　⑤ 详见杨振红、尹在硕：《韩半岛出土简牍与韩国庆州、扶余木简释文补正》，卜宪群、杨振红主编《简帛研究（二〇〇七）》，桂林：广西师范大学出版社，2010年，第277–299页。

平生、袁延胜等从汉代"户口簿"的角度予以了考察①。郑威依据该集簿，从历史地理角度考察"汉帝国空间边缘的伸缩"，并印证了上述胡鸿之说②。但该集簿的价值不仅于此，对认识汉代东北疆域的变化与族群认同问题尚存可发掘的空间。本节拟在前贤研究的基础上，结合传世文献和出土材料，探讨以乐浪四郡为核心的汉朝东北疆域的政区变迁与族群认同，为认识汉帝国疆域伸缩和边疆族群认同提供新的视角。

一、族群格局与乐浪四郡的设置

汉代东北疆域扩张，主要表现为汉武帝元封三年（前108）灭卫氏朝鲜，置乐浪四郡——乐浪、玄菟、真番、临屯③。周振鹤指出"乐浪即卫氏朝鲜本土，玄菟主要以沃沮地置，真番、临屯原是朝鲜属国"④，初步揭示了乐浪四郡设置与族群分布、政治形态的关系。上文提到，胡鸿指出"原住人群的政治组织形态"是制约汉帝国扩张的重要因素之一。是故，本节先来考察四郡地区的族群分布和政治形态，及其与乐浪四郡设置的关系。

乐浪郡始置，下辖十一县，包括以今平壤为中心的大同江（列水）流域和清川江（浿水）南岸地域⑤。它由卫氏朝鲜本土设置，但平壤贞柏洞

---

① 详见胡平生：《新出汉简户口簿籍研究》，中国文化遗产研究院编《出土文献研究》第10辑，北京：中华书局，2011年，第259-263页；袁延胜：《出土简牍〈户口簿〉比较研究》，《秦汉简牍户籍资料研究》，北京：人民出版社，2018年，第186-191页。

② 郑威：《出土文献与楚秦汉历史地理研究》，北京：科学出版社，2017年，第121-140页。

③ 汉灭卫氏朝鲜在元封三年，置四郡时间则存在二说：一是元封三年置四郡；二是元封三年置真番、临屯、乐浪三郡，四年置玄菟郡。学界较倾向于前说（详见周振鹤：《西汉政区地理》，北京：商务印书馆，2017年，第235页；周振鹤、李晓杰、张莉：《中国行政区划通史·秦汉卷》上，上海：复旦大学出版社，2016年，第213页；苗威：《乐浪研究》，北京：高等教育出版社，2016年，第88-91页）。但也有学人据《汉书·地理志》，认为玄菟郡晚其他三郡一年，于元封四年设置（参见孙进己、王绵厚主编：《东北历史地理》第一卷，哈尔滨：黑龙江人民出版社，1989年，第324页；赵红梅：《汉四郡研究》，香港：香港亚洲出版社，2008年，第37页）。

④ 周振鹤：《西汉政区地理》，北京：商务印书馆，2017年，第224页。

⑤ 周振鹤：《西汉政区地理》，北京：商务印书馆，2017年，第227、245页。

出土的《乐浪郡初元四年县别户口集簿》（以下简称《乐浪户口簿》）①却提示卫氏朝鲜本土亦存在分区。《乐浪户口簿》记述了汉元帝初元四年（前45）乐浪郡下辖各县的户口数、较前年新增的户口数，以及乐浪郡的户口总数和新增户口总数。其载乐浪郡下辖二十五县，名目与《汉书·地理志》载乐浪郡辖县情况（成帝元延、绥和之际②）大体相同，但各县顺序有所差异。据此，韩国学人孙永钟将《乐浪户口簿》载各县划分为四个区域，得到较多学者接受③，中国学者郑威即称"这一划分法较为精当"④。具体分区如下：

　　Ⅰ区6县：朝鲜、調邯、增地、黏蝉、驷望、屯有。

　　Ⅱ区7县：带方、列口、长岑、海冥、昭明、提奚、含资。

　　Ⅲ区5县：遂成、镂方、浑弥、浿水、蕃列。

　　Ⅳ区7县：东暆、蚕台、不而、华丽、邪头昧、前莫、夫租。

　　乐浪郡以卫氏朝鲜本土设置，在《乐浪户口簿》中却分为Ⅰ、Ⅲ二区。Ⅰ区为初元四年时乐浪郡核心区，大体为大同江（列水）中下游地区；Ⅲ区为乐浪郡北部诸县，为清川江流域和大同江上游⑤。而这两个区域的划分，实颇有历史渊源，可上溯至卫氏朝鲜立国之前。

　　《史记·朝鲜列传》称燕人卫满"亡命，聚党千余人，魋结蛮夷服而东走出塞，渡浿水，居秦故空地上下鄣"⑥。裴松之注《三国志》引《魏略》称卫满"亡命，为胡服，东度浿水，诣（箕）准降，说准求居西界，

　　① "集"字残缺，杨振红、尹在硕推测为"集"字，今从之。参见杨振红、尹在硕：《韩半岛出土简牍与韩国庆州、扶余木简释文补正》，卜宪群、杨振红主编《简帛研究（二〇〇七）》，桂林：广西师范大学出版社，2010年，第286页。

　　② 周振鹤：《西汉政区地理》，北京：商务印书馆，2017年，第23页。

　　③ Dae-Jae Park（尹龙九），A New Approach to the Household Register of Lelang Commandery（《平壤出土〈乐浪郡初元四年县别户口簿〉研究》），International Journal of Korean History，Vol. 22，No. 2（2017）.

　　④ 郑威：《出土文献与楚秦汉历史地理研究》，北京：科学出版社，2017年，第128页。

　　⑤ 参见郑威：《出土文献与楚秦汉历史地理研究》，北京：科学出版社，2017年，第128—134页。

　　⑥ 司马迁：《史记》卷一百一十五《朝鲜列传》，北京：中华书局，1959年，第2985页。

收中国亡命为朝鲜藩屏"，箕准"封之百里，令守西边"①。所谓"西界"
"西边"，即"秦故空地上下鄣"，亦即《史记·朝鲜列传》中"辽东故
塞"与"辽东外徼"之间的区域②。辽东故塞本为燕长城，后为汉初辽东
长城边塞，在清川江一线；而辽东外徼为秦长城，抵大同江北岸③。汉初
以"辽东外徼"地远难守，"复修辽东故塞"，清川江至大同江地区间成
为空地，后被卫满占据。这一地域在大同江之西，故称作"西界"。西界
与古朝鲜核心区虽都是汉夷杂居，但在族群分布上仍存在差异。前者因
燕、秦经略和燕、齐、赵人大量迁入，诸夏人群比例较大，后者则以"良
夷"（"乐浪之夷"）为主④。历史上的政治归属和族群分布都令这两个地区
存在一定差异。

在乐浪四郡设置之前，卫氏朝鲜无疑是汉朝辽东塞外最强的政治体。
关于卫氏朝鲜的政治制度和组织形态，胡鸿推测"模仿中原制度的可能性
较大"⑤，郑威认为"或许是一个全面模仿汉制、推行郡（国）县制的政
权"⑥。这种说法主要基于两点：一是卫氏朝鲜上承箕氏朝鲜，而后者史称
为箕子东迁建立的周朝诸侯国⑦，可能效法殷、周诸夏制度；二是卫氏朝
鲜为燕人卫满以迁居朝鲜的诸夏人群为核心所建，应受汉朝及其诸侯国
（主要是燕国）制度的影响。但正如杨军所言，箕氏朝鲜虽受殷周制度影
响，而实为邑落联盟；战国诸夏改革，推行集权制、郡县制，朝鲜却未
"进行过同样变革"；至卫氏朝鲜，虽效法汉制，但"统治结构未发生本质
性变化"⑧。卫氏朝鲜受汉制的影响无疑是有限的。《史记·朝鲜列传》载

----

① 陈寿：《三国志》卷三十《魏书·东夷传》，北京：中华书局，1982年，第850页。
② 司马迁：《史记》卷一百一十五《朝鲜列传》，北京：中华书局，1959年，第2985页。
③ 参见杨军：《朝鲜半岛与"辽东"内涵的关系》，《辽宁师范大学学报》（社会科学版），2004年第2期。
④ 参见杨军：《公元前朝鲜半岛的民族迁徙与融合》，《东北亚论坛》，2002年第3期。
⑤ 胡鸿：《能夏则大与渐慕华风：政治体视角下的华夏与华夏化》，北京：北京师范大学出版社，2017年，第55页。
⑥ 郑威：《出土文献与楚秦汉历史地理研究》，北京：科学出版社，2017年，第124页。
⑦ 参见马迁：《史记》卷三十八《宋微子世家》，北京：中华书局，1959年，第1620页。
⑧ 杨军：《高句丽民族与国家的形成和演变》，北京：中国社会科学出版社，2006年，第202页。

"朝鲜相路人、相韩阴、尼谿相参"等谋划降汉①；裴松之注《三国志》引《魏略》提到"朝鲜相历谿卿以谏（卫）右渠不用，东之辰国，时民随出居者二千余户，亦与朝鲜贡〔真〕蕃不相往来"②。"尼谿相""历谿卿"，当即卫氏朝鲜本土内的尼谿邑落首领。历谿卿等脱离卫氏朝鲜之举，可证朝鲜仍处于邑落联盟形态。卫氏朝鲜本土呈现出"王都—邑落"的邑落联盟形式。汉乐浪郡辖县即当改置自卫氏朝鲜的王都和重要邑落。

除本土外，卫氏朝鲜尚有属国、属部。孝惠、高后时，"辽东太守即约（卫）满为外臣"，卫氏朝鲜"得兵威财物侵降其旁小邑，真番、临屯皆来服属"③。《三国志·魏书·东夷传》称"卫满王朝鲜，时沃沮皆属焉"④，当也在此时。卫氏朝鲜的扩张，建立起"本土—属国、属部"的政治体系。

真番郡和临屯郡皆由朝鲜附属"东夷小国"改置⑤。真番国的主体族群即真番人，位置存在争议，主要有南、北二说，即真番在卫氏朝鲜本土（乐浪郡）南抑或北。目前，学界更倾向真番位于卫氏朝鲜本土（乐浪郡）之南，大体即今朝鲜黄海道⑥。临屯国的主体族群则为东秽，大体位于单单大岭以东的今朝鲜江原南、北道⑦。上文提到，真番、临屯臣属卫氏朝鲜，但它们有一定自主权。史称"真番旁众国欲上书见天子"，而卫氏朝鲜"拥阏不通"⑧，即为其证。二者虽名为"国"，但实际上也是邑落联盟。《三国志·魏书·东夷传》提到东汉省都尉，废单单大岭以东诸县，

①　司马迁：《史记》卷一百一十五《朝鲜列传》，北京：中华书局，1959年，第2988-2989页。

②　陈寿：《三国志》卷三十《魏书·东夷传》，北京：中华书局，1982年，第851页。

③　司马迁：《史记》卷一百一十五《朝鲜列传》，北京：中华书局，1959年，第2986页。

④　陈寿：《三国志》卷三十《魏书·东夷传》，北京：中华书局，1982年，第846页。

⑤　参司马贞《史记索隐》，司马迁：《史记》卷一百一十五《朝鲜列传》，北京：中华书局，1959年，第2986页。

⑥　参见周振鹤：《西汉政区地理》，北京：商务印书馆，2017年，第228-229页；苗威：《乐浪研究》，北京：高等教育出版社，2016年，第109-113页。

⑦　参见苗威：《乐浪研究》，北京：高等教育出版社，2016年，第123页。

⑧　司马迁：《史记》卷一百一十五《朝鲜列传》，北京：中华书局，1959年，第2986页。

"以其县中渠帅为县侯，不耐、华丽、沃沮诸县皆为侯国"①。岭东七县，除沃沮县外，皆为临屯故地，至东汉各县仍有邑落渠帅，可推知先前临屯国内多邑落并立的情形。当时，三韩皆存在"国邑"（核心邑落）和"别邑"②，真番、临屯二国，当亦类似。真番、临屯二郡设县，当多由原先邑落改置。

《茂陵书》称真番、临屯二郡各辖十五县③，但核诸《汉书·地理志》等文献，真番郡可考七县，临屯郡可考六县。周振鹤推测其余县可能是以二郡以南的辰国小邑改置④。不过，也不排除二郡始置皆十五郡，至"昭帝始元五年，罢临屯、真番，以并乐浪、玄菟"⑤，二郡辖县也被省并，故保存于《汉书·地理志》等文献中的二郡辖县不足十五。

玄菟郡，《后汉书·东夷列传》称："武帝灭朝鲜，以高句骊为县，使属玄菟。"⑥《三国志·魏书·东夷传》称汉武帝灭卫氏朝鲜，"分其地为四郡，以沃沮城为玄菟郡"⑦。研究者或据《后汉书·东夷列传》认为"玄菟郡治虽在沃沮，但其领域实包括辽东郡以东直到滨海之地的一大片地方"，包含后来"第二玄菟郡"辖区⑧；或强调四郡皆在卫氏朝鲜故地，玄菟郡置于南沃沮（亦称"东沃沮"）地区，仅沃沮一县，"辖区不超过今咸境南道之地"⑨。我们更倾向于后者。其一，《史记·朝鲜列传》《汉书·朝鲜传》等文献多称"定朝鲜，为四郡"⑩，四郡当设于朝鲜故地。其二，《汉书·昭帝纪》称元凤六年（前75）"春正月，募郡国徒筑辽东玄

① 陈寿：《三国志》卷三十《魏书·东夷传》，北京：中华书局，1982年，第846页。
② 陈寿：《三国志》卷三十《魏书·东夷传》，北京：中华书局，1982年，第852页。
③ 参颜师古注《汉书》引"臣瓒曰"，班固：《汉书》卷六《武帝纪》，北京：中华书局，1962年，第194页。
④ 周振鹤：《西汉政区地理》，北京：商务印书馆，2017年，第229-230、232页。
⑤ 范晔：《后汉书》卷八十五《东夷列传》，北京：中华书局，1965年，第2817页。
⑥ 范晔：《后汉书》卷八十五《东夷列传》，北京：中华书局，1965年，第2813页。
⑦ 陈寿：《三国志》卷三十《魏书·东夷传》，北京：中华书局，1982年，第846页。
⑧ 周振鹤：《西汉政区地理》，北京：商务印书馆，2017年，第233页。
⑨ 苗威：《乐浪研究》，北京：高等教育出版社，2016年，第133、139页。
⑩ 司马迁：《史记》卷一百一十五《朝鲜列传》，北京：中华书局，1959年，第2989页；班固：《汉书》卷九十五《朝鲜传》，北京：中华书局，1962年，第3867页。

菟城”①。所谓“辽东玄菟城”，当指玄菟郡内迁后的治所（高句丽县），此前属辽东郡，故谓之“辽东玄菟城”②。由此可见，玄菟郡始置，不含“第二玄菟郡”区域，仅南沃沮地区，主体族群为沃沮。玄菟郡虽仅一县，但南沃沮地区“无大君王，世世邑落，各有长帅”③。至于“第二玄菟郡”，是句丽蛮夷、梁貊等族群的分布区，也包含迁入的汉人。

简言之，汉初辽东塞外的各族群、各政治体，基本处于邑落或邑落联盟形态。其中，卫氏朝鲜是最大的政治体，由本土和属国、属部构成。卫氏朝鲜本土是由都城和汉夷邑落构成的邑落联盟，属国真番、临屯是由国邑和别邑构成的邑落联盟，属部沃沮则为不统一的众多邑落。乐浪四郡的设置，受到卫氏朝鲜的族群分布的直接影响；四郡置县，则往往来自此前的重要邑落。

二、乐浪四郡的汉夷身份界定

《三国志·魏书·东夷传》曰：

> 陈胜等起，天下叛秦，燕、齐、赵民避地朝鲜数万口。燕人卫满，魋结夷服，复来王之。汉武帝伐灭朝鲜，分其地为四郡。自是之后，胡、汉稍别。④

乐浪四郡设置，受到卫氏朝鲜族群格局的影响，同时也推动四郡地区汉夷身份的界定，即所谓“胡、汉稍别”。“胡、汉稍别”，不仅包括该地土著族群和置郡前迁入的“燕、齐、赵民”，也包括置郡后新迁入的汉人。

古代中国族类的划分，受到种族与文化因素影响，更是政治体塑造的产

---

① 班固：《汉书》卷七《昭帝纪》，北京：中华书局，1962年，第232页。
② 参见李健才：《玄菟郡的建立和迁移》，《东北史地考略》（续集），长春：吉林文史出版社，1995年，第33页。
③ 陈寿：《三国志》卷三十《魏书·东夷传》，北京：中华书局，1982年，第846页。
④ 陈寿：《三国志》卷三十《魏书·东夷传》，北京：中华书局，1982年，第848页。

物。李禹阶注意到古代中国民族认同与国家认同具有同一性①。就汉代"华夏"或"汉人"来讲，张博泉早已指出："在汉时，以建郡县地区为中国，在郡县内的汉人包括华夏化和尚未华夏化的族人在内。"② 更言之，"汉人"或"华夏"是以汉朝郡县为范围的。近年，学界尤注重政治体视角下的"汉人"性质，胡鸿强调"华夏"的政治体性质，提出"秦汉时期的华夏可以定义为拥有正常编户身份的帝国政治体成员"③；刘志平注意到"汉人"的政治体性质，但指出"政治意义上的'汉人'（'华夏'）始终是以族属和文化意义上的'汉人'（'华夏'）为基本内核的"④。

汉朝立乐浪四郡后，"胡、汉稍别"，显然是以政治力量来界定当地的汉夷身份。从政治体视角看"华夏"，可以说，当地"汉人"即四郡的编户民，但实际情况可能更具复杂性和情景性。一方面，乐浪四郡的"汉人"，不单具备汉朝编户民的身份，亦具有族类、族属性质。裴松之注《三国志》引《魏略》提到莽新地皇年间（20—23），辰韩右渠帅廉斯鑡"闻乐浪土地美，人民饶乐，亡欲来降。出其邑落，见田中驱雀男子一人，其语非韩人。问之，男子曰：'我等汉人，名户来，我等辈千五百人伐材木，为韩所击得，皆断发为奴，积三年矣。'"⑤ 户来等人的"汉人"身份与"韩人"有别，显然具有族类、族属性质。另一方面，四郡编户民的来源也是复杂、多元的。

乐浪四郡编户民的绝大多数当来自中原地区，尤其是燕、赵、齐三地的移民。葛剑雄即认为《汉书·地理志》载乐浪、玄菟二郡六十多万人口"绝大部分应是燕、赵、齐的移民及其后裔"⑥。这些移民大体可分为三个阶段：一是秦末汉初避难至古朝鲜者，《后汉书·东夷列传》曰："汉初大

---

① 详见李禹阶：《华夏民族与国家认同意识的演变》，《历史研究》，2011 年第 3 期。
② 张博泉：《中华一体的历史轨迹》，沈阳：辽宁人民出版社，1995 年，第 369 页。
③ 胡鸿：《能夏则大与渐慕华风：政治体视角下的华夏与华夏化》，北京：北京师范大学出版社，2017 年，第 45 页。
④ 刘志平：《汉代的"汉人"称谓与"汉人"认同》，《人文杂志》，2018 年第 12 期。
⑤ 陈寿：《三国志》卷三十《魏书·东夷传》，北京：中华书局，1982 年，第 851 页。
⑥ 葛剑雄、曹树基、吴松弟：《简明中国移民史》，福州：福建人民出版社，1993 年，第 94 页。

乱，燕、齐、赵人往避地者数万口。"① 二是卫氏朝鲜立国，"所诱汉亡人滋多"②。三是四郡设立后的迁入者，移民史家提出四郡统治"不如内郡严酷，加上地广人稀，当地民族'天性柔顺'"，内地移民"会大量涌入"③。从汉朝在新立郡县"往往推行徙民实边、行役戍边政策"④ 来看，这一论断是有道理的。这些先后迁入的中原移民，是四郡编户的主要来源；但应该注意的是，四郡设立前后的移民在认同上有所区别。史称卫满"聚党千余人，魋结蛮夷服而东走出塞"⑤。他们不仅在政治上叛离中原王朝，也改变了以冠服为符号的"华夏"文化和族群认同。这可能是置四郡前移民古朝鲜者的共同现象。四郡设立后，他们成为郡县编户，又恢复"华夏"认同。

除中原移民外，四郡编户民中当还包含一些当地土著族群。这主要得益于他们在经济生产方式上与中原相近，皆从事农耕经济，较易转型为编户民。但从"蛮夷"转变为"编户民"，也不是一蹴即就的。胡鸿曾提出"普通蛮夷民众变身成为华夏"大体经历"生蛮—熟蛮—非华夏编户—普通编户四个阶段"⑥。乐浪四郡的土著族群未必都经历这四个阶段，但在郡县制下，多少都走上了华夏化的道路。

汉朝置乐浪四郡，与在其他边疆地区相似，施行郡县和蛮夷国邑并行制。郡县治理编户民，而蛮夷国邑管理未编户化的土著族群。汉朝依据土著族群邑落的大小、强弱，册封其渠帅为汉朝蛮夷国邑的王侯君长，管理本族民众。《三国志·魏书·东夷传》称秽人"自汉已来，其官有侯邑君、

---

① 范晔：《后汉书》卷八十五《东夷列传》，北京：中华书局，1965 年，第 2817 页。

② 班固：《汉书》卷九十五《朝鲜传》，北京：中华书局，1962 年，第 3864 页。

③ 葛剑雄、曹树基、吴松弟：《简明中国移民史》，福州：福建人民出版社，1993 年，第 94 页。

④ 孙闻博：《秦汉帝国"新地"与徙、戍的推行——兼论秦汉时期的内外观念与内外政策特征》，《古代文明》，2015 年第 2 期。

⑤ 司马迁：《史记》卷一百一十五《朝鲜列传》，北京：中华书局，1959 年，第 2985 页。

⑥ 胡鸿：《能夏则大与渐慕华风：政治体视角下的华夏与华夏化》，北京：北京师范大学出版社，2017 年，第 196 页。

三老，统主下户"①。传世金石文献著录有"汉归义秽佰长"铜印，为汉朝册封的秽人首领；又有"古斗薉王""坐须薉国王"虎符，"皆秽部落之王"②，可能也是汉朝册封的。平壤贞柏洞土坑墓出土的银印"夭租薉君"，当即汉朝册封的"夭（沃）租（沮）县境内的秽人之君"③。这些材料可证汉朝对四郡的土著族群仍保持旧的政治组织形态。这种"羁縻"性质的统治方式下的土著族群，亦即胡鸿所言"熟蛮"。

"熟蛮"编入户籍，则向"蛮夷编户"发展，但从四郡土著族群的发展来看，二者间还存在着过渡阶段。《三国志·魏书·东夷传》曰："汉时赐鼓吹技人，常从玄菟郡受朝服衣帻，高句丽令主其名籍。"④ 高句丽在西汉为玄菟郡高句丽县内的蛮夷侯国⑤，仍处于蛮夷国邑的"熟蛮"阶段，而未"郡县化"。而且，西汉、莽新虽发高句丽兵⑥，但其民众未交赋税、服徭役，与编户民显然不同，未彻底"编户化"。这是一种既由郡县"主其名籍"，又不同于编户齐民的状态，姑且称作"著籍蛮夷"。郡县内的蛮夷国邑，可能不少都经历过这一状态。

前揭《乐浪户口簿》载初元四年乐浪郡总户口数曰：

凡户四万三千八百卅五，多前五百八十四，口廿八万千

---

① 陈寿：《三国志》卷三十《魏书·东夷传》，北京：中华书局，1982年，第848页。
② 陈直：《汉晋少数民族所用印文通考》，《文史考古论丛》，北京：中华书局，2018年，第310-311页。
③ 林沄：《说"貊"》，《林沄文集·古史卷》，上海：上海古籍出版社，2019年，第185页。"夭租薉君"，前人多释作"夫租薉君"，林沄考证"夫"当作"夭"。详见林沄：《夫余史地再探讨》，《林沄文集·古史卷》，上海：上海古籍出版社，2019年，第213-214页；《"夭租丞印"封泥与"夭租薉君"银印考》，《林沄文集·文字卷》，上海：上海古籍出版社，2019年，第176-179页。
④ 陈寿：《三国志》卷三十《魏书·东夷传》，北京：中华书局，1982年，第843页。
⑤ 陈寿：《三国志》卷三十《魏书·东夷传》，北京：中华书局，1982年，第844页。
⑥ 比如莽新时"发高句骊兵"伐匈奴。详见班固：《汉书》卷九十九中《王莽传中》，北京：中华书局，1962年，第4130页；金富轼著，杨军校勘：《三国史记》卷十三《高句丽本纪·琉璃明王》，长春：吉林大学出版社，2015年，第181页。

□二百六十一；其户三万□□□□□四，口廿四□①

　　杨振红、尹在硕依据汉代户口簿体例，推测"其户三万□□□□□四"是指乐浪郡中三万多户采取与其余一万余户不同的政策，而由于简文残缺，具体不得而知②。袁延胜认为这三万多户"应是一些特殊的户、口"，"很可能是乐浪郡的'蛮夷'人口，或者是享受政府特殊政策的一部分人口"③。倘此说成立，则可作为"蛮夷编户"存在的确证。不过，按此说，"蛮夷编户"的比例似过高（85%以上），显然欠妥。郑威推测"其户三万"云云是乐浪郡岭西地区的户口，与《乐浪户口簿》载岭西诸县户口总计（37209 户，234514 口）相近④。但数字毕竟不完全一致，且一郡分区统计人口，尚缺乏其他例证和必要的解释。

　　其实，还有一种可能，即"其户三万"云云是乐浪郡普通编户，其余一万多户才是"蛮夷编户"等特殊人口。初元四年，乐浪郡户数较上一年增多 584 户，增长率超过 13‰；口数通过统计各县新增人口情况可知新增 7905 口，增长率超过 28‰。这一人口增长率颇超同时期的汉朝人口年均增长率（7‰）⑤。究其原因，不排除有来自中原的移民，但文献中未见大规模移民，高人口增长率极可能是蛮夷"编户化"的结果。自乐浪设郡，累年积增、又被彻底"汉化"的"蛮夷编户"达一万多户是颇为可能的。胡鸿指出"蛮夷编户"是"政治体意义上的华夏化已经完成而文化认同上的华夏化尚在进行中的阶段"，从"蛮夷编户"向"普通编户"的转变

---

　　① 参见杨振红、尹在硕：《韩半岛出土简牍与韩国庆州、扶余木简释文补正》，卜宪群、杨振红主编《简帛研究（二〇〇七）》，桂林：广西师范大学出版社，2010 年，第 286 页。

　　② 杨振红、尹在硕：《韩半岛出土简牍与韩国庆州、扶余木简释文补正》，卜宪群、杨振红主编《简帛研究（二〇〇七）》，桂林：广西师范大学出版社，2010 年，第 287 页。

　　③ 袁延胜：《出土木牍〈户口簿〉比较研究》，《秦汉简牍户籍资料研究》，北京：人民出版社，2018 年，第 190-191 页。

　　④ 郑威：《出土文献与楚秦汉历史地理研究》，北京：科学出版社，2017 年，第 139 页。

　　⑤ 参见葛剑雄：《西汉人口地理》，北京：人民出版社，1986 年，第 32 页。

"不是法律上的，而是社会和心理意义上的"①。"蛮夷编户"和"普通编户"，在法律上未必无差别；但二者间的转化，也确实需要时间来改变其社会和文化认同。倘上文关于乐浪郡"蛮夷编户"的推论成立，以每年新增五百余户计，一万多户是二十多年累增的结果，大体一代人的时间，此前的"蛮夷编户"则已改变社会和文化认同，彻底"汉化"。

综上，汉朝立乐浪四郡，郡县内族群大体包括如下四类：普通编户、蛮夷编户、著籍蛮夷、国邑蛮夷（熟蛮）。普通编户和国邑蛮夷是汉夷之两端，蛮夷编户和著籍蛮夷是二者间的过渡形态。从政治体角度来讲，普通编户和蛮夷编户可算是广义的"汉人"。

三、族群认同与汉朝东北疆域变迁

西汉武帝朝灭卫氏朝鲜，置四郡；至昭帝始元五年（前82），真番、临屯二郡和玄菟郡沃沮县省并入乐浪郡，玄菟郡内迁；两汉之际，玄菟郡又内迁至辽东郡内；东汉光武帝建武六年（30），省乐浪东部都尉和岭东七县②。以长时段眼光观之，乐浪四郡建立以后，渐呈现出省并、内迁趋势。罗新注意到，朝鲜半岛是"华夏政治体多次进入又反复退出的地方，是华夏文明在东亚农业区波动幅度较大的特殊情况"③。四郡省并、内迁，无疑是多种因素共同作用的结果，比如距离汉朝京师较远、遭受郡内外蛮夷侵扰、维持郡县统治成本较高，等等。但应该指出的是，四郡地区的族群认同，也是影响汉朝东北边疆变迁的原因之一。

在汉代，乐浪四郡地区具有双重性质，呈现出一种"华夷之间"的空间形象。一方面，四郡地区是汉朝的组成部分。西汉扬雄《方言》将"北

---

① 胡鸿：《能夏则大与渐慕华风：政治体视角下的华夏与华夏化》，北京：北京师范大学出版社，2017年，第196-197页。

② 参见周振鹤、李晓杰、张莉：《中国行政区划通史·秦汉卷》，上海：复旦大学出版社，2017年，第518-522、837-839页。

③ 罗新：《华夏文明西部边界的波动》，《有所不为的反叛者：批判、怀疑与想象力》，上海：上海三联书店，2019年，第259页。

燕朝鲜洌水之间"作为一个方言区①，将朝鲜北部尤其乐浪郡地区纳入汉朝文化地理空间中。有研究者指出，乐浪、玄菟被汉代人视作"国之东界"②。但另一方面，四郡地区被视作蛮夷区域和边缘地域。《汉书·地理志》曰："玄菟、乐浪，武帝时置，皆朝鲜、濊貉、句骊蛮夷。"③ 四郡初置，缺乏吏才，"取吏于辽东"④，呈现出典型的新边郡面貌。此后，当地一直被视作边远地区，任命的官员甚至因其地远而不愿"之官"⑤。

汉代边郡编户与蛮夷杂处，呈现出一种"特殊的介于华、夷之间的族群身份"⑥。乐浪四郡地区，因受地理空间和族群格局影响，华夷交染之风可能尤甚。为维系郡县统治，汉帝国注重推动郡内蛮夷华夏化，尤其表现在制度认同和历史记忆的塑造上。

在制度认同层面，除推行郡县制、编户制、册封制外，还给各蛮夷国邑君长、邑落渠帅授予"汉制式"头衔。《三国志·魏书·东夷传》称"沃沮诸邑落渠帅，皆自称三老，则故县国之制也"；又称秽人"自汉已来，其官有侯邑君、三老，统主下户"⑦。侯和邑君，是汉朝册封的蛮夷君长头衔；而"三老"则是汉朝"乡官"，有郡、县、乡三级，每级一人，掌教化，参地方议政⑧。沃沮和秽人渠帅担任的"三老"，主要是县三老和乡三老。授予他们三老，将之吸纳进汉朝职官体系，并推动蛮夷邑落向汉朝的地方组织——乡里转型。

---

① 雷虹霁：《秦汉历史地理与文化分区研究——以〈史记〉〈汉书〉〈方言〉为中心》，北京：中央民族大学出版社，2007年，第160-161页。

② 王安泰：《中国中古时期乐浪郡形象的变迁》，《南开学报》（哲学社会科学版），2018年第5期。

③ 班固：《汉书》卷二十八下《地理志下》，北京：中华书局，1962年，第1658页。

④ 班固：《汉书》卷二十八下《地理志下》，北京：中华书局，1962年，第1658页。

⑤ 范晔：《后汉书》卷五十二《崔骃列传》，北京：中华书局，1965年，第1722页。

⑥ 朱圣明：《华夷之间：秦汉时期族群的身份与认同》，厦门：厦门大学出版社，2017年，第292页。

⑦ 陈寿：《三国志》卷三十《魏书·东夷传》，北京：中华书局，1982年，第846、848页。

⑧ 严耕望：《中国地方行政制度史：秦汉地方行政制度》，上海：上海古籍出版社，2007年，第245-249页。

在历史记忆层面，主要表现在"箕子东迁朝鲜"故事上。顾颉刚曾提出箕子东迁是"西汉时代突如其来的传说"，并认为汉朝置四郡后"涂改了这故事"以服务于统治①；苗威系统考察箕子东迁相关文本，指出其在汉代由此前被略为数语的"经"的记载模式发展为脉络清晰、体系完整的"史"的文本历史②。箕子东迁故事真伪姑且不论，其故事文本的确在汉代得到强调和体系化，被记载于经注和史书中，显然得到朝廷和士大夫的认同。王明珂指出"箕子王朝鲜"是汉代"英雄徙边记"之一，是汉代"华夏对此边缘之地与人的'华夏化'企图与期望"的表现③。苗威注意到高句丽祭祀"箕子神"④，推论是置四郡后，汉人与其他土著民族都祭祀箕子这个来自中原的共同始祖，后被高句丽继承⑤。那么，箕子东迁的历史记忆可能得到四郡汉夷人群相当程度的接受。

制度建设促进乐浪四郡地区蛮夷加入华夏政治体系，而历史记忆塑造则推动其文化和心理上的转变。从上文所论当地蛮夷"编户化"来看，汉帝国取得了一定成功。《汉书·地理志》称四郡地区"田民饮食以笾豆，都邑颇放效吏及内郡贾人，往往以杯器食"⑥，在生活习惯上华夏化较明显。朝鲜半岛出土的汉镜铭文"作镜四夷服""胡虏殄灭天下服"等⑦，与汉朝各地出土的"四夷服"镜铭一致⑧，也展现出当地人对汉朝（新朝）的认同。不过，当地土著人群的基数太大，政治组织分散，都影响了其华夏化的完成，成为四郡省并和内迁的原因之一。

---

① 顾颉刚：《三监的结局——周公东征史事考证四之三》，《顾颉刚古史论文集》卷十《尚书大诰译证》，北京：中华书局，2011年，第754、760页。

② 苗威：《箕氏朝鲜史》，北京：中国社会科学出版社，2019年，第266页。

③ 王明珂：《英雄祖先与弟兄民族：根基历史的文本与情境》，北京：中华书局，2009年，第86页。

④ 刘昫等：《旧唐书》卷一百九十九上《东夷列传·高丽》，北京：中华书局，1975年，第5320页。

⑤ 苗威：《箕氏朝鲜史》，北京：中国社会科学出版社，2019年，第29页。

⑥ 班固：《汉书》卷二十八下《地理志下》，北京：中华书局，1962年，第1658页。

⑦ 参见苗威：《乐浪研究》，北京：高等教育出版社，2016年，第351-352页。

⑧ 参见李迎春、程帆娟：《汉代"四夷服"镜铭研究》，《四川文物》，2019年第6期。

纵观乐浪四郡变迁，初置之乐浪郡区域，始终在汉朝疆域之内。当地作为卫氏朝鲜本土，汉人移民较多、政治组织较发达；设郡后，"编户化""华夏化"程度较高。因此，汉朝郡县始终未退出这一区域。汉朝存在着内郡与边郡、核心区与边缘区之别，但即便在边疆地区也存在着"边地之核心"①。大同江流域正是汉朝在辽东塞外的"核心区"，也是华夏化最显著的区域。

真番、临屯二郡和第一玄菟郡，华夏化显然较大同江流域缓慢。昭帝始元五年（前82），省并四郡，真番、临屯二郡和玄菟郡沃沮县并入乐浪郡，玄菟郡内迁。约汉宣帝朝，原真番七县，设南部都尉；原临屯六县和玄菟郡沃沮县，设东部都尉②。省并郡而置部都尉，有着"立郡赋重"和"境土广远"的考虑③，但根本原因还是当地多蛮夷，立郡条件不足。从二部都尉分别管理乐浪南部的真番故地和岭东秽貊人群（东秽和东沃沮）来看，其设置受到族群分布的影响，这也说明真番和岭东秽貊人群未完全"汉化"。

不过，真番人群的"汉化"进程要快于岭东秽貊。第一，在《乐浪户口簿》中，原真番七县的排序尚在北部诸县前；第二，东汉省都尉，岭东七县因此撤销，南部七县却仍然保存，且直隶于乐浪郡；第三，东汉末，公孙康割据辽东，置带方郡，大体即原真番地。由此来看，真番人群在汉代已走向"汉化""华夏化"。不过，这并不意味着汉朝在当地的统治完全稳定。史称：

> 桓、灵之末，韩濊强盛，郡县不能制，民多流入韩国。建安中，公孙康分屯有县以南荒地为带方郡，遣公孙模、张敞等收集遗民，兴

---

① 关于"核心"与"边缘"，参见鲁西奇：《中国历史上的"核心区"：概念及其分析理路》，《中国历史的空间结构》，桂林：广西师范大学出版社，2014年，第143–174页。

② 参见苗威：《乐浪研究》，北京：高等教育出版社，2016年，第159–163页。

③ 参见金秉骏：《汉代的部都尉与边疆统治》，中国社会科学院历史研究所、日本东方学会、首都师范大学历史学院编《第七届中日学者中国古代史论坛文集》，北京：中国社会科学出版社，2016年，第157–158页。

兵伐韩濊，旧民稍出，是后倭韩遂属带方。[①]

显然，受"韩濊强盛"影响，乐浪郡南部"屯有县以南"沦为"荒地"。"民多流入韩国""旧民稍出"之"民"，皆当地原本的编户民。但因这些"旧民"迁流，以至于当地沦为"荒地"，也恰恰表明当地人多已"编户化""汉化"。

岭东秽貊的"编户化""汉化"进程则要缓慢不少。岭东秽貊包括秽人和东沃沮，虽受郡县统治，但一直保持本族特色。因此，西汉于岭东设乐浪东部都尉，至东汉，罢都尉。史称：

> 建武六年，省都尉官，遂弃领东地，悉封其渠帅为县侯，皆岁时朝贺。[②]
>
> 汉建武六年，省边郡，都尉由此罢。其后皆以其县中渠帅为县侯，不耐、华丽、沃沮诸县皆为侯国。[③]

东汉省乐浪东部都尉，岭东七县变为"侯国"。这里的"县侯""侯国"，并非汉朝之列侯及相应侯国，理由有二：其一，汉代列侯之县侯侯国，不由县侯直接掌管，县侯仅食赋，而岭东七侯国是由渠帅自管；其二，列侯之侯国，作为县级地方机构，直属于郡，而岭东七侯国并非乐浪直辖的县级机构。因此，岭东七县侯不同于汉朝列侯之县侯，应是蛮夷侯国，属于蛮夷国邑体系，是从西汉所设邑君发展而来的[④]。由此可知，岭东秽人、沃沮一直保持原本的邑落形态，未能将邑落彻底"乡里化""编户化"。这恐怕也是汉朝撤都尉后"弃领〔岭〕东地"的原因。这种情况的出现，一是源自当地族群的复杂情况；二是由于当地处于单单大岭以

---

① 陈寿：《三国志》卷三十《魏书·东夷传》，北京：中华书局，1982年，第851页。
② 范晔：《后汉书》卷八十五《东夷列传》，北京：中华书局，1965年，第2817页。
③ 陈寿：《三国志》卷三十《魏书·东夷传》，北京：中华书局，1982年，第846页。
④ 参见苗威：《乐浪研究》，北京：高等教育出版社，2016年，第232页。

东，交通、移民皆不便，推动当地秽貊"编户化"难度较大。废县置县
侯，东秽和东沃沮不再在乐浪郡内，实质上是由汉朝"内臣"转变为"外
臣"，终止了华夏化进程，身份彻底"蛮夷化"。至废县后，史称岭东
"夷狄更相攻伐"①，后被高句丽控制。不过，汉朝推动秽貊华夏化的努力
仍有遗痕，比如岭东七侯国中，"唯不耐濊侯至今犹置功曹、主簿诸曹，
皆濊民作之"，"沃沮诸邑落渠帅，皆自称三老"②，还沿用汉朝制度。

　　第二玄菟郡地区的蛮夷尤其是浑江流域的高句丽人，华夏化进程也较
慢。高句丽人虽由高句丽县主名籍，但一直未能彻底"编户化"，甚至在
西汉后期走上了建国之路。汉代玄菟郡的内迁，也正是高句丽崛起所致。
而高句丽之所以崛起、立国，可能有汉朝册封"高句丽侯"而增强其君主
权威和部族凝聚力的因素。汉朝册封蛮夷君长的制度，推动了高句丽的建
国进程，也强化了高句丽对句骊蛮夷、夫余、秽貊等族群的整合与凝聚。
高句丽在西汉后期成为玄菟郡内一强力蛮夷侯国，一直未能"汉化"。至
莽新时，高句丽叛。天凤元年（14），高句丽取汉高句丽县③，彻底脱离汉
朝郡县统治，迫使玄菟郡内迁。

　　从以上分析来看，乐浪四郡的省并、内迁皆与郡内土著人群未能"编
户化""华夏化"有关，原本的邑落组织未能被县、乡、里所取代，邑落
渠帅仍然掌握着本族势力。而完成这一转型的卫氏朝鲜本土（乐浪郡）和
真番郡，则成功华夏化，始终处于汉朝郡县之内。

四、结语

　　汉代东北疆域的变迁，主要体现在辽东塞外地区的空间变迁，亦即乐
浪四郡的置废。四郡的设置作为汉朝灭卫氏朝鲜的结果，深受卫氏朝鲜及
其属国、属部的族群格局和组织形态的影响。同时，四郡的设置也起到了
界定当地人群汉、夷身份的作用。四郡"汉人"即郡县编户民，包括迁入

　　① 陈寿：《三国志》卷三十《魏书·东夷传》，北京：中华书局，1982年，第846页。
　　② 陈寿：《三国志》卷三十《魏书·东夷传》，北京：中华书局，1982年，第846页。
　　③ 详见金富轼著，杨军校勘：《三国史记》卷十三《高句丽本纪·琉璃明王》，长春：
吉林大学出版社，2015年，第182页。

的中原人和"汉化"的蛮夷。但四郡地区的帝国边缘位置和华夷杂糅面貌，令当地呈现出"华夷之间"的色彩。

在汉帝国治下，四郡地区的蛮夷走上了"华夏化""汉化"进程，由"熟蛮"走向"著籍蛮夷""蛮夷编户"乃至"普通编户"。然不同地区、不同族群的华夏化进程是不相同、不均衡的。乐浪、真番蛮夷汉化较彻底，郡县在当地得以维持；而其他地区华夏化较缓慢，成为西汉中期以来四郡省并、内迁的原因之一。四郡的省并和内迁，又导致不归郡县管理的蛮夷的华夏化进程终止，恢复彻底的"蛮夷"身份。

马克思曾写道："所有的征服有三种可能。征服民族把自己的生产方式强加于被征服的民族；或者是征服民族让旧生产方式维持下去，自己满足于征收贡赋；或者是发生一种相互作用，产生一种新的、综合的东西。"[1] 汉朝征服卫氏朝鲜，推行郡县制，实质上也是有意改造当地旧的生产方式和组织形式。在儒家文化下，汉朝对外经略不是单纯的征服扩张，而是追求将"王化""德化"向边裔推进，是一种"融入式拓展"[2]。是故，汉朝在乐浪四郡推行郡县制的同时，还将邑落渠帅册封为汉朝的蛮夷国邑君长，使之与郡县并行。这延缓了各族邑落向汉制乡里的转变，推迟了四郡地区诸族的"编户化"和"华夏化"，兼之四郡自然环境、地理位置的差异，以致各地华夏化程度不均。华夏化程度高者留于汉朝疆域内；华夏化程度低者逐渐脱离汉朝，甚至自我的族群认同越来越突显（比如高句丽）。就此来讲，汉朝东北疆域的伸缩，是汉朝改造乐浪四郡族群与当地族群认同选择之间互动的结果。

---

① 卡尔·马克思：《〈政治经济学批判〉导言》，中共中央马克思恩格斯列宁斯大林著作编译局编译《马克思恩格斯选集》第2卷，北京：人民出版社，2012年，第697页。

② 韩昇：《东亚世界形成史论》（增订版），北京：中国方正出版社，2015年，第55页。

第九章
西南地区的社会整合与族群认同

第一节　属国制与边郡制的摇摆：行政机构的调整
与汉朝对西南地区的整合

　　中国历史上的民族关系错综复杂，历代统治者对边疆民族地区大多实行"因其故俗"的羁縻统治政策。由于历史条件和地方情况的差异，羁縻而治的治理方略与制度政策在不同历史阶段往往表现为不同的形式，汉代的属国制度、边郡制度等实行于边疆地区的统治制度是羁縻治策在这一时期的主要表现形式。从性质上讲，属国制与边郡制主要是汉朝统治者在边疆地区推行的一种具有羁縻性质的地方行政制度，关于它们的研究，对于揭示汉代边疆制度与中原制度相互影响与融合的规律、边疆治理、民族关系、国家结构、地方行政制度的发展变化与运作机理等，皆有重要意义。

　　目前，学界关于属国、边郡问题的研究往往就单个问题展开，较少将两种制度进行系统、深入的比较；同时，既有的研究中还呈现出明显的

"重北轻南"倾向，对西南地区措意较少①。鉴于此，我们拟着眼于汉朝在西南地区所推行的属国与边郡制度，着重梳理和分析它们之间的异同，相互转换的方式、原因及其反映的统治者对于边疆地区整合的政治考量与政策措施，以及当地少数民族的因应反馈与身份转变等重要问题。

一、汉代属国制与边郡制在西南地区实行的基本情况

（一）属国制

汉代的属国制度承自秦国的属邦制度。秦置属邦的时间，史籍未有明确的记载，学界通常认为大致在战国中后期，尤为可能在秦惠王至昭王时期②；汉代设置属国的时间存在较大争议③，但"比较确定的用以安置归附少数

---

① 关于属国、边郡问题研究的详细梳理，参见胡小鹏、安梅梅：《近年来秦汉属国制度研究概述》，《中国史研究动态》，2007年第10期；安梅梅：《两汉魏晋属国制度研究》，中央民族大学博士学位论文，2012年；杜晓宇：《20世纪80年代以来的秦汉边郡研究》，《中国史研究动态》，2011年第6期；谢绍鹍：《秦汉西北边地治理研究》，西北大学博士学位论文，2010年。此处不赘。

② 王宗维提出，秦国属邦的设置时间应在惠文王至昭襄王在位时期（参见王宗维：《汉代的属国》，《文史》第20辑，北京：中华书局，1983年）；刘瑞亦赞同其说（参见刘瑞：《秦"属邦"、"臣邦"与"典属国"》，《民族研究》，1999年第4期）。陈力认为，秦国设立属邦的时间不会晚于昭王时期，大约应在惠王时期，但考虑到属邦制度的滥觞或在此前，孝公时期也许已设有属邦（参见陈力：《试论秦之"属邦"与"臣邦"》，《民族研究》，1997年第4期）。黎明钊、唐俊峰指出，现存资料可确定的秦属邦仅得蜀属邦，其设置年代约在战国中后期（参见黎明钊、唐俊峰：《秦至西汉属国的职官制度与安置模式》，《中国史研究》，2018年第3期）。

③ 关于汉代属国的设置时间，史籍的记载并不一致。《汉书·百官公卿表》记为元狩三年，然《汉书·武帝纪》却记作元狩二年，从而引发学者长期的争论。如严耕望认为汉属国置于元狩三年（参见严耕望：《中国地方行政制度史：秦汉地方行政制度》，上海：上海古籍出版社，2007年，第157-158页）。陈梦家则认为始置时间应为元狩二年，三年只是《百官公卿表》的误植（参见陈梦家：《汉简缀述》，北京：中华书局，1980年，第132页）；贾敬颜亦持此意见（参见贾敬颜：《汉属国与属国都尉考》，《史学集刊》，1982年第4期）。王宗维尝试解决《汉书》记载之分歧，认为《武帝纪》所书元狩二年是昆邪王降行至长安的时间，在其后记载朝廷置属国事，不过是依循编年体惯例而已，元狩三年才是属国真正创设的时间（参见王宗维：《汉代的属国》，《文史》第20辑，北京：中华书局，1983年）；孙言诚也认为，《武帝纪》所书是昆邪王及其部众投降的时间，《百官公卿表》记载的才是设置五属国的时间（参见孙言诚：《秦汉的属邦和属国》，《史学月刊》，1987年第2期）。此外，还有学者提出汉初即已设立属国。刘瑞认为，汉初未设"典属国"而只设"属国"，《百官公卿表》所谓"复增属国"揭示出，武帝以前设置的属国数量可能很少，武帝时属国数量有过增加，其机构也是在此时才完备起来（参见刘瑞：《秦"属邦"、"臣邦"与"典属国"》，《民族研究》，1999年第4期）。丁福林指出，《汉书·贾谊传》载贾谊向文帝所上《陈政事疏》中有"陛下何不试以臣为属国之官以主匈奴"之语，该疏系贾谊任梁怀王太傅之初所作，《资治通鉴》将此事系于文帝前元六年（前174），因此他认为，汉代属国的始置时间当在此之前［参见丁福林：《关于汉代属国的几个问题》，《苏州科技学院学报》（社会科学版），2003年第1期］。

民族的属国，最早出现于元狩三年"①。西汉自武帝始，历经昭、宣二帝，共设有七个属国：天水属国、西河属国、上郡属国、五原属国、张掖属国、金城属国、安定属国（亦称北地属国或三水属国）。

东汉王朝建立后，不仅继承了西汉的属国制度，还对其进行了调整和完善，如安帝增设"属国别领比郡者六"②。关于这六个比郡属国，学界一般认为是犍为属国、广汉属国、蜀郡属国、张掖属国、张掖居延属国与辽东属国③。

此外，与西汉相比，东汉属国的分布地域大为拓展。西汉所置属国主要集中于西北边地，而东汉新增的属国已从西北延伸至西南、东北的广大

---

① 黎明钊、唐俊峰：《秦至西汉属国的职官制度与安置模式》，《中国史研究》，2018年第 3 期。

② 司马彪：《续汉书·郡国志五》，北京：中华书局，1965 年，第 3533 页。

③ 参见周振鹤、李晓杰、张莉：《中国行政区划通史·秦汉卷》（下），上海：复旦大学出版社，2017 年，第 934 页；彭建英：《东汉比郡属国非郡县化略论》，《民族研究》，2000 年第 5 期；等等。但也有学者对东汉设置比郡属国的数量持不同意见，认为并不限于上述六个。王宗维提出还应包括越巂西部属国、酒泉属国等（参见王宗维：《秦汉的边疆政策》，马大正主编《中国古代边疆政策研究》，北京：中国社会科学出版社，1990 年，第64 页）；安梅梅也认为东汉设有越巂西部属国（参见安梅梅：《两汉魏晋属国制度研究》，中央民族大学博士学位论文，2012 年，第 91 页）。王宗维、安梅梅都认为东汉所设的比郡属国当包含越巂西部属国，但王氏未提供具体证据，安氏主要依据的是《华阳国志》中的一段记载，故我们就以这则史料为突破口对东汉是否设置过越巂西部属国试做剖辨。《华阳国志·南中志》曰："（建武二十三年后，哀牢王扈栗）遣使诣越巂太守，愿率种人归义奉贡。世祖纳之，以为西部属国。其地东西三千里，南北四千六百里。有穿胸、儋耳种，闽越濮、鸠僚。其渠帅皆曰王。孝明帝永平十二年，哀牢抑狼遣子奉献。明帝乃置郡，以蜀郡郑纯为太守。属县八，户六万。"（常璩撰，刘琳校注：《华阳国志校注》卷四《南中志》，成都：巴蜀书社，1984 年，第 428—430 页。）据此，似乎光武帝为安置哀牢夷族众曾设置越巂西部属国，但此说恐难成立。第一，《后汉书·南蛮西南夷列传》记载建武末年哀牢夷内属事时，并未言及设置越巂西部属国，且光武帝时亦未闻有置属国之举。第二，依循汉制，某某属国前通常直接冠诸郡名，未有如部都尉般以郡名再加各部方位者。第三，《后汉书·显宗孝明帝纪》："（永平）十二年春正月，益州徼外夷哀牢王相率内属，于是置永昌郡，罢益州西部都尉。"又，同书《南蛮西南夷列传》亦载："永平十二年，哀牢王柳貌遣子率种人内属，其称邑王者七十七人，户五万一千八百九十，口五十五万三千七百一十一。……显宗以其地置哀牢、博南二县，割益州郡西部都尉所领六县，合为永昌郡。"（范晔：《后汉书》，北京：中华书局，1965 年，第 114、2849 页。）由此可明，永昌郡乃割益州西部都尉所辖六县，再合以新置二县而设。综上所述，光武帝时当未设置越巂西部属国，《华阳国志》所载"西部属国"颇疑为"益州郡西部都尉"之误。

地区。而且，东汉属国不仅境域扩大，管辖人口也有明显增加。据司马彪《续汉书·郡国志》统计，汉顺帝永和五年（140）前后[①]，犍为属国辖37187人，广汉属国辖205652人，蜀郡属国辖475629人，张掖属国辖16952人，张掖居延属国辖4733人[②]。即便仅统计上述五个属国的人口，就已接近百万，这在东汉末年的边疆地区已是相当可观。

最后，值得我们特别注意的是，两汉属国制度还有两个关键的不同。

其一，从设置方式上看，西汉设立属国主要是为安置西北地区降附的少数民族部落，如匈奴、羌人等。政府将归义部族迁入塞内，择地安置，并设属国都尉以统领监管，所以西汉属国的设置方式属于新设的类型。而东汉所置属国除新设类型外，还有一种改设类型，即属国是由边郡或其部都尉改置而来，如犍为属国、广汉属国、蜀郡属国等。以后一种方式设立的属国，相当于将原郡划出一块区域，独立置为郡级行政区划，其职能仍以管理辖域内少数民族为主。所以，东汉的一些属国不属于西汉的新设模式，而是对原有郡域的析分改置、划疆而治。

其二，从地位与权力上看，东汉属国地位有了明显提升，权力亦有所扩大。它们由西汉时受郡守节制的边疆管理机构升格为与郡平级、径受中央领导的地方行政机构。

关于东汉属国的上述变化，有学者认为，这主要与边地广大、去郡府遥远以及民族地区军务繁重有关，同时也表明东汉王朝更加注重属国这种管理归附少数民族的形式[③]。而且，汉代的属国制度也为后世边疆管理制度的发展和完善奠定了重要基础，成为以后中原王朝治边制度的成功蓝本。不论是唐宋时期的羁縻府州制度，还是元明清时期的土官土司制度，其渊源都可以追溯到汉时的属国制度。

（二）边郡制

汉代的郡大致可分为内郡与边郡两种类型，内郡置于内地，边郡则是

---

① 学界通常认为《续汉志》所载版籍是以顺帝永和五年为断，但据周振鹤等人的研究，《续汉志》所载各地版图、户籍并不完全断于同一年，而仅是大体以永和五年为据，故《续汉志》的断代当定于永和五年前后（参见周振鹤、李晓杰、张莉：《中国行政区划通史·秦汉卷》下，上海：复旦大学出版社，2017年，第601-602页）。其考证富具理据，今从之。

② 司马彪：《续汉书·郡国志五》，北京：中华书局，1965年，第3514、3515、3521页。

③ 详见彭建英：《东汉比郡属国非郡县化略论》，《民族研究》，2000年第5期。

设于内外边缘地区的一种特殊行政制度。杜晓宇认为，边郡与内郡的差别不仅体现在地理位置上，更体现在制度设计上，"边郡"是具有法律制度含义的正式指称，指在统一郡县制的前提下实行特殊制度的地区①。

汉代边郡分布广泛，不同区域的边郡具有不同特点。譬如西南地区的边郡就明显不同于北边地区，呈现出鲜明的西南特色。方国瑜在研究西南七郡时，将其特点总结为以下四端：一、郡县区域大都以部族联系范围为基础；二、既设郡县，任命太守、令、长掌治之，又任命土长为王、侯、邑长，实施两重统治；三、边郡出赋，由土长解纳土贡，无定额赋税；四、边郡太守主兵，兵由内地遣戍②。方国瑜对西南边郡特点的分析甚为入理，在此唯欲补充的是，边郡太守所掌之兵未必悉由内地调遣，其中也应包含一定数量的蛮夷兵。实际上，边郡体制下的一些少数民族也须承担一定的兵役，应调从征，尤其是协助汉政府镇压其他少数民族的反抗，这也鲜明地体现出统治者"以夷制夷"的治理策略。

西南边郡的上述特点，某种程度上是汉代边郡在不同地理环境、族群环境下的产物。此外，西南边郡还继承了郡县制形成时期的某些特点，如军事性强，置于边境，带有一定的羁縻性质，等等③。所以，当汉朝征服和经营西南夷，面临当地复杂的地理环境与族群生态，需要设计一种不同于内郡的管理制度时，统治者便采择、汲取了郡县制创设初期的一些内容和经验，调整后施用于西南地区。

二、西南地区行政机构的调整——以属国与边郡的转换为中心

汉朝在西南地区设置的郡级行政机构主要有边郡、属国、部都尉三种形式。其调整演变可以分为多种模式：由属国改置为边郡，由边郡复置为属国，由部都尉升格为边郡或属国，由边郡或属国省为部都尉，等等。总体说来，在汉代西南地区，属国与边郡相互转换的模式颇具代表性，相关事例较多，故下文主要围绕这种模式进行梳理和分析。具体言之，该模式

---

① 详见杜晓宇：《试论秦汉"边郡"的概念、范围与特征》，《中国边疆史地研究》，2012 年第 4 期。

② 详见方国瑜：《〈云南地方史〉导言》，《方国瑜文集》第 1 辑，昆明：云南教育出版社，2001 年，第 55-56 页。

③ 参见周凯：《汉隋间西南地区的政治整合与族群演变》，华东师范大学硕士学位论文，2018 年，第 28 页。

又可细分为以下两种类型。

（一）由部都尉升格为属国，再向边郡转换

东汉时期，西南地区属于这种演变类型的情形最多，典型的例子如犍为属国、广汉属国和蜀郡属国。

1. 由犍为属国到朱提郡

犍为属国是安帝时所置六个治民比郡的属国中最早的一个。其地域原为犍为郡南部都尉，永初元年（107）改置。《后汉书·孝安帝纪》载："（永初元年春正月）戊寅，分犍为南部为属国都尉。"① 《续汉书·郡国志》"犍为属国"下司马彪注曰："故郡南部都尉，永初元年以为属国都尉，别领二城。"② 犍为属国所领二县为朱提、汉阳。

犍为属国辖域位于犍为郡僰道以南，为僰人的主要聚居地之一，时有"西僰中"之谓。安帝将该地单独划出，由部都尉升格为属国，表明此前仅依靠犍为南部都尉，以军事管理为主的统治模式，已无法满足现实的统治需要。汉政府为加强对该区域以僰人为主的诸少数民族的管控，维持当地社会秩序的稳定，有必要对原有的行政机构进行调整。

犍为属国最终改置为朱提郡，但关于改设时间，史籍记载不一。

一种为东汉建安二十年（215）说。《水经注·若水》载："朱提，山名也。应劭曰：在县西南，县以氏焉。犍为属国也，在郡南千八百许里。建安二十年立朱提郡，郡治县故城。"③ 《华阳国志·南中志》云："朱提郡，本犍为南部，孝武帝元封二年置，属县四。建武后省为犍为属国。至建安二十年，邓方为都尉，先主因易名太守。"④

另一种为蜀汉章武元年（221）说。《晋书·地理志》曰："（蜀章武元年）以犍为属国为朱提郡。"⑤ 《三国志·蜀书·杨戏传》："孔山名方，南郡人也。以荆州从事随先主入蜀。蜀既定，为犍为属国都尉，因易郡名，为朱提太守，选为安远将军、庲降都督，住南昌县。章武二年卒。失

① 范晔：《后汉书》卷五《孝安帝纪》，北京：中华书局，1965年，第206页。
② 司马彪：《续汉书·郡国志五》，北京：中华书局，1965年，第3515页。
③ 郦道元著，陈桥驿校证：《水经注校证》卷三十六《若水》，北京：中华书局，2007年，第825页。
④ 常璩撰，刘琳校注：《华阳国志校注》卷四《南中志》，成都：巴蜀书社，1984年，第414页。
⑤ 房玄龄等：《晋书》卷十四《地理志上》，北京：中华书局，1974年，第439页。

其行事，故不为传。"① 对于史书关于犍为属国设郡时间记载上的矛盾，清代学者洪亮吉肯定建安说②。其说入理，今从之。

2. 由广汉属国到阴平郡

广汉属国原为广汉郡北部都尉，为安帝永初二年（108）改置。《后汉书·孝安帝纪》云：永初二年，"广汉塞外参狼羌降，分广汉北部为属国都尉"③。又，《续汉书·郡国志》"广汉属国"下司马彪注曰："故北部都尉，属广汉郡，安帝时以为属国都尉，别领三城。"④ 广汉属国所领三城为阴平道、甸氐道与刚氐道。由上可见，汉政府设置广汉属国主要是为安置和管理降附的参狼羌部众，这与其在北部边地设立属国的出发点基本一样。

广汉属国最终改设阴平郡，时间当在献帝建安二十年。《晋书·地理志》云："魏武定霸，三方鼎立，生灵版荡，关洛荒芜，所置者十二。"⑤ 阴平郡即为其一。又，吴增仅《三国郡县表》卷四谓："建安十八年，省凉入雍，雍州二十二郡内无阴平名，则郡为二十年魏武平汉中时所置无疑。"⑥ 建安末年，阴平郡内徙。

3. 蜀郡属国与汉嘉郡间的置废往复

蜀郡属国是在延光二年（123）⑦由蜀郡西部都尉改置而来，也是安帝在西南地区所置三个比郡属国中最晚的一个。《后汉书·孝安帝纪》曰：

---

① 陈寿：《三国志》卷四十五《蜀书·杨戏传》，北京：中华书局，1982年，第1081页。

② 洪亮吉谓："朱提郡，汉建安二十年蜀先主以犍为属国置，领县五。杨戏《季汉辅臣赞》原注：邓方随先主入蜀，蜀既定，为犍为属国都尉，易郡名，为朱提太守，迁为安远将军，庲降都督。考庲降都督之置，在建安二十四年（219），则朱提郡之立当从《华阳国志》《水经注》作二十年为是。《晋地理志》章武元年始置，《元和郡县志》又云诸葛亮南征时所置，恐皆误。"见洪亮吉：《补三国疆域志》，上海：商务印书馆，1936年，第70页。

③ 范晔：《后汉书》卷五《孝安帝纪》，北京：中华书局，1965年，第211页。

④ 司马彪：《续汉书·郡国志五》，北京：中华书局，1965年，第3514页。

⑤ 房玄龄等：《晋书》卷十四《地理志上》，北京：中华书局，1974年，第407页。

⑥ 吴增仅：《三国郡县表》卷四《魏雍州部》，《四库未收书辑刊》第6辑第5册，北京：北京出版社，2000年，第247页。

⑦ 尽管《续汉书·郡国志》"蜀郡属国"下司马彪注曰，"故属西部都尉，延光元年以为属国都尉"（司马彪：《续汉书·郡国志五》，北京：中华书局，1965年，第3515页），但周振鹤等人研究认为，《续汉志》所注蜀郡属国延光元年（122）的设置时间有误，仍应以延光二年为是。参见周振鹤、李晓杰、张莉：《中国行政区划通史·秦汉卷》（下），上海：复旦大学出版社，2017年，第927页。

"是岁（延光二年），分蜀郡西部为属国都尉。"① 又，《后汉书·南蛮西南夷列传》载："延光二年春，旄牛夷叛，攻零关，杀长吏，益州刺史张乔与西部都尉击破之。于是分置蜀郡属国都尉，领四县如太守。"②蜀郡属国所领四县为青衣、严道、徙、旄牛。

据《后汉书·南蛮西南夷列传》所载，蜀郡属国的设立应与延光二年的旄牛夷叛乱有关。这场动乱尽管最终被镇压下去，但也充分暴露出该地区"仅仅依靠原有的蜀郡西部都尉的纯军事力量尚显乏力"③。于是安帝将蜀郡西部都尉升格为蜀郡属国，使其成为军政合一的行政区划，令属国都尉统县如太守，治民比郡，以更有效地镇压土著人群的反抗，加强对他们的管控。

若我们将边郡与部都尉的更置也纳入视野，便能更清晰地看到，西南地区行政机构的调整往往是汉政府应对蛮夷部众诉求或反抗的结果。在此，我们以西汉中期沈黎郡与汶山郡的废省为例进行考察。

蜀郡属国即蜀郡西部都尉之范围，在西汉本为沈黎郡，该郡置于武帝元鼎六年（前111），废于天汉四年（前97）。《后汉书·南蛮西南夷列传》载："莋都夷者，武帝所开，以为莋都县。其人皆被发左衽，言语多好譬类，居处略与汶山夷同。……元鼎六年，以为沈黎郡。至天汉四年，并蜀为西部，置两都尉，一居旄牛，主徼外夷，一居青衣，主汉人。"④尽管史籍对沈黎郡废置为蜀郡西部都尉的原因语焉不详，但大致也应与牦牛夷不堪汉廷征派而反抗、边郡体制在当地难以为继等因素密切相关。而与沈黎郡情况相似的汶山郡，其置废情况与辖域内夷民的态度就颇能说明问题了。

汶山郡亦置于武帝元鼎六年，省于宣帝地节三年（前67），改为蜀郡北部都尉。《后汉书·南蛮西南夷列传》云："冉駹夷者，武帝所开。元鼎六年，以为汶山郡。至地节三年，夷人以立郡赋重，宣帝乃省并蜀郡为北

① 范晔：《后汉书》卷五《孝安帝纪》，北京：中华书局，1965年，第237页。
② 范晔：《后汉书》卷八十六《南蛮西南夷列传》，北京：中华书局，1965年，第2857页。
③ 周振鹤、李晓杰、张莉：《中国行政区划通史·秦汉卷》（下），上海：复旦大学出版社，2017年，第927页。
④ 范晔：《后汉书》卷八十六《南蛮西南夷列传》，北京：中华书局，1965年，第2854页。

部都尉。"①《华阳国志》记载更详，曰："汶山郡，本蜀郡北部冉駹都尉，孝武元鼎六年置……宣帝地节三年，武都白马羌反，使者骆武平之，因慰劳。汶山吏及百姓诣武自讼：'一岁再度，更赋至重，边人贫苦，无以供给，求省郡。'郡建以来四十五年矣。武以状上，遂省汶山郡，复置都尉。"② 由此可见，汶山郡改置为蜀郡北部都尉的直接原因是当地夷众认为赋役征发过于繁重，难以忍受，故请省郡。此类情形在边疆民族地区较具普遍性，它也从一个侧面反映出，与边郡相比，蛮夷部众在部都尉治下的赋役负担相对较轻，其接受程度自然也会高一些。

蜀郡属国后来改为汉嘉郡，关于改置时间，《后汉书·南蛮西南夷列传》载："灵帝时，以蜀郡属国为汉嘉郡。"③《晋书·地理志》则云："（蜀章武元年）以蜀郡属国为汉嘉郡，以犍为属国为朱提郡。"④ 王宗维认为，汉嘉郡置于蜀汉章武元年（221）比《后汉书》所记灵帝时期晚三十多年，更为可信⑤。实际上，蜀郡属国的置废过程较为复杂，其与汉嘉郡的更置也非一次，王氏所言年份乃蜀郡属国第二次改为汉嘉郡的时间。

《后汉书·方术列传》："灵帝时，大将军何进荐（董）扶，征拜侍中，甚见器重。扶私谓太常刘焉曰：'京师将乱，益州分野有天子气。'焉信之，遂求出为益州牧，扶亦为蜀郡属国都尉，相与入蜀。"⑥《三国志·蜀书·刘焉传》所载与此相似。裴松之注《三国志》引陈寿《益部耆旧传》曰："灵帝征（董）扶，即拜侍中。在朝称为儒宗，甚见器重。求为蜀郡属国都尉。扶出一岁而灵帝崩，天下大乱。"⑦ 灵帝崩于中平六年（189），既然在前一年董扶求任蜀郡属国都尉，则至迟在中平五年（188），

① 范晔：《后汉书》卷八十六《南蛮西南夷列传》，北京：中华书局，1965 年，第 2857–2858 页。

② 常璩撰，刘琳校注：《华阳国志校注》卷三《蜀志》，成都：巴蜀书社，1984 年，第 295–300 页。

③ 范晔：《后汉书》卷八十六《南蛮西南夷列传》，北京：中华书局，1965 年，第 2857 页。

④ 房玄龄等：《晋书》卷十四《地理志上》，北京：中华书局，1974 年，第 439 页。

⑤ 王宗维：《汉代的属国》，《文史》第 20 辑，北京：中华书局，1983 年。

⑥ 范晔：《后汉书》卷八十二下《方术列传下·董扶》，北京：中华书局，1965 年，第 2734 页。

⑦ 陈寿：《三国志》卷三十一《蜀书·刘焉传》，北京：中华书局，1982 年，第 866 页。

汉嘉郡已复为蜀郡属国。此后终于东汉一代，蜀郡属国之建置一直得以保留。直至蜀汉章武元年，刘备再次将其更置为汉嘉郡，即如《晋书·地理志》所云。

关于汉嘉郡置废的确切时间，史籍未予记载，但其在东汉存续的时间当不长。东汉末，板楯蛮夷时降时叛。灵帝光和五年（182），"巴郡板楯蛮诣太守曹谦降"①；及至中平五年，"巴郡黄巾贼起，板楯蛮夷因此复叛，寇掠城邑，遣西园上军别部司马赵瑾讨平之"②。据周振鹤等人研究，汉嘉郡很可能置于灵帝光和五年益州平定之后，而废于中平五年益州黄巾兴起、"板楯蛮夷因此复叛"之时③。

综上，汉末三国时期，蜀郡属国曾两次置为汉嘉郡，初次改郡当在东汉灵帝时，但旋即废为属国，迨至蜀汉章武元年，其再次置郡。其间，边疆地区蛮夷部族的势力大小与反抗情况、地方社会秩序的稳定程度与王朝统治力量的强弱等，都会对当地行政机构的置废变迁产生重要影响。

从演变趋势上看，这一类行政机构调整大都经历了部都尉、属国、边郡的发展阶段。沿着这一方向演进，羁縻色彩不断淡化，统治力度亦趋增强；反之，羁縻程度不断提高，王朝对基层社会的权力渗透越来越少。就性质而言，上述管理机构的调整体现了汉朝对边疆地区多样化的整合方式，不同的统治方式自然会产生不同的治理效果。通常而言，实行羁縻色彩越浓的整合方式，少数民族的"自治性"相对越强，他们获得赋役、刑罚的优待和减免也就越多，其对管理方式的接受与认可程度自然相对较高，从而较利于实现当地社会秩序的稳定；反之，在时机尚欠成熟的情形下，统治者贸然采取较直接、强力的整合方式，就可能导致当地民众政治认同的下降和统治危机的加剧，不同时期土著部族不堪汉吏役使、愤而反抗的众多事例即为明证。

（二）直接设立属国，后改置为边郡

属于这种调整类型的属国较少，典型的例子如献帝建安六年（201）所设的巴东蜀国。是年，益州牧刘璋由巴郡析置巴东蜀国，领涪陵、永

---

① 范晔：《后汉书》卷八《孝灵帝纪》，北京：中华书局，1965年，第347页。

② 范晔：《后汉书》卷八十六《南蛮西南夷列传》，北京：中华书局，1965年，第2843页。

③ 周振鹤、李晓杰、张莉：《中国行政区划通史·秦汉卷》（下），上海：复旦大学出版社，2017年，第928页。

宁、丹兴、汉发四县，治涪陵[①]。《华阳国志·巴志》载："（建安六年）
涪陵谢本白璋，求以丹兴、汉发二县为郡。初以为巴东属国，后遂为涪陵
郡。"[②]《宋书·州郡志》亦云："建安六年，刘璋改永宁为巴东郡，以涪
陵县分立丹兴、汉葭二县，立巴东属国都尉，后为涪陵郡。"[③] 此处所言之
汉葭县即汉发县，"葭""发"叠韵。又，《太平寰宇记·江南西道》载：
"献帝建安中，涪陵谢本以涪陵广大，白州牧刘璋分理丹兴、汉葭二县以
为郡。璋乃分涪陵立永宁，兼丹兴、汉葭，合四县置属国都尉，理涪
陵。"[④] 据上可知，谢本建议刘璋置巴东蜀国的原因在于，以涪陵为中心的
巴东地域广阔，有必要设立独置的郡级行政区划进行管理。实际上，除该
因素外，还有一个很重要的原因是，该区域聚居有较多夷众，有必要设立
合适的管理机构以加强对当地部族的控制，而属国这种较为间接、缓和的
统治方式相较于遽设边郡确实更为稳妥适宜。

　　关于巴东属国改为涪陵郡的时间，大致存在三种说法。以时间为序，最早
的为建安二十一年（216）说，语出《舆地广记·夔州路》"涪州"条[⑤]；其
次为蜀汉刘备时期说，《太平寰宇记·江南西道》"涪州"曰："蜀先主改
（巴东属国）为涪陵郡"[⑥]；最晚的为蜀汉刘禅时期说，刘琳在《华阳国志
校注》中据《蜀志》之《后主传》《邓芝传》《庞统传》三传之相关记载，
推断巴东属国更名涪陵郡的时间当在延熙十一年（248）至景耀元年
（258）间，抑或在延熙十三年（250）[⑦]。周振鹤等赞同蜀后主说[⑧]。

---

　　① 参见周振鹤、李晓杰、张莉：《中国行政区划通史·秦汉卷》（下），上海：复旦大
学出版社，2017 年，第 917 页。

　　② 常璩撰，刘琳校注：《华阳国志校注》卷一《巴志》，成都：巴蜀书社，1984 年，
第 55 页。

　　③ 沈约：《宋书》卷三十七《州郡志三》，北京：中华书局，1974 年，第 1120 页。

　　④ 乐史撰，王文楚等点校：《太平寰宇记》卷一百二十《江南西道》"涪州"，北京：
中华书局，2007 年，第 2389 页。

　　⑤ 欧阳忞撰，李勇先、王小红校注：《舆地广记》卷三十三《夔州路》"涪州"，成
都：四川大学出版社，2003 年，第 1022 页。

　　⑥ 乐史撰，王文楚等点校：《太平寰宇记》卷一百二十《江南西道》"涪州"，北京：
中华书局，2007 年，第 2389 页。

　　⑦ 常璩撰，刘琳校注：《华阳国志校注》，成都：巴蜀书社，1984 年，第 57 页。

　　⑧ 详见周振鹤、李晓杰、张莉：《中国行政区划通史·秦汉卷》（下），上海：复旦大
学出版社，2017 年，第 918 页。

　　此外，还有一个值得注意的问题，即在上述西南地区行政机构的调整中，边郡部都尉时常改置为属国，前文述及的犍为属国、广汉属国、蜀郡属国莫不如此。从形式上看，边疆地区的属国与部都尉有很多相似之处，如辖域俱为少数民族聚居区，军事职能较为突出，职官设置上有一定重合，等等。故而有研究者认为，属国体制与边郡部都尉体制大体类似①。事实上，属国与部都尉也存在一定的差异，而这也是统治者屡屡将前者调整为后者之原因所在。总体来说，两者的区别主要有以下数端：

　　首先，从地位与权力上看，属国都尉的地位要高于部都尉，权力也较后者为大。属国是与郡平行的独立建置，属国都尉的权力与郡守相比，几无差别，唯辖县较少，秩级略低；部都尉尽管与郡守划疆而治，但不具有独立地位，通常须听命于太守，职掌更偏重于军事领域，权力也不及属国都尉的高度。

　　其次，从管理对象上讲，尽管双方辖域均属边疆地区，但属国的统治对象主要是少数民族部落，尤其在其创设初期，管理的基本都是降附内属的蛮夷民众，汉民数量相对有限；而部都尉的辖区析自原郡，管域内尽管也有夷民聚居，甚或在数量上还占优势，但汉民数量亦为可观。

　　复次，在统治管理方面，属国内少数民族的赋役负担通常较部都尉治下的夷民为轻，刑罚上也享有更大程度的减免。所以从这个角度上讲，属国与部都尉相比，其羁縻程度要更高，部族"自治"的色彩亦更浓。

　　综上，属国与边郡部都尉尽管存在上述差异，但相似之处还是更多的，尤其在东汉以后。《续汉书·百官志》谓："中兴建武六年，省诸郡都尉，并职太守，无都试之役。省关都尉，唯边郡往往置都尉及属国都尉，稍有分县，治民比郡。"② 至东汉初，边郡部都尉对民事领域的管理权有了制度化的保障，职掌更趋全面，角色也愈发向属国都尉乃至边郡太守靠拢，这就为其实现向后者的转变奠定了制度基础。

---

① 安梅梅：《两汉魏晋属国制度研究》，中央民族大学博士学位论文，2012 年，第130 页。

② 司马彪：《续汉书·百官志五》，北京：中华书局，1965 年，第 3621 页。

三、属国制与边郡制的比较

(一) 职官设置

总体言之，边郡的职官体系与内郡相近，通常由郡守、都尉、丞、县令长等各级官员构成，一般按照地域与部族相结合的方式实行管理。尽管边郡地区普遍采用"土流双轨"的统治模式，很多少数民族酋豪获封王、侯，或任邑君、邑长等，但由于迁入了一定数量的汉族吏民、军士，汉政府对郡内各族民众的管理相对较严，即便是夷民，一般也要向政府缴纳、承担一定量的赋税和徭役，以维持当地行政机构的基本运转。

属国的职官设置与边郡不同，体现出鲜明的"因其故俗"的特点，其官僚体系中通常有属国都尉、丞、候、千人等职，下属有九译令等①。尽管秦时已有属邦及其官僚系统的设置，但属国职官体系的完善还是在汉代，尤其在汉武帝复增属国以后。

在属国的官僚系统中，还保留了一些原少数民族职官，它们往往由各部落首领担任。譬如"千长"，亦称"千人长""千人官"等。《汉书·匈奴传》载，张掖属国千长义渠王的骑士因射杀犁污王而被赐予黄金二百斤、马二百匹，并获封犁污王②。此外，还有百长、什长等职。西北地区所出汉简中就保留了不少关于属国百长的记载，如"☐月戊戌朔己未第二亭长舒付属国百长千长☐"③。这些属国千长、百长们，作为部落酋豪，自然要负责管理本族内部事务；同时，作为属国都尉的属官，他们也要服从征调，完成长吏委派的各项任务。不难看出，属国体制下的官员尤其是少数民族职官，多不是划地为治，而是即其部落而设，这体现出在设官分职上属国与边郡的明显不同。

除上述职官外，属国官僚系统中可能还有司马一职，如居延汉简中就有关于张掖属国司马的记载，"张掖属国司马赵☐功一劳三岁十月廿六日"④。有研究者认为，属国是军事编制，其组织系统与骑士系统相同，骑

---

① 班固：《汉书》卷十九上《百官公卿表上》，北京：中华书局，1962年，第735页。

② 班固：《汉书》卷九十四上《匈奴传上》，北京：中华书局，1962年，第3783页。

③ 谢桂华、李均明、朱国炤：《居延汉简释文合校》，北京：文物出版社，1987年，第247页。

④ 谢桂华、李均明、朱国炤：《居延汉简释文合校》，北京：文物出版社，1987年，第93页。

士的编制是都尉之下设部，部首领是司马①。如果司马也是属国内的常设官职，那么它应该是辅佐属国都尉、主要负责军政事务的重要官员，这也体现出属国体制浓重的军事色彩。

（二）管理对象与基层组织

边郡体制的基层组织与属国体制有所不同，这主要是由它们管理对象的差异性所致。

在边郡内，少数民族数量较多，但汉族移民的数量亦较可观。而且，南北边郡内少数民族的社会组织形式与生产生活方式还存在一定差异。北方少数民族多以牧业为主，一些部落内迁后也开始逐渐定居下来，迁徙程度有所下降；南方少数民族除一些本就经营农业外，还有一些从事狩猎、渔业或牧业等，营生方式多样，南方尽管一些民族流动性较强，但总体而言，从事定居农业或数业并举的少数民族部众还是要多于北方。所以在边郡体制下，尤其是南方地区的一些边郡，在汉民聚居之处往往建立了较完备的乡里组织，与汉民杂居或邻近的一些少数民族通常也被纳入到编户体制内进行管理。

而属国基本都设于蛮夷聚集地区，其管理对象主要是降附或内迁的少数民族，尽管辖域内或有一些汉族移民，但数量通常无法与边郡内的汉民相比，尤其在一些北方边地，这种情形可能更为突出。由于从事定居农业的人口数量偏少，加之少数民族部落流动性较强，所以属国内的乡里组织较为缺乏，一些属国辖县很少，甚或不辖县。譬如，东汉的张掖居延属国仅领居延一县；张掖属国虽为比郡属国，但由于当地部族的分布状况、聚居状态、风俗习尚以及某些历史原因，张掖属国都尉似不统县，而是通过候、司马、千人等官员分治各归附部落②。要言之，由于属国内少数民族人众较多，聚族而居，其部落组织通常保存较好，势力较强，所以，不少属国设置了一些体现少数民族制度传统的职官，并委任各族首领对其部众实施管理。客观上说，这些举措确实较好地适应了少数民族地区的社会组织结构与生产生活方式，有益于汉王朝在当地实现更有效、平稳的统治。

---

① 孙言诚：《秦汉的属邦和属国》，《史学月刊》，1987年第2期。

② 参见王宗维：《汉代的属国制度与民族关系》，《西北历史资料》，1983年第2期；李并成：《汉张掖属国考》，《西北民族研究》，1995年第2期。

（三）辖县数量与人口规模

《续汉书·百官志》谓："属国，分郡离远县置之，如郡差小，置本郡名。"[①] 尽管"东汉比郡属国与西汉属国相比，规模增大，所辖人口增多"[②]，但不论从辖县数量上看，还是从人口规模上讲，属国通常都小于边郡。以西南地区为例，我们可以将比郡属国与其本郡的相关数据作一比较。《续汉书·郡国志》载，犍为属国"别领二城"，有"户七千九百三十八，口三万七千一百八十七"[③]，犍为郡则统辖"九城，户十三万七千七百一十三，口四十一万一千三百七十八"[④]；广汉属国"别领三城"，有"户三万七千一百一十，口二十万五千六百五十二"[⑤]，而广汉郡领有"十一城，户十三万九千八百六十五，口五十万九千四百三十八"[⑥]；蜀郡属国"别领四城"，有"户十一万一千五百六十八，口四十七万五千六百二十九"[⑦]，蜀郡则辖有"十一城，户三十万四百五十二，口百三十五万四百七十六"[⑧]。而西北、东北地区的比郡属国如张掖属国、张掖居延属国以及辽东属国等，其所辖县、人口之数与本郡的对比情形亦大致如是[⑨]。通过上述比较不难看出，尽管比郡属国"治民比郡"，地位独立，但其整体规模通常还是小于边郡。那么，是哪些因素造成了这种情形呢？恐怕至少应有以下两点：

首先，属国所处区域本就为少数民族聚集之地，由于其原有的社会组织力量尚强，汉式乡里组织的推行难度较大，所以属国内一般设县较少，

---

① 司马彪：《续汉书·百官志五》，北京：中华书局，1965年，第3619页。

② 彭建英：《东汉比郡属国非郡县化略论》，《民族研究》，2000年第5期。

③ 司马彪：《续汉书·郡国志五》，北京：中华书局，1965年，第3515页。

④ 司马彪：《续汉书·郡国志五》，北京：中华书局，1965年，第3509页。

⑤ 司马彪：《续汉书·郡国志五》，北京：中华书局，1965年，第3514页。

⑥ 司马彪：《续汉书·郡国志五》，北京：中华书局，1965年，第3508页。

⑦ 司马彪：《续汉书·郡国志五》，北京：中华书局，1965年，第3515页。

⑧ 司马彪·《续汉书·郡国志五》，北京：中华书局，1965年，第3508页。

⑨ 以西北地区为例，张掖属国与张掖居延属国均析自张掖郡，据《续汉书·郡国志》载，张掖属国"别领五城"，有"户四千六百五十六，口万六千九百五十二"，张掖居延属国仅领一城，有"户一千五百六十，口四千七百三十三"，张掖郡则统辖"八城，户六千五百五十二，口二万六千四十"（司马彪：《续汉书·郡国志五》，北京：中华书局，1965年，第3520-3521页）。观此可明，在辖县与人口数量上，张掖属国与张掖居延属国均逊于张掖郡。

甚至有的不置县。

其次，史籍所录属国、边郡等所辖人口基本为载诸版籍的国家编民，其来源主要有二：汉民与少数民族编户。属国内汉族移民本就偏少，而被汉政府纳入编户的少数民族往往是那些临近行政治所或交通线，或与汉民杂居的夷民，其数量自然就更少了。

（四）赋役负担与法律约束

在边郡体制下，蛮夷民众一般会承受相对较重的赋役负担，这在前文所述汶山郡夷民以"立郡赋重"要求省郡的事件中已有充分体现。此外，夷民还经常受到地方官员与汉族豪强的侵逼压迫。如西汉时，西北保塞羌人与汉人交通，然吏民贪利，时常侵盗其畜产妻子，由此造成双方冲突经年不绝。及至东汉，移居郡县内的羌人更多，汉族官吏和豪强对其役使压榨有增无已，最终激起了羌人的大规模反抗。建武九年（33），司徒掾班彪曾上书曰："今凉州部皆有降羌，羌胡被发左衽，而与汉人杂处，习俗既异，言语不通，数为小吏黠人所见侵夺，穷恚无聊，故致反叛。夫蛮夷寇乱，皆为此也。"①

在属国内，少数民族的经济、社会、制度等方面的发展水平明显落后于内郡以及边郡的汉族聚居区，且其文化习俗与汉民差异较大，因此，与边郡相比，属国对于土著民众原有的部落组织通常予以保留，以其故俗治之，使其赋役负担相对较轻，法律约束亦较宽缓。

首先，与边郡相比，属国夷民在承担赋役方面可能享受到更多的减免，而这样的政策优待其实早在秦置属邦时即已存在。秦属邦对于蛮夷民众的政策待遇以巴中地区较具代表性。《后汉书·南蛮西南夷列传》："及秦惠王并巴中，以巴氏为蛮夷君长，世尚秦女，其民爵比不更，有罪得以爵除。其君长岁出赋二千一十六钱，三岁一出义赋千八百钱。其民户出賨布八丈二尺，鸡羽三十镞。汉兴，南郡太守靳彊请一依秦时故事。"②

而板楯蛮的情况与巴人相似，秦昭王时与板楯蛮刻石盟约，"复夷人顷田不租，十妻不算，伤人者论，杀人者得以倓钱赎死。盟曰：'秦犯夷，输黄龙一双；夷犯秦，输清酒一钟。'夷人安之。至高祖为汉王，发夷人

---

① 范晔：《后汉书》卷八十七《西羌传》，北京：中华书局，1965 年，第 2878 页。

② 范晔：《后汉书》卷八十六《南蛮西南夷列传》，北京：中华书局，1965 年，第 2841 页。

还伐三秦。秦地既定，乃遣还巴中，复其渠帅罗、朴、督、鄂、度、夕、龚七姓，不输租赋，余户乃岁入賨钱，口四十"①。

可见，秦汉统治者尽管对夷众有缴纳赋税的要求，但在操作层面，已一定程度上考虑到这些部族以及当地的实际情况，给予了较大幅度的减免，夷民的实际负担较轻，赋税的政治象征意义大于经济意义②。秦在属邦所实行的赋役优待政策，对于其时维护国家统一与边疆安定无疑发挥了积极作用。因而，西汉王朝建立后，也汲取秦的统治经验，继承和发展了这一政策。

同时，我们也注意到，有研究者认为，东汉属国是在原有郡县管辖地区将少数民族集中的地方划分出来设立的，免去了属国的赋役（包括兵役），以别于郡县③。但这样的说法还值得商榷。

实际上，属国内的少数民族常从征调，为汉保塞守边、折冲御敌，其例甚多，恕不备举。仅以通常的徭役而言，蛮夷民众也难豁免。譬如东汉初，"安定属国胡与（卢）芳为寇，及芳败，胡人还乡里，积苦县官徭役。其中有驳马少伯者，素刚壮；二十一年，遂率种人反叛，与匈奴连和，屯聚青山"④。由此可见，在一些久历战事的边地，属国内蛮夷民众所承担的徭役也是比较繁重的，以致一些蛮民不堪任使，起而反叛。所以，客观地说，即使在属国体制下，少数民族部众也非完全免除了纳赋应役的义务，只是相较于属国的汉民与边郡的夷民，他们的负担通常轻一些而已。

其次，在法律约束方面，属国治下的少数民族部众当比边郡体制内的夷民能享受到更多的刑罚减免与优待。

上文言及秦对巴人蛮夷君长，许其可以爵除罪；对板楯蛮众，杀人者亦可纳钱赎死；等等。这些处罚措施体现出，秦对于属邦蛮夷的法律约束较为宽松，其欲彰显的恐怕主要还是秦法的"政治意义"。

汉承秦制，沿用属邦制度，很大程度上也因袭和发展了其在赋役、刑罚等领域的原则和做法。囿于文献记载有限，目前我们还未看到如秦《属

---

① 范晔：《后汉书》卷八十六《南蛮西南夷列传》，北京：中华书局，1965年，第2842页。
② 史筠：《民族事务管理制度》，长春：吉林教育出版社，1991年，第7—8页。
③ 胡宏起：《汉代兵力论考》，《历史研究》，1996年第3期。
④ 范晔：《后汉书》卷十二《卢芳列传》，北京：中华书局，1965年，第508页。

邦律》那样，由汉王朝制定的有关属国管理的系统法规，但我们有理由相信，汉朝统治者也应出台了相关律条。

边疆地区少数民族部落的社会、经济、文化发展水平相对较低，本族的风俗习尚异于汉人，习惯法亦较粗疏。譬如羌人，史载汉时西羌，"不立君臣，无相长一，强则分种为酋豪，弱则为人附落，更相抄暴，以力为雄。杀人偿死，无它禁令"①。疆臣边吏对这些内附羌众若尽以汉法约束，不仅难以施行，还易激起变乱。所以，对于属国，统治者更强调以其故俗治，兼用汉法，注重根据夷情灵活权变，刑罚从宽；而在边郡，汉政府在因其俗的同时也注重施汉法，或以汉法为主，在刑罚处置上参照内郡，相对苛严。

综上所述，尽管属国与边郡都置于边疆地区，均采用羁縻而治的双轨统治模式，但相较而言，为了使属国都尉更好地履行弹压控驭之责，属国的军事职能更为突出，这在其职官设置上体现得尤为明显；同时，属国体制的羁縻程度更高，辖域内少数民族所享受的赋役、刑罚等方面的优待和减免政策更多，"自治性"也相对更强，自然更易获得蛮夷部众的接受与认可，客观上有利于维护当地社会秩序的稳定。

四、属国制与边郡制调整的原因

综上所述，由于边疆民族地区情况复杂，在当地暂不具备以边郡制进行管理的条件下，王朝可能会先采用羁縻程度更高、军管色彩更浓的管理方式，以初步实现对该地区的统治，并为以后条件具备时进一步加强管控与改郡奠定基础。总体说来，暂不适合设郡的情形至少有以下几种：

一是当地少数民族数量较多、汉民编户过少，无法为当地郡县机构的正常运转提供必要的赋役支持。

二是该地区民族问题突出，仅凭郡县机构难以有效维护社会秩序的稳定，有必要依靠属国等军事职能突出的管理体制，先通过军事镇抚与强力管控的手段维持当地统治的基本稳固。

三是当地少数民族的生产生活方式使汉政府难以按照郡县制的方式进行统治。以西南地区为例，依据营生与聚居方式的不同，当地部族大致可分为以下三类：第一类是有耕田、邑聚的，包括夜郎、滇、

①　范晔：《后汉书》卷八十七《西羌传》，北京：中华书局，1965 年，第 2869 页。

邛都等；第二类是随畜迁徙、毋有常处的，包括嶲、昆明等；第三类为或土著或迁徙的，包括筰、冉駹等。而边郡的设置与当地部族的生产生活方式紧密相关。由于中原地区所施行的郡县制是建立在农业定居社会基础之上的，百姓被编入乡里组织，受到各级官吏的严格管理，不能随意迁移，而如嶲、昆明等部族均从事畜牧业，往往随畜迁徙，居无常处，显然无法依照内地郡县的乡里体制进行管理，所以在他们生活的地区置郡难度很大。

质言之，在边疆民族地区，某一管理体制很难在长时间内较好地适应复杂多变的族群生态环境，所以统治者需要根据当地的实际情况，结合可支配的经济、政治、军事等资源，适时调整行政机构与统治方式。而要在行政管理体制上实现从属国到边郡的顺利转变，一个重要的前提就是部族原有社会组织与权力结构的逐渐解体和本族认同的下降。在此情势下，王朝适时地增强权力渗透，移植边郡体制下的基层管理组织，逐渐施行更为直接的管理方式，在发展、积累到一定程度的基础上，方可罢属国、置郡县。上述整合过程是蛮夷民众对汉廷政治认同不断增强的结果，同时，统治者也会以管理机构的调整为契机，继续采取措施，进一步推动当地民众对汉王朝政治、文化认同的提升。

也可以这么说，对于边疆地区，若未充分考虑到当地的实际情况和少数民族的可接受程度，遽设郡县或径用汉法，势必会造成双方在法律、制度、风俗习惯、宗教信仰等领域的激烈冲突。这种情形颇似秦统一六国后，历革"异俗"，强行秦法于关东而终至崩解，汉初不得不推行郡国并行制以缓和关中与关东地区之间的"紧张"。因此，在广大的内外边缘地区，汉朝因地制宜、因时制宜，适时调整行政机构，以更好地适应当地少数民族的社会组织特点、生产生活方式与文化习俗传统，这既有情势所迫、不得不为的必然，又有面对问题、积极应对的主动，较为充分地体现了汉朝统治者在边疆民族地区施治的务实与灵活。

五、余论：属国制、边郡制的调整与汉代蛮夷身份的转变

如果从对边疆蛮夷进行政治整合及其身份转变的角度审视汉朝调整行政机构的种种举措，我们能够发现，在属国体制下，汉民还应如边郡的汉族编户一样，承受基本差不多的赋役负担，接受汉法约束；而夷民则在赋役与司法等方面享受相当程度的优惠和减免。当然这个程度是动态变化

的，一般来说，时代越晚近，夷民获得的优待程度就越低，受到的赋役剥削就越接近汉族编户，直至他们被纳入版籍、编入乡里，最终完成向"齐民"的身份转变。在边郡体制下，夷民大多还是要纳赋应役的，其负担标准通常会较汉民为轻，但难以达到属国夷民所获得的那种优惠程度，这就不难理解为何不少边郡蛮众会屡屡发出"省郡"的呼声。由于属国的少数民族享受了较大幅度的政策优待，同时也较好地保留了其原有的社会组织与制度习俗，这就决定了他们向编民的转变是渐进的，所需时间也会相对较长①；边郡蛮夷民众所承受的赋役负担相对较重，一些夷民甚至被按照准"编户"的方式进行管理，若非统治者遇到他们大规模的反抗以致不得不需要进行政策调整，其编户化的速度通常会比前者快。

　　进而言之，对于属国制与边郡制的选择，若从统治者与蛮夷民众的角度分别审视，我们还能看到更深层的意涵。对中原王朝来说，在有条件、有可能的情形下，统治者往往倾向于在少数民族聚居地区采用郡县制的管理模式，以尽可能实现更为直接、深入的统治，并希望持续获取更多的封建剥削与地方资源；但对蛮夷民众而言，他们则希望更多地保留原有的部落组织与风俗习惯，希望得到更多的赋役优惠与刑罚减免。实际上，双方长期处于这种复杂的利益纠葛中，一些时候可能还会激化为严重的民族矛盾与边疆危机。就边疆地区行政机构演变的趋势而言，随着中原王朝对少数民族整合措施的不断推进、直接统治因素的持续增加、边疆和内地联系的日益密切，以及各民族政治认同的逐渐改变，尤其是边疆民族与汉族之间交往、融合程度的不断加深，属国、部都尉等边疆地区的行政建置势必会为边郡所取代②。

---

①　如周凯在考察汉代西南地区的政治整合时认为，当地存在的少数民族政治体虽然为王朝的间接统治提供了条件，却成为建立直接统治的障碍。因此，土著人群的政治组织形态也会成为制约华夏国家扩张的重要因素。对旧有格局的继承尽管对建立初步统治提供了便利，但由于旧有的部族政治地理格局并未完全消失，在与郡县制的相互依附中保持着强大的生命力，反而为后期的频繁叛乱埋下了伏笔，也为建立直接统治增加了障碍与阻力。参见周凯：《汉隋间西南地区的政治整合与族群演变》，华东师范大学硕士学位论文，2018年，第36页。

②　如严耕望提出，汉王朝往往"先置属国，后始立郡"（参见严耕望：《中国地方行政制度史：秦汉地方行政制度》，上海：上海古籍出版社，2007年，第163页）；王宗维也认为，属国制度为设立郡县的过渡阶段（参见王宗维：《汉代的属国制度与民族关系》，《西北历史资料》，1983年第2期）；周振鹤指出，在西南地区，部都尉的设置必定是建立新郡的前奏（参见周振鹤：《中国历史政治地理十六讲》，北京：中华书局，2013年，第232页）。

王珊将东汉王朝对南方地区的统治模式总结为开发——部族反叛——大军进讨——循吏治理的四部曲①。实际上，王朝在边疆地区的统治可能还存在另一种样态，即发生蛮夷叛乱后，汉廷不论是进讨还是招抚少数民族，其后行政机构的调整往往也是一个重要的治理阶段和处置措施。东汉末年，蜀郡属国与汉嘉郡间的置废往复即显例。

蜀郡属国的初设与安帝延光二年（123）的旄牛夷叛乱直接相关。灵帝光和年间，板楯蛮夷的降附与地方秩序的相对安定推动汉廷将蜀郡属国改设为汉嘉郡。数年后，由于益州黄巾兴起，板楯蛮夷复叛，汉嘉郡遂复为属国。诚如周振鹤等所言，属国的大量出现与当时边疆地区民族矛盾的激化有很大关系，面对当地部族的反抗，东汉王朝不得不采取这种较为温和的治理方式，而一旦统治较为深入，民族关系较为缓和，则往往又会将属国升为郡，以加强统治力度。如新郡遭到当地居民较为强烈的反抗，亦往往会放弃郡的建置，退回至此前的属国都尉管辖制度②。

辩证地看，汉王朝在面对边疆蛮夷起事时，可能会设置一些羁縻程度更高的行政机构，这看似是一种统治权力深入后的"倒退"，但其并不意味着统治者放弃了对少数民族"直接统治"的追求，而是换以一种更为迂回、理性的态度与方式来实现对边疆地区的权力渗透、政治整合、认同改变与民族融合。从这个意义上讲，在边疆民族地区，并非实行越"内地化"或"整齐化"的管理制度就越好。制度改塑与移风易俗，皆需要考虑当地的实际情况与民众的接受程度，其本身就是一个需要花费较长时间浸染润化的浩大工程。即如有学者评价传统中国的社会整合时说："传统中国的大一统结构能够根据形势为地方预留一定的表达自我的空间，这一看似姑息'地方主义'的灵活性反而有利于王朝制度与意识形态的推行与渗透，促进了新秩序的稳定以及地方对王朝的认同。"③质言之，择用适宜于边疆地区的统治策略与行政机构，对原有的制度、文化、观念和习俗给予适当的尊重与保留，将更有利于推进对边疆地区深入、有效的整合与治

---

① 王珊：《以夏变夷——秦汉魏晋南北朝南方土著族群华夏化的政治过程》，北京大学博士学位论文，2011年，第58页。

② 周振鹤、李晓杰、张莉：《中国行政区划通史·秦汉卷》（下），上海：复旦大学出版社，2017年，第610页。

③ 温春来：《从"异域"到"旧疆"：宋至清贵州西北部地区的制度、开发与认同》，北京：生活·读书·新知三联书店，2008年，第320页。

理、经营与开发，也更有利于实现当地的稳定发展与国家的长治久安。汉朝统治者根据边疆地区的具体情况与土著族群的不同特点，筹谋和选择不同的统治方式，一直在谋取自我利益与实现边疆安定间寻找合适的平衡点。

第二节　汉代西南地区的华夏移民与民族融合
——以"夷化"为中心

在中国历史上，各兄弟民族间的相互融合是一个长期存在的普遍现象。总体上说，少数民族融于汉族是历史社会发展的主流，但同时也存在汉族融于少数民族以及少数民族之间相互融合的情形。而且，在一些历史时期或某些边疆地区，甚至还曾多次上演过汉族移民以"夷化"的方式在较大范围内融入少数民族的活剧。所以，就发展趋向而言，各民族间的融合大致可以分为以下三种类型：汉民族融合少数民族，少数民族融合汉民族，以及少数民族间相互融合①。

若仅就汉民族与少数民族间融合的过程与状态来说，其发展趋向主要是前两种类型。但学界在研究中国古代的王朝整合与民族融合问题时，长期以来主要关注的是第一类民族融合的倾向即"汉化"问题，很少探讨第二类民族融合的趋向即"夷化"（也可称为"蛮化""胡化"等）问题。如有学者在研究汉王朝南向扩张问题时认为，那些没有经过官方许可，一批批向南方开发，潜入山林去开拓新天地的汉人，和当地的越人、蛮人混合起来，而终于把他们同化了，成为尚未纳入汉帝国行政区域的一些小区和村落。所以，等到汉廷在这个地方成立郡县的时候，是把已经同化或相当程度同化的当地居民，加上移居到南方的汉人，统归入汉帝国的统治②。

---

① 在此，需要强调的是，上述分类只是一种粗线条的勾勒，大类之下还能进行更细的划分。譬如，若以族际融合是否产生新民族为判定标准，第二类情况又可细分为两种：一种为汉族融入某少数民族且未产生新的民族，一种为双方融合形成了新的民族群体。同样，第三类情况也可细划为两种：一种为某一少数民族完全融于另一少数民族中，一种为双方融合产生了新的少数民族群体。

② 许倬云：《万古江河：中国历史文化的转折与开展》，上海：上海文艺出版社，2006年，第98页。

这里所描绘的民族融合图景在广大南方地区确实存在，但这恐怕并不是历史的全貌，它只代表了某些地区民族融合的方向之一，其时至少还存在着另一种融合倾向，即潜入南方山林的一些汉人也可能融入当地的少数民族。

实际上，汉民族与少数民族间的这两种融合方向在当时都存在，只不过在不同时期、不同地区表现不同而已。譬如，徐杰舜在比较中国历史上汉民族在南北方民族同化的差异时就说："汉民族在北方同化入主中原的少数民族的同时，在南方也同化了蛮、俚、僚、傒等族的一部分。""但仍有部分因种种原因未被同化。"① 而那些未被同化的众多少数民族则充分展示了民族融合多样性的特点，汉民"夷化"即当时族际融合的一个重要趋向。

实际上，"夷化"现象早在周初就已出现。尽管当时关中、中原等地呈现出诸多族群不断交往融合为华夏群体的景象，但在广阔的南方地区，尤其是长江流域及其以南，"蛮夷化"则成为其时历史发展的主要方向。"东来的熊、盈，或被周封于楚的熊绎，最后都变其风俗，被卷进楚民族形成的主流之中，而'蛮'化了。"② 鉴于中国历史上不少中原百姓进入少数民族地区后被同化的事实，有学者认为，周初进入长江流域的人被"楚化"（即"蛮化"）也是完全可能的③。

客观上说，在中原王朝经略边疆民族地区时，汉文化的传播并不总是朝着不断散布、扩展和深化这一方向单线演进，在某些历史时期和地区，汉文化对边疆地区的影响也会出现徘徊、停滞甚至衰退、减弱的情形，当地少数民族的"汉化"进程自然也会随之发生变化。在此情势下，汉民"夷化"的发生概率就会明显增大。但学界在讨论中原王朝对边疆地区的管理施治与民族融合问题时，往往将当地民族融合的状态"程式化"地描述为汉化程度不断加深，或是只谈汉化问题，这样的研究倾向和结论恐怕未必都有充分的历史依据，或者说至少是不全面的。鉴于此，我们拟着眼于汉晋时期西南地区汉族移民的"夷化"问题，着重梳理和分析这一时期尤其是汉代西南地区汉民的迁移与"夷化"情况，汉民"夷化"的深层次原因，以及汉文化与边疆多元文化间交流、融合的规律，等等。

---

① 徐杰舜：《汉民族发展史》，武汉：武汉大学出版社，2012 年，第 235 页。
② 徐杰舜：《汉民族发展史》，武汉：武汉大学出版社，2012 年，第 111 页。
③ 徐杰舜：《汉民族发展史》，武汉：武汉大学出版社，2012 年，第 111 页。

一、汉代西南地区的汉族移民

（一）关于"西南地区"的界定

在史籍中，"西南"之称可能最早出现于《史记》。司马迁将聚居于今四川南部、西部，贵州西部、北部，云南大部的土著族群称为"西南夷"，所谓"巴蜀西南外蛮夷也"①。此后，《汉书》《后汉书》等史书也基本沿用了这种认识，均设立了与西南夷相关的列传，往往将其视作"别种殊域"。可见，历史上的"西南既代表一种方向、方位、一个远离中原的区域，同时也暗示着一种对其知之甚少的异类文化"②。

方铁在《西南通史》"前言"中认为："西南地区，指的是古代中国的西南部边疆地区，即历代封建王朝疆土的西南部边疆，包括今云南省、贵州省、广西壮族自治区和四川省的西南部，以及在各个朝代受封建王朝或西南地方政权统治的中南半岛北部的一部分地区。"③ 由于历史上的西南地区特别是云贵高原一带，自古以来就是众多少数民族的聚居地之一，其自然环境的多样性与相对封闭性、经济社会发展的滞后性与不平衡性，以及由此形成的文化多样性，构成了该地区社会的基本发展背景和基础。西南地区也因此长期处于华夏政治、经济、文化的"边缘"，这使得秦汉以来历代王朝对它的经略、开发大多停留在"羁縻"的层面上。鉴于此，下文关于"西南地区"所涵盖的范围主要采用方铁所作的概念界定，相关问题的研究也在这一地域范围内展开。

（二）汉朝经略西南与汉民南迁

从秦代开始，中央王朝随着在西南地区经略与开发的不断深入，对当地的移民活动也逐渐展开。"但由于西南地区由北向南的开发格局所产生的时间差异，使得巴蜀成为移民最早进入的地区，直到二百余年后，汉武帝在西南夷地区开辟'南夷道'、设置郡县时，大批移民才又从北部（主要是从巴蜀一带）陆续迁来。"④

---

① 司马迁：《史记》卷一百一十六《西南夷列传》，北京：中华书局，1959年，第2991页。

② 徐新建：《西南研究论》"总序"，昆明：云南教育出版社，1992年，第7页。

③ 方铁主编：《西南通史》"前言"，郑州：中州古籍出版社，2003年，第1页。

④ 尹建东等：《汉唐时期西南地区的豪族大姓与地方社会》，昆明：云南大学出版社，2013年，第31-32页。

元光三年（前132），汉武帝命唐蒙修筑"南夷道"。自此，汉族移民陆续进入西南地区，其中，由毗邻的巴蜀地区迁来的汉民占有较大比例。《史记·平准书》描绘当时修道徙民的景象曰："汉通西南夷道，作者数万人，千里负担馈粮，率十余钟致一石，散币于邛僰以集之。数岁道不通，蛮夷因以数攻，吏发兵诛之。悉巴蜀租赋不足以更之，乃募豪民田南夷，入粟县官，而内受钱于都内。"①

汉王朝要想在西南地区实现长期、有效的统治，就需要设置相应的军事、行政管理机构和依靠相当数量的汉族移民。关于汉代西南边疆汉族移民的来源情况，尹建东进行过详细的梳理和分析，他将当时的汉族移民主要归纳为六类："六国遗族"与"豪杰名家"、豪民与商贾、吏卒、屯户、民工、罪犯②。

文化的传播常以人口的流动为媒介，汉文化的涌入表现在考古学上主要就是汉式器物种类和数量的不断增多，具有浓郁本地特色的各类器物的逐渐减少。西汉以降西南地区汉族移民的空间分布在考古学上也得到了印证。如贵州，"西汉后期的墓葬中，汉文化器物占据了主导地位，并出现了两种文化融合的器物"③；东汉时期墓葬所出随葬品，"已与中原地区同期汉墓所出者无殊"④。

尽管西南地区不同区域的汉代遗存间存在一定的差异，但总体来说，这些遗存与同时期全国各地的遗存相比，文化特征的趋同性仍然是其主流。"表现在墓葬上，流行厚葬，墓葬形制逐步由土坑墓向砖室墓和石室墓演变，随葬品中陶井、陶房屋模型、陶俑（动物俑和人俑）、陶水塘稻田模型、车马器等逐步流行，大量汉式器渐渐取代土著遗物。居址渐由山顶等高地移至平旷的坝子，筒瓦、板瓦等建筑材料出现，部分瓦当上甚至

---

① 司马迁：《史记》卷三十《平准书》，北京：中华书局，1959年，第1421页。

② 详见尹建东等：《汉唐时期西南地区的豪族大姓与地方社会》，昆明：云南大学出版社，2013年，第35-37页。

③ 宋世坤：《试论夜郎与汉文化的关系》，《贵州考古论文集》，贵阳：贵州人民出版社，2000年，第108页。

④ 宋世坤：《贵州汉墓的分期》，《贵州考古论文集》，贵阳：贵州人民出版社，2000年，第21页。

带有中原纪年或'长乐未央'等汉隶。"①

通观汉代考古遗存在西南地区的空间分布，我们能够发现，它们具有很大的不均衡性。这些汉代遗存集中分布的地区，往往是当时郡县治所或道路所经之处；若远离这些区域，遗存一般就很少，甚至绝迹，这自然反应了汉代汉族移民的分布特点、汉文化的传播范围等重要信息。

方铁在研究中国历史上由内地迁入西南地区的汉族移民时认为，这些汉民的迁移通道与分布范围以元代为界有所不同。元代以前西南地区联系内地，主要是通过汉代以来使用频繁的两条官道，即由今成都经宜宾入云南至曲靖的五尺道，以及自今成都过西昌入云南中部的灵关道。通过这两条道路，今云贵地区与四川盆地建立起密切联系，并形成由今四川管辖云贵地区的传统。因此，历朝向今云贵地区派遣军队、官吏及遣发移民均以今四川盆地为出发地。这一时期外来移民除聚居在郡县治地外，还有一些人口散居在五尺道、灵关道与滇池至洱海一带道路的沿线。这一时期中原王朝在西南边疆设置郡县选择治所，大都以农业基础较佳，为交通枢纽和常见商品的集散地，同时亦是地方势力据点与文化积累中心的地点为首选，而此类地点大都位于大中型坝子。外来移民逐渐增多，其分布范围逐渐扩大到郡县治所周围的地区，尤其是有交通线经过的区域②。

随着汉王朝设郡县、置官吏、筑道路、移汉民等拓疆治边政策的实施，两汉时期汉文化的传播和影响规模之大、势头之猛，都超过了之前的任一时期。汉廷汲汲于经营西南，有其政治、军事等方面的深远考虑。打通西南地区若干重要通道，既可北上联合大月氏以"断匈奴右臂"③，还可南向借助夜郎之兵攻取南越，等等。除却上述因素外，对一些重要资源的汲取和利用可能也是汉朝统治者经略西南的重要原因。譬如，今贵州务川汉墓集中分布的区域与朱砂矿的分布范围基本重合，其中的大坪汉墓群更是有近45%的墓葬都出土朱砂，经硫同位素测定为当地朱砂，这可能暗示该地区汉代遗存的分布与朱砂矿的开采和经营有着密切的关系。换言之，

①　李飞：《夷汉之间——从考古材料看贵州战国秦汉时代的文化格局》，《贵州民族研究》，2009 年第 6 期。

②　参见方铁：《西南边疆汉族的形成与历朝治边》，《中国边疆史地研究》，2012 年第 4 期。

③　司马迁：《史记》卷一百二十三《大宛列传》，北京：中华书局，1959 年，第 3168 页。

务川丰富的朱砂资源可能是导致汉代汉族移民溯乌江及其支流向上迁徙的重要动因①。而对这些朱砂矿的控制、利用可能是官方的，也可能来自民间②。

总体说来，秦汉时期迁入西南地区的汉族移民，多以小聚居区的形式散居在民族地区。秦、西汉时，有较多汉民进入西南边疆，由此形成的小聚居区主要分布在郡县治地及主要交通沿线附近。至东汉尤其是中期以后，北来的汉族移民仍以小聚居区的形式散居，与之前有所不同的是，这些汉民与夷人之间的交往和联系更趋密切，分布范围也有进一步扩展，但基本上还未延伸到僻远的山岭地区。也就是说，在地形复杂、领域辽阔的西南地区，当时还没有大量汉民迁入，这也就决定了汉人在西南边疆的人口构成中仅占一小部分。汉族移民的进入确实造成西南地区一些少数民族逐渐"汉化"的事实，但这并不意味着这是此期民族融合的唯一或主要趋向。对于汉代西南地区数量庞大的土著族群，不论是通过汉族移民的自然同化，还是依靠政府行政力量的强制同化，其"汉化"的范围和程度，我们都不宜做出过高的估计。

二、汉民"夷化"的原因

（一）"夷多汉少"的民族分布格局

秦汉时期，尽管迁往西南地区的汉族移民（其实也包含一些南迁的少数民族，如僰人）的数量在不断增加，但客观地说，他们在西南地区总人口中所占的比重并不是很大，所以当地民族分布的格局仍然是典型的"夷多汉少"。

至于汉代西南地区究竟迁入了多少汉民，史书并未言明。但据《华阳国志·南中志》记载，西晋时南中地方官奏称当地形势曰"七郡斗绝，晋弱夷强"③。又，《南齐书·州郡志》云："宁州，镇建宁郡，本益州南中，诸葛亮所谓不毛之地也。道远土墝，蛮夷众多，齐民（汉人）甚少，诸

---

① 参见李飞等：《贵州务川大坪汉墓群第一期发掘出土大量朱砂》，《中国文物报》，2008年5月9日。

② 参见李飞：《夷汉之间——从考古材料看贵州战国秦汉时代的文化格局》，《贵州民族研究》，2009年第6期。

③ 常璩撰，刘琳校注：《华阳国志校注》卷四《南中志》，成都：巴蜀书社，1984年，第369页。

爨、氐强族，恃远擅命，故数有土反之虞。"① 尽管上述记载反映的是西晋、南朝时西南地区族群构成与人数对比的大致情况，但考虑到上述情形当有一个不断累积沉淀的过程，我们估计，汉代西南边疆民族分布的总体情况应该与此并无大的出入。

此外，还有一则重要的旁证。许倬云在考察汉帝国对西南夷的经略与开发时发现，向西南夷开发的三条大道在汉朝逐渐变成网状，许多新的郡县出现。但是这个网的密度，和湖南、江西、广东、福建等南方地区的网络相比，要稀疏得多②。所以应当可以这么说，在地形复杂、领域辽阔的西南边疆，当时并没有大量的汉民移入，只有少许移民进去，而在一些边僻的山岭地区，情况应当更甚。

而且更为关键的是，数量有限的汉族移民主要分布在郡县治所与交通干线附近，这些汉民聚居区在整个西南民族地区其实只占一小部分。它们就如同一片汪洋中的若干小岛屿，随着汉族移民数量的增加，分布区域的扩展，这些岛屿也在缓慢外拓，甚至在局部地区得以连缀成片，但夷汉族群分布的整体面貌并未改观③。在西南边疆与中原地区相对隔绝的情况下，这些汉族移民在一些地区逐渐被周围人口数量占据优势地位的土著民族所融合，即出现了汉民"夷化"的趋向。

随着汉族移民数量的增加与时间的延伸，汉夷文化之间很自然地出现了相互的交流、渗透与融合。由于豪族大姓是汉族移民中掌握文化知识的上层，所以汉夷文化的融合突出地体现在大姓与夷人的关系上。

宗教是文化的载体④。汉晋时期，西南地区的大姓与土著居民僰人建立起密切的经济、政治与社会联系，在宗教信仰上亦深受僰人影响。《三

---

① 萧子显：《南齐书》卷十五《州郡志下》，北京：中华书局，1972年，第303页。

② 参见许倬云：《万古江河：中国历史文化的转折与开展》，上海：上海文艺出版社，2006年，第99页。

③ 如徐杰舜指出，在中国南方，经过两汉与孙吴的经营和开发，尽管汉族和汉文化有所发展，但汉族的地狭人少与少数民族的地广人多形成对照。经过南朝宋、齐、梁、陈四代，汉族及汉文化的发展在南方才出现了由点、线联结成面的新局面（参见徐杰舜：《汉民族发展史》，武汉：武汉大学出版社，2012年，第230页）。刘小兵也认为，两汉以来虽然不断有汉族移民进入云南，但这些移民点只是形成了分散在土著"夷"文化圈中的汉文化点（参见刘小兵：《从"夷"、汉文化的交融看"南中大姓"的形成》，《思想战线》，1991年第5期）。

④ 参见刘小兵：《从"夷"、汉文化的交融看"南中大姓"的形成》，《思想战线》，1991年第5期。

国志·蜀书·张裔传》载："益州郡杀太守正昂，耆率雍闿恩信著于南土，使命周旋，远通孙权。乃以（张）裔为益州太守，径往至郡。闿遂越趄不宾，假鬼教曰：'张府君如瓠壶，外虽泽而内实粗，不足杀，令缚与吴。'"[1] 此处的"鬼教"是南中夷民信奉的一种原始宗教，实行政教合一的管理方式。"鬼教"一般以部落为单位，凡部落首领皆号称"鬼主"，"大部落则有大鬼主。百家二百家小部落，亦有小鬼主。一切信使鬼巫，用相服制"[2]。

雍闿将益州太守张裔比喻为外泽内粗的葫芦，并借"鬼教"之名遣夷民将其缚送至吴，由此可以看出，雍闿这样的豪族大姓不仅熟悉土著蛮夷的风俗信仰，还接受了他们的原始宗教，并在夷民中享有与其信奉的"鬼教"领袖"鬼主"相当的权威，所以才能"假鬼教"以号令夷众。一方面是夷多汉少的族群生态环境使大姓所传承的汉文化缺乏新的注入，传播与扩展的势头开始出现停滞和衰退；另一方面是西南夷汉民众在宗教信仰上非常密切的关系，反映了双方在文化上交流融合的深度。上述情况表明，以大姓为代表的汉族移民居住在土著民族占绝对优势的边疆地区，他们已经发生了"夷化"。

如果从长时段、多地域的角度纵览，我们能够发现，在元代以前的南方地区，汉族移民常被占据人口优势的土著族群所融合，出现过多次典型的汉民"夷化"进程。

西汉以降，云南地区的僰人就不断融合外来的汉族移民，终于在南北朝时期形成了新的地方民族群体——白蛮。如元人李京的《云南志略·诸夷风俗》谓："白人，有姓氏。汉武帝开僰道，通西南夷道，今叙州属县是也。故中庆、威楚、大理、永昌皆僰人，今转为白人矣。"[3] 这里的"白人"指的就是南北朝以来的白蛮，其分布范围与秦汉时期僰人的分布地域基本相同。尤其在西汉中期以后，主要生活于云南平坝地区的僰人获得了极大发展，并具备了很强的包容力和融合力，因而能够大量吸收和融合汉族移民。及至唐代，白蛮展现出比僰人更强的融合力，大量吸收迁入云南地区的汉

---

① 陈寿：《三国志》卷四十一《蜀书·张裔传》，北京：中华书局，1982年，第1011-1012页。

② 樊绰撰，向达校注：《蛮书校注》卷一，北京：中华书局，1962年，第31页。

③ 李京撰，王叔武校注：《云南志略辑校》，昆明：云南民族出版社，1986年，第86页。

民，并迅速发展与壮大。白蛮在政治、经济和文化等方面的实力，较之南北朝时期又有了明显增强。所以，方铁在剖析南诏兴盛的原因时说："南诏是继汉晋之后，云南及其周围地区大量吸收内地人口和经济文化因素的又一高潮时期。在南诏的统治下，数十万内地人口先后落籍洱海、滇池等地。论迁入汉人数量之巨，影响之广泛和深远，南诏远超汉、晋两代。通过大量吸收汉族人口和学习内地文化，白蛮等本地民族的素质和力量大为增强，这是南诏政权能兴盛200余年的重要原因。"①

此外，在贵州与岭南地区，也经历了与云南类似的汉民"夷化"过程，所不同者是融合汉族移民的主体民族，"在贵州除白蛮和乌蛮中的一部分外，还有布依族等主要从事农业生产的民族，在岭南则主要是壮族的先民俚僚"②。

综上，通过汉代以后西南地区夷汉民族融合的具体实例，我们能够看出，在一些历史时期和空间范围，确实发生过汉族移民通过"夷化"的方式融于土著民族。可以这么说，在汉族与少数民族相互密切交往联系的基础上，决定民族融合趋向的关键是相对人口数量的多少，而并非经济文化发展水平的高低。即如有的学者所评价的，在一定区域内，民族融合的进程通常是族群人口少的一方接受族群人口多的一方的语言或某些习俗，进而在生产生活方面向他们逐渐靠拢，甚至被其取代③。

（二）逃避繁重的赋役剥削

许倬云在研究汉代北方汉民逃亡南方的问题时说："移向南方最大的一波，很可能是在公元1世纪晚期到公元2世纪初期。这时候北方有相当多的瘟疫流行，许多北方汉人往南方逃亡。但更可能的原因是，在北方管理严密的行政组织之下，老百姓不能逃避税赋，而他们迁移到南方，就可以远离政府的控制。"④ 在此，许倬云提到了北方汉族百姓向南方逃亡的两个原因：一是为逃避北方流行的瘟疫，二是逃避官府征收的税赋。其中，

① 方铁：《南北方古代民族融合途径及融合方式之比较》，《烟台大学学报》（哲学社会科学版），2006年第1期。
② 方铁：《南北方古代民族融合途径及融合方式之比较》，《烟台大学学报》（哲学社会科学版），2006年第1期。
③ 蔡家麒：《云南盏西地区民族融合初步研究》，《蔡家麒学术文选》，昆明：云南大学出版社，2014年，第99-100页。
④ 许倬云：《万古江河：中国历史文化的转折与开展》，上海：上海文艺出版社，2006年，第97-98页。

逃避税赋这一点尤其值得我们重视，因为它不仅是汉族百姓不断南迁的原因，还是其主动夷化的重要原因。

不难想象，这些迁徙的汉民要想逃避税赋，势必要尽可能地远离汉朝的行政网络。所以，以此为目的的汉民往往潜入远离郡县治所和交通干道的边疆地区，而这些地域在当时基本为少数民族生活之地。进入到蛮夷人口占绝对优势地位、与汉族聚居区尤其是汉文化盛行地区几乎隔绝的区域，这些汉族移民不得不做一些调整和改变，譬如变服易俗，以适应新的生存环境与族群生态，所以"夷化"就在这样一些区域渐渐发生了。

而且，我们不妨再做推想，即便将来随着中原王朝统治力量的不断深入，行政体系逐渐扩展至这一区域，这些已经"夷化"的汉族移民估计也不大会主动表明自己原有的汉民身份。他们已经被政府及其官吏视作蛮夷是一方面原因，但更主要的原因则是蛮夷的身份可以帮助其获得更多的赋役优待，即便承受这些封建剥削也非他们的本意。

关于汉代逃向南方蛮夷地区的汉民数量，史籍中并无记载。"但一个可见的现象是，从东汉初到东汉晚期，南方郡县的数目越来越多。汉帝国政府的行政力量，已一步一步地深入到山谷，从几条干道，变成了一个网状的分布。这一发展的过程，相当稳定，也相当广泛，汉人并不是常常能占到优势。"① 由此我们有理由相信，为摆脱赋役负担而逃往南方的汉民数量是不断增加的，这与南方地区不断细密化的行政和交通网络建设呈正相关的关系。而且，他们的迁徙应当经历了多次，持续的时间也很长，迁往的区域也随着汉政府统治力量的渗透而不断地向更加僻远之处延伸扩展。

即使到了后世，为摆脱繁苛的封建义务而逃入南方蛮夷之地的汉民也是屡见不鲜。如刘宋时，荆、雍一带的蛮夷布列于诸郡县，虽然不少夷民也需要纳赋，但相比于汉民而言则要轻得多。史称"蛮无徭役，强者又不供官税"，"蛮民顺附者，一户输谷数斛，其余无杂调"，所以当时不少内地汉民患"赋役严苦，贫者不复堪命，多逃亡入蛮"②。

（三）建立和巩固统治的需要

实际上，不论是夷化、汉化，还是少数民族间的相互融合，有一个关

① 许倬云：《万古江河：中国历史文化的转折与开展》，上海：上海文艺出版社，2006年，第98页。

② 沈约：《宋书》卷九十七《夷蛮列传》，北京：中华书局，1974年，第2396页。

键原因是共同的①。在双方人数差别较大的情况下，人口较少的一方为了确保本族的存续和发展，往往不得不调整自我，以更好地适应当时当地的民族分布格局与经济社会环境。尤其当人众较少的民族还要对数量占优势的其他民族实施统治时，客观形势迫使他们必须要改变服饰语言与风俗习惯等，以更好地融入当地主体族群，并获取对方在政治与文化上的认同，从而顺利地建立和巩固统治。

关于夷化方面的早期事例，典型的如战国时期楚国大将庄蹻王于滇地。秦人攻占巴蜀后②，直接威胁到了楚国的西境安全。楚国遂连年西征，先打通湘黔通道，置黔中等郡。楚顷襄王时③，派大将庄蹻溯江而上，攻占巴、黔中以西地，并出牂柯、夜郎，进入滇池地区。但不久后由于秦国击夺楚巴郡、黔中郡，道塞不通，庄蹻遂率部"还，以其众王滇，变服，从其俗，以长之"④。庄蹻之所以要"变服从俗"，关键就在于滇地夷人众多、楚军将士相对较少，为了能够顺利实现对滇人的统治，只能采用这种迅速"土著化"的方式。

聚焦于汉代，西南地区豪族大姓的"夷化"与其崛起、壮大也是一则显例。西汉时，西南豪族力量还较弱小，通常不得不依靠政府的力量谋求

---

① 关于上述几种情况的例证很多，汉化方面的典型例子如北魏孝文帝实行的汉化改革。孝文帝为了加强对中原地区的统治，以极大的政治勇气和智慧排除了鲜卑守旧贵族势力的阻挠，坚定地推行了一系列汉化改革措施。孝文帝的改革顺应了当时民族融合的潮流，不仅使鲜卑人在一段相对不长的时间内"从本质到形式上都迅速丧失民族特性，变成汉人"（参见徐杰舜：《汉民族发展史》，武汉：武汉大学出版社，2012 年，第 218 页），还大大强化了鲜卑皇权对广大汉地的统治。关于少数民族间融合的事例也很多。如东汉时北匈奴西迁，鲜卑趁机入居其故地，而残留在蒙古高原的少部分匈奴人为避免汉朝的军事征伐多冒称鲜卑人，主动融入鲜卑族群。

② 西南地区的开发历史最早可追溯到战国中期秦国对巴蜀地区的兼并和经略。由于巴蜀之地北邻秦、东接楚，这一特殊的地理位置，使其成为当时秦、楚相争的重要战略地域。参见尹建东等：《汉唐时期西南地区的豪族大姓与地方社会》，昆明：云南大学出版社，2013 年，第 24 页。

③ 关于庄蹻王滇的时间，史籍所载多有抵牾。《史记》《汉书》皆记为楚威王时（前339—前329），而《后汉书》则书作楚顷襄王时（前298—前263）。鉴于秦昭王伐楚取得楚巴、黔中郡，切断庄蹻归路的确切时间是公元前277年，距楚威王时有50余年，所以，《后汉书》的记载应较合理，今从之。

④ 司马迁：《史记》卷一百一十六《西南夷列传》，北京：中华书局，1959 年，第2993 页。

自我发展，因而对地方长吏的依附性较强。总体上说，此时的西南豪族基本上还处于从早期豪族向典型豪族过渡的阶段，尚未发展成为一种能够与长吏、夷帅比肩的社会政治力量①。

及至东汉尤其是其中期以后，王朝政治的衰败及其对边疆统治的松弛给西南豪族势力的发展提供了难得的机会和充分的空间。豪族大姓的核心利益主要根植于地方社会，因此他们与土著夷帅之间很自然地形成了一种既相互依存又相互利用的利益关系，地方社会遂形成了长吏、大姓、夷帅三足鼎立的权力结构。在这一结构中，三者关系非常微妙，并对其势力消长以及政治格局的未来走向产生了重大影响。

"在这一格局中，大姓的地位是很微妙的。一方面，他与汉族政权有联合的一面。他是汉政府用来对西南夷进行统治的工具。汉政府对西南夷的统治往往是通过大姓而间接实现的，大姓也借此在西南夷中树立自己的威信。……另一方面，大姓势力的不断发展必然与封建中央集权统治发生冲突。封建统治者出于集权统治的需要对大姓们采取压制手段，乃至夺取他们的部曲，因此，大姓出于自身利益的考虑与'夷帅'、'夷人'联合形成经济、政治的同盟对抗封建中央。"② 尤其当政府增强了对西南地区的管控、加大了政治高压和经济掠夺时，更会激化大姓、夷帅与政府之间的矛盾，从而推动大姓和夷帅的联姻与结盟，即形成所谓"遑耶"关系。方铁评价说，"遑耶"关系或相互结谊的实质，就是双方在经济上建立共生互补的关系，并由此发展为互助的社会关系甚至政治结盟的关系③。所以，处于多元文化环境中的大姓不仅借助西南地区盛行的鬼教与夷盟誓，担任鬼主，还通过与夷人广泛建立"遑耶"关系，来维持和扩张其在边疆社会的统治势力；而"遑耶"关系的普遍化与长期化，反过来又大大推动了汉族移民上层及普通民众的"夷化"进程。

譬如，蜀汉曾屡次派遣太守赴南中就任，但多为豪族、夷帅所害。大姓先是"杀太守正昂，缚太守张裔于吴"④，后来越巂太守龚禄南征、益州

<hr />

① 参见尹建东等：《汉唐时期西南地区的豪族大姓与地方社会》，昆明：云南大学出版社，2013年，第180-181页。

② 李晓斌：《历史上云南文化交流现象研究》，北京：民族出版社，2005年，第16页。

③ 方铁：《西南边疆汉族的形成与历朝治边》，《中国边疆史地研究》，2012年第4期。

④ 陈寿：《三国志》卷四十三《蜀书·马忠传》，北京：中华书局，1982年，第1048页。

太守王士南行赴任，亦在途中"为蛮夷所害"①。这些事例不仅折射出，随着大姓、夷帅势力的膨胀，蜀汉政权对他们的控驭已经明显力不从心；还深刻地反映出，大姓与夷帅之间已经结成日益密切的利益同盟关系。而大姓的夷化程度又与大姓、夷帅的利益关系间存在着紧密的互动关系。利益关系推动了大姓的"夷化"，而夷化程度的加深又使大姓与夷帅之间的利益关系变得更加紧密牢固。上文"为蛮夷所害"中的所谓"蛮夷"，显然也包含了地方大姓。可见，这些"夷化"的大姓已经被官方视作蛮夷了。

（四）夷汉经济上的共生互补

秦汉时期，西南地区经济类型多元，汉族移民与当地少数民族在长期的杂居与交往过程中，在经济上逐渐形成了密切的共生互补关系，这种经济上的互补关系自然也深刻地影响到民族融合的趋向。而西南地区普遍存在的盆地（亦称坝子或平坝地区）与山地相对的二元性结构，则是造成这种经济共生互补关系的根源。

西南地区主要是由云南高原与贵州高原组成的云贵高原及其延伸部分川西南和桂西北，是一个具有大致相同的地质构造与地貌特征的地理单元②。这一地理单元普遍存在着盆地与山地相对的二元性结构，由于有金沙江、北盘江、南盘江、元江、乌江、沅江及柳江等江河的冲击切割作用，西南边疆的地形总体上说较为破碎，呈现出山地和高原众多、地表面积占比很大的特点。譬如，云南的山地与高原占其总面积的94%，只有6%的土地为大小不一的盆地；贵州的山地和高原约占其总面积的87%，坝子仅占3%，其余地区为丘陵；广西的山地也占到了总面积的60%以上。

西南地区的盆地与山地在自然地理条件、经济发展水平等方面均存在相当大的差异。西南地区的盆地呈插花式分布，虽然数量有限，但地势平坦，地表多有河流或湖泊③，且土层较厚，肥力较高，人口亦相对集中，

---

① 陈寿：《三国志》卷四十五《蜀书·邓张宗杨传》，北京：中华书局，1982年，第1088页。

② 参见方铁：《论影响云贵高原开发的社会历史因素》，《中南民族大学学报》（人文社会科学版），2009年第3期。

③ 如云南地区就有湖泊30余个，其中滇池、洱海、抚仙湖的面积较大。贵州仅有威宁草海，川西南在西昌附近有邛海，桂西北则无较大的湖泊。这些较大湖泊的周围很早便有人类居住，以后逐渐发展为人群聚居的农业地区。详见方铁：《西南边疆汉族的形成与历朝治边》，《中国边疆史地研究》，2012年第4期。

所以这里很早便发展起了锄耕农业或犁耕农业。"这些面积较大的坝子，大都是开发较早的地区，并为历代经营者所重视。大中坝子的稻作农业起步较早，发展亦速，因有交通线所经，而成为大宗商品的集散地，通常也是地方势力的据点和文化积累传承的中心。"① 比如汉初的滇池地区，《史记·西南夷列传》称其"方三百里，旁平地，肥饶数千里"②，《后汉书·南蛮西南夷列传》亦言："（滇池地区）河土平敞，多出鹦鹉、孔雀，有盐池田渔之饶，金银畜产之富。人俗豪忲。居官者皆富及累世。"③

西南地区山地的普遍特点则是高差悬殊大、坡度陡峭，土植层亦较薄，因此种植作物的适宜性与宜耕性均较差。山地虽然拥有丰富的动植物资源，但森林茂密难入，常有猛兽毒蛇出没；同时，气候变幻无常，也易使人罹患各类疾病。除了复杂多变的自然环境不适宜居住，山地的可耕地数量也很少。另外，山地交通不便，相对封闭，山地民族社会发展的速度较为迟缓。譬如，在汉代滇西一带的山区和半山区，"西自同师以东，北至楪榆，名为嶲、昆明，皆编发，随畜迁徙，毋常处，毋君长，地方可数千里"④。在今贵州西部的山岭地区，汉时"多雨潦，俗好巫鬼禁忌，寡畜生，又无蚕桑，故其郡最贫"⑤。这里的山地因险仄难行而被称为"牛叩头"或"马搏颊坂"，"土地无稻田蚕桑，多蛇蛭虎狼。俗妖巫，惑禁忌，多神祠"⑥。以上关于山地的这些记载，在当时的西南地区具有相当的代表性。

综上可见，西南地区盆地与山地的自然条件、经济水平等差距甚大，两者间存在着二元性的经济结构。但也正因为如此，生活在这两类地域的民众之间遂产生了密切联系与互补关系，从而构成了夷汉之间经济交往与

---

① 方铁：《西南边疆汉族的形成与历朝治边》，《中国边疆史地研究》，2012 年第 4 期。

② 司马迁：《史记》卷一百一十六《西南夷列传》，北京：中华书局，1959 年，第 2993 页。

③ 范晔：《后汉书》卷八十六《南蛮西南夷列传》，北京：中华书局，1965 年，第 2846 页。

④ 司马迁：《史记》卷一百一十六《西南夷列传》，北京：中华书局，1959 年，第 2991 页。

⑤ 范晔：《后汉书》卷八十六《南蛮西南夷列传》，北京：中华书局，1965 年，第 2845 页。

⑥ 常璩撰，刘琳校注：《华阳国志校注》卷四《南中志》，成都：巴蜀书社，1984 年，第 421 页。

政治联系的重要基础。

譬如，汉晋时期南中地区的豪族大姓与居住在山区的"昆""叟"等原有民族的首领常结为"遑耶"。耆老犯法多往夷人处藏匿，官府法办夷人，耆老或为之报仇，耆老与夷人交情至厚者称为"百世遑耶"，"恩若骨肉"[①]。而且，"遑耶"关系并不仅仅存在于大姓与夷人上层之间，盆地的汉族百姓亦喜与山地夷民结为"遑耶"。这类情形历代皆有，汉族移民遂在与当地原有民族密切且不断增强的交往与互助过程中逐渐"土著化"。而究其实质，"遑耶"关系实际是"建立在经济上的共生与互补的关系，以及与此密切相关的结对互助关系"[②] 基础之上的。

由此可见，西南边疆普遍存在盆地与山地相对的一种二元性结构，这种在自然条件、发展水平和文化面貌等方面的巨大差异，使主要生活在两类地域的汉族移民与土著民族之间存在明显差别，但这也导致他们在经济上产生密切的交流与互补关系。而且，随着历史演进与社会发展，这种经济上的共生互补关系还会不断强化，汉族移民与山地民族的联系交流与相互影响亦会持续增强。上述情形自然会对边疆地区民族融合的趋向产生重大影响，具体表现就是：一些地区的夷人逐渐"汉化"，而另一些地区的汉民则渐为"夷化"。

在此，我们想特别强调的是，汉族农耕经济的凝聚力和影响力虽然是巨大的，但也是有限度的。农耕经济一旦超出了适合自身发展的生态环境与地理界线，其所具有的诸多先进和优势之处可能就会丧失。

首先，尽管盆地汉族农耕经济对山地民族经济类型的影响主要是建立在"互通有无"的交流基础之上的，夷汉之间的经济交流也通常表现为互补性的经济需求与贸易往来，但这种经济乃至文化交流在与农耕经济类型相同或相近的民族间会进行得更自然，效果也更佳。因为只有经济类型相同或相近，这些夷人才有可能较为积极主动地从汉民那里获取先进的农耕技术与生产工具，至少是不排斥吸收农耕文化。

---

① 常璩撰，刘琳校注：《华阳国志校注》卷四《南中志》，成都：巴蜀书社，1984年，第364页。汉晋时期的"昆""叟（爨）"主要居住在坝子周围的山区，详参方铁：《〈史记〉、〈汉书〉失载西南夷若干史实考辨》，《中央民族大学学报》（哲学社会科学版），2004年第3期。

② 方铁：《论影响云贵高原开发的社会历史因素》，《中南民族大学学报》（人文社会科学版），2009年第3期。

牛耕技术、铁质农具的推广与使用即典型的例证。《华阳国志·南中志》载:"亮渡泸,进征益州……出其金、银、丹、漆、耕牛、战马给军国之用。"①《三国志·蜀书·李恢传》亦云:"(李)恢身往扑讨,锄尽恶类,徙其豪帅于成都,赋出叟、濮耕牛战马金银犀革,充继军资,于时费用不乏。"② 上述材料都反映牛耕技术已经被汉族移民之外的其他农耕民族所广泛接受。

铁质农具的使用情况亦大体如此。从考古出土资料上看,至少到东汉中期以后,铁器已基本取代了之前西南地区普遍使用的青铜农具。可见,在汉族农耕经济及其先进生产技术的影响下,较早、较快发生改变的还是西南地区盆地及其周边从事农耕的少数民族。可以这么说,夷人的经济类型与农耕经济越接近,他们就越容易受到汉民的影响,从而逐渐改变其原有的生产生活方式,增加对汉政权的政治认同乃至文化认同,渐为"汉化"。所以,有学者称:"这种经济的共同性成为跨越文化差异的亲合剂。"③

其次,如果说经济的共同性是导致跨越族群文化差异、推动汉化进程的有利因素,那么,二元性经济结构及其带来的经济互补性则可能成为汉民"夷化"的重要推动力。

一方面,夷汉之间的经济交流通常表现为一种互补性的经济关系,这主要是基于双方不同的地理环境、自然资源、生产方式和劳动产品而形成的。秦汉时期的山地民族主要出产牛、马、羊等牲畜以及金银、朱砂、丹漆、麻布等产品,而居住于盆地的汉族则主要生产和制造粮食、盐、铁以及生活用品等,因此夷汉之间通过经济互补建立起密切、稳固的交往和联系。

另一方面,对于那些垂直分布于山谷地区的非农耕民族来说,他们在各自的生存环境中业已形成了其惯有的生计方式与风俗习尚,因此并不能完全认同或接受定居农耕的生产生活方式。基于这些原因,汉族的农耕经济文化对其他少数民族多元经济类型的影响主要是建立在"互通有无"的

---

① 常璩撰,刘琳校注:《华阳国志校注》卷四《南中志》,成都:巴蜀书社,1984年,第353—357页。

② 陈寿:《三国志》卷四十三《蜀书·李恢传》,北京:中华书局,1982年,第1046页。

③ 陈庆德:《民族经济学》,昆明:云南人民出版社,1994年,第79页。

经济交流基础之上的，而很难建立在强制同化的基础上。即使政府强力推广，同化的效果也未必理想，甚至还有可能激起山地民族的不满与反抗。

加之由于西南地区自然、社会与经济环境的制约与客观历史条件的限制，尽管秦汉王朝对当地进行了不同程度的开发与经营，但总体来说，这一区域的经济社会发展仍相对落后，多元经济文化类型长期并存。汉族移民的社会经济活动不可避免地会受到当地民族构成、人口分布与经济发展水平的影响和制约，从而在夷汉经济文化交往互动过程中不得不做出某些相应的调整和适应性的改变。

再次，西南地区少数民族的传统社会组织不仅保存较好，而且势力强大，这使得当地华夏化的进程相对艰难和缓慢，但为汉族移民的"夷化"创造了有利条件。

《史记·西南夷列传》谓"西南夷君长以百数"[①]，但与汉文化接近且发育水平较高的政治体也只有滇、夜郎等少数几个。汉王朝在一些地区设置郡县，实施管理，但实际的控制能力还很有限。相较之下，"羁縻之治"才是中原王朝统治当地的主要方式与手段，在相当程度上，酋豪与首领才是各地氏族和部落的权力中心。

自汉代以来，尽管西南地区相当数量的土著族群在政治、经济、社会、文化等方面不同程度地受到汉族移民的影响，但对于西南边疆大多数蛮夷部众而言，"由于地缘、族属、文化边界的阻隔，使他们长期生活在相对封闭的环境中"[②]，各部族传统社会组织保持较好，力量强大，他们对周边汉族移民的凝聚力与融合力自然亦较强大。这就使得汉式的乡里体系更多地只能推行于汉民聚居区，而很难渗透和植入蛮夷族群的部落组织中，即使有，所涉及的夷民也只占其总人口的一小部分而已。

此外，由于多方面的原因，中原王朝难以对西南边疆实现直接、有效的管控，遂不得不实行羁縻之制，这也为汉族移民的"夷化"创造了有利条件。如方铁在分析羁縻治策的实施效果与影响时认为，一方面，受重北轻南治边传统的影响，王朝统治者对南部边疆地区多遥相羁縻，这是造成

① 司马迁：《史记》卷一百一十六《西南夷列传》，北京：中华书局，1959年，第2997页。

② 尹建东等：《汉唐时期西南地区的豪族大姓与地方社会》，昆明：云南大学出版社，2013年，第176页。

白蛮、俚僚等少数民族有可能吸收汉族移民乃至融合发展的重要原因；另一方面，地方官吏与地方豪强的易于结合，又为在南部边疆地区占支配地位的少数民族顺利融合外来人口创造了有利条件①。汉唐间，西南边疆地区的白蛮及其核心大姓发展的速度很快，显然与上述因素密切相关。

总之，汉族移民的"夷化"至少是由上述某个原因推动的，通常情况下应是多种因素综合作用的结果。但相较而言，"夷多汉少"这一因素应是必备的，在所有导致汉民"夷化"的原因中，它应称得上是不可或缺的前提和最重要的基础。

三、联姻通婚——汉民"夷化"的重要途径

在通婚、杂居等汉民"夷化"的诸途径中，"遑耶"式的世代联姻可能最为典型。实际上，"遑耶"关系既涉及豪族大姓，也包括普通民众，只不过在前者身上表现得更为充分，史籍中保存的信息也较多。

《华阳国志·南中志》载："与夷为姓曰'遑耶'，诸姓为'自有耶'。世乱犯法，辄依之藏匿。或曰：有为官所法，夷或为报仇。与夷至厚者谓之'百世遑耶'，恩若骨肉，为其逋逃之薮。故南人轻为祸变，恃此也。"② 姓起源于古代母系社会，是表明家族系统的称号。姓的功能在于"别婚姻"。据考证，"遑耶"似为古夷语"姻家"之意，音、义至今还保留在四川大凉山的彝语中③。所以，"遑耶"指姻亲，"自有耶"则是指血亲，"诸姓"意为当地夷人的血亲家族，所谓"与夷为姓"就是指汉族移民与夷人建立联姻关系。汉代以降，西南地区的豪族大姓常与居住山区的夷人酋豪"夷帅"结为"遑耶"，大姓与夷帅交情至厚者被称为"百世遑耶"，双方联姻累世不绝，"恩若骨肉"。

汉族大姓与夷帅世代通婚，不可避免地会受到夷人文化的深刻影响，从而出现"夷化"倾向。《华阳国志·南中志》谓："夷中有桀黠能言议屈服种人者，谓之'耆老'，便为主。论议好譬喻物，谓之'夷经'。今

① 参见方铁：《南北方古代民族融合途径及融合方式之比较》，《烟台大学学报》（哲学社会科学版），2006 年第 1 期。

② 常璩撰，刘琳校注：《华阳国志校注》卷四《南中志》，成都：巴蜀书社，1984 年，第 364 页。

③ 常璩撰，刘琳校注：《华阳国志校注》卷四《南中志》，成都：巴蜀书社，1984 年，第 366 页。

南人言论，虽学者亦半引'夷经'。"① 所谓"夷经"，应当是指土著民歌、格言警语之类的作品，不一定是文字正式记录的书籍经典②。"夷经"在汉族移民群体中广为流传并被学者用来作为议论和评判事物的依据，说明当地少数民族文化对汉族移民的影响与渗透，已深入到了意识形态的较高层面③。既然汉族移民中掌握文化知识的学者在其言谈中尚且"半引夷经"，那么可以推想，在普通汉民的日常言语中，搀入相当数量的"夷语"也就不足为奇了。

质言之，不同民族间的联姻会自然地将婚姻双方置于双重文化的氛围中，异质文化在碰撞后必然会面对如何调适的问题。汉文化不见得在任何时候都能占据主导地位，有时候也会融于其他文化之中。实际上，这种异质文化间的双向影响本就是不同文化交流、融合的客观规律，因此我们需要历史地、客观地、富有针对性地去看待和分析中国历史上不同民族及其文化间的融合过程。

四、余论

最后，还想特别强调的是，某些地区的汉族移民尽管在长期杂居、联姻后逐渐"夷化"，但其后裔一般还会保留一些汉文化特征。这也从一个角度很好地诠释了不同文化碰撞后的主流是兼容与融合，而非排斥与取代。

根据《通典》记载，唐代滇池以西到洱海一带，居住有称为"松外诸蛮"的百数十部落，其中杨、李、赵、董诸家为大姓。这些松外蛮夷多居住在城郭、村邑中，自称祖先为汉人，其"言语虽小讹舛，大略与中夏同。有文字，颇解阴阳历数"；种植的农作物有小麦、粟米、稻谷、豆类等，"种获亦与中夏同，而以十二月为岁首"，蔬菜有韭、蒜、葱和菁，果实有桃、梅、李等；"有丝麻，女工蚕织之事"，饲养牛、马、猪、羊、

---

① 常璩撰，刘琳校注：《华阳国志校注》卷四《南中志》，成都：巴蜀书社，1984年，第364页。
② 参见刘小兵：《从"夷"、汉文化的交融看"南中大姓"的形成》，《思想战线》，1991年第5期。
③ 参见鲁刚：《论爨文化时期南中地区的夷汉民族融合》，《云南民族大学学报》（哲学社会科学版），2008年第4期。

鸡、犬等①。

根据松外诸蛮民的语言文字、生产方式、生活习惯等信息分析，他们当为早先迁移至此的汉族移民后代②。尽管这些蛮民徙居已久，深受周边土著民族的影响而"夷化"了，但汉人的生产生活方式、文化习尚特征等仍有一定程度的保留。而且，此时已是唐代，更不用说汉晋南朝的松外蛮夷了。通常说来，时间越往前，夷化民众所保留的汉族特征也会越多。

总体说来，西南地区汉族移民与土著民族的融合趋向可以元代为界大致分为两个时期：汉至宋代，汉族移民主要被原有民族融合，呈现以"夷化"为主的演变过程；明清时期，汉族移民的数量大量增加，在重要聚集地形成地方性汉族群体，并将居住区域的原有民族人口融合于己，一部分汉族移民还向原有民族的主要聚集地扩散③。而且，由于夷汉文化的交流与影响是双向的，所以民族融合的不同趋向也完全有可能同时存在。如西南地区由于夷汉民众的长期杂居与通婚，客观上形成了文化上的相互影响，因而也有学者将大姓与夷帅概括为"夷化的汉人"和"汉化的夷人"④。

第三节　秦汉时期湘鄂西地区蛮夷的编户化

湘鄂西地区的蛮夷是秦汉时期一支势力强大的非华夏势力，但关于这一时期当地蛮夷族群的活动情况，传世文献记载较少，一些重要问题也语焉不详，致使我们的研究难以深入。近年来，有赖里耶秦简、长沙走马楼西汉简、江陵松柏汉墓木牍、张家山汉简、北大汉简等一批重要简牍材料的发现与整理，它们所包含的丰富信息极大弥补了我们研究资料的匮乏。其中，不少简牍详细记录了有关秦汉时期湘鄂西地区蛮夷与王朝互动的珍

---

① 杜佑撰，王文锦等点校：《通典》卷一百八十七《边防三·南蛮上》，北京：中华书局，1988年，第5067页。

② 这些松外诸蛮居住在滇池、洱海两地之间。这一区域地势较平坦，灌溉便利，总体上较为适合农业耕作，而且该地还是连结滇池、洱海的重要通道所经之处，所以秦汉以来便有相当数量的汉族移民聚居于此。

③ 参见方铁：《南北方古代民族融合途径及融合方式之比较》，《烟台大学学报》（哲学社会科学版），2006年第1期。

④ 详见尹建东等：《汉唐时期西南地区的豪族大姓与地方社会》，昆明：云南大学出版社，2013年，第161页。

贵信息，为我们推究史籍未详载的蛮夷编户化及华夏化问题提供了很大帮助。因此，我们拟在深入挖掘传世文献的基础上，充分利用出土文献，尤其是结合湖南、湖北等地出土的简牍材料，就秦汉王朝对湘鄂西地区蛮夷族群的整合及其编户化问题做一探讨。

一、秦汉时期的蛮夷编户

（一）秦代的蛮夷编户

秦统一后，在江淮以南及帝国的边疆地区还存在大量蛮夷族众，他们多数生活在远离政府驻地和交通沿线的深山丛林之中。针对南方地区的实际情况，秦王朝在进行郡县设置与基层管理时，"大致是将能够掌握的聚落人群进行编组，组建乡里。当时乡的管理重心在编户，而不是管辖范围"①。在秦政府能够控制的区域内，一些蛮民也被编入乡里组织，成为秦王朝的蛮夷编户。

里耶秦简载："卅四年后九月壬戌〈辰〉朔辛酉，迁陵守丞兹敢言之：迁陵道里毋蛮更者。敢言之。十月己卯旦，令佐平行。平手。"②此为秦迁陵县政府回复洞庭郡的文书，复称迁陵县不存在服更役的蛮民。关于"道里"，陈伟释作"辖地"③。王勇则认为，"道里"解释为道路里居似乎更为恰当，"迁陵道里毋蛮更者"应指迁陵交通沿线以及乡里聚落没有承担更役的蛮夷，这也是秦迁陵县廷实际控制的区域④。但不论怎样解释，迁陵县或其所辖的某一区域并无需要承担更役的蛮夷都是明确的。这不仅在一定程度上暗示了秦时一些地区的蛮夷可能要服更役，还反映出这些受地方政府管理的蛮民可能属于蛮夷编户。

在中国古代社会，掌握百姓户籍信息是政府征发赋役的前提。在通常情况下，政府能够掌握的是编户民的信息。秦的县级行政部门能够向上级

①　王勇：《里耶秦简所见迁陵蛮夷与秦朝蛮夷政策》，《中央民族大学学报》（哲学社会科学版），2019 年第 1 期。

②　陈伟主编：《里耶秦简牍校释》（第一卷），武汉：武汉大学出版社，2012 年，第328 页。

③　陈伟主编：《里耶秦简牍校释》（第一卷），武汉：武汉大学出版社，2012 年，第328 页。

④　王勇：《里耶秦简所见迁陵蛮夷与秦朝蛮夷政策》，《中央民族大学学报》（哲学社会科学版），2019 年第 1 期。

汇报其辖域内蛮众服更役的情况，表明这类徭戍事务是由地方政府直接管理的，地方官吏自然掌握了这些蛮民的相关信息，而户籍情况这类最基本的信息自应包含在内。否则，地方官吏便无法确定某蛮夷男子是大男还是小男，是否在应征之列。所以，这类由地方政府直接管理的蛮民应是著籍在册的，其身份当为蛮夷编户。

里耶秦简中有一批被认为是迁陵县南阳里的户籍简①，为我们的上述推断提供了重要佐证。如简 K27 载："南阳户人荆不更蛮强。妻曰嗛。子小上造囗。子小女子驼。臣曰聚。伍长。"② 由姓氏分析，户主蛮强很有可能是蛮夷，他不仅著籍于迁陵县南阳里，成为秦的编户民，还担任了伍长。既然伍长由蛮民充任，那么其下民众也当为蛮民，甚至整个南阳里有可能就是一个以蛮夷编户为主体的里。又，简 K4 所录的户主綵喜也可能是蛮夷编户，因为在简牍中"蛮（蠻）"常被省写为"綵"。除上述两户外，这批户籍简中还记录有黄姓三户，大、五、彭、宋、李姓各一户。有学者认为，黄姓乃武陵蛮族中的大姓，而大、五显然不是华夏姓氏，也应属蛮夷③。

（二）两汉的蛮夷编户

西汉时期，湘鄂西地区同样存在相当数量的蛮夷编户④，他们往往与汉族编户杂居。江陵松柏汉墓出土的 53 号木牍载有武帝初期南郡江陵县的人口构成及数量情况："江陵使大男四千七百二十一人，大女六千七百六十一人，小男五千三百一十五人，小女二千九百三十八人，凡口万九千七百三十五人。延大男八百三十九人，延大女二百八十九人，延小男四百

---

① 详见湖南省文物考古研究所编著：《里耶发掘报告》，长沙：岳麓书社，2007 年，第 208 页。

② 湖南省文物考古研究所编著：《里耶发掘报告》，长沙：岳麓书社，2007 年，第 203 页。

③ 详见王勇：《里耶秦简所见迁陵蛮夷与秦朝蛮夷政策》，《中央民族大学学报》（哲学社会科学版），2019 年第 1 期。

④ 长沙马王堆汉墓所出《地形图》《驻军图》上标注的居民点大都称"里"，但亦有称"君"者，如蛇君、垒君、不于君等。马王堆地图是汉初长沙国西南边区的地图，其地域范围内基本属五岭山区，族群成分比较复杂。据王勇研究，这里的"君"应该与蛮夷君长有关，称作"君"的居民点，居住的就是蛮夷编户。参见马王堆汉墓帛书整理小组编：《古地图》，北京：文物出版社，1977 年；王勇：《里耶秦简所见迁陵蛮夷与秦朝蛮夷政策》，《中央民族大学学报》（哲学社会科学版），2019 年第 1 期。

四十三人，延小女三百六十八人，延口千九百三十九人，其千五百四十七人外越。"[1]

由简文来看，当时江陵县编户分为"使户"与"延户"两类，两者的口数分别统计。"延户"数量在该县编户总数中所占比例较小，只有1939人，其中1537人为"外越"。魏斌认为，南郡户口簿籍上的"延户"就是蛮夷编户，此处的"延"即东晋南朝史书中常见的"蜑"，六朝时期"蜑"和"蛮"一样具有"类名"性质，具体是指巴郡、南郡、武陵郡相邻地区的蛮人[2]。如此，武帝初年江陵县有近十分之一的编户出自蛮夷，而且民族构成较为复杂[3]，其主体源于"外越"。

东汉《车骑将军冯绲碑》载：桓帝时，冯绲"南征五溪蛮夷黄加少"等，"斩首万级，没溺以千数，降者十万人，收逋赍布卅万匹"[4]。东汉政府镇压蛮夷反抗后，还要追讨其拖欠的赍布卅万匹，表明当地蛮民对汉廷负有缴纳贡赋的义务，他们应与政府订立了相关的赋役约定，且还执行了相当一段时间。所以，这些五溪蛮众很可能也是蛮夷编户。

二、秦汉蛮民的赋役

（一）蛮民归附与赋役优待

蛮夷地区郡县化以后，蛮夷的编户化就成了华夏政权统治的自然延伸，这也是蛮夷纳入国家统治秩序后的必然结果，而"赍钱""赍布"等象征性贡赋的征收便是蛮夷编户化进程的开端。

在秦汉政府的管理下，南方一些地区的蛮夷开始承担起原本只有汉族编民才履行的封建义务。如巴郡、南郡蛮，秦惠王并巴中后，令"其君长岁出赋二千一十六钱，三岁一出义赋千八百钱。其民户出幏布

---

[1]　彭浩：《读松柏出土的四枚西汉木牍》，《简帛》第4辑，上海：上海古籍出版社，2009年，第338页。

[2]　魏斌：《古人堤简牍与东汉武陵蛮》，《"中研院"历史语言研究所集刊》第85本第1分，2014年，第62-101页。

[3]　如鲁西奇认为，汉魏六朝的蛮族并非统一的民族集团，其内部族群多样性十分突出；罗新也强调，诸蛮民族具有多样性。分别参见鲁西奇：《释"蛮"》，《文史》，2008年第3辑；罗新：《王化与山险——中古早期南方诸蛮历史命运之概观》，《历史研究》，2009年第2期。

[4]　洪适：《隶释·隶续》，北京：中华书局，1985年，第86页。

八丈二尺，鸡羽三十镞"①。长沙武陵蛮，直至汉初仍是"岁令大人输布一匹，小口二丈，是谓賨布"②。巴中板楯蛮，秦昭王时，"刻石盟要，复夷人顷田不租，十妻不筭"③；至汉高祖定秦地，以板楯蛮夷从战有功，"复其渠帅罗、朴、督、鄂、度、夕、龚七姓，不输租赋，余户乃岁入賨钱，口四十"④。

上述史籍所载蛮夷缴纳的贡赋种类及其数量在简牍中亦有反映。譬如秦时巴郡、南郡的蛮夷君长三岁一出的义赋，在里耶秦简中也出现了。简8-1199载，"☑【首】当出义赋者令皆☑☑"⑤。巴郡、南郡普通蛮民所需缴纳的幏布、鸡羽等也见于里耶秦简。简8-998云，"幏布四丈七尺。卅五年四月己未朔乙酉，少☑☑"⑥；简8-1735载，"廿七年羽赋二千五【百】☑"⑦。

通观上述简文可知，文献所载各地蛮夷承担贡赋的情况确实是存在的。总体来说，政府对蛮民的贡赋征收量较低⑧，不少贡赋义务也并不局限于某一地区或部族，而是具有相当范围的适用性。

---

① 范晔：《后汉书》卷八十六《南蛮西南夷列传》，北京：中华书局，1965年，第2841页。

② 范晔：《后汉书》卷八十六《南蛮西南夷列传》，北京：中华书局，1965年，第2831页。

③ 范晔：《后汉书》卷八十六《南蛮西南夷列传》，北京：中华书局，1965年，第2842页。

④ 范晔：《后汉书》卷八十六《南蛮西南夷列传》，北京：中华书局，1965年，第2842页。

⑤ 陈伟主编：《里耶秦简牍校释》（第一卷），武汉：武汉大学出版社，2012年，第290页。

⑥ 陈伟主编：《里耶秦简牍校释》（第一卷），武汉：武汉大学出版社，2012年，第259页。

⑦ "羽赋"，陈伟释曰"纳羽为赋"。参见陈伟主编：《里耶秦简牍校释》（第一卷），武汉：武汉大学出版社，2012年，第384页。

⑧ 譬如，秦代巴郡、南郡蛮每户出幏布八丈二尺，据睡虎地秦简《金布律》"布袤八尺，福（幅）广二尺五寸"与"钱十一当一布"的规定（见睡虎地秦墓竹简整理小组编：《睡虎地秦墓竹简·秦律十八种释文注释》，北京：文物出版社，1990年，第36页），每户所输幏布可折为一百一十三钱，假若一户的成年人有两位，则每人只须缴纳约五十六钱；汉初的板楯蛮夷更是每口仅须出賨钱四十即可。这些幏布、賨钱与内郡普通成年编民每年须输算赋一百二十钱相比，无疑减轻了很多。此外，鸡羽三十镞的賨赋，对于长江流域以渔猎为主要谋生手段的蛮民来说，也是不难完成的。

关于"幏"，《说文解字·巾部》释为"南郡蛮夷幏布"①，而其实际的适用范围已明显超出南郡辖域。秦时里耶蛮民同样需要承担巴郡、南郡蛮所上缴的各类贡赋。里耶是秦洞庭郡迁陵县的治所，地处武陵山脉腹心地区，是汉代势力强大的武陵蛮的主要聚居地之一。所以我们推测，幏布、義赋、羽赋等贡赋的征收至少在一定时期内也通行于武陵地区的蛮夷民户。实际上，秦汉王朝常在同属"蛮夷之地"的相邻地区实行类似的赋役制度②。

关于"賨"，《说文解字·贝部》释作"南蛮赋也"③。这似乎给我们传达出这样的信息：賨是面向南方地区蛮民征收的赋税。这是目前学界的主流看法，但这种认识可能还存在商榷的空间。北大汉简《苍颉篇》载"汉兼天下，海内并厕。胡无噍类，菹醢离异。戎翟给賨，百越贡织"（简8—9）④，又云"狄署赋賨，猈弩駼騺"（简14—15）⑤。上述简文表明，戎狄也须缴纳賨赋。可见，至少在秦及汉初，北方与西北地区的少数民族也是统治者征收賨赋的对象，所以賨应当是南北方蛮夷民众所纳贡赋的统称。

此外，出土文献还反映出汉廷向蛮民施以较大程度的赋税优待，甚至准予其不出田租。长沙走马楼西汉简载：

> 具狱亭长庚爰书：先以证律辨告搞，乃讯。辞曰：士五，无阳共里壻子吏令为臾皇人择（译）。乃二月中不识日，啬夫襄人在轻半，令搞收责㵲溪臾人□□□船一椾（艘），当米八斗，士五强秦、麢、仆予肠各廿五斤，凡七十五斤。搞令安居士五周乘船下，搞先去㵲溪中环（还）轻半襄人所，收责得船□。（简0080）⑥

---

① 许慎撰，段玉裁注：《说文解字注》，上海：上海古籍出版社，1981年，第362页。

② 参见曾代伟、王平原：《〈蛮夷律〉考略——从一桩疑案说起》，《民族研究》，2004年第3期。

③ 许慎撰，段玉裁注：《说文解字注》，上海：上海古籍出版社，1981年，第282页。

④ 北京大学出土文献研究所编：《北京大学藏西汉竹书（壹）》，上海：上海古籍出版社，2015年，第15页。

⑤ 北京大学出土文献研究所编：《北京大学藏西汉竹书（壹）》，上海：上海古籍出版社，2015年，第17页。

⑥ 最新整理的释文可参见王博凯：《走马楼西汉简所见"译人"及相关问题试论》，邬文玲、戴卫红主编《简帛研究（二〇一九·春夏卷）》，桂林：广西师范大学出版社，2019年，第246-247页。

　　由简文可知，士伍强秦、麜、仆等只须向啬夫襄人缴纳二十五斤肠等物资以为赍赋，便不再需要输纳田租。西汉长沙蛮民这种纳赍赋以抵田租的做法，应当渊源有自，估计秦时当地蛮众便已如此。

　　此外，长沙走马楼西汉简《都乡七年垦田租簿》也明确记载："出田十三顷四十五亩半，租百八十四石七斗。临湘蛮夷归义民田不出租。"关于这里的"七年"，有学者根据整批简的年代将其定为长沙王刘庸七年（前122）①，此为武帝元狩元年；但也有学者从田租征收与历朔推算分析，认为该簿纪年应当是长沙国吴右七年（前179），亦即汉文帝前元元年②。但不论《垦田租簿》所反映的时间究竟为何，它都表明至少在西汉某一时期，临湘地区的归义蛮民可以不输田租。

　　实际上，西汉政府对于归义少数民族不出田租的政策优待，在北方地区也同样存在。而且，归义蛮民若从事商业贸易，还有权不纳市赋。甘肃武威磨咀子汉墓出土的《王杖诏书令》简册载录成帝建始元年（前32）诏令曰："夫妻俱毋子男为独寡，田毋租，市毋赋，与归义同。"这里的"归义"为"归义内附蛮夷"之省，所以该诏令表明，归义蛮众可以不缴纳田租与市赋。而且，我们推测，上述关于内附蛮民的免税政策很可能在此之前即已制定，西汉末年仍然沿用不辍。

　　综上可见，秦汉统治者对新归附的蛮民给予了较大程度的赋役优待，只不过赋役的具体名目、数额与执行办法在不同时期、不同地区，针对不同部族可能会有一定差异。这些蛮夷民户即便要缴纳货币化或实物化的贡赋，其征收额通常也较低，应该说基本在蛮民可承受的范围内，这样的赋役减免政策在南北方少数民族地区总体上推行得较为平稳。

　　同时，我们还要看到，在蛮众初附时，秦汉王朝之所以对其常采用赋役优待的政策，是出于多方面的考虑。一方面，这些蛮夷部落刚刚归附，其中一些蛮众还为朝廷从战建功，统治者有必要对其采用以羁縻笼络为主要导向的治理政策；另一方面，蛮夷聚居地区大多生产方式落后，经济发展水平低下，他们确实没有承担较重徭赋的能力。此外，蛮夷之地往往位

----

　　①　参见马代忠：《长沙走马楼西汉简〈都乡七年垦田租簿〉初步考察》，《出土文献研究》第12辑，上海：中西书局，2013年，第213—222页。
　　②　参见晋文：《走马楼西汉简〈都乡七年垦田租簿〉的年代问题》，《山东师范大学学报》（社会科学版），2021年第3期。

置僻远、交通不便，"避免其逃亡深山，彻底脱离政府控制"①，也是秦汉政府在制定赋役政策时需要顾及的重要因素。

（二）赋役增加与蛮民反抗

蛮夷归附日久，他们中的一些逐步被整合进郡县的编户管理体制内，成为蛮夷编户。这就意味着，这些蛮民也被纳入政府的赋役体系中，初附时所享受的赋役减免优待将会逐渐降低乃至最终取消，这就可能引起各地蛮众的激烈反抗。

武帝末年，珠崖太守孙幸因"调广幅布献之，蛮不堪役，遂攻郡杀幸"②。至东汉，蛮夷的赋役负担有增无减，"徭税失平"已成为蛮众起事的重要原因。由于赋役管理者主要是地方官吏，所以当赋役负担加重时，蛮民多有攻杀郡县长吏、乡吏之举。

明帝永平十二年（69），哀牢夷内附，朝廷置永昌郡，其时太守郑纯"与哀牢夷人约，邑豪岁输布贯头衣二领，盐一斛，以为常赋，夷俗安之"③。然至安帝元初年间，"郡县赋敛烦数，五年，卷夷大牛种封离等反畔，杀遂久令。明年，永昌、益州及蜀郡夷皆叛应之，众遂十余万，破坏二十余县，杀长吏，燔烧邑郭"④。和帝永元十三年（101），南郡巫县蛮"许圣等以郡收税不均，怀怨恨，遂屯聚反叛"⑤。安帝元初二年（115），武陵郡澧中蛮亦"以郡县徭税失平，怀怨恨，遂结充中诸种二千余人，攻城杀长吏"⑥。顺帝永和元年（136），"武陵太守上书，以蛮夷率服，可比

① 王勇：《里耶秦简所见迁陵蛮夷与秦朝蛮夷政策》，《中央民族大学学报》（哲学社会科学版），2019 年第 1 期。

② 范晔：《后汉书》卷八十六《南蛮西南夷列传》，北京：中华书局，1965 年，第2835 页。

③ 范晔：《后汉书》卷八十六《南蛮西南夷列传》，北京：中华书局，1965 年，第2851 页。

④ 范晔：《后汉书》卷八十六《南蛮西南夷列传》，北京：中华书局，1965 年，第2853 页。

⑤ 范晔：《后汉书》卷八十六《南蛮西南夷列传》，北京：中华书局，1965 年，第2841 页。

⑥ 范晔：《后汉书》卷八十六《南蛮西南夷列传》，北京：中华书局，1965 年，第2833 页。

汉人，增其租赋。议者皆以为可"①。独尚书令虞诩反对，奏曰："自古圣
王不臣异俗，非德不能及，威不能加，知其兽心贪婪，难率以礼。是故羁縻
而绥抚之，附则受而不逆，叛则弃而不追。先帝旧典，贡税多少，所由来久
矣。今猥增之，必有怨叛。计其所得，不偿所费，必有后悔。"② 然顺帝不
纳，其年冬，"澧中、溇中蛮果争贡布非旧约，遂杀乡吏，举种反叛。明年
春，蛮二万人围充城，八千人寇夷道"③。顺、桓之世，板楯蛮夷数次反叛，
其主要原因便在于"长吏乡亭更赋至重，仆役棰楚，过于奴虏，亦有嫁妻卖
子，或乃至自刭割。虽陈冤州郡，而牧守不为通理。阙庭悠远，不能自闻。
含怨呼天，叩心穷谷。愁苦赋役，困罹酷刑。故邑落相聚，以致叛戾"④。

　　由上可见，汉代蛮民掀起的不少反抗活动，主要原因不在于他们被纳
入编户管理，而在于赋役征发，朝廷的征敛加派自然容易激起不堪重负的
蛮民的反抗。实际上，统治者欲将蛮夷纳入华夏统治秩序的努力与他们力
图挣脱封建束缚的抵抗一直是一对矛盾，它几乎贯穿了中国封建社会发展
的始终。

　　综上，蛮民由熟蛮转变为编户主要通过著籍来实现，但此时他们还只
能称为蛮夷编户，要完成由蛮夷编户到普通编户的转型，除了文化认同这
一深层次的转变，关键在于编户徭赋征收标准的统一化。而这样的转变并
不是蛮民所愿意接受的，所以很多时候他们会着意强调自己非华夏的身
份，希冀以此争取到赋役等方面的减免特权。从这个意义上讲，徭赋的优
待举措可能会对蛮民的华夏化产生一定的阻碍作用。实际上这种优待政策
也不会一直持续下去，华夏政权不论是出于增加政府财政收入、推进华夏
化进程的需要，还是大体实现国家对所有编户统一与公平的目的，都会逐
渐增加对蛮夷编户的徭赋征发。简言之，蛮夷的编户化尤其是其向普通编
户的转变，是中国古代基层社会发展的必然趋势。

　　① 范晔：《后汉书》卷八十六《南蛮西南夷列传》，北京：中华书局，1965年，第
2833页。
　　② 范晔：《后汉书》卷八十六《南蛮西南夷列传》，北京：中华书局，1965年，第
2833页。
　　③ 范晔：《后汉书》卷八十六《南蛮西南夷列传》，北京：中华书局，1965年，第
2833页。
　　④ 范晔：《后汉书》卷八十六《南蛮西南夷列传》，北京：中华书局，1965年，第
2843页。

三、湘鄂西地区蛮夷的编户化进程

（一）王朝对蛮夷编户化进程的积极推进

西汉南方的郡一般幅员广大，但实际所掌握的编户数量却很有限。据汉平帝元始二年（2）的人口统计，北方人口较多的颍川郡有 43 万余户，而位处长江中游的南郡仅有 12.5 万户[①]。若由南郡继续向南推进，位于山岭腹地之郡所辖民户数量更是寡少，如武陵郡只有 3.4 万户，零陵郡仅2.1 万户[②]。周振鹤以秦岭—淮河一线为界，统计出元始二年北方在籍人口达到了南方的 3.2 倍[③]。总之，西汉时期南方郡国分布稀疏，而且郡县掌控的人口非常有限[④]。

上述情况不仅在很大程度上影响了汉政府的财政收入与徭役征发，还限制了王朝对南方地区的拓展与开发。所以，只要条件基本具备，统治者便会不遗余力地将"生蛮"徙至郡县治所或交通道路附近的平地，将"熟蛮"纳入基层乡里组织，将蛮夷编户的赋役优待逐渐减少乃至取消。

由于汉政府积极致力于推进南方蛮夷地区的编户化进程，南方较为稀疏的行政网络[⑤]得以日渐稠密。以荆州刺史部为例，汉时仅置有 7 郡，辖县数大致在 115 至 117 之间；但到了西晋太康年间，郡数已增至 22，县数亦增加到 169[⑥]。上述郡县的大规模析置与改设主要完成于汉末三国时期，此期尚未出现大范围的侨置或滥置郡县，郡县数量的大幅增加从一个角度折射出汉王朝对蛮夷地区的积极整合与编户化成果的不断积累。

---

① 班固：《汉书》卷二十八上《地理志上》，北京：中华书局，1962 年，第 1560、1566 页。

② 班固：《汉书》卷二十八上《地理志上》，北京：中华书局，1962 年，第 1594-1595 页。

③ 详见周振鹤：《中国地方行政制度史》，上海：上海人民出版社，2005 年，第 286 页。

④ 参见胡鸿：《六朝时期的华夏网络与山地族群——以长江中游地区为中心》，《历史研究》，2016 年第 5 期。

⑤ 秦汉时期，南方地区的行政网络较为稀疏，这从南北方郡国数量的对比中即可看出。据周振鹤统计，若以秦岭—淮河一线划分南北，秦代北方郡的分布密度是南方的 2.2倍，两汉南北方郡国数目之比约为 3：7。参见周振鹤：《中国地方行政制度史》，上海：上海人民出版社，2005 年，第 290 页。

⑥ 房玄龄等：《晋书》卷十五《地理志》，北京：中华书局，1974 年，第 453-454 页。

（二）编户化对蛮夷社会的影响

胡鸿在分析华夏政权对蛮夷社会上、下层的影响时认为，华夏帝国的影响到来之后，蛮人的上层接受华夏式的官爵印绶，从原来的村落协调人或具有一定强制权力的蛮夷君长变为帝国的邑君、邑长，进一步与郡县体制靠拢则转变为州郡的大姓豪强，入仕州郡成为官吏。与此过程相对应，帝国影响下蛮人社会内部的进程使大部分蛮民首先成为服从蛮夷君长权威的部落属民，进而成为邑君、邑长管理下的熟蛮，开始对帝国承担一定的义务，当邑君、邑长决定率领归义蛮夷加入郡县编户之后，他们进一步沦为非华夏编户，最终可能成为普通的华夏编户①。

由上述分析可见，对于少数民族首领而言，华夏政权的官爵封授可使其获益不少，但最重要者莫过于维护和提升其在族群内部的统治地位与权威。王朝通过敕封官爵不仅造成了蛮夷社会的等级分化和原有部落组织的解体，还较大程度提升了其阶序化程度，并确保了上述变化基本是在华夏政权的体系框架内发生的。当蛮夷部落一步步被改造为王朝郡县时，作为其上层的部落酋豪纷纷入仕州郡，变身为地方官吏；而广大普通蛮众则逐渐演化为蛮夷编户，并朝着普通编户的方向一步步迈进，承担起越来越重的赋役负担。简言之，王朝通过外封官爵制度为这些蛮夷族群的政治演化设定了基本的步骤与方向。

（三）蛮夷编户化过程的长期与艰难

普通蛮民的编户化通常要经历由蛮夷编户到普通编户的发展过程，这就决定了蛮民的身份转变将是一个长期、艰难的过程。

《后汉书·循吏列传》载，东汉初年，卫飒出任桂阳太守，郡内"含洭、浈阳、曲江三县，越之故地，武帝平之，内属桂阳。民居深山，滨溪谷，习其风土，不出田租。去郡远者，或且千里。吏事往来，辄发民乘船，名曰'传役'。每一吏出，徭及数家，百姓苦之。飒乃凿山通道五百余里，列亭传，置邮驿。于是役省劳息，奸吏杜绝。流民稍还，渐成聚邑，使输租赋，同之平民"②。

---

① 胡鸿：《六朝时期的华夏网络与山地族群——以长江中游地区为中心》，《历史研究》，2016 年第 5 期。

② 范晔：《后汉书》卷七十六《循吏列传·卫飒》，北京：中华书局，1965 年，第 2459 页。

观上可知，含洭、浈阳、曲江三县虽在西汉武帝时即已设县属郡，然至光武帝时，当地尚有不少越人还处在政府掌控之外。"对于经营渔猎山伐或刀耕火种农业的民众而言，并不需要选择河谷台地等农耕条件较好的地域，在深山丛林中同样可以继续既有的生活"①，加之地理位置偏远，"去郡远者，或且千里"。所以，一些越人避居深山溪谷，依循传统风习，亦不出租纳赋。直至东汉初，卫飒到任后，凿山通道，列置亭驿，郡内越人与外界相对隔绝的状态才被打破，逐渐纳入地方政府的管理之下，开始缴税纳赋，其身份也转变为蛮夷编户。

在此，我们还要强调的是，关于上文"同之平民"一语，我们不宜拘泥地理解为，这些越民所承担的赋役义务已与普通编户相同，他们应该还属于享受一定徭赋优待的蛮夷编户。

史载卫飒因病征还后，茨充代为桂阳太守，亦善卫飒之政，"教民种殖桑柘麻纻之属，劝令养蚕织屦，民得利益焉"②。可见，这些刚刚走出深林远薮、迁居平地的越人，生产生活方式还较落后，经济发展水平也不高，若遽令其承担与普通编户一样的租赋，显然是不现实的。桂阳郡的越人由所谓"生蛮"转变为蛮夷编户经历了一个相当长的时期，更遑论他们最终成为普通编户，无疑要花费更长的时间。

总体说来，蛮夷编户与普通编户的区别主要体现在两个方面：赋役标准与文化认同。

首先，就赋役标准而言，尽管蛮夷编户也须缴纳税赋，接受地方官员的调发遣戍，在法律上已属于政府掌控的民户，但蛮民不仅享有纳赀抵役的特权，其所纳赀赋也明显低于普通编户的赋税额。加之，蛮民居地往往僻远、交通不便，语言文化多样，生产生活方式相对落后，地方政府对他们的赋役征发都面临着相当的困难，执行效果并不很理想。

其次，就文化认同来说，它应是蛮夷编户与普通编户更深层次的差

---

① 王勇：《里耶秦简所见迁陵蛮夷与秦朝蛮夷政策》，《中央民族大学学报》（哲学社会科学版），2019年第1期。

② 范晔：《后汉书》卷七十六《循吏列传·卫飒》，北京：中华书局，1965年，第2460页。

别，也是判断蛮夷民户是否完成华夏化的根本性标准①。胡鸿认为，华夏化可区分为政治体与文化认同两个层面：政治体意义上的华夏化是指加入或建立华夏式帝国政治体，被制度承认为华夏国家的成员，略等于"王化"；文化认同意义上的华夏化则涉及语言、习俗、祖源重构、心理认同等方面。这两者并非同步进行的，但一般来说，政治体意义上华夏化的完成基本可以宣告文化认同意义上华夏化的启动，只要不出现大的变故，两者间的差距只是时间②。按照胡鸿的说法，蛮夷部众变为王朝的蛮夷编户，只相当于完成了"政治体意义上的华夏化"，此时他们尚难被统治阶层视作"华夏"或"齐民"。

如汉末巴郡太守庞羲为抵御汉中张鲁，曾屡召"汉昌赍民为兵"③。汉昌赍人既已称民，又奉调出战，表明他们已经纳入王朝的编户管理，但仍被强调其非华夏的族源身份，反映出他们仍然不是华夏，而是赍人。又如晋惠帝时，关中齐万年作乱，潘岳的《马汧督诔》谓，"羌反未弭，而编户之氐又肆逆焉"④。氐人已为编民，但仍被称作"编户之氐"，同样不被王朝的士大夫视为华夏齐民。

质言之，只有当以语言文化、风俗习尚、族源建构、心理认同等为代表的文化认同层面的转变完成时，蛮夷编户才真正成为普通编户，昔日的蛮夷百姓也就转变成了华夏齐民⑤。此时，他们与华夏编户在赋役标准上

---

① 罗新指出蛮、山越等具有内部的多样性，不能简单视为一族，但更为强调他们在文化意义上非华夏的一面，认为诸蛮与华夏的差别主要还是在于文化差异。参见罗新：《王化与山险——中古早期南方诸蛮历史命运之概观》，《历史研究》，2009 年第 2 期。

② 胡鸿：《六朝时期的华夏网络与山地族群——以长江中游地区为中心》，《历史研究》，2016 年第 5 期。

③ 常璩撰，刘琳校注：《华阳国志校注》卷五《公孙述刘二牧志》，成都：巴蜀书社，1984 年，第 491 页。

④ 萧统编，李善注：《文选》卷五十七，上海：上海古籍出版社，1986 年，第 2455 页。

⑤ 当蛮夷成为王朝编户，被纳入国家赋役体系后，统治者在不断提高其赋役标准的同时，很紧要的一项举措，对蛮民进行风俗习惯、宗教信仰等领域的改造，使其逐渐建立和巩固对王朝的文化认同，从而最终实现变夷为夏的目标。如邹水杰发现，走马楼西汉简记载西汉中期长沙国蛮夷民户不出田租，五一广场东汉简牍中偶有蛮夷出现，而长沙吴简中已不区分蛮夷与汉人编户。他认为，经过东汉循吏的修教设礼，长沙平原地带的蛮夷在经历文化改造后已基本华夏化了。参见邹水杰：《秦代属邦与民族地区的郡县化》，《历史研究》，2020 年第 2 期。

的差距已经消失，文化上的差异趋于消弭。从这个意义上讲，由蛮夷编户发展成普通编户，主要不是政治与法律层面上的，而是社会和心理层面上的。尽管历朝统治者不断地对蛮夷族群施以各种整合与同化措施，但由于受诸多因素的影响和历史条件的制约，蛮夷编户化的最终完成往往需要一个长期的过程，这一进程也正"显示了普通蛮人华夏化过程的复杂和艰难"[①]。

　　[①]　南朝左郡左县制度的置废情况也很能说明蛮夷编户化进程的曲折与反复。宋孝武帝时，曾废除左郡左县制，但明帝时又得以恢复。胡鸿认为，左郡左县之"左"，不论其义为何，其功能一定是将其与正常郡县区别开来，它的废而又复说明，其时仍有必要继续维持蛮酋的郡守县令长的身份，对蛮民像编户齐民一样统治的条件尚不具备。参见胡鸿：《六朝时期的华夏网络与山地族群——以长江中游地区为中心》，《历史研究》，2016年第5期。

参考文献

一、历史和考古文献

班固：《汉书》，北京：中华书局，1962 年。

班固撰，王先谦补注，上海师范大学古籍整理研究所整理：《汉书补注》，上海：上海古籍出版社，2008 年。

北京大学出土文献研究所编：《北京大学藏西汉竹书（壹）》，上海：上海古籍出版社，2015 年。

常璩撰，刘琳校注：《华阳国志校注》，成都：巴蜀书社，1984 年。

陈立撰，吴则虞点校：《白虎通疏证》，北京：中华书局，1994 年。

陈寿：《三国志》，北京：中华书局，1982 年。

陈松长主编：《岳麓书院藏秦简（伍）》，上海：上海辞书出版社，2017 年。

陈伟主编：《里耶秦简牍校释》（第一卷），武汉：武汉大学出版社，2012 年。

陈伟主编：《秦简牍合集（释文注释修订本）》（壹），武汉：武汉大学出版社，2016 年。

陈伟主编：《里耶秦简牍校释》（第二卷），武汉：武汉大学出版社，2018 年。

董说：《七国考》，北京：中华书局，1956 年。

杜佑撰，王文锦等点校：《通典》，北京：中华书局，1988 年。

樊绰撰，向达校注：《蛮书校注》，北京：中华书局，1962 年。

范晔：《后汉书》，北京：中华书局，1965 年。

房玄龄等：《晋书》，北京：中华书局，1974 年。

傅亚庶：《刘子校释》，北京：中华书局，1998 年。

甘肃简牍保护研究中心等编：《肩水金关汉简（壹）》，上海：中西书局，2011 年。

甘肃省文物考古研究所等编：《居延新简：甲渠候官与第四燧》，北京：文物出版社，1990 年。

顾炎武著，黄汝成集释，栾保群、吕宗力校点：《日知录集释》，上海：上海古籍出版社，2006 年。

何建章注释：《战国策注释》，北京：中华书局，1990 年。

洪适：《隶释·隶续》，北京：中华书局，1985 年。

胡平生、张德芳编撰：《敦煌悬泉汉简释粹》，上海：上海古籍出版社，2001 年。

胡渭著，邹逸麟整理：《禹贡锥指》，上海：上海古籍出版社，2006 年。

湖北省荆州地区博物馆：《江陵天星观 1 号楚墓》，《考古学报》，1982 年第 1 期。

湖北省文物考古研究所、随州市博物馆：《湖北随州文峰塔墓地 M4 发掘简报》，《江汉考古》，2015 年第 1 期。

湖南省文物考古研究所编著：《里耶发掘报告》，长沙：岳麓书社，2007 年。

蒋礼鸿：《商君书锥指》，北京：中华书局，1986 年。

金富轼著，杨军校勘：《三国史记》，长春：吉林大学出版社，2015 年。

李步嘉校释：《越绝书校释》，北京：中华书局，2013 年。

李京撰，王叔武校注：《云南志略辑校》，昆明：云南民族出版社，1986 年。

李学勤主编：《十三经注疏》，北京：北京大学出版社，1999 年。

李学勤主编：《清华大学藏战国竹简（贰）》，上海：中西书局，2011 年。

郦道元著，陈桥驿校证：《水经注校证》，北京：中华书局，2007 年。

梁启雄：《荀子简释》，北京：中华书局，1983 年。

刘文典：《淮南鸿烈集解》，北京：中华书局，1989 年。

刘向撰，向宗鲁校证：《说苑校证》，北京：中华书局，1987 年。

刘向编著，石光瑛校释，陈新整理：《新序校释》，北京：中华书局，2001年。

刘昫等：《旧唐书》，北京：中华书局，1975年。

刘珍等撰，吴树平校注：《东观汉记校注》，北京：中华书局，2008年。

罗福颐主编：《秦汉南北朝官印征存》，北京：文物出版社，1987年。

马承源主编：《上海博物馆藏战国楚竹书（二）》，上海：上海古籍出版社，2002年。

马承源主编：《上海博物馆藏战国楚竹书（六）》，上海：上海古籍出版社，2007年。

马承源主编：《上海博物馆藏战国楚竹书（九）》，上海：上海古籍出版社，2012年。

马王堆汉墓帛书整理小组编：《古地图》，北京：文物出版社，1977年。

马怡、张荣强主编：《居延新简释校》，天津：天津古籍出版社，2013年。

欧阳忞撰，李勇先、王小红校注：《舆地广记》，成都：四川大学出版社，2003年。

彭浩、陈伟、工藤元男主编：《二年律令与奏谳书：张家山二四七号汉墓出土法律文献释读》，上海：上海古籍出版社，2007年。

沈约：《宋书》，北京：中华书局，1974年。

释僧祐：《出三藏记集》，北京：中华书局，1995年。

睡虎地秦墓竹简整理小组编：《睡虎地秦墓竹简》，北京：文物出版社，1990年。

司马光编著，胡三省音注：《资治通鉴》，北京：中华书局，1956年。

司马迁：《史记》，北京：中华书局，1959年。

孙家洲主编：《额济纳汉简释文校本》，北京：文物出版社，2007年。

王嘉撰，萧绮录，齐治平校注：《拾遗记》，北京：中华书局，1981年。

王利器校注：《盐铁论校注》，北京：中华书局，1992年。

王念孙撰，徐炜君等校点：《读书杂志》，上海：上海古籍出版社，2015年。

王先谦：《后汉书集解》，北京：中华书局，1984 年。

吴礽骧、李永良、马建华释校：《敦煌汉简释文》，兰州：甘肃人民出版社，1991 年。

吴毓江撰，孙启治点校：《墨子校注》，北京：中华书局，1993 年。

萧统编，李善注：《文选》，上海：上海古籍出版社，1986 年。

谢桂华、李均明、朱国炤：《居延汉简释文合校》，北京：文物出版社，1987 年。

徐元诰撰，王树民、沈长云点校：《国语集解》，北京：中华书局，2002 年。

许慎撰，段玉裁注：《说文解字注》，上海：上海古籍出版社，1981 年。

许维遹撰，梁运华整理：《吕氏春秋集释》，北京：中华书局，2009 年。

荀悦、袁宏著，张烈点校：《两汉纪》，北京：中华书局，2002 年。

贾谊撰，阎振益、钟夏校注：《新书校注》，北京：中华书局，2000 年。

杨伯峻编著：《春秋左传注》（修订本），北京：中华书局，1990 年。

袁珂校注：《山海经校注》，上海：上海古籍出版社，1980 年。

乐史撰，王文楚等点校：《太平寰宇记》，北京：中华书局，2007 年。

郧阳地区博物馆：《湖北郧县肖家河春秋楚墓》，《考古》，1998 年第 4 期。

张家山二四七号汉墓竹简整理小组编著：《张家山汉墓竹简〔二四七号墓〕》（释文修订本），北京：文物出版社，2006 年。

赵尔巽等：《清史稿》，北京：中华书局，1977 年。

中国社会科学院考古研究所编：《殷周金文集成释文》，香港：香港中文大学中国文化研究所，2001 年。

周晓陆主编：《二十世纪出土玺印集成》，北京：中华书局，2010 年。

二、研究论著

安作璋、熊铁基：《秦汉官制史稿》，济南：齐鲁书社，2007 年。

卜宪群：《秦汉官僚制度》，北京：社会科学文献出版社，2002 年。

蔡万进：《张家山汉简〈奏谳书〉研究》，桂林：广西师范大学出版社，2006 年。

晁福林：《春秋战国的社会变迁》，北京：商务印书馆，2011 年。

陈梦家：《汉简缀述》，北京：中华书局，1980 年。

陈庆德：《民族经济学》，昆明：云南人民出版社，1994 年。

陈苏镇：《〈春秋〉与"汉道"：两汉政治与政治文化研究》，北京：中华书局，2020 年。

陈伟：《楚"东国"地理研究》，武汉：武汉大学出版社，1992 年。

陈昭容：《秦系文字研究：从汉字史的角度考察》，台北："中研院"历史语言研究所，2003 年。

陈直：《文史考古论丛》，北京：中华书局，2018 年。

崔向东：《汉代豪族研究》，武汉：崇文书局，2003 年。

戴卫红：《韩国木简研究》，桂林：广西师范大学出版社，2017 年。

杜正胜：《周代城邦》，台北：联经出版事业公司，1979 年。

方国瑜：《方国瑜文集》第 1 辑，昆明：云南教育出版社，2001 年。

方诗铭：《曹操·袁绍·黄巾》，上海：上海社会科学院出版社，1996 年。

方铁主编：《西南通史》，郑州：中州古籍出版社，2003 年。

方铁：《方略与施治：历朝对西南边疆的经营》，北京：社会科学文献出版社，2015 年。

费孝通主编：《中华民族多元一体格局》（修订本），北京：中央民族大学出版社，1999 年。

冯时：《中国天文考古学》，北京：社会科学文献出版社，2001 年。

傅海波、崔瑞德编，史卫民等译：《剑桥中国辽西夏金元史（907—1368 年）》，北京：中国社会科学出版社，1998 年。

高敏：《云梦秦简初探》，郑州：河南人民出版社，1979 年。

高荣：《先秦汉魏河西史略》，天津：天津古籍出版社，2007 年。

高至喜：《楚文化的南渐》，武汉：湖北教育出版社，2017 年。

葛剑雄：《西汉人口地理》，北京：人民出版社，1986 年。

葛剑雄、曹树基、吴松弟：《简明中国移民史》，福州：福建人民出版社，1993 年。

葛剑雄主编：《中国移民史》第 2 卷，福州：福建人民出版社，1997 年。

葛剑雄：《中国人口史》第 1 卷，上海：复旦大学出版社，2002 年。

葛兆光：《宅兹中国：重建有关"中国"的历史论述》，北京：中华书局，2011 年。

葛兆光：《历史中国的内与外：有关"中国"与"周边"概念的再澄清》，香港：香港中文大学出版社，2017 年。

宫崎市定著，马云超译：《宫崎市定解读〈史记〉》，北京：中信出版社，2018 年。

宫崎市定著，张学锋等译：《东洋的古代》，上海：上海古籍出版社，2018 年。

工藤元男著，广濑薰雄、曹峰译：《睡虎地秦简所见秦代国家与社会》，上海：上海古籍出版社，2010 年。

顾铁符：《楚国民族述略》，武汉：湖北人民出版社，1984 年。

韩昇：《东亚世界形成史论》（增订版），北京：中国方正出版社，2015 年。

何浩：《楚灭国研究》，武汉：武汉出版社，1989 年。

黑格尔著，王造时译：《历史哲学》，上海：上海书店出版社，2006 年。

胡宝国：《汉唐间史学的发展》，北京：商务印书馆，2003 年。

胡鸿：《能夏则大与渐慕华风：政治体视角下的华夏与华夏化》，北京：北京师范大学出版社，2017 年。

胡克森：《融合：春秋至秦汉时期从分裂走向统一的文化思考》，北京：人民出版社，2010 年。

华学诚：《周秦汉晋方言研究史》（修订本），上海：复旦大学出版社，2007 年。

雷虹霁：《秦汉历史地理与文化分区研究——以〈史记〉〈汉书〉〈方言〉为中心》，北京：中央民族大学出版社，2007 年。

李开元：《汉帝国的建立与刘邦集团——军功受益阶层研究》，北京：生活·读书·新知三联书店，2000 年。

李零：《长沙子弹库战国楚帛书研究》，北京：中华书局，1985 年。

李零：《茫茫禹迹：中国的两次大一统》，北京：生活·读书·新知三联书店，2016 年。

李龙海：《汉民族形成之研究》，北京：科学出版社，2010 年。

李锐：《炎黄子孙的来源》，郑州：河南人民出版社，2019 年。

李晓斌：《历史上云南文化交流现象研究》，北京：民族出版社，2005 年。

李学勤：《东周与秦代文明》，上海：上海人民出版社，2007 年。

李学勤主编：《字源》，天津：天津古籍出版社，2012 年。

李禹阶主编：《秦汉社会控制思想史》，北京：中国社会科学出版社，2017 年。

林幹：《匈奴史》，北京：人民出版社，2010 年。

林沄：《林沄文集·古史卷》，上海：上海古籍出版社，2019 年。

林沄：《林沄文集·文字卷》，上海：上海古籍出版社，2019 年。

刘彬徽：《楚系青铜器研究》，武汉：湖北教育出版社，1995 年。

刘和惠：《楚文化的东渐》，武汉：湖北教育出版社，2019 年。

卢云：《汉晋文化地理》，西安：陕西人民教育出版社，1991 年。

鲁西奇：《中国历史的空间结构》，桂林：广西师范大学出版社，2014 年。

鲁西奇：《谁的历史》，桂林：广西师范大学出版社，2019 年。

罗德里希·普塔克著，史敏岳译：《海上丝绸之路》，北京：中国友谊出版公司，2019 年。

罗二虎：《秦汉时代的中国西南》，成都：天地出版社，2000 年。

罗新：《中古北族名号研究》，北京：北京大学出版社，2009 年。

罗新：《有所不为的反叛者：批判、怀疑与想象力》，上海：上海三联书店，2019 年。

罗志田：《民族主义与近代中国思想》（修订版），台北：三民书局，2011 年。

马长寿：《氐与羌》，桂林：广西师范大学出版社，2006 年。

马大英：《汉代财政史》，北京：中国财政经济出版社，1983 年。

马大正主编：《中国古代边疆政策研究》，北京：中国社会科学出版社，1990 年。

马孟龙：《西汉侯国地理》，上海：上海古籍出版社，2013 年。

马世之：《中原楚文化研究》，武汉：湖北教育出版社，2019 年。

蒙文通：《越史丛考》，北京：人民出版社，1983 年。

蒙文通：《古学甄微》，成都：巴蜀书社，1987 年。

苗威：《乐浪研究》，北京：高等教育出版社，2016 年。

苗威：《箕氏朝鲜史》，北京：中国社会科学出版社，2019 年。

彭丰文：《先秦两汉时期民族观念与国家认同研究》，北京：中国社会科学出版社，2016 年。

钱穆：《国史大纲》（修订本），北京：商务印书馆，1996 年。

裘锡圭：《中国出土古文献十讲》，上海：复旦大学出版社，2004 年。

裘锡圭：《文字学概要》（修订本），北京：商务印书馆，2013 年。

饶宗颐、曾宪通：《楚帛书》，香港：中华书局香港分局，1985 年。

石泉：《古代荆楚地理新探》，武汉：武汉大学出版社，1988 年。

史党社：《日出西山：秦人历史新探》，西安：陕西人民出版社，2013 年。

史筠：《民族事务管理制度》，长春：吉林教育出版社，1991 年。

守屋美都雄著，钱杭、杨晓芬译：《中国古代的家族与国家》，上海：上海古籍出版社，2010 年。

宋华强：《新蔡葛陵楚简初探》，武汉：武汉大学出版社，2010 年。

苏建洲、吴雯雯等：《清华二〈系年〉集解》，台北：万卷楼图书股份有限公司，2013 年。

孙进己、王绵厚主编：《东北历史地理》第一卷，哈尔滨：黑龙江人民出版社，1989 年。

孙占鳌、张瑛：《河西汉简所见汉代西北民族关系研究》，北京：社会科学文献出版社，2019 年。

谭其骧主编：《中国历史地图集》，北京：中国地图出版社，1982 年。

田昌五、臧知非：《周秦社会结构研究》，西安：西北大学出版社，1996 年。

田天：《秦汉国家祭祀史稿》，北京：生活·读书·新知三联书店，2015 年。

田余庆：《秦汉魏晋史探微》（重订本），北京：中华书局，2004 年。

童书业：《春秋左传研究》，上海：上海人民出版社，1980 年。

王光镐：《楚文化源流新证》，武汉：武汉大学出版社，1988 年。

王国维：《观堂集林（附别集）》，北京：中华书局，1959 年。

王晖：《古文字与商周史新证》，北京：中华书局，2003 年。

王晖、贾俊侠：《先秦秦汉史史料学》，北京：中国社会科学出版社，

2007 年。

王钧林：《中国儒学史》（先秦卷），广州：广东教育出版社，1998 年。

王克奇、王钧林主编：《山东通史·先秦卷》，北京：人民出版社，2009 年。

王明珂：《羌在汉藏之间：川西羌族的历史人类学研究》，北京：中华书局，2008 年。

王明珂：《英雄祖先与弟兄民族：根基历史的文本与情境》，北京：中华书局，2009 年。

王明珂：《游牧者的抉择：面对汉帝国的北亚游牧部族》，上海：上海人民出版社，2018 年。

王明珂：《华夏边缘：历史记忆与族群认同》，上海：上海人民出版社，2020 年。

王人聪、叶其峰：《秦汉魏晋南北朝官印研究》，香港：香港中文大学文物馆，1990 年。

王赛时：《山东海疆文化研究》，济南：齐鲁书社，2006 年。

王勇：《楚文化与秦汉社会》，长沙：湖南大学出版社，2009 年。

王子今：《秦汉区域文化研究》，成都：四川人民出版社，1998 年。

王子今：《秦汉边疆与民族问题》，北京：中国人民大学出版社，2011 年。

王子今：《秦汉社会意识研究》，北京：商务印书馆，2012 年。

王子今：《秦汉称谓研究》，北京：中国社会科学出版社，2014 年。

王子今：《战国秦汉交通格局与区域行政》，北京：中国社会科学出版社，2015 年。

王子今：《东方海王：秦汉时期齐人的海洋开发》，北京：中国社会科学出版社，2015 年。

王子今：《匈奴经营西域研究》，北京：中国社会科学出版社，2016 年。

王子今：《汉简河西社会史料研究》，北京：商务印书馆，2017 年。

王子今：《秦汉海洋文化研究》，北京：北京师范大学出版社，2021 年。

王震中：《中国文明起源的比较研究》，西安：陕西人民出版社，

1994 年。

王锺翰主编：《中国民族史》，武汉：武汉大学出版社，2012 年。

翁独健主编：《中国民族关系史纲要》，北京：中国社会科学出版社，2011 年。

吴淑惠：《〈史记〉论析六章》，桂林：广西师范大学出版社，2015 年。

希安·琼斯著，陈淳、沈辛成译：《族属的考古：构建古今的身份》，上海：上海古籍出版社，2017 年。

萧兵：《楚辞与神话》，南京：江苏古籍出版社，1987 年。

谢乃和：《古代社会与政治——周代的政体及其变迁》，哈尔滨：黑龙江人民出版社，2011 年。

辛德勇：《秦汉政区与边界地理研究》，北京：中华书局，2009 年。

辛德勇：《发现燕然山铭》，北京：中华书局，2018 年。

邢义田：《地不爱宝：汉代的简牍》，北京：中华书局，2011 年。

邢义田：《天下一家：皇帝、官僚与社会》，北京：中华书局，2011 年。

熊铁基：《秦汉军事制度史》，南宁：广西人民出版社，1990 年。

徐杰舜：《汉民族发展史》，武汉：武汉大学出版社，2012 年。

徐少华：《周代南土历史地理与文化》，武汉：武汉大学出版社，1994 年。

徐少华：《荆楚历史地理与考古探研》，北京：商务印书馆，2010 年。

徐卫民：《秦公帝王陵》，北京：中国青年出版社，2002 年。

徐新建：《西南研究论》，昆明：云南教育出版社，1992 年。

徐旭生：《中国古史的传说时代》，北京：科学出版社，1960 年。

许田波著，徐进译：《战争与国家形成：春秋战国与近代早期欧洲之比较》，上海：上海人民出版社，2018 年。

许倬云：《万古江河：中国历史文化的转折与开展》，上海：上海文艺出版社，2006 年。

许倬云：《说中国：一个不断变化的复杂共同体》，桂林：广西师范大学出版社，2015 年。

许倬云：《我者与他者：中国历史上的内外分际》，北京：生活·读书·新知三联书店，2015 年。

阎步克：《中国古代官阶制度引论》，北京：北京大学出版社，2010年。

严耕望：《中国地方行政制度史：秦汉地方行政制度》，上海：上海古籍出版社，2007年。

晏昌贵：《巫鬼与淫祀——楚简所见方术宗教考》，武汉：武汉大学出版社，2010年。

杨光辉：《汉唐封爵制度》，北京：学苑出版社，2004年。

杨军：《高句丽民族与国家的形成和演变》，北京：中国社会科学出版社，2006年。

杨宽：《战国史料编年辑证》，上海：上海人民出版社，2001年。

杨宽：《战国史》，上海：上海人民出版社，2003年。

杨利慧：《女娲的神话与信仰》，北京：中国社会科学出版社，1997年。

杨一凡、寺田浩明主编：《日本学者中国法制史论著选·先秦秦汉卷》，北京：中华书局，2016年。

尹建东等：《汉唐时期西南地区的豪族大姓与地方社会》，昆明：云南大学出版社，2013年。

余太山：《两汉魏晋南北朝与西域关系史研究》，北京：商务印书馆，2011年。

余太山：《两汉魏晋南北朝正史西域传研究》，北京：商务印书馆，2013年。

于振波：《秦汉法律与社会》，长沙：湖南人民出版社，2000年。

袁延胜：《秦汉简牍户籍资料研究》，北京：人民出版社，2018年。

臧知非、沈华、高婷婷：《周秦汉魏吴地社会发展研究》，北京：群言出版社，2007年。

增渊龙夫著，吕静译：《中国古代的社会与国家》，上海：上海古籍出版社，2017年。

詹姆士·斯科特著，王晓毅译：《逃避统治的艺术：东南亚高地的无政府主义历史》，北京：生活·读书·新知三联书店，2019年。

张博泉：《中华一体的历史轨迹》，沈阳：辽宁人民出版社，1995年。

张光直：《中国青铜时代》，北京：生活·读书·新知三联书店，1983年。

张金光：《秦制研究》，上海：上海古籍出版社，2004 年。

张增祺：《中国西南民族考古》，昆明：云南人民出版社，1990 年。

张正明：《楚文化史》，武汉：湖北教育出版社，2018 年。

张中行：《文言和白话》，北京：中华书局，2012 年。

赵宠亮：《行役戍备：河西汉塞吏卒的屯戍生活》，北京：科学出版社，2012 年。

赵红梅：《汉四郡研究》，香港：香港亚洲出版社，2008 年。

赵汀阳：《惠此中国：作为一个神性概念的中国》，北京：中信出版社，2016 年。

郑威：《出土文献与楚秦汉历史地理研究》，北京：科学出版社，2017 年。

中国科学院《中国自然地理》编辑委员会：《中国自然地理·历史自然地理》，北京：科学出版社，1982 年。

中国历史大辞典·历史地理卷编纂委员会编：《中国历史大辞典·历史地理卷》，上海：上海辞书出版社，1996 年。

中国社会科学院考古研究所编著：《中国考古学·两周卷》，北京：中国社会科学出版社，2004 年。

中国社会科学院考古研究所编著：《中国考古学·秦汉卷》，北京：中国社会科学出版社，2010 年。

周伟洲：《汉赵国史》，太原：山西人民出版社，1986。

周振鹤：《中国地方行政制度史》，上海：上海人民出版社，2005 年。

周振鹤、游汝杰：《方言与中国文化》（第 2 版），上海：上海人民出版社，2006 年。

周振鹤：《随无涯之旅》，北京：生活·读书·新知三联书店，2007 年。

周振鹤：《体国经野之道：中国行政区划沿革》，上海：上海书店出版社，2009 年。

周振鹤：《中国历史政治地理十六讲》，北京：中华书局，2013 年。

周振鹤：《西汉政区地理》，北京：商务印书馆，2017 年。

周振鹤、李晓杰：《中国行政区划通史·总论 先秦卷》，上海：复旦大学出版社，2017 年。

周振鹤、李晓杰、张莉：《中国行政区划通史·秦汉卷》，上海：复旦大学出版社，2017 年。

朱绍侯：《军功爵制研究》，上海：上海人民出版社，1990 年。

朱绍侯：《军功爵制考论》，北京：商务印书馆，2008 年。

朱圣明：《华夷之间：秦汉时期族群的身份与认同》，厦门：厦门大学出版社，2017 年。

邹水杰：《两汉县行政研究》，长沙：湖南人民出版社，2008 年。

三、学术论文（含学位论文）

安梅梅：《两汉魏晋属国制度研究》，中央民族大学博士学位论文，2012 年。

卜宪群：《秦制、楚制与汉制》，《中国史研究》，1995 年第 1 期。

蔡家麒：《云南盏西地区民族融合初步研究》，《蔡家麒学术文选》，昆明：云南大学出版社，2014 年。

蔡靖泉：《炎帝·颛顼·祝融——楚人始祖论》，《江汉论坛》，2014 年第 12 期。

蔡青：《论战国中山国出土的楚式玉器》，《江汉考古》，2018 年第 6 期。

蔡万进：《秦"所取荆新地"与苍梧郡设置》，《郑州大学学报》（哲学社会科学版），2008 年第 5 期。

蔡哲茂：《夏王朝存在新证——说殷卜辞的"西邑"》，《中国文化》，2016 第 2 期。

曾代伟、王平原：《〈蛮夷律〉考略——从一桩疑案说起》，《民族研究》，2004 年第 3 期。

曹方向：《上博简所见楚国故事类文献校释与研究》，武汉大学博士学位论文，2013 年。

曹锦炎：《越王得居戈考释》，《古文字研究》第 25 辑，北京：中华书局，2004 年。

晁福林：《论周代国人与庶民社会身份的变化》，《人文杂志》，2000 年第 3 期。

陈侃理：《里耶秦方与"书同文字"》，《文物》，2014 年第 9 期。

陈昆、李禹阶：《西汉诸侯国相的"郡守化"趋势及其历史意义》，《中国史研究》，2021 年第 1 期。

陈力：《试论秦国之"属邦"与"臣邦"》，《民族研究》，1997 年第 4 期。

陈鹏：《"辰星正四时"暨辰星四仲躔宿分野考》，《自然科学史研究》，2013 年第 1 期。

陈鹏：《战国秦汉的国人意识与族群认同》，《西南大学学报》（社会科学版），2021 年第 1 期。

陈鹏：《"汉人"与"海人"：秦汉时期滨海人群的身份认同》，《人文杂志》，2021 年第 8 期。

陈伟：《竹书〈容成氏〉所见的九州》，《中国史研究》，2003 年第 3 期。

陈寅恪：《天师道与滨海地域之关系》，《陈寅恪集·金明馆丛稿初编》，北京：生活·读书·新知三联书店，2015 年。

陈勇：《〈史记〉所见"胡"与"匈奴"称谓考》，《民族研究》，2005 年第 6 期。

初师宾：《秦人、秦胡蠡测》，《考古》，1983 年第 3 期。

崔建华：《秦统一进程中的分封制》，《陕西师范大学学报》（哲学社会科学版），2017 年第 1 期。

丁福林：《关于汉代属国的几个问题》，《苏州科技学院学报》（社会科学版），2003 年第 1 期。

董楚平：《中国上古创世神话钩沉——楚帛书甲篇解读兼谈中国神话的若干问题》，《中国社会科学》，2002 年第 5 期。

董飞：《出土秦简所见"从人"问题研究》，《西安财经大学学报》，2022 年第 1 期。

董珊：《晋侯墓出土楚公逆钟铭文新探》，《中国历史文物》，2006 年第 6 期。

杜晓宇：《20 世纪 80 年代以来的秦汉边郡研究》，《中国史研究动态》，2011 年第 6 期。

杜晓宇：《试论秦汉"边郡"的概念、范围与特征》，《中国边疆史地研究》，2012 年第 4 期。

渡边英幸著，李力译：《秦律的"夏"与"臣邦"》，杨一凡、寺田浩明主编《日本学者中国法制史论著选·先秦秦汉卷》，北京：中华书局，2016 年。

段渝：《楚公逆编钟与周宣王伐楚》，《社会科学研究》，2004 年第 2 期。

凡国栋：《曾侯與编钟铭文束释》，《江汉考古》，2014 年第 4 期。

范文澜：《自秦汉起中国成为统一国家的原因》，历史研究编辑部编《汉民族形成问题讨论集》，北京：生活·读书·新知三联书店，1957 年。

方勤：《曾国历史与文化研究——以新出考古材料为线索》，武汉大学博士学位论文，2018 年。

方诗铭：《青州·"青州兵"·"海贼"管承——论东汉末年的青州与青州黄巾》，《史林》，1993 年第 2 期。

方铁：《〈史记〉、〈汉书〉失载西南夷若干史实考辨》，《中央民族大学学报》（哲学社会科学版），2004 年第 3 期。

方铁：《南北方古代民族融合途径及融合方式之比较》，《烟台大学学报》（哲学社会科学版），2006 年第 1 期。

方铁：《论影响云贵高原开发的社会历史因素》，《中南民族大学学报》（人文社会科学版），2009 年第 3 期。

方铁：《西南边疆汉族的形成与历朝治边》，《中国边疆史地研究》，2012 年第 4 期。

方原：《秦汉之际楚政权封君赐爵制度初探》，《浙江海洋学院学报》（人文科学版），2007 年第 1 期。

冯峰：《郑庄公之孙器新析——兼谈襄阳团山 M1 的墓主》，《江汉考古》，2014 年第 3 期。

高荣：《汉代张掖属国新考》，《敦煌研究》，2014 年第 4 期。

顾颉刚：《秦汉统一之由来和战国人对于世界的想象》，《国立第一中山大学语言历史学研究所周刊》第 1 卷第 1 期，1927 年。

顾颉刚：《春秋时代的县》，《禹贡》第 7 卷第 6、7 期，1937 年。

顾颉刚：《徐和淮夷的迁、留》，《文史》第 32 辑，北京：中华书局，1990 年。

顾颉刚：《秦汉的方士与儒生》，《顾颉刚古史论文集》卷二，北京：中华书局，2011 年。

顾颉刚：《三监的结局——周公东征史事考证四之三》，《顾颉刚古史论文集》卷十，北京：中华书局，2011 年。

何浩：《战国时期楚封君初探》，《历史研究》，1984 年第 5 期。

何晋：《秦称"虎狼"考》，《文博》，1999 年第 5 期。

何琳仪：《长沙帛书通释》，《江汉考古》，1986 年第 2 期。

侯强：《齐"巫儿"婚俗探析》，《管子学刊》，2001 年第 2 期。

胡鸿：《六朝时期的华夏网络与山地族群——以长江中游地区为中心》，《历史研究》，2016 年第 5 期。

胡宏起：《汉代兵力论考》，《历史研究》，1996 年第 3 期。

胡平生：《新出汉简户口簿籍研究》，中国文化遗产研究院编《出土文献研究》第 10 辑，北京：中华书局，2011 年。

胡小鹏、安梅梅：《"秦胡"研究评说》，《敦煌研究》，2005 年第 1 期。

胡小鹏、安梅梅：《近年来秦汉属国制度研究概述》，《中国史研究动态》，2007 年第 10 期。

黄锦前：《从伯𣄕簋谈到两周金文中的蛮氏》，《洛阳考古》，2017 年第 3 期。

黄盛璋：《关于博物馆藏传世汉匈奴语官印考》，《故宫博物院院刊》，1986 年第 4 期。

黄盛璋：《匈奴官印综论》，《社会科学战线》，1987 年第 3 期。

黄向春：《从疍民研究看中国民族史与族群研究的百年探索》，《广西民族研究》，2008 年第 4 期。

惠翔宇：《春秋卿大夫与"国人"的内涵变迁》，《齐鲁学刊》，2018 年第 6 期。

贾敬颜：《汉属国与属国都尉考》，《史学集刊》，1982 年第 4 期。

贾敬颜：《"汉人"考》，《中国社会科学》，1985 年第 6 期。

金秉骏：《汉代的部都尉与边疆统治》，中国社会科学院历史研究所、日本东方学会、首都师范大学历史学院编《第七届中日学者中国古代史论坛文集》，北京：中国社会科学出版社，2016 年。

晋文：《走马楼西汉简〈都乡七年垦田租簿〉的年代问题》，《山东师范大学学报》（社会科学版），2021 年第 3 期。

孔令远：《徐偃王的传说及相关问题》，《重庆师范大学学报》（哲学社会科学版），2009 年第 1 期。

孔令远等：《徐王容居戈铭文考释》，《文物》，2013 年第 3 期。

劳榦：《两汉户籍与地理之关系》，中华书局编辑部编《中研院历史语言研究所集刊论文类编·历史编·秦汉卷》，北京：中华书局，2009 年。

黎明钊、唐俊峰：《秦至西汉属国的职官制度与安置模式》，《中国史研究》，2018 年第 3 期。

李并成：《汉张掖属国考》，《西北民族研究》，1995 年第 2 期。

李春梅：《匈奴政权中"二十四长"和"四角"、"六角"探析》，《内蒙古社会科学》（汉文版），2006 年第 2 期。

李春梅：《论匈奴政权的分封制》，《内蒙古社会科学》（汉文版），2014 年第 1 期。

李大龙：《从夏人、汉人到中华民族——对中华大地上主体族群凝聚融合轨迹的考察》，《中国史研究》，2017 年第 1 期。

李飞：《夷汉之间——从考古材料看贵州战国秦汉时代的文化格局》，《贵州民族研究》，2009 年第 6 期。

李洪财：《秦简牍"从人"考》，《文物》，2016 年第 12 期。

李健才：《玄菟郡的建立和迁移》，《东北史地考略》（续集），长春：吉林文史出版社，1995 年。

李明丽：《以力统礼——试论清华简〈系年〉的深层叙事结构》，《古籍整理研究学刊》，2016 年第 2 期。

李世佳：《楚"若敖六卒"研究》，《西部史学》第 4 辑，重庆：西南师范大学出版社，2020 年。

李铁：《汉刘平国治关刻石小考》，《社会科学战线》，1979 年第 4 期。

李文学：《汉魏封授周边民族及政权首领的武官体制》，《光明日报》，2013 年 4 月 25 日第 11 版。

李文学：《东汉魏晋官印中的"率善"号研究》，《民族研究》，2013 年第 6 期。

李文学：《汉魏外封武官制度研究》，《西南民族大学学报》（人文社会科学版），2013 年第 6 期。

李文学：《新莽东汉时期的"率众"官号研究》，《青海民族大学学报》（社会科学版），2015 年第 1 期。

李学勤：《试论楚公逆编钟》，《文物》，1995 年第 2 期。

李学勤：《由蔡侯墓青铜器看"初吉"和"吉日"》，《中国社会科学院研究生院学报》，1998 年第 5 期。

李学勤：《楚帛书中的古史与宇宙论》，《简帛佚籍与学术史》，南昌：

江西教育出版社，2001 年。

李烨：《"秦胡"别释》，《内江师范学院学报》，2012 年第 5 期。

李迎春、程帆娟：《汉代"四夷服"镜铭研究》，《四川文物》，2019 年第 6 期。

李禹阶：《秦始皇"焚书坑儒"新论——论秦王朝文化政策的矛盾冲突与演变》，《重庆师范大学学报》（哲学社会科学版），2004 年第 6 期。

李禹阶：《华夏民族与国家认同意识的演变》，《历史研究》，2011 年第 3 期。

李禹阶：《"汉制"新探——论西汉前期的"汉承秦制"与"汉家法周"》，《华南师范大学学报》（社会科学版），2020 年第 2 期。

李禹阶：《中国文明起源中的巫及其角色演变》，《中国社会科学》，2020 年第 6 期。

林语堂：《前汉方音区域考》，《林语堂名著全集》第 19 卷《语言学论丛》，长春：东北师范大学出版社，1994 年。

凌文超：《汉初爵制结构的演变与官、民爵的形成》，《中国史研究》，2012 年第 1 期。

刘德增：《女闾、巫儿、不亲迎及其他——齐地女性与婚俗问题新考》，《山东社会科学》，2012 年第 3 期。

刘家和：《县制的出现和王权的扩展》，日知主编《古代城邦史研究》，北京：人民出版社，1989 年。

刘敏：《重释"高帝五年诏"中的爵制问题》，《史学月刊》，2005 年第 11 期。

刘全志：《清华简〈系年〉"王子定"及相关史事》，《文史知识》，2013 年第 6 期。

刘瑞：《秦"属邦"、"臣邦"与"典属国"》，《民族研究》，1999 年第 4 期。

刘瑞：《秦、西汉的"内臣"与"外臣"》，《民族研究》，2003 年第 3 期。

刘诗中等：《长江中游地区的古铜矿》，《考古与文物》，1994 年第 1 期。

刘小兵：《从"夷"、汉文化的交融看"南中大姓"的形成》，《思想战线》，1991 年第 5 期。

刘信芳:《上博藏竹书〈柬大王泊旱〉圣人诸梁考》,《中国史研究》,2007 年第 4 期。

刘玉堂:《沈氏族属初探》,《江汉论坛》,1987 年第 4 期。

刘泽华、刘景泉:《战国时期的食邑与封君述考》,《北京师范学院学报》(社会科学版),1982 年第 3 期。

刘志平:《从〈焦氏易林〉看汉代人的民族意识和国家意识》,陈峰主编《周秦汉唐文化研究》第 9 辑,西安:三秦出版社,2016 年。

刘志平:《汉代的"汉人"称谓与"汉人"认同》,《人文杂志》,2018 年第 12 期。

刘志平:《从〈焦氏易林〉看汉代人的"西域"认知》,《西域研究》,2019 年第 4 期。

刘志平:《先秦秦汉的"秦人"称谓与认同》,《清华大学学报》(哲学社会科学版),2021 年第 6 期。

卢云:《秦汉时代滨海地区的方士文化》,《复旦学报》(社会科学版),1988 年第 6 期。

鲁刚:《论爨文化时期南中地区的夷汉民族融合》,《云南民族大学学报》(哲学社会科学版),2008 年第 4 期。

鲁西奇:《释"蛮"》,《文史》,2008 年第 3 辑。

鲁西奇:《中古时代滨海地域的"水上人群"》,《历史研究》,2015 年第 3 期。

鲁西奇:《楚秦汉之际的"楚人"》,《早期中国史研究》第 8 卷第 1 期,2016 年。

鲁西奇、宋翔:《中古时代滨海地域的"鱼盐之利"与滨海人群的生计》,《华东师范大学学报》(哲学社会科学版),2016 年第 4 期。

鲁西奇:《汉唐时期王朝国家的海神祭祀》,《厦门大学学报》(哲学社会科学版),2017 年第 6 期。

鲁西奇:《汉唐时期滨海地域的社会与文化》,《历史研究》,2019 年第 3 期。

罗继祖:《汉魏晋少数民族的官印》,《吉林大学社会科学学报》,1986 年第 5 期。

罗庆康、罗威:《汉代盐制研究》,《盐业史研究》,1995 年第 1 期。

罗新:《王化与山险——中古早期南方诸蛮历史命运之概观》,《历史研究》，2009 年第 2 期。

罗志田：《夷夏之辨的开放与封闭》，《中国文化》，1996 年第 2 期。

罗志田：《史料与理论：范文澜探讨汉民族形成的语境》，《河北学刊》，2021 年第 5 期。

马代忠：《长沙走马楼西汉简〈都乡七年垦田租簿〉初步考察》，《出土文献研究》第 12 辑，上海：中西书局，2013 年。

马智全：《汉代民族归义与西北边疆开拓》，《西北民族大学学报》（哲学社会科学版），2017 年第 5 期。

孟峰：《秦简牍"从人"考论》，《史学月刊》，2021 年第 4 期。

彭丰文：《东汉士人的国家认同及其历史意义》，《河北学刊》，2017 年第 6 期。

彭浩：《谈〈奏谳书〉中的西汉案例》，《文物》，1993 年第 8 期。

彭浩：《读松柏出土的四枚西汉木牍》，《简帛》第 4 辑，上海：上海古籍出版社，2009 年。

彭建英：《东汉比郡属国非郡县化略论》，《民族研究》，2000 年第 5 期。

琴载元：《秦代南郡编户民的秦、楚身份认同问题》，杨振红、邬文玲主编《简帛研究（二〇一五·秋冬卷)》，桂林：广西师范大学出版社，2015 年。

琴载元：《战国时期秦领土扩张及置郡背景》，《首都师范大学学报》（社会科学版），2016 年第 4 期。

曲柄睿：《进山还是入海：战国秦汉海洋隐逸的历史记载》，《浙江学刊》，2016 年第 5 期。

任磊：《虢国博物馆藏西周伏羲女娲纹玉兽》，《中国文物报》，2021 年 8 月 31 日第 5 版。

任伟：《西周金文与文献中的"邦君"及相关问题》，《中原文物》，1999 年第 4 期。

日知：《从〈春秋〉"称人"之例再论亚洲古代民主政治》，《历史研究》，1981 年第 3 期。

芮逸夫：《苗族的洪水故事与伏羲女娲的传说》，马昌仪编《中国神话学文论选萃》（上编），北京：中国广播电视出版社，1994 年。

商承祚：《战国楚帛书述略》，《文物》，1964 年第 9 期。

沈长云：《华夏民族的起源与形成过程》，《中国社会科学》，1993 年第 1 期。

沈刚：《秦人与它邦人——新出秦简所见秦代人口身份管理制度一个方面》，中国政法大学法律古籍整理研究所编《中国古代法律文献研究》第 9 辑，北京：社会科学文献出版社，2015 年。

石泉：《齐梁以前古沮（雎）、漳源流新探（续完）》，《武汉大学学报》（社会科学版），1982 年第 2 期。

史党社：《秦与比邻少数族群的关系新探》，天水市博物馆编《西戎文化的发现与研究学术研讨会论文集》，北京：文物出版社，2019 年。

宋世坤：《试论夜郎与汉文化的关系》，《贵州考古论文集》，贵阳：贵州人民出版社，2000 年。

苏海洋：《论渭河上游及毗邻地区原始农业生产结构的演变》，《农业考古》，2008 年第 6 期。

苏建洲：《上博九〈灵王遂申〉释读与研究》，《出土文献》第 5 辑，上海：中西书局，2014 年。

苏建洲：《〈清华二·系年〉中的"申"及相关问题讨论》，李宗焜主编《古文字与古代史》第 4 辑，"中研院"历史语言研究所，2015 年。

孙慎鹏：《秦简中的"新地"研究》，山东大学硕士学位论文，2020 年。

孙闻博：《秦汉帝国"新地"与徙、戍的推行——兼论秦汉时期的内外观念与内外政策特征》，《古代文明》，2015 年第 2 期。

孙闻博：《〈史记〉所见"匈奴西域"考——兼论〈史记·大宛列传〉的撰作特征》，《西域研究》，2019 年第 4 期。

孙言诚：《秦汉的属邦和属国》，《史学月刊》，1987 年第 2 期。

田成方：《东周时期楚国宗族研究》，武汉大学博士学位论文，2011 年。

田成方、陈鑫远：《息器与周代息国、楚息县》，《出土文献》第 15 辑，上海：中西书局，2019 年。

童恩正：《中国北方与南方古代文明发展轨迹之异同》，《中国社会科学》，1994 年第 5 期。

汪桂海：《从出土资料谈汉代羌族史的两个问题》，《西域研究》，2010 年第 2 期。

王安泰：《中国中古时期乐浪郡形象的变迁》，《南开学报》（哲学社会科学版），2018 年第 5 期。

王博凯：《走马楼西汉简所见"译人"及相关问题试论》，邬文玲、戴卫红主编《简帛研究（二〇一九·春夏卷)》，桂林：广西师范大学出版社，2019 年。

王海：《东北亚走廊与"秦灭燕"》，王子今主编《秦统一的进程与意义》，北京：中国社会科学出版社，2017 年。

王建革：《太湖形成与〈汉书·地理志〉三江》，《历史地理》第 29 辑，上海：上海人民出版社，2014 年。

王建新、王茜：《"敦煌、祁连间"究竟在何处?》，《西域研究》，2020 年第 4 期。

王龙正：《从应国墓地发掘看应国的灭国与复国——兼谈楚平王"复国行动"的历史背景》，《楚文化研究论集》第七集，长沙：岳麓书社，2007 年。

王珊：《以夏变夷——秦汉魏晋南北朝南方土著族群华夏化的政治过程》，北京大学博士学位论文，2011 年。

王勇：《里耶秦简所见迁陵蛮夷与秦朝蛮夷政策》，《中央民族大学学报》（哲学社会科学版），2019 年第 1 期。

王玉哲：《西周国家的历史作用》，《历史研究》，1999 年第 2 期。

王玉哲：《论先秦的"戎狄"及其与华夏的关系》，《南开大学学报》（人文科学），1955 年第 1 期。

王子今：《秦汉时代的并海道》，《中国历史地理论丛》，1988 年第 2 期。

王子今：《秦汉时期的环渤海地区文化》，《社会科学辑刊》，2000 年第 5 期。

王子今、刘华祝：《说张家山汉简〈二年律令·津关令〉所见五关》，《中国历史文物》，2003 年第 1 期。

王子今：《战国秦汉时期楚文化重心的移动——兼论垓下的"楚歌"》，《北大史学》第 12 辑，北京：北京大学出版社，2007 年。

王子今：《汉代北边"亡人"：民族立场与文化表现》，《南都学坛》，2008 年第 2 期。

王子今、李禹阶：《汉代的"海贼"》，《中国史研究》，2010 年第

1 期。

王子今：《秦汉时期的海洋开发与早期海洋学》，《社会科学战线》，2013 年第 7 期。

王子今：《前张骞的丝绸之路与西域史的匈奴时代》，《甘肃社会科学》，2015 年第 2 期。

王子今：《秦兼并战争中的"出其人"政策——上古移民史的特例》，《文史哲》，2015 年第 4 期。

王子今：《战国秦代"西—雍"交通》，《东方论坛》，2016 年第 6 期。

王子今：《秦汉帝国执政集团的海洋意识与沿海区域控制》，中国人民大学国学院国史教研室编《国学视野下的历史秩序》，北京：中国社会科学出版社，2016 年。

王子今：《说"秦胡"、"秦虏"》，《中国边疆史地研究》，2019 年第 1 期。

王宗维：《汉代的属国》，《文史》第 20 辑，北京：中华书局，1983 年。

王宗维：《汉代的属国制度与民族关系》，《西北历史资料》，1983 年第 2 期。

闻一多：《伏羲考》，《神话与诗》，上海：上海人民出版社，2006 年。

文镛盛：《秦汉巫觋的地域分布》，《文史知识》，1999 年第 8 期。

魏斌：《古人堤简牍与东汉武陵蛮》，《"中研院"历史语言研究所集刊》第 85 本第 1 分，2014 年。

吴洪琳：《国号与"国人"——石勒的政治取向与胡人地位的法制化》，《吉林大学社会科学学报》，2016 年第 1 期。

吴雪飞：《〈岳麓简五〉所见"从人"考》，简帛网（http：//www. bsm. org. cn），2018 年 4 月 13 日。

吴毅强：《嬭加编钟铭文新释及相关问题考辨》，《北方论丛》，2021 年第 4 期。

谢良：《西汉时期夷夏关系的嬗变与思考》，《中国边疆史地研究》，2020 年第 1 期。

谢明文：《封子楚簠小考》，《出土文献综合研究集刊》第 10 辑，成都：巴蜀书社，2019 年。

谢绍鹢：《秦汉边郡概念小考》，《中国历史地理论丛》，2009 年第

3 期。

谢绍鹢：《秦汉西北边地治理研究》，西北大学博士学位论文，2010 年。

辛德勇：《越王勾践徙都琅邪事析义》，《旧史舆地文录》，北京：中华书局，2013 年。

徐少华：《楚竹书〈申公臣灵王〉与〈平王与王子木〉两篇补论》，《江汉考古》，2009 年第 4 期。

徐少华：《彭器、彭国与楚彭氏考论》，《古文字与古代史》第 2 辑，"中研院"历史语言研究所，2009 年。

徐少华：《曾侯与钟铭"君庀淮夷，临有江夏"解析》，《中国史研究》，2020 年第 2 期。

徐中舒：《蒲姑、徐奄、淮夷、群舒考》，《四川大学学报》（哲学社会科学版），1998 年第 3 期。

宣兆琦：《论战国时期的齐国政治体制》，《管子学刊》，1996 年第 3 期。

颜世安：《春秋战国时代的"诸夏"融合与地域族群》，《民族研究》，2020 年第 2 期。

晏昌贵：《楚灵王迁国移民考》，《江汉论坛》，1990 年第 12 期。

晏昌贵：《〈上海博物馆藏战国楚竹书（二）〉中〈容成氏〉九州柬释》，《武汉大学学报》（哲学社会科学版），2004 年第 4 期。

杨娇：《汉代女性封"君"问题研究》，云南民族大学硕士学位论文，2021 年。

杨军：《秽与貊》，《烟台师范学院学报》（哲学社会科学版），1996 年第 4 期。

杨军：《公元前朝鲜半岛的民族迁徙与融合》，《东北亚论坛》，2002 年第 3 期。

杨军：《朝鲜半岛与"辽东"内涵的关系》，《辽宁师范大学学报》（社会科学版），2004 年第 2 期。

杨宽：《春秋时代楚国县制的性质问题》，《中国史研究》，1981 年第 4 期。

杨振红、尹在硕：《韩半岛出土简牍与韩国庆州、扶余木简释文补正》，卜宪群、杨振红主编《简帛研究（二〇〇七）》，桂林：广西师范大学出版社，2010 年。

　　杨振红：《秦"从人"简与战国秦汉时期的"合从"》，《文史哲》，2020 年第 3 期。

　　姚大力：《大月氏与吐火罗的关系：一个新假设》，《复旦学报》（社会科学版），2019 年第 2 期。

　　易德生：《上博楚简〈容成氏〉九州刍议》，《江汉论坛》，2006 年第 5 期。

　　尹弘兵：《地理学与考古学视野下的昭王南征》，《历史研究》，2015 年第 1 期。

　　尹在硕：《秦朝的"非秦人"认识与占领地支配》，第三届简帛学国际学术研讨会论文，广西桂林，2015 年 11 月。

　　雍际春、晏波：《两周时期的秦戎关系与民族融合》，天水市博物馆编《西戎文化的发现与研究学术研讨会论文集》，北京：文物出版社，2019 年。

　　游逸飞：《四方、天下、郡国——周秦汉天下观的变革与发展》，台湾大学硕士学位论文，2009 年。

　　于逢春：《构筑中国疆域的文明板块类型及其统合模式序说》，《中国边疆史地研究》，2006 年第 3 期。

　　于豪亮：《秦王朝关于少数民族的法律及其历史作用》，《于豪亮学术文存》，北京：中华书局，1985 年。

　　于振波：《秦律令中的"新黔首"与"新地吏"》，《中国史研究》，2009 年第 3 期。

　　于振波、朱锦程：《出土文献所见秦"新黔首"爵位问题》，《湖南社会科学》，2017 年第 6 期。

　　袁艳玲：《楚系青铜器的铸造遗址初探》，《南方民族考古》第 14 辑，北京：科学出版社，2017 年。

　　臧知非：《齐国行政制度考源——兼谈〈国语·齐语〉的相关问题》，《文史哲》，1995 年第 4 期。

　　臧知非：《张家山汉简所见汉初中央与诸侯王国关系论略》，周天游主编《陕西历史博物馆馆刊》第 10 辑，西安：三秦出版社，2003 年。

　　张宝允：《齐国"编户齐民"和基层社会组织研究》，陕西师范大学硕士学位论文，2011 年。